PARA A HISTÓRIA DO
DIREITO CONSTITUCIONAL PORTUGUÊS:
SILVESTRE PINHEIRO FERREIRA

SUSANA ANTAS VIDEIRA
Universidade de Lisboa - Faculdade de Direito

PARA A HISTÓRIA DO DIREITO CONSTITUCIONAL PORTUGUÊS: SILVESTRE PINHEIRO FERREIRA

ALMEDINA

TÍTULO:	PARA A HISTÓRIA DO DIREITO CONSTITUCIONAL PORTUGUÊS: SILVESTRE PINHEIRO FERREIRA
AUTOR:	SUSANA ANTAS FERNANDES VIDEIRA
EDITOR:	EDIÇÕES ALMEDINA, SA Rua da Estrela, n.º 6 3000-161 Coimbra Telef.: 239 851 904 Fax: 239 851 901 www.almedina.net editora@almedina.net
EXECUÇÃO GRÁFICA:	CLÁUDIA MAIROS Email: claudia_mairos@yahoo.com
IMPRESSÃO	TIPOGRAFIA GUERRA, VISEU
DEPÓSITO LEGAL:	227444/2005

Toda a reprodução desta obra, por fotocópia ou outro qualquer processo, sem prévia autorização escrita do Editor, é ilícita e passível de procedimento judicial contra o infractor.

À Mariana, minha filha

NOTA DE APRESENTAÇÃO

A concretização de um objectivo é invariavelmente pautada por dificuldades, alegrias, frustrações e desafios. A feitura deste trabalho não foi excepção.

Contudo, os contributos de que fui alvo aligeiraram as dificuldades, reforçaram as alegrias, combateram as frustrações e permitiram maior segurança perante os desafios.

Concluída a dissertação cumpre-me, antes de mais, agradecer profundamente ao Professor Doutor Martim de Albuquerque por ter aceite orientar a tese e haver contribuído com suas sugestões críticas, total disponibilidade e confiança científica para a conclusão do meu projecto.

Ao Professor Doutor José Adelino Maltez a minha gratidão pelos seus conselhos, pelo estímulo crítico e pelo empréstimo de obras de difícil acesso.

O meu reconhecimento ao Professor Doutor António Pedro Barbas Ho-mem, a quem muito agradeço as sugestões, a disponibilidade amiga e o incentivo que caracterizaram seus conselhos.

A todos quantos, desde cedo, me deram um voto de confiança, declino uma sincera homenagem nas pessoas do Professor Doutor Eduardo Vera-Cruz e da Mestre Teresa Morais. Ainda o meu caloroso obrigado à Mestre Isabel Banond que me facultou pistas para a realização deste trabalho.

Gostaria também de expressar o meu agradecimento aos Colegas e Amigos Pedro Caridade de Freitas, Isabel Graes e Maria José Carranca de Oliveira, pelo ânimo e companheirismo sempre demonstrados.

Um agradecimento particularmente enternecedor é devido aos meus pais e à minha irmã pelo conforto e ternura que sempre me dispensaram. A todos devo bastante pelo apoio, interesse e carinho.

Uma última nota para referir que o trabalho que agora se publica foi apresentado como dissertação para a obtenção do grau de Mestre em Direito pela Faculdade de Direito da Universidade de Lisboa, tendo sido discutido em 18 de Maio de 2001 perante um júri composto pelos Professores Martim de Albuquerque (Presidente e Orientador), Jorge Miranda, António dos Santos Justo (Arguente), José Adelino Maltez (Arguente) e José Artur Duarte Nogueira. A todos os membros do júri o meu reconhecido agradecimento.

Finalmente, dirijo ao Rafael, meu marido, uma palavra de ternura muito especial pela forma sensível, atenta e compreensiva que soube imprimir na tentativa, bem sucedida, de superação das ansiedades deste percurso e pela confiança perene nas minhas capacidades.

INTRODUÇÃO

A - TEMA: DELIMITAÇÃO E IMPORTÂNCIA

Em todos os tempos a Filosofia do Direito foi também a Filosofia do Estado[1/2].

Se o direito é, por definição, ordem necessária à convivência entre os homens, tal equivale a dizer que o direito e a comunidade são conceitos interconvertíveis. Consequentemente, na essência das coisas, o objecto tanto da filosofia do direito quanto da política não pode deixar de ser o mesmo: o homem social. É essa uma dimensão da sua existência. E a filosofia que se ocupa do homem social terá fatalmente de o encarar sob aqueles dois aspectos.

---

[1] Neste sentido, L. Cabral de Moncada, «Da Essência e Conceito do Político», *in Boletim da Faculdade de Direito da Universidade de Coimbra*, vol. XXXVII (1961), Coimbra Editora, Coimbra, 1961, p. 1.

[2] Aquilo a que hoje, na esteira de Maquiavel, chamamos Estado – o Estado moderno, nacional e soberano – não é senão uma das formas das sociedades, não é senão uma das figuras da vida política. Sabe-se como esse Estado foi sendo forjado, paulatinamente, na Europa Ocidental, a partir dos fins da Meia Idade e sobretudo como se fortaleceu para cá da Renascença. Conhecem-se as suas diferentes faces: a da monarquia absoluta, a da democracia liberal, a da democracia totalitária de massas. Igualmente, não é menos sabido que, muito antes e para além desse tipo de sociedade política, outras figuras, bem conhecidas da Sociologia e da História, têm existido. Algumas dessas formas de convivência política entre os homens podem ser citadas: a família patriarcal, o matriarcado, o clan, a tribo, as gentes romanas e as fratarias gregas que precedem a cidade, as gentilidades ibéricas, a *pólis* e a *civitas*, as comunas medievas, os grandes impérios antigos ... Todas elas se acham antes, ao lado, ou para além do moderno Estado, nacional e soberano. Assim, L. Cabral de Moncada, «Da Essência e Conceito do Político», cit., p. 3.

No presente estudo sobre a concepção do poder e do direito em Silvestre Pinheiro Ferreira, partimos do pressuposto de que os pensamentos jurídico e político[3/4] têm uma história, a sua história particular no seio daquilo a que chamaremos história geral.

Simplesmente, o reconhecimento do papel da história do pensamento na elaboração sistemática do próprio pensamento não deve levar-nos ao

---

[3] O termo política provem do grego *pólis* que significa cidade. Vê-se, assim, que nas suas raízes, o pensamento político não pode ser dissociado do claro racionalismo do espírito grego. Atentemos no depoimento de *sir* E. Barker: «(…) Em vez de verem este mundo em termos de fé, os gregos postaram-se no reino do pensamento, e, tendo a coragem de se espantarem com as coisas visíveis (…) procuraram conceber o universo à luz da razão. (…) É fácil aceitar o mundo físico e o mundo das instituições humanas como igualmente inevitáveis e não formular qualquer interrogação sobre o sentido das relações do homem com a natureza, ou das relações do indivíduo com instituições como a família ou o Estado. Entretanto, tal aceitação, sempre natural para o espírito religioso, era impossível aos gregos…» Cfr. Ernest Barker, *Plato and his predecessors*, Londres, Methuen, 1948, p. 1. Sobre o pensamento político e a cidade grega *vide*, por todos, Barker, *op. cit.*, pp. 1 e ss.; Hegel, *Philosophie de L'Histoire*, tradução francesa de J. Gibelin, Paris, Vrin, 1946, 1963, pp. 231 e ss.; T. A. Sinclair, *Histoire de la Pensée Politique Grecque*, Paris, Payot, 1953, pp. 13 e ss.; Jean-Jacques Chevallier, *História do Pensamento Político*, Tomo I, Rio de Janeiro, Editora Guanabara, 1982, pp. 21 e ss.; George Sabine, *Historia de la Teoria Politica*, Espanha, Fondo de Cultura Económica, 1992, pp. 15 e ss.. Sobre a essência e conceito de «política» *vide*, por todos, L. Cabral de Moncada, «Da Essência e Conceito de Político», cit., pp. 1 a 32.

[4] O emprego da forma adjectiva substantivada de «político», com o mesmo significado de *política*, significará, na nossa língua um neologismo porventura não isento de reparos. Como sublinha o Professor Moncada, *nem Bernardes nem Vieira empregariam esta forma mais ousada, talvez bárbara, de importação germânica*. Cfr. L. Cabral de Moncada, «Da Essência e Conceito do Político», cit., p. 2, nota 1. Simplesmente, não poderemos deixar de a ela recorrer, alegando como justificação três ordens de motivos, já ensaiadas pelo grande Professor de Coimbra. Em primeiro lugar, a consideração de que as línguas também evoluem, não só na boca do povo como também, e muito especialmente, nos factores técnicos das ciências e das artes. Depois, a circunstância de, no tempo dos nossos clássicos, a linguagem filosófica ainda não estar perfeitamente escrita. De resto, é de notar que as restantes línguas neolatinas – o espanhol, o francês e o italiano – já haverem conferido, há muito, foros de cidade a estas substantivações de adjectivos para significarem, com elas, a essência das coisas. Cfr. *idem, ibidem*.

extremo de reduzir a filosofia à sua história, como pretendem Hegel[5] e o historicismo[6]. Se a história dos pensamentos jurídico e político não é uma sucessão casual de opiniões isoladas, como assinalou o pensador de Estugarda, também não constitui o sistema em gestação que o mesmo julgou ver nela.

O valor doutrinal da história da filosofia encontra-se magistralmente expresso em Aristóteles que nos mostra precisamente o espírito que deve presidir ao estudo do pensamento jurídico: não deverá ser uma atitude puramente erudita, nem permanecerá desligado de preocupações sistémicas. Terá, antes, de nos auxiliar na compreensão do sistema. Com Robin George Collingwood diremos que *toda a verdadeira investigação parte de um certo problema e o propósito dessa investigação é solucionar esse problema; por conseguinte o plano da descoberta está já conhecido e formulado quando se diz que a descoberta, seja ela qual for, terá que satisfazer os termos do problema. Assim, jamais se navega sem carta; por poucos pormenores que contenha, a sua carta tem marcados os paralelos da latitude e da longitude, e o seu propósito é descobrir o que se há-de colocar sobre e entre aquelas linhas.* Nestes termos, caberá ao investigador *re-presentar, no seu próprio espírito, o pensamento que é objecto*

---

[5] Sobre a filosofia política hegeliana *vide*, por todos, Alexandre Kojève, *Introduction à la Lecture de Hegel*, Paris, Gallimard, 1948; Eric Weil, *Hegel et l'État*, Paris, Vrin, 1950; E. Fleischmann, *La Philosophie Politique de Hegel*, Paris, Plon, 1954; B. Bourgeois, *La Pensée Politique de Hegel*, Paris, PUF, 1969; J. Taminiaux, *Naissance de Philosophie Hégélienne de l'État*, Paris, Payot, 1984; Simone Goyard-Fabre, *Philosophie Politique. Xve-Xxe Siècle (Modernité et Humanisme)*, Paris, PUF, 1987, pp. 373 e ss.; Patrick Gardiner, *Teorias da História* [1959], trad. port. de Vitor Matos e Sá, Lisboa, Fundação Calouste Gulbenkian, 1974, pp. 71 e ss.; Felice Batagglia, *Curso de Filosofia del Derecho*, trad. cast. de Francisco Elias Tejada e Pablo Lucas Verdú, Madrid, Reus, 1951, I, pp. 302 e ss.; François Chatelêt, *Hegel*, Paris, Seuil, 1968. Para mais indicações bibliográficas *vide* José Adelino Maltez, *Sobre a Ciência Política*, Universidade Técnica de Lisboa, Instituto de Ciências Sociais e Políticas, 1993, pp. 312 e 313.

[6] A. Truyol Serra, *História da Filosofia do Direito e do Estado*, Tomo I, tradução portuguesa da 7ª edição espanhola, aumentada, por Henrique Barrilaro Ruas, Colecção Estudo Geral Instituto de Novas Profissões, 1985, p. 5.

do seu estudo, tendo em consideração o problema do qual se partiu, e reconstruindo os degraus através dos quais se vai tentando a sua solução[7].

Estudar o poder significa atentar numa plêiade de questões assaz difíceis de resolver:

- O que é que justifica a diferenciação fundamental entre governantes e governados, a qual caracteriza, de forma genérica, o fenómeno do poder?
- Que conjunto de valorações podem legitimar a obediência destes àqueles?
- Porque motivo os titulares do poder tenderão a deter o monopólio da coerção organizada?
- Quais os fins que deverão ser constantemente prosseguidos pela acção dos governantes?
- A que limites, reais e necessários, deverá o poder político estar sujeito?[8]

Como facilmente se compreenderá, as soluções que têm sido ensaiadas, quer ao nível do pensamento quer no plano das concretizações, oscilam ao sabor da época histórica e da latitude consideradas.

As ideias são, como não poderia deixar de ser, a síntese de uma multiplicidade de factores históricos[9] que, desde longe, actuam sobre a alma

---

[7] Robin George Collingwood, *A História como Re-presentação*, *apud* Patrick Gardiner, *Teorias da História* (1959), tradução portuguesa de Vitor Matos e Sá, Lisboa, Fundação Calouste Gulbenkian, 1974, 2ª edição, p. 318.

[8] Jean-Jacques Chevallier, *op. cit.*, tomo I, p. 12.

[9] Particularizando com o caso português e recorrendo, para tanto, às palavras do Doutor Cabral de Moncada, esses factores serão «as tradições herdadas da monarquia visigótica através do Estado leonês; as condições sociais particularíssimas do momento histórico, a que hoje se chama Reconquista do território aos Mouros; influências do pensamento cristão infiltradas na vida política, sobretudo através da filosofia escolástica

da nacionalidade portuguesa, determinando nela a formação do que o Professor Cabral de Moncada designa por «mentalidade política inconfundível».[10] Efectivamente, com as ideias jurídicas e políticas coexistem as ideias religiosas ou as ideias filosóficas pelo que estudar a sua história, a sua história particular, significará atentar, por um prisma relativamente novo, na história do pensamento humano em geral[11].

Simplesmente, e cumpre-nos nesta sede realçar, a consciência da existência inelutável de estruturas matrizes, reais ou pretensamente reais, por detrás ou coexistindo com os pensamentos jurídico e político, moldando-os, não dispensará uma explicação ideal sobre o seu valor.

Pugna-se, pois, pela necessária autonomia das ideias e dos valores. Só assim se compreenderá a afirmação de que *a política pouco mudou e praticamente não mudará*[12]. Até certo ponto, a razão aqui não decai.

---

medieval; e, ainda, certas recordações da Antiguidade clássica e do Humanismo que tinham lentamente contribuído para formar esse pensamento político do qual, se não havia então ainda em Portugal uma doutrina sistemática e completa, e muito menos oficial na letra de uma Constituição escrita, havia, pelo menos, elementos que a cada passo se revelavam já nas diferentes manifestações de soberania dos nossos reis, já na natureza de muitos acontecimentos históricos na sua lógica concretização, já na estrutura de muitas instituições do nosso Direito Público, já enfim em algumas obras doutrinárias dos nossos maiores escritores, teólogos e moralistas». Cfr. Cabral de Moncada, *Estudos de História do Direito*, «1640-Restauração do Pensamento Político Português», Vol. I, Coimbra, 1948, pp. 192 e 193.

[10] Fiemo-nos no depoimento do Professor Cabral de Moncada: «Essa mentalidade ou esse pensamento são, afinal, os que nos são dados naquele aliás pequeno número de ideias que encontramos já na base da monarquia de Afonso Henriques - ideias que serviram de enquadramento ideológico durante a primeira dinastia dos nosso reis; ideias que se mantiveram igualmente em vigor em parte da Segunda, mas que a breve trecho certas influências estranhas ao corpo e alma da Nação fizeram ao fim obliterar entre nós até precisamente aos primeiros alvores do século XVII...». Cfr. Cabral de Moncada, *Estudos... cit.*, p. 192.

[11] Henry Michel, aula inaugural de um *Curso de História das Doutrinas Políticas* na Faculdade de Letras de Paris, em 8 de Dezembro de 1896, publicada *in Revue de Droit Public et de la Science Politique*, Paris, L.G.D.J, Tomo VII, Janeiro-Junho de 1897, p. 232.

[12] Alain (Pseudónimo de Emile Chartier) *in* a colectânea de *Propos*, intitulada *Politique*, apresentada por Michel Alexandre, Paris, PUF, 1952, p. 233.

Parece inquestionável que na base das ideias estarão um conjunto de factores históricos que as moldam e caracterizam[13]. Simplesmente, o estudo da história dos pensamentos jurídico e político parece autorizar a conclusão de que as grandes questões que atormentam o espírito humano permanecem as mesmas, desde logo, porque a estrutura do homem continua a ser a mesma[14].

Se a História mais não é do que *o interesse despertado por uma época noutra*[15], olhemos o passado por forma a que possamos compreender o verdadeiro alcance da evolução das ideias. Todavia, não nos podemos deter, por mais do que um instante, na contemplação estática do passado, nem pretenderemos por imaginação construir o futuro.

Como diria Delfim Santos, *tudo está no presente, porque o presente está em tudo*[16]. Esta imagem retracta fielmente a actividade crítica a que se devotou Silvestre Pinheiro Ferreira, não só na filosofia, mas também no direito, na economia, na pedagogia...

Espada de dois gumes, este ensaio, ao mesmo tempo que julga parte de um século em que cabem, lado a lado, um Herculano e um Soares de Passos, um Antero e um Bulhão Pato, um Eça de Queirós e um Júlio Lourenço Pinto, um Ramalho Ortigão e um Gervásio Lobato.

Mas, o pensamento político do século XIX não se compreende se não atentarmos na preparação, estruturação e impulso que eclodem no século imediatamente precedente, século que viu nascer Silvestre Pinheiro Ferreira. É, pois, aos finais do século XVIII e à primeira metade do século XIX que dedicamos, desde logo, o nosso estudo.

Procurámos limitar cronologicamente o resultado da nossa investigação. Tarefa tremenda, porquanto nenhum período ou ciclo histórico termina para outro se iniciar, numa justaposição de valores. Na verdade, um termina enquanto outro começa, sobrepondo-se as correntes que os

---

[13] *Vide supra.*

[14] Assim, Walter Theimer, *História das Ideias Políticas*, Lisboa, Arcádia, 1970, p. 9.

[15] Jacob Burckhardt *apud* Walter Theimer, *História....* cit., p. 7.

[16] Delfim Santos, «Silvestre Pinheiro Ferreira», *in Perspectiva da Literatura Portuguesa do Século XIX*, Volume I, direcção, prefácio e notas bio-bibliográficas por João Gaspar Simões, Lisboa, edições Ática, 1947, pp. 23 e 24.

A - Tema: Delimitação e Importância

definem, com sinais diferentes, positivo ou criativo, uma, negativo ou epigonal, outra[17].

Cientes das dificuldades, não poderemos ter a pretensão de querer tentar aqui uma caracterização completa desta época da História do Pensamento Jurídico e da Cultura europeia. Essa caracterização acha-se feita há muito[18].

Por outro lado, não será um estudo especificamente histórico o fim a que nos propomos com este trabalho interpretativo, ainda que procuremos ter sempre presente, como orientação e ponto de partida, as aquisições da investigação histórica.

O seu propósito será outro... Ele procurará analisar o "discurso histórico" de Silvestre Pinheiro Ferreira, no preciso sentido que à locução é dado por Luís de Sousa Rebelo. Oiçamos as suas próprias palavras: «O discurso histórico, que tem por vocação programática o registo e a interpretação dos *realia*, parte de um conjunto de critérios, normativos, estabelecidos com base numa experiência anterior, convenientemente filtrada através da demorada reflexão filosófica»[19].

Foi Silvestre Pinheiro Ferreira, homem *dotado de todas as virtudes, de um coração magnânimo. capaz de todos os sentimentos que honrão a humanidade, possuidor de uma das intelligencias mais claras, e a instrução mais vasta que póde possuir o espirito humanno*[20], que elegemos para tutelar estas páginas. É o discurso histórico, compreendido nas suas obras, que aqui nos ocupa, já que nenhum estudo de direito e de política pode ignorar a análise das ideias.

Com Silvestre Pinheiro Ferreira a teoria política sairá enriquecida no que toca, em particular, à organização do poder e da sociedade, sem

---

[17] Neste sentido, José Augusto França, *A Arte em Portugal no Século XIX*, Volume I, Livraria Bertrand, Lisboa, 1966, p. 13.

[18] *Vide*, por todos, Ernest Cassirer, *Die Philosophie der Aufklarung*, [1932], trad. de Ervino Pocar, *La Filosofia Dell'Illuminismo*, Firenze, La Nuova Italia Editrice, 1944.

[19] Cfr. Luís de Sousa Rebelo, *A concepção do poder em Fernão Lopes*, Livros Horizonte, 1983, pp. 16 a 19.

[20] Assim, Pedro de Alcantara Lisboa, «Louvores» *in A Memória de Silvestre Pinheiro Ferreira*, Rio De Janeiro, Typographia de Bintot, 1846, p. 10.

esquecer certas questões de monta como a teorização do homem e do cidadão, os direitos e os poderes políticos e a administração da fazenda pública.

Aquilo que Silvestre Pinheiro Ferreira significa na evolução da realidade cultural contemporânea portuguesa não é evidentemente redutível ao papel que lhe coube na articulação do ideário político e social da sua geração cultural. Escreve o Professor Cabral de Moncada: «as ideias filosófico-jurídicas deste homem – que foi, sem dúvida, o nosso mais ilustre, erudito e fecundo publicista da primeira metade do século XIX – acham-se espalhadas, sem formar sistema, através da sua vastíssima obra enciclopédica e infelizmente impossível de reunir hoje de uma maneira completa[21]».

Devemos concretizar as linhas biográficas de Silvestre Pinheiro Ferreira como tendo sido um notável português, um sábio professor, um filósofo convicto, um político actualizado[22], um brilhante jurista e um estadista distinto, se bem que incompreensivelmente apreciado. Por mais que se apresente complexo e vário o seu legado cultural, neste ensejo, cumpre-nos tão-só uma aproximação do pensamento jurídico e político do autor de *Prelecções Filosóficas*. Assim, a insistência nos direitos e deveres do homem e do cidadão, impõe-se, de imediato, à nossa reflexão. Interessa, também, perscrutar o seu testemunho acerca da classificação dos poderes políticos. O desprezo imperante pelas ciências morais preocupava-o[23]. Em todos os momentos, este homem convicto da urgência de repor as coisas no seu devido lugar, não se inibe em sistematizar o que lhe parece ser de imperiosa necessidade para tornar mais profunda a vida espiritual do seu país. Compreende-se, assim, que a ética e a moral lhe tenham merecido particular atenção. A concepção de lei constituirá outro motivo de interesse no estudo do pensamento de Silvestre Pinheiro Ferreira.

---

[21] Cfr. Luís Cabral de Moncada, «Subsídios para uma História da Filosofia do Direito em Portugal», *in Boletim da Faculdade de Direito de Coimbra*, vol. XIV (1937-1938), Coimbra, Coimbra Editora, 1938.

[22] Neste sentido, João Afonso Corte-Real, *Universalismo de Silvestre Pinheiro Ferreira, Conselheiro do Rei Dom João VI*, Braga, 1967, p. 11.

[23] *Vide infra*.

A - *Tema: Delimitação e Importância* 19

Parafraseando Luís de Sousa Rebelo[24], é o discurso histórico compreendido nesta trilogia – o plano político, a ética e o jurídico – que tentaremos delinear no presente estudo.

O pensamento silvestrino mostra-nos precisamente que o estudo dos destinos humanos, se exige a autonomia do jurídico e do político, também impõe que as duas ordens se entrelacem[25].

Na realidade, como proclama o Professor Cabral de Moncada, *todo o direito serve uma política, como toda a política é sempre limitada por um direito, (...) numa relação como a que existe entre o pensamento e a palavra que o traduz*[26]. No mesmo sentido, escreve Alceu Amoroso Lima que nem o Direito nem a Política *são soluções totais de destinos humanos,* embora sejam, incontestavelmente, condições para essa solução. *Daí,* sublinha, *a importância essencial, para toda a vida humana, dessa harmonia ou dessa desarmonia entre a Política e o Direito. Quando a Política nega o Direito, levanta-se o espectro da Tirania. Quando o Direito nega a Política, segundo a sentença romana «Summum ius injuria (...)», o espectro que se levanta é o da Anarquia*[27]...

Simplesmente, não vamos rebuscar o templo do direito[28]. Centrarnos-emos no Direito Constitucional[29], o tal ensino impossível e ciência enciclopédica[30], cujas características farão desanimar qualquer um.

---

[24] Cfr. L. de Sousa Rebelo, *op. cit.*, p. 18.

[25] José Adelino Maltez, *Princípios de Ciência Política. O Problema do Direito*, Universidade Técnica de Lisboa, Instituto de Ciências Sociais e Políticas, Centro de Estudos do Pensamento Político, Lisboa, 1996, pp. 66 e 67.

[26] Luís Cabral de Moncada, *Filosofia do Direito e do Estado*, II, Coimbra Editora, 1995, p. 153. Esta passagem foi transcrita por José Adelino Maltez, *in Princípios de Ciência Política. O Problema do Direito*, cit., p. 66.

[27] Alceu Amoroso Lima, Prefácio a *Legado Político do Ocidente. O Homem e o Estado*, coordenação de Adriano Moreira, Alejandro Bugallo e Celso Albuquerque, Rio de Janeiro/São Paulo, Difel, 1977, pp. 12 e 13. Este excerto foi objecto de transcrição por José Adelino Maltez, *in Princípios de Ciência Política. O Problema do Direito*, cit., p. 66.

[28] Particularmente, não nos deteremos, por um instante sequer, na construção silvestrina de direito das gentes e de direito administrativo. Procuraremos, antes, fixar, com a brevidade possível e as limitações inerentes, a matéria que o nosso Polígrafo reuniu sob o título «Princípios de Direito Público Constitucional».

Ainda, assim, não poderemos curar directamente de uma casa que engendra, num simbolismo que não é nosso mas de que nos permitimos recuperar, tantas criaturas[31]. Por consequência, faremos sair da morada do Direito Constitucional, tal como a construiu o grande jurisconsulto português, algumas ideias: precisamente as que o Autor privilegiou.

Antes, porém, procuraremos, começar por estudar o homem, o homem político, através da sua obra e, sobretudo, através da sua acção, por forma a que, partindo do individual, possamos compreender o alcance da época em que viveu.

---

[29] Tomando Direito Constitucional na acepção de Direito da *res* política. Não será nosso propósito discutir, aqui, dogmaticamente, um tal direito no seio de uma epistemologia especial que, eventualmente, aduza razões para lhe atribuir outro nome, mormente o de Direito Político, ou propugne uma concepção dualista, instituindo teoreticamente duas ciências do direito e do político. O nosso intuito, *hic et nunc*, é outro – o de apresentar a tratamento ferreireano das grandes questões que o autor considerou abrirem-se ao Direito Constitucional.

[30] Como afirmam Burdeau e Xifra e nos recordam Gomes Canotilho e Paulo Ferreira da Cunha. Cfr. J. Xifra Heras, «El Derecho Político, disciplina enciclopédica», *Revista de Estudios Politicos*, n.ºs 153 e 154, 1967; Gomes Canotilho, *Direito Constitucional*, 6ª edição, Coimbra, Almedina, 1993, p. 5; *idem, Direito Constitucional e Teoria da Constituição*, Almedina, Coimbra, 1998, p. 15; Paulo Ferreira da Cunha, *Para uma História Constitucional do Direito Português*, Coimbra, Almedina, p. 240; *idem, Constituição, Direito e Utopia. Do jurídico-constitucional nas utopias políticas*, Boletim da Faculdade de Direito da Universidade de Coimbra, Coimbra Editora, Coimbra, 1996, p. 11, nota 2.

[31] Paulo Ferreira da Cunha, *Para uma História Constitucional do Direito Português*, cit., p. 241.

B - FONTES ANALISADAS

A configuração textual não pode deixar de ser o esteio de qualquer investigação.

A obra que Silvestre Pinheiro Ferreira nos deixou é vasta e complexa.

Uma parte apreciável desse intenso labor foi editada em Paris.

No Brasil deixou Silvestre Pinheiro Ferreira claros testemunhos de actividade intelectual em trabalhos dedicados à administração, ao problema da escravatura, à política e às finanças. A versatilidade temática dos escritos do grande publicista apresenta inesgotável interesse como fonte histórica não só para a apreensão do seu pensamento jurídico-político mas também para o estudo de toda uma época. Em suma, pela sua natureza de fontes privilegiadas, a elas recorreremos ao longo do nosso estudo[32].

Em nenhum outro escrito, como nas *Prelecções philosophicas sobre a theórica do discurso e da linguagem, a esthética, a diceósyna, e a cos-*

---

[32] São numerosas as obras de cariz eminentemente político publicadas por Silvestre Pinheiro Ferreira, não apenas na língua pátria, mas também em idioma francês e em inglês que, a acreditar no testemunho de A. A. Teixeira de Vasconcelos, *in Glorias Portuguezas,* Tomo I, Lisboa, Typographia Portugueza, 1869, p. 27, «*assim como o allemão escrevia com grande facilidade e acerto*». Informa, ainda, Teixeira de Vasconcelos, *in op. cit.,* p. 27, que para além desses escritos «*ainda ficaram em poder dos seus herdeiros preciosos manuscriptos*». Recorremos, na elaboração deste ensaio, a algumas dezenas de obras impressas do autor por nos parecerem fecunda fonte de esclarecimento do seu pensamento político. A todas faremos referência no corpo do presente trabalho, pelo que nos abstemos de aqui as elencar.

22   Para a História do Direito Constitucional Português: Silvestre Pinheiro Ferreira

mologia[33], cujo fim seria *desenvolver e ampliar as doutrinas da escola de philosophia dioristica, fundada por Aristóteles e pervertida pelos escolás-*

---

[33] Não constitui, por certo, tarefa fácil, estabelecer datas exactas para a composição desta obra. Sabe-se que terá, originariamente, surgido em 13 fascículos, publicados no Rio de Janeiro, a partir de 1813. A. A. Teixeira de Vasconcelos, *in Glorias Portuguezas, cit.*, p. 31, salientou não estarmos ante uma *«obra elementar, porque desce a especialidades de philosophia geral e applicada ás sciencias moraes e politicas, mas pode considerar-se como elementar, enquanto vae apontando sucessivamente os príncipios da sciencia.»*. Com maior segurança, poder-se-á, talvez, adiantar qual a composição da obra. Socorramo-nos, uma vez mais, dos ensinamentos de Teixeira de Vasconcelos. Salienta o autor que integram o texto trinta prelecções, perfazendo um total de 534 páginas. *A primeira parte contém vinte e duas prelecções.* Cfr. Teixeira de Vasconcelos, *op. cit.*, p. 31. A segunda parte é preenchida por um amplíssimo índice, destinado, como explica Innocencio Francisco da Silva, *in Diccionario Bibliographico Portuguez,* Tomo Sétimo, Lisboa, Imprensa Nacional, 1862, p. 262, *«não só a indicar os logares em que se tracta das differentes materias, mas a dar uma idéa resumida d'ellas; e mesmo a corrigir e supprir alguns descuidos».* O índice distribui-se por 101 páginas numeradas separadamente, *«impressas em typo mais miudo que o do texto»*, e duas páginas enumeradas de errata. *Vide,* Innocencio Francisco da Silva, *op. cit.*, p. 262. Da parte segunda, que integra as prelecções vigésima terceira a trigésima, incluindo esta última, apenas se publicaram, sem folha de rosto, as páginas 367 a 534. Como suplemento desta obra, figura uma tradução, assinada por Pinheiro Ferreira, das *Categorias de Aristóteles, traduzidas do grego, e ordenadas conforme a um novo plano, para uso das Prelecções philosophicas do auctor.* Tal suplemento, que se estende ao longo de quarenta e sete páginas, terá sido impresso no Rio de Janeiro, na Imprensa Régia, no ano de 1814. Atesta Innocencio Francisco da Silva, no seu *Diccionario, cit.,* que as *Prelecções* eram, ao tempo, muito raras. O fragmento da segunda parte, por seu turno, falta em quase todos os exemplares que o autor consultou. A edição primitiva, publicada em séries, acha-se de todo extinta, excepcionando-se, apenas, alguns cadernos da primeira série preenchidos por oito prelecções. Depois de ouvirmos as palavras de Francisco da Silva, não nos causará, por certo, estranheza, que se conheçam volumes com oito, vinte e duas, vinte e sete e trinta Prelecções. Integra, precisamente, trinta Prelecções o volume existente na Biblioteca da Universidade de Coimbra. No mesmo exemplar foi publicada a tradução das *Categorias* de Aristóteles e o «Índice» das primeiras vinte e duas Prelecções. Este volume terá sido, pelo autor, oferecido à Universidade já que ainda é legível a seguinte dedicatória: *«À Ilustre Academia Conimbricense em testemunho de grata e saudosa memória».* Exemplar idêntico existe na Biblioteca Pública de Évora. Nas citações das *Prelecções Filosóficas,* socorrer-nos-emos da edição da Imprensa Nacional – Casa da Moeda, Colecção Pensamento Português, com introdução de José Esteves Pereira.

ticos[34], ficaram tão concretamente expressos o conceito de lei e direito natural, temas que elegemos para reflexão. O seu objectivo primeiro, por repetidas vezes confessado, é de o *elementarmente criar a clareza suficiente nos seus leitores para a compreensão de temática mais complexa*[35]. Não nos demoraremos em expor o objecto destas Lições, que bem se compreende pelo fim que se propusera o Autor[36][37]. Tão pouco nos deteremos

---

[34] Cfr. A. A. Teixeira de Vasconcelos, *Glorias Portuguezas, cit.*, p. 31

[35] Atente-se nas suas palavras: «Era natural, que tendo de recorrer no ultimo quartel da vida á mesma honrosa Profissão com que nos annos da juventude abri a minha carreira no mundo litterario, me valesse daquella Sciencia, a quem devi sustentação, amigos, e constancia sobranceira a todos os revezes da ventura. Resolvi-me pois a annunciar nesta Corte hum Curso de Prelecções Philosophicas sobre a Theorica do Discurso e da Linguagem, a Esthetica, a Diceósyna, e a Cosmologia. Mas oppunha-se á execução deste projecto a falta de hum Livro elementar, cuja lição fixasse e recordasse nos animos dos que assistissem às Prelecções, as doutrinas de que nellas se houvesse tratado. Não me restava outro recurso, senão o de pôr eu mesmo por escrito as proprias Prelecções: e deixar tirar copias dellas aos meus ouvintes, ou fornecer-lhas por via da Impressão». Cfr. *Prelecções Filosóficas*, cit., p. 31.

[36] *Vide supra.*

[37] Não nos demoraremos a dar um extracto da ideia geral da obra. Deixaremos falar o Autor: O presente Curso de Prelecções Filosóficas tem por objecto «a Teoria do Discurso e da Linguagem: em que se exporão os princípios da Lógica, da Gramática Geral e da Retórica: 2°. O tratado das Paixões primeiramente consideradas como simples sanções, e versando sobre matérias do Gosto; donde se deduzirão as regras da Estética, ou da Teoria da Eloquência, da Poesia e das Belas Artes: depois consideradas como actos morais, compreendidos nas ideias de Virtude ou de Vício; donde se desenvolverão as máximas da Diceósina, que abrangerá a Ética e o Direito Natural; 3°. O Sistema do Mundo, ou a Cosmologia, em que se tratará das propriedades gerais dos Entes, ou da Ontologia, e Nomenclatura das Ciências físicas e matemáticas, e daquelas mesmas propriedades se deduzirão as relações dos Entes criados com o criador, ou os princípios de Teologia Natural». Cfr. Silvestre Pinheiro Ferreira, *Prelecções Filosóficas*, cit., p. 33. Na realização do plano que se propusera, consagrou Silvestre Pinheiro Ferreira as oito primeiras Prelecções a expor uma parte significativa de doutrinas em que diverge dos seu predecessores; nas cinco subsequentes, dedica-se ao estudo das Categorias de Aristóteles e de oito dos seus aforismos; para, nas Lições Décima Quarta e Décima Quinta, se debruçar sobre as relações recíprocas das Ciências Físicas, Matemáticas e Morais; as Prelecções Décima Sexta e Décima Sétima são consagradas à análise das relações que é *mister* estabelecer entre a linguagem e os factos de cada Ciência; na Lição Décima Oitava toma a seu cuida-

em delinear a ligação que deveria presidir a um trabalho desta índole. Escutaremos, antes, Silvestre Pinheiro Ferreira: «Posto que na ideia geral, que vos dei no princípio deste curso, do objecto das Prelecções distingui, como outros tantos assuntos, que nela me proponho tratar, a Lógica, a Gramática e a Retórica, a Eloquência, a Poesia e as Belas Artes, a Ética e o Direito Natural, a Ontologia, a Nomenclatura das Ciências Físicas e Matemáticas, e a Teologia Natural; também logo vos adverti, e várias vezes vos tenho trazido à lembrança, que não era a minha mente, nem mesmo era possível estremar cada um destes objectos para cada um deles tratar separadamente, mas transmitir-vos ocasionalmente o que na série do discurso me ocorresse». Por consequência, e para aqueles que ardenceiam o método, as lições de Silvestre Pinheiro Ferreira enfermam de grave vício[38]. Ciente destes defeitos, o próprio Professor se desculpava, repetindo que se tratava de obra composta e impressa *no curto espaço que medeia entre leitura e leitura*[39]. Simplesmente, se a forma merece reparos, o seu conteúdo, urge sublinhar, atesta a originalidade do pensamento do seu autor.

No espaço cultural português do início da centúria de Oitocentos, com a docência e a publicação das *Prelecções Filosóficas*, testemunhamos uma primeira tentativa de superação do pensamento condicionado pela hegemonia da filosofia natural, que a reforma de 1772 introduzira no ensino universitário. Como atesta António Paim, recorrendo à conceitualização de Joaquim de Carvalho, o filósofo assumiu uma postura crítica face ao empirismo mitigado *em nome da própria coerência do empirismo*[40].

---

do identificar algumas dificuldades que as Prelecções antecedentes haviam suscitado; Na Décima Nona procede a uma análise comparativa das Ciências Morais, com as Físicas e Matemáticas, relativamente ao sistema; As Lições subsequentes, até à vigésima nona, são dedicadas ao estudo do método e teoria daquelas ciências. No início da última Prelecção reitera o autor a ideia de que os assuntos iam sendo tratados em função da dinâmica do curso e das próprias intervenções dos alunos.

[38] J. J. Lopes Praça, *História da Filosofia em Portugal*, Fixação de texto, Introdução, Notas e Bibliografia por Pinharanda Gomes, 3ª Edição, Guimarães Editores, Lisboa, 1988, p. 259.

[39] Cfr. Silvestre Pinheiro Ferreira, *Prelecções Filosóficas*, cit., pp. 31 e 32.

[40] António Paim, *História das Ideias Filosóficas no Brasil*, 4ª edição, Editora Convívio, São Paulo, 1987, p. 254.

Acerquemo-nos, pois, desse texto para que se verifique, com transparência, que as *Prelecções Filosóficas* são, mais do que o livro de um homem, o reflexo de uma época em que tudo se discute e tudo se critica em busca de melhor fundamento para o que, relativamente ao tipo de mentalidade perfilhado, venha a ser incriticável e indiscutível[41].

Outros escritos do autor, mormente as *Noções elementares de filosofia geral e aplicada ás sciencias morais e políticas*[42]; as *Reflexões sobre o método de escrever a história das ciências, e particularmente a da filosofia*[43]; as *Noções elementares de ontologia*[44]; a *Gramática Filosófica*[45]; o *Essai sur la psychologie, comprenant la théorie du raisonnement et du langage, l'ontologie, l'esthétique et la dicéosyne*[46] e *Das*

---

[41] Neste sentido, Delfim Santos, «Silvestre Pinheiro Ferreira», cit., p. 19.

[42] Cfr. Silvestre Pinheiro Ferreira, *Noções elementares de philosophia geral e aplicada às sciencias morais e políticas*, Paris, Oficina Tipográfica de Fain e Thunot, 1839. A obra está dividida em três capítulos que tratam, respectivamente, da Ontologia, Psicologia e Ideologia. Não obstante, e fundamentalmente, a obra compreende duas partes: Ontologia e Psicologia. Silvestre Pinheiro Ferreira não chegou a integrar, na segunda parte da obra, os dois capítulos dedicados à Estética e à Ética. Apenas publicou um capítulo sobre Ideologia. O texto alonga-se por cento e onze páginas, após as quais surge um Apêndice, de dezanove páginas sem numeração, contendo mapas sistemáticos, observações várias e um índice alfabético.

[43] *Vide* Silvestre Pinheiro Ferreira, «Reflexões sobre o método de escrever a história das ciências, e particularmente a da filosofia» in *Pantólogo*, nº 1, Lisboa, 1844. Neste texto, Pinheiro Ferreira regressa à exposição das ideias que ensaiara trinta anos antes, nas *Prelecções Filosóficas*, mas agora liberta da forma de comentário ao livro *Categorias* de Aristóteles. Defende, o autor, com grande rigor lógico e tremenda clareza, a necessidade de estudo e cultivo da filosofia de cada ciência, cuja falta nos especialistas era impeditiva de progresso real nos respectivos domínios do saber. Neste sentido, Delfim Santos, *in* «Silvestre Pinheiro Ferreira», cit., p. 26.

[44] *Vide* Silvestre Pinheiro Ferreira, *Noções Elementares de Ontologia*, Paris, Oficina Tipográfica de Casimir, 1836.

[45] Cfr. Silvestre Pinheiro Ferreira, «Gramática Filosófica» in *Patriota*, Tomo I, Rio de Janeiro, 1813.

[46] Conhecem-se duas edições desta obra. A primeira data de 1826 e foi publicada, em Paris, pela Imp. De Béthume. O mesmo trabalho terá sido objecto de reedição, dois anos mais tarde, agora pela Tipografia de Casimir. O Ensaio de Psicologia estende-se ao longo de quatrocentas e cinquenta e três páginas, elaboradas com o propósito de serem remetidas à Academia Real das Ciências de Copenhague, no âmbito de concurso aberto por essa

ciências em geral, e da sua classificação em particular[47], não só acrescentam alguns dados preciosos à temática das *Prelecções Filosóficas* como contém outros temas de interesse para a presente investigação.

Ao longo da presente exposição não deixaremos de recorrer quer a fontes manuscritas quer a notícias[48], muitas vezes anónimas, publicadas em revistas e jornais, acerca deste homem de excepção. Particular referência merecerá, nesta sede, um escrito curiosíssimo, dada a sua especialidade. Trata-se de uma fábula satírica em verso, saída da pena do grande Publicista, sob o título *Monarchia dos Quadrupedes*[49].

---

mesma instituição. Silvestre Pinheiro Ferreira jamais chegou a enviar àquela Academia «a memória académica» que criou. Neste sentido, Maria Luiza Cardoso Rangel de Souza Coelho, *A Filosofia de Silvestre Pinheiro Ferreira*, Braga, Livraria Cruz, 1958, p. 297. Cfr. Silvestre Pinheiro Ferreira, *Essai sur la psychologie, comprenant la théorie du raisonnement et du langage, l'ontologie, l'esthétique et la dicéosyne*, Paris, Tipografia de Casimir, 1828.

[47] Cfr. Silvestre Pinheiro Ferreira, «Das ciências em geral, e da sua classificação em particular» *in Aurora*, Lisboa, 1845.

[48] A centúria de oitocentos foi, inquestionavelmente, o século dos periódicos. No início do século, a produção do livro, do periódico e do panfleto verificava-se predominantemente em Lisboa, Porto e Coimbra. Cfr. António do Carmo Reis, «As tipografias do Porto na primeira metade do século XIX», *in Estudos de História Contemporânea Portuguesa*, Lisboa, Livros Horizonte, 1991. Particularmente em Lisboa e Coimbra localizavam-se as três mais importantes instituições impressoras e editoras «oficiais». Referimo-nos, naturalmente, à Imprensa Régia, mais tarde chamada Nacional, à Imprensa da Academia das Ciências de Lisboa e à Imprensa da Universidade de Coimbra. Sobre a importância da divulgação de conhecimentos através da imprensa periódica *vide*, por todos, A. X. da Silva Pereira, *O Jornalismo Portuguez*, Lisboa, Typ. Soares, 1895; *idem, Os Jornaes Portugezes. Sua filiação e metamorphoses*, Lisboa, Imprensa de Libanio da Silva, 1897; José Tengarrinha, *História da Imprensa Periódica Portuguesa*, 2ª edição, Lisboa, Caminho, 1989; José A. dos Santos Alves, *Ideologia e Política na Imprensa do Exílio. «O Português» (1814-1826)*, Lisboa, INIC, 1992; Maria de Fátima Nunes, *O Liberalismo Português. Ideários e Ciências*, Lisboa, INIC, 1988.

[49] Cfr. Silvestre Pinheiro Ferreira, *Monarchia dos Quadrupedes*. Um exemplar desta fábula encontra-se publicado, juntamente com outros textos, numa colectânea, sem data, pertença da Biblioteca Nacional de Lisboa (cota S. A. 6070v.). Ignora-se a data de criação deste escrito. Admite-se, porém, que semelhante jacto de graciosa ira política tenha sido arremessado em alguma das três grandes crises governativas que assolaram Portugal, em vida do seu autor.

PARTE I

PINHEIRO FERREIRA:
O PENSAMENTO ANTE AS CIRCUNSTÂNCIAS

I - PINHEIRO FERREIRA:
PENSAMENTO ANTE AS CIRCUNSTÂNCIAS

1.1 - Génese e destino de uma atitude

Silvestre Pinheiro Ferreira nasceu em Lisboa[1], a 31 de Dezembro de 1769[2]. Foram seus progenitores Jacob Pinheiro e Joana Felícia, pertencentes *à classe industrial e pouco abastados de bens da fortuna*[3].

---

[1] Contra João Vicente Martins que, em opúsculo entitulado *À Memória de Silvestre Pinheiro Ferreira*, publicado no Rio de Janeiro no ano de 1846, refere, a p. 36, ter o grande publicista nascido «na vila da Covilhã». Cfr. João Vicente Martins, *À Memória de Silvestre Pinheiro Ferreira*, Rio de Janeiro, Typographia de Bintot, 1846.

[2] No dia 1 de Julho de 1846, às quatro horas da manhã, morre Silvestre Pinheiro Ferreira. Cfr. A. A. Teixeira de Vasconcelos, *Glórias Portuguesas*, tomo I, Typographia Portuguesa, Lisboa, 1869, p. 25. No Sábado, dia 4 de Julho, a *Gazeta dos Tribunais* dá ao prelo o seguinte texto: «no dia 2 do corrente, pelas sete horas da tarde, deu-se à terra, no Cemiterio dos Prazeres, o corpo do Exmo. Sr. *Silvestre Pinheiro Ferreira*, ministro d'estado honorario. Apenas alguns de seus amigos e discipulos lhe assistiram ao enterro. Foi como na morte de *Socrates*, só lhe não deram a cicuta fisicamente a beber. As honras que em vida teve á bondade de um rei as deveu, e o povo de quem era o mestre e defensor, a quem dedicava os seus disvellos, e por quem se sacrificou, o povo que abriu a tantos que o não merecem, o caminho ao poderio, foi para com elle ingrato até ao fim. A Europa fará justiça ao homem virtuoso, ao filosofo modesto, ao defensor ardente dos direitos da humanidade, e ao portuguez distincto e afamado lá fóra, que morreu quasi obscuro na sua terra, bem pouco digna de lhe ficar possuindo os ossos. Mas as suas doutrinas, a que a *Gazeta* constantemente rendeu homenagem, cá ficam e a esperança nos consola de que hão de um dia frutificar. Em quanto não chega esse dia, que talvez esteja ainda longe, não

esqueça ao menos de pôr-lhe uma campa sobre os ossos para que se não perca o rasto delles, como se perdeu aos de *Camões*. Quanto à mesquinha pensão que disfructava, e dadiva tambem do rei bondozo, a continuação della á viuva é uma divida sagrada do governo e da nação. Quanto ao mais, a homenagem que a *Gazeta*, discipula de suas doutrinas, deve render ao defunto, hade consistir, como até aqui, em sustentar e propagar-lhe o systema, único verdadeiro, porque é fundado sobre a immutavel lei do justo, o qual póde só trazer a ventura a este reino por ora tão desgraçado, e que não hade ser venturoso em quanto nelle a virtude fôr tão pouca. A. G.».

3 Cfr. Innocencio Francisco da Silva, *Diccionario Bibliographico Portuguez*, Tomo VII, cit., p. 259. Corroborando as asserções de Innocencio da Silva, *vide* A. A., Teixeira de Vasconcelos, *Glórias Portuguesas*, tomo I, cit., p. 3 e João Afonso Corte-Real, *Universalismo de Silvestre Pinheiro Ferreira, conselheiro do Rei D. João VI*, Braga, 1967, p. 44. Informa, não obstante, Teixeira de Vasconcelos, *in op. cit.*, p. 3, que o nosso biografado seria natural da Covilhã. No ensaio de J. A. Corte-Real estão transcritos os assentos de baptismo e de óbito de Silvestre Pinheiro Ferreira. O grande publicista português terá sido baptizado em vinte e dois de Janeiro de 1770, na Igreja Paroquial de Santa Isabel, pelo Padre Rodrigo Botelho Campelli de Sacadura de Pina. Foi seu padrinho Frei António do Espírito Santo, religioso do Convento de São Domingos. A profissão de «Fabricante de Seda», atribuída a Jacob Pinheiro no referido assento paroquial de baptismo, deverá ser entendida no sentido de responsável de unidade fabril. Como conclui José Esteves Pereira, *in Silvestre Pinheiro Ferreira, o Seu Pensamento Político*, Universidade de Coimbra, Coimbra, 1974, p. 1, nota 1, «a nota de assento do número da porta: "moradores na Fábrica da Seda, número quarenta e três" conflui no sentido deste pormenor». Efectivamente, e a acreditar nos ensinamentos de J. Borges de Macedo, *in Problemas de história da indústria portuguesa no século XVIII*, Lisboa, 1963, p. 90, «a Real Fábrica do Rato, no ramo da sericicultura, comportava, em 1769, trinta e três fabricantes». O propósito desta medida parece assentar na necessidade de reorganizar a fábrica, aprendendo com o fracasso da primitiva empresa de Godin. A este respeito escreve José Acúrsio das Neves, *Noções Históricas, Económicas e Administrativas Sobre a Produção e Manufactura das Sedas em Portugal, Particularmente Sobre a Real Fábrica do Subúrbio do Rato e Suas Annexas*, Lisboa, Impressão Regia, 1827, pp. 135 e 136: «Crescendo muito o numero dos mestres fabricantes de sedas, fizerão-se necessarias algumas novas providencias, e alterações no regimen economico delles, e da Real fabrica (...) Na primittiva os teares de seda estavão dentro do edifício da Real fábrica; quando se cons-truirão as casas para habitação dos fabricantes, forão-se distribuindo por ellas». Sublinha, ainda, o autor que os «fabricantes» se reuniam em uma «especie de *confraria*» (*Idem*, p. 91). A este propósito veja-se, ainda, José Acúrsio das Neves, «Memória sobre os Meios de Melhorar a Indústria Portuguesa, Considerada nos seus Diferentes Ramos», *in Separata de Ciência e Técnica Fiscal*, nº 59, Novembro de 1963, pp. 47 e ss..

A personalidade de Silvestre Pinheiro Ferreira interessa à História num tríplice ponto de vista: biográfico, científico e cultural.

O homem, a obra e a influência que um e outra exerceram sobre o espírito e a cultura do seu tempo e do seu país, durante o final de Setecentos e a primeira metade da centúria imediatamente ulterior, são as três vertentes de análise que, embora intimamente ligadas, importa distinguir, por razões de método, no estudo de um homem de talento como incontestavelmente era Silvestre Pinheiro Ferreira.

Os traços da sua personalidade dever-se-ão reconstruir com base na documentação disponível e na análise da actividade literária que desenvolveu. Não será, por conseguinte, nosso propósito entrar nas complexas questões que a psicanálise levanta.

Aliás, se queremos deveras conhecer Pinheiro Ferreira, o melhor é interrogar os textos, os contemporâneos e todos os que estudaram escrupulosamente a sua personalidade e a sua obra, e lhe recortam o perfil em linhas verídicas.

A época conturbada da política nacional no período regenerador não deixou, porém, que o nosso biografado saísse incólume, ou engrandecido, da faina política. Tal constatação explica, em parte, que não só a obra, mas até o seu nome, chegassem aos nossos dias pouco mais que desconhecidos.

É certo que o Publicista detinha prestígio nos meios políticos, sociais e culturais. Atestam esta afirmação os factos de pertencer à Academia das Ciências, ser correspondente do Instituto de França e do Instituto Histórico e Geográfico do Brasil, haver concitado o respeito de alguns vultos contemporâneos, nacionais e estrangeiros, sobretudo pelos seus escritos de índole jurídico-constitucional. Também as traduções que assinou de obras de Vattel e Martens e a sua colaboração na *Enciclopédie Moderne*, de Courtin, reafirmam aquele entendimento. Comprovam-no, ainda, a circunstância de haver sido dicionarizado em obras de referência como a *Enciclopédie Larrousse du XIXème siècle* e o *Dictionnaire d'Économie Politique*[4], de Coquelin e Guillaumin. Em Portugal, Adrião

---

[4] Cfr. *Dictionnaire de l'Économie Politique: contenant l'exposition des principes de la science, la bibliographie générale..., publié sous la direction de Ch. Coquelin et Guillaumin*, 2 volumes, Paris, Guillaumin, 1852-1853.

Forjaz de Sampaio, ao organizar os primeiros cursos de Economia Política e Estatística[5], ainda em vida do nosso biografado, indica textos de Pinheiro Ferreira[6].

[5] Adrião Pereira Forjaz de Sampaio, *Economia Política e Estatística*, Coimbra, Imprensa da Universidade, 1866.

§ Rudolf Laun, professor em Hamburgo, no seu *Régime International des Ports*, refere Silvestre Pinheiro Ferreira como um dos poucos internacionalistas que repudiaram a doutrina de que os navios de guerra surtos em portos estrangeiros gozam de autêntica extraterritorialidade, por serem partes do território do seu país. V. Rudolf Laun, *Régime International des Ports*, cit. por Armando Marques Guedes, «Silvestre Pinheiro Ferreira», *in Jurisconsultos Portugueses do Século XIX*, volume II, cit., p. 39.

§ No seu curso, *L'Islam et le Droit des Gens*, Ahmed Rechid, professor de Direito Constitucional Comparado na Faculdade de Direito de Estambul e membro do Tribunal Arbitral da Haia escreve: «(...) Dans son ouvrage intitulée – Principes de Droit Public Constitutionel, administratif et des gens(1834), Pinheiro Ferreira, célebre philosophe et homme d'État portugais, dit que la prise des otages est un reste de barbarie de nos ancêtres, qu'il faut stigmatiser...». Cfr. Ahmed Rechid, *L'Islam et le Droit des Gens*, cit. por Armando Marques Guedes, «Silvestre Pinheiro Ferreira», *in Jurisconsultos Portugueses do Século XIX*, volume II, cit., p. 39.

§ No seu *L'entr'aide des États dans la lutte contre la criminalité*, o professor honorário da Faculdade de Direito de Estrasburgo – J. A. Roux – cita, indirectamente, Silvestre Pinheiro Ferreira. Cfr. J. A. Roux, *L'entr'aide des États dans la lutte contre la criminalité*, cit. por Armando Marques Guedes, «Silvestre Pinheiro Ferreira», *in Jurisconsultos Portugueses do Século XIX*, volume II, cit., p. 39.

§ Também Foelix, no seu *Droit International*, cita Pinheiro Ferreira a propósito do instituto jurídico da extradição. Cfr. Foelix, *Traité du Droit International Privé au du Conflit des Lois des Différents Nations en Matière de Droit Privé*, 2ª ed., Paris, Librairie de la Cour Cassation, 1847.

§ Fauchille, no seu tratado, em quatro tomos, de Direito Internacional Público ao nosso polígrafo se refere, por mais do que uma vez. V. Fauchille, *Traité de Droit International Public*, 8ª edição, Paris, Arthur Rousseau, 1921.

§ No seu *Corso di Diritto Internazionale Publico*, Anzilotti cita Silvestre Pinheiro Ferreira como anotador ilustre do tratado de Georg Friedrich Martens – *Prècis du droit des gens moderne de l'Europe*. Não obstante, conhece o grande internacionalista italiano os escritos originais de Pinheiro Ferreira que, de igual modo, refere. Cfr. Anzilotti, *Corso di Diritto Internazionale Publico*, cit. por Armando Marques Guedes, «Silvestre Pinheiro Ferreira», *in Jurisconsultos Portugueses do Século XIX*, volume II, dir. e colaboração de José Pinto Loureiro, Edição do Conselho Geral da Ordem dos Advogados, Lisboa, 1960, p. 39.

[6] Períodos assináveis da vida do nosso biografado passaram-se fora de Portugal. Desta circunstância, além da consideração do seu valor intrínseco, resulta que a obra de

Simplesmente, nenhuma das circunstâncias a que aludimos é de molde a infirmar a ideia de que a notoriedade do filósofo e juspublicista português não mereceu igual repercussão intelectual[7].

Um autor cuja identidade se não conhece dedica algumas linhas a enaltecer as virtudes de Silvestre Pinheiro Ferreira[8]. Interessa-nos, sobretudo, retirar desse testemunho o retrato humano do grande Publicista Português[9].

Pinheiro Ferreira seja conhecida no estrangeiro. De facto, não constitui tarefa árdua encontrar o seu nome citado em obras estrangeiras, sobretudo de Direito Internacional Público.

[7] Decorre o ano de 1746 quando Teixeira de Vasconcelos dedica o seu labor a estudar a obra e a personalidade de Pinheiro Ferreira. Poucos anos volvidos, José Félix Henriques Nogueira, nos seus *Estudos sobre a Reforma em Portugal*, a ele recorre abundantemente. Cfr. José Félix Henriques Nogueira, *Estudos sobre a Reforma em Portugal*, Lisboa, Typ. Social, 1851. Mas, sem eufemismos, poder-se-á dizer que será com José Joaquim Lopes Praça que Silvestre Pinheiro Ferreira penetra no conhecimento das novas gerações de Oitocentos. Com Lousada de Magalhães surge, em 1881, em alemão, a primeira tentativa de interpretação do pensamento do grande filósofo e juspublicista português, análise que será retomada, já neste século, por Ferreira Deusdado, Cabral de Moncada, Joaquim de Carvalho, Delfim Santos, José Marinho, Lúcio Craveiro da Silva e Pinharanda Gomes, sem olvidar, no Brasil, a persistente e meticulosa análise da construção silvestrina desenvolvida por António Paim e Vicente Barreto. Sobre os contributos para o estudo do pensamento de Silvestre Pinheiro Ferreira veja-se a síntese assinada por José Esteves Pereira em «Introdução» a *Prelecções Filosóficas*, edição da Imprensa Nacional Casa da Moeda, cit., pp. 12 a 14.

[8] Cfr. *Revista Popular: semanario de litteratura e industria*, Lisboa, s.n., 1851, tomo IV, pp. 6 e ss..

[9] O retrato psicológico de Silvestre Pinheiro Ferreira foi por diversas vezes traçado. Um autor cujo nome se desconhece escreve «...não presidiram ao nascimento de Pinheiro Ferreira «as honras imanes de uma ascendência fidalga. Foi ele, ao contrário, quem enobreceu o berço modesto em que a fortuna o quis lançar, para que a humildade do sangue servisse de tornar mais pura e valiosa uma reputação ganha a poder de merecimentos próprios, e de nobre e honrados sacrifícios». Cfr. *Revista Popular*, cit., pp. 6 e ss..

Será, também, digno de registo o testemunho de Teixeira de Vasconcelos acerca da personalidade do nosso biografado: «Qual fosse a jerarquia social dos seus projenitores importa pouco conhecer, quanto tamanho é o cabedal de virtudes próprias que o ilustra». V. «Apontamentos para a biografia de S. P. Ferreira», *in A Ilustração: jornal universal*, volume II, n° 1 de 4 de Abril de 1846; n° 3 de 18 de Abril e n° 4 de 4 de Julho. A este

O exemplo de temperamento minucioso resulta claramente da análise que desenvolve das virtualidades do governo representativo, a qual estará na base, nomeadamente, do seu *Projecto de Codigo Geral das Leis Fundamentaes e Constitutivas d'uma Monarchia Representativa.* Os catorze primeiros anos de vida de Silvestre Pinheiro Ferreira permanecem na sombra.

Aos quinze dias do mês de Outubro do ano de 1784, poucos meses antes de completar quinze anos de idade, entrou na Casa de Nossa Senhora das Necessidades, da Congregação do Oratório. Aí permaneceu durante sete anos, tendo chegado a tomar ordens menores.

---

propósito escreve, ainda, José António Lisboa. «Depois de havermos dirigido nossas suplicas ao céo, pedindo ao Creador conceda à alma do nosso muito prezado, e digno amigo, o Conselheiro Silvestre Pinheiro Ferreira, o premio dos justos, devido a uma vida pura e ordenada de todas as virtudes sociaes, seja-me permitido derramar uma lagrima de saudade por um homem, cuja estreita amizade cultivei por mais de trinta annos, e que nas vesperas de deixar a habitação terrestre, tanto se ocupou de mim, como de um dos seus mais intimos e prezados amigos. Fazer a exposição do seu mérito, narrar as suas nobres virtudes, descrever a eminencia dos seus talentos, a sublimidade dos seus pensamentos, seria desnecessária tarefa perante os que o conhecêrão de perto, e que cultivárão a sua interessante amizade; tanto mais quanto tudo o que a esse respeito eu podesse dizer, seria inferior ao seu verdadeiro mérito...» Cfr. José António Lisboa, «Saudades» *in Miscelânia,* s.d., existente na Biblioteca Nacional de Lisboa, sob a cota S.C. 15967, p. 9. A mesma mensagem se retira das palavras que Pedro de Alcântara Lisboa dedica a Silvestre Pinheiro Ferreira: «Dotado de todas as virtudes, de um coração magnanimo, capaz de todos os sentimentos que honrão a humanidade, possuia o nosso fallecido e respeitavel amigo uma das intelligencias mais claras, e a instrução mais vasta que póde possuir o espirito humano. Quem lhe contestaria o primeiro lugar actualmente entre os sábios que adornavão contemporaneamente Portugal, sabios que o perderão para sempre, a não ser a hedionda inveja, essa furia horrivel, incessante causa dos males que devastão a humanidade (...) A vida de Silvestre Pinheiro Ferreira foi toda consagrada ao estudo das sciencias, não dessa sciencia especulativa, que serve de occupar a curiosidade e a imaginação da sociedade, mas dessa sciencia profunda, que trata do progresso da humanidade, do melhoramento das classes que compõem a sociedade. Com quanto brilho percorreu elle essa vereda difficil! a delicadeza que distingue o littterato de bom gosto, a profundidade que revela o sabio consumado, a rectidão propria do homem probo, a coragem que é o apanagio das almas grandes; todas essas qualidades estão estampadas em caracteres indeleveis nos escriptos que Silvestre Pinheiro Ferreira legou à posteridade». V. Pedro de Alcântara Lisboa, «Louvores» *in Miscelânia,* cit., pp. 10 e 11.

Os reais motivos que levaram Pinheiro Ferreira a abandonar a casa que o preparara intelectualmente não são tão bem conhecidos como o mereciam ser.

Ainda no século XVIII se formou o entendimento de que terá sido a polémica travada com o padre Teodoro de Almeida[10], acerca da origem das forças vivas[11], o motivo determinante da sua saída[12]. Tal interpretação vingou, tendo sido repetida quase até aos nossos dias.

Reagindo contra esta visão, escreve Maria Luiza Cardoso Rangel de Souza Coelho: «parece que foi uma resolução que tomou e não uma imposição dos superiores. Mesmo a saudade com que fala dos que o edu-

---

[10] Durante o tempo em que Silvestre Pinheiro Ferreira estuda na Congregação do Oratório de Lisboa aí pontificava o magistério do Padre Teodoro de Almeida. Cfr. Francisco Contente Domingues, *Ilustração e Catolicismo. Teodoro de Almeida*, Colibri, Lisboa, 1994, p. 143.

[11] Deve-se a Silvestre Pinheiro Ferreira a composição de uma *Dissertação* sobre «as forças vivas» que, a acreditar nos ensinamentos de A. A. Teixeira de Vasconcelos, *in Glórias Portuguesas*, cit., p. 4, terá estado na base de uma polémica que opôs o jovem autor ao velho Padre Teodoro de Almeida.

[12] Procurando traçar, em breves pinceladas, a genealogia deste juízo histórico referiremos que o mesmo foi divulgado por Innocencio Francisco da Silva, no seu *Diccionario Bibliographico Portuguez*, vol. VII, já cit., p. 259, em meados da centúria de Oitocentos, para ser retomado por Pedro A. D'Azevedo, no século seguinte e repetido, décadas mais tarde, por Delfim Santos. Cfr. Pedro A. D'Azevedo, «O Primeiro Casamento de Silvestre Pinheiro Ferreira», *in Archivo Historico Portuguez,* vol. VIII, Anno de 1910, Lisboa, pp. 155 a 158 e Delfim Santos, *in Dicionário de Literatura*, volume 2, 3ª edição, dir. Jacinto do Prado Coelho, 1984, Porto, p. 332. Sugestivamente, lê-se em *Jurisconsultos Portugueses do século XIX*: «(...) redigiu uma dissertação acerca das "forças vivas", em que refutou algumas teorias do Padre Teodoro de Almeida. Estes trabalhos, se lhe valeram certa admiração e muito apreço do Principal Castro, então Reitor da Universidade de Coimbra, também concitou contra ele a má vontade dos oratorianos, cujo ânimo não sofria que um rapazola, formado nas suas aulas, ousasse vir a público discordar do padre Teodoro, que eles consideravam como seu oráculo, honra da sua Ordem e um sábio, venerável a todos os títulos. Por isso, o minorista Silvestre Pinheiro renunciou ao sacerdócio, abandonou o Oratório e propôs-se viver do magistério». Cfr. Armando Marques Guedes, «Silvestre Pinheiro Ferreira», *in Jurisconsultos Portugueses do Século XIX*, volume II, direcção e colaboração de José Pinto Loureiro, ed. do Conselho Geral da Ordem dos Advogados, Lisboa, 1960, já cit., p. 38.

caram e o continuar a escrever com profunda estima aos seus mestres, não parece compatível com a "perseguição" de que fala Innocêncio[13/14]».

Permanece, de facto, na sombra este importante momento da existência de Silvestre Pinheiro Ferreira. Simplesmente, não nos parece que a querela científica seja suficientemente explicativa do abandono da Congregação. Tal evento terá apenas a virtualidade de traçar a fronteira entre um espírito crítico do experimentalismo racionalista, como é o de Teodoro de Almeida e a exigente estruturação lógica de Silvestre Pinheiro Ferreira[15].

No plano global, a solução de conteúdo para esta questão só surgirá com o aparecimento da *Dissertação sobre a origem das forças vivas*, assinada por Pinheiro Ferreira, e que, ainda hoje, permanece inédita.

Não obstante, e ensaiando uma tomada de posição, sempre diremos que a explicação poderá residir no facto de, ao longo do noviciado escolar, as suas ideias terem tomado um rumo que, a final, não se coadunava com o dos Oratorianos. A esta luz, a polémica com o Padre Teodoro de Almeida poderá ter surgido como pretexto para a saída da instituição[16]. Depõe a favor desta construção uma carta, saída da pena de Silvestre Pinheiro Ferreira, aos dois dias do mês de Janeiro de 1813. Meditemos nas

---

[13] Cfr. Maria Luiza Rangel de Souza Coelho, *A Filosofia de Silvestre Pinheiro Ferreira*, cit., pp. 14 e 15. No mesmo sentido se manifestou José Esteves Pereira, *Silvestre Pinheiro Ferreira*, cit., p. 2, nota 2.

[14] Nas *Memórias de Castilho*, organizadas por Júlio de Castilho, encontramos a transcrição de um autógrafo, saído da pena de Pinheiro Ferreira e inserto no álbum de família do poeta, autógrafo esse em que perpassa o sentimento de que o abandono da carreira eclesiástica teria sido motivado por um acto impulsivo: «Eu prevendo a minha sorte/ longe do mundo fugi:/ Lá n'um claustro me escondi/ para alli esperar a morte.// Porque razão foi mais forte/Do que esta resolução/Essa funesta paixão/que d'alli me arrancou, / e ao mundo me arrojou/ Justos Céos, porque razão?». Neste depoimento poético, em parte alguma, se alude a qualquer perseguição por parte dos oratorianos.

[15] Assim, J. S. da Silva Dias, *O Ecletismo em Portugal no Século XVIII*, Faculdade de Letras da Universidade de Coimbra, Instituto de Estudos Psicológicos e Pedagógicos, Coimbra, 1972, p. 16.

[16] Neste sentido se pronunciou José Esteves Pereira, *Silvestre Pinheiro Ferreira...*, cit., pp. 2 e 3.

suas palavras: «Sei que varios dos nossos já se achão na Terra do descanso. Quantos são para envejar! Aos que não forem desse número queira dar mui.tas saudades m.as e bem sinceras; porque apesar da firmeza com que creio naquella maxima do optimismo Christão = Que tudo q.to Deus faz he pelo melhor = não deixo de lembrar-me com saud.e da roupeta, não arrependo-me do partido que tomei por motivos, que hoje me obrigarião a fazer o m.º que fiz, mas sentindo hoje, como então senti que fosse compatível a m.ª permanencia com os meus principios. Mas enfim de cima vem o que a cada um pertence representar neste Scenario: possamos nòs ao menos conseguir o que deve ser o nosso principal intento no meio de todos estes trab.ºs...[17]»

É inquestionável a influência espiritual da Congregação do Oratório no perfil de Silvestre Pinheiro Ferreira[18]. O próprio autor se considera

---

[17] Silvestre Pinheiro Ferreira, *Carta datada de dois de Janeiro de 1813 e escrita no Rio de Janeiro*. Tal carta conserva-se no Arquivo da Universidade de Coimbra.

[18] Foi no quadro do magistério oratoriano que estudou Humanidades pelo período de nove anos: o latim e o Grego, nos três primeiros anos, a literatura grega e latina, no segundo triénio e, enfim, a retórica. Findo tal período, os formandos submeter-se-iam a exame a fim de serem admitidos no curso de Filosofia que compreendia o estudo da Metafísica, da Ética e da Lógica. Na esteira da linha programática da reforma pombalina dos estudos menores e do novo sentido técnico do preceptorado gramatical assinado pelo Padre António Pereira de Figueiredo, as selectas seguidas no ensino da língua e da gramática latina são, provavelmente, críticas dos *Fasciculus ex selectioribus viridaris*. Vemos, assim, que a Congregação procurou, com índices assegurados de sucesso, superar a massa de conhecimentos que a Companhia de Jesus imprimira, por longo tempo, ao ensino da latinidade. No domínio da Retórica, seguiam-se as Instituições de Quintiliano, o que merecerá o desprezo de Pinheiro Ferreira. Cfr. Silvestre Pinheiro Ferreira, «Das Ciências em Geral», já cit., onde se lê: «Há nesses numerosos volumes boa cópia d'excellentes e uteis doctrinas (...), infelizmente, é particularmente notavel nesta insignificancia o livro por onde entre nos e n'outros paizes se ensinam estas sciencias, as tam famigeradas Instituições de Quintiliano». A Lógica e Metafísica era estudada com base nas «Instituições de Lógica e Metafísica» de António Genovesi ou Genuense. No campo da Ética seguiam-se «Os Elementos de Filosofia Moral» de Heinécio. Cfr. Vitorino Nemésio, *Herculano*, volume I, Lisboa, 1934, p. 119 e ss.; Maria Luiza Rangel de Sousa Coelho, *A Filosofia de Silvestre Pinheiro Ferreira*, cit., pp. 8 e ss.; José Esteves Pereira, *Silvestre Pinheiro Ferreira*, cit., p. 3, nota 3. Sobre a Congregação do Oratório *vide*, por todos, J. S. da Silva Dias, «A Congregação do Oratório, sua traça primitiva», *in Coloquio: Revista de*

filho dessa instituição[19]. Suficientemente ilustrativo do que se afirma, será o facto de, logo em 1813, ter submetido à crítica do oratoriano Fernando Garcia a *Primeira Prelecção Filosófica*, que acabara de publicar[20]. Merecerá, ainda, referência, por ser particularmente elucidativo do que pretendemos dizer, a circunstância de, anos antes, em 1798, Silvestre Pinheiro Ferreira haver auxiliado a Congregação na recepção de obras várias remetidas da Holanda[21].

Artes e Letras, n° 44, Lisboa, pp. 65 a 67; *idem, A Congregação do Oratório de Lisboa*, Coimbra, Instituto de Estudos Filosóficos, 1966. Esta obra existe em micro-filme, na Biblioteca Nacional de Lisboa.

[19] Em carta, escrita em Paris, aos quatro dias do mês de Outubro do ano de 1826, e remetida a Fernando Garcia, podemos ler: «Sempre que me tem sido possível, tenho assinalado por algum acto externo este dia 4 do presente mês, por mim consagrado à saudosa memória da Congregação, de trinta e cinco anos a esta parte (...) Os meus sentimentos aí formados têm sido até agora invariáveis, possam eles merecer-me o título de digno filho dessa Congregação, a que jamais deixei de estar unido por gratidão e afecto...» Tal missiva foi publicada por Ferreira Deusdado, *in Educadores Portugueses*, Angra do Heroísmo, 1909, p. 42.

[20] Nessa carta, escrita em 4 de Agosto de 1813, a intenção silvestrina está suficientemente documentada: «na primeira occasião de Navio terei a satisfação de remeter a V. R.ª, e offerecer às suas reflexões em alguns momentos vagos a primeira Prelecção de um curso de Philosophia, que comecei a imprimir». O original desta carta repousa na Biblioteca Nacional de Lisboa.

[21] Demonstra-o, sem hesitações, uma carta assinada pelo Padre Mouton, redactor das *Nouvelles Eccesiastiques*, datada de 1 de Novembro de 1798, e dirigida a um Padre da Congregação do Oratório. Tal missiva, publicada por J. Esteves Pereira, em Apêndice a *Silvestre Pinheiro Ferreira*, cit., pp. 189 a 192, abre, precisamente com as seguintes palavras: «M. Pinheiro Ferreira a pris la peine de venir me remettre, de votre part, une Note de plusieurs ouvrages, que vous souhaiterez avoir d'ici». E, trechos adiante, lê-se: «(...) Si vous souhaitez les avoir, on pourrait vous les faire passer regulièrment, unen ou plusieurs feuilles chaque fois, par lle cana de votre ami M. Pinheiro Ferreira...». O original desta carta encontra-se na Biblioteca Nacional de Lisboa. Interessante notar que este testemunho contém poderosos informes acerca das relações que a Congregação mantinha com os seus congéneres europeus, no ocaso da centúria de Setecentos. Por ultrapassar, largamente, o propósito do presente estudo, não poderemos, nesta sede, mais do que enunciar a questão. Sobre o tema, *vide*, por todos, Augustin Gazier, *Histoire Générale du Mouvement Jansénist*, 2 Tomos, Paris, L.b. Ancienne Honoré Champion, 1923.

Mas, também, não oferecerá dúvidas o facto de, no ambiente da Congregação, ter o jovem pensador possibilidade de ler e discutir os temas actuais da filosofia natural que, aliás, jamais deixarão de o interessar.

Na década iniciada em 1790, a leitura de Condillac consubstancia, por seu turno, um desafio aos limites em que Silvestre Pinheiro Ferreira fora formado. A atitude crítica que não deixará de assumir ante a construção do filósofo francês não diminuem a influência das suas concepções na elaboração gnoseológica silvestrina, bem como na implícita preocupação por uma teoria da linguagem, evidente para quem leia as suas *Prelecções*.

A sugestão teórica de sistema[22] na economia do seu labor especulativo poderá também ser condilaquiana[23], como sucedera, uma década antes, com o jus-economista Joaquim José Rodrigues de Brito[24].

1.2 - Um Espaço de Intervenção: A Maçonaria

Em 1791, com vinte e dois anos, Silvestre Pinheiro Ferreira abandona a Congregação do Oratório de Lisboa. Após um curto período de dois anos em que, a acreditar nos ensinamentos de alguém que privou com o nosso biografado, se dedicou *ao magisterio, dando lições publicas em*

---

[22] O sistema é, por Silvestre Pinheiro Ferreira, definido como «qualquer número de substâncias que se consideram umas como agentes, outras como pacientes, entre si». *Vide* Silvestre Pinheiro Ferreira, *Prelecções Filosóficas*, cit., p. 52.

[23] Neste sentido, José Esteves Pereira, «Introdução» a *Prelecções Filosóficas*, cit., p. 16. Não obstante, e como, com acerto, sublinha o autor, será preciso não esquecer que o sistema é, no pensamento silvestrino, um patamar necessário mas não suficiente de organização da experiência, exigindo, não apenas, a subsequente precisão de uma elaboração teórica, nomeadamente sobre a causa, razão e efeito dos fenómenos, mas também o aperfeiçoamento que só o método potencia.

[24] Cfr. Joaquim José Rodrigues de Brito, *Memórias Políticas sobre a Verdadeira Grandeza das Nações e Particularmente de Portugal*, Lisboa, Banco de Portugal, 1992, pp. XXII e 29.

Lisboa[25], ingressa no Colégio das Artes[26], em Coimbra, como professor substituto de Filosofia Racional e Moral[27]. Corria o ano de 1794.

O considerável acervo de documentação existente sobre a problemática do ensino filosófico atesta a profundidade da crise cultural para que a reforma pombalina atirara o ensino em geral[28]. Extirpando métodos antigos, a reforma não logrou pôr na substituição a mesma energia que colocara na condenação do método anterior.

Silvestre Pinheiro Ferreira, ciente das potencialidades da historiografia[29], abonava o futuro nos seguintes termos: «*Cumpre pois, que o his-*

---

[25] A. A. Teixeira de Vasconcelos, *Glórias Portuguesas*, cit., tomo I, p. 4.

[26] O Colégio Real das Artes nasce em 1547 e, em 22 de Fevereiro de 1548, é inaugurado. Num conhecido passo de uma carta que André de Gouveia envia a D. João III surge, claramente, denunciada a índole que o grande Mestre quis imprimir à sua academia. Referindo-se aos arquitectos da corte, afirma que *todos eles entendem tão pouco em fazer colégio como eu o quero e deve ser, como aqueles que nunca fizeram outro senão para frades...* cfr. José Sebastião da Silva Dias, *A Política Cultural da Época de D. João III*, Coimbra, Faculdade de Letras, 1969, p. 560.

[27] Sobre a questão *vide*, por todos, Maria Cândida M. F. Ribeiro Gonçalves, *O Colégio das Artes e a Reforma das Escolas Menores*, Dissertação de Licenciatura (Policopiada), Coimbra, 1972; Sebastião Tavares de Pinho, *O Colégio das Artes da Universidade de Coimbra*, s.n., Imprensa de Coimbra, Coimbra, 1992.

[28] Sugestivamente, Cunha Rivara denunciava, em 1839, a insuficiência do ensino da filosofia racional, pelo método em vigor, após o decreto de 19 de Novembro de 1836.

[29] Sobre a historiografia filosófica portuguesa *vide*, por todos, Joaquim de Carvalho, *Evolução da Historiografia Filosófica em Portugal até Fins do Século XIX*, Coimbra, 1946. Não falecerá a razão a Pinharanda Gomes quando afirma que o eixo da historiografia filosófica da centúria de oitocentos deve ser procurado no século XVIII, com a publicação, em Leipzig, por João Jacob Brucker, da *Historia Critica Philosophae*, em cinco tomos, nos anos de 1742 a 1744, obra que terá sido relativamente cedo conhecida em Portugal. Cfr. Pinharanda Gomes, «Introdução à Vida e Obra de Lopes Praça», *in* Lopes Praça, *História da Filosofia em Portugal*, já cit., p. 30. A ela recorreu Frei Manuel do Cenáculo, nas suas *Conclusiones de Logica*, Lisboa, 1751, e, por sua determinação, procedeu-se à publicação de uma Sinopse, com cinquenta e uma páginas, intitulada *Synopsis Historiae Philosophae secundum Bruckerianum*, Lisboa, 1773, a qual servirá de guia no estudo da História da Filosofia. Ou por directo conhecimento da obra ou mercê da familiarização com tal resumo, a obra de Brucker aparece, em Portugal, abundantemente citada em numerosos escritos da época. Ilustrativo do que se acaba de dizer será a publicação, em 1788, da *Historia dos Filosofos Antigos e Modernos*, saída da pena de Francisco Luís Leal e o facto

toriador da sciencia considere separadamente os progressos de cada um d'aquelles elementos, em cada uma das epochas ou phases de seo progressivo desinvolvimento; por quanto, só depois de ter comparado os progressos de cada um d'elles, com o de cada um dos outros, é que poderá dar aos seos leitores, e comprehender elle mesmo, até que ponto o vagar com que um d'aquelles elementos progredio no seu desinvolvimento, foi a causa de todos os outros serem retardados na sua marcha[30]...».

A sua disposição combativa colocou-o ao serviço da destruição do que, na sua perspectiva, deveria ser destruído. Assim, insurgiu-se, desde logo, contra a Lógica de António Genovèse, de uso corrente nas escolas reformadas[31], convencendo os espíritos mais incrédulos da sua abertura filosófica à metodologia experimental Baconiana.

---

de, em 1803, Emídio José David Leitão haver dado à estampa a tradução portuguesa do escrito de M. Format, intitulado *Historia Abreviada da Filosofia* que, na opinião de Ferreira Deusdado, mais não é do que um resumo da obra de Brucker. Cfr. Ferreira Deusdado, *in* «Introdução» a *Princípios Gerais da Filosofia de Cunha Seixas*, Lisboa, 1897. A crítica à obra do historiador alemão, num país onde ela gozava de franco apreço, é assinada por Silvestre Pinheiro Ferreira. As suas palavras não deixam, a este propósito, quaisquer dúvidas: «*Infelizmente, este methodo confuso d'escrever a historia da philosophia, tem sido adoptado por todos os auctores, que em differentes epochas emprehenderão um tão interessante trabalho, taes como Stanley, Brucker, Degerando e Ritter; por maneira que se pode asseverar com verdade que, graças às profundas e laboriosas indagações de muitos d'elles, existe hoje um riquissimo cabedal amontoado e discutido, para que um homem, que não fôr só erudito, mas philosopho, coordene uma boa historia da philosophia; porque tudo quanto d'aquelles vastissimos engenhos possuimos, com o titulo de historias da philosophia, nada menos são do que, o que aquelle titulo inculca*». Cfr. Silvestre Pinheiro Ferreira, «Reflexões sobre o método de escrever a história das ciências e particularmente a da filosofia», já cit., p. 5.

[30] Cfr. Silvestre Pinheiro Ferreira, «Reflexões sobre o método de escrever a história das ciências e particularmente da filosofia», já cit., p. 4.

[31] V. *Lições de Logica para o uso dos Principiantes por Antonio Genuense*, trad. de Bento José de Sousa Farinha, 3ª, Viúva Neves e Filho, Lisboa, 1816. António Genovèse foi aprovado para texto das nossas escolas de Filosofia Racional em 1773, como consta autenticamente de um ofício assinado pelo Marquês de Pombal. Valerá a pena transcrevê-lo: «El-Rei Meu Senhor, tendo ouvido a Real Mesa Censória sobre as *Instituições de Lógica e Metafísica* compostas por António Genovèse, para uso dos principiantes das escolas, que V. S.ª me avisou que essa Universidade tinha julgado serem as mais próprias,

A certeza da carência de um método que levasse a mocidade à compreensão da filosofia, motivá-lo-á a publicar, em 1839, com a idade de setenta anos, as *Noções elementares de philosophia geral aplicada às sciencias morais e politicas*, em Paris. Não esconde o autor a verdadeira intenção deste trabalho, que residiria em *desafrontar o ensino da filosofia do insignificante compêndio que há mais de meio século, em vez de desenvolver, entorpece ou perverte a nascente inteligência da mocidade portuguesa*[32].

Silvestre Pinheiro Ferreira, nos anos de 1798 e 1799, terá oportunidade de testemunhar, como veremos[33], o que se passava nos centros vitais da cultura europeia. Em Berlim, entre 1802 e 1807, além de assistir à progressão do idealismo, logrará confrontar as suas concepções gnoseológicas com as de autores de formação naturalista.

Acerca da sua filiação ideológica, escutemos as suas próprias palavras: «Educados com os princípios de Aristóteles e seus continuadores Bacon, Leibniz, Locke e Condillac, tomámos a ciência[34] no ponto

---

para se darem aos Estudantes dela os Primeiros Elementos das referidas Artes com os judiciosos motivos referidos na carta de V. Sª que acompanhou as ditas Instituições: Houve sua Magestade por bem conformar-se com os pareceres da mesma Universidade e da dita Mesa Censória. Ordenando, como ordena, que V. Sª faça dar prelo e publicar as sobreditas *Instituições* com toda a possível brevidade. A este fim restituo a V. Sª os dois exemplares que acompanharam a sua carta. Deus guarde a V. Sª, Palácio da Nossa Senhora da Ajuda em 23 de Fevereiro de 1773. – Marquês de Pombal». Cfr. *Livro Primeiro dos Alvarás, Cartas Régias, etc., pertencentes ao governo da Universidade desde Agosto de 1772*. O filósofo italiano funda a ciência do direito na filosofia moral. Sobre a reacção contra Genovèse *vide* a síntese de Lopes Praça, *História da Filosofia em Portugal*, fixação do texto, Introdução, Notas e Bibliografia por Pinharanda Gomes, 3ª ed., Guimarães Editores, Lisboa, 1988, pp. 276 a 279.

[32] Cfr. Silvestre Pinheiro Ferreira, *Noções elementares de philosophia geral aplicada às sciencias morais e politicas*, Paris, Rey et Gravier, 1939, p. VI.

[33] *Vide infra*.

[34] Ensina-nos Silvestre Pinheiro Ferreira que uma ciência é sempre um complexo de cinco elementos: os factos, a nomenclatura, o sistema, a teoria e o método. Esta ideia subjaz a todos os seus escritos. Todavia, em nenhum outro trabalho como *Nas reflexões sobre o método de escrever a história das ciências e particularmente da filosofia*, já cit., perpassa esta construção. Com efeito, escreve o Autor, «*nada há tão digno do estudo do*

em que a deixaram aqueles grandes filósofos e procurámos adiantá-la até onde alcançassem nossas ténues forças[35]».

A Silvestre Pinheiro Ferreira desagradavam, profundamente, as escolas alemãs derivadas de Kant, bem como os filósofos franceses, que rotula de *ininteligentes* e *incoerentes*[36], aceitando a filosofia de Aristóteles, Bacon, Leibniz, Lock e Condillac, como se fosse a filosofia do senso comum[37]. Assim se compreende que, nas *Prelecções Filosóficas*, por exemplo, surja, com alguma frequência, não só a referência aristotélica[38], mas também a exaltação das valiosas contribuições para uma linguagem

---

philosopho, que deseja conhecer a historia de qualquer sciencia, como a desproporção com que em todas ellas se costuma desenvolver cada um dos cinco elementos, cujo concurso é necessário, para que qualquer ramo dos conhecimentos humanos mereça ser qualificado com o nome de sciencia». E, parágrafos adiante clarifica o propósito deste exercício: «*(...) Se, discorrendo agora pelas diversas sciencias, examinarmos o estado actual de qualquer d'ellas, relativamente a cada um dos mencionados cinco elementos acharemos, que umas, por extrêmo ricas em factos, são comparativamente pobres em nomenclatura; noutras a abundancia dos factos, por falta de systema, forma um verdadeiro cáhos; n'outras em fim, o espirito encantado pela beleza do systema, que nos permite abraçar, d'um golpe de vista uma immensa quantidade de factos, descobre por fim, que umas vezes são difficientes em nomenclatura, outras vezes são inuteis maravilhas, por falta d'uma theoria que, explicando-nos a ligação dos phenomenos uns com os outros, e com o resto da natureza nos habilite a converter estas interessantes generalidades numa sciencia pratica e positiva, em proveito da humanidade».* Cfr. Silvestre Pinheiro Ferreira, «reflexões sobre o método de escrever a história das ciências e particularmente da filosofia», cit., p. 4.

[35] *Vide* Silvestre Pinheiro Ferreira, *Noções elementares de philosophia geral aplicada às sciencias morais e politicas*, cit., p. VI.

[36] A dureza da crítica que dirige a estes pensadores não deixa, a este propósito, quaisquer dúvidas: «menos favorecidos da natureza, mas não menos possuídos de ambição de originalidade, os Kants, os Fichtes, os Schellings, e um sem número de outros chefes de seitas da moderna Filosofia, assentaram que bastava dar a nomes antigos novas e arbitrárias acepções, revestir de novos nomes ideias triviais, umas verdadeiras, outras falsas, para conseguirem as honras da apoteose, a par dos Aristóteles, dos Bacons e dos Leibnitzs». Cfr. Silvestre Pinheiro Ferreira, *Prelecções Filosóficas*, cit., p. 101.

[37] Assim, Lopes Praça, *História da Filosofia em Portugal*, já cit., p. 260.

[38] No índice, que o Autor não só destina a *indicar os lugares das vinte e duas primeiras prelecções em que se trata das diferentes matérias, mas a dar uma ideia resum-*

apurada dos diferentes ramos do saber de Lineu[39], Werner[40], Karstens, Hoffmann, Hauy[41], José Anastácio da Cunha[42], Francisco Simões Margiochi[43] e outros.

---

ida delas e mesmo a corrigir e suprir alguns descuidos em que se advertiu ulteriormente, (*vide* Silvestre Pinheiro Ferreira, *Prelecções Filosóficas*, cit., p. 287), merece o Estagirita as seguintes palavras: «As Obras que correm com o nome deste filósofo, são o mais precioso tesouro de doutrina, que nos deixou a Antiguidade. Mas a sua exposição é prolixa e, por tanto a sua lição cansada. Daqui vem que poucos têm tido a coragem de as lerem, e muito menos de as estudarem. Não é logo para admirar, que muitos as tenham censurado sem as lerem; e outros as tenham lido, sem as entenderem. Não precisava mais para ser alternativamente objecto de adoração, e do desprezo das Escolas. (…) O certo é que dos Intérpretes daquele Filósofo uns traduziram-no tão literalmente que as mais das vezes ficou ininteligível em mau Latim, o que era escuro em Grego; outros deram-lhe sentidos tão fúteis, que o fizeram objecto de escárnio dos que só por semelhante canal se podiam instruir, por ignorarem o Grego, ou não terem a constância de seguirem através de tão prolixos exemplos, como Aristóteles emprega, o fio das doutrinas, que ele muito de propósito, como consta de sua Carta de Alexandre, envolveu em um estilo, que nem a todos fosse fácil penetrar…». Cfr. *idem, ibidem*, p. 289. E o elogio não poderia ser mais autêntico: «(…) O principal merecimento deste Filósofo, e o que o mais o distingue de todos no método de tratar as matérias abstractas, é o reduzir tudo à simples explicação das palavras e frases em que se compreende a doutrina que faz objecto do seu Tratado, reduzindo assim toda e qualquer Ciência à Nomenclatura própria de cada uma…». *Idem, ibidem*, p. 289. Se nas oito primeiras prelecções o Autor expõe *uma boa parte dos princípios fundamentais em que* as suas *ideias sobre as matérias filosóficas, diferem das dos escritores que o precederam,* nas cinco subsequentes, dedica-se ao estudo das Categorias de Aristóteles e de oito dos seus aforismos. Cfr. *idem, ibidem*, pp. 90 e ss..

[39] Silvestre Pinheiro Ferreira dedica a Lineu as seguintes palavras: «Este grande homem é com razão considerado como o Criador da Botânica. Não que antes dele não fossem conhecidos pela maior e máxima parte os *Factos* da Ciência por ele expendidos; não que estes Factos se achassem isolados, nem que não se houvesse até então tentado reuni-los em *Sistema*; não que faltasse enfim uma extensíssima *Nomenclatura*; a todos estes respeitos achou Lineu grandemente adiantada a Ciência. O que ele teve de criar quase inteiramente foi o *Método* da Ciência (…), sobre o qual apenas existiam algumas boas ideias desligadas nos Escritos dos que na mesma carreira o haviam precedido. Esta tarefa desempenhou ele com tanto primor, que não só deu à Botânica o inteiro carácter de Ciência, mas abriu com o exemplo, e pelos grandes princípios gerais que para isso estabeleceu, o verdadeiro caminho para todos os outros ramos das Ciências Naturais, que se alguns passos tem dado para sua perfeição, é somente enquanto se tem escrupulosamente encostado ao tipo, que pelo dedo genial daquele grande Mestre, lhes fora sinalado». Cfr.

Silvestre Pinheiro Ferreira, *Prelecções Filosóficas*, cit., p. 320. Mas a profunda e evidente admiração por "um grande homem" não tolhe a sua isenção e análise crítica. Por isso, Pinheiro Ferreira pode afirmar: «(...) são ainda muitos e muito essenciais os defeitos que deslustram seus trabalhos imortais. As ideias que mostra ter tido de Classe, Ordem, Género, Espécie, e Variedade são por extremo vagas e equívocas. (...) da teoria dos Sistemas em geral vê-se que não tinha formado um conceito fixo e assente sobre princípios de uma verdadeira análise filosófica. Mas o que a este mesmo respeito constitui o seu erro capital foi o ele não distinguir os *Sistemas diagnósticos* dos *Sistemas exegéticos*, de modo que querendo umas vezes satisfazer a ambos ao mesmo tempo, outras vezes aplicando a um o que só podia ter lugar no outro, se vê a cada passo envolvido em confusões e inconsequências...». *Idem ibidem*, p. 320. Outras referências, expressas ou sub-reptícias a Lineu pululam pela Obra. Veja-se, por exemplo, o disposto na «Vigésima Prelecção», parágrafos 669 e 670 (= a p. 194 da ed. cit.); na «Vigésima Primeira Prelecção», parágrafo 677, (= p. 199 da ed. cit.) ou o consagrado nos parágrafos 677 e 721 e ss..

[40] Escreve Silvestre Pinheiro Ferreira: «Se, ao extraordinário talento com que a Natureza dotou a Werner, tivesse acrescido um estudo reflexo dos princípios filosóficos das Ciências; se possuído da necessidade de reformar a Mineralogia ele tivesse começado por assentar, como o grande Lineu praticara na reforma da Botânica, as sólidas bases do *Método* pelo qual se propunha fazer aquela reforma, passando em resenha as riquezas da Ciência, tanto em *Factos*, como em *Nomenclatura*, não teria acontecido achar-se a cada passo no largo decurso da sua vida literária, incerto e vacilante sobre os expedientes que o seu vasto génio lhe inspirava, de que um raro instinto lhe fazia entrever os defeitos, mas de que lhe era impossível por falta de princípios acertar com o tópico da radical emenda. Daqui veio que apenas nos deixou alguns fragmentos dos seus preciosíssimos trabalhos». E, linhas adiante, acrescenta: «Se estes fragmentos, junto à descrição feita debaixo da sua direcção pelos seus melhores discípulos Karsten, e Hoffmann do Gabinete de Pabst d'Oheim forem comparados por algum outro seu distinto discípulo com o próprio Gabinete de que por ordem de Sua Magestade fiz a inapreciável aquisição em Freyberg, no ano de 1803, (...), e com o Gabinete não menos precioso do mesmo Werner, com que ouço que S. M. El-Rei da Saxónia enriqueceu, por morte daquele grande homem, o Museu Mineralógico de Freyberg, pode-se esperar de ver sair à luz um Corpo de doutrina verdadeiramente werneriana, porquanto o que Emmerling e Reuss, únicos Sistemas que me consta existirem daquela Escola, nada mais são do que infiéis cópias das Postilas que de mão em mão corriam entre os estudantes de Freyberg, de que seria difícil achar duas conformes e nem uma que o fosse com as efectivas Prelecções de Werner. (...) devo ao grande Criador da Mineralogia, e particularmente da Orictognosia a justiça de protestar que as duas citadas obras de Reuss e Emmerling, bem como tudo quanto precedentemente se publicara como exposição da doutrina de Werner não tem comparação com a Dedução, e o Método deste insigne Mestre. (...) das mencionadas nenhuma é capaz senão de dar a mais falsa ideia das sublimes concepções do Fundador da Escola de Freyberg. Esta infiel tradição, que ao longe levaram os seus discípulos, junta aos defeitos da *Nomenclatura* e de

Método (de que apontei alguns exemplos nos § § 372, 373, 550, 570, 571, 578, 579, 580, 669 e 670), foi motivo de se não lhe dar naquelas mesmas partes onde lhe prestaram atenção, o apreço que aquela doutrina deverá ter encontrado...» Cfr. Silvestre Pinheiro Ferreira, *Prelecções Filosóficas*, cit., pp. 349 e 350.

[41] Acerca de R. J. Hauy escreve o Filósofo Português: «Este insigne Naturalista levou a um grande ponto de perfeição a Cristalografia e, concebendo que pelas dadas desta Ciência se podiam arranjar em uma ordem rigorosamente sistemática todas as substâncias do Reino Mineral, ordenou com efeito um admirável *Sistema de Minerais* fundado nas diferenças da cristalização. Mas este *Sistema* não é *diagnóstico*; e por isso, tudo quanto se tem escrito com o fim de o comparar ao do grande Werner é fora de propósito; pois que este é que é *diagnóstico*, entretanto que aquele é puramente *exegético*...». Cfr. *idem, ibidem*, p. 314.

[42] Escutemos o comentário que Silvestre Pinheiro tece a propósito do labor de José Anastácio da Cunha: «Por dois modos temos tido ocasião de o citar como superior a tudo quanto se conhecia em *Método* e *Nomenclatura* das Matemáticas. Quanto ao primeiro são magistrais as suas *Definições* em que se verão rigorosamente observadas todas as considerações que sobre esta importante doutrina expendemos em diferentes partes destas Prelecções. Quanto à *Nomenclatura* é admirável o critério com que evitou introduzir na Ciência a linguagem da Metafísica; ou só não se servindo nunca senão da simplicíssima Linguagem da Análise». *Idem, ibidem*, p. 301.

[43] Francisco Simões Margiochi é, por Pinheiro Ferreira, citado como exemplo de sagacidade ao aumentar o discurso matemático sem recurso a ideias e linguagem a ele estranhas. Deixemos falar a Autor: «Homens que presumiam de Matemáticos, porque tinham talvez adquirido a facilidade de calcular, entenderam que, à falta de expressões analíticas, bastava usar de frases e de comparações tiradas das Línguas vulgares: mas com isso não fizeram mais do que tornar escura e tenebrosa a Ciência, que eles pretendiam dilatar: como se dilatar as Ciências pudesse ser obra de talentos vulgares! José Anastácio da Cunha, Francisco Simões Margiochi, entre nós (para não falar dos Estrangeiros, cujos nomes são sobejamente conhecidos): bem como todos, quantos de algum modo concorreram aos verdadeiros progressos da Ciência, começaram por inventar expressões analíticas para os casos em que achavam a Nomenclatura em defeito: ou proscrevendo da Ciência definições concebidas em Linguagem metafísica, lhes substituíram outras exprimidas em termos puramente analíticos. Comparem-se as Obras de ambos aqueles nossos dois ilustres compatriotas com o que sobre as mesmas matérias escreveram outros, tanto Nacionais, como Estrangeiros; e qualquer se achará em estado de julgar, que a grande superioridade que os eleva sobre todos, deriva unicamente do talento genial com que souberam aplicar um ao outro, e muitas vezes ambos estes dois expedientes». Cfr. *idem, ibidem*, pp. 192, 193.

O esforço e o desejo de isenção intelectual constituem, incontestavelmente, factos a considerar em Pinheiro Ferreira, que sempre filtrou os autores lidos pelo crivo da sua inteligência.

E a história das ideias não pode deixar de o acarinhar por isso. Como sublinha o Professor Martim de Albuquerque *a cultura, de facto, mover-se-ia eternamente nos mesmos círculos e imobilizar-se-ia fatalmente se nos limitássemos apenas a dizer o que os outros já disseram*[44].

O vigor e a audácia que caracterizam o espírito de Pinheiro Ferreira levá-lo-ão a procurar trilhar caminhos novos.

A leitura de Condillac, a par da desvalorização assumida relativamente aos compêndios do abade Genovèse, chamariam, inevitavelmente a atenção sobre si, por parte dos que velavam pela censura académica e política[45].

O interesse pela filosofia natural levá-lo-á, em 1796, a frequentar as aulas de mecânica, preleccionadas por José Joaquim de Faria e a discutir os princípios que norteavam a disciplina[46/47].

Chegados aqui, uma pergunta nos assalta de imediato o espírito: não valerá a pena concretizar, no reverso da medalha, o influxo que os homens e as instituições, as ideias e os acontecimentos exerceram no pensamento e *praxis* do grande publicista, como ponto de partida para avaliação da figura e da conformação que ele imprimiu no ambiente que o rodeou?

A existência de Silvestre Pinheiro Ferreira diz-se ligada a correntes de pensamento jurídico e instituições de vária ordem: religiosa, cultural, sócio-económica e política. Entre elas, pretendem alguns incluir a

---

[44] Cfr. Prefácio por Martim de Albuquerque à Edição crítica, com introdução por Isabel de Faria e Albuquerque, da *História de Portugal de J. P. Oliveira Martins*, Imprensa Nacional Casa da Moeda, 1988, pp. 16 e 17.

[45] *Vide infra.*

[46] Tais princípios haviam sido publicados por José Anastácio da Cunha *in O Instituto: jornal scientífico e litterario*, sob a título «Princípios de Mechanica», vol. V, Coimbra, Imprensa da Universidade, (s.d.), pp. 93 a 95 e 107 e 108.

[47] Atesta isso mesmo o facto de haver publicado *Principios de Mechanica*, Amsterdam, Of. de Belinfante, 1808 e *Notas ao ensayo sobre os princípios de mechanica: obra posthuma de José Anastácio da Cunha*, Amsterdam, Of. de Belinfante, 1808.

Maçonaria[48], cuja presença, decerto, se fez sentir, contemporaneamente, em muitos dos caminhos percorridos pelo nosso biografado.

Como anotou Domingos Maurício[49], pelo que respeita às instituições maçónicas, escritores há que ao facto – se facto é – se referem, em termos explícitos; outros ficam-se em insinuações genéricas. Ora, as meras suposições, destituídas de elementos probatórios, não contam para a história como ciência e as afirmações peremptórias ou as negações categóricas valerão tanto como os documentos de que se abonam. Ademais, se a paixão e o sectarismo colocam o escritor à margem da crítica, a reticência nem sempre é indício de irrelevância biográfica, na configuração histórica dos homens de excepção.

Como ponto de partida, assente-se que a história de uma sociedade secreta, ou de uma sociedade discreta, é, por definição, difícil de escrever. Aquele que pretende fazê-lo, alicerçado em um ou outro documento que o acaso ou a persistência revelaram, cede frequentemente à influência poderosa da imaginação que, ao pretender preencher os largos espaços vazios, se afasta, quase inconscientemente, dos factos documentalmente comprovados[50/51].

Procurar traçar, ainda que em breves pinceladas, o esboço da Maçonaria em Portugal, não é propósito do presente estudo[52]. Preten-

---

[48] Pedro A. D'Azevedo, *in* «O Primeiro Casamento de Silvestre Pinheiro Ferreira», já cit., p. 155, admite que o diplomata português não estivesse longe de pertencer a qualquer associação secreta.

[49] Domingos Maurício, *Pombal e a Maçonaria*, Separata da Brotéria, vol. LXXXVI-II (1969), pp. 478 a 487, Edições Brotéria, Lisboa, 1962, p. 3.

[50] António Egídio Fernandes Loja, *A Luta do Poder Contra a Maçonaria, Quatro Perseguições no Século XVIII*, Imprensa Nacional – Casa da Moeda, 1986, p. 7.

[51] As fontes manuscritas para a história da Maçonaria em Portugal, no período que medeia entre 1727 e 1820, são assaz variadas. O seu núcleo essencial respeita à Inquisição e à Intendência Geral da Polícia e repousa no Arquivo Nacional da Torre do Tombo, em Lisboa. As fontes impressas comungam desta riqueza e variedade, repartindo-se por documentos oficiais, obras literárias, panfletos, memórias, sátiras...

[52] Sobre a História da Maçonaria em Portugal *vide*, por todos, A. H. de Oliveira Marques, *História da Maçonaria em Portugal*, 3 Volumes, Editorial Presença, Lisboa, 1990, 1996, 1997; *idem, Dicionário da Maçonaria Portuguesa*, 2 volumes, Lisboa, Ed.

demos, apenas, responder à interrogação que nos assalta o espírito: Foi Silvestre Pinheiro Ferreira mação?

Como ponto de partida assente-se que os grandes biógrafos silvestrinos, como A. A. Teixeira de Vasconcelos[53], João Vicente Martins[54] e Inocêncio Francisco da Silva[55] ou defendem o entendimento de que o nosso biografado não terá aderido a sociedades secretas[56] ou nem sequer aludem a quaisquer ligações de Pinheiro Ferreira com a maçonaria.

As menções impressas que se conhecem são relativamente tardias, pois surgem no quartel inicial do século XX[57].

Modernamente a suposta filiação de Silvestre Pinheiro Ferreira na Maçonaria não reveste forma mais insistente e concreta. Oliveira Marques, na sua *História da Maçonaria em Portugal*, interroga-se acerca

---

Delta, 1986; *idem, Ensaios de Maçonaria,* Lisboa, Quetzal Editora, 1988; M. Borges Grainha, *História da Maçonaria em Portugal,* 1735-1912, Lisboa, Typ. "A Editora Limitada", 1912; José Liberato Freire de Carvalho, *Memórias da Vida de José Liberato Freire de Carvalho,* 2ª ed., Lisboa, Assírio e Alvim, 1982; Miguel António Dias, *Annaes e Código dos Pedreiros Livres em Portugal,* Lisboa, 1853; Graça e J. S. da Silva Dias, *Os Primórdios da Maçonaria em Portugal,* Lisboa, Instituto Nacional de Investigação Científica, 1980. Sobre as sociedades secretas *vide,* por todos, o estudo de J. M. Roberts, *The Mythology of the Secrets Societies,* edição Paladim.

[53] Cfr. A. A. Teixeira de Vasconcelos, *Glórias Portuguesas,* já cit., p. 5.

[54] João Vicente Martins, *À Memória de Silvestre Pinheiro Ferreira,* já cit..

[55] Inocêncio Francisco da Silva, *Dicionario Bibliographico Portuguez,* tomo VII, cit..

[56] A este propósito escreve Teixeira de Vasconcelos: «Tinham vindo por esse tempo a Coimbra commissarios de algumas sociedades secretas a procurar adeptos entre os estudantes e mestres mais distinctos, e como é bem de crer não deixou de ser logo convidado a listar-se no seu grémio o sr. Silvestre Pinheiro. O respeito às leis que prohibiam essas sociedades, foi o fundamento da recusa, não lhe consentindo o seu espírito de justiça e de moralidade violar as leis do reino, embora os mesmos sentimentos de rectidão lhe deixassem ver com clareza a pouca verdade das acusações exageradas que se faziam a taes associações». Cfr. A. A. Teixeira de Vasconcelos, *Glórias Portuguesas,* já cit., p. 5.

[57] Pedro A. de Azevedo, «O Primeiro Casamento de Silvestre Pinheiro Ferreira», já cit., p. 155.

da alegada iniciação de Silvestre Pinheiro Ferreira, no ano de 1793, sem adiantar qualquer conclusão[58].

Numa palavra, e tendo por norma que *o que interessa é o homem histórico*[59], até prova em contrário, perante a interrogação problemática: foi Pinheiro Ferreira mação? – entre os que afirmam e os que negam – nós limitamo-nos a responder: cientificamente não consta, uma vez que inexiste base documental para alicerçar a filiação de Silvestre Pinheiro Ferreira na loja maçónica conimbricense.

A acreditar nos ensinamentos de Teixeira de Vasconcelos, cujos apontamentos teriam sido conferidos pelo próprio biografado, o Publicista teria sido apenas convidado.

Não obstante, sobre Pinheiro Ferreira recaiu a suspeita de filiação na loja maçónica do Mondego. Em 1797, ao ser passada revista à casa em que vivia, durante um curto período em que se ausentara para Lisboa, viu-se forçado a embarcar em Setúbal, com destino à Holanda[60].

Deve-se ao processo inquisitorial, cujos incidentes passaram quase despercebidos, dada a inculpabilidade rapidamente comprovada, que o ilustre professor abandonasse a sua actividade calma de intelectual, abraçando a árdua e enérgica intervenção diplomática e política.

1.3 - O Pano de Fundo Político e Cultural

Em Portugal, a história dos pensamentos jurídico e político caminha, de mãos dadas, com a evolução do próprio País, no concerto do Velho Continente.

---

[58] Cfr. A. H. de Oliveira Marques, *História da Maçonaria em Portugal*, cit., volume I, p. 423.

[59] Jorge de Macedo, *A Situação Económica no Tempo de Pombal*, Porto, 1951, p. 29.

[60] Uma análise circunstanciada deste episódio da vida do nosso biografado pode ser lida em A. A. Teixeira de Vasconcelos, *Glórias Portuguesas*, cit., pp. 5 e 6.

A referência ao quadro cultural dos finais da centúria de Oitocentos e da primeira metade do século XIX é assaz importante para uma compreensão mais exacta da obra de Silvestre Pinheiro Ferreira. Não se pretende estabelecer um quadro exaustivo de todas as manifestações culturais desse período, e menos ainda apresentar uma visão histórica que aspire à complectude.

Quanto ao plano temático, verificar-se-á a intenção de não nos atermos a uma narrativa cronológica. Interessa-nos, sobretudo, realçar a atitude e as actividades que, de alguma forma, possam contribuir para deixar mais explícita a mensagem de Silvestre Pinheiro Ferreira. Parafraseando Jaime Cortesão, *qualquer das formas de cultura em determinado período só pode compreender-se pelo estudo conjunto das demais*[61]. Aliás, o *discurso histórico* implica sempre uma escolha, resultante de factores de vária ordem.

O século XIX foi, durante longo tempo, votado a um injusto esquecimento, se não mesmo a uma apreciação sistematicamente negativa. A sua história não era ministrada nas Universidades e dos prelos quase nada saía porque os historiadores pouco produziam sobre este período[62].

---

[61] Cfr. J. Cortesão, *op. cit.*, p. 137, nota 6.

[62] A reacção contra a "ignorância" surgirá nos finais da centúria de Oitocentos, altura em que, graças às polémicas do liberalismo, ao avanço das correntes republicanas e até ao assomar das ideias socialistas se assiste a um interesse excepcional pela «história recente», ao arrepio da tendência tradicional para relevar a Antiguidade e a Meia Idade. Neste sentido, Luís Reis Torgal e João Lourenço Roque, *in História de Portugal, O Liberalismo*, Volume 5, coordenação de Luís Reis Torgal e João Roque, direcção de José Mattoso, editorial Estampa, s.d., p. 11. No domínio pedagógico é esclarecedor o texto que, em 1876, Ramalho Ortigão dirigiu ao Ministro do Reino. Atentemos nesta sua crítica aos progra-mas de história do ensino liceal: «As lições de História ministradas segundo o programa oficial do ensino terminam com a Idade Média. A Renascença, berço de todas as modernas instituições sociais, ficou no tinteiro da comissão legisladora. Para o fim do ensino supõe-se não existirem factos subsequentes, os mais importantes para o homem actual: a criação da burguesia, o advento do constitucionalismo inglês, a independência dos Estados Unidos, a Convenção Francesa, a queda das antigas monarquias, dos privilégios da nobreza e do clero, a definição dos direitos do homem, etc. E, no entanto, desconhecendo inteiramente as vistas gerais, e compreensão harmónica do conjunto, todos os alunos de História têm pretensões veementes a saber a vida intima de Nero e de toda a sua família, a de Calígula,

A centúria de Oitocentos é, antes de mais, uma época sobre a qual o passado parece gravitar com particular força, oferecendo uma riqueza tal de possíveis conteúdos, que não é sem dificuldade que trilha a sua própria rota. Esta afirmação não deverá causar estranheza! O passado não actua sobre o presente encaminhando-o em uma única direcção. Muito ao invés... Ele oferece ao presente um conjunto de possibilidades. Diversas propostas de existência se apresentam ao homem pelo que trazer, para o presente, um projecto concreto não constitui tarefa fácil[63].

As ideias que, desde o fim da Meia Idade, se iam desenhando adquirem definitivamente espaço na época das Luzes. Como sublinha Troeltsch, *a tendência moderna de buscar uma explicação imanente do mundo, através de todos os meios possíveis do conhecimento e de dar uma ordenação racional da vida ao serviço de fins práticos de carácter geral*[64] adquire força suficiente para abalar as estruturas tradicionais da sociedade.

A Revolução Americana, primeiro, a Revolução Francesa, depois, alteram radicalmente as formas de vida ocidentais[65]. Mas, justamente a

---

do seu cavalo e de todos os seus vícios, bem como os nomes de todos os fi-lhos bastardos dos reis portugueses e das respectivas mães». *Vide*, Ramalho Ortigão, *As farpas*, tomo XV (1876-1882), Lisboa, Clássica Editora, 1990.

[63] Neste sentido, Luis Diez del Corral, *El Liberalismo Doctrinario*, 4ª edição, Centro de Estudios Constitucionales, Madrid, 1984, pp. 1 e 2.

[64] E. Troeltsch, *Die Aufklärung*, Ges. Schr., IV, Tübingen, 1925, p. 339.

[65] Escutemos as seguintes palavras do deputado pelo Funchal, Manuel de Arriaga, proferidas na sessão de 2 de Agosto de 1911: «Estamos há pouco mais de um seculo de distancia da famosa proclamação dos Direitos do Homem, facto culminante na historia da civilização, que abalou nos seus fundamentos a consciencia universal e os destinos dos individuos e dos povos e feriu o golpe decisivo e mortal no maldito direito divino, no direi-to do altar e do throno, do Papa e do Rei, com que foi construida a poderosa civilização medieval, cujas magnificencias exteriores deslumbram ainda hoje as multidões inconscientes e ignaras! A revolução derrubou em nome da Razão, para todo o sempre, o mundo da graça e da fé, com todas as suas tradições, desoito vezes seculares, de força, de poder, de grandeza, de prestigio e de gloria, e assentou, para o substituir, o seu novo credo na trilogia revolucionária – Liberdade, Igualdade, Fraternidade. Foi uma revolução feita em nome da razão contra a fé, em nome do direito contra o privilégio, em nome da justiça contra a graça, em nome do povo contra o padre e contra o rei. Foi uma revolução nascida de

força dos seus efeitos provoca uma intensa reacção. Por detrás, das ideias novas perfilam-se os poderosos elementos da cultura ocidental e cristã. Por outras palavras, impunha-se uma conciliação entre novos e velhos elementos, entre as ideias e impulsos em gestação e as crenças e instituições herdadas por tradição.

A herança cultural e filosófica do Iluminismo transmitira-se aos movimentos revolucionários dos séculos XVIII e XIX, contribuindo, decisivamente, para consolidar a transformação social, em curso na Europa, desde a centúria de Quinhentos. Este amplo movimento social de mudança é acompanhado pela emergência de uma ideologia – o liberalismo[66] - que determinará, a final, *a passagem do movimento das luzes ao movimento dos povos*[67].

Começa a definir-se uma concepção de poder político que reage contra o princípio da autoridade, ao mesmo tempo que faz a apologia da liberdade, quer sob a forma de um liberalismo aristocrático, com Montesquieu, quer de um liberalismo económico, com os fisiocratas.

Na Europa anterior ao século XVII, poderão, sem grande dificuldade, ser apontadas limitações de carácter religioso, ético e voluntarista ao arbítrio dos poderes centrais. Mas, em Seiscentos-Setecentos, o magistério de Locke e a escola racionalista do direito natural, com Grotius, Pufendorf, Thomasius, Wolff, Barbeyrac, De Vattel, Burlamaqui, Filangieri, De Felice, à sua frente, contêm prefigurações históricas, mais

---

uma cruzada memoravel do pensamento humano emancipado dos vinculos da religião dogmatica de Roma, feita por uma *élite* de pensadores, de philosophos e de politicos que puseram à plena luz da evidencia, com o assombro do mundo, os erros, as mystificações, as fraudes, os abusos e os crimes, infinitos em número e grandeza, que se escondiam sob o manto de ouro e purpura do altar e do throno!...». Cfr. Manuel de Arriaga, *Da Soberania e Seus Respectivos Orgãos Sob a Acção Coordenadora do Estado (Consignação de Princípios) – Discurso Proferido na Sessão de 2 de Agosto de 1911, Lisboa*, Imprensa Nacional, 1911, pp. 3 e 4.

[66] Sobre a dificuldade de definir o liberalismo *vide*, por todos, Leo Strauss, *Liberalisme antique et moderne*, PUF, Paris, 1990.

[67] Neste sentido, Isabel Nobre Vargues e Maria Manuela Tavares Ribeiro, «Ideologias e Práticas Políticas», *in História de Portugal, o Liberalismo (1807-1890)*, já cit., p. 213.

Para a História do Direito Constitucional Português: Silvestre Pinheiro Ferreira

ou menos directas, mais ou menos imediatas, daquilo a que hoje chamaríamos «Estado de Direito[68]». De facto, devem-se aos últimos anos do século XVII as tendências para sair, quer na vida política, quer na vida espiritual, da rígida órbita fechada pelo regime católico-absolutista dominante em muitos pontos do Velho Continente[69/70].

Mas, será o século XIX, a época, por excelência do liberalismo. Destacam-se nomes como o de Jeremias Bentham, com a sua *Táctica das Assembleias Legislativas*, Benjamim Constant, essencialmente, com os *Princípios de Política* e *O Curso de Política Constitucional*, Royer-Collard, e a teoria do "juste-milieu", Guizot, com *O Governo Representativo*, *As Conspirações* e *A Justiça Política*, além de Tocqueville, com o *Antigo Regime e a Revolução*.

Embora estas referências sejam meramente doutrinais, não poderemos esquecer que as atmosferas intelectuais e morais se reflectem no comportamento político assim como este se projecta nas formas de pensar e sentir.

O pensamento da primeira metade do século XIX procurará descobrir uma via própria, ao mesmo tempo estável e progressiva, segura e voltada para o futuro. Simplesmente, em diferente medida para os diversos Países, as antigas instituições e ideias penetram, vigorosas. Conciliar a tradição e a estabilidade do *complexio oppositorum* medievo com as novas tendências é esforço continuado em toda a primeira metade de Oitocentos.

---

[68] *Vide*, por todos, V. E. Orlando, *La Dottrina Generale dello Staato*, volume I, Milão, 1921, p. 624; Otto Gierke, *Natural Law and the Theory of Society*, Cambridge, 1958, pp. 137 e 138 e, entre nós, António J. da Silva Pereira, *Estado de Direito e «Tradicionalismo Liberal»*, Coimbra, 1979, p. 119.

[69] Cfr. *Historia da Literatura Portuguesa Ilustrada dos Séculos XIX e XX*, publicada sob a direcção de Albino Forjaz Sampaio, Volume IV, Livraria Fernando Machado, Porto, 1942, p. 7.

[70] A primeira formulação teórica do liberalismo político surge em 1690, quando John Locke, no Ensaio sobre a verdadeira origem, extensão e fim do governo civil, propôs, fundamentadamente, a indispensabilidade do governo representativo e a limitação da soberania como garantia da defesa da liberdade individual.

Nas primeiras décadas do século XIX, a história dos distintos países europeus segue trajectória diversa.

Em Portugal, a situação política e cultural assentava, entre outros pilares, na estatização dos serviços de censura, na mais ou menos evidente separação entre o direito e a moral[71] e, ainda, nas concepções regalistas[72]. Como anota José Esteves Pereira, o pano de fundo era um pombalismo administrativo com incidências de inspiração iluminista, que a "viradeira" não lograra apagar[73/74].

Consciente e orgulhoso de seu passado, Portugal insistia em defender o seu *statu quo*, a lealdade ao conhecido, a uma identidade que estava ameaçada. Sob a égide de D. Maria I, o reino vivia num equilíbrio precário, conquanto seja erróneo *concluir que a matriz reformista gizada por Pombal e pelos mais directos colaboradores é quebrada com o seu desvalimento*[75]. Veja-se, em pleno ano de 1789, o confronto jurídico entre Melo Freire e Ribeiro dos Santos[76]. Afora estas tensões de incidência reformista, temia-se o que vinha de fora, valorizado o estigma da subver-

---

[71] Cfr. *Compêndio Histórico do Estado da Universidade de Coimbra*, Parte II, Capítulo II, pp. 184 a 186.

[72] Sobre a temática, *vide*, por todos, António Pereira da Silva, *(O.F.M.) – a questão do sigilismo em Portugal no século XVIII. História, Religião e Política nos reinados de D. João V e D. José I.*, Braga, 1964.

[73] José Esteves Pereira, *Silvestre Pinheiro Ferreira*, cit., p. 7.

[74] Reflexo inquestionável desta ruptura filosófica e teleológica residirá na expulsão da Companhia de Jesus.

[75] Cfr. José Esteves Pereira, «Revolução Francesa e discurso político em Portugal (1789-1852)», *in Ler História*, nº 17 (Bicentenário da Revolução Francesa), Lisboa, 1989, pp. 68 e ss..

[76] Se Ribeiro dos Santos *era um absolutista de vistas largas,* (na terminologia de Maria Ivone de Andrade e Castro, *José Agostinho de Macedo e Ideologia Contra-Revolucionária*, II, Faculdade de Ciências Sociais e Humanas, Universidade Nova de Lisboa, 1994, p. 306), jamais pode ser considerado, quer nos parecer, como percursor de concepções liberais, como já se tem aventado. Tendia, apenas, a incluir, na dinâmica da governação, a burguesia letrada, adentro, obviamente, da organicidade vigente. Como testemunha José d'Arriaga, *a Revolução Francesa surpreendeu Portugal no momento em que ele já estava adiantado na grande e sublime revolução intelectual iniciada pela política pombalina, e quando os espíritos já estavam inclinados para uma mudança radical na*

são. Temia-se a importação do ideário francês, exigia-se vigilância à movimentação das pessoas e das ideias[77]. Mas, a coesão religioso-política tradicional, assente na monarquia de direito divino, vinha a revelar prenúncios de desagregação.

Latente nos finais da centúria de Setecentos, o processo que conduziu à instauração do liberalismo em Portugal acentuou-se desde 1807, com a Primeira Invasão Francesa e a consequente fixação da corte no Brasil[78].

Os nossos liberais, formados, politica e culturalmente, na absorção dos ideais múltiplos e, com frequência, dificilmente harmonizáveis, do movimento iluminista, não desconheceram as teorizações dos diversos autores acerca da reforma sociopolítica[79].

---

ordem política». Cfr. José D'Arriaga, *História da Revolução Portuguesa de 1820: ilustrada com retratos dos patriotas mais ilustres d'aquella época,* t. I, Porto, Liv. Portuense, 1886, p. 474.

[77] Podemos ter a percepção da atmosfera do começo do reinado de D. Maria I ao lermos um extracto de uma carta de António Ribeiro dos Santos, dirigida a um íntimo. Escutemo-lo: «Pedis novidades e eu vos mando uma, que não pode deixar de vos ser pesada, também mo foi a mim. Corre aqui contantemente como certo, que o Arcebispo-Inquisidor inculca a necessidade dos Tribunais, prisões e castigos da Inquisição para conter os povos; e que D... propõe para o mesmo fim o sistema dos quatro II que querem dizer: *Inquisição, Inconfidência, Ignorância* e *Indigência.* Se me jurassem Rei, no momento em que recebesse o ceptro, honraria o começo do meu reinado pela mais formosa acção da minha vida: livraria a terra destes dois monstros. Desejo-vos saúde, como a eles a outra vida em que já nos não possam desejar nem fazer mal. Deus vos guarde deles, e a mim também». Cit. por Teófilo Braga, *Filinto Elysio e os Dissidentes da Arcadia,* Porto, 1901, p. 226.

[78] Joaquim Veríssimo Serrão, *História de Portugal, 1807-1832,* Volume VII, Editorial Verbo, 1984, p. 7.

[79] Sobre as tendências ideológicas do «primeiro» liberalismo português *vide,* de entre tantos, António J. da Silva Pereira, *O «Tradicionalismo» Vintista e o Astro da Lusitânia,* Coimbra, 1973; *idem, Estado de Direito e «Tradicionalismo» Liberal,* já cit.; José Eduardo Horta Correia, *Liberalismo e Catolicismo – O Problema Congreganista (1820-1823),* Coimbra, 1974; Jaime Raposo Costa, *A Teoria da Liberdade – Período de 1820 a 1823,* Coimbra, 1976; Zília Maria Osório de Castro, *Manuel Borges Carneiro e a Teoria do Estado Liberal,* Coimbra, 1976. Sobre a permanência das tendências anti-liberais, Luís Manuel Reis Torgal, *Tradicionalismo e Contra-Revolução – O Pensamento e a Acção de José da Gama e Castro,* Coimbra, 1973.

O liberalismo doutrinário português será, fundamentalmente, uma adaptação a condicionalismos próprios das ideias da França revolucionária de Setecentos. Tal afirmação constituirá, sem dúvida, um pronunciamento político de inegável importância e pleno de consequências. Ela conquistou a quase generalidade dos autores[80], que a aceitam sem contestação, e lançou num quase esquecimento a construção de que, ao tempo, a influência filosófica essencial era a inglesa[81].

O constitucionalismo português *proprio sensu* foi já objecto de análise[82]. A complexidade da questão[83] mereceria tratamento circunstanciado o qual, porém, escapa largamente ao âmbito do presente estudo. Não obstante, sempre diremos que, no final da centúria de Setecentos, um

---

[80] Neste sentido *vide*, por todos, Gilbert Durand, «Prefácio» a *Mythe e Revolutions*, org. de Yves Chalas, Grenoble, PUG, 1990, p. 18. As afirmações assinadas por Latino Coelho, em um artigo publicado, a 3 de Junho de 1888, no *Século*, são a este propósito sugestivas: A França é «La grande nation initiatrice des libertés modernes, (...) le grand et prestigieux laboratoire oú se prepare la democratie; (...) ses armés, en parcourant l'Europe entière, défrichaient avec des baionettes le sol ingrat et stérile des monarchies décapitées et laissaient après elles, dans leur retraite, comme une trace lumineuse, les principles immortels de la Révolutin féconde». Cfr. Latino Coelho, *apud* Albert Silbert, «Révolution Francaise et tradition nationale: le cas portugais», *in Revista Portuguesa de História*, tomo XXIII, Actas do Colóquio «A Revolução Francesa e a Península Ibérica», Faculdade de Letras da Universidade de Coimbra, Instituto de História Económica e Social, Coimbra, 1987, p. 31.

[81] No princípio deste século, o Historiador José de Arriaga ergue a voz para clamar que a influência essencial no constitucionalismo português é, não a francesa, mas a inglesa. Cfr. José de Arriaga, «A Filosofia Portuguesa. 1720-1820», *in História da Revolução Portuguesa de 1820*, nova edição com prefácio e notas de Pinharanda Gomes, Guimarães Editores, Lisboa, 1980.

[82] Sobre a questão *vide*, por todos, Paulo Ferreira da Cunha, *Mythe et Constitutionnalisme au Portugal (1778-1826). Originalite ou Influence Française?*, Universite Pantheon – Assas (Paris II), Droit – Economie – Sciences Sociales, 1992.

[83] O Professor Jorge Miranda, embora não conteste a influência francesa no dealbar do constitucionalismo português, aponta como influência essencial o constitucionalismo espanhol. Cfr. Jorge Miranda, *Manual de Direito Constitucional*, volume I, *Preliminares. O Estado e os Sistema Constitucionais*, 4ª edição revista e actualizada, Coimbra Editora, Coimbra, 1989, pp. 243 e ss..

vasto sector da população portuguesa se identificava com o espírito francês. Os emigrantes franceses em Portugal[84] e a Revolução de 1789 preparam o terreno.

A comunidade francesa no nosso País era considerável e o número de franceses exilados aumentara com as diversas fases da Revolução. É certo que se assistiram a expulsões. Todavia, novas vagas de emigrantes compensavam as consequentes saídas.

O prestígio da cultura francesa, a par do conhecimento, por parte das elites lusas, do idioma francês explicam que um simples comentário acerca das ideias que a Revolução fizera triunfar se transformasse num poderoso veículo difusor dessas mesmas ideias[85/86]. Mesmo os críticos das

---

[84] Acerca da emigração francesa, em Portugal, durante o período da Revolução *vide*, Ferreira de Brito, *Revolução Francesa. Emigração e Contra Revolução*, [com publicação de um manuscrito anónimo: «Révolution de France. La mort de Louis XVI ou tableau historique sur l'origine et les progrès de la Révolution Française qui on conduit cet infortuné monarque sur l'échafaud»), Núcleo de Estudos Franceses da Universidade do Porto, Porto, 1989; Castelo Branco Chaves, *A emigração francesa em Portugal durante a Revolução*, Instituto de Cultura e Língua Portuguesa, Lisboa, 1984; Durval Pires de Lima, *Os Franceses no Porto*, 1807 – 1808, Porto, 1949; Luís A. de Oliveira Ramos, «Os afrancesados no Porto», *in Revista de História*, 3 (1980), pp. 115 a 125.

[85] A este propósito, escreve José Gentil da Silva que a "explosão" inicial, a Revolução em si, «n'avait aucun sens pour les Portugais...». De facto, não parece ter havido uma imagem completa da Revolução durante os dois meses imediatos à tomada da Bastilha, mas apenas uma visão fragmentada, assente em notas soltas, captadas no quotidiano parisiense e enviadas regularmente para Lisboa. Antes da intervenção da censura, a *Gazeta de Lisboa* oferece aos seus leitores a possibilidade de aferirem o alcance das mudanças sociais num quadro político em acelerada evolução. Como explicar, então, o fenómeno de recepção das ideias revolucionárias? Considera o Autor que «un effect d'imitation aidé par les courants de pensée que la jeunesse dorée ne pouvait pas négliger, le goût de généraliser, en somme, enfamma certains des grands esprits affamés par les étroitesses nationales. (…) Il est clair que cela ne les menait pas exclusivement sur la voie révolutionnaire. (…) L'étrangeté des nouvelles idées françaises vis-à-vis la "constitution réelle" de pays comme l'Espagne, l'Italie ou l'Allemagne était même plus grande que la différence de ces idées-lá avec la realité portugaise. Alors, à quoi assiste-t-on? A rien de plus q'un mimétisme des classes supérieures, accompagné d'une indifférence des populations face à la mode étrangère. C'est l'importation d'une certaine phraséologie révolutionnaire déracinée, c'est bien un language utopique...» Cfr. José Gentil da Silva, «Que pouvaient

Luzes Revolucionárias carregarão a responsabilidade de, ainda que involuntariamente, haverem operado a propagação do seu ideário[87].

Um evento político e militar de singular importância na história do constitucionalismo português contribuirá, decisivamente, para testar a adesão de certos portugueses à influência francesa, ao mesmo tempo que afasta outros. Referimo-nos às invasões napoleónicas.

As circunstâncias que rodeiam o projecto de transferência da corte para o Brasil e a ocupação napoleónica são, por certo, assaz conhecidas. O mesmo se diga do calendário e liturgia das revoltas populares e da intervenção militar inglesa. Abstemo-nos, por consequência, de aqui as bosquejar[88].

---

les portugais apprendre de la Revolution Française», *in La Revolution Française vue par les potugais. Actes du colloque*, 17-18 Novembro 1989, Fundação Calouste Gulbenkian, Centre Cultural Portugais, Paris, 1990, pp. 48 a 50.

[86] Nas *Actes du Comité du Salut Public*, tomo XIV, p. 508, encontramos um documento curiosíssimo, saído da pena do jacobino Chaudron –Roussau que, à constante alusão à barbárie anti-revolucionária dos espanhóis, opõe uma outra imagem dos portugueses. Cfr. Jean-René Aymes, «Bases y Evolución de la "Politica Portuguesa" de la Revolución Francesa entre 1789 y 1797», *in A Revolução Francesa e a Península Ibérica, Revista de História das Ideias*, n° 10, Instituto de História e Teoria das Ideias, Faculdade de Letras, Coimbra, 1988, p. 174.

[87] Em Portugal, à semelhança de outros países europeus, com forte influência católica como a Itália ou a Áustria, o Iluminismo apresentou certos caracteres que o diferenciam da Europa central, assistindo-se inclusivamente, nos últimos anos do século XVIII, a um certo refluxo e perda de força do movimento, que tenderá a integrar em si teses e orientações especulativas próprias da anterior tradição aristotélico-escolástica, recebendo, por isso, com justiça a denominação de *ecletismo*, por que ficou também conhecido e ainda hoje é designado, com preferência à qualificação de iluminismo que, em geral, lhe é dada. Neste sentido, António Braz Teixeira, *O pensamento filosófico-jurídico português*, 1ª edição, Instituto de Cultura e Língua Portuguesa, Lisboa, 1983, pp. 38 e ss.; J. S. da Silva Dias, *O ecletismo em Portugal no século XVIII*, já cit.; Maria del Carmen Rovira, *Ecleticos portugueses del siglo XVIII y algunas de sus influencias en America*, México, 1958.

[88] Sobre a temática *vide*, por todos, Ana Cristina Araújo, «Revoltas e ideologias em conflito durante as invasões francesas», *in Revista de História das Ideias*, 7(1985), pp. 7 a 90; Vitoriano César, *Invasões Francesas em Portugal*, Iª e IIIª Partes, 2 volumes, Typ. da Cooperativa Militar, Lisboa, 1904-1910; António Ferrão, *A 1ª invasão francesa (a invasão de Junot vista através dos documentos da Intendência Geral da Polícia, 1807-1808*.

Como referimos, tem-se amiudadas vezes sublinhado que o constitu-cionalismo português *proprio sensu* é de influência francesa[89]. Nas suas ideias mais gerais descobre-se um fundo cultural francês, acumulado, pelo menos, desde o início da época das Luzes[90].

Mas, não devem exagerar-se os influxos e as semelhanças. Não obstante todas as influências, a história Lusa está animada por um impulso verdadeiramente nosso e as ideias veiculadas foram de tal forma trans-formadas que o resultado não poderá deixar de ser estranhamente original.

A evolução histórica da monarquia portuguesa caracteriza-se por uma progressiva adaptação ao contexto sociopolítico do Estado Moderno sem, todavia, alienar a património jurídico e cultural da Meia Idade. Propiciando uma autonimazação das «coisas da justiça» ante as «coisas da graça», acompanhadas por uma tendencial especialização orgânica e fun-cional, tais realidades não podem deixar de considerar-se duas faces da mesma unidade, expressão da antiga ambivalência régia enquanto envolvem a realização unitária do direito pelo poder[91].

A permanente referência a limites jurídicos ao exercício do poder régio contracenando com ideias «novas» como a de «representação» po-pular e com projectos de reforma social impedem o poder de se degradar

---

Estudo político e social), Imprensa da Universidade, Coimbra, 1925; João Marques, «A Revolução e as Invasões Francesas no sermonário do Padre José Agostinho de Macedo», *in Estudos de história contemporânea portuguesa. Homenagem ao Professor Victor de Sá*, Livros Horizonte, Lisboa, 1991, pp. 145 a 161; Oliveira Lima, *D. João VI no Brasil. 1808-1821*, 3 volumes, 2ª edição, J. Olímpio ed., Rio de Janeiro, 1945; Raul Brandão, *El-Rei Junot*, Lisboa, Imprensa Nacional, 1982.

[89] Sobre a questão *vide*, de entre tantos, Paulo Ferreira da Cunha, *Mythe et Constitutionnalisme au Portugal – Originalité ou Influence Française?*, tese para Doutoramento na Universidade de Paris, II, cit..

[90] Ainda que ele não penetre por via directa na concretização constitucional. De facto, o constitucionalismo português é, em larga medida, francês. Simplesmente, parece defensável que uma das portas pela qual a influência francesa entrou seja a tradução lusa da versão espanhola da Constituição de Cadiz. Neste sentido, Paulo Ferreira da Cunha, *Mythe e Constitutionnalisme*, cit., p. 444.

[91] Assim, Maria da Glória Garcia, *Da Justiça Administrativa em Portugal. Sua Origem e Evolução*, Lisboa, Universidade Católica Editora, 1994, p. 250.

em pura força e técnica de acção, mas também impedem a sociedade de estagnar ou entrar num marasmo estiolante[92].

Para os apontamentos de Silvestre Pinheiro Ferreira confluía a singularidade da sua época. Simplesmente, quando tomamos o pulso ao pensamento político[93] do Autor de *Prelecções Filosóficas* deparamos com um criticismo integrador no que concerne à adopção de ideias e pensamentos influentes. Nas páginas saídas da sua pena retrata-se, claramente, a intenção de reforma estrutural que, desde sempre, parece ter colocado no topo das suas acções, com expressão mais evidente nas criações literárias originais[94].

Inúmeros são os factores que determinam a definição de um ciclo histórico e várias disciplinas os dilucidam e propõem. Vista à distância, cada época tem, para além do seu teor político e ideológico, um conteúdo cultural, social e económico.

A cultura, ou antes as culturas, semelhantemente ao que sucede com as restantes manifestações da vida do espírito, também têm a sua história. E essa história, em seus títulos e capítulos, é tão diversificada quanto o são os múltiplos lados da alma humana interessados naquele fenómeno primordial[95].

O homem é um animal cultural. Poderia, assim, falar-se, com rigor, numa história do sentimento cultural; numa história das ideias e representações de índole mais teorética; numa história de actos e realizações de significado cultural; e, ainda, numa história daqueles organismos sociais e instituições, destinados a conservar, continuar e defender, no interesse dos indivíduos e das comunidades, todas essas seivas, anelos, aspirações, crenças e valores da alma humana.

O estudo da arte portuguesa deste período foi responsável pelo aparecimento de duas posições antagónicas.

---

[92] *Vide infra.*

[93] *Vide infra..*

[94] *Vide infra.*

[95] Cfr. L. Cabral de Moncada, *Mística e Racionalismo em Portugal no Século XVIII – Uma Página de História Religiosa e Política*, Coimbra, Casa do Castelo, Editora, 1952, p. 1.

José Augusto França[96], na sua *Arte em Portugal no Século XIX*, confirma-nos, exemplo após exemplo, o estado confuso das artes portuguesas neste final de Setecentos e início da centúria ulterior. Escutemos as suas próprias palavras: «O balanço que se tente destes anos 1780-1835, hesitantes princípios de século, confusa aprendizagem de modernidade, que marcámos entre a queda do possível iluminismo pombalino e a queda da possível «viradeira» - o balanço que se esboce tem resultados negativos. Uma obra epigonal de programa antigo, a Basílica da Estrela, e uma obra tardia e abandonada de programa moderno, o Palácio da Ajuda (...), a péssima pintura da Ajuda com a sua inculta alegoriomania e outra, igualmente má, fora do Palácio, com a excepção possível de Batoni; os textos e as opiniões estéticas de Machado e de Cyrillo, (...) o ensino ocasional e as aflições pedagógicas dos vintistas – tudo isso se completa e forma um quadro negativo[97]». Tal era particularmente nítido na arquitectura: «O esti-

---

[96] Devem-se a José Augusto França os estudos mais exaustivos sobre a cultura urbana do século XIX. E não somente no domínio da arte, em que é, seguramente, um dos mais consumados especialistas, mas também no todo complexo que constitui o vasto e variado universo cultural. A obra que dedica ao romantismo é uma notável síntese sobre o tema. Cfr. José Augusto França, *O Romantismo em Portugal. Estudo de Factos socioculturais*, 6 volumes, Lisboa, Livros Horizonte, 1974-1975. Do Autor veja-se, ainda, «A figura do Camponês em Artes e Letras de Oitocentos», *in Revista Crítica de Ciências Sociais*, 7-8 (1981), pp. 101 a 109; *Rafael Bordalo Pinheiro. O Português tal e qual*, 12ª edição, Lisboa, Bertrand, 1982; «Burguesia Pombalina, nobreza mariana, fidalguia liberal», *in Pombal Revisitado* (coordenação M. H. Carvalho dos Santos), volume I, Lisboa, Estampa, 1984, pp. 19 a 33 e «La Nouvelle Noblesse: de Pombal à la Monarchie Libérale», *in Arquivos do Centro Cultural Português*, 26 (1989), pp. 499 a 509. Não poderíamos, sem injustiça, deixar de referir outros estudos no domínio literário e algumas monografias pioneiras no campo da sociologia liberal de que se destacam os trabalhos de Maria de Lourdes Lima dos Santos e até as sínteses incluídas, desta e de outros autores, na obra de paciente erudição *Portugal Contemporâneo*. *Vide*, Maria de Lourdes Lima dos Santos, *Para uma Sociologia da Cultura Burguesa em Portugal no Século XIX*, Lisboa, Presença, 1983; *idem, Intelectuais Portugueses na Primeira Metade de Oitocentos*, Lisboa, Presença, 1988; António Reis (dir.), *Portugal Contemporâneo*, 2 volumes, Lisboa, Alfa, 1989 e 1990.

[97] Cfr. José Augusto França, *A Arte em Portugal no Século XIX*, já cit., pp. 209 e 210. No mesmo sentido, Regina Anacleto, «Arte», *in História de Portugal, O Liberalismo (1807-1890)*, dir. de José Mattoso, já cit., pp. 669 a 683.

lo pombalino sumira-se com o tempo e nada o substituíra. Prédios pobres jaziam, desde os fins do século (...), ao lado dos vastos edifícios pombalinos. O ano de 1808 paralizara tudo: a propriedade desvalorizara com a partida da Corte, as rendas desceram drasticamente[98]».

Nas antípodas desta visão, podemos ler, *na Historia da Literatura Portuguesa Ilustrada dos Séculos XIX e XX*[99], que «a herança legada pelo século XVIII no que respeita às artes foi sólida e acompanhava o seu tempo especialmente quanto à arquitectura». E, em conclusão, acrescenta-se: «a uma literatura florescente correspondem artes em pleno desenvolvimento. Artes e letras dão as mãos para que este século excepcional reunisse em si o melhor do nosso património artístico e espiritual[100]».

Não poderemos, neste ensaio, dar um passo que seja na descoberta da tentadora história da cultura portuguesa nem na construção de uma imagem, mais ou menos aproximada, de todo o complexo de problemas que o tema supõe.

Ademais, não entra no programa deste estudo a pretensão, porventura ambiciosa, de descortinar os motivos, largamente repetidos, da inópia, em todos os campos de actividade do espírito, que estigmatizou o período histórico dos três primeiros reinados da Restauração. Não obstante, sempre diremos que é de primeira intuição que a emancipação das ideias só pode começar quando, consolidada a paz pelas armas e pela diplomacia e conquistada a riqueza pela descoberta das minas do Brasil, o Rei Magnânimo deu alento às aspirações latentes em certos meios[101].

---

[98] *Idem, Ibidem.*

[99] Cfr. *Historia da Literatura Portuguesa Ilustrada dos Seculos XIX e XX*, já cit., pp. 11 e 12.

[100] No mesmo sentido, *História de Portugal, Edição Monumental*, por Damião Peres e Eleutério Cerdeira, vol. VII, 1935, Barcelos, («Instituições de Cultura», pelo Professor Newton de Macedo, pp. 659 a 678; «Literatura», pelo Professor João de Barros, pp. 679 a 718; «Sciência», pelo Professor Luiz de Pina; pp. 719 a 738; «Arte: arquitectura», pelo Professor Aarão de Lacerda, pp. 739 a 748; «escultura, pintura e artes decorativas», pp. 749 a 784); Artur Ribeiro, *A Arte e Artistas Contemporâneos*, 3 volumes, Lisboa, 1896 e, do mesmo Autor, *Nôtas sobre Portugal*, Lisboa, 1908.

[101] Neste sentido, Armando Marques Guedes, «Silvestre Pinheiro Ferreira», *in Jurisconsultos Portugueses do Século XIX*, já cit., p. 29.

O século XVIII português fora o da restauração política. Mas já se observou que não se fizera, com ela, a restauração da cultura. Nas palavras de Armando Marques Guedes, *se a revolução, de sentido nacionalista, nos restituiu a individualidade nacional na península, o movimento a efectuar para as novas formas de cultura e de emancipação espiritual haveria de ter um intuito europeu, pois deveria reintegrar-nos nas correntes de pensamento, de que nos atrasáramos duzentos anos*[102].

Pela Europa fermentavam activamente ideias e métodos novos. Fechada a Meia Idade, em que o verdadeiro autor, numa sociedade marcadamente teocêntrica, é Deus, em nome de quem tudo se faz, entrara-se na Renascença, em que o homem começa a busca e a descoberta de si mesmo[103]. A humanidade culta não poderá deixar de sentir uma profunda inquietação espiritual.

---

[102] Cfr. Armando Marques Guedes, «Silvestre Pinheiro Ferreira», *in Jurisconsultos Portugueses do Século XIX*, já cit., p. 26.

[103] É certo que não existirá um hiato profundo entre a Idade Média e o Renascimento. Ao contemplar a Meia Idade somos forçados a concluir que o período está longe de ter sido o suposto parêntesis de barbárie gótica - no originário sentido pejorativo da palavra – e de escravidão da inteligência entre duas eras de luz e liberdade de pensamento, que a concepção hostil e assaz redutora do Iluminismo propôs. Particularmente em Portugal, a linha divisória é menos nítida. Cfr. Martim de Albuquerque, *O Poder Político no Renascimento Português*, vol. IV, pp. 1101 a 1109. A Renascença emerge da baixa Idade Média, sem solução de plena continuidade, por certo, mas desenvolvendo germes que já nela actuavam. Olhando para o Renascimento, tem-se dito que o seu fulcro reside no individualismo. Simplesmente, tal individualismo tão só na centúria de Setecentos atingirá a sua maior expressão. Talvez, já se afirmou, o que houve de autêntico na lenta mas depressa consciente mudança de mentalidade tenha sido uma alteração na atitude fundamental, no foco de atracção do interesse: o olhar do homem vai passando, decididamente, do transcendente para o imanente. Tal constatação é de molde a explicar a crescente secularização da cultura a par da inegável «fruição da mundanidade», que são próprias do Período. Como corolário, desenha-se um novo traço no papel criador do homem, que Pico della Mirandolo soube apontar, no célebre discurso *De Dignitate hominis* (1486): o ideal humano é o *uomo universale* que procura ascender à globalidade da experiência e do conhecimento possíveis, a fim de actuar sobre o natural e sobre si mesmo. Na síntese de António Truyol y Serra *há um humanismo paganizante (Lorenzo Valla, P. Pomponazzi, Maquiavel), que, ou se entrega à Antiguidade greco-romana sem cuidar da sua adaptação aos valores cristãos, ou a toma como simples ponto de apoio para se emancipar da cul-*

Já Bacon[104], o teorizador da experiência, comunicara, no *Novum Organum*[105], as regras que deveriam nortear a investigação, preconizando a excelência e, mais incisivamente, a necessidade da observação e da experiência para a descoberta das verdades científicas[106]. Estas ideias germinaram.

Em Portugal, e consoante observou Fidelino de Figueiredo, *a acção fiscalizadora do Santo Ofício, a catequese da Companhia de Jesus e a vigilância do Paço fixavam balizas ao ambiente do pensamento. O Concílio de Trento fixara as invariâncias da doutrina, como sistema reli-*

---

tura eclesiástica anterior, em nome de um espírito crítico que é já moderno. Cfr. António Truyol y Serra, *História da Filosofia do Direito e do Estado,* volume 2, trad. portuguesa (da 3ª edição espanhola, revista e aumentada) por Henrique Barrilaro Ruas, Lisboa, 1990, p. 4. Sobre o período do Renascimento *vide,* por todos, J. W. Allen, *A History of Political Thought in the Sixteenth Century,* 2ª edição, Londres, 1941; W. Dilthey, *Hombre y Mundo en los Siglos XVI y XVII,* versão e prólogo de E. Imaz, México, 1944; P. Mesnard, *L'essor de la Philosophie Politique au XVIe Siècle,* 2ª edição, Paris, 1952; R. Tuck, *Natural Rights Theories. Their Origin and Developments,* Cambridge U. P., 1979, Yves Guchet, *Histoire des Idées Politiques – De L'Antiquité à la Revolution Française,* Tomo I, Armand Colin, Paris, 1995, pp. 181 e ss..

[104] Sobre o pensamento de Francis Bacon *vide,* por todos, F. H. Anderson, *Francis Bacon: His Career and his Thought,* Los Angeles, 1962; N. Orsini, *Bacone e Machiavelli,* Génova, 1936; A. Quinton, *Francis Bacon,* tradução de Pilar Castrillo Criado, Madrid, 1985; António Truyol y Serra, *História da Filosofia do Direito e do Estado,* volume 2, cit., pp. 142 a 144; José Calvet de Magalhães, *História do Pensamento Económico em Portugal. Da Idade Média ao Mercantilismo,* Coimbra, 1967, pp. 88 e ss.; Adriano Moreira, *Ciência Política,* Amadora, Bertrand, 1979, pp. 214 e 243; José Adelino Maltez, *Ensaio sobre o Problema do Estado – Da Razão de Estado ao Estado da Razão,* II tomo, Lisboa, Academia Internacional da Cultura Portuguesa, 1991, pp. 75 e ss..

[105] Francis Bacon, *Novum Organum,* Londres, 1620.

[106] Não sem algum eufemismo, escreve Hernâni Cidade, *nesta incessante marcha do espírito crítico acordado, o próprio cartesianismo foi perdendo terreno. Bem que houvesse importado o gosto da observação e da experiência, ele mantinha à razão, na actividade mental, um papel de preponderância, que dia a dia lhe foi sendo disputado, no crescente culto do facto concreto, da prova à posteriori. Como o havia sugerido Bacon, também Newton, Locke, Gassendi, o próprio Pascal no que diz respeito à física, opõem as verdades experimentais às verdades racionais...* Cfr. Hernâni Cidade, *Ensaio sobre a Crise Mental do Século XVIII,* Coimbra, Imprensa da Universidade, 1929.

gioso, moral e metafísico; para além delas se não podia transcender. Os livros eram inspeccionados pelo Desembargador do Paço, pela autoridade eclesiástica ordinária e pelo Santo Ofício para lograrem ser impressos; depois eram reexaminados e durante algum tempo ainda o autor em posfácio declarou que em nenhuma das suas frases fora sua intenção desviar-se da doutrina da Igreja. A fidelidade das teorias professadas na regência das aulas era vigiada e que essa vigilância se não limitava a registar, mas aplicava sanções penais, mostram os processos da Inquisição que atingiram os lentes judaisantes e suspeitos de afectos à reforma religiosa[107].

De facto, desde o ano de 1561, os padres da Companhia de Jesus regiam os «estudos menores» no Colégio das Artes, em Coimbra, nos demais que sustentavam as restantes cidades – como o Colégio de Santo Antão em Lisboa – e nos seminários, criados por deliberação do Concílio de Trento. Dirigiam os «estudos maiores» na Universidade de Évora e exerciam profunda influência na de Coimbra.

Os mestres de Coimbra[108], fiéis arautos das geniais intuições do Estagirita, cristianizadas pelo tomismo, eram assim apreciados naquela tantas vezes transcrita passagem de Geoffroy Saint – Hillaire[109]: «Fiéis comentadores, críticos lúcidos, mas não trazendo nada de novo (...) completamente alheios à necessidade de inovar, que no fim do século XV agitava os espíritos (...). A Sociedade de Jesus, com os princípios, que devia defender, não podia fazer em filosofia senão o que fez. O papel de inovadores pertencia aos espíritos livres, que, como Ramo, Bacon, Descartes, procuram caminhos novos em ciência e filosofia. Os conimbricenses não poderiam ir além...».

A justa reposição da verdade histórica exige uma referência à figura de um monarca, relembrado ordinariamente apenas como rei freirático e

---

[107] Fidelino de Figueiredo, *História da Literatura Clássica*, 2ª edição revista, Lisboa, Livraria Clássica Editora, 1922.

[108] Corporizados, nomeadamente, em Pedro da Fonseca, Manuel de Góis, Sebastião do Couto, Cosme de Magalhães, Baltazar Álvares e, sobre todos, Francisco Suarez.

[109] Citado por Armando Marques Guedes, «Silvestre Pinheiro Ferreira», *in Jurisconsultos Portugueses do Século XIX*, já cit., p. 32.

ostentoso, obsidiado por uma prodigalidade dissipadora, que os diamantes do Brasil sustentavam com largueza[110]. Referimo-nos a D. João V. O primeiro golpe no monopólio jesuítico do ensino remonta ao seu reinado, mercê da extensão, entre 1708 e 1747, aos frades da Congregação do Oratório, de privilégios que, até então, somente assistiam aos padres da Companhia.

Junto da Capela da Nossa Senhora das Necessidades, ordenou o Rei a construção de uma casa onde os Oratorianos se instalaram. A escola, destinada ao ensino público das primeiras letras, da gramática latina, da filosofia, da moral, da retórica e da teologia, foi, por D. João V, dotada com doze mil cruzados anuais[111].

Na Senhora das Necessidades se funda, também, uma Biblioteca que, não muitos anos volvidos sobre o seu nascimento, reunia cerca de vinte e quatro mil títulos. Ali se instalou, ainda, um gabinete de física onde os oratorianos encetaram o ensino das ciências experimentais[112].

Neste breve percurso sobre o estado da cultura portuguesa do século XVIII, não poderemos deixar de reconhecer a importância da reforma cul-

---

[110] V. Armando Marques Guedes, «Silvestre Pinheiro Ferreira», in *Jurisconsultos Portugueses do Século XIX*, já cit., p. 33.

[111] *Idem, ibidem.*

[112] O reinado de D. João V ficará, também, assinalado pela fundação, pelo próprio monarca, da Academia Real da História Portuguesa, onde produziram trabalhos de vulto homens de excepção de que são exemplos o padre Rafael Bluteau, Diogo de Barbosa Machado e D. António Caetano de Sousa. Deve-se também à iniciativa do Monarca, o convite dirigido a Jacob de Castro Sarmento para vir a Portugal ensinar Medicina e proceder à tradução do «Novum Organum», de Bacon, tarefa que iniciou mas que não logrou terminar. Sob a sua égide foram enviados ao estrangeiro, com bolsas de estudo, alguns estudantes singulares, como Barros de Vasconcelos, autor de um ensaio muito apreciado nas *Memórias da Academia de Berlim* sobre os satélites de Júpiter e de um outro no *Journal des Savants*, em que contraditava, frontalmente, o jesuíta italiano Ximene, ao reivindicar a prioridade dos portugueses na navegação das Índias Orientais, e Azevedo e Fortes (1660 – 1749) de cuja pena saiu «Lógica, geometria e analítica», publicado no ano de 1744 e largamente difundido. Cfr. Manuel de Azevedo e Fortes, *Lógica Racional, geométrica e analítica*, Lisboa, Of. de José António Plates, 1744. Sobre a questão veja-se a síntese de Marques Guedes, «est. cit.», p. 34.

tural, mais precisamente da «reforma do mundo», proposta por Luís António Verney[113] que, ecoando no espírito dos redactores dos Estatutos da Universidade de Coimbra, conduziu à tentativa de erradicação do pensamento aristotélico e escolástico da mentalidade nacional, ao menos quanto a parte dos seus conteúdos e parte da sua forma[114].

A identificação entre a pedagogia jesuítica e a escolástica de matriz aristotélica produz, como decorrência necessária, uma reacção intelectual contra a escolástica[115]. Esta reacção, ainda que mais sensível no domínio da metafísica, implica, de igual modo, uma alteração no conceito e no método da retórica e da dialéctica. Esta nota, por certo, levar-nos-ia muito longe. Não obstante, nesta sede, não poderemos mais do que enunciar a temática[116/117].

---

[113] Nasce o *Padre Barbadinho* no ano de 1713. Frequentou o Colégio de Santo Antão, de Lisboa, e na Universidade de Évora conclui os seus estudos superiores em Teologia e Artes. Em Itália, para onde se dirige em 1736, estuda teologia e direito. Regressado a Portugal, no ano de 1742, começa por desempenhar o cargo de arcediago da Sé de Évora. As ideias por que pugna concitaram-lhe a animadversão dos jesuítas. Já no reinado de D. José fez publicar a sua «Filosofia, lógica e matemática». Sob a égide de D. Maria I foi Luís António Verney nomeado deputado da Mesa de Consciência e Ordens. Não obstante, será o *Verdadeiro Método de Estudar* (1746), resumo enciclopédico quanto aos métodos de estudo da ortografia, da língua portuguesa, das gramáticas latina, grega e hebraica, da história, da cronologia, da geografia, da filosofia, da física, da lógica, da ética e da metafísica, que perpetua o seu nome. Na verdade, o filósofo português identifica as seguintes disciplinas preambulares à frequência universitária nos estudos do direito: gramática; latim; grego; retórica; lógica; história. Uma análise circunstanciado do pensamento de Luís António Verney pode ser lida em Luís Cabral de Moncada, «Um Iluminista Português do Século XVIII – Luís António Verney», *in Estudos de História do Direito*, I, 1948; em António Alberto de Andrade, *Verney e a Filosofia Portuguesa*, s. l., s. n., 1947, *idem, Verney e a Cultura do seu Tempo*, Coimbra, Universidade de Coimbra, 1965. Sobre o pensador veja-se, ainda, a síntese de Marques Guedes, «est. cit.», pp. 34 e 35.

[114] Neste sentido, Esteves Pereira, *Silvestre Pinheiro Ferreira*, já cit., p. 8.

[115] A matriz deste pensamente anti-escolástico pode ser encontrada no *Compêndio Histórico. Vide infra*

[116] Sobre a reforma dos estudos *vide*, de entre tantos, António Ferrão, *O Marquez de Pombal e as Reformas dos Estudos Menores*, Lisboa, 1915; António Alberto Banha de Andrade, *A Reforma Pombalina dos Estudos Secundários (1759-1771). Contribuição para o Estudo da Pedagogia em Portugal*, vol. I, A Reforma, 2 tomos, Coimbra, 1981; José Ferreira Carrato, «O Marquês de Pombal e a reforma dos estudos menores em

Em Portugal, as reformas dos estudos obedecem a um plano racionalizado, o qual tem o seu início com a criação da Aula do Comércio[118].

Na sequência deste amplo movimento reformador, é nomeada, em 23 de Dezembro, a Junta de Providência Literária, a qual, sete meses mais tarde[119], apresenta o *Compêndio Histórico*, matriz do pensamento anti-escolástico[120/121]. A origem de todos os males da sabedoria jurídica vive na moral aristotélica e na introdução, na Universidade de Coimbra, da lógi-

---

Portugal», *in Boletim da Biblioteca da Universidade de Coimbra*, 34/3ª parte (1979), pp. 343 e ss..

[117] Sobre a questão, *vide* a síntese de António Pedro Barbas Homem, *Judex Perfectus, Função Jurisdicional e Estatuto Judicial em Portugal (1640-1820)*, Colecção Teses, Almedina, 2003, pp. 379 e ss..

[118] Entre nós, a reforma dos "estudos maiores", tornada premente após a publicação da Lei de 12 de Agosto de 1768, foi precedida pela reforma do ensino secundário.

[119] Mais rigorosamente, em 28 de Agosto de 1771.

[120] A parte jurídica do *Compêndio Histórico* bem como a dos Estatutos de 1772 foi, essencialmente, resultado do pensamento e da *praxis* de João Pereira Ramos de Azevedo Coutinho. Nas palavras de Frei Manuel do Cenáculo, a feitura dos Estatutos, na parte jurídi-ca, deve-se a João Pereira Ramos de Azevedo Coutinho, a quem «ha seis ou sete annos El-Rei determinou que fosse ajuntando, e compondo o que fosse preciso para a Reforma da Universidade, e agora sò o que faz he coordenar pelo methodo que dispõe o Marquez, e elle sò faz o que pertence à parte juridica». V. «Notícias secretas, inéditas e muito curiosas, da Junta Reformadora da Universidade de Coimbra, extrahidas do Diário de Frei Manuel do Cenáculo», *in O Conimbricense,* ano 23 (1869), Coimbra, Imprensa de E. Trovão, pp. 2328 a 2331. Sobre o papel desempenhado na execução da reforma pelo procurador da Coroa, João Pereira Reis de Azevedo Coutinho e por seu irmão D. Francisco de Lemos *vide*, por todos, Frei Manuel do Cenáculo, *Cuidados Literários*, Lisboa, 1791, p. 33; Frei Fortunato de São Boaventura, *Oração Fúnebre*, Lisboa, 1822, p. 14; António Pereira de Figueiredo, *Elogio dos Reis de Portugal*, Lisboa, 1785, p. 259. De referir que em Decreto, datado de 25 de Março de 1802, se consagra que João Pereira Reis de Azevedo Coutinho fora desembar-gador sem exercício na Casa da Suplicação, por haver estado sempre comissionado a outras tarefas. Cfr. António Delgado da Silva, *Collecção de Legislação Portugueza, legislação de 1802 a 1810*, Lisboa, Imprensa Nacional, 1843-1851, p. 56.

[121] No *Compêndio Histórico* acham-se elencados os "quinze estragos" que a escolás-tica jesuítica causara no ensino do Direito. Como salientou José Esteves Pereira, aqui reside a matriz apologética do discurso político-educativo pombalino. V. José Esteves Pereira, «A Ilustração em Portugal», *in Cultura – História e Filosofia*, VI (1987).

ca peripatética, da ética e da metafísica do Estagirita, com o propósito de destruir a moral evangélica[122].

Mas, como Pombal[123] não poderia derrubar uma «verdade» intolerante sem erigir, sobre as suas ruínas, verdades novas de intolerância igual, ou maior, o ensino sob o seu consulado reformado[124] repelia todas

---

[122] Esta mensagem anima o Apêndice ao Capítulo Segundo da Segunda Parte do *Compêndio Histórico*, cujo título é, por si só, suficientemente elucidativo: *Apendix ao Capitulo segundo da Segunda parte para servir de Supplemento ao Sexto dos Estragos, e Impedimentos que a Sociedade Jesuitica fez, e accumulou para corromper, e impossibilitar o Estudo da Jurisprudencia Canonica e Civil com a propagação da Moral de Aristoteles.*

[123] O próprio Marquês se interessou pessoalmente pela reforma. Em carta, datada de 12 de Março de 1761 e enderessada a Jacob Facciolati, revela os motivos que o levam a querer reformar o ensino jurídico em Coimbra. Cfr. Rómulo de Carvalho, *História da Fundação do Colégio Real dos Nobres de Lisboa*, Coimbra, Atlântida, 1959, pp. 57 e 58. Numa outra missiva, de 20 de Fevereiro de 1762 e dirigida a Martinho de Melo e Castro, então embaixador em Londres, lamenta: «... uma Universidade, onde as teimas, os sophismas e os maus livros fazem grande figura». O texto desta carta foi publicado por Júlio Firmino Judice Bicker, *O Marquez de Pombal. Alguns Documentos Inéditos*, Lisboa, 1882, p. 27. Sobre a reforma dos estudos na Universidade de Coimbra *vide*, ainda, Marquês de Pombal, «Oitava inspecção. Sobre a Universidade novamente fundada em Coimbra», B.N.L., *Colecção Pombalina*, cod. 697, f. 79; B.N.L., FG, cod. 9101, ff. 30 e ss..

[124] Foram importantes inspiradores das reformas decretadas dos "estudos menores" e "estudos maiores" os escritos dos cristãos-novos Jacob Sarmento e Ribeiro Sanches, sem olvidar, naturalmente, as ideias, textos e relatório de Luís António Verney, o labor de José Caetano de Mesquita e as obras menores de Francisco de Almeida, Cunha Barreto e Francisco de Melo Franco. Cfr. Francisco José de Almeida, *Tractado de Educação Fysica dos Meninos para Uso da Nação Portugueza*, Lisboa, Off. da Academia Real das Sciencias, 1791; Moniz Barreto, *Tractado de Educação Fysica e Moral dos Meninos de Ambos os Sexos. Traduzido do francez em lingua portugueza pelo Bacharel Luiz Carlos Moniz Barreto*, Lisboa, Off. da Academia Real das Sciencias, 1787; Francisco de Melo Franco, *Tractado de Educação Fysica dos Meninos para Uso da Nação Portugueza*, Lisboa, Off. da Academia Real das Sciencias, 1790. Jacob Sarmento, médico por Coimbra e graduado em artes por Évora gozava de enorme prestígio no estrangeiro, onde viveu, tendo sido membro do Real Colégio de Médicos de Londres. António Nunes Ribeiro Sanches (1699 – 1783) frequentou as Faculdades de Direito e de Medicina, em Coimbra. Na Faculdade de Medicina da Universidade de Salamanca chega a doutorar-se. Regressado a Portugal, e depois de exercer, durante algum tempo, clínica em Benavente,

as possíveis formas de compromisso, desde logo as tentadas pelos oratorianos J. Baptista de Castro[125] e Teodoro de Almeida[126], seu discípulo[127].

parte para o estrangeiro, vivendo nos meios científicos de Londres, Paris, Génova e Leyde. Foi Ribeiro Sanches médico da Imperatriz Catarina da Rússia. Corria o ano de 1747 quando se instala em Paris, auferindo uma pensão paga pelo Governo russo. Legou-nos Ribeiro Sanches uma obra variada sobre economia, agricultura, colonização, história, pedagogia, psicologia, física e medicina. Celebrizaram-no as suas *Cartas sobre a Educação da Mocidade* (1760) e *Método para Aprender e Estudar a Medicina...* (1763), obra que ilustrou com apontamentos para a fundação de uma Universidade Real, na qual deveriam ser ministradas as «ciências humanas». Sob a sugestão de Ribeiro Sanches, foi fundado o Colégio dos Nobres para onde Pombal chamou professores estrangeiros. Destacaremos Ângelo Brunelli, Miguel Ciera, Miguel Franzini, Ponzoni e Dalabella. Em 1769, os colégios jesuíticos foram extintos. O decreto de 28 de Junho daquele ano reformou os estudos menores, criando mestres de letras (479), de latim (236), de retórica (49), de grego (38) e de filosofia (33), todos seculares. Reformaram-se os estudos superiores, instituindo-se, ao lado das antigas Faculdades de Teologia, Leis, Cânones e Medicina, as de Matemática e de Física Natural. Esta nova instituição recebe um número muito significativo dos professores estrangeiros do Colégio dos Nobres. Para as práticas ligadas ao ensino da matemática e da filosofia natural, criaram-se, como estabelecimentos anexos, o Observatório Astronómico, os Gabinetes de Física e Química, o Museu de História Natural, o Jardim Botânico, o Teatro Anatómico, o Dispensário Farmacêutico e o Hospital Escolar. A Faculdade de Teologia viu os seus programas renovados mercê do labor de D. Frei Manuel do Cenáculo e do Padre Pereira de Figueiredo. O ensino do Direito foi vivificado. Com o propósito de coordenar esta reforma geral dos estudos criara-se uma Comissão presidida pelo próprio Pombal e pelo Cardeal da Cunha. Simplesmente, o intenso labor da Comissão da Reforma dos Estudos não poderá dissociar-se do erudito prelado, D. Frei Manuel do Cenáculo Vilas Boas, doutor em Teologia, bispo de Beja e, mais tarde, arcebispo de Évora. V. a síntese de A. Marques Guedes, «est. cit.», pp. 35 e ss..

[125] Devotou o Padre J. Baptista de Castro grande parte do seu esforço intelectual à tentativa de demonstrar que os comentadores do Estagirita falsearam o seu pensamento original. Cfr. J. Baptista de Castro, *Críticas ao Ensino da Filosofia Escolástica*, cit..

[126] Assim, Armando Marques Guedes, «Silvestre Pinheiro Ferreira», *in Jurisconsultos Portugueses do Século XIX*, já cit., p. 36.

[127] Na sua célebre *Recreação Filosófica* escreve Teodoro de Almeida: «Os Hefpanhoes forão mais tenazes em feguir o Peripatetifmo; mas emfim o Padre Tofca da Congregação de S. Filippe Neri lhes deo muita luz no Compendio da Filofofia, em que fegue principalmente a Gazendo. Seguírão-fe os Portuguezes, que tambem a abraçárão, fendo o primeiro que lhes fez abrir os olhos o P. João Baptifta do Oratorio, homem grande na verdade, e a quem os eftudos de Portugal devem em grande parte os augmentos que

Aristóteles e o Aristotelismo estão presentes nas obras do pai das *Prelecções Filosóficas*. Simplesmente, com facilidade se intuirá, não constitui propósito de Silvestre Pinheiro Ferreira o estatuir tradicional da metafísica. Aliás, o ecletismo imperante na Congregação do Oratório, que o formou, não consentiria tal empenhamento[128]. Apesar de ser inquestionável a aceitação silvestrina do aristotelismo, a abertura ao conhecimento sensualista parece ser também evidente[129].

Foi neste ambiente, encenado sob a repressão de Pina Manique, que Silvestre Pinheiro Ferreira emigrou, por cautela, para a Holanda, com curto passagem por Dover e Londres.

---

hoje tem. Depois de enfinar publicamente a Filosofia Moderna, no meio da Corte cercado de innumeravel multidão de contrarios, a quem parecia coifa nova, e inaudita a ruina da Peripatetica, por effe tempo já quafi defterrada do reftante do Mundo, fahio á luz com huns livros intitulados *Filofofia de Ariftoteles reftituida, e illuftrada com experimentos,* nos quaes moftra com folidos fundamentos, que a doutrina até agora imputada a Ariftoteles, não fó lhe era alheia, mas nos pontos principaes totalmente contraria ao feu fyftema expofto pelos mais célebres Commentadores que elle teve, que são Santo Thomáz, B. Alberto Magno, Scoto e Averroes: tirado o fundamento da Authoridade defte Filosofo, a que se encoftava a doutrina Peripatetica, vendo-fe sem outro arrimo de razão, nem experiencia, começou a cahir por terra, e a arruinar-fe cada vez mais...». Cfr. Teodoro de Almeida, *Recreação Filosofica ou Dialogo sobre a filosofia natural para instrucção das pessoas curiosas que não frequentárão as aulas, pelo P. Theodoro d'Almeida... Quinta Impressão muito mais correcta que as precedentes,* tomo I, Lisboa, Regia Officina Typografica, Ano MDCCLXXXVI, pp. LVII e LVIII. Esta atitude mental, interpretada como uma séria tentativa de reabilitar a filosofia do Estagirita, colocou Teodoro de Almeida no centro da intolerância pombalina. Em 1760, o oratoriano é desterrado. Homiziado, vive precariamente do ensino da matemática e das ciências naturais, em Bayonne e em Auch. A acreditar no testemunho de um dos seus biógrafos, o padre que jamais desistiu do seu pendor para o ensino e para a *praxis* das ciências experimentais terá chegado a mendigar em Tuy. O Padre Teodoro de Almeida só regressará do exílio no ano de 1778. Cfr. A. Marques Guedes, «Silvestre Pinheiro Ferreira», cit., pp. 36 e 37.

[128] Cfr. Silva Dias, *O Ecletismo em Portugal no Século XVIII,* já cit., p. 9 e J. Esteves Pereira, *Silvestre Pinheiro Ferreira,* cit., p. 8.

[129] Cfr. Silvestre Pinheiro Ferreira, *Prelecções Filosóficas,* já cit., Sétima Prelecção, p. 70 e Oitava Prelecção, p. 87.

[130] *Vide supra.*

1.4 - Diplomacia e Política

Foi num ambiente encenado sob a política de repressão, protagonizada por Pina Manique, que Silvestre Pinheiro Ferreira se vê forçado a abandonar a calma actividade de intelectual e a abraçar a árdua e movimentada intervenção diplomática e política[130].

No dia trinta e um de Julho do ano de Mil Setecentos e Noventa e Sete, deixava o digno professor a sua pátria, *com o intento de passar a França*[131]. Quis, porém, a providência que o navio holandês em que seguia aportasse a Dower, *e prohibindo o governo inglez aos passageiros sairem para Calais*[132], viu-se Pinheiro Ferreira obrigado a desembarcar em Inglaterra, onde permaneceu até poder embarcar para a Holanda, país em que recebeu o melhor acolhimento do nosso encarregado de missão em Haia. Referimo-nos a António de Araújo e Azevedo[133], depois conde da Barca, a cujos esforços deve o nosso político que o então ministro de Estado, José de Seabra, lhe relevasse a evasão do reino, lhe confiasse o

---

[131] Cfr. A. A. Teixeira de Vasconcelos, *Glórias Portuguesas*, cit., p. 6.

[132] *Idem, ibidem.*

[133] António de Araújo e Azevedo nasce em Ponte de Lima, em 14 de Maio de 1754. Fez os seus estudos secundários no Porto e frequentou os cursos de filosofia da Universidade de Coimbra. De António de Araújo e Azevedo podemos dizer ter sido o primeiro conde da Barca, enviado extraordinário às Cortes de Haya e de S. Petersburgo e ministro plenipotenciário junto à República Francesa, nos anos de 1795, 1797 e 1801. Este grande português, que pode ufanar-se de haver sido Ministro e Secretário de Estado dos Negócios Estrangeiros e da Guerra, Conselheiro de Estado, Presidente do Tribunal da Junta de Comércio, Ministro e Secretário de Estado dos Negócios da Marinha no Brasil, em 1814, e primeiro ministro, em 1817, morre, no Rio de Janeiro, em 21 de Junho de 1817. A história bibliográfica de António de Araújo de Azevedo foi escrita por Sebastião Francisco de Mendo Trigoso, que lhe dedica um «Elogio Histórico», publicado no tomo VIII, parte II, das *Memórias da Academia das Ciências*. Sobre o Diplomata veja-se, ainda, o juízo crítico que acerca dos actos do seu ministério escreveu J. B. da Rocha, *in O Portuguez*, tomo VII, 1818, p. 957. A bibliografia de António Araújo é, ainda, traçada, ainda que em brevíssimas pinceladas, por Innocencio Francisco da Silva, *Diccionario Bibliographico Portuguez*, tomo I, Lisboa, Imprensa Nacional, 1858, pp. 88 a 90.

[134] Neste sentido, A. A. Teixeira de Vasconcelos, *Glórias Portuguesas*, cit., pp. 6 a 8.

cargo de secretário da nossa embaixada em Paris[134] e o nomeasse, depois, secretário da legação na Holanda[135].

É lícito pensar que para este desfecho terá contribuído a decidida protecção e a sincera amizade do Principal Castro.

Corria o ano de 1798 quando Silvestre Pinheiro Ferreira regressa, com António de Araújo de Azevedo, à Holanda, na qualidade de secretário de legação[136].

Entre Outubro de Mil Setecentos e Noventa e Oito e Dezembro do ano imediatamente seguinte, realiza Silvestre Pinheiro Ferreira, com o primeiro conde da Barca e com o Morgado de Mateus, uma viagem, de carácter instrutório[137], ao Norte da Alemanha. Tal viagem inicia-se na sequência de um trabalho executado pelos três, em 1798, na Holanda, cujo fim era *desaffrontar a nação portugueza dos ultrages com que atrozmente a tinham offendido Carrare, no Quadro de Lisboa, a segunda edição da obra de Dumourier a respeito de Portugal, a Viagem de Murphy, e do pseudónimo duc du Chatelet.*[138/139]. Por conveniência política, ou por "de-

---

[135] Assim, Innocencio Francisco da Silva, *Dicionario Bibliographico Portuguez*, volume VII, cit., p. 260.

[136] Cfr. Teixeira de Vasconcelos, *op. cit.*, p. 8.

[137] V. Innocencio Francisco da Silva, *Dicionario Bibliographico Portuguez*, volume VII, cit., p. 260

[138] Cfr. Teixeira de Vaconcelos, *op. cit.*, pp. 8 e 9.

[139] Na realidade, um conjunto de obras estrangeiras sobre Portugal nos finais da centúria de Setecentos denunciava, com particular vigor, o desfasamento civilizacional e cultural da Peninsula. Por haverem concitado uma maior projecção cumpre citar, exemplificativamente, J. F. Carrère, *Voyage en Portugal et particulièrement à Lisbonne en 1796*, Paris, 1798; James-Cavonach Murphy, *A general view of the state of Portugal containing a topographical description thereof. in which are included an account of the physical and moral state of the Kingdom... the whole compiled from the best portugese writers and from notices obtained in the country by James Murphy*, London, T. Cadell Jun and W. Davies, 1798 (esta obra existe em micro-filme na BNL); Pierre M. F. Desoteux de Cormatin, sob o pseudónimo de Duc de Chatelêt, *Voyage du ci-devant d. du C. en Portugal, ou se trouvent des détails intéressans sur ses colonies, sur le tremblement de terre de Lisbonne, sur M. de Pombal et la Cours, revue, corrigé sur les manuscripts... par J. Fr. Bourgoing*, Paris, F. Buisson, s.d.; Charles François Dumouriez, *État présent du Royaume de Portugal en l'année 1766*, Lausanne, François Grasset, 1775. Particularmente, a obra citada de

licadeza cortesã" de António de Araújo e Azevedo[140], não chegou a ser publicado o trabalho refutativo daquelas publicações[141].

Possuindo inegáveis qualidades de observação atenta e de apreensão assimiladora, Pinheiro Ferreira aproveitou a jornada para adquirir conhecimentos de Botânica e aprender a língua alemã[142]. A sua extensa obra revela o fruto desse labor[143].

Regressado a Lisboa, foi Silvestre Pinheiro Ferreira nomeado oficial da secretaria dos Negócios Estrangeiros. A ambivalência da «política de bastidores»[144] desacreditara António de Araújo e Azevedo, então encarregado de negócios em Berlim[145].

Em 1802, é Silvestre Pinheiro Ferreira colocado em Berlim, como Encarregado de Negócios[146], cargo que exerceu durante sete anos[147], *prestando ao paiz os serviços que as circumstancias requeriam*[148]. Mas não apenas...

A estada berlinense do Diplomata Português revestiu-se de particular significado para a sua formação mental, enriquecendo, por esta via, o património científico lusitano. Devotou Pinheiro Ferreira *todos os momentos que, dos trabalhos officiaes, lhe ficavam livres ao estudo da*

James-Cavonach Murphy, em que o Autor descreve a sua visão de Portugal nas estadas de 1789 e 1790, foi objecto de tradução por Lallemant sobre a edição londrina datada de 1798.

[140] Cfr. Teixeira de Vasconcelos, *op. cit.*, pp. 8 e 9.

[141] *Idem, ibidem*.

[142] *Idem, ibidem*.

[143] *Vide*, a título paradigmático, os seus *Essais sur les rudiments de la grammaire allemande*, Paris, J.-A. Merklein, 1836 e *Tableaux systématiques des terminaisons et des pénultièmes des noms et des verbes de la langue allemands*, Paris, 1842.

[144] Para utilizarmos terminologia de Esteves Pereira, *Silvestre Pinheiro Ferreira*, cit., p. 12.

[145] Neste sentido, Teixeira de Vasconcelos, *op. cit.*, p. 10.

[146] Cfr. Teixeira de Vasconcelos, *op. cit.*, p. 10 e Innocencio Francisco da Silva, *Dicionario Bibliographico Portuguez*, volume VII, cit., p. 260.

[147] Cfr. Teixeira de Vasconcelos, *op. cit.*, p. 10.

[148] Cfr. Innocencio Francisco da Silva, *Dicionario Bibliographico Portuguez*, volume VII, cit., p. 260

[149] Cfr. Teixeira de Vasconcelos, *op. cit.*, pp. 10 e 11.

minerologia com Karsten e Werner[149], sem descurar o estudo da Química. Ligou-se à Sociedade dos Amigos das Ciências, que, então, contava no seu grémio os mais ilustres caracteres literários de Berlim[150]. Em Friburgo, por incumbência do Governo Português e ainda na linha do reforço do equipamento científico previsto pela reforma pombalina, comprou a célebre colecção mineralógica de Pabst de Oheim[151], que acabou por ser transferida para o Brasil[152].

Foi, ainda, em ambiente alemão que o nosso Filósofo ouviu os idealistas alemães Fichte e Schelling[153].

Silvestre Pinheiro Ferreira casa, na Alemanha, com uma senhora da família von Leidholt.

Por momentos, a estrela do nosso diplomata empalideceu. Por motivos que permanecem mal conhecidos, não logrou acariciar as simpatias do imperador dos Franceses que exercerá pressão sobre *o ministério portuguez* para que Pinheiro Ferreira fosse riscado do quadro da diplomacia[154].

Refere um dos seus biógrafos que o *grande crime* cometido pelo nosso compatriota foi o de *ter podido descobrir os planos ambiciosos de Napoleão a respeito da Península, e leva-los ao conhecimento do governo portuguez*[155]. Esta explicação vingou, tendo sido repetida até aos nossos dias.

Procurando traçar, em breves pinceladas, a genealogia deste juízo referiremos que o mesmo foi divulgado por A. A. Teixeira de Vasconcelos, ainda na segunda metade da centúria de Setecentos[156], para ser retomado,

---

[150] *Idem, ibidem.*

[151] Cfr. Silvestre Pinheiro Ferreira, *Prelecções Filosóficas*, cit., nota ao § 372, p. 379.

[152] Cfr. Teixeira de Vasconcelos, *op. cit.*, p. 11.

[153] Sobre a incompreensão de Silvestre Pinheiro Ferreira da corrente kantiana *vide supra*.

[154] Cfr. Teixeira de Vasconcelos, *op. cit.*, p. 11.

[155] *Idem, ibidem.*

[156] *Idem, ibidem.*

[157] Manuel António Ferreira Deusdado, *Educadores Portugueses*, Coimbra, F.

no início do nosso século, por Ferreira Deusdado[157], divulgado por Henrique Perdigão[158] e repetido por Pedro A. de Azevedo[159], no ano de 1910.

Não temos dados seguros para garantir a veracidade da afirmação de que, da capital prussiana, terá o nosso diplomata alertado D. João VI da possibilidade da invasão napoleónica.

Simplesmente, e ensaiando uma tomada de posição sobre o problema, estamos em crer que será verosímil pensar-se que a situação política e a localização berlinense possibilitaram a Silvestre Pinheiro Ferreira ter uma clara percepção dos eventos.

A aduzida atitude de haver sido riscado da actividade diplomática por exigência de Napoleão poder-se-á, talvez, filiar na não ignorância, por parte deste, da opção política da coroa portuguesa de não romper a secular aliança que mantinha com a Inglaterra[160].

Avançar nas nossas conclusões, como poderíamos ser tentados a fazer, corresponde a revelar relações políticas e sociais que a história, a este respeito, não testemunha.

Mas a história demonstra, com segurança, que o intelectual e o diplomata caminharam, de mãos dadas, em Silvestre Pinheiro Ferreira.

António de Araújo, que pudera apreciar-lhe os talentos múltiplos, encarregou-o de organizar uma companhia de espingardeiros alemães com vista ao estabelecimento de uma fábrica de espingardas em Portugal[161].

Compreende-se o alcance da iniciativa, numa altura em que se observava o incremento ofensivo das técnicas militares napoleónicas e em que o exército lusitano não passara ainda à direcção técnica inglesa.

França Amado, 1909, p. 411.

[158] Henrique Perdigão, *Dicionário Universal de Literatura bio-bibliográfico e cronológico*, 2ª ed., Porto, Lopes da Silva, 1940, p. 212.

[159] Pedro A. d'Azevedo, «O Primeiro Casamento de Silvestre Pinheiro Ferreira», cit., p. 156.

[160] Neste sentido, José Esteves Pereira, *Silvestre Pinheiro Ferreira*, cit., pp. 12 e 13.

[161] Cfr. Teixeira de Vasconcelos, *op. cit.*, p. 11.

[162] *Idem, ibidem.*

Corre o ano de 1807.

A chegada desses artífices alemães a Lisboa coincidiu, fatalmente, com as vésperas da partida da nossa família real para o Brasil[162]. Por consequência, não foi sem dificuldade que Pinheiro Ferreira conseguiu o reembolso de apenas uma parte das quantias que, no projecto, havia dispendido[163].

O período da história pátria que, nesta data, se começa a escrever não se compreenderá sem recordarmos, embora nas suas linhas mestras, o quadro do meio político português no período napoleónico.

Durante largo tempo, mais do que desconhecida, essa história, fértil em pitorescos, decisivos e, por vezes, dramáticos episódios, foi deturpada e falseada. O real significado dos factos foi substituído por demagógicas e apaixonadas interpretações dos mesmos.

O que durante longos anos se chamou «a fuga de D. João VI e da Família Real para o Brasil» tende hoje a ser visto como um acto político precursor de muitos acontecimentos a que o decorrer do tempo daria significado e uma repercussão agora aceite pela História.

Mas não antecipemos e deixemos falar os factos pela voz dos documentos.

Em Portugal, pelo menos desde a centúria de Quinhentos, poderemos encontrar traços de um plano, estudado maduramente por soberanos e homens de Estado, de sair da Europa e fundar no Brasil um grande império quando circunstâncias políticas questionassem a soberania portuguesa, ou esta fosse ameaçada por tentativas de absorção.

Martim Afonso de Sousa, organizador da colonização sistemática do Brasil, terá sido, porventura, um dos primeiros a aconselhar a transferência da Família Real para o Continente Sul Americano, ao revelar a D. João III a extensão dos seus domínios naquele continente e o valor prodigioso das riquezas que o mesmo encerrava[164].

---

[163] *Idem, ibidem.*

[164] Acerca do conteúdo da proposta subscrita por Martim Afonso de Sousa *vide*, *Biblioteca da Ajuda*, ms. 50, v. 33 e Carlos Malheiro Dias, *História da Colonização Portuguesa do Brasil*, tomo III, direcção cartográfica do conselheiro Ernesto de Vasconcelos, direcção artística de Roque Gameiro, Porto, Litografia Nacional, 1924,

Poucos anos volvidos, em 1580, Filipe II promete elevar, a favor de Dona Catarina de Bragança, sua concorrente ao trono de Portugal, a colónia do Brasil a reino independente[165].

Mais tarde, D. João IV, receando pela independência de Portugal, vem a admitir, nos termos da proposta assinada pelo grande Padre António Vieira, a transladação da Corte para o longínquo Rio de Janeiro[166].

A mesma medida foi aconselhada por D. Luís da Cunha ao Rei D. José[167]. Chegou Pombal a alinhar no Tejo, frente ao palácio da Ajuda, prontas a partir, algumas naus para transportar a Real Família, ante a

---

pp. 114 e ss..

[165] Cfr. Luiz Norton, *op. cit.*

[166] O alcance da proposta de Padre António Vieira ressalta da leitura das suas *Cartas*, notadamente, a missiva dirigida da Baía, em 24 de Junho de 1691, a Francisco Brito Freire. Uma análise circunstanciada da vida e obra de António Vieira, com referências expressas a esta temática, pode ser lida no volume 4°, das *Obras*, de João Francisco Lisboa.

[167] Na proposta apresentada por D. Luís da Cunha a D. José podemos ler: «(...) o que é Portugal? Uma orelha de terra, de que um terço está por cultivar posto que capaz de cultura, outro pertence à Igreja, e o terceiro não produz grão bastante para sustentar os habitantes... Mas onde bate o ponto é aqui: não pode El-rei manter Portugal sem o Brasil, enquanto que para manter o Brasil não carece de Portugal: o melhor é pois residir onde está a força e a abundância, do que onde é a necessidade e a falta de segurança... Acabarei pois esta minha visão, dizendo a Vossa Magestade que sem embargo de não ser já tempo de falar nela, pode vir algum (de que Deus nos livre) em que não seja mal lembrada». A carta do ministro português está publicada na *História do Brasil*, de Robert Southey, traduzida por Luís Joaquim de Oliveira e Castro e anotada pelo Cónego Fernandes Pinheiro, p. 382, nota 1. A ela se referem, também, o Visconde de Porto Seguro, *História Geral do Brasil antes da sua Separação e Independência de Portugal*, 3ª ed., tomo II, Companhia Melhoramentos de São Paulo, s.d., p. 855; Luiz Norton, *A Corte de Portugal no Brasil*, cit., p. 15 e Oliveira Lima, *D. João VI no Brasil*, cit., pp. 40 e 41. Esta proposta de D. Luis da Cunha mereceu, de David Warden, o seguinte comentário: «(...) À cette époque le ministre portugais, D. Luís da Cunha, engagea le roi de Portugal è établir as Cour au Brésil, et à prendre le titre d'empereur d'Occident...» Cfr. David B. Warden, *Histoire de l'empire du Brésil depuis da découvert jusq'à nos jours*, tomo II, p. 132, cit. por Luiz Norton, *op. cit.*, p. 15. E, a páginas 225 do mesmo tomo, acrescenta: «Le ministre Luís da Cunha ... cherche à démontrer que cette translation serait avantageuse à la monarchie. Vauban avait suggéré à Philippe V la translation de la Cour au Brésil, après le levée du Siège de Barcelone. On en parla lors du tremblement de Terre de Lisbonne et, en

iminência da incursão espanhola nas nossas fronteiras[168].

Alinhados estes apontamentos, que talvez sirvam para firmar o justo entendimento de que a solução da partida da Corte estava inserida num plano velho, nem por sombras é nossa intenção esboçar a história das razões que, ao Brasil, levam D. João VI e dos principais actos que, no Brasil, pratica[169]. Unicamente nos ocupamos de compreender o papel que aí desempenhou Silvestre Pinheiro Ferreira.

Simplesmente, a compreensão deste período da nossa história não dispensará que se recordem, embora nos seus traços essenciais, as realidades políticas, internas e externas, do meio português na época napoleónica.

O factor principal, no tablado europeu, é o crescimento da força e

---

1762, à l'ouverture de la campagne...».

[168] Uma análise circunstanciada deste episódio da nossa história foi assinada pelo Académico Manuel José Maria da Costa e Sá, in Historia e Memorias da Academia, 2ª série, tomo I, parte I, nota à p. III. Sobre a questão veja-se, ainda, Fortunato de Almeida, História de Portugal, Tomo IV (1580-1816), Coimbra, 1926, p. 400.

[169] Esse trabalho acha-se feito há muito. Sobre a vida e obra de D. João VI vide, por todos, Historia D'El – Rei D. João VI, traduzida do Francez, Lisboa, 1838; Oliveira Lima, D. João VI no Brasil, cit.; Pedro Calmon, O Rei do Brasil – D. João VI, Livraria José Olympio Editora, Rio de Janeiro, 1935; Luiz Norton, A Corte de Portugal no Brasil, 2ª ed., Empresa Nacional de Publicidade, s.d., cit. João Ameal, D. João VI e o Brasil, Academia das Ciências de Lisboa, Separata das «Memórias» (Classe de Letras – Tomo VIII), Lisboa, 1965; Carlos Malheiro Dias, História da Colonização Portuguesa do Brasil, tomo III, Porto, Litografia Nacional, 1921-1924. A primeira das obras referenciadas foi primeiramente publicada em França, com o título de Histoire de Jean VI. Desconhece-se a sua autoria embora geralmente se considere que a obra terá saído da pena do nosso Silvestre Pinheiro Ferreira. Um exemplar da tradução em língua portuguesa conserva-se na Biblioteca Nacional de Lisboa, sob a cota H.G.12138//2 V.. Sobre a transferência da Família Real para o Brasil veja-se, ainda, J. Pandiá Calógeras, Formação Histórica do Brasil, 4ª edição, Companhia editora Nacional, São Paulo, 1945, pp. 69 e ss.; José Maria Latino Coelho, Histórica Política e Militar de Portugal desde os Fins do Século XVIII até 1814, tomo II, 2ª ed., Imprensa Nacional, Lisboa, 1916; Visconde de Porto Seguro, História Geral do Brasil antes da sua Separação e Independência de Portugal, tomo II, 3ª edição integral, Companhia Melhoramentos de São Paulo, São Paulo, s.d..

[170] Assim, Bainville, cit. por João Ameal, D. João VI e o Brasil, cit., p. 10.

influência francesas, quer no plano das ideias quer no das armas, após as campanhas da Revolução e, agora, devido ao génio político e militar de Bonaparte. Pouco a pouco, à medida que se avolumam as ambições do Imperador dos Franceses mais se agudiza o seu conflito com a nossa tradicional aliada, a Grã-Bretanha, preponderante dominadora dos caminhos marítimos.

As circunstâncias do Golpe de Estado de 18 Brumário, a 9 de Novembro de 1799, o condicionalismo da trégua de Amiens, em 1802 bem como as motivações da junção de aparatosos meios militares e navais franceses, em Boulogne, são, por certo, assaz conhecidas. O mesmo se diga das circunstâncias que envolvem o desaparecimento do Consulado e a aclamação de Bonaparte imperador. Abstemo-nos, por consequência, de aqui as considerar.

Refira-se, apenas, que à medida que os intuitos de Napoleão se fazem mais transparentes sucedem-se as coligações, ou para o deter, ou, mais incisivamente, para o derrubar.

Os propósitos do presente estudo permitem-nos passar em claro os acontecimentos de Ulme, Austerlitz e Trafalgar. Também não nos deteremos, por um instante sequer, nas circunstâncias que envolvem o bloqueio continental, decretado por Napoleão, em 21 de Novembro de 1806.

Neste duelo entre o mar e a terra[170], Portugal ocupa, na imagem certeira de um cronista, «o pulmão europeu da Grã-bretanha[171]».

Os acontecimentos que se sucedem serão explicados à luz desta premissa. Referimo-nos, primacialmente, à exigência, protagonizada pelo embaixador francês, João Lannes, de demissão dos ministros portugueses considerados "anglófilos", as diligências ulteriores de D. Lourenço de Lima junto do governo britânico, o ultimato de 12 de Agosto de 1807 e a assinatura do Tratado de Fontainebleu entre a França e a Espanha, a 27 de Outubro do mesmo ano.

A esta luz se compreende a afirmação de que o Príncipe Regente, ao

---

[171] Cfr. Pedro Calmon, *O Rei do Brasil*, cit., p. 81.
[172] Luiz Norton, *A Corte de Portugal no Brasil*, cit., p. 13.

transferir voluntariamente a sua corte para os domínios portuguesas do «Novo Mundo», salvou a monarquia com todos os seus vínculos ultramarinos[172]. Neste momento, apesar das dificuldades que afronta e dos reduzidos meios de que dispõe, conforme reconhece o insuspeitíssimo Oliveira Martins, D. João «fez o que pôde[173/174]».

O Conselho de Estado vota a transferência imediata da corte o Rio de Janeiro.

A ideia vinha de longe[175]. Já mais perto, em carta dirigida, ao Príncipe Regente, D. Pedro, Marquês de Alorna, afirma que *a balança da Europa está tão mudada que os cálculos de há dez anos saem todos errados na era presente*[176]. E, linhas adiante, acrescenta, que, *em todo o caso, o que é preciso é que V. A. R. continue a reinar, e que não suceda à sua Coroa o que sucedeu à da Sardenha, à de Nápoles e o que talvez entra no projecto das grandes Potências que suceda a todas as coroas de Segunda Ordem na Europa. V. A. R. tem um grande Império no Brasil, e o mesmo inimigo que ataca agora com tanta vantagem, talvez que trema, e mude de projecto, se V. A. R. o ameaçar de que dispõe a ser imperador naquele vasto território adonde pode fàcilmente conquistar as Colónias Espanholas e aterrar em pouco tempo as de todas as potências da*

---

[173] Oliveira Martins, *História de Portugal*, tomo II, Lisboa, 1880, (= p. 243 da ed. crítica, da Imprensa Nacional Casa da Moeda, com introdução por Isabel de Faria e Albuquerque e Prefácio por Martim de Albuquerque).

[174] Dispõe em sentido contrário um *Parecer* anónimo, atribuído a José Agostinho de Macedo. Sem usar cautelas, encontramos uma explícita censura à saída da família real. Damos a palavra ao Autor que cinzela no pormenor as vivências partilhadas: «O Príncipe de Portugal podia malograr os seus ardis (de Bonaparte) até depois de ter dentro da capital um exército de mendigos salteadores. Evadiu-se ao seu refalsado furor, e Bonaparte com este furor abateu e quase arruinou o mesmo reino, a que chama conquista e possessão sua. Deixou de ser reino, e quem poderá resolver o problema; quando o poderá ainda o ser? (...) um só dia acabou a obra de muitos séculos». Cfr. [Macedo], «Parecer Dado Àcerca da Situação e Estado de Portugal Depois da Sahida de Sua Alteza Real (...)», *in Obras...*, pp. 207, 298 e 299.

[175] *Vide supra.*

[176] Apud Luis Norton, *op. cit.*, p. 13. O original de tal missiva, datado de 30 de Maio de 1801, conserva-se no Arquivo Público do Rio de Janeiro. *Idem, ibidem.*

[177] *Idem, ibidem.*

Europa[177]. Para tanto, *é preciso que V. A. R. mande armar com toda a pressa os seus navios de guerra, e todos os de transporte, que se acharem na Praça de Lisboa – que meta neles a Princesa, os seus Filhos, e os seus Tesoiros, e que ponha tudo isto pronto a partir sobre a Barra de Lisboa*[178]...

Dois anos adiante, a voz que se soma a este coro é, precisamente, a de Silvestre Pinheiro Ferreira. *À Lusitana Monarquia* – escreve – *nenhum outro recurso resta senão o de procurar quanto antes nas suas colónias um asilo contra a hidra então crescente que jurou a destruição das antigas dinastias da Europa*[179]... E, em uma *Minuta da Representação a Sua Majestade sobre o Estado da Causa Publica e Providencias Necessarias*, redigida em 1814, encontramos o seguinte passo invocatório: «Animado d'estes apuros, sentimentos de patriotismo, e lealdade para com V. A. R., já no anno de 1803 me abalancei a representar, perante o régio throno, em competente officio pela respectiva repartição, que à lusitana monarchia nenhum outro recurso restava, sinão o de procurar quanto antes nas suas colónias um asilo contra a hidra então nascente, que jurava a destruição das antigas dinastias da Europa. É verdade que esta minha asserção passou n'aquele tempo por effeito de um panico terror, filho de noviça e acanhada política; mas ainda bem não tinha decorrido um lustro, quando os sucessos confirmavam as minhas predicções[180]».

E outros pareceres, idênticos em conteúdo, poderíamos relembrar por forma a ilustrar a conclusão de que a transferência imediata da Corte para a capital do Portugal Americano não foi uma expressão de pânico incontido nem um acto impensado e indecoroso[181].

A resistência militar – escreveu Pinheiro Ferreira – *era impossível*[182].

---

[178] *Idem, ibidem.*

[179] Uma cópia dos manuscritos avulsos e particulares do Conselheiro Pinheiro Ferreira pode ser vista *in Revista do Instituto Historico, Geografico e Etnografico do Brasil*, Tomo XLVII, Parte I, p. 11. A mesma minuta foi publicada pela Livraria J. Leite, Rio, Brasil, s.d.. Um exemplar pode ser lido na BNL, cota S.C. 17558 V.

[180] *Idem, ibidem.*

[181] De facto, é de igual parecer, em 1807, o Conde de Ega, embaixador em Madrid. Também Tomás António Vila Nova Portugal defende, em 27 de Abril, que ao menos se transferisse para o Brasil o Principe D. Pedro e, acrescenta: «fulminado o tronco em

Este entendimento é glosado, em termos quase proféticos, pelo Conde do Funchal ao afirmar *que bem persuadidos estavam os que a aconselharam antes do embarque do Regente, porque nunca Portugal pôde, nem poderá, defender-se das forças coligadas da França e da Espanha, a não ser apoiado por todo o poder da Inglaterra*[183]. Mas *esta nação estava, em 1807, bem longe de se querer medir no continente com o exército francês, que acabava de aterrar as formidáveis legiões russas, ao mesmo tempo que napoleão havia feito entrar Alexandre na liga contra aquela potência, e obtido o consenso do autócrata para a anexação de Espanha e Portugal ao Império Francês*[184].

A par destas opiniões portuguesas, não cessam de insistir em sentido análogo diplomatas britânicos. Assim, o Almirante Jervis[185]; assim, a missão de 1806, chefiada por Lorde Rosslyn[186].

Em 22 de Outubro de 1807, a convenção secreta assinada pelo

Lisbôa, a arvore da pátria refloresceria no seu ramo do Rio de Janeiro». Cfr. Pedro Calmon, *O Rei do Brasil*, cit., p. 108.

[182] Silvestre Pinheiro Ferreira, documento epistolar *in Revista do Instituto Historico, Geografico e Etnografico do Brasil*, Tomo XLVII, Parte I, p. 11.

[183] Conde do Funchal, *As Quatro Coincidências de Datas*, cit. por Luiz Norton, *op. cit.*, p. 20.

[184] *Idem, ibidem.*

[185] Francisco Soares Franco, notável Professor da Faculdade de Medicina, escreve, no seu opúsculo *Exame das causas que allegou o Gabinete das Tuilherias para mandar contra Portugal os exercitos francez e hespanhol em Novembro de 1807*: «Quando Lauderdale e Talleyrand negoceavão a paz entre as duas Nações, o segundo em huma de suas ultimas conferencias falou da Conquista de Portugal, querendo-se já fazer então o mesmo que se fez em Novembro de 1807. Os inglezes se aterrarão, com razão, pela nossa sorte. Jervis appareceu em Lisboa para avisar a nossa Corte do perigo imminente, e para sustentar a retirada de S. A. R. para o Brazil, unico recurso que lhe restava contra a maldade e perfidia de seus inimigos». Cfr. Francisco Soares Franco, *Exame das causas que allegou o Gabinete das Tuilherias para mandar contra Portugal os exercitos francez e hespanhol em Novembro de 1807*, Coimbra, 1808, p. 13.

[186] Lord Rosslyn terá vindo a Portugal acompanhado de Lord Saint Vicent e do General Simeoe. A acreditar nos ensinamentos de Oliveira Lima, *in Dom João VI no Brazil*, cit., p. 41, teriam vindo com o propósito de incitar o nosso Governo a resistir à investida francesa. *Caso Portugal não quizesse decidir-se por uma vigorosa e efficiente resistencia, Lord Rosslyn deveria sugerir a mudança para o Brazil, promettendo a Grã-*

Príncipe Regente e por Jorge III da Grã-Bretanha, sobre a transferência para o Brasil da sede da monarquia portuguesa e ocupação temporária da ilha da Madeira por forças britâncias, vem atestar que aquela transladação não se pode confundir com um subitâneo acto de fuga, praticado num momento de temor invencível[187].

Enfim, acolhe-se a solução preferível[188] e averbe-se a Silvestre Pinheiro Ferreira o merecimento de não só a ter advogado como haver previsto o curso dos acontecimentos[189].

Mas não nos detenhamos mais e regressemos, sem mais delongas, à

Bretanha ajudar o projecto.

[187] No preâmbulo dessa Convenção define-se a triste posição em que se encontrava o País, consagram-se as injustas exigências do Governo de França e expõe-se a decisão da Regência de transferir para o Brasil a sede e fortuna da monarquia Portuguesa. No art. II de tal Convenção dispõe-se que *no caso em que Sua Alteza Real o Principe Regente Se visse obrigado a levar a pleno e inteiro effeito a Sua magnanima resolução de passar ao Brazil, ou se mesmo, sem ser a isso forçado pelos procedimentos dos Francezes dirigidos contra Portugal, Sua Alteza Real Se decidisse a emprehender a viagem do Brazil ou a mandar para ali um Principe de Sua Familia, estará prompto Sua Magestade Britannica a ajuda-Lo n'esta empreza, a proteger o embarque da Familia Real e a escolta-los á America.* Cfr. «Convenção Secreta entre o Principe Regente o Senhor Dom João e Jorge III Rei da Gran-Bretanha, sobre a Transferencia para o Brazil da Séde da Monarchia Portugueza, e Ocupação Temporaria da Ilha da Madeira pelas Tropas Britannicas, Assignada em Londres a 22 de Outubro de 1807, e Ratificada por Parte de Portugal em 8 de Novembro e pela Gran-Bretanha em 19 de Dezembro do dito Anno», *in, Collecção dos Tratados, Convenções, e Actos Publicos Celebrados entre a Coroa de Portugal e as mais Potencias desde 1640, compilados, coordenados e annotados por José Ferreira Borges de Castro*, Tomo IV, Lisboa, Imprensa, Nacional, 1857, pp. 241 e 243. Em observações sobre a convenção de 22 de Outubro de 1807, consagra-se, *em Officio para o Ministro de Sua Alteza Real em Londres, datado de 7 de Setembro do mesmo ano, que Sua Alteza Real tomou a resolução de mandar apromptar a sua Marinha para o caso de ser urgente a sua retirada e da Familia Real. Dois acontecimentos podem obrigar a esta resolução: o primeiro a determinação de uma conquista; e o segundo a pretensão de introduzir tropas no Paiz para guarnecer as costas, debaixo do pretexto de amisade, o que seria para a Monarchia mais perigoso que a conquista.* Cfr. «Observações sobre a Convenção de 22 de Outubro de 1807», *in Collecção de Tratados*, cit., p. 257.

[188] Para quem formule dúvidas, ou coloque reticências, neste juízo, acrescentamos, apenas, uma peça decisiva: a sentença do próprio Imperador ao ditar: «Elle (L' Anglaterre) a pu dès lors continuer la guerre; les débouchés de l'Amerique méridionale lui on été

análise da actividade do nosso diplomata.

Contentemo-nos com breve, esquemática enumeração – à maneira de simples relatório.

A acção silvestrina, no campo diplomático, conheceu o auge precisamente nas vésperas da transladação da corte para o Rio de Janeiro[190]. Em 1809, chega ao Brasil. Fica-nos pouco determinado o rumo que tomou durante mais de um ano.

Em 1811, é nomeado deputado da Junta de Comércio[191]. Logo no ano seguinte, o Regente designa-o para uma negociação com a República de Buenos Aires, no âmbito da questão cisplatina[192].

Não se conhecem notícias directas da sua oposição a uma missão que considerava votada ao fracasso, a menos que a mesma fosse acompanhada por uma acção militar.

Uma convenção pouco honrosa havia sido concluída e assinada pelo enviado do Brasil, Rademaker[193]. Pinheiro Ferreira temia que o mesmo sucedesse se não existisse uma resposta enérgica, susceptível de dominar os sublevados argentinos[194]. Nas palavras sugestivas de um seu biógrafo, Silvestre *não pôde comprehender como sem caracter diplomatico se assignavam tratados, a não ser com a espada na mão!*[195]

A sua recusa valeu-lhe a ordem de exílio, sob prisão, para a ilha da

---

ouverts; elle s'est fait une armée dans la Péninsule, et de là elle est devenue l'agent victorieux, le noeúd redoutable de toutes les intrigues qui ont pu se former sur le Continent... C'est ci qui m'a perdu!». Cfr. Emmanuel-Augustin, Comte de Las Cases, *Le Mémorial de Sainte-Hélène*, Paris, edição Garnier, vol. II, p. 544.

[189] *Vide, supra.*

[190] *Vide, supra.*

[191] A. A. Teixeira de Vasconcelos, *op. cit.*, pp. 11 e 12.

[192] *Idem, ibidem*, p. 12.

[193] *Idem, ibidem.*

[194] Os motivos da recusa são, pelo Diplomata, expostos nas suas *Memorias e documentos sobre a commissão diplomatica a Montevideu, que rejeitou por indecorosa para o governo de S. M. e para elle proprio, de que resultou ser desterrado para a ilha da Madeira*, Rio de Janeiro, 1813.

[195] *Idem, ibidem.*

[196] *Idem, ibidem.* Uma carta de João Mazzoni para o P. Fernando Garcia confirma o

Madeira, que quase viu consumada, chegando a estar embarcado[196/197].

Após esta breve incursão nos domínios diplomáticos, Pinheiro Ferreira retoma as suas funções pedagógicas, abrindo, no Real Colégio de São Joaquim, prelecções filosóficas, que começaram a ser publicadas pela Imprensa Régia no mesmo ano. Paralelamente, dá significativa colaboração ao *Patriota*, jornal fundado pela mesma Imprensa Régia.

Em 1814, os responsáveis políticos e o Regente parecem ter reco-

---

testemunho de A. A. Teixeira de Vasconcelos. Vale a pena transcrevê-la: «Meu amigo: oiço que amanhã parte daqui para ahi navio, e quero Ter o gosto de lhe escrever, já que não o posso abraçar. Estimo que tenha passado com saude felicissima, e os seus – e que muito me recomendo. Eu vou passando sem novidade mas com os meus incomodos, vamos vivendo. Como lhe mandei dizer, que Silvestre Pinheiro Ferreira hia daqui para ahi, e dahi para a Illa da Madeira desterrado e chegou a estar embarcado; agora lhe digo, que desembarcou por ordem de S.A.R. hontem fez oito dias e aqui está. Estimo que o meu Irmão lhe desse os 206$950 segundo a minha ordem. Aceite recomendação das Ermãs e dos seos familiares e igualmente da sua Comadre que continua a padecer, coitadinha! Peço-lhe o favor de mandar entregar a inclusa quando lhe for possivel. Saudades em casa da Senhora Mora e os parabens de tudo o que o merecer, egualmente em casa dos Senhores Guardamores, e Passos, e a todos os amigos. Deos o guarde como lhe pede o Seo Amigo affectuosamente José Mazzoni. Cfr. Carta de João Mazzoni, datada de 22 de Agosto de 1812, BNL, *Ms. 69 F. G.*

[197] Maria Luíza de Sousa Coelho, no estudo bibliográfico que traçou de Silvestre Pinheiro Ferreira, narra este episódio da sua vida, através de uma sua carta, até então, inédita, existente no Arquivo da Universidade de Coimbra. Tal missiva foi, pela Autora, parcialmente transcrita no texto e na íntegra em apêndice. Cfr. Maria Luíza de Sousa Coelho, *A Filosofia de Silvestre Pinheiro Ferreira*, cit., pp. 27, 219 a 223. Para a exacta compreensão deste momento da existência de nosso biografado revelam-se de indiscutível interesse duas cartas saídas da pena de Luís Joaquim dos Santos Marrocos. Diz-se, na primeira de tais missivas, datada de 29 de Agosto de 1812, e enviada pelo Autor, do Rio de Janeiro, a seu pai: «No navio imperador da América ahi ha de chegar Silvestre Pinheiro Ferreira com sua familia: este foi nomeado p.ª Negociador na America Hespanhola por causa das desordens entre Buenos Ayres e Montevideo: porem elle depois de receber dinheiros e Instrucções, regeitou a Commisão, argumentando que necessitava de caracter publico, e que pelo menos se lhe devia hum igual ao que tivera em Berlim. Por este caviloso argumento e desobediencia ultrajante às ordens de S. A. R., foi logo privado de beijar a mão de S. A. R., e degredado p.ª a Ilha da Madeira cujo Governador o reterá ate 2ª ordem de S. A. R.». Tal carta conserva-se na Biblioteca da Ajuda, Ms. 54-VI-12, nº 28. Em 7 de Outubro do mesmo Ano, dirigindo-se uma vez mais a seu pai, Santos Marrocos acres-

88 Para a História do Direito Constitucional Português: Silvestre Pinheiro Ferreira

nhecido a importância do colaborador de Barca. Depois desse ano, Silvestre Pinheiro passa a ser interveniente importante na busca de uma solução para as consequências da elevação dos domínios americanos à categoria de Reino[198].

Em 1820, José Correia da Serra, enviado português nos Estados

---

centa: «Silvestre Pinheiro aqui vive em desgosto, e deve o seo perdão a sua mulher, que se mostrou huma heroina, merecendo por isso a atenção de S. A. R....». Biblioteca da Ajuda, Ms. 54-VI-12, nº 2. E se estes juízos, pela manifesta antipatia que revelam, não podem ser aceites sem reservas, valem, no entanto, segundo cremos, como um testemunho de um contemporâneo e como uma das manifestações do que parece também haver rodeado Silvestre Pinheiro durante a sua estada no Brasil. Tais cartas foram parcialmente transcritas por Fernando Castelo-Branco, «Subsídios para o Estudo de Silvestre Pinheiro Ferreira» in *Colóquio – Revista de Artes e Letras,* Direcção Artística e Literária de Reynaldo dos Santos e Hernâni Cidade,número 45, Outubro de 1967, pp. 60 e 61.

[198] Após o regresso da Corte a Portugal, Pinheiro Ferreira apresentou, na Comissão de Cortes sobre os negócios do Brasil, em 15 de Março de 1822, uma notável exposição sobre as consequências políticas da nova transladação da corte. *A mágoa que hoje excita o descontentamento de todo o Brasil* – afirma o Diplomata– *é de verem que pela abolição de sua capital se põem em contradição a forma de seu governo com a sua inauferível categoria de reino. O descontentamento do Rio de Janeiro* – acrescenta – *consiste nos clamores do sem número de empregados do Governo que de repente se acham esbulhados, não só da influência e dignidade de que se achavam de posse mas até de todo o meio de proverem à sua indispensável subsistência.* Acresce que, *a esta classe de descontentes vem unir-se a daqueles europeus que estando estabelecidos no país e conhecendo todos os desastres que são de recear, se uma vez se chega a desenvolver o espírito de vingança que respiram umas contra as outras as diferentes classes de habitantes daquela capital e províncias, olham a presença de S. A. Real e da Força europeia ali existente como o único paládio da sua segurança. São, pois, estes europeus domiciliados no Rio de Janeiro, unindo-se a eles os muitos descontentes pela perda de seus empregos, que formam naquela cidade uma forte oposição à partida de S. A. Real para a Europa.* Vide *Carta de Lei pela qual o Príncipe Regente, o Senhor D. João, elevou o Brasil à categoria de Reino, dada no Rio de Janeiro, a 16 de Dezembro de 1815,* cit. por Luiz Norton, *A Corte de Portugal no Brasil,* cit., p. 115 e p. 115, nota 173. Propõe, então, Silvestre Pinheiro Ferreira que D. Maria fosse proclamada Imperatriz do Brasil e Rainha de Portugal, dividindo-se em regências o governo do Estado, continuando D. João VI a exercer a do Império do Brasil e dos domínios da Ásia e da África e assumindo D. Pedro, Príncipe da Beira, a de Portugal, Açores, Madeira e Porto Santo, com assistência de um Conselho de Estado até atingir a idade de vinte anos. Se falecesse a Rainha, D. João VI tomaria o título de Imperador do

Unidos pede a sua exoneração[199]. Silvestre Pinheiro Ferreira é nomeado para o substituir[200]. Fez diligências de partida, chegando a tratar de passagem em barco norte americano para a sua deslocação[201]. Chegara, porém, o ano de 1821.

Brasil, Rei de Portugal. Se D. Pedro morresse sem deixar herdeiro maior de catorze anos, reassumiria D. João VI o governo do Reino, por intermédio do Conselho de Estado, proposto para assistir o rei dos catorze aos vinte anos. Cfr. Silvestre Pinheiro Ferreira, *Memorias Politicas sobre os abusos gerais e modo de os reformar e prevenir a revolução popular*, Rio-Brasil, Livraria J. Leite, s.d., pp. 3 e 4. Parecia a Silvestre Pinheiro Ferreira que a partida de D. João VI inaugurava a época da independência brasileira. *Estão eles –* afirma o nosso biografado *– na lisongeira e portanto indistrutivel ilusão de que apenas o Brazil se entregue ao seo Governo, obedecerà com docilidade aos seos acenos: que debaxo do único nome de brazileiros e de um sò imperio os pòvos desde o rio da prata atè ao amazonas formarão gostosos e tranquilos uma sò familia: e que Portugal caduco de anos, e acabrunhado dos trabalhos da Revolução que vai a acabar-lhe as forças ou se perde e nele pouco perde o grande imperio do Brazil, ou para se salvar invoca a protecção deste seo poderoso co-estado e pela segunda vez salva o Brazil a Portugal da sua total aniquilação.* Silvestre Pinheiro Ferreira, «escritos…», *in Rev. do Inst. Hist. e Geog. Bras.*, ts. 47 e 51.

[199] Cfr. A. A. Teixeira de Vasconcelos, *Glórias Portuguesas*, I, cit., pp. 12 e 13.

[200] No ANTT conservam-se as minutas de três ofícios que Silvestre Pinheiro envia para o Conde de Palmela, contendo as considerações que achou conveniente fazer antes de tomar conta da legação de Portugal nos Estados Unidos da América do Norte, principalmente acerca das presas feitas pelos piratas americanos aos nossos barcos e sobre as exportações portuguesas para aquele País. Nos mesmos textos, pede o Diplomata instruções sobre o modo como devem ser juridicamente tratados os casos de pirataria contra os nossos navios, alertando, simultaneamente, para a necessidade de um número suficiente de agentes consulares nos mais importantes pontos da União. Cfr. Arquivo Nacional da Torre do Tombo, Ministério dos Negócios Estrangeiros, legação de Portugal nos Estados Unidos da América do Norte, Caixa nº 552, documentos 214 a 216.

[201] Em uma de suas cartas, escreve Silvestre Pinheiro Ferreira: «Eu espero por todo o mez do proximo Fevereiro huma Fragata Americana que do Pacifico deve por aqui passar para os Estados Unidos: e segundo o que com Mr. Appleton tenho conversado, nella me proponho fazer viagem para o meo destino». Cfr. Silvestre Pinheiro Ferreira, «Memorias e Cartas Bio-graphicas sobre a Revolução Popular, e seu Ministerio no Rio de Janeiro desde 26 de Fevereiro de 1821 até ao regresso de S. M., o Snr. D. João VI com a Côrte para Lisboa, e os votos dos homens d'estado que acompanharam a S. M.», «Carta I», *in Annaes da Bibliotheca Nacional do Rio de Janeiro*, vol. II, Rio de Janeiro, Biblioteca

90 Para a História do Direito Constitucional Português: Silvestre Pinheiro Ferreira

Em Fevereiro, mês que traria a fragata Americana que levaria Pinheiro Ferreira de encontro ao seu destino, nada se concretizou pois, na sequência da revolução popular que deflagra no Rio, é o Polígrafo convidado para a pasta dos Negócios Estrangeiros e também da da Guerra[202], cargo este que debalde procurou rejeitar[203]. É ele próprio quem nos diz, para justificar a sua demissão do cargo, que *ninguém haveria que se persuadisse que as prisões de estado feitas na antecedente noite não derivassem de ordens por mim expedidas ao Governador das Armas, entanto que elle de S. M. he que as tinha recebido imeditamente e sem que eu de tal assumpto tivera antes o menor conhecimento*[204]. Na medida do que lhe foi possível, procurou minorar a sorte dos detidos, que estavam sob custódia, poupando-os à sanha dos extremistas[205].

Por essa altura, já *a benevolencia real o havia distinguido com a commenda de Christo, com o cargo de director da imprensa regia*[206] e com a nomeação para membro de uma comissão encarregada de resolver os problemas relativos ao tráfico de escravos.

O que, nos primeiros dias do mês de Fevereiro de 1821, guindou o nosso biografado a tão elevado cargo é o que procuraremos demonstrar de seguida[207].

1.5 - A Praxis Política de Silvestre Pinheiro Ferreira (1821-1823)

Nacional, 1877, p. 255. A acreditar nos ensinamentos de Teixeira de Vasconcelos, por cuidado de quem estas noventa e duas missivas foram editadas, embora nem todas estejam escritas pelo punho do Político Português, têm «todas os visos de autênticas».

[202] A. A. Teixeira de Vasconcelos, *Glórias Portuguesas*, cit., p. 13.

[203] *Idem, ibidem.*

[204] Silvestre Pinheiro Ferreira, «Memorias e Cartas Bio-graphicas», cit, «Carta XXVII», *in Annaes da Bibliotheca Nacional do Rio de Janeiro*, tit. III, cit., p. 204.

[205] A. A. Teixeira de Vasconcelos, *Glórias Portuguesas*, cit., p. 13.

[206] *Idem, ibidem.*

[207] *Idem, ibidem.*

[208] *Idem, ibidem.*

Composto o seu espírito, resta considerar Silvestre Pinheiro Ferreira como político.

Não entra no programa deste trabalho o estudo da temática de política contemporânea. Simplesmente, não nos é lícito calar uma das manifestações mais importantes do espírito que analisamos. A esta luz, procuraremos indicar apenas o valor dos seus recursos e a tendência geral das suas ideias como homem de Estado.

Com a revolução de 1820 começa o mais bello traço da vida do sr. Silvestre Pinheiro – escreve um dos seus mais autorizados biógrafos[208].

Neste Fevereiro de 1821, um núcleo de consciência "separatista", estribado em todos os que, *dando inteiramente por perdida a causa da Monarchia em Portugal, tentavam fundar no Brasil um imperio, a que não faltariam a extensão, variedade de seos climas, incomensuravel riqueza de suas produções*[209], polariza-se em torno de forças catalizadoras de mudança.

Sucede que, para o nosso compatriota, nada parecia haver mudado desde o ano de 1814, quando a pedido do rei apresentara uma proposta constitucional conciliatória que iria no sentido das exigências populares, mas com as características de carta outorgada ou pactuada[210]. Na verdade, a ideia de uma constituição doada era, aos olhos do Político Português, a única forma de obstar uma revolução populista. E a ideia permanecerá estável no seu espírito. Assim, a novo pedido de conselho por D. João VI, responde nos termos seguintes: «Depois de certificar a Sua Magestade de que tal era precisamente o meu modo de encarar a honrosa comissão de que me achava encarregado[211], voltei à cidade e tirando huma nova copia do parecer acima mencionado, que em Abril de 1814, tive a honra de apre-

---

[209] Silvestre Pinheiro Ferreira, «Memorias e Cartas Bio-graphicas», cit, «Carta I», *in Annaes da Bibliotheca Nacional do Rio de Janeiro*, tit. II, cit., p. 254. Veja-se, ainda, o disposto nas suas *Memórias Políticas sobre os Abusos geraes e modo de os reformar e prevenir a revolução popular*, já cit..

[210] Cfr. A. A. Teixeira de Vasconcelos, *op. cit.*, p. 14.

[211] Referia-se o Autor à missão (que desejava) de representante diplomático do País, nos Estados Unidos da América. *Vide supra.*

[212] Silvestre Pinheiro Ferreira, «Memorias e Cartas Bio-graphicas», cit, «Carta II»,

sentar a Sua Magestade, o appensei a huma breve Memoria, na qual dizia que não tento a propor actualmente providências diversas daquellas que na referida epocha expendi no meo dito Parecer, sò tinha a acrescentar algumas reflexões quanto ao modo de agora se proceder à execução das medidas alli expostas, visto que diferentemente se devia conduzir a esse efeito o Governo, de Sua Magestade, depois que os povos se achavam em comoção no reyno de Portugal, do que na epocha em que eu as propuzera, quando tudo se achava em perfeito socego e a S. M. era livre adoptar o plano de execução que menos abalo fizesse no andamento ordinário dos negócios, afim de que a passagem da antiga para a nova forma de governo, sendo por uma parte rápida e continua, não excitasse as convulsões que caracterizam as reformas populares e por isso trazem consigo os germes da sua própria destruição[212]».

O nosso publicista foi chamado, como sabemos, ao lugar de Ministro dos Negócios Estrangeiros e da Guerra. A nomeação parece inscrever-se no resultado de um movimento de feição liberal que a corte procurou sanar com um gabinete em que o mais avisado seria, sem dúvida, Silvestre Pinheiro Ferreira[213].

Ao estudar o governo de Fevereiro escreve Oliveira Lima que «a ascensão ao poder de Silvestre Pinheiro Ferreira indica por si só a profunda transformação que se operava no meio político». E, recorrendo a uma imagem, acrescenta: «era como se na França moderada de Ferry e de Ribot – não na França radical de Clemenceau e de Briand, tocando no socialismo – tivesse de repente sido chamado o Snr. Jaurés ou a Snr. Millerand para a presidência do conselho. Silvestre era não só um espírito irreconciliável, como um reformador implacável, posto que manso, a ponto de não raro parecer parodoxal, e por vezes quimérico[214]».

Deste delineamente, de cariz psicológico, apenas retiramos a

---

in Annaes da Bibliotheca Nacional do Rio de Janeiro, tit. II, cit., p. 258.

[213] Neste sentido, José Esteves Pereira, *Silvestre Pinheiro Ferreira,* cit., p. 38.

[214] Oliveira Lima, *D. João VI e a Corte no Brasil,* vol. II, cit, p. 1133.

[215] Aliás, já se tem insinuado como possível ter querido Pinheiro Ferreira ficar no

mudança de perspectivas políticas. A emancipação brasileira começava a tomar vulto. Importava encontrar pessoas suficientemente capazes de integrarem correntes divergentes[215].

Não se vislumbra que tenha sido a grande experiência política do nosso teórico que o chamou à direcção dos negócios estrangeiros portugueses, mas a iminência do deflagrar constitucional – liberal, a qual implicava, indubitavelmente, sobretudo nas relações exteriores, um homem capaz de entrar em sintonia com tais propostas[216]. Mal entendido, aliás, porque a posição silvestrina jamais contentaria, sobretudo em Portugal, o liberalismo de afirmação revolucionária.

Enquanto a consciência revolucionária vai amadurecendo no desagasalho da ausência da família real, entra em mutação a relação Metrópole-Corte, preservada a fim de se manter o sucesso do entendimento entre as duas. De momento, a burguesia consciente das suas tarefas, projecta um plano de relançamento das estruturas fundamentais da sociedade, incorporando no plano de transformações a monarquia de Bragança e o Catolicismo – único modo de viabilizar o movimento[217/218].

Dadas as circunstâncias, o projecto vintista colheu dois tipos de

---

Brasil. Cfr. Luís Norton, *A Corte de Portugal no Brasil*, cit., p. 130.

[216] Neste sentido, J. Esteves Pereira, *Silvestre Pinheiro Ferreira*, cit., p. 20.

[217] Assim, Maria Ivone Ornellas de Andrade e Castro, *José Agostinho de Macedo*, cit., p. 349. Sobre o debate de ordem religiosa que o vintismo provocou *vide*, por todos, António Matos Ferreira, «La Révolution Française et le Développement du Catholicisme au Portugal: Quelques Perspectives», *in La Révolution Française Vue par les Portugais. Actes du Colloque, Paris, 1989*, Paris, Fondation Calouste Gulbenkian, 1990, pp. 108 a 116.

[218] Isso mesmo atesta Fernandes Tomás que, no "Manifesto" do Porto, datado de 23 de Agosto de 1820, afirma: «Portugueses! O passo que acabais de dar para a vossa felicidade futura era necessário e até indispensável, e a vossa desgraçada situação plenamente justifica o vosso procedimento. (...) nenhuma lei ou instituição humana é feita para durar para sempre, e o exemplo de nossos vizinhos bastaria para nos sossegar. O mundo conhece bem que *a nossa deliberação não foi efeito* de uma raiva pessoal contra o governo ou de uma *desafeição à casa augusta de Bragança*; pelo contrário, nós vamos por este modo estreitar mais os laços de amor (...), com que nos achamos felizmente ligados à dinastia do imortal D. João VI (...). A mudança que fazemos não ataca as partes estáveis da monar-

recepção. Para uns, surgia como a única forma de retirar o País da atonia e da miséria, conjugadas as forças empenhadas na mudança. Para outros, parecia iníquo reunir Cortes e fazer uma Constituição. Temiam a substituição das legítimas e seculares boas leis, historicamente cimentadas e com sobejas provas fornecidas, sob a protecção do bom D. João VI, soberano de índole paternal, que exercia na terra um ofício semelhante à imagem divina. Perverso mesmo era implantar um regime que, desde o início, através da Revolução Francesa – paradigma dos paradigmas – adquirira má fama ao selar a República com o ritual do sangue régio[219]. A França não deixava mentir. A plebe, após séculos de mudez imposta e gestos controlados, dava à luz a oclocracia. A força submersa do recalque irrompera sem diques limitativos.

Os mitos fundadores dos contra-revolucionários opunham-se aos mitos do devir e do progresso da imaginação profética dos liberais.

A intervenção escrita e o comportamento de Silvestre numa época

---

quia. A *religião santa* de nossos pais ganhará mais brilhante esplendor, e a melhoria dos costumes, fruto também de uma iluminada instrução pública (…) fará a nossa felicidade e das idades futuras». Cfr. O «Manifesto» assinado por Fernandes Tomás foi transcrito em Clemente José dos Santos, *op. cit.*, volume I, pp. 9 e 10. De notar que, ao lado do tradicionalismo na formulação política liberal, se perfila um núcleo de divulgação constitucionalista de que é indicador bastante uma colectânea de textos com o título: *Colecção de Constituições antigas e modernas com o projecto d'outras, seguidas d'um exame comparativo de todas ellas, por dois Bachareis,* impressa pela Tipografia Rolandiana em 1820 e 1821. Conhecem-se quatro volumes. Nesta obra foi publicada a Constituição de Cadiz, bem como as Francesas de 1789, 1790 e 1791, a Carta Constitucional Francesa de 1814, alguns textos constitucionais sul-americanos e as leis quer estaduais quer federal de 1787, dos Estados Unidos da América do Norte. O primeiro volume abre, precisamente, com a transcrição das leis fundamentais de Lamego. Sobre a temática *vide*, por todos, António Joaquim da Silva Pereira, *O pensamento político liberal português no período de 1820 a 1823 – Aspectos de tradicionalismo*, dissertação de licenciatura, (policopiada), Coimbra, 1967, pp. 39 e 40.

[219] Neste sentido, Maria Ivone Ornellas de Andrade e Castro, *José Agostinho de Macedo*, cit., p. 353.

[220] Ideias que procuraremos delinear *infra*, na II Parte do presente estudo.

tão movediça, política e historicamente, como o pós-vintismo, com mudança de cenários virtuais, leva-nos a questionar as relações entre o Polígrafo e o recontro ideológico português. Terá sido coerente com as suas ideias[220], na tradução da vida política, quer nos actos, quer na justificação dos actos?

Foi na qualidade de ministro que, em 26 de Abril de 1821, Pinheiro Ferreira volta à Pátria com a Corte, afim de D. João VI jurar as bases da Constituição. Sugestivamente, a redacção do documento régio vinculador sai da sua pena e é ele próprio quem lê a resposta do monarca ao discurso do presidente do Congresso, José Joaquim Ferreira de Moura[221].

O desacordo entre o Político e os constituintes manifestou-se logo após o discurso em nome do Rei. A concepção de funções régias activas e não meramente representativas, como o texto presumia, colidia frontalmente com o parecer votado pelo Congresso.

A análise do «discurso de D. João VI», lido pelo seu Ministro dos Negócios Estrangeiros, revela, justamente, o desejo de equilíbrio entre o executivo e o legislativo.

A invocação do conceito polissémico de "oclocracia"[222] vem coarctar a teoria da separação de poderes tal como a enunciara o presidente do Soberano Congresso: «Tôca às côrtes fazer a lei, toca a vossa magestade

---

[221] O discurso do Rei pode ser lido no *Diario das Cortes Geraes Extraordinárias e Constituintes da Nação Portugueza*, Lisboa, Imprensa Nacional, tomo II, nº 118, sessão de 4-VII-1821, pp. 1486 e 1487. A mesma declaração foi transcrita em Clemente José dos Santos, *Documentos para a Historia das Cortes Geraes da Nação Portugueza,* (em oito volumes), volume I, Lisboa, Imprensa Nacional, 1889, pp. 208 a 211.

[222] No discurso em questão podemos ler: «Protestando no acto da convocação destas côrtes que o edificio da nova constituição, a que iam proceder, assentaria sobre a imudável base da monarquia hereditária, que era na dinastia de Bragança, e reiterando os juramentos de fidelidade que no acto da minha aclamação ao trono dos meus augustos maiores me haviam sido unanimemente prestados por toda a nação, os povos sancionaram o principio fundamental de toda a monarquia constitucional (...) se jamais o monarca assumisse a si o exercê-lo sem a câmara dos deputados, se reputaria degenerado em despotismo, bem como passaria ao estado, não menos monstruoso, de *oclocracia* (sublinhado nosso), se a câmara dos deputados intentasse exercer ela só o poder legislativo. Cfr. Clemente José dos Santos, *op. cit.*, vol I, pp. 210 e 211.

[223] Cfr. Clemente José dos Santos, *op. cit.*, vol. I, p. 210.

fazê-la executar[223/224].

A resposta do Rei suscitou acesa polémica, como se depreende da leitura dos *Diários das Cortes* posteriores a esta ocorrência[225].

A carreira política de Pinheiro Ferreira, no ciclo vital do vintismo,

---

[224] Linhas antes sublinhara: «o governo constitucional representativo, apoiado na liberdade de imprensa e na independencia dos juizes que são as duas pedras angulares d'este nobre edíficio...». Em concretização, acrescenta: «reunir todos os anos assembleias legislativas, eleger livremente os seos membros, fazer as leis em publico, responsabilizar efectivamente os executores das leis, publicar livremente os pensamentos por meio da imprensa, independencia dos juizes, invariavel equilíbrio entre as rendas e despezas do estado, eis, senhor, a que se reduz em geral o systema que adoptamos. A felicidade pública e particular não pòde ter mais solidos fiadores; está dividido o poder, resta sò conservar e abonar a divisão». Cfr. Clemente José dos Santos, *op. cit.*, vol. I, p. 209.

[225] A fala do rei mereceu os seguintes comentários do deputado Castelo-Branco: «Nessa fala há princípios que se achão em contradição com o systema constitucional que temos adoptado, e com as bases da Constituição. Eu creio que ha um § em que se trata nada menos do que pretender declarar ElRei ter parte integrante e essencial das Cortes e da Representação Nacional, em que reside o exercicio do poder legislativo. Ainda que encoberto debaxo de frazes ambiguas, ahi se pos um argumento muito claro, e em que parece que não cabe dúvidas. Eu o digo. O principio de legitimidade, pelo qual reside no Supremo Congresso o poder legislativo, he a livre escolha dos povos. Diz o § que ao mesmo tempo a nação tem escolhido livremente Sua Magestade, do mesmo modo que escolheu livremente os seus representantes; e muito habilmente deduz d'ahi o argumento, que assim como os deputados das Cortes têm o direito de fazer leis, pela livre escolha dos povos, igualmente tem ElRei o direito de concorrer à feitura das leis, pois que elle he uma parte da Representação Nacional, e que he escolhido tam livremente pelos povos, como os Representantes...». Linhas adiante, afirma: (...) porque quando se trata das atribuições do Congresso, inclue-se ELRei nestas atribuições, falando em plural, e nunca só no Congresso; e se lhe atribue tambem a iniciativa das Leis, a – qual nós lhe negamos». Cfr. *Diário das Cortes*, nº 124 de 11-VII-1821, t. II, p. 1496. O deputado José António Guerreiro chegou a apresentar a proposta de enviar o discurso lido pelo Ministro dos Negócios Estangeiros de D. João VI a uma comissão que examinasse «se haveria alguma cousa a contestar». Cfr. *Diário das Cortes*, nº 118, 4-VII-1821, t. II, pp. 1425 e 1436.

[226] Sobre a questão *vide*, por todos, José Esteves Pereira, *Silvestre Pinheiro Ferreira,*

corporiza-se sobretudo na actuação como ministro dos Negócios Estrangeiros[226/227].

Em 30 de Maio e 1 de Junho de 1823, Braancamp Sobral e o Conde de Palmela são nomeados, sucessivamente, ministros dos Negócios Estrangeiros. Silvestre pedira, entretanto, a exoneração e tomara o rumo de Paris. Aí permanecerá até 1841[228/229]. Foram-lhe conservadas as honras do cargo e atribuída a pensão anual correspondente, elevada depois a mil

---

cit., pp. 24 e ss.; M. Ch. Vergé, *Diplomates et Publicistes*, Paris, Vrin, 1856.

[227] No Arquivo Nacional da Torre do Tombo conserva-se parte da correspondência do Ministro Silvestre Pinheiro Ferreira enviada entre 14 de Agosto de 1822 e 18 de Janeiro de 1823. Cfr. ANTT, Ministério dos Negócios Estrangeiros, Livro 175. Um contributo para o estudo da actividade ministerial de Pinheiro Ferreira foi assinado por Moses Bensabat Amzlalak ao publicar as instruções, dadas em 24 de Janeiro de 1823, ao Conde da Lapa, pelo nosso político, com vista à negociação de um tratado de comércio com os Estados Unidados da América. Cfr. Moses Bensabat Amzlalak, *Subsídios para a história das relações diplomáticas entre Portugal e os Estados Unidos da América do Norte*, I, *As instruções dadas ao Conde da Lapa em 1823 por Silvestre Pinheiro Ferreira*, Lisboa, 1930, encadernado com outros. O escrito permanece na Biblioteca Nacional de Lisboa, Secção de Reservados, cota: 1602 v.

[228] É muito curioso tentar descortinar a reacção silvestrina ao receber, na sua casa da Rue Saint Florentin, nº 15, em Paris, o ofício de 6 de Novembro de 1827 em que o futuro Cardeal Saraiva, ao tempo Bispo resignatário de Coimbra e Conde de Arganil, lhe deu conhecimento, na qualidade de Presidente da Câmara dos Deputados, da convocação das Cortes Extraordinárias para receber o juramento do Infante D. Miguel como Regente do Reino. Ante a recepção de tal missiva, esboça o nosso compatriota uma atitude extremamente cautelosa em que, se por um lado parecia aceitar a convocação, por outro desejava manter-se afastado do reino. É o que transparece de duas cartas que o Autor de «Silvestre Pinheiro Ferreira em Paris», Carlos Ary dos Santos, diz possuir. Tais missivas, ambas datadas de 30 de Novembro de 1827 e dirigidas ao Conde de Arganil, atestam isso mesmo. Ary dos Santos reproduz sem comentários, que a sua leitura, de facto, dispensa, o texto das duas cartas. Cfr. Carlos Ary dos Santos, «Silvestre Pinheiro Ferreira em Paris», *in Colóquio*, cit., nº 48, Abril de 1968, pp. 66 a 68. A mesma cautela justificará, porventura, a recusa de tomar conta do cargo para que foi eleito, em 1838. A verdade, porém, é que se foi deixando ficar em França, onde se dedica ao magistério particular, leccionando, no colégio de emigrados de Silvella, a jurisprudência comercial, a economia e o direito. Apenas em 1842, eleito, pela terceira vez, para a Câmara dos Deputados, pela pro-

víncia do Minho, se decide voltar à Pátria. V. A. A. Teixeira de Vasconcelos, *op. cit.,* p. 24.

[229] Contrariando o argumento de que, durante a sua estada em Paris, Silvestre Pinheiro Ferreira teria estado afastado da vida política, dedicando-se livremente à especulação – entendimento difundido, nomeadamente, por Maria Luíza Rangel Coelho, (*op. cit.,* p. 36), e por Francisco José da Costa Félix, (*in Silvestre Pinheiro Ferreira – o filósofo e o político – 1796-1846,* dissertação de licenciatura em Filosofia à Faculdade de Letras da Universidade de Lisboa, Lisboa, 1963, pp. 23 e 24), escreve Carlos Ary dos Santos: «só se se entendesse a expressão "vida política" apenas como desempenho de cargo ou função oficial ligado aos negócios públicos, seria possível admitir a proposição dos (...) autores que consideram Pinheiro Ferreira "afastado da vida política de 1826 a 1842". Mas nem é essa acepção restrita a mais corrente, nem é ela a que melhor traduz a realidade dos factos, no caso concreto». Cfr. Carlos Ary dos Santos, «Silvestre Pinheiro Ferreira em Paris», *in Colóquio,* cit., nº 48, Abril de 1968, p. 61. Entende o Autor que, na complexa perso- nalidade do Polígrafo, simultaneamente homem de pensamento e de acção, filósofo e estadista, a sua "vida política" traduziu-se em actuação oficial, quando lho permitiram os cargos públicos que ocupou. Mas, o que se conhece da sua existência e da sua obra permite dizer que nunca o seu espírito se afastou dos problemas da felicidade geral, nem da busca incessante de soluções que reputava as melhores. A razão parece não decair a Ary dos Santos. É certo que foi a partir do ano de 1826 que Pinheiro Ferreira publicou grande parte das suas obras. Não obstante, será pouco rigoroso dizer que todas são posteriores a essa data. Pelo menos, as suas *Prelecções Filosóficas* foram publicadas em data anterior. Depois, e precisamente por haver publicado a parte significativa de seus escritos em data ulterior, é lícito concluir que, nesse anos, não apenas Silvestre Pinheiro não se desinteressou da política como foi até mais fecundo o seu trabalho nesse campo. De resto, a sua ligação com a marcha dos eventos nacionais, desde Paris, está patente na consulta que D. Pedro lhe fará e ao seu *antigo e mui particular amigo,* (nas palavras de A. A. Teixeira de Vasconcelos, *op. cit.,* p. 25), Filipe Ferreira de Araújo e Castro acerca do restabelecimento constitucional no nosso País e, particularmente, sobre a restauração de sua filha, Maria da Glória, no trono. Esta consulta está na base de um *Parecer sobre os meios de se restaurar o governo representativo em Portugal por dous conselheiros da corôa.* Um apêndice a este parecer apareceria um ano volvido sob o título *Projecto d'um Systema de Providencias para a Convocação das Cortes e Restabelecimento do Governo Constitucional.* Foi, de igual modo, interessado que deu à estampa outras obras publicadas *com o especial intento de mostrar, pela refutação dos princípios que serviram de base a taes codigos, quanto se afastam do verdadeiro systema representativo.* Cfr. Teixeira de Vasconcelos, *op. cit.,* pp. 35 e 36.

[230] Assim, Inocêncio Francisco da Silva, *Diccionario Bibliographico Portuguez,*

reis, pelo governo da restauração[230].

O vintismo conheceu duas faces complementares de Silvestre: encontramo-lo sem ilusões quanto à prossecução de uma política de cariz paternalista e afastado das ficções tradicionais[231]. E, em simultâneo, vêmo-lo distante das partidos «incapazes de razão e de sistema»[232], duvidando da vontade nacional por via revolucionária[233].

Mas, há em Pinheiro Ferreira uma adesão liberal. Simplesmente, o liberalismo que representa é *hum liberalismo fundado em principios de moderação e de solida doutrina*[234].

As observações e propostas feitas nas circunstâncias presentes contam como génese de uma meditação que se abriu a fórmulas mais dialogantes com o liberalismo europeu[235]. Embora não tratem, como é natural, de tais matérias *ex professo*, nem delas se retire qualquer pretenção científica, em todo o caso, bastante delas transparece para nos permitir também fazer uma ideia, sem dúvida mais clara do que até aqui, da personalidade de Silvestre neste aspecto, não já propriamente psicológico e moral,

---

tomo VI, cit., p. 260.

[231] A leitura da seguinte passagem, saída de sua pena, parece deixar intuir isso mesmo: «a apparência de autoridade que ElRey ainda conserva, e que serve de vinculo às relações sociaes do povo portuguez...». Silvestre Pinheiro Ferreira, «Memorias e Cartas Bio-graphicas», cit, «Carta VII», *in Annaes da Bibliotheca Nacional do Rio de Janeiro,* tit. II, cit., p. 269.

[232] Silvestre Pinheiro Ferreira, «Memorias e Cartas Bio-graphicas», cit., «Carta XII», *in Annaes da Bibliotheca Nacional do Rio de Janeiro,* tit. II, cit., p. 286.

[233] São suas as seguintes palavras, suficientemente demonstrativas do que se pretende dizer: «Dice que tal Constituição (a de 1822) não pode deixar de ter essencialmente defeitos; porque basta assentarem as Instrucções dadas aos deputados das Cortes no principio de que se deve tomar a constituição de Hespanha por Prototypo de Liberalismo e que sobre ella se deve modelar a nossa ainda mais liberal do que ella e portanto no mesmo sentido que ella, a isso ser possível». Cfr. Silvestre Pinheiro Ferreira, «Memorias e Cartas Bio-graphicas», cit, «Carta datada de 3 de Abril de 1821», *in Annaes da Bibliotheca Nacional do Rio de Janeiro,* tit. II, cit., p. 272.

[234] Silvestre Pinheiro Ferreira, «Memorias e Cartas Bio-graphicas», cit, «Carta XVII», *in Annaes da Bibliotheca Nacional do Rio de Janeiro,* tit. II, cit., p. 300.

[235] Neste sentido, José Esteves Pereira, *Silvestre Pinheiro Ferreira,* cit., p. 49.

mas ideológico-cultural.

PARTE II

O PODER E O DIREITO NA OBRA
DE PINHEIRO FERREIRA:
PRINCÍPIOS DE DIREITO CONSTITUCIONAL

I - O PODER E O DIREITO NA OBRA DE PINHEIRO FERREIRA: PRINCÍPIOS DE DIREITO CONSTITUCIONAL

1 - AS TEORIAS POLÍTICAS

1.1 - A Origem do Poder

O direito e a política, se não são *o tudo*, têm, pelo menos, a ver com o todo da existência humana. Ambos têm a ver com Deus, com o natural, com a *polis*, isto é, *com o que há de mais misterioso e de mais real no nosso viver e no nosso viver-com*[1]. Por isso, não constitui tarefa árdua encontrar, na filosofia política e jurídica europeias, com reflexos na literatura moderna, afirmações no sentido da necessidade da existência do poder político em qualquer sociedade humana.

Mas qual é a origem deste poder?

Como demonstraram os estudos dos Doutores Paulo Merêa e Martim de Albuquerque, a tradição política dos autores portugueses norteia-se pela aceitação da ideia da origem divina do poder conjugada com a da mediação da comunidade na constituição dos reis.

Vale a pena atentar, ainda que por breves instantes, nesta construção.

---

[1] Nas palavras de José A. Maltez, *Princípios de Ciência Política - O Problema do Direito*, cit., p. 64.

O poder político é, segundo o espírito medieval e de acordo com S. Paulo[2], de instituição divina[3].

---

[2] «*Omnis potestas humana a Deo est. Non est potestas nisi a Deo*» proclamou S. Paulo na sua epístola aos romanos (*Ad Romanus*, XIII, I). V. Martim de Albuquerque, «O Poder Político no Renascimento Português», IV, *in Estudos Políticos e Sociais*, Lisboa, Universidade Técnica de Lisboa, 1968, p. 1370 e p. 1370, nota 1. Tal afirmação constituirá, sem dúvida, o pronunciamento político mais influente e pleno de consequências do Novo Testamento. Como salienta o Professor Martim de Albuquerque «Poucas frases influenciaram tão fortemente como esta o campo das doutrinas políticas. Ela conquistou a generalidade dos autores medievais e lançou num quase esquecimento a teoria da origem diabólica do poder, aflorada naquele passo do Evangelho, em que se descreve a maneira como o Anjo Rebelde tentou o Senhor mostrando-lhe e prometendo-lhe os reinos do Mundo». Cfr. Martim de Albuquerque, «O Poder Político no Renascimento Português», IV, cit., p. 1370 e 1370, nota 2.

Ensinou S. Paulo que todo o homem está sujeito às autoridades superiores; porque não há autoridade que não proceda de Deus: e as autoridades que existem foram por ele instituídas. Assim, aquele que se opõe à autoridade, resiste à ordenação de Deus; e os que resistem trarão sobre si mesmos condenação. Porque os magistrados não são para temer quando se faz o bem e, sim, quando se faz o mal. Queres tu não temer a autoridade? Faze o bem e terás louvor dela; visto que a autoridade é ministro de Deus para teu bem. Entretanto, se fizeres o mal, teme; porque não será sem motivo que ela traz a espada... É necessário que lhe estejais submetido, não somente por causa do temor e da punição, mas também por dever de consciência. Por esse motivo também pagais tributos: porque são ministros de Deus, atendendo constantemente a esse serviço. Pagai a todos os que lhe é devido; a quem tributo, tributo; a quem respeito, respeito; a quem honra, honra. Já foi entendido que as palavras de S. Paulo se destinariam fundamentalmente a tolher tendências anárquicas eventualmente existentes nas primeiras comunidades cristãs. Assim, Carlyle, *History of Mediaeval Political Theory*, vol. I, 1903, p. 93 e ss.; Jean-Jacques Chevallier, *História do Pensamento Político*, cit., pp. 167; George Sabine, *Historia de la teoria Politica*, cit., p. 142. Se assim é, elas cumpriram magistralmente o seu propósito (*vide infra*). No que concerne em particular à origem do poder, o seu ensinamento é simples: Ainda que exercido por pagãos, a autoridade provém de Deus. Ele constituí, antes de mais, uma concretização da resposta dada por Jesus a Pilatos de que este não teria qualquer poder sobre Ele se não lho havia sido dado por Deus. São Paulo firma a ideia, sem que lhe possa ser assacada uma novidade substancial. Assim, Yves Guchet, *Histoire des idées politiques*, cit., tomo I, p. 83.

[3] O surgimento da Igreja católica como instituição distinta e autorizada a dirigir as questões espirituais com independência do poder temporal pode considerar-se, sem exagero, uma das mudanças mais significativas na história da Europa Ocidental, quer no

Isto não significa, porém, que o poder político seja «natural» ou, numa segunda formulação, inerente à particular essência da condição humana, em sua pureza primitiva, em sua inocência primordial. Muito pelo contrário...

No estado de natureza, o homem ignorava o governo coercivo, por dele não necessitar[4]. O poder, ou pelo menos o poder coercivo, originou-se com o pecado[5].

---

que concerne à ciência política quer no que respeita à filosofia política. George Sabine, (cfr. *Historia de la Teoria Politica*, Madrid, 1992, p. 141), compara-o, mesmo a uma revolução. De salientar, porém, que o cristianismo surge historicamente não como uma filosofia ou teoria política mas como uma doutrina de salvação. As ideias que os primeiros cristãos secundavam no que tange, em particular, àquelas questões não serão, porventura, muito diferentes das que caracterizam o pensamento próprio de algumas escolas pagãs. Assim, no que respeita, por exemplo, à existência de um direito natural, ao governo providencial, à obrigação de o direito positivo se acomodar aos ditames da lei natural e de ser, substancialmente justo, à igualdade entre os homens pode, talvez, dizer-se que o pensamento dos Padres da Igreja reiterava as ideias já antes preconizadas por Cícero ou Séneca. Neste sentido, Carlyle, A. J., *History of Mediaeval Political Theory*, vol. I, 1903, Parte III. Mas também será inegável que o Novo Testamento aporta uma lei nova, porque fundada na Revelação. De facto, a ideia de uma lei revelada, contida nas Escrituras judias e cristãs, é desconhecida, embora não necessariamente incompatível, do pensamento dos escritores pagãos. Neste sentido, Yves Guchet, *Histoire des idées politiques*, Tomo I, Paris, 1995, p. 81; G. Sabine, *op. cit.*, p. 141; James E. Holton, «Marcus Tullius Cicerón» *in Histoire de la Philosophie Politique*, dir. por Leo Strauss e Joseph Cropsey, Paris, Presses Universitaires de France, 1994, pp. 169 e ss..

[4] Reconhece-se em tal construção, que dominou até S. Tomás de Aquino, a tradição estóica e patrística. No estado ideal, os homens viviam como um só "rebanho", sem família e, presumivelmente, sem propriedade, sem distinção de raça e sem necessidade de dinheiro nem de tribunais. No estoicismo havia, pois, um elemento de utopia doutrinária de que nunca se conseguiria libertar, por inteiro, não obstante a necessidade sentida pela *stoa* de se acomodar ao pragmatismo e aos usos dos romanos. Ainda que a sua filosofia política permaneça fiel ao propósito de construção de um mundo ideal de filósofos a ideia de concórdia sofre um rude golpe. De facto, postergar a distinção entre gregos e bárbaros era um passo assaz exigente. Sobre o estoicismo, v., por todos, E. R. Goodenough, «Political Philosophy of Heellenistic Kingship», *in Yale Classical Studies,* vol. I, New Haven, 1928, pp. 55 e ss.; M. H. Fisch, «Alexander and The Stoics» *in American Journal of Philology,* vol. LVIII, 1937, pp. 59, 129; R. D. Hicks, *Stoic and Epicurean*, Londres, 1911, caps. III, IV, VII e VIII.

Também a patrística reconheceria que, no primitivo estado de natureza, os homens não possuiriam poder uns sobre os outros. De facto, além do legado judaico, herdou o cristianismo alguns dos principais temas da "filosofia natural", de acento estóico, transmitidos por Cícero ou por Séneca. Uma dessas questões foi, sem dúvida, a do estado de natureza. Na situação de inocência e de simplicidade primitivas não haveria qualquer coacção do homem sobre o homem. Tão pouco, existiriam escravidão ou propriedade privada. Essas instituições, estranhas à natureza primitiva do homem, surgiram quando a ordem de natureza foi corrompida pelo pecado e pela desordem inerente. O poder político surge, portanto, como algo necessário para repor a disciplina e, por isso mesmo, desejado por Deus. Seria, simultaneamente o castigo e o remédio. Neste sentido, J. J. Chevallier, *op. cit.*, vol. I, pp. 173 e 174. Esta ideia marcou, fortemente, o ideário medieval. Lê-se em S. Boaventura, contemporâneo de S. Tomás, que a dominação política corresponde ao estado em que se encontra o homem depois da sua queda. Sobre S. Boaventura v., por todos, G. De Lagard, *La naissance de l'esprit laique au déclin du Moyen Age*, Louvain – Paris, Nauwelaerts, 1956, 3ª ed., I, pp. 88 a 105, especialmente p. 100 e 100, nota 33.

[5] A origem pecaminosa do poder marcou o pensamento de S. Irineu (*Adv. Haer., V. 24*) e, posteriormente, de S. Gregório Magno (*Exp. Mor. In Job, XXI, 15*), de Santo Ambrósio, o grande bispo de Milão (*Ep. XXXVII, 8*) ou de Santo Isidoro de Sevilha (*Sentent. III, 47*). V. Martim de Albuquerque, «O Poder Político no Renascimento Português», IV, cit., p. 1371. Não obstante, foi com Santo Agostinho (*Quar. Prop. Ex Ep. Ad Rom., 72; De Civ. Dei, XIX, 15*) que tal ideia alcançou plena consagração. Cfr. *Idem, ibidem*. Nas palavras do Professor Paulo Merêa:«*Há na obra prima de Santo Agostinho uma passagem (De Civ. Dei, XIX, 15) que durante toda a Idade Média foi muito meditada e comentada, tendo exercido, directa ou mediatamente, influência em muitos espíritos. É aquela em que o autor recorda que os nossos primeiros avós apenas governavam os animais irracionais, e explica que Deus não quis que o homem fôsse dominado pelo homem...*» P. Merêa, «As teorias políticas medievais no "Tratado da Virtuosa Bemfeitoria», *in Estudos de História do Direito*, Coimbra, Coimbra Editora, 1923, p. 191. Santo Agostinho é, sobretudo, um teólogo e, não tanto, um filósofo. De facto, o grande Doutor jamais procurou tratar metodicamente os fenómenos políticos, socorrendo-se, para tanto, exclusivamente da razão ou da experiência. As máximas que constrói procedem fundamentalmente da leitura da Sagrada Escritura, cuja autoridade foi por ele jamais contestada. Voltamos, de facto, a encontrar quer na *Cidade de Deus* quer em outras obras, o tema patrístico, de raiz estóica, do domínio do homem sobre os outros homens, estranho à integridade da natureza humana antes do pecado original. De facto, escreve Santo Agostinho: «*Rationalem factum ad imaginem suam noluit nisi irrationalibus dominari: non hominem homini, sed pecor.* (cfr. *De Civ. Dei, XIX, 15*). E a certa altura, acrescenta que tal desejo consubstancia «*intolerabilis animi superbia*» (v. *De Doctr. Christ. I, 23*). Bebendo influências de Cícero, define a sociedade civil ou a república como um conjunto de homens associados por um reconhecimento comum do direito e por uma comunidade de interesses (cfr.

Já o poder meramente directivo existe em qualquer sociedade[6].
Todo o poder vem de Deus, ensinara S. Paulo. Simplesmente, o
poder, ou pelo menos, algumas das suas manifestações possíveis, apenas

---

Cidade de Deus, XIX, 21; cf. II. 21.). O termo *dominari* a que o grande Doutor recorre no
primeiro texto citado foi, desde cedo, interpretado como abrangendo não apenas o
domínio do senhor sobre o servo, mas também o poder político sobre homens livres.
Assim, o escravo deverá obedecer ao amo de boa vontade, transformando, desta forma, a
sua servidão em liberdade. Da mesma forma, o governo, também ele fruto do pecado, é
legítimo e necessário pelo que também os governados devem obediência ao poder, nos
limites das suas finalidades específicas. Santo Agostinho relembra com firmeza a resposta por Jesus dada aos Apóstolos ante a indagação sobre a lícitude de pagar tributos: *Dai a
César o que é de César*. Por consequência, labora em erro o cristão que nega prestar às
autoridades temporais o que lhes é devido. Por outro lado, não seria todo o poder político
que adquirira legitimidade após a Queda, mas tão só o poder coercivo. Neste sentido, P.
Merêa, «As teorias políticas medievais...», cit., p. 192. Sobre o pensamento de Santo
Agostinho v., por todos, Ernest L. Fortin, «Saint Augustin» *in Histoire de la Philosophie
Politique*, dir. por Leo Strauss e Joseph Cropsey, Paris, Presses Universitaires de France,
1994, pp. 191 e ss.; Jean - Jacques Chevallier, *op. cit.*, p. 173 e ss., E. Gilson, *Introduction
à l'étude de saint Augustin*, Paris, Vrin, 2ª ed.; J. N. Figgis, *The political aspects of Saint
Augustine's City of God*, Londres, 1921; W. Theimer, *op. cit.*, pp. 62 e ss.; G. Sabine, *op.
cit.*, pp. 146 e ss.; Henri Xavier Arquillière, *L'Augustinisme Politique: Essai sur la
Formation des Théories Politiques du Moyen-Âge*, Paris, Vrin, 1955; Norman H. Baynes,
The Political Ideas of St. Augustine's De Civitate Dei, Historical Association Pamphlet nº
104, Londres, 1936; Truyol Serra, *Historia de la Filosofia del Derecho y del Estado. De
los Orígines a la Baja Edad Media*, Madrid, Revista de Occidente, 1956, 2ª ed., pp. 216 a
225; Gustave Combès, *La Doctrine Politique de Saint Augustin*, Paris, Plon, 1927; Luís
Cabral de Moncada, *Filosofia do Direito e do Estado*, Vol. I, *Parte Histórica*, 2ª ed.,
Coimbra, Arménio Amado, 1955, pp. 56 e ss.. Para mais indicações bibliográficas *vide*
José Adelino Maltez, *Sobre a Ciência Política*, cit., p. 269.

[6] Por isso escreveu Pedro de Andlo: «*Regimen mundi a summo rerum principe Deo
ejusque divina dependent voluntade*», (cfr. *De imperio Romano Germanico, Lib. I, cap. 2*),
e o cardeal Belarmino reiteraria: «*Certum est politicam potestatem à Deo esse, à quo non
nisi res bonae et licitae procedunt, id quod probat Aug. in toto fere 4 et 5 libr. De Civit.
Dei. Nam sapientia Dei clamat, Proverb. 8: Per me reges regnant; et infra: per me
principes imperant. Et Daniel 2: Deus Coeli regnum et imperium dedit tibi, etc. et Dan. 4:
Cum bestiis ferisque erit habitatio tua, et foenum, ut bos comedes, et rore coeli infunderis:
septem quoque tempora mutabuntur super te, donec scias quod dominetur Excelsus super
regnum bominum, et cuicumque voluerit, det illud*». V. Belarmino, *De Laicis, Lib.* III,
cap. 6. Cfr. P. Merêa, «As teorias políticas medievais...», cit., p. 192.

será «natural em segundo grau[7]», em relação à natureza corrompida e desviada do homem, após a Queda.

A contradição entre as duas ideias é, tão só, meramente aparente. De facto, os doutrinadores da origem pecaminosa do poder conciliavam os dois pensamentos, ensinando que apenas o *dominium servile* e o poder coercivo[8] eram incompatíveis com o estado de natureza. Não obstante, mesmo a servidão e o poder punitivo constituíam criações divinas já que representavam, não só um castigo, mas também um remédio para o pecado[9].

Este primeiro grande corpo de doutrina, nascido da sistematização conduzida pelos comentadores dos Santos Padres, experimentaria uma objectivação ou, mais rigorosamente, uma racionalização. Um facto significativo interviria: o renascimento de Aristóteles[10].

---

[7] Neste sentido, J. J. Chevallier, *op. cit.*, vol. I, p. 178.

[8] Tal interpretação parece resultar, com transparência, da leitura de S. Gregório Magno. Depois de reiterar a ideia de que a natureza não atribuiu poder ao homem sobre os outros homens, (*Exp, Mor. in Job XXI, 15 e XXIV, 25*), reconhece que tal interpretação restritiva só é válida para o poder coercivo e não para o poder meramente directivo (*Ep. V, 59*). Neste sentido, P. Merêa, «As teorias políticas medievais...», cit., pp. 192 e 193.

[9] Assim dispôs Álvaro Pais ao considerar que, não obstante a veleidade de dominar tivesse a sua origem no pecado, o domínio seria criação divina para permitir a convivência entre os homens, salvaguardar a justiça, promover a concórdia entre os bons e assegurar a punição dos maus. Por isso, todo o poder teria em Deus a sua origem, ou porque Ele consente ou porque Ele o ordena. Cfr. *De Planctu Ecclesiae*, 1, I a. 41 L., (= fol. XV do *de Plāctu eccl'ie desideratissimi libri duo et indice copiosissimo et marginairijs additionibus reces illuftrati*, 1517, Lião, Iohannes Clein. Esta edição, que se encontra na secção de Reservados da Biblioteca Nacional de Lisboa (cota: Res. 1156A.), apresenta portadas com tarjas ornamentais e a marca do impressor, que se repete na última folha, também ornamental; título a vermelho. Tipo gótico. Letras decorativas no início dos artigos. Tem escrito, na portada, o seguinte: "*Este livro por morte de frei Rodrigo da Costa perteçe a pera longa*") e *Speculum Regum*, r.ª *Quomodo a principio reges domnia habuerint vol I* (= pp. 48 a 58 de *Espelho dos Reis*, estabelecimento do texto e tradução do Dr. Miguel Pinto de Menezes, Lisboa, Instituto de Alta Cultura, 1955).

[10] O pai da *Política*, que tinha permanecido no esquecimento, volta a ser conhecido, no século XII, mercê do labor de eruditos árabes e judeus do mundo ocidental. Sobre o pensamento político do Estagirita v., por todos, Carnes Lord, «Aristote» *in Histoire de la Philosophie Politique*, dir. por Leo Strauss e Joseph Cropsey, Paris, Presses Universitaires

A fusão dos dois grandes sistemas filosóficos é erigida em objectivo basilar pelos escolásticos. Alberto Magno começa a magistral tarefa de interpretar a filosofia aristotélica. São Tomás de Aquino, seu discípulo, completaria a obra[11]. A pedra de toque da filosofia política de S. Tomás é a noção aristotélica de natureza. Mais do que qualquer outro animal, o homem é um ser social e político. A sociedade civil é natural no sentido de que é algo absolutamente necessário à perfeição da natureza racional do homem.

---

de France, 1994, pp. 191 e ss.; Jean - Jacques Chevallier, *op. cit.*, p. 90 e ss.; George Sabine, *op. cit.*, pp. 75 e ss.; W. Theimer, *op. cit.*, pp. 30 e ss.; Yves Guchet, *op. cit.*, pp. 46 e ss.; Aubenque, *Aristote et le Problème de l'Être*, Paris, PUF, 1996; Didier Bouter, *Vers l'État de Droit. La Théorie de l'État et du Droit*, Paris, L'Harmattan, 1991, pp. 31 a 45; Luís Cabral de Moncada, *Filosofia do Direito e do Estado*, cit., I, pp. 30 e ss.; Battaglia, *Curso de Filosofia del Derecho*, trad. castelhana de Francisco Elias Tejada e Pablo Lucas Verdú, Madrid, Reus, 1951, I, pp. 141 e ss.. Para mais indicações bibliográficas *vide* José Adelino Maltez, *Sobre a Ciência Política*, cit., pp. 267 e 268.

[11] Tomás de Aquino ocupa um lugar verdadeiramente excepcional na história do pensamento político, sendo apontado como o mais ilustre de entre os cristãos aristotélicos. A essência da filosofia tomista consiste, sem a tal se reduzir, na intenção de operar uma síntese universal, um pensamento omnicompreensivo, cuja chave será a harmonia e a coincidência. Por outras palavras, o mundo de S. Tomás é ordenado e não caótico. A sua empresa será a de reinterpretar Aristóteles à luz da fé cristã e, por outro lado, reformar o ideário cristão em função da filosofia do estagirita. Os dados fundamentais que o século XIII oferecia ao espírito poderosamente construtivo do ilustre Doutor seriam confrontados com o neo-aristotelismo de S. Tomás (de notar, que a *Política* e o texto completo da *Ethica*, em particular, foram, pela primeira vez, traduzidos para latim no decurso da sua vida) originando a síntese tomista. Sobre o pensamento político de S. Tomás v., por todos, G. Ambrusetti (coord.) *San Tommaso e la Filosofia del Diritto Oggi*, Citta Nuova, 1980; João Ameal, *S. Tomás de Aquino*, Porto, Tavares Martins, 1938, Truyol Serra, *Historia de la Filosofia del Derecho y del Estado*, cit., I, pp. 263 e ss.; L. Cabral de Moncada, *Filosofia do Direito e do Estado*, cit., I, pp. 75 e ss. e *Universalismo e Individualismo na Concepção de* Estado. *S. Tomás de Aquino*, Coimbra, Arménio Amado; D. Boutet, *Vers l'État de Droit*, cit., pp. 81 a 85; Jean - Jacques Chevallier, *op. cit.*, p. 204 e ss., sobretudo, 211 a 224.; George Sabine, *op. cit.*, pp. 188 e ss.; W. Theimer, *op. cit.*, pp. 78 e ss.; Yves Guchet, *op. cit.*, pp. 125 e ss.. Para mais indicações bibliográficas *vide* José Adelino Maltez, *Sobre a Ciência Política*, cit., p. 270.

Mas o poder, considerado na sua própria essência, *in abstracto*[12], deve ser separado do poder *in concreto*, o qual se analisa em várias vertentes e que se prendem, nomeadamente, com o modo de adquirir o poder, a sua utilização e os seus titulares.

Centremos, por agora, a nossa análise no poder em abstracto. S. Tomás, tal como S. Paulo, entende que o poder provém de Deus. Simplesmente, e em reacção à tradição patrística e estóica, mormente agostiniana, professa que tal poder esteia-se, não na convenção, decorrida da Queda, como seu castigo e seu remédio, mas é basicamente natural. Somente a autoridade poderá operar a essencial *reductio ad unum*, transformando a multidão em comunidade política.

Atentando na complexa questão da existência ou não existência do *dominium* no estado de natureza, S. Tomás opera uma distinção essencial entre *dominium servile*, que reputa como totalmente incompatível com tal estado, e o *dominium politicum*, que por importar tão só uma direcção necessária à realização plena dos fins do homem, caracterizará qualquer sociedade.

Em Portugal, o axioma da origem divina do poder foi, ao longo de toda a Idade Média e mesmo depois, aceite e reiterado inúmeras vezes.

De longe vinha, firmado, desde logo, nas solenes afirmações dos Concílios de Toledo[13] e do Código Visigótico[14], ainda antes da nossa separação e autonomia. D. Dinis[15] proclama expressamente o princípio, *«reconhecendo que o regimento dos ditos Regnos por Deos nos he outorgado».* D. Fernando declara-o igualmente, no preâmbulo das Cortes de Lisboa de 1371[16,] ao considerar que *«o estado real que temos per Deus*

---

[12] Passível de, no pensamento tomista, ser traduzido pela faculdade de o homem comandar o homem. Neste sentido, J. J. Chevallier, *op. cit.*, p. 211.

[13] Assim, João Ameal, «A Origem do Poder Real e as Cortes de 1641», *in Anais da Academia Portuguesa da História – Ciclo da Restauração de Portugal*, Vol. VI, Lisboa, 1942, pp. 415.

[14] Cfr. *Cod. Visig., primus titulus,* números III e IV.

[15] *Ordenações Afonsinas*, Livro I, Nota de Apresentação de Mário Júlio de Almeida e Costa e nota textológica de Eduardo Borges Nunes, reprodução «fac-simile» da edição de Coimbra de 1792. Lisboa, Fundação Calouste Gulbenkian, 1984, p. 5.

[16] Cfr. *Col. de Côrtes*, ms., I, fol. 167 e VI, fol. 111.

nos he dado para reger os ditos reinos». No prefácio às *Ordenações Afonsinas*[17] deparamos com esta definição rigorosa: *«E pero que o Rey tenha principalmente o Regimento da Maaõ de DEOS, e affi com feu Vigairo, e Logoteente, feja abfolto da obfervancia de toda Ley umana, e efto nõ embargante, por feer racionavel, fe onefta, e fometefob governança, e mandamento della, affi como coufa fanta, que manda, e hordena as coufas juftas, e defende as coufas contrairas...»* Simplesmente, na generalidade dos escritos não existe qualquer referência expressa à origem pecaminosa do poder, limitando-se, tão só, a reproduzir o ensinamento do apóstolo S. Paulo[18].

Mais expressivo é, a este propósito, Álvaro Pais[19] que, no *De Planctu Ecclesiae*[20] e no *Speculum Regum*[21], escreve que após o pecado surgiria o poder do homem sobre o homem e os reis adquiriram o poder pela usurpação de um determinado acto de soberba, como sucedera com Lúcifer, cujo orgulho o levou a procurar elevar-se acima dos outros. Na primeira dessas obras, o prelado chega mesmo a referir que, no estado de natureza, regia um poder meramente directivo[22].

---

[17] *Ordenações Afonsinas*, Livro I, Lisboa, Fundação Calouste Gulbenkian, 1984, p. 5.

[18] Cfr. M. P. Merêa, «As teorias políticas medievais...», cit., p. 194.

[19] Sobre o pensamento político de Álvaro Pais v., por todos, Lúcio Craveiro da Silva, *O Agostianismo Político no «Speculum Regum» de Álvaro Pais*, Braga, 1974; João Morais Barbosa, «A Teoria Política de Álvaro Pais no *"Speculum Regum"*, in *Boletim do Ministério da Justiça*, nºs. 212 e 213.

[20] *«Sed quod unus alteri est praepositus ab initio saeculi posta peccatum non eo modo est assumptum: sed ex quodam fastu superbiae per usurpationem incepit: sicut in lucifero volent super alias ex superbie exaltari...».* Cfr. *De Planctu Ecclesie*, 1. I, a. 41 H (= p. XV v. da ed. cit.).

[21] *«Si autem scire desideras quomodo unus alteri est praepositus, et quomodo reges dominia habuerunt, sciendum est quod ab initio post peccatum ex quodam fa(u)stu superbiae dominium per usurpationem incepit, sicut in Lucifero uolento super alios ex superbia exaltari (Ezech, XXVIII; De poenitentia, Dist. II, Principum; Isaiae, XIV)», Speculum Regum, rª Quomodo a principio reges dominia habuerunt* (= p. 48 do volume I da ed. cit.).

[22] Neste sentido, Martim de Albuquerque, «O Poder Político no Renascimento Português», vol. IV, cit., pp. 1371 e 1372. De facto, lê-se no de *Planctu Ecclesiae: «Licet*

Da mesma forma, o termo "senhorio", utilizado no *Orto do Espo-so*[23], parece pretender significar, não apenas o *dominium servile*, mas também o *dominium politicum*, pelo menos na sua manifestação coerciva.

---

enim in hominibus in statu etiam innocentie fuisse praelatio: sicut apparet in primis parentibus: in quibus adam praelatus fuit eve (...), quia non inquanntum dominium opponitur servituti, quia hoc paenale (...). Nam post peccatum introducta est servitus et propter peccatum (...) homo enim naturaliter animal sociale, quem oportet adinvincem ordinare in his autem quae sunt ordinata adinvicem: oportet semper esse aliquod principale ac dirigens...»

[23] Onde se lê: «*Outrossy a seruidom veo pello pecado e a razom de senhorio naceo do pecado, segundo diz Sancto Agostinho e nõ da natureza. E pore os senhores nõ se deue muyto leãtar eno senhorio, ca nõ som senhores per natureza mas merycimeto do pecado*». Cfr. C XXVI (= p. 186 do I volume de *Orto do Esposo: texto inédito do fim do século XIV ou começo do XV,* edição crítica com introdução, anotações e glossário (de) Bertil Maler, Rio de Janeiro, Instituto Nacional do Livro, 1956). Esta passagem foi transcrita por Martim de Albuquerque, in «O Poder Político no Renascimento Português», IV, cit., p. 1372 e p. 1372, nota 7.

Subsistem muitas dúvidas acerca da autoria do *Orto do Esposo*. Sabe-se, apenas, com segurança, que o livro integrava a biblioteca do rei D. Duarte e que conheceu larga difusão entre nós, sendo comum nas nossas antigas bibliotecas, a acreditar no testemunho de Fr. Fortunato de S. Boaventura: «*Hortus sponsi, in antiquis Lusitanis Bibliothecis obvius*». Cfr. Fr. Fortunato de S. Boaventura, *Commentarium de Alcobacenci Mstorum Bibliothecae Libri Tres,* 1. 3 c. 5. Esse mesmo autor considerá-lo-ia como uma tradução portuguesa de um livro estrangeiro desconhecido. Tal orientação seria sufragada por António Anselmo (em *Os Códices Alcobacenses da Biblioteca Nacional I. Códices Portugueses,* Lisboa, ed. da Biblioteca Nacional, 1926, p. 46); Ataíde e Melo (Cfr. *Inventário dos Códices Alcobacenses,* Lisboa, ed. da Biblioteca Nacional, 1930, p. 161) e Joaquim de Carvalho (*in História da Literatura Portuguesa Ilustrada,* tomo I, Lisboa, Livraria Bertrand, 1929, p. 70). Esta construção desferiu um rude golpe na posição tradicional, perfilhada, nomeadamente, por Barbosa Machado (v. *Biblioteca Lusitana,* vol. II, Lisboa, 2ª ed., 1931, p. 420), e secundada pelo *Index codicum Bibliothecae Alcobatae...,* *códex 4273,* que atribui a autoria do *Orto do Esposo* a Fr. Hermenegildo de Tancos. Em desenvolvimento posterior, S. Mário Martins (v. «À volta do "Horto do Esposo"», *in Estudos de Literatura Medieval,* Braga, Livraria Cruz, 1956, p. 423 e ss.) e Bertil Maler (cfr. *História da Literatura. Idade Média,* Coimbra, ed. Atlântica, 2ª ed., 1956, pp. 210 e 211; *idem, Orto do Esposo. III: correcções dos volumes I e II, estudo das fontes e do estado da língua, glossário, lista dos livros citados e índice geral,* Stockholm, Almquist & Niksell, 1964; *idem, Orto do Esposo: texto inédito do fim do século XIV ou começo do XV,* dois volumes, edição crítica com introdução, anotações e glossário (de) Bertil Maler, Rio

Também o infante D. Pedro, filho de D. João I, irmão de D. Duarte, no *Trauctado da Uirtuosa Benfeytoria*, perfilha, sem hesitar, a proclamação de S. Paulo ao escrever: «*Toda a alma seia sobiecta aos principes mais excellentes que nom seia poderyo que nom proceda de deos...*»[24]. O Rei Eloquente, por seu turno, advoga, sem contemplações, esta doutrina essencial[25]. De facto, o poder público surge, a seus olhos, como

---

de Janeiro, Instituto Nacional do Livro, 1956) reacenderiam a questão, ao aditarem novos, e poderosos, argumentos em prol da construção que vê no *Orto do Esposo* um original português. Neste sentido, Martim de Albuquerque, «O Poder Político...», vol. IV, cit., p. 1372, nota 7. De salientar que, na Biblioteca Nacional de Lisboa, se conservam dois exemplares, outrora pertença da livraria de Alcobaça.

[24] Simplesmente, o seu pensamento não se queda por aqui. Na parte da sua obra em que mais aprofundadamente se debruça sobre a questão, o infante começa por acolher a distinção tomista entre *dominium servile* e *dominium politicum*. Este teria as suas raízes na própria essência da natureza humana, aquele existiria como reacção necessária ao pecado. Simplesmente, D. Pedro atribui ao *dominium politicum* um sentido mais restritivo do que aquele que assume na construção tomista. Perfeitamente conhecedor da *Civitas Dei,* o infante, reproduzindo os ensinamentos de Santo Agostinho, considera-o como um poder meramente directivo. Cfr. Infante D. Pedro, *O Livro da Virtuosa Bemfeitoria do Infante D. Pedro, Colecção de Manuscriptos Ineditos agora dados à estampa*, II, Porto, Real Bibliotheca Municipal do Porto, 1910, pp. 82 e ss..

[25] De notar, porém, que D. Duarte nunca evidenciou propósitos de construir um tratado de ciência política. Não se estranhe, pois, que os grandes temas políticos mereçam, nos seus escritos, tratamento desigual. A temática privilegiada é de ordem moral. Por outro lado, a propriedade literária, não exibindo os pruridos individualistas de hoje, dilui-se na finalidade, em serviço e aproveitamento do leitor. O seu propósito não o deixa D. Duarte à mercê das interpretações. Di-lo claramente, ao escrever, mormente no prólogo do *Leal Conselheiro*, «*Prazermia que os leedores deste trautado tevessem a maneira da abelha que, passando per ramos e folhas, nas flores mais costuma de pousar, e dally filham parte de seu mantiimento. E nom sejam taaes como aquelles bichos que, leixando todas cousas limpas, nas mais (ç)ujas filham sua governança. E esto se diz por quanto alguus, veendo quaaes quer pessoas ou leendo per livros aquellas cousas conssiiram em que possam aver boo exemplo, enssyno e avisamento, e que achem e vejam falicimentos, passom per elles sempre reguardando ao mais proveitoso e digno louvor. E aquestes a abelha devem seer apropiados, os quaes por acharem em esto que screvo algua cousa que lhes praza, mais conssiirem aa substancia e boa teençom que ao muyto saber nem forma de rrazoar*». E no prólogo do *Livro da Ensinança de Bem Cavalgar toda Sela* reitera a sua intenção, ao dispor que «*em nome de nosso senhor Jesu Cristo: Segundo he mandado que todallas cousas*

um facto natural: «*os Reis são naturais senhores e regedores...*»[26] ainda que «*Deus os* (homens) *enxalçou e criou iguais*»[27].

No Renascimento Português, estas ideias foram desenvolvidas por nomes como Diogo de Sá[28], Frei Heitor Pinto[29] e D. António de Menezes[30].

---

façamos, ajudando aquel dito que de fazer livros nom he fim, po alguu meu spaço e fol-gança, conhecendo que a manha de seer boo cavalgador he hua das principaaes que os senhores cavalleiros e scudeiros devem aver, screvo alguas cousas per que seran ajuda-dospera a melhor percalçar os que as leerem com boa voontade e quiserem fazer o que per mym em esto lhes for declarado». Em outros escritos duartinos transparece a mesma ideia. Atente-se, por exemplo, em um conselho do rei D. Duarte, não datado, e recolhido no *Livro da Cartuxa* (4 vº): «*e porque nos vymos que muytos homens errauaom (sic) por mingoa de saberem ou quererem asy guysas e aderençar seu corações a este santo e ujr-tuoso cujdado muyto proueitosso em esta vida, pero qualquer estado encaminhador muy espeçial de saluamento de nossas almas, com a graça do senhor deus e de nosa senhora santa maria por seu serujço e nosso bem escreuemos estas poucas palauras por auysa-mento e nembrança nossa e d alguas pesoas que de taaes feytos tem pequeno conhecy-mento».*

[26] Cfr. *Leal Conselheiro*, cap. LI (= pp. 254 a 258 da ed. da Imprensa Nacional – Casa da Moeda, com ortografia actualizada, com base na edição crítica de Joseph M. Piel, introdução e notas de J. Morais Barbosa, Lisboa, 1982).

[27] V. *Leal Conselheiro*, cap. L (= pp. 248 a 253 da ed. cit.).

[28] Não deixam de ser curiosos os dizeres de Diogo de Sá a este respeito. Após relembrar a máxima pauliana - «Non est potestas nisi a Deo» - afirma que «não he natural ao genero humano nem foi inteiramente no estado de natureza como affirmão os Theologos. Porque como diz Sam Gregório ... todos os homens são iguais por natureza, e todos trouxérão a origem duma mesma rãiz: de Adam e Eva: e a todos de direito naturál he a pos-sissão comum, e comum a liberdade, como diz Sancto Isidoro. Mas pela culpa dos home-ns assi como por direito humano se fez a divisão das cousas, asi a potestáde do se-nhorio foi concedida». Cfr. Diogo de Sá, *Tractado dos Estádos Ecclesiasticos e Secullares. Em que por muuy breve e claro stillo se mostra como em cada hum delles se pode o Christam salvar*, pp. 239, 240. Este manuscrito conserva-se na Biblioteca Nacional de Lisboa, sob a cota F. G. 2725.

[29] Escreve Frei Heitor Pinto que *o dominium e a prelazia, da maneira que a há no mundo nasceu do pecado. Se Adão não pecara, não foram os homens sujeitos a reis e a prela-dos... Mas já que ele pecou, foi necessário haver quem governasse...* Cfr. Frei Heitor Pinto, *Imagem da Vida Cristã. Diálogo da Justiça*, vol. I, ed. Sá da Costa, Lisboa, 1952, p. 207.

[30] Escutemos as palavras de D. António Pinheiro: «Como pella culpa e desobedien-cia de nossos primeiros padres ficaram os homens sojeitos aos perigos, faltas, e miserias

Dobrada a centúria de Quinhentos, Velasco de Gouveia sustenta que *se a sojeição servil começou depois do pecado,* ainda no estado primeiro de inocência, havia de haver principado e sujeição política[31].

Mas, o axioma de que todo o poder promana de Deus analisa-se em duas vertentes. A primeira será a da origem do poder em si, na sua própria essência considerado, ou, aquilo a que se convencionou chamar, o poder em abstracto.

Nas antípodas desta realidade, teremos a origem do poder *in concreto.*

Quanto ao poder *in abstracto,* os nossos autores seguem, sem vacilar, a tradição estóica e patrística acerca da origem divina do poder. Procurámos anteriormente demonstrá-lo.

Simultaneamente, há que indagar qual a origem atribuída ao poder em concreto, encarnado em homens que importa designar, escolher[32].

---

em que por seu pecado em suas pessoas e em toda a sua prosperidade foram condemnados, entenderam por experiencia e discurso natural, quanto lhes convinha viverem juntos... E assi considerando o perigo da multidão desordenada, e quam necessario era pera os effectos que pertendiam obedecerem a hum que os mantivesse, e conservasse em paz, e justiça entre si... a quem lhe pareceo, que com estas obrigações melhor compriria, lhe deram o nome e autoridade de Rey.» D. António Pinheiro, *Instrumentos e Escrituras dos Autos Seguintes. Auto de Levantamento e Juramento d'el Rey nosso Senhor (...), Auto das Cortes de Tomar (...), Auto do Juramento do Principe Dom Diogo nosso Senhor (...), Auto do juramento do Principe Dom Philipe nosso Senhor (...),* s.l, 1584, fol. 13. Um exemplar desta obra conserva-se no ANTT, maço de Cortes, nº 5 e, um outro, na B.N.L., Res. 644 Azul. Curioso notar que ambos os exemplares têm todas as folhas rubricadas pelos notários públicos Valério Lopes e Lopo Soares.

[31] Velasco de Gouveia, *Justa Acclamação do Serenissimo Rey de Portugal D. João o IV, tratado analítico dividido em três partes,* Lisboa, Typ. Fenix, 1846, P I, § I, nº 7, p. 28.

[32] As ideias medievais sobre a forma como o rei é investido no seu cargo e acerca do que deveria ser considerado um título legítimo para exercer o senhorio constituem um exemplo paradigmático da ausência de contornos jurídicos precisos. Como salienta Georges Sabine, *op. cit.,* p. 162, *«el hecho extraño que ocurre con muchos reyes medievales es que, con arreglo a las ideias dominantes en su época, no sólo heredaban y eran elegidos, sino que gobernaban también "por la gracia de Dios" y los tres títulos no eran alternativos, sino que expresaban tres hechos relativos al mismo estado de cosas».* A realidade era o espelho do debate ideológico. De facto, enquanto uns entendiam que o

governante recebe o poder directamente de Deus (*potestatem immediate a Christo habet*), outros perfilhavam a ideia da origem mediatamente divina do poder. Simplesmente, também aqui havia sisões. A rivalidade propriamente política entre o *sacerdotium* e o *imperium* conduziria, fatalmente, a uma controvérsia doutrinária destinada a legitimar as pretensões respectivas. Houve, então, quem apontasse o sumo pontífice como intermediário entre Deus e os governantes, o que acarretaria a supremacia do papado sobre o império. Sobre o grande significado da *guerra da investidura* para o estímulo à meditação dos princípios políticos *vide*, por todos, Sabine, *op. cit.*, pp. 154 e ss.; W. Theimer, *op. cit.*, pp. 74 a 76; Y. Guchet, *op. cit.*, pp. 95 e ss., sobretudo, 107 e ss., A. Fliche, «L'Europe occidentale de 888 à 1125» *in Glotz* (dir.) *Histoire générale*, P.U.F., Paris, pp. 409 e ss.; X. Arquillière, *Saint Grégoire VII, Essai sur as Conception du Pouvoir Pontifical*, Paris, Bloud et Gay, 1931, pp. 341 e ss., E. H. Kantorowicz, *The King's two Bodies*, trad. franc., 1989, pp. 51 e ss.. Um outro sector, de entre os que defendem a origem mediata do poder público, pugna pela mediação *mediante hominum consensu*. De acordo com esta construção, que estabelece a ponte entre a teoria da origem divina do poder, consagrada na Bíblia e reafirmada pelos primeiros padres, e as concepções dos juristas romanos, mormente Ulpiano (D. I, 4. I e I., 2. 6.), acerca do governo, recolhidas por Santo Isidoro de Sevilha, o poder ainda vem de Deus. Simplesmente, não será possível falar de direito divino, no estrito sentido que lhe é dado pela primeira das posições citada. Agora, o poder viria imediatamente ao povo e, apenas, mediatamente ao governante porque a vontade colectiva decidira entregar-lho. O glosador *Imerius* entronca nesta remota tradição que, em 1083, será sufragada, sem rodeios, por Mangoldo de Lautenbach que escreve: «*Nenhum homem se pode fazer imperador ou rei a si mesmo. Um povo coloca um homem acima de si para que ele governe justamente, dê a cada um o que lhe pertence, ajude os bons e castigue os maus (...) mas se ele falta ao contrato em cuja base foi escolhido (...) então a razão ordena que o povo se desligue do dever de obediência...*». Cfr. *Liber ad Gebehardum* cit. por R. W. Carlyle e A. J. Carlyle, *A History of Mediaeval Political Theory in the West*, vol. III, Londres, 1903-1936, p. 164, nota 1. No século seguinte, João de Salisbury, que no livro VIII do seu *Polycraticus sive de nugis curialium et vestigiis philosopharum* desenvolve a teoria do tiranícidio, sustentaria idêntica posição: «*in eum omnium subditorum potestas confertur*». Sobre o pensamento de John Salisbury v., por todos, Raymond G. Gettel, *História das Ideias Políticas*, trad. port. de Eduardo Salgueiro, Lisboa, Editorial Inquérito, 1936, pp. 133 e ss.. Os elementos estruturantes desta construção foram, sobretudo, formulados por S. Tomás de Aquino. Como o corpo humano, a cidade é composta por uma multiplicidade de partes heterogéneas, tendo cada uma delas uma função particular. A concórdia entre elas é assegurada pelo poder político que, por esse mesmo motivo, é essencial. Numa palavra, a autoridade é o elemento determinante da cidade ou, mais rigorosamente, a sua "forma", conceito que o Doutor Angélico herda de Aristóteles. Assim, conclui S. Tomás, se a cidade é conforme à natureza, também o poder político, que consubstancia a sua alma, é natural, ao contrário da escravatura que o Autor conecta, em perfeito paralelismo com a tradição cristã que o antecedeu, com a Queda. V. *Summa Theologiae*, I, qu.

Parece incontestável que a tradição política dos autores portugueses apela para a origem divina do poder.

Não obstante, não raras vezes, estamos ante meras reproduções do ensinamento do Apóstolo Paulo, na sua *Epístola aos Romanos*, pelo que serão suficientemente vagas e abrangentes para nelas se subsumir quer a teoria da origem imediata[33] quer a da origem mediata do poder[34], sobretu-

---

96, a. 3-4; qu. 92, a. 1, ad 2 m; De *Regimine Principum*, I, 1, (9-10). A autoridade política difere do *dominium servile* porque consiste, substancialmente, em um governo exercido por homens livres sobre homens também livres, na prossecução do bem de todos. Tal explica porque motivo, em caso de necessidade extrema e absolutamente imperiosa, um homem se sacrifique espontaneamente pela cidade, da mesma forma que ele sacrificaria uma de suas mãos para salvar todo o corpo. Crf. *Summa Theologiae*, I, qu. 60, a., 5. A questão das legítimas formas de acesso ao poder é em S. Tomás de difícil apreensão. Não poderemos nesta sede desenvolver este ponto. Sempre diremos, contudo, que o que não varia, no pensamento do Ilustre Pensador, reflectindo a teoria contratual da Idade Média, é o compromisso recíproco, expresso ou tácito, que liga a comunidade ao seu governante. Em sentido algo diferente pronunciou-se, João Ameal, «A Origem do Poder Real e as Cortes de 1641», cit. pp. 443 a 446. Sobre a questão v., J. Zeiller, *L'idée de l'Etat dans Saint Thomas d'Aquin*, Paris, Alcan, 1910, p. 115; G. Ambrusetti (coord.) *San Tommaso e la Filosofia del Diritto Oggi*, Citta Nuova, 1980; João Ameal, *S. Tomás de Aquino*, Porto, Tavares Martins, 1938, Truyol Serra, *Historia de la Filosofia del Derecho y del Estado*, cit., I, pp. 263 e ss.; L. Cabral de Moncada, *Filosofia do Direito e do Estado*, cit., I, pp. 75 e ss. e *Universalismo e Individualismo na Concepção de* Estado. *S. Tomás de Aquino*, Coimbra, Arménio Amado; D. Boutet, *Vers l'État de Droit*, cit., pp. 81 a 85; Jean - Jacques Chevallier, *op. cit.*, p. 204 e ss., sobretudo, 211 a 224.; George Sabine, *op. cit.*, pp. 188 e ss.; W. Theimer, *op. cit.*, pp. 78 e ss.; Yves Guchet, *op. cit.*, pp. 125 e ss.; além do importante estudo de M. Paulo Merêa, *Suarez, jurista. O Problema da Origem do Poder Civil*, Coimbra, Imprensa da Universidade, 1917, pp. 22 e ss., em que o Autor estabelece a ponte entre o pensamento dos dois Doutores. Também para Guilherme de Occam, o «*Imperium a Deo et tamen per homines*». Cfr. Guilherme de Occam, *Dialogus*, III, tract. 2, lib. I, cap. 27. Sobre o pensamento de Occam v., por todos, *L' Individualisme Occamist et la Naissance de l'Esprit Laique*, 1946.

[33] A doutrina da origem imediata do poder terá tido uma importância não despicienda na eclosão do absolutismo monárquico. Ao analisar o poder real na Meia Idade, o Professor Paulo Merêa escreve: «O *Corpus juris civilis* apresentava aos olhos dos legistas o modêlo duma Monarquia na qual o conceito de Estado se achava plenamente desenvolvido com tôdas as suas consequências e na qual o sistema absoluto e administrativo assegurava a ordem e a justiça. Fascinados por êsse modêlo e convencidos de que pela

sua imitação se devia orientar a política dos Reis a fim de combater as violências e a grossaria da sociedade feudal, trataram de reconstituir em proveito do Rei a soberania dos Imperadores romanos e para êsse fim invocavam a cada passo os textos das leis romanas. Dêste modo, o direito romano, favorecendo extraordinàriamente a consolidação da ideia de Estado e o desenvolvimento do poder real, contribuíu ao mesmo tempo para imprimir a êste o carácter absoluto». Cfr. *O Poder Real e as Côrtes*, Coimbra, 1983, p. 9. E, progredindo em seu raciocínio, continua o Ilustre Professor: «Por outro lado, a idéia de que o poder vem de Deus, que por si só não conduz ao absolutismo, nem sequer à Monarquia, foi, como é natural, posta ao serviço da política de fortalecimento do poder régio (…) A soberania do Rei não é de resto apenas uma superioridade em relação a outras soberanias, mas sim um verdadeiro monopólio de poder, no sentido de que não há nenhum poder dentro do reino que possa alegar-se direitos autónomos, faculdades independentes do Rei». Cfr. *Idem, ibidem*, pp. 10 e 12. Enfim, ao descrever o poder régio no século XVIII afirma: «Este poder ilimitado recebeu-o o Rei directamente de Deus, e não (…) por intermédio do povo.» *Vide* Manuel Paulo Merêa, *O Poder Real e as Côrtes*, cit., p. 52. A doutrina da origem imediata do poder ressalta imediatamente aos espíritos da leitura do famoso texto da *Lex Regia*: «*Quod principi placuit legis habet vigorem*». Cfr. *Lib I Digest.*, *I, 4 e Inst., I, 2, 6*. Também, o brocardo romano *Princeps solutus a legibus* deixa transparecer tal construção. Neste sentido, João Ameal, «A Origem do Poder Real e as Cortes de 1641», *in Anais da Academia Portuguesa da História, Ciclo da Restauração da Independência*, Vol. VI, Lisboa, 1942, p. 418. Na Alemanha, sob os Hauenstaufen, avançar-se-ia consideravelmente na apoteose incondicional do poder do Imperador. Citemos apenas duas frases eloquentemente demonstrativas: «*Imperator est dominus totius mundi et Deus in terra*». V. *Baldus de Ubaldis: Consilia*, I. cons. 228, n° 7; «*Princeps est Deus in terris*». *Idem*, I cons. 373, n° 2.

[34] A teoria da mediação papal conhece uma importantíssima manifestação na bula *Manifestis probatum*, através da qual o papa Alexandre III confirma e concede a D. Afonso Henriques o título de rei. De facto, lê-se na citada bula :«*(…) per sudores bellicos et certamina militaria, inimicorum christiani nominis intrepidus extirpator et propagator diligens fidej christiane, sicut bonus filius et princeps catholicus, multimoda obsequia matri tue sacrosancte ecclesie impendistj (…) Equum est, autem, ut quos, ad regimen et salutem populj, ab alto dispensatio celestis elegit apostolica sedes affectione sincera diligat et in iustis postulationibus studeat efficaciter exaudire.(…) Proinde (…) sub beati Petri et nostra protectione suscipimus et regnum Portucalense, cum integritate honoris regni et dignitate que ad reges pertinet necnon et omnia loca que, cum auxilio celestis gratie, de sarracenorum manibus eripueris, in quibus ius sibi non possunt christianj princeps circumpositj uendicare, excellentie tue concedimus et auctoritate apostolica confirmamus*». *Vide* A. Dias Dinis, «O. F. M. – Antecedentes da Expansão Ultramarina Portuguesa. Os Diplomas Pontifícios dos Séculos XII a XV», separata da *Revista Portuguesa de História*, vol. X, Coimbra, 1962, pp. 114 e 155. Como salienta o Professor Martim de Albuquerque, «O Poder Político no Renascimento Português», volume IV, cit., pp. 1383 e 1384, sinteti-

do na vertente que apela para a mediação da comunidade no acto pelo qual se realiza a *translactio imperii*[35]. Na verdade, esta ideia está de tal forma

---

zando a doutrina consagrada na bula *Manifestis probatum,* «Afonso Henriques e seus herdeiros foram objecto de uma escolha divina, ao abrigo da qual Alexandre III lhes concedeu a realeza, ou seja, Deus outorgou-lhes o poder real por meio do sumo pontífice. Um afloramento desta doutrina encontra-se ainda em Álvaro Pais, bispo de Silves, como denotou Nicolas Iung, citado por Martim de Albuquerque, «O Poder Político no Renascimento Português», volume IV, cit, p 1384 e 1384, nota 36. Francisco Elias Tejada Spínola, *Las Doctrinas Políticas,* cit., p. 71, refere ainda o nome singular de João de Deus, como representante desta corrente. Baseia-se para tanto, em um manuscrito da Biblioteca Nacional de Madrid, *Super Decreto,* Cod. lat. 399 onde se consagraria a ideia de que todo o poder viria de Deus através de seu vigário (fl. 175-b) e que o papa teria que proceder à confirmação do poder real (fl. 90). Simplesmente, o repúdio, operado por A. Domingues de Sousa Costa, (cfr. *Um Mestre Português em Bolonha no Século III. João de Deus. Vida e Obras,* Braga, Editorial Franciscana, 1957, pp. 78 e ss.), da atribuição a João de Deus do referido manuscrito viria desferir um rude golpe naquela posição. Neste sentido, Martim de Albuquerque, «O Poder Político no Renascimento Português», volume IV, cit., p 1384, nota 35.

[35] É um facto que já foi entendido que a locução *Rei Gratia Dei,* na sua primitiva formulação, estaria conectada com a teoria rígida da origem do poder directo. Cfr. W. Ullman, *Principles of Governement and Politics in the Middle Ages,* Londres, Methuen, 1966. Simplesmente, com o decurso do tempo e dada a sua amplitude, tornou-se compatível com as teorias mediatistas. Isso mesmo atesta o Professor Cabral de Moncada ao escrever.«Certamente os príncipes e governantes eram considerados, como tendo o seu poder e regimento de Deus (...). Mas esta investidura do príncipe na função de reinar era obra dos homens: era um facto humano. A comunidade política ou sociedade civil era quem tinha recebido de Deus o poder, como corolário e consequência das próprias condições naturais de existência que lhe tinham sido criadas; e sendo ela a detentora inicial desse poder, era ela quem, por sua vez, o alienava depois nos reis mediante um contrato ou pacto firmado com eles». Cfr. Cabral de Moncada, *Estudos de História do Direito,* vol. I, Coimbra, ed. Acta Universatis Conimbrigensis, 1948, pp. 194 e 195. No mesmo sentido dispõe o Professor Paulo Merêa que, após concluir que o Infante D. Pedro, tanto na *Virtuosa Bemfeitoria* quanto na carta escrita de Bruges a D. Duarte acolhe a teoria da origem divina do poder, escreve: «Esta ideia, que por ser vagamente formulada não deixa de ser radicada, e que é preciso não confundir com a teoria rígida do direito divino, transparece claramente em todos os escritos medievais. (...) Tal ideia não implicava, porêm, a crença de que os reis possuissem normalmente o poder por efeito duma expressa escolha ou designação divina. Pelo contrário, através da Idade Média, tanto da parte dos defensores do Papado como (embora em menor grau) por parte dos seus antagonistas (...), fôra-

120 *Para a História do Direito Constitucional Português: Silvestre Pinheiro Ferreira*

entroncada no pecúlio intelectual dos nossos autores que a quase generalidade dos textos se limitam a proceder à sua reprodução sem nada adiantarem quanto à forma pela qual operava essa vontade.

Não obstante, não deixa de haver excepções ao que, só aparentemente, constitui uma regra.

Já Álvaro Pais consagrara a doutrina da mediação pela comunidade, no seu *De Planctu Ecclesie*, ao escrever: «*potestas regia est a deo: sed diversi mode: quia prima est a deo mediante natura hominum (...) et mediante humana institutione*»[36] Depois, lemos no *Trauctado da Uirtuosa Benfeiturya*[37], que o poder é de proveniência divina: «*non seia poderyo que nom proceda de Deos...*» e será dever do *princeps* promover o bem comum porque «*por esto lhes outorgou deos o Regimento, e os homees conssentirom que sobrelles fossem senhores*»[38]. Ademais, não deverá o rei usar de crueldade «*com aquelles que pera sua defensom lhe derom a spada*»[39]. D. Pedro surge, assim, perfeitamente integrado no pensamento político medievo, apelando, em simultâneo, para a «outorga» do poder pela Divindade e para a «outorga», ou, pelo menos, para o consentimento do povo[40].

---

se cada vez mais desenvolvendo uma concepção *humana* do poder político, sendo noctável a predilecção pelo princípio da origem *popular*».. *Vide* M. Paulo Merêa, « As teorias políticas medievais no "Tratado da Virtuosa Bemfeitoria"», cit., p. 199.

[36] Cfr. De *Planctu Ecclesie*, 1. I, art. 52-A (= fol. XXXIV vº da ed. cit.).

[37] Sobre o pensamento do infante D. Pedro *vide*, por todos, Paulo Merêa, «As teorias políticas medievais no "Tratado da Virtuosa Bemfeitoria"», cit., pp. 183 e ss.; Francisco Elias Tejada Spínola, «Ideologia e Utopia no "Livro da Virtuosa Benfeitoria"», *in Revista Portuguesa de Filosofia*, 3, 1947, pp. 5 a 19.

[38] Cfr. Infante D. Pedro, *Trautado da Uirtuosa Benfeyturia*, II, 9 (= p. 63 da ed. cit.).

[39] *Idem*, II, 22 (= p. 111 da ed. cit.). Surge aqui nítida a influência que o passo evangélico dos dois gládios ((Lucas, 23, 38): Responderam-lhe eles: Senhor, eis aqui estão duas espadas. E Jesus disse: Basta!) teve em toda a Idade Média. Neste sentido, Martim de Albuquerque, «O Poder Político no Renascimento Português», volume IV, cit., p. 1387 e 1387, nota 48.

[40] Assim, M. P. Merêa, «As teorias políticas medievais», cit., pp. 207 e 208.

O *Poder e o Direito na obra de Pinheiro Ferreira: Princípios de Direito Constitucional*   121

Ademais, a própria realidade política e a lição da nossa história não contradiziam a progressão destas tendências doutrinais. Um só exemplo será, a nosso ver, suficientemente ilustrativo do que se acaba de referir. Reportamo-nos, precisamente, à eleição do Mestre de Avis[41], nas cortes, de Coimbra, de 1385[42].

Mas será no século XVI que a doutrina em causa se generalizará. Sustentaram-na, no decurso deste século, Lourenço de Cáceres, Gaspar Vaz, Diogo de Sá, António Pinheiro, Manuel da Costa, Afonso Álvares Guerreiro, Jerónimo Osório, Gregório Nunes Coronel[43].

Durante a união ibérica escreve João Salgado de Araújo, na sua *Ley Regia de Portugal*, que os povos transferiram o poder para o príncipe[44]. E esta ideia será retomada, vezes sem conta, pelos juristas da crise de 1580[45].

---

[41] Não se olvidam as divergências doutrinais que nos impedem de trilhar um caminho seguro. De facto, Alfredo Pimenta nega que as cortes de 1385 tenham tido a virtualidade de eleger D. João I, limitando-se a confirmar um direito preexistente. Cfr. A. Pimenta, *Idade Média (Problemas e Soluções)*, Lisboa, ed. Ultramar, 1946, pp. 265 e ss.. Já Sérgio da Silva Pinto prefere falar em eleição condicionada. *Vide* S. da Silva Pinto, *O Carácter Complexo da Eleição de 1385. De como D. João I não foi nas Cortes de Coimbra estritamente eleito*, Sep. do «Studium Generale», Porto, 1958, p. 26. Contra, se manifestou o Professor Martim de Albuquerque («O Poder Político no Renascimento Português», volume IV, cit., pp. 1385 e 1386), para quem não «é legítimo pôr em dúvida o exercício de um direito de eleger o rei (ou, se se quiser, de uma aparência de direito por parte das Cortes de 1385)». A isso obstará, conclui o Professor, quer a letra do auto respectivo, que expressamente fala em eleição, quer o próprio facto de o Mestre de Avis se recusar a assumir as dívidas pelo seu antecessor contraídas por entender que não recebera a coroa *iure sucessionis*. Sobre a eleição do Mestre de Avis *vide*, por todos, a descrição magistralmente feita por Gama Barros, *História da Administração Pública*, vol., I, pp. 626 e ss., além do erudito estudo de Costa Lobo, «História da Sociedade em Portugal. O Rei», *in Anais das Bibliotecas e Arquivos*, Volumes I (1915) e II.

[42] V. Auto de eleição de D. João I, A. N. T. T., Gaveta 13, m. 10, nº 9.

[43] Sobre os contributos destes teólogos para o tratamento da questão em análise *vide*, por todos, Martim de Albuquerque, «O Poder Político no Renascimento Português», vol. IV, cit., pp. 1388 e seguintes.

[44] João Salgado de Araújo, *Ley Regia de Portugal*, Madrid, Juan Delgado, 1626, f. 4 e f. 4 v.

[45] Exemplificativamente, citam-se os nomes de Barbosa Homem, Fr. Serafim de Freitas, Pinto Ribeiro, Sousa Macedo, Velasco de Gouveia, Pais Viegas, Carvalho de

No pensamento dos séculos XVII e XVIII, o tema da origem divida do poder constitui uma opinião comum. Baptista Fragoso, por exemplo, escreve que Deus é a causa inicial do poder, que tem a sua segunda causa na transferência que, para os reis, a comunidade faz[46/47].

A questão essencial da origem do poder volta a ser debatida por António Ribeiro dos Santos, que a resolve a favor da origem divina do poder. Escutemos as suas palavras: «reconheço como princípio certo que o Poder dos Príncipes vem de Deus, seja qual for o modo por que dele vem, ou mediata, ou imediatamente...[48]». E, linhas adiante, acrescenta: «os povos, constituindo os reis, lhes não transferiram absolutamente todo o poder e autoridade que tinham[49]...».

Parada e, em síntese, todos os teóricos da Restauração. Sobre o contributo destes autores *vide* Martim de Albuquerque, «O Poder Político no Renascimento Português», volume IV, cit., pp. 1388 e seguintes. Sobre as obras anteriores a 1640, veja-se o ensaio do Professor Paulo Merêa, «A Ideia da Origem Popular nos Escritores Portugueses Anteriores à Restauração», *in Estudos de História do Direito*, Coimbra, Coimbra Editora, 1923, pp. 229 e ss..

[46] Baptista Fragoso, *Regiminis Reipublicae Christianae ex Sacra Theologia, et ex Utroque Iure, ad Utrunque Forum Coalescentis*, vol. I, Introdução, § 2, Coloniae Allobrogum, Marci-Michaelis Bousquet & Sociorum, 1737, pp. 8 e ss..

[47] Curioso notar que após a publicação da *Dedução Cronológica e a Analítica*, de José de Seabra da Silva, os teorizadores da monarquia pura sustentam a teoria da origem imediatamente divina do poder. Sugestivamente, naquela obra podemos ler: «o poder (...) que havia recebido directamente de Deus (I, § 256); «... emanado imediatamente de Deus todo poderoso». Cfr. José de Seabra da Silva, *Deducção Chronologica e Analytica*, 3 tomos, Lisboa, Miguel Manescal da Costa, 1767. Na petição de recurso, publicada na mesma obra, reitera-se a ideia de que o rei recebe o poder imediatamente de Deus (nº 4, p. 173). De notar, que a repetição desta máxima não poderá significar que o Rei recebe o poder directa e efectivamente de Deus. O pensamento católico da Idade Moderna portuguesa não se compadece com a construção que pretende ver na pessoa do Rei um carácter divino. Pensamos que o que anima os teóricos da monarquia pura será a necessidade, por eles sentida, de refutar a concepção de que o poder régio depende de outra instituição, mormente das Cortes. Sobre a temática, v. a síntese de A. Pedro Barbas Homem, *Judex Perfectus* cit. pp. 78 e ss..

[48] António Ribeiro dos Santos, *Notas ao Plano do Novo Código de Direito Público de Portugal, do D.º.r. Paschoal José de Mello, feitas e apresentadas na Junta da Censura e Revisão pelo D.ºr. Antonio Ribeiro dos Santos, em 1789*, Coimbra, Imprensa da Universidade, 1844, p. 16.

[49] *Idem, ibidem*, p. 17.

Tomás António de Gonzaga, procurando conciliar as ideias diferentes em presença, escreve que todo o poder tem origem divina. Todavia, aos povos apenas compete escolher a forma de governo e não o direito de eleição de cada rei[50].

Por tudo isto não seria de estranhar que Silvestre Pinheiro Ferreira tivesse assimilado, pelo menos, o essencial destas ideias divergentes. Ou, talvez não... Mas não antecipemos e recorramos às fontes.

Para evitar equívocos quanto às ideias do Publicista convém recordar, antes de mais, que ele vive, e escreve, num período da história do pensamento europeu que, foi, até hoje, mais agitado de ideias e mais rico de tendências contrárias[51].

Uma das chamadas "ideias novas" da época que nos ocupa é precisamente a ideia de soberania nacional.

Compulsando os escritos silvestrinos, chegamos à conclusão de que o Autor não dá à palavra "conceito" um significado apenas psicológico, considerando-o um mero signo mental cuja missão última consiste em designar e classificar mnemonicamente os vários entes já explorados e apreendidos, na sua essência e sentido. Ao termo dará um outro significado, um sentido a que poderíamos chamar ontológico: o *conceito* representando os actos em que a realidade se desvenda.

Assim, tentando encontrar o conceito de soberania, não dá por admitida e pressuposta a «verdade» do próprio termo, a noção exacta de soberania, limitando-se a explicitá-la em proposições rigorosas, fruto de abstrações mais ou menos bem conduzidas.

Não! Ocupando-se do conceito de soberania, o Publicista procura, antes, investigar aquilo que a estrutura, a define e a diferencia, substancialmente, das restantes coisas.

O termo soberania, ensina-nos Pinheiro Ferreira, está longe de ser unívoco, já que considerá-lo como sinónimo de poder supremo ou

---

[50] Tomás António Gonzaga, *Obras Completas*, II, *Tratado de Direito Natural*, edição crítica de M. Rodrigues Lapa, Rio de Janeiro, Instituto Nacional do Livro, 1957, pp. 100 e ss..

[51] Neste sentido, Cabral de Moncada, *Filosofia do Direito e do Estado*, Parte I, *Parte Histórica*, Coimbra Editora, Coimbra, 1995, p. 196.

primeiro de todos os poderes significará admitir tanto sentidos quantos o epíteto "primeiro" pode emprestar à última daquelas locuções[52].

Ciente das dificuldades, procurará fixar-lhe precisamente os contornos. Situa-se, pois, o Autor num plano marcado pela total ausência de pressupostos fácticos, procurando, então, alcançar a realidade da soberania.

A arquitectura silvestrina parte da «condição natural do homem», do estado de natureza[53].

A sociedade e o poder existem para proteger a *liberdade individual*, a *segurança pessoal* e a *propriedade real*, direitos em cuja criação não intervieram[54].

Depois de definir os direitos originários e naturais dos cidadãos, como anteriores à própria sociedade, Pinheiro Ferreira parece fazer derivar a sociedade civil e o próprio poder político do consentimento dos seus membros. Os seus escritos demonstram-no à saciedade.

No seu *Cours de Droit Publique Interne et Externe*, escreve, sugestivamente, que *a nation, en déléguant à des mandataires spécieux*[55], entre os quais se conta naturalmente o *chefe supremo*[56] do poder executivo, *n'a conféré la souveraineté à personne*[57]. Reiterando a ideia, escreve nos *Projectos de Ordenações para o Reino de Portugal* que *he neste sentido que S. M. o Senhor D. Pedro IV que, pela ordem legal da sucessão, havia entrado na plenitude das attribuições concedidas pelas constituições do estado a seus augustos maiores*[58]...

---

[52] Silvestre Pinheiro Ferreira, *Cours de Droit Public*, I, cit., pp. 160 e 161.

[53] *Vide, infra.*

[54] Cfr. Silvestre Pinheiro Ferreira, *Declaração dos Direitos e Deveres do Homem e do Cidadão*, Paris, Rey et Gravier, J. P. Aillaud, 1836, pp. II, 1 e 2. Sobre a questão, *vide infra.*

[55] Silvestre Pinheiro Ferreira, *Cours de Droit Public Interne et Externe, Première Partie, Principes Généraux de la Science, Première Section*, tomo I, Paris, Rey et Gravier, J. P. Aillaud, 1830, p. 163.

[56] *Idem, ibidem.*

[57] *Idem, ibidem.*

[58] Silvestre Pinheiro Ferreira, *Exposição do Projecto d'Ordenações para o Reino de Portugal, conforme à Carta Constitucional outorgada por S. M. o senhor D. Pedro IV e aceita pela Nação Portuguesa*, Paris, Officina Typographica de Casimir, 1831, p. IX.

Não admira, por conseguinte, que nas suas páginas a questão da origem do poder seja tratada com expressas alusões à teoria do pacto social[59].

Um poder político – escreve – *peut se dire le premier, relativement aux autres pouvoirs, parce qu'il faut commencer par supposer qu'il existe, pour que les autres puissent avoir lieu*[60].

Por outras palavras, primeiro poder será sinónimo de origem de poder, desde que se entenda por origem tudo aquilo cuja existência tem que se pressupor para que as restantes coisas possam, elas mesmas, existir[61].

---

[59] Dos escritos silvestrinos retira-se, sem dificuldade, que o poder tem origem na comunidade. «Toda a função pública he delegação nacional...» lê-se na sua *Exposição do Projecto d'Ordenações para o Reino de Portugal*, cit., p. 11. Por esse mesmo motivo, contesta Pinheito Ferreira que no artigo 13º da *Carta Constitucional outorgada por S. M. o senhor D. Pedro IV e aceita pela Nação Portuguesa* se consagre a doutrina de que os representantes da Nação são o Rei e as Cortes Gerais. Páginas adiante, reitera que todo o funcionário público, incluindo o Rei, é mandatário da nação; e por conseguinte, *della he que devem receber seos mandatos...* Cfr. *idem, ibidem*, pp. 33 e 34. Por seu turno, no *Cours de Droit Publique, Interne et Externe*, tomo I, já cit., p. 168 e, ao longo da sua obra, o Publicista aponta o consentimento como sendo a fonte do governo humano: «On appelle donc *pouvoir politique* le droit que quelqu'un a d'exercer certaines fonctions au service de l'etat; soit qu'il les exerce aussi en son propre nom, comme faisant partie de la nation, soit qu'il agisse au nom de celle –ci, et en vertu d'une commission qui lui ait été déléguée à cet effect...». Cfr. *Idem, Cours de Droit Public*, I, cit., p. 11. Mais incisivamente, exorta «quant aux droits politiques c'est au pacte social seul qu'il appartient d'en fixer l'entendue et la distribution... Mais quelle que soit la constitution de l'état, il faut quón trouve les cinq pouvoir dont nous venons de faire le dénombrenement, et on ne suarait y trouver que ces cinq. D'un autre côté, quelle que soit la forme du gouvernement, les agents de ces pouvoirs ne les exerçant qu'*au nom*, c'est à dire dans les *intérêts de la nation*, doivent être considérés partout comme des *représentants* de la nation». E outras passagens se poderiam transcrever... Destes testemunhos se retira que Silvestre Pinheiro Ferreira trata a questão da origem do poder como implicando uma outorga pela comunidade do regimento dos governantes.

[60] *Idem, ibidem*, p. 161.

[61] *Idem, ibidem*.

Ora, aplicando o que se disse a cada um dos poderes políticos, verificamos que o primeiro de todos[62] não poderá deixar de ser o de escolha dos governantes. Só a esta luz, e neste preciso sentido, será verdadeira a afirmação, por tantas vezes repetida, que os agentes do poder legislativo, bem como os do poder executivo e os do poder judicial mais não fazem do que exercer a soberania em nome e por delegação da nação que, por consequência, será o verdadeiro soberano[63].

Para Silvestre Pinheiro Ferreira a soberania reside originariamente na nação. Com efeito, se a sociedade civil, a seus olhos, mais não é do que uma associação voluntariamente consentida de indivíduos livres e iguais, possuidores *ab initio* de certos direitos naturais originários e invioláveis[64] é evidente que a origem do poder de mandar tem que residir na própria colectividade.

Contudo, se virmos bem, reconheceremos que esta concepção está longe de ser, no que tem de essencial, uma construção inteiramente nova na história das ideias políticas dos séculos XVIII e XIX. Muito ao invés...

A história da soberania nacional, longe de pertencer à filosofia política desses séculos, remonta às doutrinas políticas da Idade Média[65] e, pode

---

[62] Silvestre Pinheiro Ferreira, *Cours de Droit Public*, I, cit., p. 161.

[63] Para Pinheiro Ferreira, esta asseveração tem tantos erros quanto certeza. De facto – lê-se em uma de suas obras – «rien de plus inexact que de dire que si on donne le titre de souverain au monarque qui agit au nom et par délégation de la nation, c'est à celle-ci cependent que ce titre appartient...». Cfr. Silvestre Pinheiro Ferreira, *Cours de Droit Public*, I, cit., p. 164. Metaforicamente, conclui: «c'est comme si on disait que le général d'une armée n'est pas proprement celui qui la commande, mais la nation au nom de qui il la commande; car le général n'agit certainement pas moins par délégation nationale que tout autre agent du pouvoir». *Idem, ibidem*. Mais incisivamente, ainda, exorta: «on pourrait soutenir avec autant de raison que le client est le véritable avocat, puisque c'est en son nom que l'homme de loi à qui l'on donne ce nom en exerce les fonctions...». Cfr. *idem, ibidem*. Não obstante, acaba por conceder que a afirmação em causa é inatacável se se pretender significar que o povo é soberano por ser nele que reside a origem da soberania. *Idem, ibidem*, p. 165.

[64] *Vide infra*.

[65] *Vide supra*.

até dizer-se, para além delas, às tradições germânicas, anteriores às invasões bárbaras[66], e ao próprio mundo greco-romano.

Mas, regressemos ao pensamento de Silvestre Pinheiro Ferreira...

Do que até agora escrevemos não se poderá, sem dificuldade, ver no tratamento silvestrino da origem do poder qualquer referência, mesmo que longínqua, ao Ente Supremo.

Lê-se, apenas, com clareza que o poder político surge em consequência de um pacto[67] entre os indivíduos particulares. Mas qual será a causa primeira do mesmo poder? Ainda Deus?

---

[66] Em que existia um único poder, o poder do povo, um único órgão soberano (a *Landsgemeinde*) e um único direito, consuetudinário, (o *Volksrecht*). Sobre a temática veja-se a síntese assinada por Cabral de Moncada, «Origens do moderno direito português. Época do Individualismo Filosófico ou Crítico», *in Estudos de História do Direito*, volume II, Universidade de Coimbra, Coimbra, 1949, pp. 72 e ss..

[67] No seu *Prècis d'un Cours de Droit Public*, Pinheiro Ferreira dedica algumas linhas à definição da ideia de pacto social, a qual retomará, por mais do que uma vez, ao longo da sua obra. Vale a pena escutar as suas palavras: «Le lien des hommes en societé tire sa force du pacte social; c'est à dire d'une convention laquelle, si elle n'ávait été librement contractée, n'aurait aucune autre garantie de durée que l'impossibilité où serait l'esclave de s'affranchir par la force ou par 1 ruse...». Cfr. Silvestre Pinheiro Ferreira, *Prècis d'un Cours de Droit Public*, tomo I, Lisbonne, Imprimerie Nationale, 1845, p. 13. Precisamente, os *direitos políticos* são, pelo nosso Compatriota, entendidos como *ceux qui dérivent des conventions expresses ou tacites passées entre chaque citoyen et la nation à laquelle il appartient, (...) dans le même but de mieux d'assurer la jouissance des droits naturels... Idem, ibidem*, p. 2. Mais profusamente, no seu *Cours de Droit Public*, escreve que *le monarque, lors de son avénement au trône, renouvelle le pacte social avec la nation, soit en maintenant celui qui avait lieu pendant le règne de son prédécesseur, soit en y faisant, d'accord avec la nation, les altérations que l'on croit convenables*. Cfr. Silvestre Pinheiro Ferreira, *Cours de Droit Public Interne et Externe, Première Partie, Principes Généraux de la Science, Première Section, du Droit Public Interne, ou Droit Constitutionnel*, Rey et Gravier, J. P. Aillaud, Paris, 1830, p. 127. Mas, incorre em grande erro quem entender o pacto social como um mero *contrat passé entre le souverain et le peuple, contrat par lequel le premier s'oblige à gouverner selon la constitution et les lois de l'état, et le peuple, de son côté se oblige à obéir à tout ce qu'il lui ordennera conformément à ces mêmes lois*. Cfr. *idem, ibidem*. A inexactidão da definição sustenta-a Silvestre Pinheiro Ferreira na circunstância de o pacto social se renovar sempre que cada monarca ascende ao trono. Escutemos as suas próprias palavras: «... dans les monarchies dites héréditaires, tantôt les constitutions exigent que le monarque, avant d'entrer dans

Os escritos de Silvestre Pinheiro Ferreira não são a este propósito suficientemente explícitos. Mas valerá a pena tentar reconstruir o seu pensamento.

Nas *Breves Observações sobre a Constituição Politica da Monarchia Portugueza*, o grande Publicista escreve: «não se achando os monarcas collocados no alto emprego que occupam por effeito de uma graça mais especial da divindade do que qualquer outro funccionario publico, não achamos razão para se conservar no regime constitucional esta clausula do absolutismo. No antigo systema ella significava que não era pela vontade da nação, mas so por uma especial determinação da divindade, e d'ella immediatamente, que os monarcas haviam recebido o seo poder. Mas em uma constituição que assenta no principio da soberania do povo aquella phrase ou he absurda, ou absolutamente ociosa[68]».

Atentemos, por breves instantes, nestas palavras. Silvestre Pinheiro Ferreira realça a ideia de que o poder político nasce pela vontade da nação, refutando o entendimento de que cada monarca o recebe directamente de Deus. Por outras palavras, esta passagem encerra uma crítica severa às teorias que pugnam pela origem imediatamente divina do poder[69].

---

l'exercice de ser attributions, renouvelle solennellement le pacte social avec la nation; tantôt elles statuent qu'il n'y aura point d'intervalle entre l'un et l'autre règne, soit que la solennité dont nous venons de parler doive avoir lieu plus tard, soit que la loi la déclare ou la suppose remplacée par le fait équivalent de l'exercice non contesté des fonctions réalles...» *Idem, ibidem*, p. 124. Ademais, esclarece, o pacto social não é celebrado unicamente entre o rei e o povo mas também com todo o funcionário público, obrigado ao exercício dos poderes políticos em que se acha investido (*idem, ibidem*, p. 128). Curioso notar que, no seu *Estudo sobre a Carta Constitucional de 1826 e o Acto adicional de 1852*, Lopes Praça escreve: «Toda a função pública é delegação nacional, e os que essas funções exercem são, na esphera das suas attribuições mandatários ou representantes da nação. Não é, pois, exacto dizer-se que o Rei e as côrtes são os re-presentantes da nação». É a crítica silvestrina que Lopes Praça aqui recolhe. Cfr. Lopes Praça, *Estudo sobre a Carta Constitucional de 1826 e o Acto adicional de 1852*, 2ª parte, vol. I, Coimbra, 1879-1880, p. 41. Sobre os limites do poder político *vide infra*.

[68] Silvestre Pinheiro Ferreira, *Breves Observações sobre a Constituição Politica da Monarchia Portugueza decretada pelas Cortes Geraes Extraordinarias e Constituintes, reunidas em Lisboa no anno de 1821*, Paris, Rey e Gravier, J. P. Aillaud, 1837, p. 17.

[69] *Vide supra*.

O *Poder e o Direito na obra de Pinheiro Ferreira: Princípios de Direito Constitucional*   129

Simplesmente, delas não se retira, com a mesma segurança, o completo repúdio da fortíssima corrente medieva e renascentista sobre a origem do poder: a que considera que o senhorio, o regimento, a governança são conformes à natureza e procedem, em abstracto, de Deus. Mas, em concreto, a legitimidade do poder exige, desde logo, pelo menos o consentimento do povo[70].

Aliás, importa sublinhar, que o filho espiritual do Oratório se situa, permanentemente, por oposição a um reducionismo empirista ou sensualista na exacta medida em que subjaz à construção das ideias próprias a harmonização, de matriz leibniziana, de Deus, Homem e Mundo[71].

Se em parte alguma da sua obra se lê que Deus concedeu, em comum, aos homens a titularidade do poder político para que eles o usem vantajosamente, também é facto que em parte alguma a repudia. Muito pelo contrário...

Nas *Prelecções Filosóficas*, escreve, incisivamente, que *sendo Deus a causa de todos e de cada um dos fenómenos do Universo, o criador*[72], *é claro que também o é de cada um dos que acontecem no nosso corpo correspondentemente aos da nossa alma, e vice-versa*[73]. Mas, o que Pinheiro Ferreira confessa buscar é não a *Causa primária, ou geral, mas as imediatas*[74]. O que não significa, todavia, que *aquela explicação envolva erro*[75]. Simplesmente, em *nada altera o estado dos nossos conhecimentos*[76].

Ademais, em comentário ao já referido artigo 86. da *Carta Constitucional*, onde se lê «a senhora dona Maria II, por graça de

---

[70] Esta ideia poderia ser expressa pela locução *Lex regia*, importada dos textos justinianeus. Cfr. *Digesto* I, 4, I, pr.

[71] Sobre a caracterização de influências, confrontos e tentativas superação silvestrinas *vide, supra*.

[72] Silvestre Pinheiro Ferreira, *Prelecções Filosóficas*, cit., p. 64.

[73] *Idem, ibidem*, p. 257.

[74] Como, aliás, não envolvia erro a construção de Leibniz, de quem Pinheiro Ferreira de diz continuador. *Idem, ibidem*.

[75] *Idem, ibidem*.

[76] *Idem, ibidem*.

Deos[77]... reinará sempre em Portugal», escreve Pinheiro Ferreira: «duas alterações entendemos que se devem fazer: a primeira ommitir como inutil no sentido religioso, e como inconstitucional no sentido politico, a phrase «por graça de Deos...»[78].

Simplesmente, o repúdio, pelo nosso Publicista, de tal fórmula, tão frequente nas chancelarias régias, não significa que, na construção silvestrina, o monarca não tenha sido constituído pela graça ou pela providência, pela clemência ou pela vontade de Deus. O motivo é outro e Pinheiro Ferreira não deixa de o esclarecer. No comentário aos artigos LX a LXII da *Carta Constitucional* afirma ser evidente que o objecto da formula *Rei pela graça de Deos não pode ser o simples e desnecessário reconhecimento de que todos os bens os homens gozam sam effeitos da graça de Deos, origem suprema de todo o creado*[79]... Nestes termos, *qualquer infere que o fim desta declaração he de manter a opinião expressamente professada pelos reis absolutos e pelos publicistas fascinados ou vendidos, de que o seu poder lhes vem immediatamente de Deos e não dos povos*[80]... E é esta construção que, para Pinheiro Ferreira, é insustentável.

Quanto à forma de actuação dessa vontade primeira – mediata ou imediata - o seu pensamento é claro.

Dos seus escritos, retira-se, com segurança, que, em concreto, o poder reside na comunidade que o transfere para o príncipe[81]. Chegados aqui, uma questão nos assalta, de imediato, o espírito: Haverá uma necessária e irremediável antinomia entre esta construção e a forma monárquica? A seu tempo, procuraremos a resposta...

Por ora interessa-nos que aquela explicação, a qual poderá, por ventura, refrear a expectativa que pudéssemos querer tirar das palavras sil-

---

[77] Sobre a expressão *Rex Gratia Dei* e, particularmente, sobre a sua compatibilização com a teoria da origem divina mediata *per populum vide supra*.

[78] Silvestre Pinheiro Ferreira, *Exposição do Projecto d'Ordenações*, cit., p. 72.

[79] *Idem, ibidem*, p. 42.

[80] *Idem, ibidem*.

[81] *Vide supra*.

O Poder e o Direito na obra de Pinheiro Ferreira: Princípios de Direito Constitucional   131

vestrinas antes transcritas, não pretende propriamente afirmar que Pinheiro Ferreira fosse um tradicionalista[82].

Aliás, se cotejarmos a concepção medieva que pugna pelo origem mediata do poder e a ideia da soberania nacional vemos que algo de novo existe nesta nova modalidade doutrinal e que é conveniente pôr em relevo.

Embora idênticos na sua essência moral mais profunda[83], o antigo e o novo conceito de soberania nacional divergem, como veremos, nas concepções filosóficas que respectivamente tomavam por base, bem como nas últimas consequências a que se deixavam arrastar[84].

Quanto à origem do poder[85] no pensamento silvestrino mais não será lícito progredir. Aliás, chegamos até aqui, dada o cariz generalizador de muitas das afirmações do Publicista[86], com todas as reservas e cautelas que o estudo da História, mais do que aconselha, impõe.

---

[82] Já antes concluímos que a ideia de soberania nacional está longe de pertencer à filosofia política do período em que Pinheiro Ferreira escreve, remontando as suas origens à doutrinas políticas medievas e, para além delas, às tradições germânicas e ao verdadeiro fundamento do poder na antiga Roma. *Vide supra.*

[83] Ao acentuarem a limitação do poder dos governantes, a colaboração dos governados na designação destes e a afirmação do *bem comum* como fim do governo. *Vide infra.*

[84] *Vide infra.*

[85] De notar que utilizamos aqui a locução no sentido que lhe é dado pelo Autor, isto é, na acepção de "primeiro poder". *Vide supra.*

[86] Intimamente relacionada com esta questão surge, nos tratados medievos e renascentistas, a temática da investidura no poder. Em Portugal, a investidura régia operava-se através da aclamação ou do levantamento. A este propósito escreve o Professor Paulo Merêa: «Nos quadros da história das instituições políticas a designação que lhe cabe é a de "eleição" (*electio*, em alemão *Wahl*), expressão esta que não implica necessàriamente uma eleição no sentido habitual, podendo ser antes a simples ratificação dos direitos do novo rei, e representando, como tal, uma derivação ou sobrevivência da primitiva escolha do rei pela nação». E progredindo em sua análise, acrescenta: «(…) conquanto o trono fosse hereditário, o nosso direito público conservava, como vestígio do princípio consensual e como expressão do dualismo rei – nação, a instituição do levantamento. (…) entre nós o novo rei estava de antemão designado, mas necessitava, não obstante, de ser aclamado». Cfr. M. Paulo Merêa, «Sobre a aclamação dos nossos reis», *in Revista Portuguesa de História*, Coimbra, tomo X, pp. 411 a 417.

1.2 - A Forma do Poder

Examinadas as questões que reputámos essenciais de entre as várias que o problema da origem do poder público suscita, cumpre, agora, centrar a nossa atenção no problema fundamental da forma do poder[87].

Não encontramos na obra de Silvestre Pinheiro Ferreira tratada, *ex professo*, a questão da investidura régia e da simbologia correspondente. Não obstante, o Publicista dedica algumas linhas ao juramento régio, talvez o mais importante dos actos de aclamação. Pelo juramento, o rei promete guardar os foros, usos e costumes do reino, governar os povos bem e direitamente e ministrar-lhes a Justiça. Numa palavra, para o pensamento político clássico, o juramento é encarado como uma manifestação do pacto entre governante e governados. Ribeiro dos Santos, por hipótese, apoiado nas *Decisiones* de Cabedo, considerará o velho juramento régio «um artigo da nossa constituição», admitido pelo costume. V. Ribeiro dos Santos, Biblioteca Nacional de Lisboa, ms. cit.. Mas, não é esta a percepção de Silvestre... À luz do § 1, do artigo 15 da *Carta Constitucional*, já cit., «he attribuição das Cortes tomar juramento ao rei...». A redacção do preceito inspirou Pinheiro Ferreira a proferir o seguinte comentário: «o juramento pode considerar-se neste, como em outros semelhantes casos, debaxo de dois pontos de vista, a saber, ou um acto religioso, ou simplesmente como um modo daquelle que o presta reconhecer explicitamente os encargos que se obriga cumprir. Considerado debaxo do primeiro ponto de vista he preciso que elle seja em tal maneira formalisado que toda e qualquer pessoa, sejam quaes forem os princípios regios que professe, nenhuma repugnancia tenha de o prestar...». Cfr. Silvestre Pinheiro Ferreira, *Exposição do Projecto d'Ordenações*, cit.,   p. 13. A fórmula do juramento preocupava o nosso Político. Nas suas leis orgânicas *destinadas a executar a Carta Constitucional* (v. *idem*, «Advertencia», a *Exposição do Projecto d'Ordenações*, cit., p. v), consagra que competirá à lei fixar tanto a fórmula do juramento como o cerimonial que, na prestação do mesmo, deve ser observado. Cfr. *idem*, *Projecto d' Ordenações*, cit., p. 419. Não obstante, não confiava Silvestre nas virtualidades do juramento prestado por empregado.

Em comentário aos artigos 12 e 13 da *Constituição Política,* decretada no ano 1821, escreve: «Estes dois artigos laboram no mesmo defeito de serem doutrinaes e improprios de lei; à excepção da parte em que obriga os empregados a prestarem juramento. Esta disposição porem he tam contraria à razão como ao systema constitucional. Contrario à razão porque se o empregado he homem de bem, o juramento he escusado, e se o não he, nenhum escrupulo farà em prestar juramento falso». V. Silvestre Pinheiro Ferreira, *Breves Observações sobre a Constituição da Monarchia Portuguesa*, cit., p. 4.

[87] Como questão prévia, cumpre precisar o conceito de forma de governo, tomando governo, naturalmente, em sentido amplo, identificado com o grau mais denso do fenó-

O Poder e o Direito na obra de Pinheiro Ferreira: Princípios de Direito Constitucional 133

Em todos os grupos político-sociais, por maior disparidade que haja na sua composição e estrutura, a história, desde os tempos mais remotos, acusa a existência de uma força superior e soberana de direcção e coerção que rege e garante, coordena e integra, - e não raro em torvos períodos da evolução humana abate e quási aniquila, - as actividades sociais. É o que se chama poder político[88].

Dizer sociedade equivale a dizer poder. Nem ela se forma sem esta energia coesiva.

---

meno político. Atentemos nas seguintes palavras de Jorge Miranda, a este propósito sugestivas: «A forma de governo tem, precisamente, a ver com a relação política fundamental – a relação entre governantes e governados. É o modo como se estabelece e estrutura essa relação; e estabelece-se e estrutura-se em resposta a quatro problemas – os problemas da legitimidade do poder, da participação, do pluralismo e da unidade ou divisão do poder. Além destes problemas (...), põem-se todos os concernentes às relações entre órgãos de governo (entre órgãos de função política), ou até à existência ou não de uma pluralidade de órgãos governativos. E somente aqui é que, em rigor, se encontra o conceito de forma de governo». Os conceitos *supra* referidos ganham em precisão se forem demarcados da noção mais ampla de regime político que o mesmo A. define como «um conceito essencialmente ligado ao de Constituição material. A cada Constituição material corresponde um regime político, uma concepção dos fins e dos meios do poder e da comunidade. "Regime político", aliás, não se esgota na mera organização do poder político, prende-se também, e muito, com os direitos fundamentais e com a organização económica e social». Cfr. J. Miranda, *Ciência Política – Formas de Governo*, Lisboa, 1992, pp. 30 a 32. Sobre a questão v., ainda, entre tantos, Jellinek, *Allgemeine Staatslehre*, 1900, trad. cast. *Teoria General del Estado*, Buenos Aires, 1954, pp. 501 e ss.; Marnoco e Sousa, *Direito Político – Poderes do Estado*, Coimbra, 1910, pp. 83 e ss.; C. Schmitt, *Verfassungslehre*, 1927, trad. cast. *Teoria de la Constitució*, Madrid – México, 1934-1966, pp. 259 e ss.; Santi Romano, *Principii di Diritto Costituzionale Generale*, 2ª ed., Milão, 1947, pp. 142 e ss.; Norberto Bobbio, *La Teoria delle Forme di Governo*, Turim, 1976, Marcelo Caetano, *Direito Constitucional*, I, Rio de Janeiro, 1977, pp. 409 e ss.; P. Bonavides, *Ciência Política*, 6ª ed., Rio de Janeiro, 1986, pp. 223 e ss.; Giuseppe de Vergottini, *Diritto Costituzionale Comparato*, 3ª ed., Pádua, 1991, pp. 95 e ss..

[88] Neste sentido, Joaquim Pedro Martins, *A doutrina da soberania popular segundo as Côrtes de 1641 e os teóricos da Restauração*, Academia das Ciências de Lisboa, Separata das «Memórias» (Classe de letras – tomo II), Lisboa, 1937, p. 3.

Mas, assim como a ascenção do múltiplo ao uno[89], se não constitui segundo um único tipo estrutural, assim também o poder, de ciclo para ciclo histórico, de povo para povo, reveste feições múltiplas, diferentes e até opostas, tanto na organização e funcionamento quanto no fim assinado à sua actividade e nos meios e processos de exercício.

Qual Proteu mitológico, embora sem igual facilidade e prontidão, o poder tem variado de forma, assumido modalidades várias, em correspondência com as exigências inelutáveis da evolução das ideias e sentimentos políticos. Aliás, a mesma sociedade política pode experimentar, através do tempo, várias formas de governo, diferentes umas pelo nome e natureza, distintas outras pelo nome, mas afins pela essência; e, ainda, algumas com a mesma denominação fundamental, mas realidades políticas assaz discordantes.

Para compreender a história política do nosso século XIX necessário se torna recorrer especialmente ao passado. Assim, detenhamo-nos um pouco mais e, antes de entrar no pensamento de Silvestre Pinheiro Ferreira, lancemos um breve olhar sobre as classificações das formas políticas que lograram obter projecção entre os nossos tratadistas. Será à sua luz que poderemos reconstruir as suas ideias.

De entre elas, há que eleger, em primeiro lugar, a classificação formulada por Aristóteles[90], de quem o nosso Publicista se considera continuador[91].

---

[89] Na definição de sociedade dada por António José de Brito, *Nota sobre o Conceito de Soberania*, Separata da Revista *Scientia Iuridica*, tomos VII e VIII, Braga, 1959, p. 39.

[90] A classificação de formas políticas assinada pelo Estagirita tem fundas raízes no pensamento grego, sendo possível fazê-la remontar, pelo menos a Heródoto e a Platão. De facto, a História revelava que a maioria das Cidades (a imóvel Esparta constituía, sem dúvida, a excepção mais notável) experimentavam, obedecendo a um princípio quase lógico de evolução num sentido determinado, toda a gama de formas de governo: da monarquia à aristocracia, depois à oligarquia, mais à frente à tirania e, por fim, à democracia. Não se estranhe, por conseguinte, que o fenómeno da politeía ou da Constituição se oferecesse à reflexão filosófica. Já em Homero encontramos os alicerces da reflexão tradicional sobre a ideia de uma forma de governo ideal, de uma politeía exemplar. Mas será Heródoto que procurará comparar, metodicamente, os elementos esparsos oriundos dessa primeira reflexão. O interesse político da sua obra está no curto debate que ensaia sobre a questão de melhor governo, de entre as três formas que versa: monarquia, oligarquia e demo-

cracia. As preferências pessoais de Heródoto poder-se-ão retirar, sem grande dificuldade, da análise da sua obra. Nas palavras de Jean – Jacques Chevallier, *op. cit.*, p. 31, «ao mesmo tempo que o ódio à tirania, à concepção oriental ou "bárbara" do poder ("tirano" é palavra de origem asiática), respira o amor da liberdade grega – dessa liberdade baseada na lei e que, sob a direcção de Atenas, sai vitoriosa da terrível provação das guerras médicas. Não há dúvida: tal como Otanes (uma das suas personagens) Heródoto crê na democracia». Sobre o pensamento político de Heródoto v., ainda, Yves Guchet, *op. cit.*, pp. 18 a 21; Ernest Barker, *Plato and his predecessors*, Londres, Methuen, 1948, pp. 2 e ss.; T. A Sinclair, *Histoire de la pensée politique grecque*, Paris, Payot, 1953, pp. 12 e ss.. Todos os diálogos de Platão se referem, mais ou menos directamente, à questão política. Não obstante, os ensinamentos políticos de Platão decorrem suficientemente da leitura de *Politeia* (v. tradução portuguesa de Maria Helena da Rocha Pereira, *A República*, Lisboa, Fundação Calouste Gulbenkian, 1967), *Politikos* (cfr. tradução francesa de León Robin, *Oeuvres Complètes*, Paris, Gallimard, Bibliothèque de la Pléiade, 1977, 2 volumes) e *Nomoi* (v. tradução castelhana de J. Manuel Pabón e Manuel Fernandez Galiano, *Las Leys*, Madrid, Centro de Estudios Constitucionales (ed. bilingue em grego e castelhano)). Na Politéia, mais do que optar, após debater convenientemente os argumentos a favor e contra, entre esta ou aquela forma de governo, Platão procura oferecer a Constituição perfeita, a Cidade justa. Já a *Politikos* aparece como uma obra de transição entre a *República* e *As Leis*. A *Política*, e procurando traduzir o pensamento platónico em uma só palavra, revela explicitamente a necessidade do reino das leis. Após estas experiência, Platão, já em idade avançada escreve *Nomoi*, em que examina algumas instituições políticas da sua época e procura iniciar o estudo dos factores que influem na ascenção e decadência dos Estados. Como escreve Walter Theimer, op. cit., p. 24, «Em muitos pontos transparece a luta travada no espírito de Platão; a experiência aconselhava, como via perfeitamente, a participação do povo no governo, mas contra isso revoltava-se a sua atitude aristocrática. O livro adquire assim certa incongruência. Se Platão tivesse conseguido levar até ao fim os princípios democráticos que agora preconizava, poderia ter-se antecipado ao seu discípulo Aristóteles. Sobre o pensamento político de Platão v., ainda, Leo Strauss, «Platon», *in Histoire de la Philosophie Politique*, cit., pp. 35 a 96; Yves Guchet, *op. cit.*, pp. 27 a 42; J. J. Chevallier, *op. cit.*, pp. 47 a 34; A. Truyol Serra, *Historia de la Filosofia del Derecho y del Estado*, cit., I, pp. 115 e ss.; Cabral de Moncada, *Filosofia do Direito e do Estado*, cit., I, pp. 16 e ss.; Id. «Platão e o Estado de Direito» *in Estudos Filosóficos e Históricos*, II, Coimbra, 1959, pp. 379 a 386; Ernest Barker, *The Political Thought of Plato and Aristotle*, Londres, Methuen, 1906; P. Lachièze – Rey, *Les Idées Morales, Sociales et Politiques de Platon*, Paris, Boivin, 1938; Karl Popper, *A Sociedade Aberta e os seus Inimigos*, Tomo 1 – *O Fascínio de Platão*, trad. port., S. Paulo, 1987; Julia Annas, *An Introduction to Plato's Republic*, Oxford, Clarendon Press, 1981; Jean Luccioni, *La Pensée Politique de Platon*, Paris, PUF, 1958.

[91] *Vide supra.*

O Estagirita versa o tema essencial das formas de governo na *Ética a Nicómaco*[92] e, sobretudo na *Política*[93]. Nesta, Aristóteles opera uma classificação sêxtupla de Constituições, tendo por critério o bem comum. Assim, serão correctas as Constituições onde a autoridade é exercida tendo em vista esse interesse comum e desviadas ou pervertidas aquelas em que o poder soberano prossegue o interesse particular de quem o detém. Na eventualidade de essa autoridade ser exercida por um só falase, em sentido amplo, em *monarquia*. Exercida no interesse geral será *realeza*. Desenvolvida no interesse específico do monarca será *tirania*. Se o poder está nas mãos de um pequeno número que o exerce no interesse dos ricos será *oligarquia*, forma desviada e imperfeita. Já o governo de uma minoria, exercido pelos melhores e segundo a virtude, será *aristocracia*. Finalmente, o governo do grande número que prossegue o interesse comum será *politia* ou *politeía*, em sentido estrito. Se o governo é exercido pela massa dos cidadãos menos abastados no interesse exclusivo dos pobres será *democracia*, forma desviada, incorrecta, pervertida.

Numa palavra, Aristóteles distingue três formas correctas de Constituição: *realeza, aristocracia* e *politia* e três formas imperfeitas: *tirania, oligarquia* e *democracia.*[94]

A classificação aristotélica influenciará a teoria de formas de governo ensaiada por S. Tomás de Aquino. Também o Anjo das Escolas distingue entre formas correctas e formas corruptas de governo, consoante a autoridade se orienta ou não no sentido da prossecução do bem comum. Procede, assim, a uma quatripartição inicial de formas de governo, todas procurando atingir finalidades distintas: a unidade, pela realeza; a justiça distributiva, pela aristocracia; a riqueza, pela oligarquia e a liberdade, pela democracia.

---

[92] Cfr. *Ethica Nichomachea*, L. VIII, cap. 10 (= pp. 222 e ss. da trad. fr. de J. Voilquin, *Ethique à Nicomaque*, Paris, Garnier – Flamarion, 1965).

[93] V. L. III. 7 (= pp. 80 e ss. da trad. cast. De Julián Marías e María Araújo, *Política*, texto bilingue, Madrid, Instituto de Estudos Políticos, 1951).

[94] Assim, J. J. Chevalier, *op. cit.*, pp. 115 a 119; Yves Guchet, *op. cit.*, pp. 49 a 51; G. Sabine, *op. cit.*, pp. 89 a 94; Carnes Lord, «Aristote» *in Histoire de la Philosophie Politique*, cit., pp. 151 a 163.

Chegado aqui, S. Tomás indaga o valor destas formas, a que podemos chamar puras, de governo.

A realeza... Possuindo uma reconhecida superioridade moral, o rei, sendo um só, poderá emprestar a perfeição a este tipo de Constituição. Simplesmente, o risco que lhe está associado é de vulto, na medida em que os seus defeitos poderão ocultar as suas qualidades e, consequentemente, a realeza degenerar em tirania. Ora, tal como os filósofos gregos, S. Tomás considera a tirania como a pior de todas as formas de governo[95].

A aristocracia... A imperfeição de tal forma, onde a autoridade é apanágio de uma minoria, reside na dificuldade de encontrar governantes capazes e desinteressados, como postula a sua essência. É possível, e aqui residirá o cerne de seu perigo, que estes se juntem a fim de oprimir o povo, transformando-se, então, a aristocracia em oligarquia[96].

E a democracia? O Doutor Angélico considera-a uma forma perfeitamente aceitável se o povo se comporta com moderação. Por outro lado, a injustiça não se poderá aqui perpetuar, em razão da presença de mecanismos e procedimentos aptos a modificar as leis injustas. Não obstante, tal bondade somente caracteriza a democracia directa. Só esta terá foros de autenticidade, desde que os cidadãos se encontrem em situação de relativa igualdade. Simplesmente, e à medida que as populações crescem em número, o recurso à prática da "delegação"[97] impor-se-á. Nesta altura, cair-se-á num regime de cariz aristocrático, com todos os defeitos de que poderá vir a enfermar[98/99].

---

[95] Cfr. *Summa Theologiae*, I a, II ae, qu. 95, par. 3. (socorremo-nos da edição bilingue cast. – latim , *Suma Teologica*, Madrid, Biblioteca de Autores Cristianos, 1967 – 1968).

[96] Neste sentido, Yves Guchet, *op. cit.*, pp. 128 e 129.

[97] A que o século XVIII e início do XIX chamarão representação. Sobre o significado do conceito de representação no pensamento silvestrino *vide infra*.

[98] Degenerando, então, em oligarquia. De notar, porém, que a questão essencial das formas de governo é, no pensamento do Doutor Angélico, marcada por uma enorme infixidez terminológica. A este propósito escreve E. Galán y Gutierrez – *La Filosofia Política*

A classificação aristotélica de formas de governo, em grande parte devido à autoridade que S. Tomás e Frei Gil de Roma lhe emprestaram[100], ao sufragá-la nos seus tratados, encontrou ampla aceitação em Portugal.

---

de Santo Tomás de Aquino, Madrid, ed. da «Revista de Derecho Privado», 1945, p. 153: «Umas vezes a forma recta do regime popular é chamada *politia*, e a corrupta *democratia*; outras, à forma recta do regime popular chama-se *democratia*, e à sua corrupção *tyrannis*; outras, ao regime do povo em geral chama-se *politia*, subdistinguindo-se logo entre *timocracia*, como forma recta, e *democracia*, como forma corrupta; outras, a palavra *politia* designa, em geral, toda a forma de governo; outras *politia* designa a melhor forma de governo, resultante da combinação das três principais; em certas ocasiões, o regime popular, na sua forma recta, é chamado *status popularis*, e na sua forma corrupta *status plebeius*; enquanto noutras, com estas últimas expressões, S. Tomás designa indistintamente a forma corrupta do regime popular; às vezes o regime popular na sua forma recta é denominado *respublica*, enquanto que outras, esta palavra designa a comunidade em geral, sem distinção de forma de governo; à monarquia chama-se *monarchia, regnum, regia potestas*; à aristocracia, quer *aristocratia* quer *status optimum*; à oligarquia, quer *oligarchia*, quer *satus paucorum*; tirania, *tyrannis*, designa, por vezes, a forma corrupta da monarquia e, noutras ocasiões, toda a forma corrupta de governo em geral. O sentido das passagens em que estes termos são usados elimina o equívoco».

[99] Ao lado das formas de governo puras, o pensamento político ocidental teorizou a possibilidade de existirem formas mistas. Distribuir, de modo equilibrado, o poder estatal entre vários órgãos, em vez de concentrá-lo numa única instância, é uma receita clássica contra o mau uso do poder. John Locke resumiu-a da seguinte forma: «balancing the power of gouvernment by placing several parts of it in different hands», (*Two Treatises of Gouvernment*, § 31, II 1, Londres, 1689. Socorremo-nos da edição de Peter Laslet, Cambridge University Press, 1988). A complexidade da temática na sua exposição teorética escapa, naturalmente, ao âmbito do presente estudo. Destacaremos, apenas, nesta problemática, um nome português que sublinhou as vantagens inerentes à existência de um governo em que se conjugassem elementos monárquico e aristocrático. Referimo-nos a João Salgado de Araújo. V. do Autor, *Ley Regia de Portugal*, Juan Delgado, Madrid, 1626, f. 25. Sobre os modelos de constituição mista *vide* a síntese de Reinhold Zippelius, *Teoria Geral do Estado*, 3ª ed., Lisboa, Fundação Calouste Gulbenkian, 1997, pp. 206 a 209.

[100] Também Bártolo a acolheria no seu *Tractatus de regimine civitatis*, nº I a IV. Sobre a influência de Bártolo, em Portugal, v., por todos, Martim de Albuquerque, «Bártolo e Bartolismo na História do Direito Português» in *Estudos de Cultura Portuguesa*, 1º Volume, cit., pp. 41 a 123.

O Poder e o Direito na obra de Pinheiro Ferreira: Princípios de Direito Constitucional   139

Já Álvaro Pais, no século XIV, distingue entre formas justas e formas injustas de governo[101]. Seriam, então, correctas a *monarquia*, enquanto governo de um só, a *aristocracia*[102] e a *politia*[103]. As formas injustas são *tirania*[104] e *democratia* ou *potestas populi*[105].

Acolhida em Portugal no século de Álvaro Pais, a classificação aristotélica não esbateu a sua presença com o decurso do tempo. Reafirma-se, embora nem sempre sob a pureza primitiva ou integralmente, nos tratadistas portugueses dos séculos XV e XVI[106]: Diogo Lopes de Rebelo[107], António Pinheiro[108], Bartolomeu Filipe[109], Gregório Nunes[110], Eduardo Caldeira[111], Luís Cerqueira[112]...

---

[101] Cfr. *Speculum Regnum*, r.ª De *Regum informatione* (= vol. I, p. 152 e ss. da ed. cit.).

[102] Que caracteriza da seguinte forma: «*Si uero (iustum regimen) administretur per poucos uirtuosos huiusmodi regimen graece aristocratia uocator, id est, potentatus optimus uel optimorum, qui propter hoc optimates dicuntur*»

[103] Que define como: «*Si enim (regnum) bene administretur per aliquam multitudinem, communi nomine politia uocatur*»

[104] «*Si ergo non ad bonum commune multitudinis, sed ad bonum priuatum regentis et regimen ordinetur, erit regnum iniustum ac peruersum*», a *oligarquia*:«*caeterum si iniustum regimen tyrannorum non per unum fiat, sed per plures, si quidem per paucos graece oligarchia uocatur, id est, principatus paucorum...*»

[105] «*Si uero iniquum regnum uel regimen exerceatur per multos gaece democratia nominatur, id est, potestas populi, quando, scilicet, populus plebeiorum per potentiam opprimunt diuites et nobiles. Sic enim et totus populus est sicut unus tyrannus*»

[106] Sobre o tratamento da questão pelos teóricos quinhentistas e seiscentistas *vide*, por todos, Martim de Albuquerque, «O Poder Político...», cit., IV, pp. 1407 e ss..

[107] *De Republica Gubernanda per Regem*, Paris, Antoine Denidel, 1497, c. I *in fine*.

[108] *Falla do Bispo de D. Antonio Pinheyro no Auto do Juramento do Principe D. Diogo*, cit..

[109] *Tractado del conseio y de los consejeros de los Principes compuesto por el Doctor Bartolome Fellipe*, Coimbra, António de Maris, 1584, pp. 130 e ss..

[110] *De Optimu Reipublicae Statu Libri Sex*, l. I, c. 6, Roma, 1597, pp. 26 a 28.

[111] *Variarum Lectionum*, Lib. VI, l. 3, c. 4, nos 16 e 17, G. Meerman, *Novus Thesauros Juris Civilis et Canonici*, tomo V, Hagae Comitum, 1752, pp. 631 e 632.

[112] *De Legibus*. Pelo menos um exemplar da obra repousa na BNL sob a cota F. G. 3460.

Os escritores *políticos, alvitristas ou repúblicos*[113/114] retomam aquela classificação.

A preferência pela forma monárquica aparece naturalmente nos nossos tratadistas políticos. Escreve, sugestivamente, José da Silva Lisboa: «a experiencia mostra, que nos Estados Monarchicos, de Leis Fundamentais, e racionavel Codigo Civil, ha maior segurança das pessoas e propriedades, e mais constante sosego, e duração do governo, do que em todas as outras formas de regimen politico[115]...».

Posto isto penetremos, sem mais delongas, no pensamento de Silvestre Pinheiro Ferreira

Ao longo dos seus escritos em que mais profusamente versa o fenómeno político, o Publicista parte da ideia de que o poder do Estado não é apenas uma realidade do poder político, mas igualmente um poder político juridicamente organizado e configurado como um sistema de competências jurídicas[116].

Para evitar equívocos relembremos que, entre nós, e até ao período que nos ocupa, monarquia fora olhada quase sem contraditas como a forma de governo preferível[117].

---

[113] *Vide* Bento Gil, *Commentaria in l. ex. hoc iure. ff. de iustit. et. Iur.*, Conimbricae, Josephum Ferreira, 1700, p. 1c. 3, n° 5; Serafim de Freitas, *De Iusto Imperio Lusitanorum Asiatico*, c. 6, n° 1, Centro de Estudos de Psicologia e História da Filosofia anexo à Faculdade de Letras de Lisboa, p. 44; Pedro Barbosa Homem, *Discursos de la Iuridica y Verdadera Razon de Estado, Formada sobre la vida e actiones del Rey don Juan el II, de buena memoria, Rey de Portugal, llamado vulgarmente el Principe Perfecto. Contra Machiavello, Bodino, y los demas politicos de nuestros tiempos, sus sequazes*, Coimbra, António Simões Ferreira, s. d. (1626), Prefacion, a. 1, pres. 13, ff. 32 e ss; César de Meneses, «Summa Politica», *in Revista de História*, IV/III (1981), pp. 63 a 101.

[114] Baltazar de Faria Severim, *Desempenho do Patrimonio Real*, 1607 (BNL, cod. 13.119).

[115] José da Silva Lisboa, *Memoria dos Beneficios Politicos do Governo de El-Rey Nosso Senhor Dom João VI*, Rio de Janeiro, 1818 (= p. 18 de reprodução fac-similada de 1940).

[116] *Vide infra.*

[117] *Vide supra.*

O Poder e o Direito na obra de Pinheiro Ferreira: Princípios de Direito Constitucional   141

A mera alusão ao *rei*[118] indica, desde logo, qual a forma de poder a que Pinheiro Ferreira se reporta. Uma dúvida nos assola de imediato. Para além da forma de governo que impera em Portugal não existirão, aos olhos do Publicista, outras? Será neste sentido que procuraremos evoluir.

Na sua obra encontramos referências, directa e indirectamente, à monarquia e à tirania[119], à democracia e ao governo aristocrático[120], à oligarquia e à teocracia, como exemplos de governos de casta[121]. Mas não antecipemos e deixemos falar os textos...

É no seu *Cours de Droit Public* que encontramos mais abundante material para conseguirmos surpreender algo do pensamento de Pinheiro Ferreira sobre as formas de Governo.

---

[118] A título meramente exemplificativo transcrevemos as seguintes passagens, retiradas de algumas de suas obras: «ser monarchica a forma de governo he inutil dize-lo, na presença de todas as disposições que se seguem immediatamente», (cfr. *Exposição do Projecto d'Ordenações*, cit., p. 3); «(...) o rei, em tudo o que não sam as attribuições de seo alto cargo, não pode gozar n'um paiz constitucional de nenhuma sorte de privilegio, (cfr. *Idem, ibidem*, p. 15); «da divisão territorial da monarchia», (cf. epígrafe do Titulo I, do Livro Segundo da *Exposição do Projecto d'Ordenações*, cit., p. 100); «estes ministros serão nomeados pelo rei...», (*Projecto d'Ordenações*, cit., p. 208); «não se achando os monarcas collocados no alto emprego que occupam...», (*Breves observações sobre a constituição política...*, cit., p. 17); «o artigo confunde os monarcas constitucionaes com os de direito divino...», (*ibidem*, p. 25); «il résulte des ces trois suppositions que le gouvernment suprème serait composé du monarque, du ministère, et du conseil d'état...», (*Précis d'un Cours de Droit Public*», tomo I, cit., p. 162)...

[119] Surgindo a segunda como forma corrupta ou imperfeita da primeira.

[120] Na terminologia silvestrina o termo república designa quer a forma de governo democrática quer a aristocrática, esta degeneração da primeira. A passagem que de seguida se transcreve parece não levantar dúvidas a este propósito: «... parlant de république nous n'entendons parler que de la démocratie, car l'aristocratie en est déjà une dégénération». Cfr. Silvestre Pinheiro Ferreira, *Cours de Droit Public*, cit., p. 126.

[121] As *castas* são, por Pinheiro Ferreira, definidas como as classes cujos respectivos membros, pelo mero facto de pertença e independentemente da respectiva capacidade individual, são chamados ao exercício de cargos públicos e/ou à titularidade de outras vantagens. *Idem, ibidem*. Exemplos de governos de casta são, na perspectiva silvestrina, os governos aristocráticos, oligárquicos e teocráticos. *Idem, ibidem*.

L'exercice du pouvoir exécutif – escreve – *peut être délégué aux personnes choisies à cet effet, soit à temps, soit à vie. La première de ces deux espèces de gouvernmente se nome république; la seconde, monarchie*[122].

O termo *democracia* é, pelo nosso Publicista, reservado para designar a forma de governo em que *les agents du pouvoir exécutif, quel que soit leur range, sont pris sans distinction de castes, aussi bien que les membres des pouvoirs legislatif, judiciaire ou électoral, parmi tous les citoyens actifs, sans autre égard que celui de leur capacité individuelle*[123]. Quando, na forma de governo republicana, *les personnes chargées du pouvoir ne peuvent être prises que dans de certaines castes*[124], estamos ante uma forma de governo aristocrática, sendo que se *ces castes son en très-petit nombre*, a designação própria será a de oligarquia[125].

Vemos, assim, que para Silvestre Pinheiro Ferreira *as differentes formas de governo* podem ser *reduzidas a duas classes: a monarquia e a oligarquia*[126]. A primeira caracterizar-se-á pelo facto de *a direcção do poder executivo não ser confiada senão a uma só pessoa debaxo de diversas condições, o que dá lugar a diversas sortes de monarchias.* O Publicista identifica duas: a *monarquia democrática*, se não existem privilégios, e a *monarquia aristocrática*, na situação inversa[127].

A monarquia aristocrática, por seu turno, pode *subdividir-se em electiva, hereditaria, representativa, absoluta, despotica e tyrannica*[128/129].

---

[122] Silvestre Pinheiro Ferreira, *Cours de Droit Public Interne et Externe*, Première Partie, cit., p. 122.

[123] *Idem, ibidem*, p. 123.

[124] *Idem, ibidem*.

[125] *Idem, ibidem*.

[126] *Idem, Manual do Cidadão em um Governo Representativo ou Princípios de Direito Constitucional, Administrativo e das Gentes*, tomo I, Direito Constitucional, Paris, Rey e Gravier, J. P. Aillaud, 1834, pp. 246 e 247.

[127] *Idem, ibidem*, p. 249.

[128] Não nos preocuparemos, por ora, com as diferenças que, na composição silvestrina, separam o monarca, mesmo o rei absoluto, do despota e do tirano. Sobre a questão *vide infra*.

[129] Silvestre Pinheiro Ferreira, *Manual do Cidadão em um Governo Representativo*, tomo I, cit, p. 249.

Estamos ante uma monarquia aristocrática electiva – ensina o Pai das *Prelecções Filosóficas* – sempre que *a sucessão ao emprego do monarca, ou chefe supremo do governo depende d'eleição*[130]. Na monarquia hereditária, por oposição, *não tem logar a eleição, por estar determinado, pela lei, a quem compete a successão do throno*[131]. Já a monarquia representativa *assenta sobre o principio da independencia dos podêres, salvo o privilegio da perpetuidade da corôa, e os do veto e da irresponsabilidade, que sam consequências do mesmo principio da perpetuidade*[132].

Nas antípodas da democracia está a oligarquia que, para Pinheiro Ferreira, consiste na forma de governo em que *a direcção do poder executivo esta confiada a um corpo collectivo*[133].

Do que antecede, denotamos, desde logo, uma certa imprecisão do critério seguido pelo Autor na classificação das formas de governo. A pedra de toque não está nem no número de titulares nem no carácter, regrado ou não, do respectivo exercício.

---

[130] *Idem, ibidem*, p. 250.

[131] *Idem, ibidem*, p. 250.

[132] *Idem, ibidem*, p. 250.

[133] *Idem, ibidem*, p. 247. Pinheiro Ferreira não desconhece que este termo tem estado *ordinariamente* associado a uma *ideia de violência da parte das corporações ou famílias que exercem o poder supremo*. Não obstante, muitas vezes, a palavra oligarquia designa *uma forma de governo livremente consentida pela Nação*. E é precisamente este o sentido que atribui ao termo. A tentativa de preencher o conceito, leva-o ainda a advertir o seu Leitor para o facto de em alguns casos se chamar *governo oligarchico aquelle em que certos empregos, àlem dos do poder supremo, sam privativamente destinados para certas famílias ou corporações*. A antiga Polónia, as repúblicas de Génova e Veneza, bem como os estados da Igreja, oferecem, na perspectiva silvestrina, exemplos desta diversa significação de oligarquia. Particularmente os estados da Igreja surgem, a seus olhos, como *uma forma especial de oligarchia, de que se acha o protòtypo na republica dos Hebreos, e a que se chama theocracia, porque os empregos de uma ordem superior sam privativamente occupados pela classe sacerdotal. Idem, ibidem*, p. 247, nota I.

No pensamento silvestrino, o termo democracia significa simplesmente a ausência de todos os privilégios de casta[134]. Por oposição, a aristocracia designa a existência de castas privilegiadas[135].

Por consequência – escreve Pinheiro Ferreira – desenham-se duas formas monárquicas bem como outras tantas formas republicanas: as democráticas e as aristocráticas. Às monarquias democráticas chama *monarquias constitucionais*[136].

República, monarquia, democracia, aristocracia, oligarquia... Recordamos essas velhas palavras com que nos familiarizámos desde Heródoto, Platão, Aristóteles, Políbio, passando por Bodin[137] e Montesquieu[138]. Mas, em Pinheiro Ferreira elas começam por designar unica-

---

[134] Silvestre Pinheiro Ferreira, *Cours de Droit Public Interne et Externe*, Première Partie, cit., nota X ao § 34, p. 433.

[135] *Idem, ibidem*, nota X ao § 34, p. 435.

[136] Contesta Pinheiro Ferreira que se fale em monarquias com instituições republicanas sob pena de se apelar a uma terminologia contraditória nos próprios termos. Cfr. *Idem, ibidem.*, p. 434.

[137] Sobre o pensamento de Jean Bodin veja-se, por todos, Martim de Albuquerque, *Jean Bodin na Península Ibérica. Ensaio de História das Ideais Políticas e do Direito Público*, Paris, Fundação Calouste Gulbenkian, 1978; Blandine Barret-Kriegal, «Jean Bodin: de l'Empire à la Souveraineté; de l'État de Justice à l'État Administrativf», *in Actes du Colloque Jean Bodin*, tomo I, Angers, 1985; Henri Baudrillart, *Jean Bodin et son Temps. Tableau des Théories Politiques et des Idées Économiques au Seiziéme Siècle*, Paris, 1953; E. M. Fournol, *Bodin Prédécesseur de Montesquieu*, Genebra, 1970; Pierre Mesnard, *L'Essor de la Philosophie Politique au Xve Siècle*, Paris, 1952. Para mais indicações bibliográficas *vide* José Adelino Maltez, *Sobre a Ciência Política*, cit., pp. 279 e 280.

[138] Acerca do contributo de Charles S. Montesquieu para a História do Pensamento Jurídico e Político *vide*, por todos, Louis Althusser, *Montequieu, la Politique et l'Histoire*, 2ª ed., Paris, PUF, 1964; Simone Goyard-Fabre, *Montesquieu, Adversaire de Hobbes*, Paris, Lettres Modernes, 1980; Émile Durkheim, *Montesquieu et Rousseau, Précurseurs de la Sociologie*, Paris, PUF, 1953; T. Quoniam, *Montesquieu. Son Humanisme, son Civisme*, Paris, Tequi, 1977; *idem, Introduction à une Lecture de "L'Esprit des Lois"*, Paris, Lettres Modernes, 1976; Marcel Prélot, *As Doutrinas Políticas*, 3, cit., pp. 51 e ss.; Otto Von Gierke, *Natural Law and the Theory of Society. 1500 to 1800*, trad. ingl. de Ernest Barker, Cambridge, Cambridge University Press, 1938; pp. 104, 152-153, 157, 179,

mente as diversas modalidades desse corpo subordinado a que se chama governo. Numa linguagem mais estrita - que o Publicista não deixa de igual modo de empregar – a cisão estabelece-se entre o governo monárquico, democrático, aristocrático e oligárquico[139].

Mas a análise silvestrina não se detém aí... Impunha-se tratar a questão clássica do melhor governo.

Preludia, então, esse estudo com uma interrogação a que dedica especial interesse e que consiste na indagação das razões pelas quais se originou o governo monárquico[140].

E o motivo, não surge a seus olhos, claro, rectilíneo e fácil de seguir pois a lição da História oferece exemplos de escolhas muito diversas[141].

No que concerne à origem das diversas organizações sociais apenas um facto permanece incontestado: *jamais un gouvernment ne s'est formé que sur les rudiments d'un autre gouvernment qui existait auparavant, soit de droit, soit de fait*[142]. Por isso, se o governo anterior envergava as vestes monárquicas, o que lhe sucede seguirá a mesma forma de governo, seja para a aperfeiçoar[143], seja para substituir uma monarquia absoluta[144] pela monarquia representativa[145].

197; Jean-Jacques Chevalier, *op. cit.*, III, pp. 55 a 102; Antonio Truyol Serra, *op. cit.*, 2, pp. 231 e ss.; Felice Battaglia, *op. cit.*, I, pp. 255 e ss.; Simone Goyard-Fabre, *La Philosophie du Droit de Montesquieu*, Paris, Klincksieck, 1973; Walter Theimer, op. cit., pp. 158 e ss.; David Lowenthal, «Montesquieu», *in Histoire de la Philosophie Politique,* dir. Leo Strauss e Joseph Cropsey, cit., pp. 563 a 587. Para mais indicações bibliográficas *vide* José Adelino Maltez, *Sobre a Ciência Política*, cit., p. 297.

[139] Silvestre Pinheiro Ferreira, *Cours de Droit Public Interne et Externe*, Première Partie, cit., pp. 122 e ss..

[140] *Idem, ibidem*, pp. 132 a 139. Sobre a origem do poder político no pensamento silvestrino *vide supra*.

[141] *Idem, ibidem*, p. 134.

[142] *Idem, ibidem*, p. 133.

[143] O que para o nosso Publicista sinificará passar do despotismo à monarquia absoluta. *Idem, ibidem*, p. 133.

[144] Monarquia absoluta significa, na linguagem silvestrina, que a plenitude do poder legislativo é exercida pelo soberano, que exerce já o poder executivo. Por seu turno, se o soberano detém, para além, deste último poder, o de cooperar com outros representantes

Será necessário regressar a este importante confronto: Silvestre Pinheiro Ferreira e a monarquia constitucional. Mas, por ora, tratemos da república.

Uma das interrogações silvestrinas consiste precisamente na procura das razões pelas quais surgem e se conservam as repúblicas.

A existência de privilégios de casta – escreve – poderá suscitar que a monarquia degenere em despotismo e este em tirania[146]. Assim, alguns povos, «poussés au désespoir par les abus accumulés à la longue dans des gouvernements despotiques, se sont constitués en républiques»[147]. Simplesmente, estas repúblicas não podem deixar de ser efémeras por conterem em si o germe da sua própria destruição: «excepté la noblesse, abâtardie et peu nombreuse, n'a pu ressaicir les rênes du pouvoir sur un peuple encore trop jeune pour avoir été lui-même aristocratisé»[148].

O futuro está traçado: o governo republicano acaba por se dar a si próprio um chefe, na generalidade dos casos, monarca absoluto, menos frequentemente, rei constitucional[149]. É esta a lição da História, conclui o nosso Autor, ciente de pouco mais poder acrescentar em temática tão complexa[150].

---

da nação no processo de elaboração de lei temos uma monarquia constitucional ou representativa. Cfr. *Idem, ibidem*, p. 125. Para Pinheiro Ferreira a monarquia absoluta não se confunde com o despotismo. Naquela, existe entre o soberano e os súbditos um pacto reconhecido e observado por ambos, neste, deparamos com a ausência ou, pelo menos, a violação do pacto social. *Idem, ibidem*.

[145] *Idem, ibidem*.

[146] *Idem, ibidem*, p. 133.

[147] *Idem, ibidem*.

[148] *Idem, ibidem*, p. 134.

[149] *Idem, ibidem*.

[150] Reportando-se á ordem de sucessão, escreve Pinheiro Ferreira: «Mais ici, comme dans toute affaire humaine, il ne peut être question que de choisir le moindre des maux. Car, d'abord, il faut écarter la comparaison qu'on s'est permis très – souvent de faire à cet égard entre les monarchies et les républiques. Nous l'avons déjà fait remarquer, on ne trouve point de nations également disposées à devenir monarchies ou républiques. Le choix entre ces deux formes de gouvernment est invariablement commandé par les moeurs, les habitudes, les usages de la nation dont il s'agit de réformer la constitution; car jamais il

Bastará cotejar as reflexões silvestrinas, tal como estão plasmadas no seu *Cours de Droit Public*, para se ver imediatamente qual a concepção de poder em que se insere.

Antes, porém, lembremos que a palavra monarquia conheceu, com o decorrer do tempo, uma alteração do seu significado. Os gregos compreenderam-na simplesmente como o governo exercido por um só. Os escritos de Pinheiro Ferreira reflectem esta evolução. De facto, superando o critério que outrora se revelara mais importante para a classificação – que se resume na questão de saber quantas pessoas participam directa ou indirectamente na supremacia das competências e, deste modo, nas decisões fundamentais de carácter jurídico e político – o Publicista fala em monarquia absoluta e em monarquia constitucional ou representativa[151].

Acontece que apenas um dos termos vai preocupar o seu espírito[152]: a monarquia representativa, precisamente a forma de governo que advoga[153].

---

n'est question d'en donner une à des hommes qui n'auraient pas contracté précédemment de la prédilection pour l'une et de la répugnance pour l'autre de ces deux sortes de gouvernement». Silvestre Pinheiro Ferreira, *Cours de Droit Public*, I, cit., pp. 178 e179.

[151] *Vide supra.*

[152] De facto, no campo intelectivo não poderemos assinalar, entre nós, até ao período que nos ocupa teorizações acerrimamente contrárias à superioridade da forma monárquica de governo. As que se conhecem não passaram de tentativas ténues de mudança de regime. Também na prática não se adivinham sinais fortes de mudança. Isto não significa, porém, que aquele tempo não tenha sido marcado por insurreições e conflitos. Não obstante, em todos os casos os ataques dirigiram-se ou à pessoa do rei ou à maneira de governar, sem que se note qualquer divergência significativa quanto à forma de governo. Será este, portanto, o modelo histórico que Silvestre Pinheiro Ferreira vê e sente.

[153] Silvestre Pinheiro Ferreira, *Cours de Droit Public*, I, cit., p. 121. A sua mensagem é clara: «Après avoir parlé des deux premières branches du pouvoir législatif en général, nous devons nous occuper de la troisième, qui a lieu seulement dans les monarchies constitutionelles, forme de gouvernement qui, d'après nous, par les raison qui seront développées plus bas, doit être préférée à toute autre partout où elle peut être établie...»

Interrogando–se acerca de qual, de entre as duas formas de governo que identifica, merecerá a preferência escreve sugestivamente: «a questão de preferencia não tem aqui logar, porque só a monarchia satisfaz as condições essenciais de todo o governo[154]». A sua resposta não poderia ser mais incisiva...

Se os conceitos até aqui analisados revestem um cariz mais ideológico e filosófico, o de representação, enquanto meio colocado ao serviço dos primeiros, reveste um carácter mais político e técnico-jurídico.

Na verdade, aceite a ideia de soberania nacional, será logicamente inadmissível todo o governo que não encontre no povo, por qualquer forma, a sua origem[155].

O monarca – escreveu Vattel – *représente sa Nation dans tous les affaires qu'il peut avoir comme souverain. Ce n'est point avilir la dignité du plus grand monarque que de lui attribuer ce caractère représentatif; au contraire, rien ne la relève avec plus d'éclat: par là le monarque réunit en sa personne tout la magesté qui apartient au corps entier de la Nation*[156].

---

[154] No seio das condições a que chama essenciais identifica Pinheiro Ferreira *condições communs a todos os poderes políticos e condições particulares do poder executivo*. As primeiras relacionam-se com a temática da origem do poder e esgotam-se em três princípios muito simples mas plenos de significado. Em primeiro lugar, o princípio da independência de todos os poderes. Depois, o da eleição e responsabilidade para todos os empregos. De resto, o princípio da publicidade de todos os actos. Já as condições particulares não serão mais, ensina o Autor, do que decorrências de um princípio verdadeiramente central: *o governo compõe-se de dois elementos, que he mister não confundir. A execução que se reparte por um grande número de agentes e a direcção que não pode pertencer senão a um só*. Cfr. Silvestre Pinheiro Ferreira, *Manual do Cidadão em um Governo Representativo*, tomo I, cit, p. 248. Este ponto da obra de Pinheiro Ferreira merecerá a nossa maior atenção *infra*.

[155] *Vide supra*.

[156] E. de Vattel, *Le droit des gens, ou principes de la loi naturelle, appliquée à la conduite et aux affaires des nations et des souverains précédée d'un discours sur l'étude du droit de la nature et des gens par...*, I, Paris, J.-P. Aillaud, 1830, p. 78.

O Poder e o Direito na obra de Pinheiro Ferreira: Princípios de Direito Constitucional 149

Adivinha-se, portanto, que Silvestre Pinheiro Ferreira se insira numa concepção de poder, perfeitamente definida, em que o rei é visto como um representante da Nação e não já tanto como um *pater* ou um mentor, da comunidade[157/158].

---

[157] A concepção medieva do rei como *tutor regni* nasce da confluência de três conceitos basilares: a ideia germânica de *Munt*, a tutela romana e a concepção paulina do rei como ministro de Deus. Sobre a questão *vide*, por todos, Martim de Albuquerque, «Política, Moral e Direito na Construção do Conceito de *Estado* em Portugal», cit., pp. 137 a 139. A concepção do rei como tutor, como mentor, como *pater*, em termos da comunidade é um lugar comum na obra escrita dos teóricos medievais e renascentistas bem como nas demonstrações da literatura e da poesia.. O recurso às fontes prová-lo-á suficientemente. A esta imagem do rei como pai se refere o infante D. Pedro, no *Tratado da Virtuosa Bemfeitoria*. Cfr. Paulo Merêa, «As ideias políticas medievais...», loc. cit. Também D. Duarte, na sua obra maior, utiliza a imagem do rei como mentor da comunidade «*Porém diz Aristóteles no livro sexto da Moral Filosofia: "Aqueles são prudentes, que sabem reger a si e outros para fim convinhável." E pois que a fim é dos Reis serem regedores e isto eles não podem fazer sem prudência*», (*Leal Conselheiro*, cap. LI); «*Aos príncipes cumpre de reger e encaminhar seu povo em ordenada e devida fim*», (*Leal Conselheiro*, cap. LI); «*a saúde do povo é saúde do príncipe, e o príncipe deve muito de amar sua saúde*», (*Leal Conselheiro*, cap. LI); «*e porque as gentes muitas hão condições desvairadas... é necessário ao senhor haver muitas experiências para o saber melhor reger e ordenar à fim que há de haver*», (*Leal Conselheiro*, cap. LII)... A posição do monarca como guardião que actua no interesse do povo ao seu cuidado constitui uma fórmula perene no pensamento político português. Na época renascentista, sufragam-na, por exemplo, Martim de Carvalho Vilasboas, *Volume Primeiro del Espeio de Principes y Misnistros*, discurso 2, (= pp. 158 e 159); Tomé Vaz, «Locupletissimae et utilissimae Explanationis» *in Novam Iustitiae Reformationem*. Manoel Dias, Coimbra, 1677, proémio; António de Sousa de Macedo, *Armonia Politica dos Documentos Divinos com as Conveniencias d'Estado, exemplar de principes no governo dos gloriosissimos reys de Portugal ao serenissimo principe Dom Theodosio*, Coimbra, Off. de Antonio Simoens Ferreyra, 1737, pp. 56 e 57; Sebastião César de Meneses, *Summa Politica offerecida ao principe Dom Theodosio de Portugal*, Amsterdam, Typ. Simão Dias Soeiro Lusitano, 1650, pp. 99 e 100 e João Pinto Ribeiro, «Lustre ao Dezembargo do Paço», *in João Pinto Ribeiro, Obras Varias*, Coimbra, Officina de Joseph Antunes da Silva, 1730, p. 6. Já na centúria de oitocentos, José Joaquim Rodrigues de Brito, nas suas *Memorias Politicas sobre as Verdadeiras Bases das Grandezas das Nações, e principalmente em Portugal*, Lisboa, Impressão Régia, 1803, I, dedicatória, utiliza a metáfora patriarcal para afirmar simultaneamente a natureza e limites do poder.

A filosofia política liberal, ao assentar na formulação constitucional do princípio da igualdade dos cidadãos perante a lei, constitui, de certa forma, uma ruptura com o paternalismo régio. De facto, esta construção não deixava de ser compatível com o absolutismo monárquico que a utilizou, de modo intencional, para escudar a ilegitimidade da desobediência ao rei[159].

Mas, regressemos a Silvestre Pinheiro Ferreira.

Como vimos, uma vez assente que é ao povo que pertence a soberania seria uma contradição admitir qualquer governo que não tire dele a sua origem.

O governo da própria multidão poderia mesmo ser a forma mais perfeita de democracia. Simplesmente, como é facilmente calculável, uma tal consequência, posto que lógica, surge aos olhos do nosso Publicista como irrealizável. Por isso, pode afirmar: «...*si donc c'est l'emsemble de ces trois pouvoirs que tout le monde désigne, de l'aveu des publicistes que*

---

[158] Não obstante, é possível encontrar nos escritos de Silvestre Pinheiro Ferreira a concepção do rei como *pater* dos súbditos. Bebendo a tradição, escreve: «(...) cumpre a todo bom vassalo esperar em respeitoso silencio os remedios com que a benefica solicitude de um principe, pai da patria, jamais deixa de acudir por fim ás publicas calamidades». Cfr. Silvestre Pinheiro Ferreira, «Representação a Sua Magestade sobre o Estado da Causa Publica e Providencias Necessarias» *in Memoria Politicas sobre os Abusos geraes e modo de os reformar e prevenir a revolução popular,* cit., p. 11. E, linhas adiante, reitera: «quando a patria, quando o augusto throno de V. A. R. estão ameaçados de uma imminente ruina, é dever sagrado de todo o bom vassalo, sobre tudo daquelles que temos a honra de servir a V. A. R. e ao estado, levantar a voz com o respeito e com o amor, que nos merece tão bom pai...». *Idem, ibidem,* p. 13.

[159] Neste sentido, François Olivier-Martin, *L'Absolutisme Français suivi de Les Parlements contre L'Absolutisme Traditionnel au XVIIIe. Siècle,* LGDJ, Paris, 1997, pp. 332 e ss.. De salientar que, entre nós, a legislação josefina uliliza a concepção do rei como pai dos vassalos. Cfr. José Roberto Monteiro de Campos de Coelho e Sousa, *Remissões das leis novissimas, decretos, avisos, e mais disposições que se promulgaram nos reinados dos senhores reis D. José I, e D. Maria I,* Lisboa, 1778, s.v. "principe". Se é certo que a metáfora paternalista tempera a componente absolutista do poder, também permanece incontestado que a sua utilização pela legislação pombalina se insere num contexto mais geral de afirmação da obediência dos súbditos e vassalos ao monarca.

O Poder e o Direito na obra de Pinheiro Ferreira: Princípios de Direito Constitucional   151

nous combattons, par le nom de souveraineté, il faudra, pour que l'on puisse donner au peuple le titre de souverain, ainsi q'ils le prétendent, que le peuple ait le droit d'exercer ces mêsmes fonctions: il faut que le peuple ait le droit de faire des lois, de les exécuter et de les faire executer. Mais comme on n'a pas le droit d'une chose impossible, il est non-seulement faux, mais absurde, de dire que le peuple est le souverain».[160] Com efeito – interroga-se Silvestre Pinheiro – *comment ces publicistes ont-ils pu supposer un seul instant possible que les individus qui composent une nation, quelque peu nombreuse qu'elle soit, s'accordassent à prendre en commun une résolution sur tel point d'administration que l'on voudra?*. Um tal acordo[161] - acrescenta – pressupõe capacidade de discussão e oposição além de uma indispensável conformidade de ideias sem a qual jamais será possível a obtenção de um consenso[162/163].

Lançando um breve olhar sobre esta tomada de posição silvestrina somos tentados a recordar que, na sua construção, nem todos os elementos podem considerar-se uma criação do século em que escreve, vê e sente. Pelo contrário, muitos deles são o resultado de antigas tradições históricas, moldadas pela nova ideia de soberania nacional, de que já falámos, em face das novas condições políticas criadas sob a forma monárquica da centúria de Setecentos. Como sublinha o Professor Cabral de Moncada, é um facto que toda a vida política dos Estados europeus do Ocidente havia assentado, desde a Meia Idade, enquanto o cesarismo justinianeu lhe não perturbou a orgânica de evolução histórica, em con-

---

[160] Cfr. *Cours de Droit Public*, I, cit., p. 165. Não obstante, refere Silvestre Pinheiro Ferreira, que apenas numa acepção será correcto afirmar-se que a soberania reside em a Nação: quando se pretende dizer que o que reside no povo é a origem da soberania. *Idem, ibidem.*

[161] *Idem, ibidem.*

[162] *Idem, ibidem.*

[163] E não se diga – sublinha Pinheiro Ferreira em defesa da sua construção – que a história das antigas repúblicas gregas e romanas não fornece um exemplo de representação popular, ainda que profundamente diferente do adoptado nas monarquias representativas. *Idem, ibidem*, p. 166.

cepções mais ou menos democráticas de governo representativo[164/165]. Esta realidade não escapa à observação do próprio Silvestre Pinheiro[166].

Simplesmente, o antigo conceito de representação política era muito diferente, na sua essência e intenção, do de moderna representação política, desde logo porque as condições também são diferentes[167].

A extrema variedade de sentidos em que se tem empregado a palavra representação[168] obriga o nosso Publicista a definir os seus exactos termos.

Esta definição – escreve – indica por si mesma, como cousa aliás provada, que o exercicio de quaesquer poderes politicos deriva de anterior e legitima delegação[169]. *Outra doutrina que supõe é a divisão dos poderes politicos...* [170.] Acresce que *os representantes da Nação não representam nem o território, nem os habitantes, como uma errada phraseologia tem conduzido muitos publicistas e legisladores a tomarem por base de suas leis e theorias.* Na verdade, *não se representam homens nem terras; representam-se interesses: e he sobre interesses que se exerce o mandato transmittido por delegação nacional para o exercicio dos cinco poderes politicos...*

---

[164] Quanto a Portugal não deixam de constituir exemplos do que se pretende dizer não apenas o governo dos concelhos, mas também a prática tradicional de aclamação dos reis em Cortes, acompanhada do juramento recíproco por eles prestado e pelos povos – ao serem aqueles levantados – de guardarem, os primeiros, os foros da nação, e os segundos o respeito e a obediência aos príncipes; e bem assim a imperfeita ideia de representação em Cortes. Neste sentido, L. Cabral de Moncada, «Origens do moderno direito português», cit., p. 80, nota (I).

[165] L. Cabral de Moncada, «Origens do moderno direito português», cit., p. 80.

[166] *Vide supra.*

[167] Sobre o ideia de representação na Idade Média vide a síntese de L. Cabral de Moncada, *in* «Origens do moderno direito português», cit., p. 80.

[168] Cfr. Silvestre Pinheiro Ferreira, *Exposição do Projecto d'Ordenações,* cit., p. 207.

[169] *Idem, Projecto de Ordenações para o Reino de Portugal,* cit., p. 136.

[170] *Idem, ibidem.*

O Poder e o Direito na obra de Pinheiro Ferreira: Princípios de Direito Constitucional   153

Partindo destas premissas, pode concluir que a representação nacional mais não é do que *o exercicio dos poderes politicos, em virtude de legitima delegação*[171].

Por consequência, em Silvestre Pinheiro Ferreira, a representação não é uma representação do Povo ou da Nação no seu todo abstracto – palavras que mal podiam ter um significado – mas uma representação precisamente de interesses divergentes e convergentes a um só tempo[172]. A espécie de mandato[173] por que a representação se estabelecia era a de uma real delegação de poderes[174], que o povo, *em quem originariamente reside a soberania*[175], transmitia *a quem faz certas leis, a quem julga certas causas e a quem exerce, enfim, certos actos do poder executivo*[176].

Mas daí não decorre que os representantes da Nação sejam meros mandatários desta, no sentido jurídico rigoroso do termo.

---

[171] Cfr. *Projecto d'Associação*, cit., p. 137; *Cours de Droit Public*, I, cit., p. 23.

[172] *La représentation nationale* – escreve sugestivamente o nosso Publicista – *quels que soient les mandataires qui en sont revêtus, et quelle que soit la spécialité de leurs mandats, ne peut consister que dans l'exercice de l'un ou de plusieurs des pouvoirs politiques légalement délégués. Quant à la spécialité du mandat, elle ne peut dériver que de la nature des intérêts que les mandataires sont appelés à représenter».* Cfr. Silvestre Pinheiro Ferreira, *Cours de Droit Public*, I, cit., p. 23.

[173] A ideia de que a representação nacional tem origem num mandato é um lugar comum na obra política de Pinheiro Ferreira. Exemplificativamente, transcrevem-se as seguintes passagens: «A cada um dos membros do congresso nacional incumbe, em virtude do seo mandato, não só promover os interesses especiaes das classes...», cfr. *idem, Projecto de Codigo Politico para a Nação Portugueza*, Paris, Rey e Gravier e J. P. Aillaud, Paris, 1838, p. 31; «... quoique tous les deux soient chargées du mandat général de la nation...», *idem, Précis d'un Cours de Droit Public*, tomo I, cit., p. 80; «en Angleterre on sait que le mandat des représentants de la nation au parlement...», *idem, Cours de Droit Public*, I, cit., p. 171; «...des mandataires de la nation, leur mandat, d'où commencent à dater les pouvoirs qui y ont rapport», *idem, ibidem*, p. 161.

[174] Sobre a natureza e valor jurídico do acto pelo qual se realiza o *consensus* ou a *transladitio imperii vide infra*.

[175] Silvestre Pinheiro Ferreira, *Cours de Droit Public*, I, cit., p. 165.

[176] *Idem, ibidem*, p. 167.

Nos escritos silvestrinos perpassa, pois, uma teoria de Estado em que os órgãos representativos são os verdadeiros portadores da nova soberania nacional que a eles se transmitiu pelo simples facto da sua designação[177]. Uma vez no poder não se conservam, em geral, dependentes da vontade que os elegeu mas encarnam–na em si mesmos, exercendo um mandato que se não chama já *imperativo* mas *representativo*[178].

Estas ideias são o resultado lógico de uma nova aplicação dos conceitos de representação nacional e de soberania popular aos também novos quadros individualistas da sociedade, criados na vida do Estado pelo desvio da monarquia absoluta.

1.3 - Natureza e Fins Verdadeiros do Poder

Examinadas as questões essenciais da origem e da forma do poder, vejamos agora qual a sua natureza e, concomitantemente, quais os seus limites e fins.

Tem origem em S. Paulo a ideia de que o rei é vigário de Deus, concepção essa que se converteria em doutrina dominante a partir do século IX[179].

---

[177] O seu pensamento apresenta-se claro e fácil de seguir. Ao teorizar o poder executivo, escreve: «Rien de plus inexact que de dire que si on donne le titre de souverain au monarque qui agit au nom et par délégation de la nation, c'est a celle –ci cependent que ce titre appartient». Cfr. Silvestre Pinheiro Ferreira, *Cours de Droit Public*, I, cit., p. 164. Mais amplamente, exorta: «la nation ne donne pas de demi-pouvoirs; elle ne peut donner que des pleins pouvoirs. Elle peut les révoquer, mais elle ne saurait ni les augmenter ni les restreindre». *Idem, ibidem*, p. 178.

[178] Para utlizar terminologia de L. Cabral de Moncada, «Origens do moderno direito português», cit., p. 80.

[179] Assim, Martim de Albuquerque, «O Poder Político no Renascimento Português», Volume V cit., p. 203; Manuel García-Pelayo, *op. cit.*, p. 101.

Como corolário dessa construção, difundiu-se, entre os teorizadores medievos, a conclusão de que o regimento foi por Deus outorgado ao príncipe para que este execute na terra a Sua vontade. Se o rei exerce na terra o lugar do Senhor é imperioso que se comporte sempre a seu exemplo.

Escreveu S. Tomás que os príncipes são instituídos por Deus, não para que procurem o seu próprio benefício mas para que promovam a «*communem utilitatem*[180]». O bem comum e suas exigências constituem mais do que um direito um verdadeiro *officium*[181/182]. Em consequência, a finalidade ética do governo é primordial[183/184]. Ora, o fim moral que justi-

---

[180] Cfr. Opusc. 40 – *De regimene judaeorum*, cap. 6.

[181] A ideia de *officium* esboçava-se já na literatura antiga. A este propósito escreve o Professor Paulo Merêa: «Séneca no *"De Clementia"* (I, 1 a 7) aconselha os príncipes a usarem benèvolamente do seu poder, e sob uma outra forma Cícero dissera que uma comunidade, para merecer verdadeiramente êste nome, devia ter como vínculo unificador *juris consensus et utilitatis communio:* "onde o governo é injusto, não existe um Estado" (*De Republica*, I, 25-42 e III, *in* S. Agostinho, *De Civit. Dei*, II, 21). O próprio provérbio referido por Santo Isidoro é uma antiga fórmula usada pelos romanos nos jogos infantis – *Rex eris si recte facies* – à qual alude Horácio numa das suas Epístolas (I, 1, v. 59 e 60). Cícero não fazia, de resto, mais do que seguir um pensamento essencial de Aristóteles: que a legitimidade duma forma de govêrno é determinada pelo seu fim». Cfr. «As teorias políticas medievais no "Tratado da Virtuosa Bemfeitoria"», *in Estudos de História do Direito*, cit., pp. 210 e 211. Simplesmente, será também inegável que tal ideia adquiriu pleno vigor na literatura política cristã.

[182] Ante a questão dos fins do poder, S. Tomás aproxima-se, pois, de Aristóteles, o filósofo pagão. Junta-se-lhe na medida em que para os dois pensadores os fins que a autoridade deve prosseguir são fins éticos: supremo bem da cidade, supremo bem da pessoa são, se não idênticos, pelo menos solidários. Simplesmente, afasta-se do Estagirita na qualidade de Doutor cristão. De facto, enquanto para o Filósofo, o indivíduo encontra a sua realização integral na Cidade, para S. Tomás o homem tem dois fins, um temporal, outro espiritual. Carece, portanto, de duas autoridades: o poder público e a Igreja, reinando sobre a mesma sociedade humana. Neste sentido, J. J. Chevallier, *op. cit.*, p. 214.

[183] Não constitui, por certo, tarefa árdua encontrar nos escritores peninsulares medievos doutrinação idêntica. Escutemos, uma vez, mais as sábias palavras do Doutor Merêa: «uma das mais antigas produções da literatura teológico-política dêste período – o *De Panctu Ecclesiae* do português Álvaro Pais – reproduz e comenta a passagem famosa

fica a outorga do poder implica que a autoridade esteja limitada, devendo ser exercida tão só de acordo com a lei[185].

Em Portugal, as teorizações políticas continuam, no final da Meia Idade, subordinadas a uma concepção ética da vida[186].

---

de Santo Isidoro, e insiste longamente em distinguir o tirano do verdadeiro rei: este procura realizar o bem comum do seu povo, aquele o seu interêsse pessoal... As mesmas ideias reaparecem no *Crestiá* do bispo Ximenez, no *Speculum vitae humanae* de Sanchez de Arévalo, no *De optima politica* de Afonso de Madrigal, e mais ou menos explicitamente em todas as obras dêste período». V. «As teorias políticas medievais no "Tratado da Virtuosa Bemfeitoria"», *in Estudos de História do Direito*, cit., pp. 212 e 213.

[184] Os monumentos legislativos peninsulares espelham, de igual forma, a ideia de *officium regis*. Deve-se ao Professor Paulo Merêa o inegável mérito de ter estabelecido a sua genealogia, chamando nomeadamente a atenção para o Consílio IV de Toledo (633), presidido por Isidoro de Sevilha, o qual consagrou a excomunhão para os reis que tiranizassem os seus súbditos (canon LXXV); para o *Titulus Primus* do Código Visigótico e para as Partidas, de Afonso X, o Sábio, que, não obstante traduzirem uma nítida tendência no sentido do robustecimento do poder régio, submetem o monarca às leis e aos ditames da justiça (I, 1, 4; II, 1, 7 e II, 1, 1), operando, em simultâneo, a distinção entre rei e tirano (II, 1, 10).

[185] Neste sentido, G. Sabine, *op. cit.*, pp. 189, 190; J. J. Chevallier, *op. cit.*, pp. 212 a 215; Marcel Prélot e Georges Lescuyer, *Histoire des idées politiques*, Précis Dalloz, Paris, 1992, pp. 136 e 137; E. L. Fortin, «Saint Thomas D'Aquin», cit., pp. 275 a 291.

[186] O processo histórico português poderá, talvez, explicar a persistência de tal construção, numa época em que se começa a operar um hiato entre a política e a moral. Tal ruptura culminará, em Itália, com Maquiavel, «o teorizador do oportunismo, o consagrador intelectual da política do êxito, para o qual só há uma vergonha, não vencer». Neste sentido, Mário de Albuquerque, «Maquiavel e a Ética Tradicional Portuguesa», *in Esmeraldo*, n° 2, 1954. É um facto que o século XV lusitano foi ainda marcado, aqui e além, por alguns momentos dramáticos, mormente o caso de Alfarrobeira e a luta de D. João II com uma pequena facção da nobreza. Não obstante, em Portugal, ao contrário de Itália, o sentido nacional de unidade e coesão propiciaria que, mesmo antes do autor de *Il Principe* haver nascido, se iniciasse a negação da sua doutrina. Sugestivamente, o Professor Tejada Spínola consideraria o rei D. Duarte um refutador *avant la lettre* de Maquiavel. Na sua perspectiva, o *Leal Conselheiro*, denotando «uma tão brilhante lucidez de juízo», consubstancia «a melhor introdução às polémicas que *Il Principe* viria suscitar nas centúrias seguintes» ao definir «uma política autênticamente católica». Cfr. Tejada Spínola, *Las Doctrinas Politicas en Portugal*, cit., pp. 93 e 94. Neste período, Portugal atingira aquele

As ideias então reinantes não se compreendem senão em consonância com a poderosíssima consciência católica que animava o país. De facto, não poderemos olvidar que a Idade Média foi marcada por uma clara e invariável obediência à moral cristã e à influência escolástica. Entre o rei e o povo estabelece-se uma intima comunhão moral. Se o povo se compromete a obedecer, o príncipe, por seu turno, obriga-se a cumprir com o seu dever de buscar o bem da multidão e não o seu próprio[187].

O bem comum, finalidade última do ofício do governante, é, consequentemente, o fim do poder que este detém por e para a prossecução de seu *ministerium*. Não se estranhe, por conseguinte, que a nossa literatura

---

momento culminante – para utilizar terminologia de Oliveira Martins – a que somente podem ascender as nações «em que todas as forças do organismo colectivo se acham equilibradas e todos os homens compenetrados por um pensamento a que se pode chamar alma nacional...». Cfr. *História da Civilização Ibérica*, Lisboa, ed. da Livraria Guimarães, 1954, p. 205. Sobre Nicolau Maquiavel *vide*, por todos, Martim de Albuquerque, *A Sombra de Maquiavel na Ética Tradicional Portuguesa*, Lisboa, 1974; B. Guillemain, *Machiavel, l'Anthropologie Politique*, Genebra, Droz, 1977; P. Manent, *Naissance de la Politique Moderne: Machiavel, Hobbes, Rousseau*, Paris, Payot, 1977; H. Vedrine, *Machiavel ou la Science du Pouvoir*, Paris, Seghers, 1972; Claude Lefort, *Le Travail et l'Oeuvre: Machiavel*, Paris, Gallimard, 1972; P. Brunel, *L'État et le Souverain*, Paris, PUF, 1978; Jacques Maritain, «O Fim do Maquiavelismo (1942)», *in Princípios duma Política Humanista*, trad. port., Lisboa, Morais, 1960, pp. 193 a 281; Eric Weil, «Machiavel Aujourd'hui», *in Essais e Conférences*, tomo II, Paris, 1971 e Leo Strauss, «Nicolas Machiavel» *in Histoire de la Philosophie Politique*, dir. por Leo Strauss e Joseph Cropsey, Paris, PUF, 1994. Para mais indicações bibliográficas *vide*, José Adelino Maltez, Sobre a Ciência Política, cit., p. 274.

[187] Esta comunhão de interesses consolidaria o princípio de amor que, na aurora da nacionalidade, fora enunciado por Sancho, o Velho, aquando da confirmação do foral de Lisboa: «*Sabhades que nom he Rey nem prínçipe no mundo que mais possa amar alguum conçelho que eu vos amo nem dos ques o serviço eu mais possa graiçir que eu vos gradesco por que bem sey que en todolos os logares hu eu quige me servistes*». Cfr. «Instrumento público tresladando em linguagem, a pedido de Loureço Maça, o foral dado à cidade de Lisboa», *Livro I de Místicos de Reis. Livro II dos Reis D. Diniz, D. Afonso IV e D. Pedro I*, Lisboa, Câmara Municipal de Lisboa, 1947, pp. 17.

medieva tenha procurado reproduzir uma plêiade de conceitos, princípios e imagens sobre as virtudes morais[188], os limites do poder e os deveres do rei.

---

[188] A prudência, para que Silvestre Pinheiro Ferreira apela nas suas *Breves Observações sobre a Constituição Politica da Monarchia Portugueza* (cfr. p. v. da ed. cit.), foi considerada a virtude mestra, a maior das virtudes morais. Pode sem exagero dizer-se que os tempos medievos e modernos aprenderam, com distinção, a lição que a Antiguidade transmitira. A virtude é autoridade. Contam essencialmente os fins do poder. O bem comum e as suas exigências constituem a autêntica morada do poder político. A missão dos governantes é, sem dúvida, eminentemente útil e respeitável. Sem se colocar em lugar de seus membros, eles auxiliam a cumprir o seu destino terreno pela prática das virtudes naturais. Sobre a prudência, em particular, muito se tem escrito desde a Antiguidade. Aristóteles concebê-la-ia como a virtude dos príncipes. O Livro V da *Ética a Nicomaco* encerra a matéria da virtude moral, propriamente dita. Os Livros seguintes dedica-os o Estagirita à análise dos diversos aspectos da questão fundamental da relação entre a virtude moral e o conhecimento. No Livro VI, Aristóteles examina, circunstancia-damente, as virtudes intelectuais, mormente a prudência ou *phronèsis*. Esta é concebida como a virtude própria da parte deliberativa do lado racional da alma. Todavia, ainda que seja uma virtude intelectual, não deixa, em paralelo, de integrar a acção moral, não podendo existir sem a virtude moral. Aristóteles distingue claramente a prudência da mera inteligência ou perspicácia. O fim último da *phronèsis* não será a busca do bem próprio de cada um. O seu objectivo primeiro será o de adaptar os universais, que as virtudes morais reflectem, às circunstâncias particulares que caracterizam a acção moral. Neste contexto, Aristóteles faz depender a prudência da experiência. Assim, denota o Estagirita, os jovens poderão, sem dúvida, apresentar agudeza intelectiva no terreno das matemáticas ou da geometria, mas faltar-lhes-á necessariamente a prudência dada a experiência limitada de vida. Cfr. *Ética a Nicomaco*, VI. 5, 7-8, 13. Não poderemos, nesta sede, examinar a questão essencial da relação, pelo Filósofo estabelecida, entre a prudência e a competência política. Não obstante, não deixaremos de salientar que, ainda que reconheça alguma bondade à opinião comum de que a prudência respeita ao bem do indivíduo, Aristóteles concebe a competência política como uma forma de prudência. Concretizando, o Estagirita distingue, na prudência do homem político, duas vertentes: uma prudência «le-gislativa», arquitetónica, e uma prudência «prática e deliberativa», a qual, por sua vez, se analisa em uma forma deliberativa e uma forma judiciária. Cfr. *Ética a Nicomaco*, VI. 8, 1141b, 23-33. Numa palavra, Aristóteles concebe o verdadeiro homem político como aquele que reúne a virtude moral e a inteligência pragmática, a experiência e o conhecimento real das características particulares da sua cidade e do seu povo. Sobre a questão v., por todos, Carnes Lord, «Aristote», cit., pp. 142 a 146. Na Meia Idade versaram o tema, por exemplo, Vicente de

O *Poder e o Direito na obra de Pinheiro Ferreira: Princípios de Direito Constitucional*   159

O laço de amor que, reciprocamente, liga o monarca ao seu povo constituiu sempre um poderoso esteio do poder público, talvez mesmo o mais forte[189]. Quer o temor quer o amor do príncipe são necessários ao exercício do poder político, pelo que aparecem, frequentemente, associados a propósito da realeza.

Se o rei desempenha um cargo ou ofício ele terá, consequentemente, um fim a prosseguir. O bem comum será, em medida mais ampla e numa concepção menos negativa, a razão de ser e a finalidade do poder público.[190]

Também no renascimento português, a ideia de que os monarcas são representantes terrenos do Senhor nos aparece constantemente ligada à ideia de um fim a prosseguir. Na verdade, a concepção funcional da realeza é, desde os tempos recuados, até mesmo para além do século XVI, uma constante no pensamento político português[191].

O *princeps* desempenha um cargo, tem uma função e, concomitantemente, um dever a cumprir. Como corolário, não pode fazer tudo aquilo

---

Beauvais, que no *Speculum Historiale* glosou, a este propósito, ensinamentos de Plutarco, Egídio Romano, no seu *Regimento dos Príncipes* e André de Pate, franciscano, ministro provincial da Sicília, eleito bispo de Mileto em 1398. É inte-ressante observar que esta ideia aparece, com particular intensidade e significativa insistência, no pensamento medievo e renascentista portugueses. Sobre a temática *vide*, por todos, Martim de Albuquerque, «O Poder Político, cit., vol. V, pp. 423 e ss..

[189] Neste sentido, Martim de Albuquerque, «O Poder Político no Renascimento Português», Volume V, cit., p. 444.

[190] Já no século XIV escreveu Álvaro Pais: «*Officium autem principale regum est dirigere suum regime in finem uerum, qui est beatitudo aeterna*». Cfr. *Speculum Regum, r.ᵃ De officio regis et qualis debet esse rex* (= vol. I, p. 210 da ed.cit.).

[191] Defenderam-na, por exemplo, Lourenço de Cáceres ao traçar as *Condições e Partes que Deve Ter um Bom Principe, c. 13* (cfr. Sousa, *Provas*, vol. 2, p. 503); D. Gaspar de Leão no seu *Desengano de Perdidos*, reprodução do único exemplar conhecido com uma introdução de Eugeni Assensio (ed. da Acta Universitatis Conimbrigensis, Coimbra, 1958, pp. 4 e ss.) e Jorge de Cabedo. Cfr. *Praticarum Observatinum sive Decisionum Supremi Senatus Regni Lusitaniae. Pars Prima – Secunda*, Antuerpiae, apud Ioannem Meursium, 1635, p. 2, d. 40, nº 8, tomo 2, p. 63.

que lhe aprouve estando, antes, obrigado a agir de acordo com o objectivo da sua existência. No fundo, «*regnum non est propter regem sed rex propter regnum*»[192].

Intimamente relacionada com a ideia de ofício surge, muitas vezes, concretizando-a, uma concepção paternalista do poder.[193/194]

De notar, porém, que os nossos tratadistas não se servem da comparação entre o rei e o pai para significar o poder absoluto do monarca[195]. Querem fundamentalmente realçar o dever que o rei, como *pater subiectorum*, tem de zelar pelos seus súbditos.

Simplesmente, a figura poderosa do Rei é o paralelo humano da figura omnipotente e omnipresente de Deus, pelo que os sentimentos e atitudes a ter ante ele, mormente o amor e o temor, são espelho daqueles que o verdadeiro cristão deverá assumir diante de Deus. Acresce que a nítida ligação entre o amor e o temor não é senão a dupla face do sublime princípio moral que presidiu à progressão da história das ideias políticas em todo este período.

Transparece, assim, nesta construção que a acção governativa, tal como a própria conduta régia, deverá prosseguir e orientar-se em obediência aos princípios da moral cristã. Por outras palavras, a política teria fins humanos, invocando-se, passo a passo, o amor, a clemência e a misericórdia, sem que tal representasse uma arte para alcançar ou conservar o poder.

Numa palavra, a caracterização do estatuto constitucional do poder dos reis exige o cumprimento da justiça como verdadeiro ofício real[196].

---

[192] Neste sentido, Martim de Albuquerque, «O Poder Político no Renascimento Português», Volume V, cit., p. 208.

[193] Cfr. H. Kantarowicz, *The King's Two Bodies*, cit., p. 92 e p. 92, nota 18.

[194] *Vide supra.*

[195] Ensina o Professor Martim de Albuquerque que a teoria patriarcal pode assumir duas formas – *uma a que poderíamos chamar absolutista e outra paternalista* – sendo que, entre ambas, existe um hiato profundo. *A primeira representa uma força para o rei; a segunda, porque é um dever, constitui também uma limitação.* Cfr. Martim de Albuquerque, «O Poder Político...», cit., vol. V, p. 218.

[196] Implantar o reinado da justiça, tal é, em medida mais ampla e numa concepção menos negativa, o fundamento do poder político. Sugestivamente, todos os tratados

O Poder e o Direito na obra de Pinheiro Ferreira: Princípios de Direito Constitucional   161

medievais e renascentistas dedicados à questão exortam o rei a ser justo e a rodear-se de conselheiros justos, pois será ele o responsável máximo pela arbitrariedade de seus prepostos. Numa palavra, realeza é justiça; tirania é injustiça. Aí se cava o profundo hiato que separa o tirano do verdadeiro rei. Não há, em toda a Idade Média e Moderna, quem refute este ponto. Para os homens desses tempos, o poder político terá como obrigação primeira distribuir justiça. De facto, a função de todo o governante secular era, neste período, definida pela fórmula corrente *Pax* e *Justitia*. Se a justiça reinava havia paz; se a paz existia era sinal que reinava justiça. Assim, Jean – Jacques Chevallier, *op. cit.*, p. 206.

A justiça constitui, por conseguinte, o fim e o fundamento do poder político, sendo, por intermédio dela, que se alcança a paz, conceito que está longe de ser unívoco, mas que abrange realidades como a protecção do ministério espiritual, pela defesa e exaltação da Igreja, o governo do povo e a defesa da pátria. Neste sentido, Kantarowicz, *Frederick the Second. 1194-1250*, trad. inglesa da E. O. Lorimer, Nova Iorque, ed. Frederick Ungar Publishing Co., s.d., p. 228. Em Portugal, são inúmeros os textos que, desde a aurora da nacionalidade, elevam a justiça a fundamento e o objectivo último do poder político. Lê-se, por exemplo, no Regimento quatrocentista da casa da Suplicação: *Statui autem Regis necessaria sunt cultus justitiae, regimen populi, et defensio patriae. Omissis igitur duobus ultimis, solum de primo tractandum edt in libro hoc. Rex enim vicarius est Dei, et cum sit vicarius Dei in temporalibus, totis viribus et totis connatibus certare debet, quatenus re et fama sibi et aliis sit justus, quia ut dicit Cyprianus "De duocemin abusion". (vide pulcra verba Cypriani, qualis sit justitia Principis); Justitia Reigs est pax populorum, tutela patriae, immunitas plebis, munimentum gentis, cura languorum, gaudium hominum, temperies maris, serenitas aeris, terrae fecunditas, solatium pauperum, hereditas filiorum, et sibimetipsi spes futurae beatitudinis».* Cfr. *Fragmentos de Legislação escritos no livro chamado das posses da casa da Suplicação*, nº44, na *Collecção de Livros Inéditos de História Portuguesa dos reinados de D. João I, D. Duarte, D. Afonso V e D. João II, publicados de Ordem da Academia Real das Sciências de Lisboa por José Corrêa da Serra*, t. III, Lisboa, 1793, p. 596. Uma análise circunstanciada da questão pode ser vista em Martim de Albuquerque, «O Poder Político no Renascimento Português», Volume V, cit., pp. 226 a 237. Uma última palavra para salientar que subsistem muitas dúvidas sobre a época em que o *Regulamento da Casa da Suplicação* teria sido redigido. O Professor Martim de Albuquerque pronunciou-se sobre a questão, situando o Regimento em data compreendida entre 1433, ano em que sobe ao trono D. Duarte, e 1446. E, progredindo, na sua análise, considera não ser difícil admitir que o *Regimento*, não sendo embora da autoria de D. Duarte, tivesse sido elaborado sobre directrizes suas ou mesmo sob a respectiva intendência. V. Martim de Albuquerque, *O Regimento Quatrocentista da Casa da Suplicação. Texto latino acompanhado de tradução portuguesa pelo dr. Miguel Pinto de Menezes*, sep. esp. do Vol. XV dos Arquivos do Centro Cultural Português, Paris, 1980, pp. 7 a 49; Martim de Albuquerque, *O Regimento Quatrocentista da Casa da Suplicação*, reprodução anastática do texto latino do Cod. 35 da Casa Forte do Arquivo Nacional da

Estes conceitos, à força de serem repetidos quer pelos doutrinadores quer pelos textos oficiais e legais, não morrem no dealbar de seiscentos. Defendem-nos, ainda, Tomé Vaz[197], António de Sousa Macedo[198] e João Pinto Ribeiro[199], Frei Jacinto de Deus[200] e Sebastião Pacheco Varela[201].

A imagem do rei como *pater* não deixa de colorir os textos dos escritores portugueses da época josefina que a utilizam ao mesmo tempo que repetem continuamente a formulação do princípio da origem imediatamente divina do poder[202]. Não obstante, fórmulas como as que o rei o é

Torre do Tombo, Leitura Paleográfica de Eduardo Borges Nunes, Tradução de Miguel Pinto de Menezes, Paris, Centro Cultural Português, 1982, p. 47.

[197] Tomé Vaz, *Locupletissimae, et utilissimae Explanationis in Novum Iustitiae Reformationem*, cit., proémio.

[198] António de Sousa Macedo, *Armonia Politica dos Documentos Divinos com as Conveniencias de Estado*, cit., pp. 56 e 57.

[199] João Pinto Ribeiro, «Lustre ao Dezembargo do Paço», *in Obras Várias...*, cit, pp. 6 e ss., e, ainda, do mesmo autor «Preferencia das Letras ás Armas», *in* João Pinto Ribeiro, *Obras Várias...*, tomo II, p. 173.

[200] Frei Jacinto de Deus, na sua *Brachilogia de Principes*, enumera as virtudes que ao bom rei são necessárias, dentro da visão tradicional da literatura de educação dos príncipes. Cfr. Jacinto de Deus, *Brachilogia de Princepes*, Lisboa, Antonio Craesbeeck de Mello, 1671, especialmente pp. 101 e 105 e ss..

[201] Exemplar de literatura apologética da monarquia é a obra de Sebastião Pacheco de Varela, *Numero Vocal, Exemplar Catolico, e Politico Proposto no Mayor entre os Santos o Glorioso S. Joam Baptista: para Imitaçam do Mayor entre os Principes o Serenissimo Dom Joam V*, Of. de Manoel Lopes Ferreira, Lisboa, 1702.

[202] Os teorizadores desta formulação do poder régio surgem apenas após a publicação da *Dedução Cronológica e Analítica* de José de Seabra da Silva, obra que, sem eufemismos, pode ser considerada, o catecismo do modelo da monarquia de direito divino. A preferência pela monarquia pura aparece claramente nas obras de António Ribeiro dos Santos, Pascoal de Melo Freire, Francisco Coelho de Sousa Sampaio e de José António de Alvarenga. Cfr., respectivamente, António Ribeiro dos Santos, *De Sacerdotio et Imperio*, Olissipone, Typ. Regia, 1770; Pascoal de Melo Freire, *Instituições de Direito Civil*, particularmente o disposto no livro I, (= p. 161); Francisco Coelho de Sousa Sampaio, *Prelecções de Direito Patrio, Publico, e Particular*, Lisboa, Impressão Régia, 1805; José António de Alvarenga, *Sobre a authoridade regia. Oração aos bachareis, que se habilitão para servir a S. Magestade nos lugares de Letras. Deduzida das principaes doutrinas que se contem na Dedução Chronologica e Analytica, e na Carta Encyclica de*

pela "graça de Deus" pretendem, não sacralizar o poder do monarca, mas firmar o entendimento de que o poder do rei não está limitado por nenhum outro na ordem temporal. Este era, na verdade, o ideal iluminístico do poder: colocar o Estado – nascido dos impulsos naturais da sociabilidade dos indivíduos, saídos do estado de natureza para a plena luz de um estado social de base contratual – ao serviço daquele ideal burguês de bem estar e prosperidade. Para tal fim, deveria utilizar-se o poder do reis, tornados os primeiros servidores das exigências práticas dessa ideia, sem admitir que alguém, instituição ou classe privilegiada pudessem disputar-lhe parcela alguma da soberania.

O rei deveria interiorizar a sua missão transcendente, mesmo divina, de ter de realizar a *pubblica felicitá*, de que fala Muratori[203].

Como demonstram os estudos do Professor Martim de Albuquerque, o absolutismo, em Portugal, está longe de significar uma alteração profunda nas instituições governativas e/ou no poder do monarca[204]. Nas suas palavras, *perfilava-se a razão de Estado em plano de inferioridade face ao Direito, ou pelo menos, a um determinado tipo de Direito, que era expressão da Justiça.*

A tradução portuguesa da ideia de Estado apresenta uma peculiaridade, se confrontada com a dos restantes países europeus que constituem

---

S.S.P. Clemente XIV de 12 de Dezembro de 1769, Lisboa, 1770. No final do século XVIII defendem-na, ainda, António Caetano do Amaral, Fernando Telles da Silva Caminha de Menezes e, já no período liberal, Faustino José da Madre de Deus. Cfr. António Caetano do Amaral, *A Monarchia: traduzida do original castelhano de D. Clemente Peñalosa y Zuniga*, Lisboa, Régia Of. Typ., 1798; Fernando Telles da Silva Caminha de Menezes, *Dissertação a favor da Monarchia*, Regia Of. Typ., Lisboa, 1799; Faustino José da Madre de Deus, *A Constituição de 1822 commentada e desenvolvida em practica*, Imprensa Regia, Lisboa, 1823; *idem, Os Povos e os Reis*, Imprensa Regia, Lisboa, 1824. Sobre o tema v., por todos, António Pedro Barbas Homem, *Judex Perfectus* cit., pp. 37 e ss..

[203] Ludovico Antonio Della Muratori, *Pubblica Felicitá*, Bologna, Nicola Zanichell, 1941.

[204] Cfr. Martim de Albuquerque, «Política, Moral e Direito na Construção do Conceito de Estado em Portugal», *in Estudos de Cultura Portuguesa*, 1º Volume, Imprensa Nacional Casa da Moeda, 1983, pp. 125 e ss.

a matriz do pensamento político moderno. Tal especialidade reside no constante enquadramento da política pela moral, não obstante todas as vicissitudes do seu processo de formação e de todas as violações de facto.

A esta luz se compreende a afirmação de que *a evolução posterior tinha inevitavelmente de ser uma*[205].

Olhemos, então, para Silvestre Pinheiro Ferreira.

Procuraremos fazê-lo, partindo de uma posição cientificamente neutra e raciocinando com precaução e, quanto nos for possível, sem recurso aos quadros mentais hodiernos, que dificilmente se compatibilizarão com o estudo de qualquer realidade histórica. De facto, e nas palavras do Professor Martim de Albuquerque, *o fenómeno histórico está longe de se harmonizar forçosamente com categorias que lhe não são contemporâneas, conceitos surgidos em tempo ulterior. Julgamos, todavia, que se arrancarmos de uma perspectiva não metodologicamente comprometida(...), tanto quanto humanamente viável, o uso da conceptologia actual, desde que feito com precaução e cautela, poderá aclarar o campo de estudo histórico e ser fértil em conclusões. (...) A oposição, a diferenciação, o não eu, fazendo realçar os contrastes, e as linhas divergentes, permite aperceber, com frequência a realidade real do passado que se prossegue*[206]. Será este caminho, por certo não isento de dificuldades, que procuraremos trilhar.

Na sua construção jurídico-política, Silvestre Pinheiro chega à concepção de Estado liberal e democrático. Partindo das ideias contratualistas dominantes[207], segue pelo caminho traçado por Locke[208], afastando-se, intencionalmente do de Hobbes[209] e Filmer[210].

---

[205] *Idem, ibidem*, p. 211.

[206] Martim de Albuquerque, *A Expressão do Poder em Luís de Camões*, Lisboa, Imprensa Nacional – Casa da Moeda, 1988, pp. 111 e 112.

[207] *Vide supra*.

[208] Para a história das ideias políticas interessa, fundamentalmente, o seu Segundo Tratado de Governo, exposição positiva sobre a origem, os limites e os fins verdadeiros do poder. Sobre este mestre de pensamento *vide*, por todos, Emilienne Naert, *Locke ou la Raisonnabilité*, Paris, Sehers, 1973; Charles Bastide, *John Locke, ses Théories Politiques*

et Leur Influence en Angleterre, Paris, Leroux, 1906; G. Parry, *Jonh Locke*, Londres, Allen & Unwin, 1978; Otto Von Gierke, *Natural Law and the Theory of Society, 1500 to 1800*, trad. ing. De Ernest Barker, Cambridge, Cambridge University Press, 1928, pp. 101, 103, 106, 113, 128, 136, 149, 157; Raymond G. Gettel, *História das Ideias Políticas*, trad. port. de Eduardo Salgueiro, Lisboa, Editorial Inquérito, 1939, pp. 259 e ss.; George Sabine, *op. cit.*, pp. 386 e ss., Jean-Jacques Chevallier, *História do Pensamento Político*, tomo 2, Zahar, Rio de Janeiro, 1983, pp. 40 e ss.; *Histoire de la Philosophie Politique*, dir. Leo Strauss e Joseph Cropsey, cit., pp. 523 e ss.. Para mais indicações bibliográficas *vide* José Adelino Maltez, *Sobre a Ciência Política*, cit., p. 292.

[209] O racionalismo hobbiano – observou M. Oakeshott – não tem suas raízes na grande tradição platonico-cristã: a razão não é a divina iluminação do espirito que une o homem a Deus... Trata-se de raciocínio: em outras palavras desse cálculo de consequências ao qual cada um se entrega por sua própria conta e que orienta a sua vontade – cálculo longe aliás de ser infalível, de ocupar todo o lugar no homem, que continua a ser fundamentalmente uma criatura de paixão. Cfr. M. Oakeshott, «Introdução» à ed. ing. de *Leviathan, or the Matter, Forme & Power of a Common-Wealth Ecclesiastical and Civil*, Basil Blackwell, Oxford, 1946, pp. XXVII e LIII. A obra capital de Hobbes está dividida em quatro partes: do homem; da comunidade ou *common-wealth*, da comunidade cristã e do reino das trevas. O poder é, pelo Autor, considerado como *present means to obtain some future apparent Good*, salientando-se, a final, que o maior dos poderes do homem é *compounded of the powers of most men, united by consent, in one person*, esse grande Leviatã. Sobre o pensamento de Hobbes *vide*, de entre tantos, Leo Strauss, *The Political Philosophy of Thomas Hobbes. Its Basis and Genesis, Oxford*, 1936; C. B. Macpherson, *The Political Theory of Possessive Individualism – Hobbes to Locke*, Oxford University Press, 1962; Michael Oakeshot, *Hobbes on Civil Association*, Oxford, Basil Blackwell, 1975; Raymond Polin, *Politique et Philosophie chez Thomas Hobbes*, Paris, Puf, 1953; *idem, Hobbes, Dieu et les Hommes*, Paris, PUF, 1981; J. Vialatoux, *La Cité de Hobbes. Théorie de l'État Totalitaire. Essai sur la Conception Adversaire de Hobbes*, Paris, 1935; Simone Goyard-Fabre, *Montesquieu, Adversaire de Hobbes*, Lettres Modernes, 1980; Umberto Cerroni, *O Pensamento Politico*, III, cit., pp. 121 a 145; Felice Battaglia, *Curso de Filosofia del Derecho*, I ,trad. cast. de Francisco Elias Tejada e Pablo Lucas Verdú, Madrid, Reus, 1951, pp. 223 e ss., Jean-Jacques Chevallier, *História do Pensamento Político*, tomo 1, cit., pp. 357 e ss.; *Histoire de la Philosophie Politique*, dir. Leo Strauss e Joseph Cropsey, cit., pp. 433 e ss.; Luís Cabral de Moncada, *Filosofia do Direito e do Estado*, cit., vol. 1º, pp. 169 e ss.; Walter Theimer, *História das Ideias Politicas*, cit., pp. 108 e ss.; António Truyol Serra, *Historia de la Filosofia del Derecho y del Estado*, 2, cit., pp. 194 e ss.. Indicando esta e outra bibliografia histórica, veja-se José Adelino Maltez, *Sobre a Ciência Política*, cit., pp. 286 e 287.

Uma vez associados, os homens estabelecem uma determinada forma de governo[211]. Irá Pinheiro Ferreira imaginar, neste ponto, um "pacto de submissão" ou "contrato de governo" que crie obrigações recíprocas entre o povo e o poder?

A resposta a esta questão exige que se indague qual a natureza e o valor jurídico que o nosso publicista atribui ao acto pelo qual a comunidade admite ou entrega o poder a um superior. Por outras, palavras, será

---

[210] A obra capital de Robert Filmer, *Patriarcha or the Natural Power of Kings*, publicada pela primeira vez, no ano de 1680, era um curioso desafio, lançado à «modernidade», às ideias agitados por nomes como Jonh Milton, Algernon Sidney, James Harrington ou Halifax. O Autor defende em tal escrito o direito divino dos reis enquanto poder natural, fundado sobre a autoridade natural do *pater*. Adão, o primeiro homem, o primeiro pai, o primeiro rei, recebera directamente de Deus uma autoridade ou poder absoluto. O poder real, por consequência, não poderia derivar da eleição temporal nem, tão pouco, da força mas da paternidade, o mais natural de todos os vínculos sociais. G. H. Sabine considera que se Filmer não se hovesse desacreditado «com o seu absurdo argumento sobre o poder real de Adão», ele poderia ter sido «um crítico formidável» da tese do consentimento contratual do povo». Cfr. George Sabine, *Historia de la Teoria Politica*, cit., pp. 379 e 380. Não obstante, a repercussão imediata da *Patriarcha*, exigia que Filmer fosse metodicamente refutado. E é precisamente a essa tarefa que se vai dedicar Jonh Locke. No § 2, do seu *Primeiro Tratado de Governo*, Jonh Locke utiliza as seguintes palavras para sumariar o pensamento de Robert Filmer: «O sistema (de Filmer) não significa mais que o seguinte: *Todo o governo é uma monarquia absoluta*. E o princípio sobre o qual ele constrói a sua doutrina é o seguinte: nenhum homem nasce livre». Cfr. Jonh Locke, *Two Treatises of Gouvernment*, ed. Peter Laslett, Cambridge, Cambridge University Press, 1988. Sobre o pensamento de Robert Filmer *vide*, por todos, F. W. Maitland, «A Historical Sketch of Liberty and Equality as Ideals of English Political Philosophy from the Time of Hobbes to the Time of Coleridge», *Collected Pappers*, 3 vol., Cambridge, 1911, vol. I, pp. 1 e ss.; George Sabine, *op. cit.*, pp. 378 e ss., Jean-Jacques Chevallier, *História do Pensamento Político*, tomo 2, Zahar, Rio de Janeiro, 1983, pp. 39 e 40; *Histoire de la Philosophie Politique*, dir. Leo Strauss e Joseph Cropsey, cit., pp. 523 e ss; Luís Cabral de Moncada, *Filosofia do Direito e do Estado*, cit., vol. 1°, pp. 205 e ss.; Walter Theimer, *História das Ideias Politicas*, cit., pp. 141 e ss.; François Chatelêt e Eveline Pisierkouchner, *Les Conceptions Politiques du Xxe Siècle. Histoire de la Pensée Politique*, Paris, PUF, 1981, pp. 150 a 153; António Truyol Serra, *Historia de la Filosofia del Derecho y del Estado*, 2, cit., pp. 194 e ss..

[211] *Vide supra.*

que o *populus* abandona ao governante todas as suas faculdades? Ou, pelo contrário, o contrato pressupõe a revogabilidade do próprio acto de transmissão?

O problema da natureza jurídica do acto translativo reconduz-se, em última instância, ao problema da própria titularidade da soberania.

Já conhecemos a posição silvestrina sobre esta questão verdadeiramente central[212]. Tiraremos, agora, as devidas consequências.

A soberania reside na nação no sentido de que é o povo a origem do poder[213]. O acto pelo qual se realiza a *translatio imperii* tem a natureza e, por consequência, a exacta extensão de um acto de delegação.

Nas linhas que dedica à análise do tema, escreve Pinheiro Ferreira: «*Mais, dira-t-on peut-être, il est absurde d'affirmer d'un peuple quelconque qu'il a le droit d'exercer la souveraineté, puisqu'il n'en a pas le pouvoir. Comment peut-il donc déléguer un pouvoir qu'il n'a pas lui-même*[214]? E a resposta surge no seu espírito clara, rectilínea e fácil de fundamentar: «C'est que pour déléguer des pouvoirs, il n'est pas nécessaire que l'on soit apte à exercer soi-même les fonctions du délégué. Déléguer, n'est qu'autoriser quelqu'un à agir dans nos intérêts, soit dans l'intention de faire valoir les droits qui nous appartiennent, soit pour accomplir en notre nom des devoirs qui sont à notre charge[215]».

A lógica que preside a esta argumentação não difere da que rege a delegação de poderes nos negócios puramente civis. De facto, *c'est ainsi que nous déléguons à un avocat la défense de notre cause, sans que l'impossibilité de le faire nous mêmes, faute des connaissances requises, s'oppose à ce que cette transmission de pouvoirs soit une véritable délégation*[216].

---

[212] *Vide supra.*

[213] Sobre o conceito e a verdadeira expressão de soberania nacional em Silvestre Pinheiro Ferreira *vide supra.*

[214] Cfr. Silvestre Pinheiro Ferreira, *Cours de Droit Public*, I, cit., p. 24.

[215] *Idem, ibidem*, pp. 24 e 25.

[216] *Idem, ibidem*, p. 25.

Pinheiro Ferreira não ignorava que poderia não ter existido de facto o pacto social[217]. Esta circunstância não o embaraça... Com o recurso a tal ideia pretendia significar categoricamente uma necessidade racional pois, para ele, o contrato social é um postulado da razão, uma verdade não tanto histórica mas normativa e reguladora. Os seus escritos demonstram-no suficientemente[218].

Simplesmente, o poder popular sobre o governo não é tão completo como se poderia adivinhar. Ainda que considere que o poder político tem na sua base, a sustentá-lo, um acto de delegação nacional, conserva a antiga opinião de que o governante pode alterar o pacto social sempre que o achar conveniente ao bem estar comum[219].

---

[217] Cfr. Silvestre Pinheiro Ferreira, *Cours de Droit Public*, I, cit., p. 26.

[218] No parágrafo 11. do seu *Cours de Droit Public*, que dedica ao tratamento das hipotéticas objecções que podem ser feitas ao princípio da delegação nacional, escreve, sugestivamente: «Mais cette délégation, aussi bien que le soidisant pacte social, objectent encore quelques publicistes, n'est qu'une pure fiction; car, pour-suivent-ils, à quelle époque et dans quelle nation l'histoire fait-elle mention de pareils actes? (...) Nous avons prévu cette objection. Car personne n'ignore qu'il y a deux manières d'accorder ses pouvoirs, de même qu'il y en a deux de contracter des engagements: l'une par des faits soit antérieures, contenant la déclaration formelle de notre volonté; l'autre par des faits soit antérieurs, soit postérieures, lesquels, s'ils ne sont pas en termes exprès une déclaration textuelle de la concession des pouvoirs, ne prouve pas moins notre consentement à ce que les actes de la personne en question soient considérés aussi valables que s'ils étaient faits par quelq'un que nous y eussions expréssement autorisé...». Cfr. *idem, ibidem*, pp. 25 e 26. A mesma doutrina sustenta as seguintes palavras: «(...) le pacte social – disent-ils – est le contract passé entre le souverain et le peuple; contrat par le quel le premier s'oblige à gouverner selon la constitution et les lois d'état, et le peuple, de son coutê, s'oblige à obéir à tout se qu'il lui ordennera conformément à ces mêmes lois». *Idem, ibidem*, p. 127. Ora, *cette définition, messieurs, n'est pas seulement fausse, elle est extrêmement dangereuse. Pour reconnaître combien elle est inexacte, ill vous suffit de vous dire que (...) il résulte que tous et chacun des individus qui composent la nation sont parties intéressées et effectivement contractantes dans ce pacte, soit qu'ils s'y obligent moyennant un consentement exprès, ... soit qu'ils y adhèrent par leur consentement tacite... consentement aussi réel et tout aussi valable que s'il était formallement exprimé. Cfr. idem, ibidem, pp. 127 e 128.*

[219] Esta ideia surge em mais do que uma passagem da sua vastíssima obra. Veja-se, exemplificativamente, o disposto no parágrafo 34. do seu *Cours de Droit Public*, I, (em particular nas páginas 123 e 124 da ed. cit.).

O Poder e o Direito na obra de Pinheiro Ferreira: Princípios de Direito Constitucional   169

Ademais, ensina o grande Publicista que, em particular, o Congresso Nacional, *composto dos tres ramos do poder legislativo, tem por lei e regimento a lei geral do mandato*[220]. Não obstante, o seu recto desempenho exige que os três braços do *poder de fazer leis possam e devam decretar, alterar e abolir quanto entendam ser a bem dos publicos interesses, sem restrição alguma, salvos os direitos imprescritiveis da propriedade real, da liberdade individual e da segurança pessoal de todos e cada um dos moradores*[221]. E a razão justificativa desta limitação à *omnipotencia parlamentar*[222] é, na sua perspectiva, evidente já que *não pode competir aos ditos mandatários mais direito do que o que compete aos mandantes de quem unicamente derivam os poderes*[223].

Como concluímos antes, as teorizações políticas em Portugal estiveram invariavelmente subordinadas a uma concepção ética de vida. Entre o governante e o povo estabelece-se uma intima comunhão moral. Se o povo se compromete a obedecer, o príncipe, por seu turno, obriga-se a cumprir com o seu dever de buscar o bem da multidão e não o seu próprio.

O bem comum, finalidade última do ofício do governante, é, consequentemente, o fim do poder que este detém por e para a prossecução de seu *ministerium*. Não se estranhe, por conseguinte, que os nossos tratatistas tenham procurado reproduzir conceitos, princípios e imagens sobre as virtudes morais, os limites do poder e os deveres do rei.

O laço de amor que, reciprocamente, liga o monarca ao seu povo constituiu sempre um poderoso esteio do poder público, talvez mesmo o mais forte[224]. Quer o temor quer o amor do príncipe são necessários ao exercício do poder político, pelo que aparecem, frequentemente, associados a propósito da realeza.

---

[220] Cfr. *Exposição do Projecto d'Ordenações*, cit., p. 229.

[221] *Idem, ibidem.*

[222] *Idem, ibidem.*

[223] *Idem, ibidem*, pp. 229, 230.

[224] Neste sentido, Martim de Albuquerque, «O Poder Político no Renascimento Português», Volume V, cit., p. 444.

Respirando esta tradição, Silvestre Pinheiro Ferreira dedica algumas linhas a definir a virtude. De notar, porém, que na sustentação de opinião própria o Publicista apela, em primeiro lugar, para o poderosíssimo argumento de autoridade.

Nas suas concepções de Direito e Moral revela que se deixou imbuir pelo utilitarismo de Bentham, autor que aparecerá abertamente citado.

O recurso às concepções do utilitarista inglês não nos causam estranheza já que as percepções benthamianas, no ciclo parisiense, adequam-se perfeitamente a posições de contenção pós-revolucionária e a um liberalismo calculado, atento aos excessos de poder. Por consequência, a justiça ou injustiça, a bondade ou a maldade, de uma acção só poderão ser convenientemente medidas em função das respectivas consequências.

A utilidade tem para o Publicista Português um significado preciso. Escutemos as suas próprias palavras: «par le mot utilité, il ne faut pas entendre cette utilité ignoble qui caractérise l'égoïsme, mais celle consiste à fonder son bonheur sur celui de ses semblables, la seule digne de son nom, parce qu'elle est la seule vraiment avanteugeuse à qui la recherche»[225].

O interesse será a fonte de todas as acções humanas. Esta ideia acha-se suficientemente documentada no pensamento silvestrino.

---

[225] Pinheiro Ferreira não esconde a sua admiração pelo utilitarista inglês. Em 1841, no seu *Prècis d'un Cours de Philosophie Élémentaire. Ontologie, Psychologie, Idéologie*, cit., confessa professar um utilitarismo que decorre das construções de La Rochefoucauld, de Helvecio, de Holbach e de Bentham. O que não significa que sufrague integralmente a opinião de todos os autores por ele citados. Mas, nas suas próprias palavras, *cela ne nous empêche pas de leur rendre justice en affirmant que ceux qui les accusent n'ont pas lu leurs ouvrages. Idem, ibidem*, p. 234. A admiração maior devota-a a Helvécio e, particularmente a Bentham: «quant aux auteurs que nous venons de citer, si l'ont peut accuser peut-être la légèreté de Larochefoucault et l'abnadon du baron d'Holbach, rien ne justifie le préjugé établi contre les doctrines de Bentham et d'Helvétius». Cfr. *Idem, ibidem*, p. 235. Sobre o pensamento de Jeremy Bentham *vide*, por todos, Maria Helena Carvalho Santos, *A maior felicidade para o maior número. Bentham e a Constituição Portuguesa de 1822*, Lisboa, 1981.

Em linhas que dedica ao estudo da função régia, escreve Pinheiro Ferreira: «o rei assistido do seo concelho d'estado, como a carta constitucional o indica e nòs acima apontàmos, e como em seo logar neste projecto levamos expendido, deve reûnir todos os dados que a lição, a meditação e a experiencia dos negocios podem grangear para se possuir o nexo dos varios e multiplices interesses das differentes ordens do estado no interno, e das relações politicas e commerciaes quanto ao externo[226]». Linhas antes, salientara que o rei, bem como qualquer representante da nação, *não representam o territorio, nem tão pouco os habitantes... Representam interesses*[227]. E o interesse mais não é do que tudo o que pode proporcionar a cada individuo prazer ou evitar-lhe penas[228/229].

---

[226] Cfr. Silvestre Pinheiro Ferreira, *Exposição do Projecto d'Ordenações*, cit., p. 221.

[227] *Idem, ibidem*, p. 214.

[228] *Idem, Précis d'un Cours de Philosophie Elementaire*, cit, p. 234.

[229] A tentativa de precisar os conceitos de justo e de injusto, de bem e de mal, animou Silvestre Pinheiro Ferreira a redigir, de uma forma curiosíssima, o parágrafo 2º do seu *Cours de Droit Public*. Sentimo-nos tentados a transcrever algumas passagens: «Lorsque j'affirme que tel fruit que je viens de goûter est doux, et que quelqu'un veut soutenir qu'il est aigre, la discussion ne saurait aller plus loin: je n'ai d'autre ressource que le lui faire goûter. S'il persiste encore dans son sentiment, je suppose d'abord qu'il attache à ces deux mots (doux et aigre) des idées opposés à celles que j'y attache moi-même. Je suis tenté de croire que lorsqu'il a goûté tel fruit que je nomme doux, on lui a nommée aigre, et réciproquement. Pour m'éclairer à cet égard, je luis fais goûter un de ces fruits que je nomme aigres. S'il le dit doux, ou qu'il ne le nomme pas aigre, mon soupçon devient une certude; et allors nous nous mettons facilement d'accord. Mais s'il nomme aigre le fruit qui l'est effectivement..., je conclus que cet homme est de mauvaise foi... et je abandonne la discussion. En agissons –nous de même avec celui qui nous refuse son assentiment, lorsque nous affirmons que telle action est *malhonnête,* que telle boisson ou tel aliment est *nuisible*? Non, sans doute. Nous détaillons les suites fâcheuses de cet aliment, de cette boisson, de cette action, afin de démontrer l'exactitude des épithètes que nous leur avons attribuées. Nous avons recours à notre expérience ou à celle des autres pour prouver la réalité de ces suites fâcheuses». Cfr. *Idem, Cours de Droit Public*, I, cit., pp. 3 e 4. Da leitura desta e de outras passagens da obra silvestrina podemos concluir que o nosso Publicista advoga o entendimento de que o bem e o mal dependerão daquilo que as circunstâncias, em particular a educação, tornam agradável ou desagradável: «notre organisation, et en général l'organisation animal, est tellement adapté à la conservation de l'individu et de l'espèce,

Desta forma, afirma Pinheiro Ferreira o princípio utilitário da moral. Agir de forma útil ao maior número é ser justo e virtuoso[230]. E bem será tudo o que possa contribuir para a satisfação e aperfeiçoamento do género humano[231] e justo todo o acto que produz menos mal que o bem[232].

---

que tout ce qui peut y contribuer commence par nos faire une impression agréable, attire notre attention, et nous attache à l'object qui la produit; tandis que tout ce qui peut compromettre notre existence, souvent même notre bien – être, produit du premier abord, soit sur nos yeux, soit au toucher, soit à l'ouïe, une sensation désagréable, horrible même quelquefois, et qui nous force à nous en éloigner. Mais jusque-là ce n'est qu'une sensation, et si nous fuyons devant l'objet, c'est cette sensation seule que nous fuyons». Cfr. *idem, ibidem*, p. 5. Partindo desta consideração, Pinheiro Ferreira não poderia deixar de concluir que *nous n'en appréhendons aucun autre mal. Le souvenir seule de celui-ci suffit pour nous faire éviter ensuite l'object; mais alors c'est l'idée d'un mal déjà éprouvé, et non pas la notion préexistante d'un mal qu'on ne connaissait point, et qu'on n'avait jamais éprouvé. Idem, ibidem.* Isto quanto aos conceitos de bem e de mal. Que dizer, então, das ideias de justo e injusto? O Publicista mantém-se fiel aos mesmos princípios, mas com uma ressalva plena de significado. Escutemo-lo: «Lorsqu'il s'agit de prouver la joustesse de l'aplication de l'épithète de *juste*, d'*injuste*, d'*honnête* ou de *malhonnête*, à une action libre, le seule moyen possible pour y parvenir consiste à examiner les suites que l'on doit attendre de cette action, soit d'après ce que l'expérience nous a appris à nous-mêmes, soit d'après ce qui nous en a été dit par des personnes d'une véracité incontestable». Silveste Pinheiro Ferreira não deixa, por conseguinte, de apelar para o grande argumento de autoridade. *Idem, ibidem*, pp. 5 e 6. Nas suas *Prelecções* escreve, sugestivamente: «... a asserção de absoluta negativa com que vários filósofos pretendem que as ideias de *liberdade, Moralidade, Justo e Injusto* ... nada mais é do que um rasgo da presuntuosa filáucia com que aqueles Filósofos assentam como última barreira do Entendimento Humano, os acanhados limites da sua particular compreensão. Mas deixemo-los gozar, dentro em si mesmos, do prazer de assim se remontarem a uma superior esfera de ideias transcendentes, a uma sublime filosofia de Razão Pura, que ao vulgar dos homens não é dado perceber, e que cada um destes Homens privilegiados nos afirma que só ele conseguiu profundar...». Cfr. *idem, Prelecções Filosóficas*, cit., p. 257.

[230] *Idem, Précis d'un Cours de Philosophie Elementaire*, p. 125.

[231] O bem é, na linguagem silvestrina, causa ou razão de que se costuma seguir uma maior soma de gostos, que de dores. Por consequência, uma acção moral é aquela a que se costuma seguir uma maior soma de gostos, do que de dores. Cfr. *Prelecções Filosóficas*, cit., p. 291.

[232] *Idem, Précis d'un Cours de Philosophie Elementaire*, p. 186.

Partindo desta premissa, define a virtude como toda acção moral de que se costuma seguir uma maior soma de gostos do que de dores[233].

No pensamento silvestrino, virtude e bem moral identificam-se[234]. Só da virtude se pode esperar felicidade[235/236]. E a felicidade depende, por um lado, da *suficiencia de meios para renovar quantos lhes pode causar dores e, por outro, da abundância de meios para aumentar o número e variedade dos prazeres*[237].

Em síntese, a leitura dos escritos ferreireanos autoriza a conclusão de que a primeira medida dos julgamentos humanos reside na utilidade: ser útil é contribuir para o bem estar geral; ser nocivo é contribuir para mal estar geral. É este o sentido do pacto social, expresso ou tácito, firmado entre os soberanos e o povo. Por outras palavras, o poder justifica-se pelo bem que propicia aos governados, graças aos seus talentos e às suas virtudes. Por este motivo, em vez de se estear nas paixões, caprichos e utilidade particular dos governantes, a política fundamenta-se na natureza, na experiência e na utilidade geral.

Chegados aqui, pensamos estar em condições de responder à questão antes formulada.

Transparece com nitidez da obra de Silvestre Pinheiro Ferreira que entre governantes e governados se desenha um vínculo, uma relação de confiança, mas não um contrato. O nosso publicista vê no poder um depósito. Um depósito confiado aos governantes pela sociedade civil, ainda que tacitamente, na condição de que aqueles o exerçam em prol do interesse geral.

---

[233] Cfr. Silvestre Pinheiro Ferreira, *Prelecções Filosóficas*, cit., p. 86.

[234] *Idem, ibidem.*

[235] *Idem, ibidem*

[236] *Posto que nenhum homem conheçamos cuja vida tenha sido uma série não interrompida de gostos sem dores de mistura, conhecemos alguns que contam uma soma de gostos consideravelmente maior que a de dores. Idem, ibidem*, p. 277. E, nisto, esclarece o Autor, consiste a felicidade. Já a bem-aventurança ou completa felicidade será a situação hipotética em que a soma de gostos não só excede a das dores, mas não é jamais interrompida pela menor dor. *Idem, ibidem.*

[237] *Idem, ibidem.*

Ademais, e como princípio geral do seu sistema, temos que *la réunion des hommes en société a pour but d'assurer mutuellement la jouissance des trois droits naturels de sureté, de liberté et de propriété.*

Desta forma, evita Pinheiro Ferreira que o povo esteja contratualmente obrigado em face de seus governantes.

A noção de confiança[238] que subjaz à construção silvestrina não tem, porém, outro escopo que não o de deixar bem claro que todas as acções dos governantes têm como limite a finalidade do próprio poder, qual seja a de promover a felicidade do povo, e demonstrar, por contraste, que não existe aí qualquer contrato: uma relação fiduciária, de confiança, eis tudo!

2 - A Razão da Lei

2.1 A Submissão dos Governantes à Lei

No terreno da filosofia política, a teorização da lei visa, sobretudo, permitir a reflexão acerca do poder governativo, suas finalidades, prerrogativas e limitações.

Como sublinha o Professor Martim de Albuquerque, é pela análise das relações entre os governantes e a lei, melhor do que por qualquer outra forma, que se poderá aquilatar a correcta dimensão e o exacto valor de um regime político[239]. Mas o que é a lei?

Para compreender o verdadeiro significado do pensamento silvestrino no tratamento desta questão, tão frequentemente distribuída pelos seus tratados, é necessário ter presente a tradição, que entre nós é longa e

---

[238] Pinheiro Ferreira chega mesmo a empregar o termo fideicommisso. Cfr. *Cours de Droit Public*, I, cit., p. 123.

[239] Cfr. «O Poder Político no Renascimento Português», Volume V, cit., p. 730.

homogénea, de incluir a filosofia do direito nas exigências da ética[240] não olvidando, naturalmente, a possibilidade de um ou outro afloramento da ideia de supremacia régia.

No ocidente medieval cristão, herdeiro do direito romano justinia-neu[241] e das tribos germânicas seminômades, é nítida a preocupação de

---

[240] Cfr. António Braz Teixeira, *Sentido e Valor do Direito. Introdução à Filosofia Jurídica*, Lisboa, Imprensa Nacional – Casa da Moeda, 1990.

[241] No direito romano justinianeu, a lei era concebida como o direito escrito, constituído por vontade do *populus*, sob a iniciativa de um senador ou de um cônsul. Cfr. *Instituições*, 1. 2. 4. De notar, que esta concepção de lei encerra, nitidamente, a referência a dois momentos, os quais têm merecido atenção quer na época medieval, quer nas idades moderna e contemporânea. Referimo-nos à indicação do fundamento da obrigatoriedade da lei – a vontade popular – e, por outro lado, à menção da iniciativa no respectivo processo de formação – o magistrado romano. Já no *Digesto*, a lei aparece identificada com «o preceito comum acordado por homens prudentes, castigo dos delitos que por vontade ou por ignorância se cometem, e pacto comum da República». V. D. 1. 3. 1. Em concretização, lê-se adiante «as virtudes das leis são estas, mandar, proibir, permitir e punir» (D. 1. 3. 7). De notar, porém, que o próprio direito romano oferece preciosos tributos ao absolutismo régio e ao voluntarismo legislativo, o que poderá suscitar alguma perplexidade e, sobretudo, dificuldade de articulação. De facto, dispõe ainda o Digesto que «o que é vontade do príncipe tem a força de lei, uma vez que pela lei régia, que foi promulgada acerca do seu poder, o povo lhe conferiu todo o seu império» (D. 1. 4.). O fundamento da obrigatoriedade da lei reside, agora, não na vontade do povo, mas na determinação do governante. Esta mesma antinomia persistirá através dos séculos. No preâmbulo do Livro I das *Ordenações Afonsinas* consagra-se que cabe ao rei aprovar «*leyx certas fundadas em jufta rafom*», às quais «*convem todollos homees obedeecer (...) efpecialmente, porque toda a Ley he huma invençom, e dom de Deos*». O próprio rei, embora *feja abfolto da obfervância de toda Ley umana*», por ser «*creatura racional, e fobjuguada aa razom natural*» lhes deve também obediência, cumprindo-lhe actuar a «*mandamento della*». Cfr. *Ordenações Afonsinas*, nota de apresentação de Mário Júlio de Almeida e Costa e nota textológica de Eduardo Borges Nunes, Fundação Calouste Gulbenkian, reprodução «facsimile» da edição de Coimbra, 1792, Lisboa, 1984. Analisando o próprio corpo das *Ordenações* verificamos que a disparidade permanece, com a afirmação simultânea do brocardo *princeps legibus solutus* (O. A. 3. 31. 1) e do principio *princeps teneantur leges servare* (O. A. 1. 2). Cfr. Martim de Albuquerque, «O Infante D. Pedro e as Ordenações Afonsinas», *Biblos*, LXIX, 1993, pp. 162 e 163.

analisar o estatuto do legislador e da lei de acordo com uma ordenação teológica e ética do direito e do poder político[242].

Simplesmente, falsearíamos a equacionação do problema se somente atentássemos nas relações do governante com a lei humana. Para além dela, temos a *lei divina* e a *lei natural*[243].

---

[242] Uma das mais perenes fontes do pensamento jurídico – político português, o *Código Visigótico*, dispõe que as leis deverão ser credíveis e estatuídas no interesse geral (IX. I. Recc. Erv. 1. 1. 3), além de claras e não susceptíveis de induzirem os destinatários em erro; congruentes, honestas, dignas, proveitosas, necessárias; conformes com a natureza e os costumes, prescrevendo o justo e o equitativo (IX. I. Recc. Erv. 1. 2. 3). No direito canónico encontramos reiterada a ideia. Assim, o *Decreto de Graciano* consagra que as leis deveriam ser honestas, justas, possíveis, adequadas ao lugar e ao tempo, necessárias e claras, bem como conformes aos ditames da natureza e ao costume local (c. 2, D. IV): «*Erit autem lex honesta, iusta, possibilis, secundum naturae, secundum patriae consuetudinem, loco temporique conveniens, necessaria, utilis, manifesta quoque, na aliquid per obscuritatem in captionem contineat, nullo privato commodo, sed pro communi civium utilitate conscripta*». Cfr. *Corpus Iuris Canonici*, Magdeburgo, 1742. Aliás, e ainda de acordo com a mesma fonte, os juizes estarão submetidos à determinação da lei (c. 3, D. IV). No que concerne, em particular, aos governantes dispõe o *Decreto de Graciano* que também o *princeps* deve obediência à lei, não por a ela se encontrar submetido, mas como exemplo para que todos as cumpram (c. 2, D. IX). Também, as *Siete Partidas* (Primeira Partida, título I, na versão medieval portuguesa, devida a José de Azevedo Ferreira – *Alphonse X. Primeyra Partida. Édition et Étude*, INIC, Braga, 1980) se ocupam circunstanciadamente do estatuto do legislador e do fundamento do seu poder. Assim, dispõem que as leis devem ser racionais e conformes à natureza das coisas; as palavras das leis devem ser *boas e chãs e escritas de maneira que todo o homem as possa entender na memória*, além de serem escritas sem malícia, não «*querendo mostrar a mentira por verdade e a verdade por mentira*». O poder legislativo constituí apanágio do Imperador ou dos Reis, enquanto expressão do seu «senhorio» (Lei X^a, da primeira partida, título I). Ademais, devem as leis ser decididas e alteradas com conselho de homens sabedores e entendidos, leais e sem cobiça, (Lei VII^a., id.), obedecidas por todos (Lei XVIII^a, id.) e, em particular, pelos Reis (Lei XIII^a, id.) e, somente, desfeitas ante a circunstância de contrariarem a lei de Deus ou o direito do senhorio ou, ainda, a prol comunal da terra (Lei XVI^a, id.).

[243] A definição do objecto do direito natural não é isenta de embaraços. Desde logo, a doutrina jusnaturalista ensina que o objecto da ciência do direito pode ser encarado sob duas perspectivas dicotómicas. De um lado, a ciência do direito natural – *scientia iuris* –

A alusão a estas obriga-nos, desde já, a expender, com a brevidade possível e as limitações inerentes, algumas considerações de ordem terminológica.

Um momento houve, na Meia Idade, em que as duas categorias de leis surgiam perfeitamente identificadas, sendo grande a imprecisão. Assim, Graciano dispunha: «*ius naturale est quod in lege et evangelio continetur*[244]».

Deve-se sobretudo a S. Tomás de Aquino a clara distinção no tratamento das várias ordens normativas, o que não impediria, porém, que a confusão subsistisse em época ulterior[245].

A doutrina do Anjo das Escolas encerra, indubitavelmente, uma formidável síntese do pensamento cristão acerca da teoria da lei. É grande o débito dessa teoria para com Aristóteles[246]. Ela ressuscita elementos dis-

---

disciplina de jurisprudência universal. Do outro, a justiça atribuiva ou *scientia legum*. Assim, G. Solari, *Individualismo e Diritto Privatto*, Torino, 1939, pp. 62 a 73.

[244] No mesmo sentido consagra Rufino: «*iuris naturalis (...) in lege mosaica relevatur, in evangelio perfecitur, in moribus decoratur*». Cfr. Martim de Albuquerque, «O Poder Político no Renascimento Português», Volume V, cit., p. 730.

[245] Um núcleo significativo dos teólogos juristas da neo-escolástica quinhentista e seiscentista retoma a classificação de leis de S. Tomás. Todavia, fá-lo-ão sem o rigor terminológico que caracteriza a construção do Anjo das Escolas. A realidade que S. Tomás designa por lei eterna surge frequentemente sob a locução "lei divina". Como consequência, passar-se-á, doravante, a distinguir entre lei divina positiva (a lei divina, em sentido próprio, no pensamento tomista) e lei divina natural (que corresponderá à lei natural, naquela construção).

[246] «Aristote est de retour». Desta forma L. Jerphagnon intitula, com humor, o capítulo que a S. Tomás de Aquino dedica, numa obra consagrada à Antiguidade e à Idade Média. Cfr. L. Jerphagnon, *Histoire de la pensée*, Tallandier, Paris, 1989. Com efeito, no primeiro quartel do século XIII graças aos pensadores árabes, mormente Ibn Rushd e Ibn Sinã, os intelectuais descobrem, no Ocidente, as obras dos filósofos gregos, em grande parte obnubiladas após a queda do Império Romano. É um facto que aquele a quem João de Salisbury, e depois Dante, chamaria o Filósofo não era, de todo, ignorado, pois a sua *Lógica* era utilizada. Não obstante, e consoante já foi observado por P. Vignaux, reduzida à lógica, a filosofia não é senão um instrumento, agora que as novas traduções oferecem perspectivas mais vastas. De facto, a *Metafísica* de Aristóteles, bem como a *Ética a Nicómaco*, permitem descobrir uma concepção racional do mundo que, ainda que dis-

persos nos estóicos, em Cícero e nos Padres da Igreja, mas com uma precisão e um vigor de síntese inenarráveis[247].

De acordo com o ensinamento do sábio Doutor, existem quatro categorias de leis: a lei eterna, a lei divina, a lei natural e a lei humana.

A lei eterna é a razão da divina sabedoria que dirige todos os actos e todos os movimentos[248]. Identifica-se, praticamente, com a razão de Deus. Estando acima da natureza física do homem, escapa à sua compreensão, ainda que não seja, por este motivo, estranha ou contrária à razão humana. De facto, dentro dos estreitos limites da sua natureza finita, o homem participa realmente da sabedoria e da bondade divinas. É precisamente sobre esta nota que S. Tomás constrói o conceito de lei natural, que define como a participação da lei eterna na criatura racional[249]. Assim, enquanto os ani-

---

cutível, apresenta a particularidade de formar um todo racional. Neste sentido, P. Vignaux, *Philosophie au Moyen Age*, Armand Colin, Paris, 1958, pp. 72; Yves Guchet, *Histoire des idées politiques*, cit., tomo I, pp. 125 e 126.

[247] A cabal compreensão do pensamento do Doutor Angélico não pode ser desligada da tradição medieva da supremacia da Lei e do Direito, em que o Autor profundamente se insere. A razão e a lei são dois termos inseparáveis. Era essa também a construção de Aristóteles. A lei insere-se, então, na ordem da razão, pressupondo uma razão que guie os actos para o seu fim. A vontade que legisla, que veicula a lei, só tem valor, só não merecerá reparo, na medida em que é ela própria regida pela razão. Primado da razão, repúdio do arbítrio de uma vontade, seja ela qual for, caracterizam, em síntese, a concepção tomista de lei. Assim, J.-J. Chevallier, *História do Pensamento Político*, cit., tomo 1, pp. 215 e 216; G. Sabine, *Historia de la teoria politica*, cit., p. 191.

[248] *Ratio divinae apientiae secundum quod est directiva omnium actuum et motionum* (Summa Theol., I –II q. 93 a. 1 – S. Tomás de Aquino, *Suma Teológica*, trad. portuguesa acompanhada por A Correia, Vol. IX, *Das Leis*, São Paulo, Livraria Editora Odion, 1936, pp. 73 e ss.). A lei eterna é, por conseguinte, una, porque una é a ordem universal por ela presidida. Não obstante, assim como no universo existem diversas zonas ou regimes ontológicos, aquela tem diferentes modos de manifestação. Concretizando, aquilo a que chamamos leis físicas, químicas ou biológicas não são mais, explica S. Tomás, que manifestações de uma mesma lei eterna. Mas, esta lei é também universal, na medida em que afecta todos os seres que integram a ordem cósmica. Unidade e universalidade são, pois, as faculdades que caracterizam a lei eterna.

[249] *Participatio legis aeternae in rationale creatura* (*Summa Theol.*, I –II q. 91 a. 2, p. 19, do Volume ᴵⱽ ᵈᵒ ᵃᵈ ᶜit.).

mais irracionais cumprem a lei eterna de modo fatal e rigoroso[250], o homem, devido à sua natureza racional e livre, longe de ter frente a ela uma atitude de serena passividade, adopta uma posição activa, distinguindo o bem do mal.

A natureza humana, ensina o Anjo das Escolas, encerra várias tendências básicas, como a de viver em sociedade, conservar as próprias vidas, procriar, buscar a verdade e desenvolver o seu intelecto. Compete à lei natural, enquanto impressão da luz divina no homem, ordenar o que se revele necessário para dar a tais inclinações humanas o maior campo de acção possível[251].

A concepção tomista de lei divina é assaz interessante. Também ela é, fundamentalmente, uma participação da lei eterna. Simplesmente, a lei divina, constituída pelo Antigo e pelo Novo Testamento, foi por Deus expressamente revelada ao homem para que este pudesse, sem dúvidas ou hesitações, nortear por ela a sua conduta no sentido do seu fim sobrenatural, que é a bem-aventurança eterna[252].

A lei divina, substancialmente identificada com a revelação, consiste mais em um dom da graça de Deus do que em uma descoberta da razão natural[253].

---

[250] De facto, ensina S. Tomás que também os animais irracionais participam a seu modo da razão eterna, como a criatura racional. Mas esta participa dela intelectual e racionalmente. Por isso, esclarece, a participação da lei eterna na criatura racional chama-se, com propriedade, lei natural, já que a lei é algo próprio da razão. Por sua vez, como os animais não participam racionalmente da lei eterna somente se poderá falar de lei por semelhança. Cfr. *Summa Theol.*, I –II q. 91 a. 2, p. 20, do Volume IX da ed. cit.

[251] Não poderemos, nesta sede, desenvolver a classificação que S. Tomás opera dos preceitos da lei natural (*Summa Theol.* I – II 94 e 100) nem, tão pouco, a complexa questão dos diferentes modos pelos quais a razão opera a investigação da verdade.

[252] *Summa Theol.* I – II q. 91, a. 5.

[253] Seria pouco provável que S. Tomás subestimasse a importância da revelação cristã. Não obstante, e aqui reside mais um dos pontos da sua grandiosa arquitectura, há que notar o cuidado que o Aquinatense revela em não traçar um hiato profundo entre a lei divina e a razão. Numa palavra, a revelação junta-se à razão, mas não a destrói. Neste sentido, G. Sabine, *op. cit.*, p. 192; J –J- Chevallier, *op. cit.*, p. 217.

Da lei natural deriva, por sua vez, a lei humana, pois o conhecimento natural dos princípios gerais não é suficiente para descer até à disciplina mais ínfima dos casos concretos e das situações particulares[254]. Caberá a esta, em suma, estender uma ponte sobre o profundo abismo que se cava, e que nenhuma reflexão individual é capaz de atravessar por si só, entre os princípios unos e universais da lei natural e a particularidade dos actos específicos que a ela se devem conformar.

Lei eterna, lei natural, lei humana, assim se cifra em três termos essa majestosa hierarquia[255].

Mas a análise do Anjo das Escolas sobre o estatuto da lei não se queda por aqui. Na esteira do Filósofo, S. Tomás reitera a conveniência de os governantes ordenarem leis, em vez de as deixarem ao arbítrio do julgador. Esta conclusão entronca-a, fundamentalmente, em três ordens de motivos. Em primeiro lugar, mais fácil será encontrar poucos sábios capazes de criar boas leis do que os muitos que se revelam necessários ao julgamento justo de cada coisa. Depois, o bom legislador considera longamente como elaborar a lei. Já os juízos singulares que se dão exigem uma resposta pronta e imediata. De resto, os que ordenam as leis julgam em geral e para o futuro, enquanto que os que julgam se debruçam sobre situações presentes. Partindo deste conjunto de premissas básicas, conclui S. Tomás que a flexibilidade da justiça que anima o julgador obriga a que a sua conduta seja previamente determinada por lei, de modo a deixar pouco terreno ao arbítrio dos homens[256].

Acrescenta, ainda, o Doutor Angélico, que as leis devem ter por escopo o bem comum, entendido como «*rationis ordinatio ad bonum commune, ab eo qui curam communitatis habet, promulgata*».

---

[254] *Summa Theol.*, I. II. q. 91, a. 3. Como a lei humana deriva da lei natural, se em algum ponto dela se aparta, não será lei mas corrupção de lei. Cfr. *Summa Theol.*, I. II. q.95, a. 2.

[255] Já sabemos que o autor da *Suma Teológica* acrescenta a lei divina, lei revelada e que não pode ser explicada apenas pela razão humana. V. *supra*.

[256] *Summa Theol.*, I. II. q. 95, a. 1 ad 2.º

O legado político e jurídico do Aquinatense influenciará, incomensuravelmente, a doutrina jusnaturalista bem como os textos normativos peninsulares.

Nos tratadistas portugueses encontramos um nítido reflexo destas ideias. De notar, porém, que, na história do pensamento jurídico português, não abundam as reflexões intencionalmente dirigidas à exposição da ciência do direito natural. O que não deixará de ser significativo se confrontado com algumas exposições relevantes devotadas à ciência do direito positivo. Que as formulações dos juristas lusos coincidam com grande parte dos pressupostos filosóficos do jusnaturalismo tomista ou do voluntarismo franciscano não deixa de ser, sem dúvida, notável. Mas, ordinariamente, os nossos tratadistas chegam a tais conclusões mais por paráfrase dos autores lidos do que por uma especulação original.

Em Álvaro Pais, a função do rei está intimamente relacionada com a justiça. No *Speculum Regum*, o sábio prelado afirma que a determinação do que é justo pode ser feita por leis, pelo que caberia ao rei ordenar leis, a que ele próprio estaria submetido[257]. A mesma ideia é, pelo bispo de Silves, reiterada no *De Planctu Ecclesiae*, ao escrever que os governantes devem estar vinculados às suas próprias leis, vinculação essa que radicará essencialmente em uma aspiração geral de justiça e não em uma particular imposição de legalidade[258].

Ora, a justiça dinamiza-se pela ordem jurídica. Por isso também, acrescentam muitos, o rei deve governar *secundum legem*.

Em síntese, de acordo com a teoria de governo, a aprovação de leis constituía parte essencial do poder governativo do monarca[259]. O que não

---

[257] Cfr. *Espelho de Reis*, tradução de Miguel Pinto de Meneses, I, Lisboa, 1955 p. 95 e ss..

[258] Cfr. *Alvari Pelagij de plãctu eccl'ie desideratissimi libri duo et indice copiosissimo et marginairijs additionibus reces illuftrati*, 1517, Milão, cit., Livro 1, 53 a. – 56, fol. XXXVI a XLVI.

[259] Neste sentido, dispõe, por exemplo, Rafael Lemos da Fonseca, *Commento Portugues dos Quatro Livros da Instituta do Imperador Justiniano, ou breve resumo do Direito Civil* (...), s.l., Manoel da Silva, 1656, p. 1.

significava, porém, que o governo da *respublica* consistisse na aprovação de uma "multidão" de leis[260].

Simplesmente, e conforme já foi adiantado[261], no que concerne, em particular, à circunscrição do *princeps* pela lei humana, entrecruzaram-se, através dos séculos, dois princípios distintos e de difícil harmonização: o da submissão do governante à lei e o da supremacia régia[262].

Quando nas composições Quinhentistas se empregam as expressões lei divina[263], lei natural e lei humana, faz-se quase sempre por referência à concepção tomista.

Particularmente, a lei divina ocupa lugar de relevo no pensamento político do Renascimento Português.

Diogo Lopes de Rebelo afirma, categoricamente, que *os reis não devem promulgar leis contra o direito divino* sob pena de estas leis humanas desconformes não vincularem os súbditos[264].

No mesmo sentido, escreve Frei Heitor Pinto que *querendo o Senhor constituir em rei o principe, lhe pôs o Sacerdote na cabeça a coroa real e*

---

[260] *Idem, ibidem*, p. 30.

[261] *Vide supra.*

[262] Escreve, por exemplo, Cícero que, «*embora o rei por ser supremo senhor de todo o seu reino, não seja obrigado a viver segundo as suas leis, nem a elas adstricto, contudo é lícito e congruente que as cumpra segundo este pensar de S. Isidoro: "É justo que obedeça às suas leis. Pense que os seus direitos serão por todos defendidos, quando ele próprio mostrar que os respeita." E o Sábio em seus preceitos diz: " Sofre a lei que tu próprio fizeste". E o cânon está escrito: " O direito que se estabelece a outrém pelo próprio fundador deve ser usado". Até pelo exemplo de nosso Salvador, o qual não sendo obrigado à lei que impusera ao povo judaico, contudo a quis cumprir, como disse em testemunho de si: "Não vim abolir a lei mas completá –la."*». Cfr. *De Republica*, cap. 2. Vemos, assim, que o autor de *De Legibus*, embora começando por afirmar a supremacia do rei sobre as suas próprias leis, sofreu a forte influência do princípio oposto, o que, logo, o levou a destruir a força daquela doutrina, limitando-a, mediante uma perspectiva ética. Neste sentido, Martim de Albuquerque, «O Poder Político no Renascimento Português», Volume V, cit., p. 738.

[263] Sobre o conceito, *vide supra*.

[264] Cfr. Diogo Lopes Rebelo, *De Republica Gubernadan per Regem*, Paris, Antoine Denidel, 1497, c. II, p. 128.

em cima a lei de Deus, porque ela é a que os príncipes por cima de tudo hão-de estimar[265].

Em Diogo de Sá, a ideia de submissão do monarca à lei divina é repetida com particular vigor[266].

Também a generalidade dos autores da época não hesitam em afirmar a circunscrição dos monarcas pela lei positiva.

Nos tratadistas políticos da Idade Moderna, a temática da lei vem intimamente ligada à concepção das formas de governo. A esta luz se compreende que a contraposição entre a monarquia e a tirania seja tratada a propósito da construção normativa[267].

A convicção de que rei está vinculado pelas leis humanas constitui coordenada essencial no pensamento de Jerónimo Osório[268], que não deixa de increpar o soberano: «de que servirá ameaçar os cidadãos com o rigor da lei, se ele próprio, com o seu mau exemplo, os induzir a desprezar o direito?»[269].

Frei Heitor Pinto chega mesmo a ensaiar uma definição de lei que, na sua terminologia, não será mais do que *uma ordenança da razão, e um preceito dado de quem tem cárrego disso para o commum proveito, e conservação da humana sociedade*[270].

---

[265] Frei Heitor Pinto, *Imagem da Vida Cristã. Diálogo da Justiça*, 2ª edição, Lisboa, Sá da Costa, 1952, c. 4, v. I, p. 168 da ed. cit..

[266] No seu *Tractado de Estados* consagra o entendimento de que *nunca Deus quis nem quer que outra lei ou sciencia aja de preceder à sua. (...) quanto mais averensse de trespassar seus preceptos pelas ordenanças dos homens...* V. Diogo de Sá, *Tractado de Estados*, p. III.

[267] Frei António Beja, por exemplo, ensina que as leis devem dirigir-se para o bem comum, porque, de outra forma, não serão lei mas critério de tirania. Cfr. Frei António Beja, *Breve Doutrina e Ensinança de Príncipes*, reprodução fac-similada da edição datada de 1525, Introdução de Mário Tavares Dias, Lisboa, Instituto de Alta Cultura, 1965, pp. 144 e ss..

[268] Jerónimo Osório, «Diálogo da Justiça», *in Imagens da Vida Cristã*, prefácio e notas de P. M. Alves Correira, IV, Lisboa, Livraria Sá da Costa, 1941. Cfr. *Idem, De Regis Institutione et Disciplina*, Coloniae Agrippinae, apud Haeredes Arnoldi Birckmanni, 1614, l. 3, p. 219.

[269] Jerónimo Osório, «Diálogo da Justiça», IV, cit., p. 175.

[270] Frei António Beja, *Regis Institutione...*, livro V.

Obrigação moral ou vinculação jurídica, interrogam-se os juristas... Perfilharam o entendimento de que os monarcas estão obrigados à lei pela *força directiva*, Manuel Soares[271], Gonçalo Mendes de Vasconcelos[272] e Jorge de Cabedo[273/274].

Os conceitos e tratamento da temática da lei e do legislador nos tratados sobre as leis da segunda escolástica continuam a ser basicamente os dos temas medievais[275].

Os jurisconsultos de seiscentos não se afastam, essencialmente, do caminho doutrinário trilhado pela escolástica peninsular.

No final do século XVII escreve Baptista Fragoso que o poder legislativo é a primeira das armas que decoram o braço régio embora as leis devam ser feitas para a república[276] e nas obras da literatura da Restauração os dizeres não são substancialmente diferentes.

E o século XVIII – um século pleno de antíteses, de contradições de equívocos – não tinha potencialidade para destruir, embora sacudisse violentamente o edifício, os materiais acumulados e a sedimentação realizada[277].

---

[271] Manuel Soares, *De Legibus*, nº 101, fol. 42. Um exemplar da obra repousa na Biblioteca Nacional de Lisboa, F. G. 4094.

[272] Gonçalo Mendes de Vasconcelos e Cabedo, *Diversorum Iuris Argumentorum*, Romae, apud Gulielmun Faciottum, 1598, l. 3, c. I, n.ºs 10 e ss.

[273] Jorge de Cabedo, *Practiccarum Observationum sive Decisionum*, P. 2., d. 78, nº I (= tomo 2, p. 121 da ed. cit.).

[274] Sobre a contribuição dos juristas e teólogos renascentistas portugueses para a temática das relações entre o monarca e a lei *vide*, por todos, Martim de Albuquerque, «O Poder Político», vol. V, cit., p. 730 e ss.

[275] Sobre a questão *vide* a síntese assinada por António Pedro Barbas Homem, «A "Ciência da Legislação": conceptualização de um modelo jurídico no final do *ancien régime*», *in Separata de Legislação, Cadernos de Ciência e de Legislação*, INA, nº 16, Abril/Junho, 1996, bem como o seu *Judex Perfectus*, cit. pp. 175 e ss..

[276] Baptista Fragoso, *Regiminis Reipublicae Christianae, ex Sacra Theologia, et ex Utroque Iure, ad Utrunque Forum Coalescentis*, 3ª ed., Coloniae Allobrogum, Marci-Michaellis Bousquet & Sociorum 1737, I, disp. 3 e 4, pp. 94 e ss..

[277] Assim, Martim de Albuquerque, «Politica, Moral e Direito», no loc. cit., p. 205.

O léxico político vai ser porventura alterado na aurora da centúria, mercê da tentativa absolutista de bosquejar um novo fundamento para o poder e para o direito[278].

A construção teorética da monarquia de direito divino vai procurar impor novas categorias ontológicas.

Direitos magestáticos e deveres dos súbditos perfilam-se entre esses novos instrumentos conceptuais. De entre os direitos ou poderes da majestade destacam-se precisamente a *titularidade da jurisdição suprema e a função legislativa*[279].

Se entre a monarquia medieva e a construção da monarquia pura se vislumbra um traço de continuidade[280], não é menos nítido que entre a anterior construção dos direitos reais do soberano[281] e a nova formulação

---

[278] Tomás António Gonzaga, único autor de um tratado de direito natural neste período, encontra o fundamento último da lei natural no amor de Deus. Escudando-se no poderoso argumento de autoridade, recorre a Henécio. Vale a pena atentarmos, brevemente, nas suas palavras: «Ele (Henécio) diz que Deus, sendo um ente sumamente santo, há de querer que nós vivamos felizes; que a felicidade consiste na posse do bem e na isenção do mal; e que nós não podemos viver na posse do bem e na isenção do mal, sem ser por meio do amor... daqui deduz que o amor é o verdadeiro princípio de conhecer o direito natural». Tomás António Gonzaga, «Tratado de Direito Natural», *in Obras Completas de Tomás António Gonzaga,* edição crítica de M. Rodrigues Lapa, Rio de Janeiro, Instituto Nacional do Livro, 1957, 2º volume, p. 65. Nesta formulação, o jurista e poeta luso parece sufragar os pressupostos do jusnaturalismo voluntarista de Escoto e, sobretudo, de Guilherme de Ockam. De notar, porém, que, nela, não se vislumbra qualquer tentativa, ainda que pálida, de sistematizar racionalmente o objecto do direito natural, seja por constituir um tipo de reflexão sem tradição entre nós, seja pela carência de um hábito de fazer descer a especulação aos fundamentos do conhecimento.

[279] Neste sentido, Domingos Antunes Portugal, *Tractados de Donationibus iurium et bonorum regiae coronae,* II, Lugduni, Sumptibus Anissoh et Posuel, 1726, *per tot..*

[280] Como demonstram os estudos do Professor Martim de Albuquerque a que já antes nos referimos. *Vide supra.*

[281] Já as *Ordenações Afonsinas* continham uma tipificação de direitos reais, a qual é repetida nas *Ordenações Manuelinas* e *Filipinas.* Conhecem-se as fontes históricas. V. Gama Barros, *História da Administração Pública em Portugal nos Séculos XII a XV,* 2ª ed., dir. por Torquato de Sousa Soares, cit.; Manuel Paulo Merêa, *O Poder Real e as Cortes,* cit., p. 18; Costa Lobo, *O Rei,* cit., p. 223. A insuficiência da tipificação legal foi

dos direitos magestáticos existe uma distinção de qualidade. E, acrescente-se, o acento tónico da diferença reside, não tanto, nos poderes dos reis quanto nos deveres dos súbditos perante os poderes da majestade. De facto, à enumeração dos poderes magestáticos acrescenta-se a incapacidade que os construtores da monarquia pura revelam de teorizarem as situações de injustiça do governo e as possíveis respostas dos súbditos. Por outras palavras, aos direitos do sumo imperante acrescem os deveres dos vassalos e, sobretudo, o dever de submissão à lei, ainda que injusta[282].

Mas, para lá do quase perecimento do *Estado* frente ao monarca, restava de pé, a obstar à anulação daquele, toda a tradição jusnaturalista que, partindo de Grócio, mais ainda de Pufendorf, defendia a validade de um direito natural anterior à própria sociedade civil (e política), princípio directivo de toda a legislação positiva e vinculatório do próprio governante[283].

No reinado de D. Maria I assiste-se a uma significativa alteração ideológica, com a proliferação de escritos sobre a defesa dos direitos naturais dos cidadãos. Inicia-se a caminhada para o subjectivismo, em que o fundamento estruturador da ordem jurídica passa a ser constituído pelos direitos do homem – não pelos seus deveres. Não obstante, o pensamento

---

denunciada pelos tratadistas portugueses mais notáveis. Exemplificativamente refira-se que Jorge de Cabedo acrescenta à enumeração das *Ordenações* dois direitos de singular importância: o de aprovar leis gerais e o de convocar as cortes. Cfr. Jorge de Cabedo, *Praticarum Observationum...*, II, dec. 42 (= pp. 66 e ss. da ed. cit.). Também, António de Freitas Africano conta, entre as *Regalias de Nosso Senhor Dom Joam o IV*, o exercício do poder legislativo. V. António de Freitas Africano, *Primores Políticos e Regalias do Nosso Senhor D. Joam o IV*, Lisboa, Manoel da Sylva, 1641, cit., p. 59.

[282] Tomás António Gonzaga advoga o carácter sagrado do poder do governante, dizendo que ainda que nem tudo o que o reis pretendem seja direito aos súbditos jamais compete conhecer da justiça ou injustiça das suas acções. Cfr. Tomás António Gonzaga, *Obras Completas*, tomo II, *Tratado de Direito Natural*, pp. 100 e ss..

[283] Assim, Martim de Albuquerque, «Política, Moral e Direito», *in* loc. cit., p. 207. Era a linha que haviam seguido Thomasio e Boehmer os quais, afirmando o carácter jurídico do direito natural, se preocupam seriamente em distingui-lo da política e da moral. *Idem, ibidem.*

do iluminismo tardio ainda se revê nos critérios formais herdados dos tratadistas anteriores.

Não pretendemos, com as considerações anteriores, uma exposição de conjunto sobre a teorização da lei, em Portugal, mas apenas a indicação dos autores mais significativos que, desde a Meia Idade, se pronunciaram sobre a teoria e prática da legislação. As alterações ideológicas introduzidas, com o iluminismo tardio, na história do pensamento jurídico português obrigou a recordar, em breve síntese, a reflexão dos autores anteriores. Só assim, pensamos, poderemos atingir o nosso verdadeiro propósito: tecer algumas considerações sobre a influência que o iluminismo teve na formação do liberalismo constitucionalista e, particularmente, nas soluções que vieram a ser adoptadas por Silvestre Pinheiro Ferreira.

2.2 - A Lei

Deixámos, antes, esquematicamente expostas, sem desenvolvimentos doutrinários, a reflexão dos autores portugueses que antecedem Pinheiro Ferreira sobre a teoria e a prática da lei. Só vendo-o projectado sobre o pano de fundo dessas ideias e nessa perspectiva histórica e cultural, é que poderemos apreciar o alcance da sua reflexão sobre a chamada «ciência da legislação»[284]. E é agora esse o nosso intento...

---

[284] Ao lado das leis, ensina o Publicista, outros *diplomas e rescriptos* existem, *por onde as differentes autoridades constituidas tem de se exprimir nos negocios da sua competência.* Cfr., Silvestre Pinheiro Ferreira, *Projecto d'Ordenações para o Reino de Portugal,* cit., p. 301. Tais actos são: alvarás, decretos, resoluções, cartas régias, patentes, avisos, portarias, ordens, despachos, provisões, ofícios, consultas, representações, "requisitorias"; precatórias, informações e sentenças. O teórico português dedica algum do seu intenso labor a precisar cada um destes conceitos. Cfr. *idem, ibidem,* pp. 302 a 304. Começaremos por apresentar a reflexão filosófica do Autor sobre a lei para depois nos debruçarmos sobre o conceito.

Verdadeiramente, como é apanágio dos temperamentos exclusivamente intelectuais[285] – e não há dúvida que o génio silvestrino era desta espécie – pode afirmar-se que o norteia a ambição de entendimento. Daí a permanente atitude crítica e reformista do seu espírito. Para Pinheiro Ferreira, pensar, reflectir, meditar, construir, reformar eram essencialmente o mesmo que criticar tudo o que resistia à força das suas convicções.

Depois da Revolução de 1820, a cultura jurídica do liberalismo vai tomando consciência de que nem as *Ordenações do Reino* nem as anunciadas reformas pombalinas trouxeram uma solução para o futuro.

A redução à unidade do direito disperso poderia seguir, metodologicamente, dois caminhos: a harmonização do direito vigente através de nova sistematização ou a codificação *ex novo* de certa matéria.

Percebeu Pinheiro Ferreira as virtualidades do primeiro método. Tratava-se, fundamentalmente de conferir exequibilidade e reordenação sistemática ao material legislativo existente. Neste ponto dão-nos também os textos saídos de sua pena trechos de uma forte e inequívoca clareza.

Muitos e mui bellos projectos de leis – escreve, em 31 de Dezembro de 1829 – *foram offerecidos nestas, como nas precedentes cortes de 1821 a 1823, sobre os differentes ramos da publica administração*[286]. *Não obstante, todos aquelles projectos, que grangearam a maior honra a seos autores, sendo concebidos e traçados sem nenhuma dependencia uns dos outros, e sem se referirem a plano algum que lhes podesse servir de nexo, offerecem, na verdade, abundante material da melhor doutrina; mas a par d'isso apresentam uma legislação toda desligada, frequentemente disposições entre si oppostas, e as mais das vezes inexequíveis, porque todas pressupõem a existencia de leis e instituîcões que ainda não existem*[287].

---

[285] Para utilizar terminologia do Professor Cabral de Moncada. Cfr. Luís Cabral de Moncada, «Um "iluminista" português do século XVIII: Luís António Verney», *in Estudos de História do Direito*, volume III, *Século XVIII – Iluminismo Católico Verney: Muratori*, Universidade de Coimbra, Coimbra, 1950, p. 22.

[286] Silvestre Pinheiro Ferreira, *Projectos de Ordenações*, I, cit., p. ij.

[287] *Idem, ibidem.*

Ora, quando *os autores daquelles projectos sucessivamente apresen-tassem o resto da legislação necessaria para os completar, isso so serviria de augmentar o cahos da incipiente legislação* pois *he evidente que cada um daquelles projectos se refere a um systema absolutamente diverso do que tiveram em vista os autores de cada um dos outros*[288].

Vemos assim que aquilo que mais o preocupava, ao contemplar o quadro da legislação portuguesa de sua época, era, como a tantos dos seus compatriotas[289] e contemporâneos, a multiplicidade de leis e a falta de plano que as dotasse das *instituições indispensaveis para a sua exe-cução*[290].

O que Pinheiro Ferreira faz, tudo o que escreve, medita e aconselha sobre a temática da legislação, é-o sob o firme propósito de contribuir para a criação de um corpo de instituições e regras que completem e exe-cutem a *incipiente legislação*[291] disponível[292].

---

[288] *Idem, ibidem.*

[289] Esta debilidade do material legislativo disponível fora já compreendida por Melo Freire na áspera censura que faz a Ribeiro dos Santos: *se eu não me engano* - escreve *– o censor ou quer fundar em Portugal uma monarquia nova e uma nova forma de governo, ou quer temperar e acomodar a actual aos seus desejos e filosofia...*Cfr. Mello Freire, «Resposta à censura», cit., p. 84.

[290] Silvestre Pinheiro Ferreira, *Projectos de Ordenações*, I, cit., p. iij.

[291] Silvestre Pinheiro Ferreira, *Projectos de Ordenações*, I, cit., p. ij.

[292] Tal propósito justificou, por exemplo, que Pinheiro Ferreira *haja tomado sobre seus fracos hombros, a tarefa de criar um systema de leis organicas destinadas a crear as instituições* que a *Carta Constitucional* indica e, para além delas, *as que* lhe *pareceram mais proprias e indispensáveis para se poderem pôr immediatamente em actividade todas as disposições daquelle novo pacto social.* Cfr. Silvestre Pinheiro Ferreira, *Projecto de Ordenações*, I, cit., p. iv. Em 3 de Abril de 1843, na Sala da Câmara dos Deputados, Silvestre Pinheiro Ferreira volta a erguer *a voz no seio da Representação nacional para fazer sentir que, amontoando-se sempre novas leis sobre as antigas, cada vez se aggravará mais o cahos da legislação, sob cujo peso seccumbe o Estado: e que o único meio de pôr termo a tamanho mal, seria de coordenar um systema completo de leis orga-nicas da Carta fundado na pureza dos princípios da mesma Carta.* A sua proposta, *fructo de quarenta e seis annos d'assiduo estudo do Direito Constitucional e das Sciencias a elle subsidiarias,* integra catorze projectos, a saber:

Na doutrina política, a transição para o liberalismo é acompanhada da importância crescente que adquire a ideia de protecção dos direitos naturais dos cidadãos através, nomeadamente, da efectivação da Lei.

O Doutor José Manuel Ribeiro de Castro, em ensaios oferecidos à Academia das Ciências, nos anos de 1797 e 1798, deixa escapar um lamento: «Ah, queira hum luminoso Governo que elle se afeitue, logo que a melhoria dos tempos o consinta, e fixando leis claras porque todos sejão expedita e justamente governados, segurará cada vez mais, não só nossas pessoas e propriedades, mas também nossa gratidão e fidelidade[293]».

Em 1818, escreve José da Silva Lisboa[294] que *o bom systema de legislação he hum dos maiores Benefícios Políticos que se possa fazer a*

1ºLei orgânica e regulamentar de um cadastro provisório
2ºLei orgânica do registo do estado civil do cidadão
3ºLei orgânica das garantias constitucionais e de responsabilidade dos funcionários públicos
4ºLei orgânica das promoções e recompensas
5ºLei orgânica do Governo Supremo do Estado
6ºLei orgânica dos Governos territoriais
7ºLei orgânica da administração da justiça
8ºLei orgânica da força armada da terra e do mar
9ºLei orgânica da administração da Fazenda pública
10ºLei orgânica dos Negócios de Economia Pública
11ºLei orgânica de Instrução e Educação Pública
12ºLei orgânica e regulamentar da discussão e votação nas Câmaras legislativas
13ºLei orgânica e regulamentar das eleições e das nomeações para os cargos públicos
14ºLei orgânica das relações civis do clero da Igreja Lusitana

A proposta nº 68 – A, preenchida pelos projectos silvestrinos de Leis Orgânicas, pode ser lida num volume impresso, existente na Biblioteca Nacional de Lisboa, sob a cota S. C. 4672 A.

[293] Cfr. *Obras do Doutor José Manuel Ribeiro Vieira de Castro*, I, (colectânea de ms. oferecidos em 1797 e 1798 à Academia das Ciências), Lisboa, 1822, pp. 15 e ss..

[294] José da Silva Lisboa, *Memoria dos Benefícios Politicos do Governo de El-Rey Nosso Senhor Dom João VI, Rio de Janeiro*, 1818 (reprodução fac-similada de 1940), p. 17.

qualquer paiz já que *sendo conforme ao pról commum constitue e consolida a verdadeira Liberdade civil*295. Também o Manifesto do Governo Supremo do Reino, datado de 31 de Outubro de 1820, exalta: «Propriedade! Propriedade! Propriedade! (...) quantas vezes não oscila incerta e quasi tornada nome vão pelo vicio das leis multiplicadas e obscuras[296]».

O filósofo Joaquim José Rodrigues de Brito, por seu turno, condena a existência de *infinitas leis positivas debaixo de cujo enorme peso geme a Humanidade*297. Intenta, então, criar um sistema de leis centrado no princípio da utilidade geral. De notar, porém, que no pensamento do Autor, claramente influenciado pela construção de Adam Smith, a legislação terá por escopo a riqueza da Nação[298/299].

A ciência da legislação do início de Oitocentos exige uma referência a um facto de primordial significado: às influências doutrinais anteriores há, agora, que acrescentar a importância da obra de Jeremy Bentham, *filósofo da politica e do direito, reformador da sociedade e fundador da corrente utilitarista*[300/301].

---

[295] *Idem, ibidem.*

[296] Clemente José dos Santos, *Documentos para a História das Cortes Geraes da Nação Portugueza,* tomo I, Lisboa, Imprensa Nacional, 1883, p. 81.

[297] Joaquim José Rodrigues de Brito, *Memorias Politicas sobre as Verdadeiras Bases da Grandeza das Nações, e principalmente de Portugal,* Lisboa, Impressão Régia, 1803, p. 150.

[298] *Idem, ibidem,* pp. 21 e ss..

[299] A partir do momento em que o conceito de ciência de legislação se liga ao de economia política, compreende-se que os nomes mais representativos desta ciência não sejam juristas de formação. É o caso do nosso Silvestre Pinheiro Ferreira. Tal era já o caso de Muratori ou de Genovesi, os precursores, ou de Filangieri, de Beccaria e de Adam Smith. Os seus principais cultores distinguem-se, por conseguinte, de entre os filósofos, políticos e economistas. Neste sentido, António Pedro Barbas Homem, «A "Ciência da Legislação", cit.. Ajello chega mesmo a afirmar que, no final do século das Luzes, os discursos da filosofia e da economia política surgem como alternativos à rigidez e formalismo do direito. Cfr. R. Ajello, *Arcana Iuris. Diritto e Politica nel Setecento Italiano,* Napoli, Jovene Editorem, 1976, pp. 275 e ss..

[300] Na síntese de Timothy Fuller, «Jeremy Bentham. James Mill», *in Histoire de la Philosophie Politique,* dir. Leo Strauss e Joseph Cropsey, cit., pp. 787 e ss..

Ao *illustre chefe de jurisprudencia philosophica*[302] se refere Silvestre Pinheiro Ferreira, por mais do que uma vez, ao longo da sua obra[303].

Particularmente no seu *Projecto de Ordenações para o Reino de Portugal* dedica a Bentham as seguintes palavras, suficientemente ilustrativas da admiração e respeito que lhe devotava: «ao momento de enviar ao prelo este Projecto veio-nos à mão a ultima obra do celebre jurisconsulto Jeremias Bentham, intitulada: *De l'Organisation judiciaire et de la Codification: Extraits publiés par M. Ét. Dumont* (Paris, 1828). Não podemos assaz exprimir a satisfação que experimentamos ao ler o plano que (...) propõe, como o único para se chegar a obter em qualquer nação um codigo geral e systematico das leis, tanto constitutivas, quanto civis, commerciaes, administrativas, ou penaes e de processo civil ou criminal[304]».

Pretende Jeremy Bentham modificar e renovar a política e a sociedade através de um corpo legislativo coeso. Só após a libertação da sociedade de todo o preconceito podemos esperar que a mesma desenvolva o desejável espírito crítico. O costume e a tradição devem ter-se por culpados até prova da respectiva inocência... A ignorância é, para o Filósofo, um problema que tem solução. E a resposta para tão grande mal é, na sua óptica, a redenção da humanidade: difundir a ilustração, ler, informar-se.

O corpo de leis surgia, a seus olhos, como um conjunto de regras muitas vezes contraditórias entre si. O direito inglês, na curiosa metáfora de Descartes, mais não era do que um edifício construído em diferentes estilos arquitectónicos e, portanto, desprovido de elegância e de proporção[305].

---

[301] Logo em 1822 era a obra de Jeremy Bentham traduzida para língua portuguesa, a expensas das Cortes Gerais. Cfr. *Traducção das Obras Politicas do Sabio Jurisconsulto Jeremias Bentham, vertidas do inglez na lingua portugueza por mandado do soberano congresso das Cortes Geraes, extraordinarias, e constituintes da mesma Nação*, 2 volumes, Lisboa, Imprensa Nacional, 1822.

[302] Cfr. Silvestre Pinheiro Ferreira, *Projecto de Ordenações*, I, cit., p. viij.

[303] *Vide supra.*

[304] *Idem, ibidem.*

[305] Jeremy Bentham, *An Introduction to the Principles of Morals and Legislation*, J. H. Burns e H. L. A. Hart, Londres e Nova Yorque, Methuen University Paperbacks edition, 1982.

Para Bentham, a insipiência da legislação tinha como causa a carência de um plano ou metodologia. Tratava-se fundamentalmente de dar uma reordenação sistemática ao material legislativo existente...

Propõe, então, o Autor, como método, *une concurrence ouvert à tous, sous quelques conditions: chaque personne que voudra concourir devra, dans un temps donné, fournir un plan général de son systeme*[306]. Por consequência, a redacção do projecto não deveria ser invariavelmente atribuída nem a um homem de leis da confiança do monarca nem, tão pouco, a uma assembleia legislativa, reunida para esse fim. O concorrente que mais brilhantemente houvesse preenchido as condições exigidas seria *encouragé à poursuivre son travail*[307]...

Também para Pinheiro Ferreira, a preparação dos mais importantes códigos e, mais amplamente, a reforma da legislação, deveria obedecer ao critério da realização de concursos públicos, abertos pelas Cortes[308]. O significado filosófico mais profundo da adopção deste modelo corresponde a uma crença geral nas virtualidade da publicidade do processo legislativo como valor inerente ao governo democrático[309].

---

[306] Jeremy Bentham, *De l'Organisation judiciaire et de la Codification: Extraits publiés par M. Ét. Dumont*, Paris, 1828, pp. 393 a 409.

[307] *Idem, ibidem.*

[308] Silvestre Pinheiro Ferreira, *Projecto de Ordenações*, I, cit., pp. ij a x.

[309] Atentemos nas seguintes palavras de Pinheiro Ferreira, suficientemente demonstrativas do que se pretende dizer: «O congresso não terà necessidade em certos casos de deliberar em segredo? Nòs não podemos admitir essa necessidade. Primeiramente he uma chimera a idèa de conservar em segredo um negócio passado entre centenas de pessoas. Depois d'isso não comprendemos como possa resultar da publicidade algum inconveniente que seja comparavel aos que se seguem do segredo ou mysterio nos negocios d'estado... Os agentes do poder, subtraindo os seos actos ao conhecimento do publico por um tempo mais ou menos consideravel, escapam à responsabilidade pelos abusos que podem ter commettido à sombra do mysterio. A responsabilidade sò he uma verdadeira garantia quando pòde ter logar antes de se haver tirado do abuso as vantagens que se esperavam. Pelo contrario he uma illusão quando o culpado pòde segurar os meios de a evitar, ou antecipadamente se indemnisou de todos os inconvenientes que poderia recear. Cfr. Silvestre Pinheiro Ferreira, *Manual do Cidadão em um Governo Representativo*, I, cit., pp. 171 e 172. A relevância da publicidade dos actos é reiterada em outras das suas obras. Veja-se,

Da crítica à *arcana praxis* legislativa do absolutismo, ascende-se à ideia de máxima publicidade no processo de elaboração das leis[310]. O concurso público, que Pinheiro Ferreira advoga, corresponde exactamente a este desígnio. Ao Congresso, enquanto órgão do poder legislativo, caberia a definição do programa do concurso e a aprovação final das leis. Aos cidadãos, a qualquer cidadão, assistiria o direito de apresentar os respectivos projectos[311].

Regressemos, ainda, ao modelo benthamiano...

É desejável que não haja mais do que um autor para todo o corpo do direito. Não obstante, tal condição não pode ser arvorada em absoluta. É suficiente para o seu preenchimento que cada código em particular seja produto do labor de um só homem. Apenas assim se garantirá a unidade da obra[312]. Fala-se em código mas não se olvida que, neste estádio, não estamos, ainda, ante *un code à donner à une nation*[313]. Trata-se, apenas, de *un projet de code à soumettre à une comité d'experts, ou mieux encore à un conseil, à une assemblée législative. Ce projet de code imprimé, publié, distribué avec abondance* – acrescenta Bentham – *sera soumis au tribunal de l'opinion et à la censure de tous les concurrents*[314]. Obtida a aprovação destes, será, por fim, submetido à apreciação do órgão do poder legislativo e receberá a sanção do monarca[315].

Silvestre Pinheiro Ferreira revê-se, inteiro, nestas palavras[316]. Mas, tal como Jeremy Bentham, não pode deixar de conceder que este plano é

---

nomeadamente, o disposto nos seus *Cours de Droit Public*, I, cit., pp. 105 a 110; *Projectos de Ordenações para o Reino de Portugal*, I, pp. 179 e *Exposição dos Projectos d'Ordenações*, cit., pp. 24, 280 e 335.

[310] Neste sentido, António Pedro Barbas Homem, «A "Ciência da Legislação"...», cit..

[311] Silvestre Pinheiro Ferreira, *Projectos de Ordenações*, I, cit., pp. ij a x.

[312] *Idem, ibidem.*

[313] *Idem, ibidem.*

[314] *Idem, ibidem.*

[315] *Idem, ibidem.*

[316] Significativamente, escreve Pinheiro Ferreira: «a plena conformidade das ideas daquelle grande publicista com as que acabamos de expor, e que nos serviram de base ao

uma utopia[317/318]. Certamente que há que contar com as tradições e preconceitos nacionais... As reformas não se fazem num minuto... Não ignora o nosso compatriota, talvez porque leu Vico e sobretudo Montesquieu, que a história e a geografia também impõem leis aos povos e que os condicionalismos são, não raras vezes, um limite imperioso às exigências da Razão[319]. Não obstante, *jusqu'à présent cette utopie est un lieu fort honorable d'exil pour tous les projects qui dépassent les notions vulgaires, et qui combattent les abus des castes privilégiées*[320].

Conhecemos o propósito que anima Silvestre Pinheiro Ferreira.

Qual fossem a sua mentalidade e convicções em matéria de ciência de legislação dá-lo-no de certo modo a conhecer as suas obras em que mais copiosamente trata o fenómeno jurídico.

Silvestre Pinheiro Ferreira cuidou *ex professo* do tema e fê-lo num ponto de vista sistemático, além de técnico-político e jurídico. O que não nos causa estranheza porque alguns dos seus escritos são verdadeiros tratados de direito público.

Como homem de ciência versou o poder legislativo, as temáticas da lei e do Estado no sistema constitucional, a questão da diferença entre as leis e as meras decisões legislativas, a titularidade do exercício do poder de legislar, a *maioria legal,* os casos em que incorrem em responsabilidade os membros do Congresso...

---

trabalho que offerecemos aos nossos compatriotas, não pode deixar de conciliar-nos da parte do publico um grao de approvação, que da simples exposição das razões, que na precedente advertencia havemos expendido, nos não era licito esperar». Cfr. Silvestre Pinheiro Ferreira, *Projectos de Ordenações*, I, cit., p. viij.

[317] Jeremy Bentham, *De l'Organisation judiciaire et de la Codification: Extraits publiés par M. Ét. Dumont*, cit., pp. 393 a 409.

[318] Silvestre Pinheiro Ferreira, *Projectos de Ordenações*, I, cit., pp. viij a x.

[319] É importante notar aqui que Pinheiro Ferreira parece ter tido clara percepção de que não é bastante a razão para conduzir a política. É *mister* tomar em conta os particularismos e os condicionalismos das nações. A análise que desenvolve das formas de governo bem como a sua concepção de separação de poderes demonstram-no suficientemente.

320 *Idem, ibidem.*

Todos os seus alvitres e pensamentos lançados naqueles escritos permitem-nos entrever, com bastante precisão, os conteúdos doutrinários da sua consciência de teórico.

Dispensamo-nos, por ora, de aflorar estes pontos[321].

Neste momento, interessa-nos que o projecto político e jurídico do liberalismo, que Pinheiro Ferreira ajudou a construir, tinha como fundamento ontológico a ideia de felicidade. Utilidade, felicidade pública[322], felicidade do maior número[323] eis as ideias que o liberalismo vai opor ao conceito jusnaturalista de bem comum.

Como se adivinha, na base da reforma da legislação nacional que propunha estão também critérios filosóficos utilitaristas e hedonistas.

Num esforço de síntese – o que é sempre perigoso – diremos que as boas leis deveriam ser conformes com o Direito Natural, a religião da Nação[324], a forma de governo[325], o génio, índole ou espírito geral do povo, bem como adequar-se ao clima, costumes, usos, exemplos, tempos e lugares[326], devendo ser mudadas quando mudam as circunstâncias[327] e respeitar o princípio geral da utilidade[328].

Para Silvestre Pinheiro Ferreira, a felicidade[329] do povo passava pela feitura das *leis necessárias ao bem geral do estado*[330]. De notar, porém,

---

[321] Sobre o ensaio silvestrino do poder legislativo *vide infra*.

[322] Na terminologia de Muratori.

[323] De que falava Bentham.

[324] Cfr. Caetano Filangieri, *La Scienzia della Legislazione*, quatro tomos, Milão, Giuseppe Galeazzi, 1784-1791, I, cap. 17.

[325] *Idem, ibidem*, I, cap. 10 e 11 e Montesquieu, *Espírito das Leis*, S. Paulo, Martins Fortes, 1993, Livro V, cap. 1 e ss..

[326] Cfr. Filangieri, *La Scienzia della Legislazione*, I, cap. 12 e Montesquieu, *Espírito das Leis*, Livro XIX, cap. 4 e ss..

[327] Cfr. Filangieri, *La Scienzia della Legislazione*, I, cap. 7 e Bentham, *Obras cit.*, III, p. 449.

[328] Jeremy Bentham, *Obras cit.*, II, cap. 17.

[329] Sobre a felicidade no pensamento de Pinheiro Ferreira *vide supra*.

[330] Silvestre Pinheiro Ferreira, *Manual do Cidadão em um Governo Representativo*, I, cit., p. 142.

O Poder e o Direito na obra de Pinheiro Ferreira: Princípios de Direito Constitucional 197

que nas palavras silvestrinas antes transcritas perpassa uma exigência teórica formulada em todos os tempos: a ideia de que apenas podem ser aprovadas como lei aquelas que se devam ter por necessárias. Neste sentido, proclama a Constituição de 1822 que *nenhuma lei, e muito menos a penal, será estabelecida sem absoluta necessidade*[331]. A redacção do artigo 10° daquela Constituição apenas inspirou o Publicista a proferir o seguinte comentário: «a materia d'este artigo, alem de trivial, he puramente didactica, e portanto imprópria de lei[332]»...

E o que é, então, a lei?

No sistema constitucional[333], a lei do estado *he a disposição emanada das pessoas autorizadas a crear*[334] *direitos e devêres*[335]. Por outras palavras, *toute disposition émanée de l'authorité et accordant primitive-*

---

[331] Cfr. «Constituição de 23 de Setembro de 1822», *in As Constiuições Portuguesas de 1822 ao Texto Actual da Constituição*, 4ª ed., com introdução de Jorge Miranda, Livraria Petrony, Lisboa, 1997.

[332] Silvestre Pinheiro Ferreira, *Breves Observações sobre a Constituição Politica da Monarchia Portugueza*, cit., p. 4.

[333] Sobre o sentido da locução no pensamento silvestrino *vide supra*.

[334] O Autor não deixa de esclarecer os motivos que o levam a empregar o termo "criar": Fá-lo com o intuito de *distinguir tanto as leis como as disposições legislativas, dos decretos ou decisões administrativas e das sentenças judiciaes cujo objecto não he crear, mas sim garantir a fruição de direitos, e o cumprimento de devêres já criados por lei* e por disposições legislativas. Silvestre Pinheiro Ferreira, *Manual do Cidadão em um Governo Representativo*, I, cit., p. 142; *Idem, Cours de Droit Public*, I, cit., pp. 38 a 42. Concede, porém, que a *expressão de que a lei crea direitos e deveres não he exacta* na medida em que *no sentido próprio e natural a lei não pòde fazer mais do que declarar de que parte está o direito, e de que parte o dever. Idem, Manual do Cidadão*, I, cit., p. 143. Na verdade, *le législateur, simple mandataire de ces concitoyens, commettrait un acte de félonie, s'il accordait un droit à celui qui ne l'aurait pas, ou s'il l'ôtait à celui à qui ce droit appartiendrait.* Cfr. *idem, Cours de Droit Public*, I, p. 40. Não obstante a inexactidão do termo, o Publicista a ele recorre por se tratar *de uma expressão metaphorica geralmente recebida. Idem, Manual do Cidadão em um Governo Representativo*, I, cit., p. 143.

[335] Silvestre Pinheiro Ferreira, *Manual do Cidadão em um Governo Representativo*, I, cit., p. 142.

ment un droit, ou imposant primitivement un devoir, est une loi de l'état[336].

Progredindo na sua análise, esclarece Pinheiro Ferreira que as leis não se confundem com as decisões legislativas, já que estas *se referem a objectos determinados, para differença das leis que se dirigem a objectos indeterminados.*

O Pai das *Prelecções Filosóficas* esclarece o seu pensamento, exemplificando: «as deliberações do congresso nacional acerca da construção de um monumento, canal ou estrada, chamam-se decisões legislativas; e as disposições que votam os meios de despesa, ou regulam em geral a administração das estradas, canaes, e todos as obras publicas, sam leis[337]».

Não deixa, ainda, de apontar o estilo das leis, dizendo que deveria ser claro, conciso e imperativo[338]. E, linhas adiante, acrescenta, concretizando as suas ideias: «he mister que todo o homem poco versado no estudo do direito possa, com a simples leitura, ficar certo dos princípios donde partio o legislador, e qual o verdadeiro sentido que elle ligou às suas expressões[339]».

---

[336] *Idem, Cours de Droit Public*, I, cit., p. 39. Mas – esclarece o Autor – *ces dispositions peuvent concerner à la fois des personnes ou des objects déterminés ou indeterminés...* Se as disposições preenchem o primeiro tipo estamos ante uma decisão. No segundo caso, temos uma lei. *Idem, ibidem.*

[337] Silvestre Pinheiro Ferreira, *Manual do Cidadão em um Governo Representativo,* I, cit., p. 142. No mesmo sentido, escreve no seu *Cours de Droit Public*: «c'est ainsi que les dispositions émanées du parlement national pour la construction de chemins ou de canaux à travers certaines provinces, ne forment que ce qu'on appelle une *décision*; tandis que celles que règlent la construction des chemins ou des canaux em général se nomment des *lois*». Cfr. Silvestre Pinheiro Ferreira, *Cours de Droit Public*, I, cit., p. 39. Não obstante, *les unes, aussi bien que les autres, ayant cela de commun, qu'elles accordent primitivement des droits, et imposent primitivement des devoirs qui n'existaient pas auparavant, ne sauraient émaner que du pouvoir législatif. Idem, ibidem.* Ora, como vimos, é precisamente este traço que permite distinguir as disposições legislativas dos decretos ou decisões do poder executivo e das sentenças judiciais. *Vide supra.*

[338] *Idem, Projecto de Código Geral das Leis Fundamentaes...*, pp. 4 e 5. e *Idem, Manual do Cidadão em um Governo Representativo,* I, cit., p. 5.

[339] *Idem, Manual do Cidadão em um Governo Representativo,* I, cit., pp. 5 e 6.

Interroga-se Pinheiro Ferreira sobre *quando se deve considerar que uma lei he escura e precisa de interpretação?* À resposta a tal questão dedica o Publicista algumas linhas.

Por regra, uma lei é escura sempre que o seu sentido seja diferentemente interpretado pelas autoridades administrativas e judiciais *em dois terços dos casos a que tiverem feito aplicação da dita lei*[340].

De notar, porém, que, na construção silvestrina, não compete ao Congresso *interpretar a lei reconhecida por escura*[341] por duas ordens de razões:

Em primeiro lugar, porque *o congresso não só não he obrigado nas suas deliberações a conformar-se com o pensamento dos autores da lei anterior, mas até seria contrario à sua dignidade arriscar conjecturas sobre o sentido que se lhe deu quanto ao passado*[342]. Depois, porque *a sua missão he ordenar o que se ha de fazer quanto ao futuro*[343].

Ao Congresso competirá considerar nula *e de nenhum effeito a lei reconhecida por escura e, sem pretender explicar o sentido em que ella fôra concebida, decretar sobre o objecto d'ella o que julgar mais conveniente aos publicos interêsses*[344].

À actividade interpretativa devem devotar-se as autoridades encarregadas de aplicar a lei. Será delas a tarefa de *procurar conhecer, por todos os principios de hermeneutica judicial, o pensamento do legislador, pois sendo obrigadas a conformar-se com elle, sò assim pòdem justificar as suas decisões*[345].

A definição silvestrina de lei, lançada nos seus tratados de direito público, explica-se, ainda, à luz da ideia de pacto social. Escutemos Silvestre Pinheiro Ferreira: «Certes, indépendamment du pacte social... tout homme possède les trois droits naturels de sûreté personelle, de li-

---

[340] *Idem, Manual do Cidadão em um Governo Representativo*, I, cit., pp. 156 e 157.

[341] *Idem, ibidem*, p. 157.

[342] *Idem, ibidem*.

[343] *Idem, ibidem*.

[344] *Idem, ibidem*.

[345] *Idem, ibidem*.

berté individuelle et de propriété réelle...: et en se réunissant en société, ils n'ont eu aucun autre but que de s'en assurer réciproquement la jouissance[346]». Partindo desta premissa, acrescenta, que *les lois de l'état sont les clauses, les conditions ou les articles du pacte social*[347]. Chegado aqui, interroga-se: «l'action qui doit faire l'object de la loi d'état nuit-elle à la liberté, à la sûreté ou à la propriété de quelqu'un?». A resposta é inequívoca: «la loi civile ne peut que la défendre!».

Ao lermos estas, e outras, passagens do seu texto, uma pergunta nos assalta o espírito: em que situações deve o legislador intervir?

O Publicista pressente esta interrogação, pelo que não a deixa sem resposta.

Em certos casos, é evidente qual das acções é contrária ao direito de outrém. Nestas situações – considera – que a acção justa *n'a pas besoin d'être défendue par loi civile, si celle-ci n'avait pas aussi pour but d'infliger la punition proportionnée au delit de ceux qui commetront des actions* contrárias ao direito.

Não se pode, depois disto, duvidar que a teorização silvestrina da lei exprime o fundamento da filosofia política liberal, ao conjugar a questão da liberdade com a ordenação das condutas através da lei.

Numa palavra, o esteio da legalidade reside na liberdade individual pelo que só devem ser aprovadas como lei aquelas que se devam ter como necessárias[348].

---

[346] Silvestre Pinheiro Ferreira, *Cours de Droit Public*, I, p. 41.

[347] *Idem, ibidem.*

[348] O artigo 2º da *Constituição* de 1822 consagrava: «a liberdade consiste em não serem obrigados a fazer o que a lei não manda, nem a deixar de fazer o que ela não proíbe. A conservação desta liberdade depende da exacta observância das leis». (= p. 30 da ed. cit.). A formulação da *Carta Constitucional* pouco difere: «A inviolabilidade dos Direitos Civis e Políticos dos Cidadãos Portugueses, que tem por base a liberdade, a segurança individual e a propriedade, é garantida pela Constituição do Reino da maneira seguinte: § 1. º- Nenhum Cidadão pode ser obrigado a fazer, ou deixar de fazer alguma coisa, senão em virtude da Lei», (Cfr. artigo 145º, = p. 136 da ed. cit.). Como observámos, em comentário aos artigos 1º, 2º e 3º daquela Constitução, escreve Pinheiro Ferreira: «Estes artigos devem ser eliminados, por serem didacticos e por conterem definições de palavras, em cujo sen-

Mas, outros casos haverá em que *he difficil decidir qual das opiniões he conforme à lei do justo*[349]. O legislador *he então chamado para decidir segundo a sua convicção ou consciencia. Por isso vemos que em taes assumptos a legislação dos diversos pòvos não sò he differente, mas às vezes inteiramente opposta*[350].

Cumpre, porém, observar que, na construção silvestrina, o legislador só terá tal "poder discricionário" nos casos duvidosos, já que, *nos outros não pode ter mais arbitrio que o juiz, a quem não he licito julgar a favor de uma parte contra o direito evidente da outra*[351]. Em situação de dúvida, o legislador *exerce um juizo arbitral, bem como o juiz que decide sobre direitos controversos entre partes*[352].

Será neste sentido – esclarece o grande publicista – *que se costuma dizer do primeiro que elle goza de omnipotencia legislativa ou parlamentar, e o segundo de omnipotencia judicial*[353]. Nem um nem outro poder conhece limites que não a lei do justo. Mas, tanto um como o outro devem conter-se dentro dele, sob pena de prevaricação ou de excesso de poder[354].

Na verdade, aquilo que mais afligia o Publicista, ao contemplar o quadro da legislação no Portugal do seu tempo era, como a tantos dos seus compatriotas, a injustiça da lei. Será ao tratamento desta questão que dedicaremos as próximas páginas.

---

tido todos concordam, e não carece de ser fixado pela lei». Silvestre Pinheiro Ferreira, *Breves Observações sobre a Constituição da Monarchia portugueza*, cit., p. 2.

[349] Silvestre Pinheiro Ferreira, *Manual do Cidadão em um Governo Representativo*, I, cit., p. 143

[350] *Idem, ibidem.*

[351] *Idem, ibidem.*

[352] *Idem, ibidem.*

[353] *Idem, ibidem.*

[354] *Idem, ibidem*, pp. 143 e 144. Sobre o tratamento silvestrino desta questão *vide infra.*

2.3 - A Lei do Justo

Implantar o reinado da justiça, tal é, em medida mais ampla e numa concepção menos negativa, o fundamento do poder político. As raízes mais profundas dos conceitos ocidentais do direito e da política elevam a justiça a bem maior do agregado que se constituiu em *polis*.

Sugestivamente, todos os tratados medievais e renascentistas dedicados à questão exortam o rei a ser justo e a rodear-se de conselheiros justos, pois será ele o responsável máximo pela arbitrariedade de seus prepostos.

Numa palavra, realeza é justiça; tirania é injustiça. Aí se cava o profundo hiato que separa o tirano do verdadeiro rei. Não há, em todo aquele longo período, quem refute este ponto[355].

Para os homens da Meia Idade e do Renascimento, o poder político terá como obrigação primeira distribuir justiça. De facto, a função de todo o governante secular era, neste período, definida pela fórmula corrente *Pax* e *Justitia*. Se a justiça reinava havia paz; se a paz existia era sinal que reinava justiça[356].

Em Portugal, são inúmeros os textos que, desde a aurora da nacionalidade, elevam a justiça a fundamento e a objectivo último do poder político[357].

A mesma imagem da justiça e do Rei-Juiz[358] percorre a literatura portuguesa da educação dos príncipes, dos espelhos dos reis, bem como os tratados dos teólogos sobre leis.

---

[355] Assim, Jean – Jacques Chevallier, *op. cit.*, p. 206.

[356] Neste sentido, Kantarowicz, *Frederick the Second. 1194-1250*, trad. inglesa da E. O. Lorimer, cit., p. 228.

[357] Uma análise circunstanciada da questão pode ser vista em Martim de Albuquerque, «O Poder Político no Renascimento Português», Volume V, cit., pp. 226 a 237. Sobre a temática *vide*, ainda, Virginia Rau, «Pareceres Teológico-Jurídicos das Universidades de Salamanca e de Alcalá em 1596», *in Revista da Faculdade de Letras de Lisboa*, 3ª série, 3, (1959).

[358] Para utilizar terminologia de Marongiu. Cfr. A. Marongiu, «Un momento tipico de la monarquia medieval: el Rey juez», *in AHDE*, 23.

Em meados do século das Luzes, Sebastião César de Menezes recordava que a transferência do poder para o *princeps* fora feita na condição de guardar as promessas e a justiça[359]. Esta ideia é sufragada nos *Avizos do Ceo, successos de Portugal*, assinados por Luís Torres de Lima[360].

Já na centúria de Setecentos, a essencial ligação entre os deveres do governante e a justiça era sublinhada por José de Faria Cazado[361].

De notar que a filosofia política ocidental encarou essencialmente a justiça como uma das virtudes cardeais.

No final da Meia Idade, o rei D. Duarte não se esquece de salientar o papel da justiça. Particularmente, no *Leal Conselheiro* é nítida a preocupação de a pôr em relevo.

Invocando os nomes singulares de Santo Agostinho e de Túlio Cícero, o Eloquente precisa o que entende por justiça, uma das quatro virtudes morais. Define-a, por conseguinte, como a *«firme e perdurável vontade dadora a cada uma cousa de seu direito*[362]*»*. A justiça, acrescenta, *«é disposição de coração, e desejo da vontade, por a qual um é dito justo»*. De facto, *«para reger a vontade havemos justiça, que nos manda em toda cousa obrar o que justo e direito for, ainda que al mais desejemos ou por elo mal, trabalho ou perda duvidemos receber. E por esta justiça devemos a Nosso Senhor Deus honra e obediência, aos próximos amor e concórdia, a nós castigo e disciplina*[363]*»*. Vemos, assim, que se o entendimento, *«nossa virtude mui principal*[364]*»*, por prudência se rege, o querer é, na perspectiva do monarca, regulado pela justiça[365].

---

[359] Sebastião César de Menezes, *Summa Politica*, ed. 1650, p. 123.

[360] Luís de Torres de Lima, *Avizos do Ceo, successos de Portugal com as mais notaveis cousas que acontecerão desde a perda d'El-Rey D. Sebastião até o anno de 1627...*, I, Lisboa, Officina de Manoel António Monteiro, 1761, cap. 8, pp. 38 e ss..

[361] José de Faria Cazado, *Totius Legitimae Scientiae Prima Elementa, Secundum Methodum Academicam, Forense, Forunque Interna Exposita*, Ulyssipone, Typografia Dominici Rodrigues, 1754, p. 4.

[362] *Leal Conselheiro*, cap. LXII (= p. 307 da ed. cit.).

[363] *Leal Conselheiro*, cap. L (= p. 250 da ed. cit.).

[364] *Leal Conselheiro*, Prólogo (= p. 22 da ed. cit.).

[365] *Leal Conselheiro*, cap. L (= p. 249 da ed. cit.).

É pela justiça que a ordem reina no mundo. Ora, se é pela justiça que Deus reina no Céu e rege todo o Universo, tal virtude não poderá falecer nos reis, «*a quem cumpre encomendar seus feitos a Nosso Senhor e chegar-se a ele*[366]».

A justiça consiste em reprimir o mal e galardoar o bem. Isso mesmo atesta o infante D. Pedro, na famosa carta que, de Bruges, enviou ao rei D. Duarte, ao escrever: «*bem sabereis senhor que uos sois posto no mundo per autorjdade do apostolo para louuor dos bons e ujngança dos maos*[367]». No mesmo sentido disporá D. Jerónimo Osório, ao escrever: «Sólon – o mais sábio dos legisladores – ponderou muito sensatamente que o bem estar da república se cifra no galardão e no castigo. Este enfreia criminosos e celerados; por aquele, sentem-se acicatados os engenhos esplêndidos a ganharem para si grande cópia de merecimentos, com uma muito maior entrega de ânimo[368]».

Encontramos um desenvolvimento destas ideias nos escritos do Bispo Sebastião César de Menezes[369], de António de Sousa Macedo[370], de Frei Jacinto de Deus[371], do Padre Manuel de Gois[372]...

O reflexo pragmático da virtude de justiça como retribuição vai inspirar também a filosofia e a literatura do século das luzes. Leia-se, por exemplo, o retrato que, da justiça, Pascoal de Melo traça no célebre projecto de Novo Código: «*os meios* (de obtenção da segurança) *são fazer*

---

[366] *Leal Conselheiro*, cap. L (= p. 250 da ed. cit.).

[367] «Carta que o Jfante *dom pedro* emujou a el rey de Brujas», *in Livro dos Conselhos de El – Rei D. Duarte*, cit., p. 35.

[368] D. Jerónimo Osório, «Tratado da Nobreza Civil», *in Tratados da Nobreza Civil e Cristã*, trad., introd. e anot. de A. Guimarães Pinto, Imprensa Nacional Casa de Moeda, s.l., s.d. (1996), p. 117.

[369] Sebastião César de Menezes, «Summa Politica», *in Bento Farinha, Filozofia de Principes*, III, Lisboa, Officina de António Gomes, 1790, pp. 93 e ss..

[370] António de Sousa Macedo, *Armonia Politica*..., cit., p. 32.

[371] Frei Jacinto de Deus, *Brachilogia de Principes*, pp. 89 e ss..

[372] Padre Manuel de Góis, *Curso Conimbricense*, Lisboa, Instituto de Alta Cultura, 1957, 1° volume; *idem,. P. Manuel de Gois: Moral a Nicómaco, de Aristóteles*, 9ª disputa, «Da Justiça», edição bilingue, Lisboa, Instituto de Alta Cultura, 1957, pp. 271 e ss..

leis, crear juizes, determinar penas e prémios, e fazer honras e mercês aos beneméritos. E aos vassallos toca armar e obedecer ao imperante, e aos que em seu Nome governarão; servir os cargos publicos, e pedir ao Principe não só a sua protecção, mas graças e mercês em remuneração dos seus serviços[373]».

O pensamento liberal, tomando por arauto Bentham, valora, de igual modo, a justiça punitiva e a justiça premial.

Também, quanto a este assunto poderemos, com vantagem, compulsar os escritos de Silvestre Pinheiro Ferreira, já que também nestas águas navega o Publicista.

Determinar a sanção da lei[374], escreve, he a tarèfa mais difficil de subjeitar a regras[375].

Não sendo cada lei – sublinha o Polígrafo *– senão uma reiteração do pacto social, ella deve sempre prescrever o castigo mais próprio para garantir o seu cumprimento a todos as pessoas interessadas[376]*. É esta a medida da punição: *A cominação da pena deve ser necessária para assegurar a observância da lei[377/378]*.

---

[373] Pascoal de Melo, *O Novo Código do Direito Publico de Portugal...*, 1ª edição, Coimbra, Imprensa da Universidade,1844, cit., p. 145. No mesmo sentido escreve Carlos José Mourato, *Instrumento da Verdade Practica, Ethica, ou Philosophia Moral*, I, Lisboa, Officina Luisiana, 1778, pp. 365 e 366. Também Joaquim José Caetano Pereira e Sousa elevou o prémio das virtudes a um dos meios para prevenir os crimes. Cfr. Joaquim José Caetano Pereira e Sousa, *Classes dos Crimes por ordem systematica com as penas correspondentes segundo a legislação actual*, 3ª edição, Lisboa, Impressão Régia, 1830, p. 31, nota 46.

[374] *Isto he declarar o prèmio ou o castigo que pòssa ter logar*, acrescenta Pinheiro Ferreira. Cfr. Silvestre Pinheiro Ferreira, *Manual do Cidadão em um Governo Representativo*, I, cit., p. 7.

[375] *Idem, Ibidem.*

[376] *Idem, ibidem*, p. 8.

[377] Cfr. Silvestre Pinheiro Ferreira, *Prelecções Filosóficas...*, cit., «Sétima Prelecção», (= p. 78 da ed. cit.).

[378] Particularmente, a reforma dos *deploraveis manuaes de casos que, debaxo do titulo de codigos penaes ou criminaes, há tantos seculos fazem a desgraça da especie humana*, era, para o Publicista, uma exigência absoluta. Cfr. Silvestre Pinheiro Ferreira, *Projecto de Codigo Politico para a Nação Portugueza*, cit., p. XVI e pp. 48 e ss..

Mais sublime que a função de punir é, porém, a tarefa de galardoar. Para Silvestre Pinheiro Ferreira não deve haver privilégio[379] que não se funde no mérito ou na virtude. A este propósito salienta que, *em conformidade com os princípios do governo representativo*[380], devem ser *extinctos todos os privilégios que não fossem essencial e inteiramente ligados aos cargos, por utilidade publica*[381]». E, adiante, acrescenta que, em particular, *o rei, em tudo o que não sam as attribuições de seo alto emprego, não pode gozar n'um paiz constitucional de nenhuma sorte de privilegio*[382]». Para concluir que *nem tudo o que se faz nos outros paizes constitucionaes he digno de ser imitado*[383]. Por consequência, *as dotações, soldos, honorarios, salarios, pensões e tenças, uma vez decretadas não se devem alterar, senão quando se allegarem justas razões, quer seja para se augmentarem, quer seja para se diminuirem. Ora, esta regra geral, dictada pela boa razão, não admite excepção, nem em detrimento nem a favor de quem quer que for*[384]».

Olhando, em particular, para a nobreza escreve Pinheiro Ferreira, em comentário ao § 31., do artigo CXLV da *Carta Constitucional*[385]: «A doutrina deste § he, alem de escura, anticonstitucional. He escura, porque

---

[379] Considera Pinheiro Ferreira que o termo privilégio, *em razão dos graves abusos que pela sua concessão se tem commetido, he geralmente tomado no sentido inconstitucional de favores concedidos a uns com offensa dos direitos dos outros*. Neste sentido, propõe que a *ominosa expressão* seja substituida por *quaesquer exempções, immunidades ou prerogativas. Cfr. Idem, Prelecções Filosóficas...*, cit., p. 94.

[380] *Idem, Exposição do Projecto d'Ordenações*, cit., p. ix.

[381] *Idem, ibidem.*

[382] *Idem, ibidem*, p. 15.

[383] *Idem, ibidem*, p. 71.

[384] *Idem, ibidem.*

[385] Onde se lê: «A inviolabilidade dos Direitos Civis e Políticos dos Cidadãos Portugueses, que tem por base a liberdade, a segurança individual e a propriedade, é garantida pela Constituição do Reino, pela maneira seguinte:

§ 31. – Garante a Nobreza Hereditária, e suas regalias.». Cfr. *Carta Constitucional* de 29 de Abril de 1826 (= pp. 136 e 138 da ed. cit.).

O Poder e o Direito na obra de Pinheiro Ferreira: Princípios de Direito Constitucional 207

achando-se abolidos pelo § 15[386] todos os privilegios que não forem essencial e inteiramente ligados com os cargos de utilidade publica, segue-se que sem contradição não se podem manter à nobreza, debaixo do nome de regalias, senão aquellas honras e immunidades ou funcções exclusivas de que atè agora gozavam, que forem compativeis com a nova organização constitucional[387], e que essencial e inteiramente se liguem com os cargos a que os nobres actuaes forem chamados em attenção a essa anterior qualidade, o que só pode acontecer, diz o § 15, por utilidade publica[388]».

Progredindo na sua análise, indaga Pinheiro Ferreira *quaes são as regalias de que a nobreza gozava ao momento da installação do systema constitucional* e que a *Carta* vem garantir[389]? E a resposta não é difícil de traçar: «os redactores da carta ommitiram fazer esta declaração, pelo mui simples motivo de que todas as distincções de que a nobreza gozava atè aquella epoca sam mais ou menos incompativeis com os principios do systema constitucional, e por conseguinte, bem longe de lhe poderem ser garantidas na nova ordem de governo, deviam declarar-se expressamente abolidas, como uma natural consequencia da abolição dos privilegios pronunciada no § 15[390]».

Simplesmente, a coerência interna do seu pensamento[391], obriga-o a considerar que *por se tratar de uma propriedade legitimamente adquiri-*

---

[386] Que consagra: «Ficam abolidos todos os Privilégios, que não forem essencial e inteiramente ligados aos Cargos por utilidade pública». *Vide* § 15., do artigo 145º da *Carta Constitucional* (= p. 138 da ed. cit.).

[387] Pinheiro Ferreira analisa, circunstanciadamente, os meios destinados a assegurar o estado contra a usurpação e abusos do supremo poder executivo. Cfr *Manual do Cidadão em um Governo Representativo*, I, cit.(= pp. 272 a 286 da ed. cit.). Sobre a questão *vide infra*.

[388] Silvestre Pinheiro Ferreira, *Exposição do Projecto d'Ordenações*, cit., pp. 95 e 96.

[389] *Idem, ibidem*, p. 96.

[390] *Idem, ibidem.*

[391] Na «Advertência» que inaugura o *Projecto de Ordenações para o Reino*, escreve o Publicista: «Como esta (constituição) tem por objecto, não o fazer passar o povo portuguez repentinamente, e como por encanto, do estado de abattimento, em que se acha, ao mais alto grao de felicidade a que pode alcançar; entendemos que era indispensavel cortar

da pela *nobreza*, e a sua abolição nada mais ser *que a conversão daquella propriedade em uso e proveito do bem publico legalmente verificado, segue-se que a nobreza deve ser previamente indemnisada do vallor daquella propriedade*[392]. Por outro lado, na fixação do montante indemnizatório, há que ter em conta que *as regalias de que se trata reúnem em si duas espécies de valores, um pecuniario outro de honra ou de mando*[393].

Por isso, o Filósofo ao indagar os meios de assegurar o Estado contra a usurpação e abusos do poder executivo não pode deixar de atentar no argumento, tantas vezes repetido, de que a única instituição capaz de *segurar a perpetuidade de classe* e, conter *as invasões da coroa* seria *uma nobreza hereditaria, e independente do monarcha relativamente à transmissão e conservação dos privilégios conferidos às familias*[394].

A sua posição ante tal raciocínio é manifesta e exprime-se sob as mais variadas formas.

Mostra-a, antes de mais, a sua apreciação sobre aquilo a que chama *o progresso da sociedade em sentidos opostos*[395].

A observação da história das monarquias revela, ao nosso compatriota, o mesmo que a razão poderia fazer conjecturar. *Debaixo do systema de privilegio* – afirma, com veemência – *não se pòde aspirar à liberdade; apenas resta, quanto muito a escolha do senhor. Os privilegiados, por isso mesmo que possuem toda a força, sobejam-lhes meios de corromper e invadir tudo*[396]. É certo, concede o Filósofo, *que se costuma dizer que os privilegios da nobreza sam necessarios para combater as invasões da corôa. Mas tambem por outra parte se costuma dizer que os privilegios da corôa sam precisos para combater as invasões da nobreza*[397].

---

de uma vez e d'um so golpe tudo quanto fosse privilegio, mas que por isso mesmo era tanto mais preciso respeitar a propriedade dos privilegiados». Cfr. Silvestre Pinheiro Ferreira, *Projecto de Ordenações para o Reino de Portugal*, I, cit., p. v.

[392] *Idem, ibidem*, pp. 96 e 97.
[393] *Idem, ibidem*, p. 97.
[394] *Idem, Manual do Cidadão em um Governo Representativo*, I, cit., pp. 273 e 274.
[395] *Idem, ibidem*, p. 276.
[396] *Idem, ibidem*, p. 275.
[397] *Idem, ibidem*.

Considera, então, que *se houvesse necessidade de crear uma d'estas castas de privilegios conviria supportar o seo antagonista*[398]. Simplesmente, se se reconhece *que nenhum delles he preciso senão para domar ou contêr o outro*, é evidente que *se pòde prescindir de ambos estes privilegios com tanto que sejam abolidos do mesmo golpe*[399]. Aliás, conclui o Autor, nem é necessário impulsionar o processo porque os *privilegios da nobreza se extinguem mui naturalmente com o andar do tempo, pelo que os da corôa não lhe podem sobreviver muito tempo*[400]. E o motivo de tal enfraquecimento surge a seus olhos transparente e fácil de desenhar. *A nobreza e a corôa* – escreve – *não podendo sustentar a lucta que faz objecto da sua instituição, senão com os meios que a nação lhes fornece, tem ambas necessidade de captar o favor d'este auxiliar e impedir que elle passe para o partido contrario*[401].

Partindo desta consideração, Pinheiro Ferreira pode concluir que *em quanto as classes privilegiadas se corrompem e decaem todos os dias, o terceiro-estado ou a massa da sociedade ganha instituições, e se enriquece com o despojo d'aquellas classes*[402]. O futuro do Estado pode, então, seguir dois rumos. Se *a civilisação desenvolve* a um só tempo *as faculdade intellectuaes, o amor do trabalho e o respeito à propriedade, o edificio social adquire instituições liberais e sólidas*[403]. Se, porém, *a civilisação não faz mais do que crear um refinamento de gosto, imprimindo uma falsa direcção à industria, e aumentando o número e a intensidade das precisões*[404], diminuirão, fatalmente, *os meios de satisfazer* tais necessidades, serão *desmoralizadas todas as classes da sociedade e aquelle individuo que melhor souber manejar as paixões mais atrevidas, esse serà senhor*[405].

---

[398] *Idem, ibidem.*
[399] *Idem, ibidem.*
[400] *Idem, ibidem.*
[401] *Idem, ibidem.*
[402] *Idem, ibidem*, pp. 275 e 276.
[403] *Idem, ibidem*, p. 276.
[404] *Idem, ibidem.*
[405] *Idem, ibidem.*

Não carecemos de fazer mais transcrições. As feitas até aqui são bastantes para nos autorizarem a ver em Silvestre Pinheiro Ferreira um continuador do espírito do século iluminista: enaltecer a classe média, condenando numa sentença de morte a nobreza histórica, e contrapondo aos privilégios militares desta e às origens feudais os novos títulos, fundados no mérito e em uma riqueza exclusivamente assente nos progressos reais da indústria e do comércio, é o seu propósito. Tudo isto, num ambiente de profundo respeito pela liberdade, propriedade e segurança individuais.

Mas mais do que as suas ideias sobre a justiça punitiva ou premial são frisantes as que tem sobre os limites do poder dos governantes. Neste ponto dão-nos também os seus escritos trechos de uma forte e inequívoca clareza.

O seu horror ao despotismo absolutista é manifesto[406]. Os seus textos demonstram-no à saciedade. Uma só frase, saída da sua pena, confirma o que pretendemos dizer. *As monarquias absolutas* – escreve incisivamente – *não sam senão abusos do poder*[407].

Uma só nota para relembrar que, na definição Setecentista da política e dos fins do Estado, a ideia de bem comum começa a ser ofuscada pela valoração inovadora de um conceito antigo de filosofia moral. Referimo-nos à ideia de felicidade.

A filosofia do direito em Portugal até ao último quartel do século XVIII era a da Escolástica e a da Escola teológica e jusnaturalista espanhola de Quinhentos e Seiscentos, sobre as quais, por serem bastante conhecidas, não vale a pena insistir aqui[408].

---

[406] Sobre a forma de governo que advoga *vide supra.*

[407] Silvestre Pinheiro Ferreira, *Manual do Cidadão em um Governo Representativo*, I, cit., p. 272.

[408] Sobre a Escolástica escreve Silvestre Pinheiro Ferreira: «Só depois de havermos analisado os tratados que nos restam daquele grande filósofo, e de os termos comparado com o que depois dele até agora sobre os mesmos objectos se tem escrito, é que de um rápido golpe de vista poderei convencer-vos da justiça com que acabo de tributar-lhe as homenagens que o nosso século amigo das luzes lhe não teria negado, se a estulta idolatria de absurdos escolásticos dos dois séculos precedentes não tivesse indisposto os ânimos até mesmo contra o nome de Aristóteles, como aquele em cujas obras eles protestavam haverem copiado os delírios das suas desvairadas fantasias...». Cfr. Silvestre

Aristóteles, S. Tomás de Aquino, Suárez, Molina, Soto, Mariana, Victória, e muitos outros, constituíam, até então, os expoentes máximos do pensamento filosófico-jurídico português. Particularmente a ideia escolástica de «bem comum», como fundamento das leis e a separação teorética entre justiça comutativa e distributiva encontram-se, a cada passo, senão tratadas e desenvolvidas *ex professo* nas obras volumosas dos nossos reinícolas, romanistas, canonistas e comentadores do século XVII pelo menos aí estão fragmentariamente diluídas e sempre implícitas.

No século XVIII, o poder do estado vai ser fundado na busca da felicidade. De notar, porém, que o ressuscitar deste conceito não significa apenas, nem sobretudo, uma mutação semântica. Representa, essencialmente, o introduzir de uma inovação no âmbito do sistema político.

A ideia de felicidade, não apenas no sentido de critério que permite aferir o bem e o mal, mas no de felicidade pública[409], aparece nos escritos

---

Pinheiro Ferreira, *Prelecções Filosóficas*, cit., «Nona Prelecção», (= p. 91 da ed. cit.). Ao lermos a crítica mordaz que o filho da Congregação do Oratório dirige à Escolástica somos tentados a recordar as palavras do Professor Cabral de Moncada: «Geralmente, confunde-se na mesma condenação da escolástica medieval, ou da quinhentista, aquilo que esta prestou para o progresso das «ciências do espírito», com aquilo que ela prestou para o progresso das «ciências da natureza», sem se atender a que os métodos e condições para o desenvolvimento dêstes dois grupos de ciências são e foram em todos os tempos diversíssimos. Ora, se o desenvolvimento das segundas teria sido impossível, como é evidente, sem a ruptura violenta com os métodos escolásticos – e é êsse o grande mérito da chamada Filosofia moderna com Bacon e Descartes – no que diz respeito às primeiras a mesma conclusão está longe de ser verdadeira. Prova-o, não só o facto de muitas das suas ideias terem continuado a viver nos sistemas filosófico-jurídicos e políticos de Grócio, Wolff e Pufendorf, como ainda no facto de outras aparecerem hoje restauradas nas modernas correntes neò-tomistas, não sendo também pequeno o concurso por elas prestado para a renovação da moderna metafísica». Cfr. Luís Cabral de Moncada, «Subsídios para uma História da Filosofia do Direito em Portugal», cit., p. 111, nota 1.

[409] Conceito inovador introduzido por Ludovico Antonio Muratori, para quem os fins do poder do Estado seria a superação da pobreza, a saúde e a educação do povo. Cfr. Ludovico Antonio Muratori, *Della Publica Felicità*, cit.

212   *Para a História do Direito Constitucional Português: Silvestre Pinheiro Ferreira*

de Leibniz[410], Thomasius[411] e Heinécio[412]. Também Filangieri, Genovese[413] e Beccaria estabelecem, em seus trabalhos, uma ligação entre a felicidade e os fins do governo.

Entre nós, António Ribeiro dos Santos, na *Censura* ao projecto de Novo Código, assinado por Melo Freire, faz assentar o reformismo legislativo precisamento no conceito de felicidade pública[414].

O caminho estava traçado...

Felicidade pública, felicidade do maior número, utilidade pública são os conceitos que o pensamento liberal vai opor à ideia de bem comum, matriz do pensamento escolástico.

De notar, porém, que tal ideia de utilidade, baseada em critérios filosóficos utilitaristas ou hedonistas, não implica que o direito deixe de ter um fundamento ético.

A ideia de felicidade pública é erigida em critério de actuação dos governantes, os quais, invocando este princípio logram, por ventura, um alargamento das funções do Estado. Simplesmente, tal não significou a ruptura entre a moral e o direito415.

Mas, não nos detenhamos mais e regressemos a Silvestre Pinheiro Ferreira.

Como vimos, o Filósofo pretende ver na utilidade a fonte de todas as acções humanas ostensivamente morais. Por "utilidade" entende ele *a maior somma possivel de bens para a sociedade em geral e para cada*

---

[410] G. W. Leibniz, *Novos Ensaios sobre o Entendimento Humano*, tradução e introdução de Adelino Cardoso, Edições Colibri, Lisboa, s. d., p. 378.

[411] Christian Thomasius, «*Lectiones de Prudentia Legislatoria*», p. 161.

[412] Heinécio, *Elementos de Filosofia Moral, tirados de latim em linguagem da edição de Napoles de 1765*, José da Silva Nazareth, Lisboa, 1785, p. 61.

[413] Cfr. *Lições de Logica para o uzo dos Principiantes por Antonio Genuense*, trad. de Bento José de Sousa Farinha, Viúva Neves e Filho, Lisboa, 1816.

[414] António Ribeiro dos Santos, *Notas ao Plano...*, cit..

[415] Neste sentido, Guilherme Braga da Cruz, «O Movimento abolicionista e a abolição da pena de morte em Portugal», in *Obras Esparsas*, II, *Estudos de História do Direito. Direito Moderno*, Coimbra, Universidade de Coimbra, 1981, pp. 65 e ss..

individuo em particular[416]. Por consequência, na linguagem silvestrina, *um acto he util ao homem e ao cidadão*[417] *se produz*[418], em última instância, aquele resultado e, em paralelo, *se for o único meio seguro de distinguir o justo do injusto, tanto na moral como na política*[419]. Vemos assim, que o mesmo espírito deve animar o Filósofo e o Legislador: a busca da utilidade, da virtude, da felicidade!

Em suma, será útil tudo o que pode proporcionar prazer e evitar penas. Tornar feliz o homem e o cidadão, em particular, e a sociedade, em geral, segundo uma concepção algo estreita de felicidade[420] - eis a medida da utilidade.

Agir de forma útil é ser justo e virtuoso[421]. E a virtude, que para Silvestre Pinheiro se identifica com o conceito de Bem moral, mais não é que *o complexo de acções morais que costuma produzir maior soma de gostos que de dores*[422].

Não obstante, contesta o Autor que o justo consista no *maior bem do maior numero*[423]. *Tal expressão* – escreve – *pode conduzir ao absurdo de se affirmar como se tem feito algumas vezes, que se devem sacrificar os interesses do menor ao maior número.* Doutrina errónea pois *nada pòde*

---

[416] Silvestre Pinheiro Ferreira, *Manual do Cidadão em um Governo Representativo*, I, cit., p. 2.

[417] Pinheiro Ferreira recorre deliberadamente à expressão *direitos do homem e do cidadão*. Escutemos os fundamentos que invoca: «… diz-se direitos do homem e do cidadão, e não simplesmente direitos do homem, ou do cidadão, para que se entenda que tractamos aqui tanto dos direitos e devêres naturais, como dos sociaes». Cfr. Silvestre Pinheiro Ferreira, *Manual do Cidadão em um Governo Representativo*, I, cit., pp. 3 e 4.

[418] *Idem, ibidem*, p. 2.

[419] *Idem, ibidem*; *Idem, Cours de Droit Public*, I, cit., pp. 3 a 8.

[420] A felicidade, para o Publicista Português, consiste simplesmente em uma maior soma de gostos que de dores. Cfr. *idem, Prelecções Filosóficas*, cit., § 298, p. 86. Sobre a questão *vide supra*.

[421] Silvestre Pinheiro Ferreira, *Manual do Cidadão em um Governo Representativo*, I, cit., p. 3.

[422] Silvestre Pinheiro Ferreira, *Prelecções Filosóficas*, cit., § 297 e § 297, p. 86.

[423] Silvestre Pinheiro Ferreira, *Manual do Cidadão em um Governo Representativo*, I, cit., p. 2.

ser justo senão o que he conforme ao fim que os homens se propozeram quando se uniram em sociedade e que, para Pinheiro Ferreira, consiste *no interesse comum ou geral de todos os que a compoem.* Assim, conclui o Autor, *o que não aproveita senão a algum ou alguns sòmente, por mais numerosos que sejam estes ultimos, não he mais do que um privilegio,* isto é, *uma violação do pacto social* e, por conseguinte, *uma injustiça.*

Chegado aqui, pressente Pinheiro Ferreira uma crítica fácil: Há, ou poderá haver, alguma coisa que é útil a todos? A resposta é evidentemente negativa. Mas, *uma coisa util em proporção relativa à situação particular de cada um* ou, por outras palavras, *igualdade de direitos em circunstancias iguaes ou, como se costuma dizer igualdade diante da lei, não sò he possivel como,* na perspectiva do nosso compatriota, *sò isso he justo e,* por consequência, *sò isso pòde ser verdadeiramente util.* A ser de outra forma, e *por maior que seja o numero dos mais favorecidos, aquelles à custa de quem se fizesse a desigual partilha não deixariam de os perturbar na sua posse, até conseguirem, por força ou por ardil, aquillo que por força ou por astucia lhes fôra tirado*[424].

---

[424] *Idem, ibidem,* p. 3. Reiterando a ideia que já deixara expressa na obra agora citada, escreve em anotação ao § 5 do seu *Cours de Droit Public*: «... un des plus profonds jurisconsultes modernes, l'illustre Bentham, a déduit que le principe du juste consiste dans le plus grand bien de plus grand nombre. Nous aurions préféré de dire le plus grand bien possible de tout la société en général et de chacun de ses membre en particulier; premièrement parce que l'on considère ici l'homme dans l'état social, et en second lieu, parce que'énoncé de la manière que nous avons transcrite dans le texte, il prête à croire que l'opinion du philosophe anglais, ainsi que la nôtre, puisque nous en fasons la base de toute morale et de toute politique, est que l'on doit regarder comme juste tout ce qui est utile au plus grand nombre, quand même cela dût être aux dépens du plus petit nombre: tel n'est cependant pas l'esprit de la maxime que nous avons empruntée du célèbre jurisconsulte que l'école philosophique s'honore d'avoir pour chef. Selon nous, le citoyen n'est pas tenu de faire le moindre sacrifice pour les intérêts d'une fraction quelconque de la société à laquelle il appartient, mais bien aux intérêts qu'il partage avec tout ses concitoyens, sans aucune exception, intérêts dont le maintien doit lui être plus cher que les avantages dont il est appelé à faire le sacrifice, et dont tout autre citoyen à as place devrait faire l'abandon, si le cas s'en présentait...». Cfr. *idem, Cours de Droit Public,* I, pp. 419 e 420.

Em síntese, na sua essência, a formulação silvestrina de felicidade aparece como o fundamento axiológico da acção reformadora que pretendia ser a do Estado. Acresce que, das passagens antes transcritas parece resultar que um aspecto característico desta ideia de felicidade como fim dos poderes do Estado reside, precisamente, na erecção da segurança como primeiro requisito para a felicidade pública e para a felicidade individual.

A infidelidade dos governantes à sua missão de prosseguir a *lei do justo* acarreta logicamente consequências. Mas significará isto a justificação de um direito da comunidade, do "povo", de *resistir* ao poder, com fundamento na confiança traída[425]?

2.4 - A Problemática da Lei Injusta

Cumpre agora versar a melindrosa questão dos direitos do povo contra os governantes.

Questão tremenda, susceptível de fazer vacilar mesmo os espíritos mais firmes já que aflorá-la significaria, desde logo, abandonar o terreno seguro da pura especulação, penetrando em aspectos de imediata relevância pragmática. Referimo-nos ao problema dos limites do direito de resistência, da deposição e condenação dos governantes e, como *terminus* formidável, à espinhosa questão do tiranicídio![426]

O assunto é de todos os tempos, revelando-se, ontem como hoje, grave e melindroso.

Na classificação do tirano[427] parece não haver divergências entre os autores.

---

[425] Sobre a relação de confiança que liga governantes e governados *vide supra*.

[426] M. Paulo Merêa, *Suarez, jurista*, cit., p. 73.

[427] De notar que, primitivamente, o termo tirano não apresentava qualquer conotação moral, designando apenas o governante sem legitimidade, que se apodera do governo pela força e/ou através do recurso ao seu prestígio demagógico. Assim, Raymond Aron,

216 Para a História do Direito Constitucional Português: Silvestre Pinheiro Ferreira

Em certas situações, poderia suceder que alguém, à margem dos meios e métodos constitucionais, se apodere do senhorio e se imponha pela força. Ou, em alternativa, que alguém, legitimamente investido na função de governante, abandone ou desrespeite, de forma intolerável, as exigências estabelecidas no pacto de constituição do poder[428]. Na primeira hipótese surge a tirania de origem ou quanto ao título, enquanto na segunda estamos ante uma tirania de exercício ou quanto ao uso de poder[429]. Vemos, assim, que tradicionalmente se exige, para que o poder seja considerado legítimo, quer o consentimento da comunidade, quer a prossecução do bem comum ou a felicidade dos súbditos.

Tal como a tirania, também a resistência comporta gradações especiais e diversas[430].

Em primeiro lugar, como resposta à opressão, a chamada «resistência passiva».

A Igreja ensinara que as leis contrárias ao direito natural serão mera aparência de leis e que por isso não obrigam em consciência, devendo os

---

L'Homme contre les tyrans, Gallimard, 4ª ed., 1946, p. 115. Na Grécia e em Roma, o termo tirano não apresentava qualquer significação pejorativa, implicando tão só um regimento não limitado por lei alguma. A este propósito escreve Alfieri, no seu *Tratado de Tirania*, trad. clássica, Livraria e Ed. Logos, São Paulo, s. d., p. 125: «E quantos, ou por fôrça, ou por astúcia, ou ainda por vontade do povo ou dos grandes, obtinham as rédeas absolutas do govêrno, e se reputavam e eram mais poderosos que as leis, todos indistinta e alternadamente eram pelos antigos chamados reis ou tiranos». Por este motivo, ainda, Júpiter, rei dos Deuses, era apelidado tirano. Neste sentido, Pièrre Mesnard, *L'essor de la Philosophie Politique au XVIe. Siécle.*, 2ª ed., Paris, 1952, p. 360.

[428] Cfr. Machado Pauperio, *O Direito Político de Resistência*, ed. Forense, Rio – S. Paulo, 1962, p. 29.

[429] É curioso notar que os próprios reis tomam posição contra a tirania. Afonso X, nas *Sete Partidas* (II, 1, 10), traça, precursoramente, a distinção essencial entre tirano *absque titulo* e tirano *ab exercitio*. Simplesmente, a orientação tradicional peninsular parece apontar no sentido da não admissão, em caso algum, da morte do tirano. De facto, a sua condenação surge já na *Lex Visigothorum* (Tit. Prel., 9): *«nemo meditetur interitus regum»* e no *Fuero Juzdo* (Tit. 1. 9): *«Nenguno non osme de la morte de los reys»*.

[430] Sobre as várias classificações possíveis de resistência *vide*, por todos, M. Pauperio, *op. cit.*, pp. 34 a 37.

O Poder e o Direito na obra de Pinheiro Ferreira: Princípios de Direito Constitucional   217

súbditos negar-se a executá-las, enquanto a tal não forem constrangidos pela força pública[431]. Tal consubstanciava, de facto, a consequência lógica ou forçada das doutrinas da Igreja acerca do fundamento da lei e da função do governante.

S. Tomás de Aquino não introduz, neste ponto, doutrina nova. Na *Suma*, trata expressamente da justiça e da injustiça das leis instituídas pelo homem[432]. Assim, ensina, que estas podem ser injustas em relação ao bem humano, ou relativamente ao bem divino. Injustas em relação ao bem humano serão as leis que acodem preferencialmente à cupidez e à glória pessoal do príncipe do que à utilidade comum, ou as que ultrapassam a competência de quem as elabora, ou, ainda, as que repartem desigualmente os encargos aos súbditos[433]. Tais leis não obrigarão em consciência, mas, em última instância, deverão ser obedecidas por forma a evitar o escândalo e a desordem, males que temos de proscrever mesmo que em detrimento do nosso direito. Todavia, quando a lei atenta directamente contra Deus, violando um bem divino[434], considera o Anjo das Escolas que, em caso algum, deverão ser acatadas[435].

---

[431] Já Sócrates, ao morrer, perante os juízes, afirmara: «Obedecerei ao meu Deus, antes que a vós outros». Não obstante, preferiu sofrer a fugir. Cfr. Franziscus Stratmann, *Cristo e o Estado*, trad. de F. Lopes de Oliveira, Lisboa – Coimbra, 1956, p. 200. Também o seu discípulo, Platão, no *Crito*, distinguiria com sabedoria: «obedecei às leis e obedecei a elas de bom grado quando digam respeito a qualquer interesse natural; por não fazê-lo sereis filhos rebeldes e membros sem lealdade. Mas desobedecei a elas até ao desespero quando haja por motivo qualquer necessidade suprema do espírito». Simplesmente a análise do filósofo quedou-se por aqui, não chegando sequer a pensar o direito de resistência. V. M. Pauperio, *op. cit.*, pp. 45 e 46.

[432] *Summa theologica*, 2 – 2, q. 96, art. 4º.

[433] J.–J. Chevallier, *op. cit.*, tomo I, p. 218.

[434] S. Tomás refere, como exemplo, as leis dos tiranos que incitam à idolatria. Cfr. J.–J. Chevallier, *op. cit.*, tomo I, p. 218.

[435] No mesmo sentido dispusera, séculos antes, Santo Agostinho ao escrever «*que se não haõ douvir nem se há dobedecer aos que contra os mandamentos e leis de Deus ordenaõ*». Cfr. Martim de Albuquerque, «O Poder Político no Renascimento Português», Volume V, cit., p. 794 e p. 794, nota 85.

Também os mais importantes textos normativos se preocupam em determinar que as leis devem ser racionais e estatuídas no interesse de todos[436].

O mesmo sustentam os nossos teorizadores do Renascimento[437] e ainda as composições dos séculos XVII e XVIII[438].

Não temos, pois, de estranhar que Pinheiro Ferreira afirme que tanto o legislador quanto o juiz não conhecem limites de seus respectivos poderes senão a lei do justo[439]. Por consequência, *tanto um como o outro devem conter-se dentro d'esse limite sob pena de prevaricação e excesso de poder*[440]. E a sua análise não se queda por aqui. O que se compreende,

---

[436] *Vide supra.*

[437] Uma análise circunstanciada do direito de resistência nos nossos teorizadores de Quinhentos e Seiscentos pode ser lida em Martim de Albuquerque, «O Poder Político no Resnascimento Português», vol. V, cit., pp. 772 e ss..

[438] *Vide supra.* De notar que os defensores da monarquia pura ou da monaquia de direito divino têm uma percepção muito nítida da contradição entre a supremacia do poder do rei e a teorização da injustiça da lei. Em uma lei datada de 23 de Novembro de 1770 podemos ler que «ninguêm pode conhecer da justiça ou injustiça das leis, nem ainda disputar sobre a força e merecimento dellas». Cfr. Lei de 23 de Novembro de 1770, § "representando-me" *in* Filipe José Nogueira Coelho, *Princípios de Direito Divino, Natural, Público Universal e das Gentes, adoptados pelas Ordenações e Leis novíssimas*, 2ª edição, Of. de Francisco Borges de Sousa, Lisboa, 1777 e *in* Roberto Monteiro de Campos de Coelho e Sousa, *Remissões das leys novíssimas, decretos, avisos, e mais disposições que se promulgaram nos reinados dos senhores D. José I, e D. Maria I*, Lisboa, 1778. Na *Dedução Cronológica e Analítica*, de José Seabra da Silva, o sofrimento dos súbditos é o único recurso ante a injustiça da lei. cfr. José de Seabra da Silva, *Deducção Chronologica e Analytica*, I, cit., § 609. No mesmo sentido, dispõe Manuel de Almeida e Sousa de Lobão, para quem bastam os seguintes princípios: «... todas as leis do summo imperante ligam no foro civil e no da consciencia...». V. Manuel de Almeida e Sousa de Lobão, *Notas de Uso Pratico e Criticas...*, I, cit., pp. 5 e 6. Em todas estas passagens, e outras se poderiam transcrever, se emudece a justiça em prol da afirmação da magnificência do príncipe.

[439] Silvestre Pinheiro Ferreira, *Cours de Droit Public*, I, cit., pp. 38 a 42, 48 a 52 e 420; *idem, Projecto de Ordenações para o Reino de Portugal*, I, cit., artigos 13. a 15., 145 §§ 28 e 34, 163. § 2 e art. 164, § 3; *Idem, Manual do Cidadão em um Governo Representativo*, I, cit., pp. 143 e 144.

[440] Silvestre Pinheiro Ferreira, *Manual do Cidadão em um Governo Representativo*, I, cit., p. 144.

já que as próprias circunstâncias em que escreve e a índole de alguns dos seus tratados o obrigavam a manifestar desenvolvidamente a sua opinião acerca dos requisitos e condições que hão-de concorrer no preceito legal[441].

Mas a teorização da justiça e a identificação da possibilidade de existirem leis que contrariem a ideia de justo coloca-nos perante a questão essencial da legitimidade para declarar e reagir à injustiça da lei.

Antes de atentarmos na posição de Silvestre Pinheiro Ferreira em face do direito de resistência (passiva) cumpre recordar que o jusnaturalismo e racionalismo que representa têm, por base, não tanto as ideias de Leibniz ou Wolff, e muito menos as de Kant, mas o sensualismo de Bacon, Locke, Condillac e, sobretudo, as ideias utilitaristas de Bentham.

O nosso professor do Colégio das Artes, exilado pela Europa e América durante quase quarenta e seis anos[442] é, antes de mais, um sensualista confesso[443], e portanto um feroz crítico de toda a metafísica idealista e de todo o transcendentalismo especulativo de origem principalmente alemã[444]. De notar, porém, que Pinheiro Ferreira não se revê por inteiro num sensualismo estrito. À faculdade passiva de sentir opõe o exercício activo da alma sobre o corpo[445].

---

[441] Sobre a questão *vide supra.*

[442] Silvestre Pinheiro Ferreira, «Advertencia» às suas *Questões de Direito Público e Administrativo; Filosofia e Literatura*, Lisboa, 1844, p. i.

[443] Sugestivamente escreve na «Segunda Prelecção»: «Recopilemos, Senhores, o exposto nesta Prelecção. Sentir; ter sensações; ter ideias; noções ou percepções, são expressões sinónimas. Comparar e julgar; conhecer; reconhecer; lembrar-se; recordar-se; imaginar; tudo isto significa ter ideias ou sensações de objectos presentes ou ausentes; logo todas estas expressões são sinónimas de sentir». Cfr. Silvestre Pinheiro Ferreira, *Prelecções Filosóficas*, cit., p. 47.

[444] Considera Kant, Fichte e Schelling menos «favorecidos da natureza», ainda que «possuídos de ambição de originalidade». *Idem, ibidem*, p. 101.

[445] Nas suas *Noções Elementares de Philosophia Geral e Appliada às Sciencias Moraes e Politicas (Ontologia, Psycologia, Ideologia)*, Paris, 1839, «Psicologia», § 18 escreve: «No exercicio da sensibilidade ou, o que vale o mesmo, da faculdade de sentir, a alma é puramente passiva; porque o que nela se passa é efeito dos movimentos que se operam nos nossos órgãos internos ou externos. No exercício da expontaneidade ou, o que

Espírito de feição e educação eminentemente activa, é de preferência o pensamento inglês que o atrai, principalmente naquela parte em que essa construção, transportada para França por Voltaire e Montesquieu, nos fins da centúria de Setecentos, aí se combina com as ideias da *Encyclopédie* e, depois, com as dos homens da Revolução[446].

Todas os nossos conhecimentos provêm das sensações. Simplesmente, e como vimos, à faculdade de sentir opõe a «força motriz» da alma sobre o corpo. O que não implica, porém, que nesta indiscernível relação se possa colher uma explicação clara no seu pensamento. Na verdade, perscrutando a sua construção, é possível encontrar uma remissão retroactiva para uma fundamentação que converge, no fundo, para Deus, *a causa primeira de todos os estados do Universo*[447].

Não obstante, para além da causa primária, ou geral, há que buscar as causas imediatas, já que aquela explicação, *sem envolver erro, em nada altera o estado dos nossos conhecimentos no ponto do que se trata*[448].

Mantêm-se, pois, o Filósofo, metafísico, deísta e jusnaturalista, crendo num Deus criador e num direito natural, no sentido de direito da razão, a que chama *direito universal*[449] ou *lei do justo*[450], a cuja luz devem ser julgadas as acções dos homens e das nações. Tal direito da natureza é, ainda,

---

vale o mesmo, da força motriz que a alma exerce sobre o corpo ela é activa. (…) o complexo destas duas faculdades que o corpo e o espírito possuem de obrar um sobre o outro é o que se chama "união da alma com o corpo"». Encontramos as mesmas ideias no seu *Précis d'un Cours de Philosophie Élémentaire. Ontologie, Psycologie, Idélogie*, Paris, Édouard Garnot, 1841, pp. 55 a 58. Não poderemos, por ir muito além dos propósitos deste trabalho, versar sobre este ponto da meditação silvestrina. Sobre a questão *vide*, por todos, Nady Moreira Domingues da Silva, *O Sistema Filosófico de Silvestre Pinheiro Ferreira*, Lisboa, ICALP, 1990, pp. 60 e ss..

[446] Neste sentido, Luís Cabral de Moncada, «Subsídios para uma História da Filosofia do Direito em Portugal», cit., p. 261.

[447] Cfr. Silvestre Pinheiro Ferreira, *Prelecções Filosóficas*, cit., p. 64.

[448] *Idem, ibidem*, p. 257.

[449] *Idem, Manual do Cidadão em um Governo Representativo*, I, cit., p. 2.

[450] *Idem, ibidem*.

superior a todos os monarcas e a todos os legisladores de direito positi-vo[451].

A *lei do justo* não se alcança, porém, pelo caminho da especulação metafísica ou puramente racional como pretendem os *novos Heraclitos* da Alemanha. Muito ao invés...

O primeiro passo é dado, precisamente, partindo da observação e da experiência, ou da análise de que falava Bentham[452]. Ora, como já antes observámos, as noções de justo ou injusto - tal como as de bem ou de mal – não deixam de ser, no plano gnoseológico, um mero produto ou resulta-do da acção dos objectos exteriores sobre os nossos sentidos ou, quanto muito, a expressão de um conhecimento racional elaborado pela reflexão sobre a base de um conhecimento empírico[453].

Partindo destas premissas, não causará estranheza que, ao procurar fixar os conceitos de direito e de justiça, Pinheiro Ferreira tenha chegado à conclusão hedonista e eudemonista nelas contida: uma acção só mere-cerá o epíteto de justa ou injusta depois de se averiguar quais são as con-sequências a que ela conduz. Se, feita aquela indagação, se verificar que *aquela acção se segue uma maior soma de gostos que de dores*[454] a acção obedece à lei do justo. Caso contrário a acção é iníqua por atentar contra a justiça.

Para o nosso compatriota, a ideia de justo, a que também chama di-reito universal ou da razão, *he*, então, *o que esta, em qualquer caso occur-rente, mostra ser mais util ao homem e ao cidadão, segundo a sua natureza e o seo destino na sociedade*[455].

---

[451] *Idem*, «Prefácio» *in* Vattel, *Le droit des gens ou principes de la Loi naturelle*, cit., p. vi.

[452] *Idem, Prelecções Filosóficas*, cit., p. 288.

[453] *Idem, Cours de Droit Public*, I, cit., pp. 3 e ss..

[454] *Idem, Prelecções Filosóficas*, cit., p. 86. Encontramos as mesmas ideias expres-sas nos seus *Cours de Droit Public*, I, cit., pp. 3 a 8; *Manual do Cidadão em um Governo Representativo*, I, cit., pp. 2 a 4; *Précis d'un Cours de Philosophie Élémentaire. Ontologie, Psycologie, Idélogie*, cit., pp. 183 a 187 e 208 a 211 e *Notes au Droit de la Nature et des gens*, de Vattel, cit., Prélim. § 7.

[455] Cfr. Silvestre Pinheiro Ferreira, *Manual do Cidadão em um Governo Representativo*, I, cit., p. 2.

Este princípio, mais do que qualquer outro, resume o direito e a moral para Pinheiro Ferreira.

Todo o seu esforço dialéctico se destina, primacialmente, a achar uma medida exacta que permita aferir o valor moral de todas as hipotéticas formas de conduta, *maxime* a dos governantes, no ponto de vista da maior soma possível de bens para a sociedade em geral e para cada indivíduo em particular[456].

Se estas ideias, que acabamos de resumir, nos retratam o último fundo da filosofia de Pinheiro Ferreira, não nos dão ainda a conhecer a sua posição face ao problema e aos limites do direito de resistência. Permitem-nos, não obstante, reconstruir o pensamento do Autor quanto à questão basilar dos requisitos ou condições que hão-de concorrer no preceito legal.

Se a lei é iníqua por atentar contra a justiça, Silvestre Pinheiro Ferreira incita à não obediência.

A leitura da resposta à questão formulada no § 320 do *Manual do Cidadão em um Governo Representativo*, em que o Publicista caracteriza longamente os casos em que é possível assacar responsabilidade às assembleias legislativas, fornece um contributo precioso para esclarecer a sua posição.

Escreve Pinheiro Ferreira: «*Commeteria attentado contra os direitos inauferiveis do cidadão a lei que autorisasse o poder executivo ou judicial para proceder contra a segurança pessoal...; aquella que estorvasse o uso da liberdade; a que nos casos de detenção ou prisão autorisasse o poder executivo para proceder com violação das garantias...; e em fim a que forçasse os habitantes a cederem sua propriedade debaxo de outras condições, por outro preço ou em troca de tal objecto, moeda, ou valor que não seja o que o cidadão quizer mui livremente e debaxo das garantias da lei...*[457]». E, adiante, reitera: «*do mesmo modo commeteria violação*

---

[456] Sobre o princípio do justo como a maior soma possível de bens para a sociedade, em geral, e para cada indivíduo que a compõe, em particular, *vide supra*.

[457] *Silvestre Pinheiro Ferreira, Manual do Cidadão em um Governo Representativo*, cit., p. 174.

das liberdades publicas a lei que autorisasse a alienação ou reunião de quaesquer territorios sem livre consentimento dos respectivos habitantes; e bem assim aquella que offendesse o principio da separação e independencia dos podêres politicos do estado, da collação dos emprêgos por outro modo que não seja o de eleições verdadeiramente nacionaes, e o da publicidade dos actos, e da responsabilidade dos empregados publicos...[458]». Para concluir que a assembleia legislativa deve ser responsabilizada *todas as vezes que do congresso emanarem decisões contrárias às leis ou regimentos que não tiverem sido revogadas, ou não o forem (...) geralmente no acto da decisão[459].*

Isentar de responsabilidade uma assembleia legislativa é, aos olhos do Publicista, declará-la absoluta e *o absolutismo he mais inconstitucional quando he exercido por uma assemblea do que quando o he pelo monarca[460].*

Com tais afirmações pretende o Autor sublinhar que mesmo os legisladores só detêm o poder em virtude de certas finalidades bem determinadas; que tal poder não poderá ultrapassar as exigências do *bem público*; que não poderá, em suma, ser arbitrário.

Simplesmente, a mera observação revela que, mais frequentemente do que seria desejável, *au lieu d'assurer et de garantir la jouissance licite des droits civiles, en empêchant les obstacles ou les atteints que la méchanceté voudrait y apporter, en gênent sans but l'exercice, et par là donnent prise aux déclamations des prôneurs de l'état de nature[461].* Mas, esclarece o Autor, *ce ne sont pas lois c'est l'abus des lois[462].*

A verdadeira lei *he uma obrigação de que ninguem, nem o legislador mesmo, se pòde exemptar[463].* Poderá, sim, *revoga-la, se entende que não*

---

[458] *Idem, ibidem..*

[459] *Idem, ibidem.*

[460] *Idem, ibidem.*

[461] *Idem, Cours de Droit Public,* I, cit., p. 47.

[462] *Idem, ibidem.*

[463] Silvestre Pinheiro Ferreira, *Manual do Cidadão em um Governo Representativo,* I, cit., p. 178.

deve mais subsistir, mas em quanto subsiste e não he expressa e geralmente revogada, o primeiro que a deve cumprir religiosamente he o legislador, sob pena de exercer, em nome do regime constitucional, um acto de despotismo[464].

Já a lei tirânica não só não obriga como deve ser desobedecida. Aliás, a lei iníqua nem sequer merece a denominação de lei.

Estas considerações do Publicista não nos deverão surpreender. De facto, Pinheiro Ferreira, ao proferi-las, mais não faz do que representar uma ideia cara à grande maioria dos escritores políticos que ajudam na formação do seu pensamento: sendo o legislador um mandatário da nação[465], *«(...) il serait contradictoire de supposer qu'il eût reçu de ses commettants le mandat de les dépouiller de leurs droits*[466]*»*.

Assim, se os sacrifícios que a observância da lei acarreta para os seus destinatários não são necessários, a lei é tirânica e cada cidadão deve contra ela insurgir-se[467].

Isto no que concerne à forma passiva da resistência, que consiste, como se adivinha, e segundo a clara definição de Maurice Block, no velho *Dictionaire Général de la Politique*, em *opor a injustos comandos uma força de inércia invencível*[468]. Mas a tirania é fundamentalmente um regime injusto que busca no poder o seu próprio interesse e não o bem público ou felicidade geral. Acções condenáveis, tanto na esfera espiritual quanto na ordem temporal, serão o seu triste saldo.

---

[464] *Idem, ibidem*. As mesmas ideias estão expressas no seu *Précis d'un Cours de Droit Public*, cit., pp. IV a VI.

[465] *Idem, Cours de Droit Public*, I, cit., p. 48.

[466] *Idem, Ibidem*.

[467] *Idem, ibidem*, pp. 48 e 49.

[468] Maurice Block, «artigo sobre o direito de resistência *in Dictionnaire Général de la Politique par M. Maurice Block avec la collaboration d'hommes d'état, de publicistes et d'écrivains de tous les pays*, 2º volume, Paris, 1874, p. 830.

2.5 - A Resistência ao Poder

As premissas estavam, por conseguinte, postas, não constituindo, para os tratadistas, tarefa fácil ignorar a resistência activa, incluindo os seus últimos estádios. Em que limites se reconheceria, porém, esse direito? Eis o que seguidamente procuraremos fixar[469].

Já foi afirmado que, sobre a questão da resistência[470], dificilmente poderemos encontrar uma resposta unívoca nas páginas das *Sagradas Escrituras*[471]. Cristo estabelecera o dever genérico de obediência à autoridade temporal, ao proclamar simbolicamente: «*Dai a César o que é de César e a Deus o que é de Deus*[472]». Por outro lado, pregando *omnis potestas a Deo*[473], São Paulo possibilitaria, talvez, a conclusão de que o dever de obediência encontra o seu fundamento último naquela origem, qualquer que seja o titular do poder político[474]. Ademais, afirma categoricamente o Apóstolo que «*Qui resistit potestati, Dei ordinationi resistit*»[475].

A própria história dos primórdios do cristianismo resumiu-se em apoteótica e heróica obediência, oferecendo os primeiros cristãos, tão só, uma resistência passiva.

A favor do Direito de resistência também o Novo Testamento oferece argumentos. O seu fundamento poderá, por hipótese, ser encontrado na resposta dada por S. Pedro aos sacerdotes hierosolimitas, a qual se encontra consignada nos Actos dos Apóstolos (5, 29): «*Mais vale obedecer a Deus do que aos homens*».

---

[469] Sobre o assunte *vide*, por todos, Marcello Caetano – «A Doutrina Católica da Resistência à Opressão», *in Nação Portuguesa*, série IV, tomo I, pp. 410 a 419.

[470] De agora em diante, sempre que nos referirmos à resistência pretenderemos, naturalmente, significar as formas activas de resistência.

[471] Fritz Kern, *Derechos del Rey y Derechos del Pueblo*, trad. e estudo preliminar de A. Lopez–Amo, Madrid, 1955, p. 170.

[472] Marc. 12, 17.

[473] *Vide supra.*

[474] Assim, M. Paupério, *op. cit.*, p. 48.

[475] *Romanos*, XIII, 2). Cfr. Machado Pauperio, *op. cit.*, p. 48.

Estas duas orientações antinómicas continuaram a degladiar-se ao longo dos séculos. Se é certo que, na Idade Média, a Igreja se torna cada vez mais explícita na defesa da resistência à opressão[476/477], as dúvidas permanecem, sem que se resolva definitivamente o controvertido problema da resistência activa e, mais radicalmente, o do tiranícidio.

O próprio S. Tomás não revela, no tratamento desta questão, a mesma firmeza e segurança que logrou ter no estudo de todos os demais assuntos[478].

---

[476] Como verdadeiro precursor das ideias de legitimidade ética da resistência à opressão não poderemos deixar de citar a figura singular de Santo Isidoro de Sevilha. Santo Agostinho parece igualmente tender para tal concepção em seu *De Libero Arbitrio* (lib. I, cap. 6°), quando afirma que, se o poder está entregue a gente malvada e criminosa, poderá um homem recto e poderoso despojá-la de tal direito, entregando-o a um ou a alguns varões justos. Dizemos parece porque em sua *De Civitate Dei* (v. 19 e 21) Santo Agostinho assume posição de certo modo antagónica. A doutrina da resistência à opressão seduziria, no século XI, o monge alemão Manegold Von Lautenbach, autor do *Ad Gebehardum Liber* e, já na centúria seguinte, João de Salisbury que, nas páginas de seu *Policraticus*, traçaria, primacialmente, a distinção essencial entre o verdadeiro rei e o tirano. Sobre o contributo deste autor *vide*, por todos, Ignacio Maria de Lojendio, *El derecho de revolución*, Madrid, 1941, pp. 54 e ss..

[477] O que não significa, porém, que a doutrina oposta não tenha tido os seus paladinos. De facto, a ideia de incondicionada obediência ressurgirá na pena de Ambrosiaster (*Quaestiones Veteris et Novi Testamenti*, XCI), do papa Gregório IX (*Libri Moralium in Job*, XXV, 16) e de Casiodoro (*Expositio in Psal.*, Ps. I, 5). Neste sentido, Machado Pauperio, *op. cit.*, pp. 48 e ss..

[478] O autor da *Suma*, ainda que condene a sedição, considerando-a um pecado mortal (*Summa Theológica*, IIa., IIae., qu. XLII, a. 1 e 2), nega o nome de sedição à resistência ao tirano. O sedicioso é, por consequência, o tirano por ter implantado um regime contrário ao bem comum, o qual constituirá a medida e o limite do direito de resistência. A doutrina do Doutor Angélico nada tem, por conseguinte, de subversivo. No *De regno*, a questão é analisada com maior minúcia. Desejando impedir que a realeza degenere em tirania aconselha que o poder do governante seja *temperatur*. Todavia, se de facto ocorrer tal degenerescência que fazer? Uma permanente prudência! Se não há excessos intoleráveis, melhor será não investir contra a tirania, pois é comum, acrescenta, que a posterior seja mais grave que a precedente. Não foi senão por esse motivo, ilustra o Anjo das Escolas, que outrora, em Siracusa, não obstante todos desejarem a morte de Dionísio, certa velha não deixava de orar, pedindo ao Céu, a incolumidade e a sobrevivência do tirano.

O Poder e o Direito na obra de Pinheiro Ferreira: Princípios de Direito Constitucional   227

Bártolo de Sassoferrato, grande jurisconsulto, estudou a tirania não só no *Tractatus de Tyrannia* mas também no *De Regimine Civitatis* e no *De Guelfis et Ggebellinis*. Não obstante, e diferentemente do que à primeira vista poderia parecer, não existe nestes trabalhos grande originalidade, filiando-se o autor na doutrina tomista, então imperante[479].

A literatura política portuguesa é parca em meditações sobre o problema da resistência activa ao poder, incluindo o tiranicídio[480], sendo a

---

Ao ser informado do facto, Dionísio não conteve a curiosidade. Convocou-a ao palácio, interrogando-a porque assim procedia ao que ela retrucou: «Quando eu era menina, como tivéssemos pesado tirano, desejava a morte dele; morto esse, sucedeu-lhe outro algo mais rude, cujo fim de dominação eu tinha por grande bem. E começámos a ter um governo mais intolerável, que és tu. Portanto se fores derribado, sucederá um pior no teu lugar», (*Vide, De Regimine Principum*, I, VI, 28). Contudo, se o excesso de tirania se torna incomensurável será lícito ou não matar o tirano, como pretendia João de Salisbury? O pensamento de São Tomás é, a este propósito, de difícil compreensão. O que encontra facilmente explicação. Se, por um lado, parece lógico fazer desaparecer aquele que faz perigar o bem comum, por outro lado, o assassínio repugna à consciência cristã. Comentando o elogio feito por Cícero com relação à morte de César (*De Officiis*, I, 26), parece o Doutor Angélico aceitar, ainda que veladamente, o assassínio do tirano usurpador. Cfr. *Comentário às Sentenças de Pedro Lombardo*, lib. II, dist. XLIV, qu. II, a. 2, ad. 5). Já no *De Regimine Principum*, parece perfilhar entendimento diverso, ao lembrar o ensinamento de S. Pedro, pelo qual devemos ser reverentemente submissos tanto aos governantes bons e moderados quanto aos ásperos e geniosos. Ademais – refere – na época da perseguição aos cristãos, em Roma, estes não eram louvados por resistir mas por padecer paciente e resolutamente a morte. Quanto a Aiot, conclui o Anjo das Escolas, matou certamente Eglão como inimigo e não por tiranizar seu povo. A ser de outra forma, grande perigo haveria para o povo e seus governos se alguns, por iniciativa privada, se atribuíssem o encargo de assassinar os governantes, ainda que tiranos. Cfr. *De Regimine Principum*, I, VI, 29. Sobre o tiranicídio e a resistência ao poder na doutrina de São Tomás de Aquino *vide*, por todos, P. Zeferino González, *Estudios sobre la filosofia de Santo Tomás*, Manilha, 1864, tomo III, pp. 470 e ss.; Sanseverino, *La doctrina de Santo Tomás de Aquino y el supuesto derecho de resistencia en la Ciudad de Dios*, III, Madrid, 1870; V. Meyer, *Institutionis Juris Naturalis*, 2ª ed., Friburgo, tomo II, ns. 531 e 532, M. Pauperio, op. cit., pp. 69 e ss. e 173 a 177.

[479] Neste sentido, I. Lojendio, *op. cit.*, pp. 60 e 61.

[480] Conforme salienta o Professor Martim de Albuquerque, *in* «O Poder Político no Renascimento Português», Volume V, cit., pp. 785 e 786, «dois traços são sintomàtica-

questão apenas aflorada aqui e além[481] e em sentidos, muitas vezes, contraditórios.

O que, de facto, se compreende quer devido à índole e exigências de muitos desses tratados quer porque uma opinião circunstanciada e desenvolvida sobre o terrível assunto poderia, talvez, funcionar como estímulo para as investidas dos adversários da ordem. Ademais, o facto de, em Portugal, os monarcas, mesmo quando revestiram formas mais duras de autoridade, escaparem aos caprichos e veleidades do tirano, explica o desinteresse relativo pelo tema[482].

Como vimos, o pensamento jurídico português, pelo menos desde a Renascença, reitera a doutrina da mediação popular na transmissão do poder político[483]. Ora, a lição que se retira da forma como os tratadistas portugueses apreciam a questão da resistência ao governo injusto é a de que o tratamento desta matéria depende da resposta dada ao problema da origem do poder.

---

mente reveladores da pobreza da nossa literatura política a este respeito mesmo depois de quinhentos. Velasco de Gouveia, ao documentar a legitimidade não só da deposição mas até a morte dos tiranos, entre os muitos autores invocados cita alguns espanhóis (Suarez, Soto, Molina) não cita um único português. Também não encontramos o nome de um só dos nossos compatriotas na longa lista de escritores com que a *Dedução Chronologica* pretende fundamentar a acusação de monarcómacos lançada aos discípulos de santo Inácio».

[481] A elaboração teorética do Aquinatense está presente no *Speculum Regum* de Álvaro Pais; em Diogo Lopes Rebelo e no *De Legibus* de Luís Cerqueira. Cfr. Alvaro Pais, *Espelho de Reis*, I, cit., pp. 157 e ss.; Diogo Lopes Rebelo, *De Republica Gubernanda per Regem. Do Governo da República pelo Rei*, trad. de Miguel Pinto de Menezes, reprodução fac-similada da edição de 1496, com introdução de Artur Moreira de Sá, Instituto para a Alta Cultura, Lisboa, 1951. Sobre a questão da resistência na pena dos teorizadores de Quinhentos e Seiscentos *vide*, por todos, Martim de Albuquerque, «O Poder Político no Renascimento Português», vol. V, cit., pp. 772 e ss..

[482] *Vide supra.*

[483] Defendenderam-na, nomeadamente, Manuel da Costa, António Pinheiro, Jerónimo Osório, Pedro Barbosa Homem, Salgado de Araújo, Francisco Velasco Gouveia, Sebastião César de Menezes e Baptista Fragoso. *Vide supra.*

Os reis recebem o poder do povo[484] – afirmara Jorge de Cabedo – pelo que os que mal governam nem o nome de rei merecem e, por governarem mal, dizem-se tiranos[485]. Ante o governo injusto, ficam os súbditos desvinculados do dever de obediência[486].

A argumentação democrática justificadora da licitude da resistência encontra-se nas obras paradigmáticas de Francisco Velasco de Gouveia[487], Manuel Rodrigues Leitão[488] e de Domingos Antunes Portugal[489].

Os velhos conceitos escolásticos continuam a inspirar os escritos dos teorizadores de setecentos sobre o problema da legitimidade e dos limites do direito de resistência à opressão[490].

A literatura política do século das Luzes significa uma ruptura com a argumentação democrática justificadora da resistência e do tiranicídio.

A refutação do tiranicídio, por ventura inspirada pelo episódio do atentado ao rei D. José I, alcança, então, uma projecção inigualável. A

---

[484] Jorge de Cabedo, *Practicarum Observationum...*, II, cit., dec. 8 (= pp. 9 e 10 da ed. cit.).

[485] *Idem, ibidem.*

[486] *Idem, ibidem.*

[487] Velasco de Gouveia, *Justa Aclamação do Serenissimo Rey Dom João o IV*, cit., pp. 374 e ss. Nesta obra encontramos um desenvolvimento teorético e uma procura de explicitação do fundamento do Assento das Cortes de 1641, sendo que o último propósito é o de demonstrar que Filipe IV é um tirano não apenas pelo exercício mas também pelo título.

[488] Manuel Rodrigues Leitão, *Tratado Analytico & Apologetico, sobre os provimentos dos Bispados da Coroa de Portugal...*, cit., pp. 193 e ss.. Na obra maior de Rodrigues Leitão, o direito de resistência e o próprio tiranicídio encontram o seu fundamento no fim de propiciar a legítima defesa do *corpo universal do Reyno, a quem pertence julgar a exclusão do Principe illegitimo por sentença condenatória*, contra os desmandos do *Principe injusto e ilegitimo. Idem, ibidem*, pp. 198-199 e 205.

[489] Domingos Antunes Portugal, *Tractatus de Donationibus Jurium et Bonorum Regiae Coronae*, tomo I, livro II, cap. 24 (= pp. 291 e ss. da ed. cit.).

[490] As obras saídas da pena de Diogo Guerreiro e de Damião António de Lemos demonstram-no suficientemente. Cfr. Diogo Guerreiro Camacho de Aboim, *Escola Moral...*, cit., pp. 23 e 32 e Damião António de Lemos, *Politica Moral...*, I, cit., pp. 114 e ss..

230 *Para a História do Direito Constitucional Português: Silvestre Pinheiro Ferreira*

condenação absoluta da resistência, em todas as suas formas activas de manifestação, mormente o tiranicídio, marca a obra paradigmática de José de Seabra da Silva. Idêntica refutação inspira o trabalho de Pascoal de Melo.

O repúdio da vertente contratualista do poder, fundamenta teoreticamente o dever de obediência: se o poder não pertence ao povo, em momento algum pode o povo depor o rei[491].

Tomás António Gonzaga junta a sua voz à condenação da resistência. Escutemos o seu desabafo: «... mas que diremos nós, quando o rei tem um ânimo hostil contra seu povo e trata aos indivíduos da sociedade como manifesto tirano?[492]». Recorrendo ao poderoso argumento da autoridade, prossegue: «Heinécio diz que ainda que a doutrina teórica seja que a este se pode resistir, contudo quase que não pode ter exercício na praxe, pois como das acções do rei ninguém pode conhecer, além de Deus, não pode haver quem julgue se ele verdadeiramente é inimigo da sociedade ou não[493]».

Regressemos, agora, a Silvestre Pinheiro Ferreira.

Antes de mais, o Publicista apresenta a tirania sob o ponto de vista da patologia do poder político, como uma forma degenerada ou injusta do fenómeno do poder[494].

Desenha a tirania, separando-a da monarquia absoluta e do despotismo. De facto, lê-se em um dos seus tratados que o *monarcha absoluto, podendo mudar a lei a seo arbitrio, he o primeiro a observa-la enquanto não a tiver abrogado*[495]. Já o déspota, *mesmo deixando subsistir a lei, não consulta em cada occasião senão o seu belprazer, ou, o que he o mesmo, o capricho do momento*[496].

---

[491] Pascoal de Melo, *História do Direito Português*, cit., § XCVI (= p. 136).

[492] Tomás António Gonzaga, *Obras Completas*, II, *Tratado de Direito Natural*, cit., pp. 106 e 107.

[493] *Idem, ibidem*.

[494] Silvestre Pinheiro Ferreira, *Cours de Droit Public*, I, cit., pp. 125 e 126.

[495] *Idem, Manual do Cidadão em um Governo Representativo*, I, cit., p. 260. Esta mesma ideia surge consagrada no seu *Cours de Droit Public*, I, cit., p. 125.

[496] *Idem, Manual do Cidadão em um Governo Representativo*, I, cit., p. 260. Veja-se, também, o disposto no seu *Cours de Droit Public*, I, cit., p. 125.

Diferente é o tirano… Este *não sò he arbitrario mas cruel*[497]. À arbitrariedade acresce o desrespeito pelos direitos civis dos particulares[498]. Ressuscitando uma ideia antiga, recorre ao termo *usurpador*. Fá-lo para designar *aquelle que governa de facto e não governa de direito* ou, por outras palavras, *o que não he legitimo*[499]. E, legítimo significa, na linguagem silvestrina, *tudo o que he conforme à lei*[500]. Assim, *um governo não he chamado legitimo senão em quanto se considera como formado segundo as disposições da lei politica do estado*[501]. Simplesmente, reconhece o Autor, o conceito de lei política e constitutiva do estado está longe de ser unívoco: *Os chamados legitimistas* – refere – *pretendem que consiste na perpetuidade da dynastia*[502]. Concretizando, acrescenta: «no sentido d'estes, a lei que uma vez fixou a dynastia não pòde ser mudada; e todo o governo em qualquer èpocha, por qualquer occasião, e de qualquer modo que entre no poder, afastando a dynastia, he na opinião d'elles um governo usurpador[503]».

Já os publicistas da escola liberal sustentam *que a lei da sucessão pòde ser abrogada, e pelo mesmo modo que qualquer outra lei do estado. E d'aqui concluem que, para decidir se um governo he ou não legitimo, toda a questão se reduz a verificar o facto do consentimento expresso ou tácito da nação àcerca do governo actual*[504]. Se tal consentimento existe, *elle faz annullar o antecedente, bem como a lei nova sò com o facto da sua existência abroga a antiga*[505].

Em que se funda a asserção dos liberais?

Para o nosso compatriota, o fundamento vive no facto de *a autoridade do monarcha primeiro acclamado não derivar senão desta acla-*

---

[497] *Idem, Manual do Cidadão em um Governo Representativo*, I, cit., p. 260.

[498] *Idem, Cours de Droit Public*, I, cit., pp. 125 e 126.

[499] *Idem, Manual do Cidadão em um Governo Representativo*, I, cit., p. 260.

[500] *Idem, ibidem*.

[501] *Idem, ibidem*.

[502] *Idem, ibidem*, pp. 260 e 261.

[503] *Idem, ibidem*, p. 261.

[504] *Idem, ibidem*.

[505] *Idem, ibidem*.

mação[506]. E tal acto *não he outra coisa senão um mandato que lhe foi conferido*[507] Na verdade, *este facto, que no começo não foi mais do que uma preposição, veio depois a receber o caracter definitivo de lei do estado pelo consentimento nacional, nem mais nem menos do qe qualquer outra lei*[508]. De igual forma, *a successibilidade da dynastia não he mais do que a collação de um mandato feita por uma sò vez, e antecipadamente, aos membros da dynastia designada na lei*[509]. Daqui resulta, conclui, *que qualquer d'estes dois mandatos não tem validade senão em quanto a nação os quizer livremente continuar*[510].

Recordando a posição do Autor em sede de origem, natureza e fins do poder[511], não carecemos de fazer mais transcrições para adivinhar qual das duas posições é por Silvestre Pinheiro Ferreira advogada[512].

Que partido poderia o Professor tomar?

Repudiar, peremptoriamente, a possibilidade de resistência ao governo tirânico seria dificilmente conciliável com a tradição lusa[513] e, até, com

---

[506] *Idem, ibidem.*

[507] *Idem, ibidem.*

[508] *Idem, ibidem.*

[509] *Idem, ibidem.*

[510] *Idem, ibidem.*

[511] *Idem, ibidem,* pp. 261 e 262.

[512] Não obstante, e para evitar equívocos, Pinheiro Ferreira não deixa de esclarecer o seu pensamento ao afirmar: «Nòs já mostrámos ... que a omnipotencia parlamentar a este respeito não conhece diferença alguma entre as leis constitutivas e as leis administrativas; que ella não tem outro limite do que a lei do justo: *o maior bem possivel de toda a nação em geral, e de cada cidadão em particular.* Também mostramos ... que as convenções pessoaes perpetuas sam de sua natureza ilicitas, e por conseguinte nulas. Ora um mandato irrevogavel não importaria nada menos do que a obrigação perpetua de cumprir tudo o que o mandatario quizesse estatuir». Silvestre Pinheiro Ferreira, *Manual do Cidadão em um Governo Representativo,* I, cit., p. 262.

[513] Vale a pena atentar na seguinte transcrição retirada de uma das obras de Pinheiro Ferreira: «não ha povo algum na Europa, excepto o hespanhol, onde a origem da monarchia seja mais popular, e os limites da realeza mais bem estabelecidos do que no portuguez. As chronicas e a tradição concordam em que, na vespera da Batalha de Campo d' Ourique, os guerreiros que acompanhavam o principe Dom Affonso Henriques, sentindo a necessidade de um chefe, e formando uma apparencia de assemblea de representantes da

nação, lhe propozeram quizesse tomar o titulo de rei. Diz-se que então o principe respondera: que preferia o titulo de seo camarada e irmão ao de rei, e lhe bastava ser obedecido como chefe militar. Seja o que fôr, he certo que, continuando a combater e triunfar, por toda a parte, foi proclamado monarcha, não sò pelos soldados mas por toda a nação, e não se pòde offerecer exemplo de realeza mais popular, e contracto fundamental mais expresso do que o celebrado nas cortes denominadas de Lamego. Mais tarde, sendo cortado o fio da successão pela morte de Fernando subio ao trono o mestre d'Aviz (dom João), por eleição do povo, eleição em que tomou iniciativa a camara ou municipalidade de Lisboa, e que depois foi solemnemente confirmada nas cortes de Coimbra. Interrompida outra vez a successão pela morte do Cardeal – Rei, levantou-se a questão entre Catharina de Bragança, neta do rei dom Manoel, e Philippe II, rei de Castela, e bisneto do dito dom Manoel. E posto que o voto de alguns jurisconsultos, e mais que tudo a força das armas, fossem por algum tempo favoráveis às pretensões de Philippe II de Castela, com tudo o povo portuguez, logo que lhe foi possivel, decidio a questão definitivamente, sacudindo o jogo do rei intruso, e nomeando rei de Portugal o duque de Bragança, que tomou o nome de dom João IV. Assim, as cortes de Lisboa, por uma resolução de 5 de março de 1641, reconheceram, e sanccionaram explicita e formalmente o principio da soberania do povo nos termos seguintes: *E pressupondo por coisa certa em direito que sòmente ao reino compete julgar e declarar a legitima successão do mesmo reino quando sobre ella há duvida entre os pretensores por rasão do rei ultimo fallecer sem descendencia, e eximir-se tambem da sua subjeição e dominio, quando o rei por seo modo de governar se faz indigno de reinar, por quanto este poder lhe ficou quando os povos a principio transferirã o seo no rei para os governar.* (…) O direito de depôr o rei, quando elle abusa da autoridade que lhe fôra delegada, foi reconhecido em Portugal como condição essencial, e o Assento das Cortes de 1641 diz o seguinte: *Por quanto, conforme à regra de direito natural e humano, ainda que os reinos transferissem nos reis todo o seo poder e imperio para os governarem, foi debaxo de uma tacita condição de os regerem com justiça, e sem tyrannia.* E tanto que no modo de governar usarem d'ellas, *podem os pòvos priva-los dos reinos em sua legitima e natural defensão;* e nunca nestes casos foram vistos obrigar-se, nem o vinculo de juramento extender-se a elles. Os motivos que pòdem justificar a destronisação dos reis acham-se ainda mais explicitos na exposição que dom Pedro II mandou apresentar aos tres estados do reino juntos em cortes no anno de 1668, onde se lê o seguinte: «*Que os reis de Portugal pòdem ser depostos pelo povo, ou por incapacidade para o governo da monarchia, ou pelo abuso do governo, que consiste em acções tyrannicas, ou pela dissipação dos bens e da fazenda nacional;* e duas vezes o povo portuguez usou d'este direito…». Fica pois provado àlem de outros muitos documentos da historia portugueza pela *Acta das cortes* de 1641, no reinado de dom João IV, e pela *Exposição* remettida ou autorizada por dom Pedro II, não só a verdadeira origem, mas as condições essenciaes do poder monarchico em Portugal; e que neste reino o principio da soberania do povo tem prevalecido sobre a doutrina do chamado *direito divino*, doutrina falsa e subversiva em quanto con-

a concepção que o Publicista perfilha sobre a origem, a função e os limites do poder. Admiti-la, sem reservas, seria pouco prudente. Não ignora o ilustre pensador a possibilidade de resistência. O princípio formula-o em mais do que uma das suas obras[514]. Particularmente, consagra a ideia no *Manual do Cidadão em um Governo Representativo*, a qual carece singularmente de precisão mas cujo alcance é, mesmo assim, muito grande: «... Um mandato irrevogável não importaria nada menos do que a obrigação perpetua de cumprir tudo o que o mandatario quizesse estatuir. Mas o que seria illicito e absurdo na supposição de que semelhante obrigação deve subsistir entre as pessoas que a contrahirem, torna-se muito mais absurdo quando se pretende que deve extender-se às gerações futuras, isto he, que os mortos devem governar os vivos[515]».

Neste ponto, detém-se, por alguns instantes, Pinheiro Ferreira, com o fito de ensaiar uma resposta para esta questão verdadeiramente essencial: «Mas ao menos a geração que contractou com o monarcha, e se obrigou a prestar fidelidade à sua pessoa, e obediência à lei, não deve cumprir a sua promessa?[516]».

---

siderada como immediata origem do poder civil. Por esta occasião he de notar que o principio da soberania do povo foi expressamente reconhecido e adoptado pelos dois primeiros reis da casa de Bragança; que foi depois renegado por outros monarchas da mesma dynastia tornando-se absolutos; e ultimamente foi restabelecido por dom Pedro I, outro principe da mesma dynastia e imperador do Brasil, no artigo 12 da constituição daquelle imperio onde se diz «*Todos os podêres politicos no imperio do Brasil sam delegações da nação*». Cfr. Silvestre Pinheiro Ferreira, *Manual do Cidadão em um Governo Representativo*, I, cit., pp. 266 a 268, nota I. Compreende-se que Silvestre Pinheiro Ferreira tenha insistido em manter aqui estas palavras depois delas haverem deixado de fazer sentido para os teorizadores da monarquia de direito divino, os quais são, por ele, fortemente combatidos.

[514] Veja-se, por exemplo, o disposto no seu comentário ao Artigo 103, § 12. da *Constituição de 1822 in* Silvestre Pinheiro Ferreira, *Breves Observações sobre a Constituição da Monarchia Portugueza*, cit., pp. 14 e 15; no seu *Cours de Droit Public*, I, pp. 46 a 52, 124, 158, 167, 179; no *Projecto de Ordenações para o Reino de Portugal*, I, p. 297 ou no seu *Précis d'un Cours de Droit Public*, cit., p. 45.

[515] Silvestre Pinheiro Ferreira, *Manual do Cidadão em um Governo Representativo*, I, cit., p. 262.

[516] *Idem, ibidem.*

O *Poder e o Direito na obra de Pinheiro Ferreira: Princípios de Direito Constitucional*   235

A solução passa, na perspectiva silvestrina, pela remoção de um certo número de inexactidões. Em primeiro lugar – acusa o Autor – na formulação da pergunta nota-se *uma inversão e transtorno de ideas em "prometter fidelidade ao rei", e "obediencia à lei", pois que pelo contrário deve-se obediência às ordens*[517], *e guarda-se fidelidade aos princí-*

---

[517] Tendo em mente as ordens contrárias à lei, Pinheiro Ferreira cria o conceito de *resistência legal*. Nas palavras do ilustre publicista, a resistência legal *he o direito, ou antes o dever, que tem todo o cidadão, quer seja nesta simples qualidade, quer como empregado publico, de não obedecer a nenhuma ordem illegal, sob pena de ser havido e castigado como cumplice da autoridade que houver commetido esse abuso e excesso de poder.* Cfr. Silvestre Pinheiro Ferreira, *Manual do Cidadão em um Governo Representativo*, I, cit., p. 324. E, linhas adiante, sublinha: «a resistencia legal tem logar todas as vezes que alguma autoridade administrativa ou judicial ordenar ou prohibir o que por nenhuma lei he ordenado ou proibido; e bem assim sempre que pelos agentes do poder legislativo se tomar alguma decisão contraria aos inauferiveis direitos de liberdade, segurança e propriedade dos cidadãos. *Idem, ibidem*. No que respeita, ainda, às ordens contrárias à lei, acrescenta Pinheiro Ferreira: «se alguns daquelles agentes, recebendo ordens de um seo superior, entender que ellas sam contrarias às leis existentes, deverà fazer-lhe sobre isso sua representação: e quando a ella não assinta, recorrerà o subalterno ao immediato superior commum a ambos. Se também este não annuír às ditas representações, e o subatermo entender que de cumprir taes ordens se segue damno irreparavel, dar-se-ha por suspenso, a fim de entrar a exercer seo emprego a pessoa, que estiver destinada para o substituir em seos impedimentos. As autoridades competentes tomarão immediatamente conhecimento do caso, para que esta voluntaria suspensão cesse quanto antes, decidindo-se se a duvida suscitada pelo subalterno era attendivel: no qual caso voltarà immediatamente ao exercicio do seo posto com a approvação e recompença que lhe competir; bem como, achando-se ter sido a duvida temeraria ou impertinente, haverà o castigo que pelas leis estiver comminado ao delicto de que for convencido». Cfr. Silvestre Pinheiro Ferreira, *Projectos de Ordenações para o Reino de Portugal*, tomo I, cit., pp. 297 e 298. Mais incisivamente, ainda, exorta no seu *Projecto de Código Geral das Leis Fundamentais e Constitutivas d'uma Monarchia Representativa, que serão havidos por cumplices das autoridades culpadas de attentado (...) não só os indivíduos, que de facto, ou por omissão concorrêrem para o cumprimento de ordens illegais, mas tambem aquellas pessoas contra as quaes a ordem illegal fôr dirigida, no caso de não lhe haverem opposto a devida resistencia na forma das dispozições seguintes: § 1. A resistencia mencionada no paragrapho antecedente consistirà, I° em rquerer à autoridade donde emanou a ordem ou ao funccionario executor se lhe tome protesto de como não obedece por lhe ser vedado por lei; 2° em exigir copia authentica da ordem illegal que lhe foi intimada; 3° em requerer*

pios[518]. E – acrescenta, mantendo-se fiel às suas ideias – não se diga que esta observação é frívola. Na verdade, *ella tira a sua importância de que aquella inversão insidiosa he destinada a inculcar que a dhesão à pessoa do rei deve prevalecer à obediencia à lei*[519]. Depois, *o acto pelo qual o monarcha he elevado à realeza não he um pacto entre elle e a nação, como querem figurar os publicistas aduladores do poder. He a collação de um mandato*[520]. Ora, a nação, ao conferir este mandato, não pretendeu *obrigar-se a cumprir e fazer cumprir o que fosse ordenado pelo monarcha, senão em quanto ella lhe continuasse esse mandato*[521]. Aquela obrigação *deriva do facto mesmo da collação: mas querer d'ahi concluir que a nação se obrigou a não revogar o mandato, he absurdo e sem razão*. De resto, *commette-se um grande erro quando se figura a nação contrahindo uma obrigação qualquer, e se assemelha a um individuo*[522]. O indivíduo que contrata – acrescenta Pinheiro Ferreira – deve conhecer as obrigações a que se sujeita e, por consequência, ressalvadas algumas ex-

---

com esse documento às competentes autoridades que os autores, e executores d'aquella ordem sejam chamados a responder em juízo. § 2. Se os executores da ordem illegal usarem de violencia para constranger o cidadão a obedecer-lhe, e este repelir essa violencia pela força, não serà responsavel por essa resistencia, se podér provar que pela natureza da ordem, ou pela prepotencia da autoridade donde emanou, haveria de resultar damno irreparavel para elle cidadão, ou para terceiro. § 3. Serà porem havida, e castigada como illegal e criminosa a resistencia que não fôr justificada nos termos dos parágraphos precedentes. Cfr. Silvestre Pinheiro Ferreira, *Projecto de Código Geral das Leis Fundamentais e Constitutivas d'uma Monarchia Representativa*, cit., pp. 4 e 5. Na eventualidade de os agentes da autoridade usarem de violência contra o cidadão, admite o Autor, que a este seja lícito repelir a força pela força. Não obstante, *não sendo de recear damno irreparavel para o cidadão ou para terceiro, deve ceder à força, e recorrer às competentes autoridades para haver sua reparação contra quem direito fôr. V.* Silvestre Pinheiro Ferreira, *Manual do Cidadão em um Governo Representativo*, I, cit., p. 325.

[518] Silvestre Pinheiro Ferreira, *Manual do Cidadão em um Governo Representativo*, cit., p. 262.

[519] *Idem, ibidem*, pp. 262 e 263.

[520] *Idem, ibidem*, p. 263.

[521] *Idem, ibidem*.

[522] *Idem, ibidem*.

O *Poder e o Direito na obra de Pinheiro Ferreira: Princípios de Direito Constitucional*   237

cepções, imperioso é que cumpra a sua promessa. Mas a nação, de quem hoje se pretende o cumprimento do contrato, não *he o individuo que, dando o seo consentimento às condições estipuladas, se obrigou a cumpri-las*[523].

Chegado aqui, o Professor do Colégio das Artes mostra-se mais veemente em sua resposta. Se a nação revoga ao monarca o actual mandato que lhe havia conferido, o mandato conferido à sua dinastia deve considerar-se, por esse facto, revogado, a menos que o contrário seja expressamente declarado. Ditam-no, desde logo, razões de coerência já que *não se pòde conceber como seria declarada a destituição do monarca sem ao mesmo tempo se declarar quem deve ser o seo sucessor*[524]. Por outra parte, todas as razões de utilidade pública, que induzem a revogar ao monarca actual o seu mandato, *se oppoem a que se continue aos membros da sua familia a confiança que deve acompanhar um tam importante funccionario*[525]. E não se diga, adverte o Filósofo, que tal exclusão ofende os direitos dos membros da dinastia que, segundo a ordem da sucessão, são ou podem vir a ser os herdeiros presumíveis da coroa. Invocá-lo significa admitir o inadmissível já que *o direito a um emprego não tem o mesmo sentido que direito a um objecto de que a lei nos assegura a propriedade, porque os empregos não sam propriedade de ninguém e não foram instituidos a bem do particular interesse d'aquelles que os viessem a exercer*[526]. Pelo contrário, *o direito a um emprego começa precisamente com a vontade d'aquelles que a lei autorisa para o conferir, e acaba no momento em que aquella vontade houver decidido de outro modo*[527].

Cumpre, agora, indagar quem tem qualidade para julgar se os governantes agiram contra a sua missão e traíram a confiança fundamental neles depositada. A resposta só poderia ser uma: o povo, enquanto mandante. Só a ele pode caber o direito de revogar o mandato infiel. Só ele deve ser

---

[523] *Idem, ibidem*, p. 264.
[524] *Idem, ibidem*.
[525] *Idem, ibidem*.
[526] *Idem, ibidem*, pp. 264 e 265.
[527] *Idem, ibidem*, p. 265.

inteiramente *livre para ratificar ou rejeitar o que seos maiores poderem ter concebido em seo nome, porque isso quer dizer a bem de seos interesses*[528]... E o que seja a sua utilidade ou seu prejuízo *sô elle pode decidir competentemente*[529].

Mas, daí não resulta, esclarece o Autor, que nas monarquias representativas e, com mais propriedade, nas monarquias democráticas seja a nação a revogar o mandato conferido ao monarca. Tal revogação deve ser feita de dois modos: directamente, *quando o poder judicial*[530] *ou o congresso nacional*[531] *declaram o monarcha destituido* e indirectamente,

---

[528] *Idem, ibidem*, p. 264.

[529] *Idem, ibidem.*

[530] Para Pinheiro Ferreira, a definição dos casos em que o poder judicial pode proferir a destituição do monarca passa pela distinção entre monarquias aristocráticas e monarquias democráticas. Nas primeiras, tal ocorrerá *quando o monarcha tiver commetido, por actos que não sam comprehendidos no exercicio legal das suas atribuições, algum crime a que corresponda a pena de inhibição, para servir cargos publicos*. Nas segundas, por qualquer infracção a que corresponda essa pena. Cfr. Silvestre Pinheiro Ferreira, *Manual do Cidadão em um Governo Representativo*, cit., p. 265.

[531] Interroga-se o Autor sobre as situações em que compete ao congresso nacional proclamar a destituição do imperante. Uma vez mais, a resposta à questão passa pela distinção essencial entre monarquias aristocráticas e monarquias democráticas. Naquelas, *em que o monarcha não pòde ser julgado pelos tribunaes senão por actos que não sam da realeza*, pode acontecer que o rei, *sem sair do circulo das suas atribuições, nem por isso offenda menos as liberdades publicas, de modo que a sua continuição no throno se torne incompatível com a segurança do estado*. Em tal caso, *não resta outro partido que tomar senão declarar o throno vago e sò o congresso nacional nas monarchias representativas he competente para fazer esta declaração, em virtude do poder conservador, de que tambem deve ser revestido*. Diferente é a solução nas monarquias democráticas, forma ideal de governo. Nestas, *o chefe do poder executivo não sendo menos responsavel perante o poder judicial do que qualquer outro empregado, não há senão um caso em que a destituição deva ser proclamada pelo congresso nacional, e vem a ser: quando o monarcha posto à frente da força armada não pòde ser obrigado a comparecer perante os tribunaes*. Não obstante, *desta decisão do congresso em qualquer sorte de monarchia, logo que se restabeleça o soscego, poderà apellar-se perante o jury competente pelo mesmo monarcha, por seos procuradores, ou por qualquer outra pessoa que ex officio, ou por zelo, se considerar obrigada a denunciar aos tribunaes o acto do congresso como abuso do poder conservador.* Cfr. Silvestre Pinheiro Ferreira, *Manual do Cidadão em um Governo Representativo*, I, cit., pp. 265 a 269.

quando, sem preceder daquella declaração, outro monarcha tiver sido nomeado[532].

Não se pense, todavia, que estas palavras de Silvestre Pinheiro Ferreira enfermam de contradição insanável. Pelo contrário, o seu pensamento é, neste ponto, cristalino e linear.

Aquela decisão do congresso – esclarece o Autor – não terá força de lei, nem a do juri terá força de caso julgado, a menos que haja *certeza ou justa presumpção do consentimento livre da nação*[533]. Assim, *por qualquer modo que este consentimento se manifeste, com tanto que não possa ser contestado,* a revogação do mandato conferido ao anterior monarca é legítima e a nomeação do actual imperante sem mácula[534]. E isto porque a *decisão ou seja do jury, ou seja do congresso nacional, não serve senão para fazer presumir com muita probabilidade que a obediencia ao novo monarcha he filha de um livre consentimento*[535]. Nestes termos, se tal decisão *o faz presumir,* não é ela própria *independente d'esse assentimento, por quanto se se provasse que não houvera liberdade a este respeito, o jury, assim como o congresso, seriam suspeitos de cumplicidade de usurpação com aquelle que de facto occupasse o supremo poder executivo*[536].

Aliás, não se pense que, para Pinheiro Ferreira, a mera aclamação do novo monarca, sem precedência daquela decisão do júri ou do congresso, não tem por efeito a revogação do mandato do seu antecessor. Tê-lo-á *todas as vezes que o novo monarcha fôr geralmente obedecido, com tanto que a cada cidadão seja licito manifestar, sem receio de ser molestado, a sua opinião, ainda que esta seja desfavoravel àcerca da capacidade política do novo imperante*[537/538].

---

[532] *Idem, ibidem,* p. 265.
[533] *Idem, ibidem,* p. 269.
[534] *Idem, ibidem.*
[535] *Idem, ibidem,* p. 269.
[536] *Idem, ibidem.*
[537] *Idem, ibidem.*
[538] Esclarece Pinheiro Ferreira porque motivo exige a condição de poder cada um dos súbditos manifestar livremente a sua opinão sobre a capacidade política do novo

A construção silvestrina sobre a legitimidade da resistência não nos deve impressionar. A intenção do Publicista é clara. Contra o príncipe, igual que contra o legislador[539], se actuam em desconformidade com o fim para que foram instituídos em seus altos cargos, o povo tem o direito de decidir a revogação do mandato que lhes havia conferido.

Simplesmente, não se retira da obra de Pinheiro Ferreira qualquer consequência subversiva. Nos escritos em que mais densamente trata a questão da legitimidade e dos limites do direito de resistência, o Autor

---

monarca. Escutemo-lo: «he porque a obediencia sò he prova de consentimento quando voluntariamente se tem consentido em obedecer. Mas para esse consentimento ser voluntario não he mister que se obedeça por affecto ou propria inclinação, basta que se obedeça por se conhecer que isso he conforme à rasão, ou ao direito. Ora, no que interessa a um grande numero de pessoas he de rasão e conforme a direito *que a minoria ceda à maioria*. Este dever porem suppõe que se conhece qual he a vontade da maioria: condição impossivel de realizar-se no caso de se estorvar a cada um a faculdade de manifestar a sua opinião sobre a capacidade politica do novo imperante. Por conseguinte, ha manifesta contradicção em castigar a desobediencia como infracção de um dever, quando não se permitte verificar a condição indispensavel para que ao dissidente corra o dever de obediencia, que he, como dicemos, o certo conhecimento de ser essa a vontade da maioria». Cfr. Silvestre Pinheiro Ferreira, *Manual do Cidadão em um Governo Representativo*, I, cit., p. 270. E linhas adiante, reiterando as vantagens de não ofender a liberdade que a cada cidadão assiste de manifestar as suas opiniões, sublinha: «o governo, bem longe de recear os pretendidos inconvenientes d'esta liberdade, pòde tirar d'ella duas grandes vantagens: a Iª he conhecer, e atè poder contar os individuos que lhe sam adversos; a 2ª he que, por isso mesmo que se offerecem meios legaes de cada um desafogar sem perigo os sentimentos de que se acha animado, menos he para receiar que recorra a meios illegaes, cujo resultado he sempre incerto e arristado». V. *Idem, ibidem*, p. 271. A mesma mensagem pode ser lida no seu *Cours de Droit Public*, I, cit., pp. 127, 168 a 174 e 435.

[539] Lê-se no seu *Cours de Droit Public* «... ou ces sacrifices n'étaient point nécessaires, et alors la loi est tyrannique; ce n'est plus une loi, c'est un abus de pouvoir; le législateur mandataire a forfait à son serment; il doit en être puni, ainsi que nous le dirons lorsqu'il sera question de l'exercice du pouvoir législatif, et chaque citoyen doit s'insurger contre de tels actes, non pas à la main armée, mais en retirant son mandat à ceux qui ont fait mauvais ousage, pour le conférer à des hommes plus dignes de la confiance de leurs concitoyens, avec l'injonction expresse de mettre au néant de pareils abus». Cfr. Silvestre Pinheiro Ferreira, *Cours de Droit Public*, I, cit., pp. 48 e 49. Sobre a problemática da lei injusta *vide supra*.

envereda, nitidamente, pela via que se traduz no repúdio do uso da força[540].

Lendo, em particular, o capítulo do seu *Cours* de Droit *Public*, que dedica ao estudo das noções gerais do poder executivo, poder-se-á observar que, em tempo algum, a doutrina da resistência aos actos abusivos dos governantes poderá significar o recurso às armas. De outra forma, apenas se logrará *allumer le feu de la guerre civile au sein de la patrie. E, ce serait faire un mal certain et incalculable pour obtenir un soulagement qui peut être fort léger, si on le compare aux suites d'une telle résistance, et à coup sûr, la révolte n'aura jamais pour conséquence l'établissement du bien qu'on s'était proposé d'amener[541].*

A mensagem silvestrina não poderia ser mais transparente nem os destinatários da mesma mais claramente identificáveis: «*Laissez aux suppôts du despotisme la croyance qu'ils affectent d'avoir, que toute résistence au pouvoir est rebellion, que tout insurrection contre l'arbitraire est une révolte. Dites-leur que l'insurrection des hommes libres n'est pas le désespoir des esclaves: celui-ci consiste dans l'emploi de la force brute contre la brutalité des tyrans: celle-là n'est que la résistance de la raison et de la loi contre les envahissements de l'arbitraire[542].* Ora, é esta a resistência que o Publicista aplaude.

Na luta do escravo contra o tirano mais não se consegue do que a guerra porque, tanto um, quanto o outro, só conhecem a força[543]. Ao invés, *l'insurrection de l'homme libre peut amener la guerre si le despotisme est assez aveugle pour valoir en venir à l'emploi de la force.* Acresce que, nos primórdios, *le citoyen n'emploi d'autres armes que celles de la raison: quant à la force, il n'en veut d'autre que la force publique mise en action, non pas par le trouble et la révolte, mais après les prévisions de la loi par*

---

[540] Veja-se, por exemplo, o disposto nas suas *Breves Observações sobre a Consituição Politica da Monarchia Portugueza*, cit., comentário ao artigo 127, p. 25 e no seu *Cours de Droit Public*, I, cit., pp. 49 e 158 a 160.

[541] Silvestre Pinheiro Ferreira, *Cours de Droit Public*, I, cit., p. 158.

[542] *Idem, ibidem*, pp. 158 e 159.

[543] *Idem, ibidem.*

lui invoquée à l'appui de son droit, conformément aux constitutions de l'état[544].

Não obstante, concede Pinheiro Ferreira que nas monarquias absolutas[545], ou mesmo nas representativas, em que o congresso nacional haja deixado de se opôr às temerárias empresas do monarca, ao povo não resta outra alternativa que se levantar em massa e concluir pela força a revogação do mandato que havia cessado de ser legitimo *desde que o monarcha por seos actos tinha destruido a confiança da nação, unica origem de todo o poder*[546]. Por outro lado, a lição da história revela que já, por diversas vezes, a responsabilidade política dos governantes se tem efectivado *pela expulsão do empregado sem fôrma alguma de juizo*[547]. Em particular, alguns monarcas têm sido depostos por via de levantamentos populares e não pode ser objecto de lei impedi-la[548].

O que a lei constitucional pode - e deve – fazer, afirma com veemência o nosso publicista, é preveni-la, *ordenando o que o congresso ha de fazer para que o monarcha, ou outra qualquer pessoa, cuja presença se repute incompativel com a tranquilidade publica, posto que não tenham incorrido em algum delicto, hajam de sair em paz, sem prejuizo dos direito que devem conservar*[549].

Compulsando a obra de Silvestre Pinheiro Ferreira podemos retirar que o mesmo não dedica muitas linhas à teorização da legitimidade ou ilegitimidade da insurreição. E isto por imaginar haver ultrapassado, com o sistema político que propõe, os derradeiros estágios da resistência à opressão. Por outras palavras, as restrições à pública autoridade que pre-

---

[544] *Idem, ibidem.*

[545] Em que os poderes legislativo e executivo são exercidos plenamente pelo monarca. Cfr. Silvestre Pinheiro Ferreia, *Cours de Droit Public*, I, cit., pp. 125 e 159. Sobre os conceitos de monarquia absoluta e representativa *vide supra*.

[546] Cfr. Silvestre Pinheiro Ferreira, *Manual do Cidadão em um Governo Representativo*, I, cit., pp. 267 e 268 e *Idem, Cours de Droit Public*, I, cit., p. 159.

[547] *Idem, Breves Observações sobre a Constituição Politica da Monarchia Portugueza*, cit., comentário ao artigo 27, (= p. 25 da ed. cit.).

[548] *Idem, ibidem.*

[549] *Idem, ibidem.*

coniza trazem-lhe a impressão de que, se não impedem os maus governos, não possibilitavam, normalmente, os governos tirânicos.

Quais serão, então, os meios de assegurar o estado contra a usurpação e abusos do supremo poder executivo? Pinheiro Ferreira não se fatiga de os elencar.

Nas monarquias democráticas – forma de governo que, com todas as suas forças, defende – *sam sufficientes garantir contra estes dois perigos as attribuições do poder conservador de que a constituição deve revestir os agentes de cada um dos outros podêres*[550]. Para além delas, *a liberdade que compete a todos os cidadãos de manifestar a sua opinião sobre quaesquer assumptos que interêssam o bem commum*[551]. Progredindo no seu raciocínio, acrescenta *o direito de petição, de que os mesmos cidadãos podem fazer uso perante o congresso nacional*[552] e o direito de *acção popular, por meio da qual podem fazer chamar a responder perante os tribunaes aquelles funccionarios que procedessem contra o que cada cidadão entende ser conforme ao interêsse nacional*[553]. Finalmente, surge-nos *o direito que aos cidadãos compete, na qualidade de eleitores, de levar ao congresso assim como aos outros emprêgos, por meio do seo*

---

[550] Silvestre Pinheiro Ferreira, *Manual do Cidadão em um Governo Representativo*, I, cit., p. 272.

[551] *Idem, ibidem*. Sobre a questão *vide supra*.

[552] Esclarece, ainda, o Autor como deve a lei regular o exercício do direito de petição no caso de usurpação ou abuso do poder. No seu *Manual do Cidadão em um Governo Representativo*, mais rigorosamente na conferência que dedica ao estudo do poder conservador, escreve: «Logo que a qualquer cidadão constar que houve usurpação, ou abuso de poder, deverà requerer ao procurador de justiça que lhe parecer mais conveniente, para que faça comparecer perante a competente autoridade o culpado, a quem o cidadão opporà debaxo de sua responsabilidade as arguições de que entender pode produzir convincentes provas». Cfr. Silvestre Pinheiro Ferreira, *Manual do Cidadão em um Governo Representativo*, I, cit., p. 323. Sempre que estejam em causa os interesses do Estado e não os particulares interesses do cidadão, os governados que hajam de fazer uso do direito de petição devem dirigir-se a qualquer conselho de inspecção a fim de que o respectivo regedor faça chegar a petição às competentes autoridades solicitando-lhes, em paralelo, uma pronta decisão. *Idem, ibidem*. Sobre o poder conservador *vide infra*.

[553] *Idem, ibidem*, 272.

voto nas eleições, as pessoas que forem da sua mesma opinião e por esse mesmo meio fazer sahir dos emprêgos aquellas que não pensarem do mesmo modo[554].

Não obstante, em mais do que uma passagem, o Publicista não nega o protesto contra todos os abusos que se haviam verificado, em virtude do ponto alto que atingira o próprio absolutismo monárquico[555].

É evidente a tecla antidespotista da obra do Filósofo Português. Se o chamado direito de insurreição jamais é pregado abertamente, aparece implícito e subentendido na pena do ilustre Pensador político[556].

Todas as passagens transcritas, e muitas outras se poderiam compilar, parecem autorizar a conclusão de que entre as duas mencionadas tendências que já se desenham no espírito feudal[557], Silvestre Pinheiro Ferreira envereda por aquela que pugna pela obediência ao governante. A resistência ao poder surge, apenas, como derradeiro remédio contra os abusos do poder.

Mais importante que remediar é prevenir... Serão os meios de assegurar o Estado contra a usurpação e abusos da governação que polarizam, primacialmente, a atenção do nosso compatriota.

Neste particular, a opção do Filósofo não nos deverá surpreender. E isto porque, para o Professor do Colégio das Artes, o ofício de governante exige do seu titular mais do que de todos. Particularmente, o verdadeiro rei será o mais notável, desde logo pelas magistrais exigências de seu cargo. A *ética governativa* [558] que o nosso Publicista constrói deixa pouca margem para as veleidades da tirania. Afigura-se, por consequência, compreensível o relativo pouco interesse com que Pinheiro Ferreira se deitou ao assunto.

---

[554] *Idem, ibidem*, pp. 272 e 273.

[555] *Vide supra.*

[556] *Vide supra.*

[557] M. Paulo Merêa, «As teorias políticas medievais no "Tratado da Virtuosa Bemfeitoria"», cit., p. 225.

[558] Utilizando a terminologia do Professor Martim de Albuquerque, *in A Expressão do Poder de Luís de Camões,* cit., p. 145.

2.6 - As Constituições Escritas

As Constituições escritas são um dos elementos basilares do Estado Moderno[559]. Simplesmente, tal afirmação presta-se a certos equívocos que urge prevenir.

No sentido de forma mais ou menos fixa de organização jurídica, gerada através dos séculos, pela qual os Estados se distinguem uns dos outros, e dentro da qual se definem, nos seus naturais limites, os poderes, direitos e funções dos diversos elementos do corpo social, encaminhandose, ordinariamente, para fórmulas de equilíbrio mais ou menos estável, as Constituições são de todos os tempos[560].

Não é, contudo, em tal acepção que o Estado da Idade Contemporânea pressupõe a Constituição.

Vale a pena escutar Garret: «antes da Revolução de 1820, Portugal tinha com efeito a sua Constituição; nem há Estado que a não tenha[561]». Mas, a antiga Constituição de Portugal, *se era fundada em sólidos e naturais princípios*[562], pecava na forma, *já porque dispersa em várias leis escritas, em costumes e em usanças tradicionais, carecia de regularidade e nexo de harmonia, já porque, destituída de garantias e remédios legítimos para os casos de infracção da lei positiva ou aberração do seu espírito, forçosamente corria o perigo de ser mal conhecida e esquecida pela Nação, desprezada portanto e infringida pelo Governo*[563].

Como salienta Maurice Hauriou, a Constituição escrita passa a designar um estatuto fundamental do Estado[564] e dos seus membros, decretada em nome da nação soberana por um poder especial – o poder consti-

---

[559] Neste sentido, Simone Goyard – Fabre, *Philosophie politique XVIe-XXe siècle (Modernité et Humanisme)*, Paris, PUF, 1987, pp. 25 e ss. e Blandine Kriegel, *Cours de philosophie politique*, Librairie Générale Française, Paris, 1996, pp. 112 e ss..

[560] Assim, Luís Cabral de Moncada, «Origens do Moderno Direito Português», cit., p. 93.

[561] Almeida Garret, *Portugal na Balança da Europa*, p. 207.

[562] *Idem, ibidem.*

[563] *Idem, ibidem.*

[564] Assumido, aqui, em sentido estrito, enquanto aparelho de poder.

tuinte – e mediante um certo acto legislativo de fundação, também realizado de acordo com certos processos e formas especiais[565].

Precedendo a Constituição temos as leis fundamentais[566] que o século XVII passa a aplicar à sociedade política com o propósito de definir juridicamente a natureza, limites e fins do poder[567].

O desenvolvimento teorético do conceito de lei fundamental não pode, porém, dissociar-se da crescente preocupação do pensamento jurídico e político europeus com a racionalização dos fundamentos da sociedade política.

Será no quadro filosófico do contratualismo que se procedeu à teorização da lei fundamental, como norma atributiva de poder[568]. Por outras palavras, a confiança racionalista permite superar a velha formulação dos tratados medievais e modernos dos Espelhos dos Reis, da educação dos príncipes e das artes de reinar.

Vattel, no *tratado de direito das gentes*, concebe as leis fundamentais como verdadeiros alicerces do poder soberano, retirando de tal princí-

---

[565] Maurice Hauriou, *Précis de Droit Constitutionnel*, Paris, Librairie du Recueil Sirey, 1929, p. 246.

[566] Como sublinha Rafael Bluteau, etimologicamente, "fundamental" significa principal e que serve de fundamento. Cfr. Rafael Bluteau, *Vocabulario Portuguez e Latino*, Coimbra, Real Colégio das Artes, VI, 1713, s. v. "fundamental". Sobre a problemática das leis fundamentais como estatuto do Estado monárquico v., por todos, António Pedro Barbas Homem, *Judex Perfectus* cit. pp. 93 e ss.

[567] Desde os estudos pioneiros sobre a evolução do constitucionalismo português, assinados por Lopes Praça, a doutrina tem insistido no facto de o conceito de lei fundamental preceder o de Constituição. Cfr. João Maria Telo de Magalhães Colaço, *Ensaio sobre a Inconstitucionalidade das Leis no Direito Português*, Coimbra, 1915; Luís Cabral de Moncada, «Subsídios para uma História da Filosofia do Direito em Portugal», cit., e *Idem*, «Origens do moderno direito português», cit; António José Brandão, *Sobre o Conceito de Constituição Política*, Lisboa, 1944; Jorge Miranda, *Contributo para uma Teoria da Inconstitucionalidade*, Lisboa, 1968 e *Idem*, *Manual de Direito Constitucional*, tomo II, *Constituição e Inconstitucionalidade*, 3ª ed., Coimbra ed., Coimbra, 1991; Francisco Lucas Pires, *O Problema da Constituição*, Coimbra, 1970; Zília Osório de Castro, *Constitucionalismo Vintista. Antecedentes e Pressupostos*, Lisboa, 1986.

[568] Neste sentido, Giuliana D'Amelio, *Illuminismo e Scienza del Diritto in Italia*, Varese, 1965, pp. 83 e ss..

O Poder e o Direito na obra de Pinheiro Ferreira: Princípios de Direito Constitucional   247

pio, como corolário, o entendimento de que os governantes devem obediência às disposições contidas em tais leis[569]. Ademais, na obra maior do publicista suíço encontramos a definição de alguns aspectos essenciais à elaboração de uma verdadeira teoria da Constituição. Limitamo-nos a pôr em evidência dois deles. Em primeiro lugar, a necessidade de estabelecer uma hierarquia entre os diversos actos normativos. Depois, a distinção entre aquilo a que chamaríamos, hoje, *poder constituinte* e o poder de criação das restantes leis[570].

Mas, recuemos um pouco...

O conceito de lei fundamental não se encontra nos tratadistas portugueses anteriores ao período histórico que se inicia em Portugal com a restauração de 1640[571/572].

As concepções em que entroncam o movimento restaurador e o assento das cortes de 1641 não se podem dissociar de um conjunto de escritores lusos favoráveis à tese da origem popular do poder dos governantes[573],

---

[569] M. de Vattell, *Le Droit des Gens...*, I, cit., cap. IV (= pp. 75 e ss. da ed. cit.).

[570] *Idem, ibidem.*

[571] Assim, J. J. Lopes Praça, *Colecção de Leis e Subsídios para o estudo do Direito Constitucional Portugês*, I, Coimbra, 1983, pp. XXXI e ss.. Este período é precisamente apontado como a época por excelência das leis fundamentais. Cfr. António Pedro Barbas Homem, *Judex Perfectus,* cit. p. 97.

[572] Por outro lado, cumpre notar que a expressão «lei fundamental» surge, pela primeira vez, expressa nas fontes de direito público português numa lei datada de 1674, sobre as regências e tutorias na menoridade dos Reys. No diploma, podemos ler: «... a Nobreza, Povo e Clero deste Reyno, nas Cortes, que se celebrarão nesta cidade de Lisboa este presente anno, me pedirão (ao príncipe regente, D. Pedro) quizesse por huma Ley fundamental dar fórma ás Regencias e Tutorias na menoridade, ou incapacidade dos Reys Sucessores, pela perturbação que causava ao estado politico, a incerteza da pessoa a quem tocava, e competencia dos pretendentes...». Cfr. Lopes Praça, *Colecção de Leis e Subsídios para o Estudo do Direito Constitucional Português*, I, cit., pp. 286. De referir que, nesta lei de 1674, o conteúdo de lei fundamental se preenche com disposições acerca da sucessão régia. O diploma não deixa mesmo de o referir: «e sendo o fim da Ley Fundamental perpetuar a Monarquia e Coroa destes Reynos, nos sucessores daquelle excelente principe Dom Afonso Henriques...». *Idem, ibidem,* p. 289.

[573] Sobre a questão *vide,* por todos, Paulo Merêa, «A ideia de origem popular do poder nos escritores portugueses anteriores à Restauração, *in Estudos de História do*

matriz das ideias políticas das centúrias de Quatrocentos e Quinhentos[574].

Os pressupostos teoréticos do assento das cortes foram, desde logo, explicados por Francisco Velasco de Gouveia[575]. Nas décadas seguintes assumem tal missão António Carvalho de Parada, António Pais Viegas, Pantaleão Rodrigues Pacheco, António de Freitas Africano, António de Sousa de Macedo, Sebastião César de Menezes, Baptista Fragoso, Bento Pereira...

O aspecto verdadeiramente decisivo para a história do direito português ulterior ao movimento Restaurador é o valor atribuído às Cortes de Lamego, documento superior a todos os demais actos normativos.

Passado 1640, a teoria da origem popular do poder, *manipulada pelos homens da Revolução e que, desde a crise sucessória, do século anterior, vinha sendo em geral aceite pelos tratadistas portugueses[576] enfrenta a soberania e o absolutismo apregoados pelo autor de "Les Six Livres de la Republique"[577/578]».* A mesma ambivalência teórica atinge as

---

Direito, Coimbra, 1923; *Idem*, «O Poder Real e as Cortes», cit., pp. 24 e 25; Luís Cabral de Moncada, «1640-Restauração do Pensamento Político Português», *in Estudos de História do Direito*, Coimbra, 1948; Luís da Cunha Gonçalves, *Os Jurisconsultos da Restauração*, Lisboa, 1640; Joaquim Pedro Martins, *A doutrina da soberania popular segundo as Cortes de 1641 e os teóricos da restauração*, Lisboa, 1937; J. F. Aires de Campos, *A origem do poder real e as Cortes de 1641*, Lisboa, 1942.

[574] Assim, Martim de Albuquerque, «O Poder Político na Renascimento Português», cit, vol. IV, pp. 1370 e ss..

[575] A quem Luís da Cunha Gonçalves atribui a redacção de tal assento, embora sem alicerçar tal entendimento em bases sólidas. Cfr. Luis da Cunha Gonçalves, *Os Jurisconsultos da Restauração*, cit., p. 23.

[576] Nas palavras do Professor Martim de Albuquerque, *Jean Bodin na Peninsula Ibérica. Ensaio de História das Ideias Políticas e do Direito Público*, Paris, Fundação Calouste Gulbenkian, 1978, pp. 115 e 116.

[577] *Idem, ibidem.*

[578] A ambivalência conceptual da concepção bodina de lei fundamental foi, recentemente, denunciada por Simone Goyard – Fabre, no seu *Jean Bodin et le Droit de la République*. Sobre o contributo de Jean Bodin para a História do Pensamento Jurídico veja-se, ainda, Blandine Barret-Kriegel, «Jean Bodin: de l'Empire à la Souverainité; de l'État de Justice à l'État Administratif», *in Actes du Colloque Jean Bodin*, tomo I, Angers,

O Poder e o Direito na obra de Pinheiro Ferreira: Princípios de Direito Constitucional

construções portuguesas do conceito de lei fundamental, ulteriores ao auge revolucionário de 1640[579].

Não obstante, nesses escritos, firma-se o entendimento de que, enquanto fundamento do poder político, a sujeição às leis fundamentais constitui uma directiva para governantes e instituições[580]. Por consequência, o incumprimento das leis do reino, conceito simétrico do de leis fundamentais, constitui uma quebra de contrato entre o rei e os súbditos, legitimando a resistência ao tirano[581].

Manuel Rodrigues Leitão, no *tratado sobre os Provimentos dos Bispados da Coroa de Portugal*, define, assim, o fundamento das leis do reino: «funda-se esta Ley do Reyno em disposições de direyto divino, em dictames do natural, em observancia do das gentes, em decretos do Canonico, em disposições do Civil, & em utilidade publica[582]». A expressão lei fundamental é, pelo Autor, expressamente acolhida ao falar nas *leys de Lamego fundamentaes deste reino*[583]*(...), com que na erecção delle legislàrão os povos, & nosso primeyro Rey para sua posteridade a sucessaõ da Coroa*[584]...

1985 e Henri Baudrillart, *Jean Bodin et son Temps. Tableau des Théories Politiques et des Idées Économiques au Seizième Siècle*, Paris, 1853 (reimpressão de 1953, Aalen, Scientia Verlag).

[579] Tal ambiguidade, mercê da influência do conceito bodino de lei fundamental, é nítida na obra de Luís Marinho de Azevedo, *Exclamaciones Politicas, Iuridicas y Morales*, Lisboa, Lourenço de Anveres, 1645.

[580] Por esse motivo, o juramento das leis do Reino, diferentes das leis do rei, consubstancia um dever de ofício e o cumprimento das promessas juradas é uma obrigação do governante cristão.

[581] Neste sentido dispusera Jean Bodin. Cfr. Jean Bodin, *Les Six Livres de la République*, L. 2, (= p. 95 da ed. de 1579).

[582] Manuel Rodrigues Leitão, *Tractado Analytico & Apologetico, sobre os Provimentos dos Bispados da Coroa de Portugal. Calumnias de Castella convencidas. Reposta a seo Author Don Francisco Ramos del Manzano*, Lisboa, Of. Deslandesiana, p. 70.

[583] *Idem, ibidem*, p. 17.

[584] *Idem, ibidem*, p. 70.

Deste modo, conjuga-se a ideia nova de lei fundamental com a tradição filosófica e política anterior.

De notar, porém, que o conceito de lei fundamental não é incompatível com o absolutismo régio. Pelo contrário, a ideia será mesmo um instrumento de valor ao serviço da justificação teórica da monarquia pura.

Na obra maior de José de Seabra da Silva encontramos o conceito de lei fundamental criteriosamente utilizado. O propósito do Autor é claro: sublinhar a natureza absoluta do poder dos reis, refutando, em paralelo, a teoria da origem mediata do poder temporal e a legitimidade da resistência[585]. A lei fundamental, *primeira e principal regra de Direito Publico de cada huma das sociedades civis*[586], é colocada ao serviço de tão grande propósito.

A lei do Estado – ensina o Autor – determina a forma de governo que cada País assume, *regula a maneira de chamar o Monarcha, ou seja por Eleição ou seja por Sucessão, e a forma em que deve ser governado o Reyno ou regida a Republica*[587].

A identificação das várias leis fundamentais e a análise do seu conteúdo confirmam este ponto. Na verdade - acrescenta o Pai da *Dedução Cronológica e Analítica* – *tal era em Roma a lei Real; tal como em França a lei Salica; tal em Alemanha a Bulla de ouro; em Portugal as leis de Lamego; em Inglaterra a Carta Magna; em Polónia as Pacta Conventa; em Curlândia as Pacta Subjectionis, em Dinamarca a lei Regia, em Hollanda a União de Utrech...*[588]»

Simplesmente, está longe do pensamento do Autor considerar que as leis fundamentais estabelecem o poder dos reis. Eis como se exprime José de Seabra da Silva: *«o Senhor Rey D. Afonso Henriques não teve o Supremo Domínio, ou Supremo Poder por convenção ou translacção dos*

---

[585] José de Seabra da Silva, *Deducção Chronologica, e Analytica,* I, cit., §§ 582 a 590 e 633 a 635.

[586] José de Seabra de Silva, *Deducção Chronologica, e Analytica,* I, cit., §§ 599 e 600.

[587] *Idem, ibidem.*

[588] *Idem, ibidem.*

Povos, mas sim pelos outros legítimos e superiores Títulos de Dote e de Conquista: e (...) não convocara nem podia convocar as ditas Cortes de Lamego para lhe transferirem o mesmo Supremo domínio que era seu; mas sim para estabelecer a forma de sucessão e Governo do Reyno por huma Lei do Estado ou Ley Fundamental[589]». Uma outra observação plena de significado: As cortes de 1641 não teriam eleito D. João IV, por a eleição ser incompatível com a natureza do poder régio, mas apenas confirmado o direito sucessório que já lhe pertencia em virtude das leis fundamentais da monarquia lusa e dos princípios de direito divino e direito natural[590]. É uma observação que leva a uma reflexão ulterior: mais do que um título de atribuição do poder régio, as leis fundamentais serão um acto de confirmação de algo já adquirido[591]. Mas serão, de igual forma, um limite ao poder do monarca. Na verdade, *por mais augusto que seja o Poder dos Reys, só não he contudo superior à Ley Fundamental do Estado...*[592]»

Uma argumentação desta índole não poderia deixar de suscitar um vasto eco de comentários, alguns agradados, outros aborrecidos, outros ainda perplexos ou fortemente polémicos. Esta plêiade de reacções foi pressentida por Silva Dias para quem a obra de José de Seabra da Silva não será um tratado jurídico mas um texto de polémica[593].

Atentemos na síntese que, a este propósito, assina Pascoal de Melo: «os nossos Reis nunca receberam do povo o seu supremo poder majestático; com efeito, o Conde D. Henrique e D. Afonso I já eram supremos senhores e governadores de Portugal, muito antes das Cortes de Lamego[594]».

---

[589] *Idem, ibidem,* § 675.

[590] *Idem, ibidem,* §§ 606 e ss..

[591] *Idem, ibidem,* § 677.

[592] *Idem, ibidem,* § 602.

[593] J. S. Silva Dias, «Pombalismo e teoria política», *in História e Filosofia,* I (1982), pp. 53 e ss..

[594] Pascoal de Melo Freire, *Instituições do Direito Civil...,* cit., liv. I, tit. I, § 2. No mesmo sentido, escrevem Francisco Sousa Sampaio, *Preleções de Direito Pátrio Público e Particular,* I, Coimbra, 1793, p. XXXVII e António Ribeiro dos Santos, *Notas ao Plano do Novo Código de Direito Publico de Portugal...,* pp. 16 e ss.; *idem,* BNL, F.G. Cods 4668, 4677, 4680.

Não obstante, sublinha o Autor que as leis fundamentais são convenções celebradas entre o rei e os súbditos sobre o regimento do reino e a ordem de sucessão da coroa[595].

Para os teóricos do absolutismo régio, as leis fundamentais não são tanto um meio de limitar os poderes do príncipe quanto uma justificação para os ampliar.

Simplesmente, e como observa o Professor Paulo Merêa, os teorizadores nacionais revelaram grande dificuldade em interpretar a submissão do imperante à lei fundamental fora dos quadros teóricos desenvolvidos acerca da vinculação do monarca à lei ordinária[596]. Assim, acabam por concluir que tal como as leis do rei não o obrigam também as leis do reino não se podem impor ao monarca.

Na *Dedução Cronológica e Analítica*, obra primeira de justificação do regime da monarquia de direito divino, lê-se que contra os actos arbitrários e injustos do príncipe nenhum outro remédio há que não *o do sofrimento*[597] já que *Deos não ouviria nunca os incompetentes clamores com que o povo acussasse o seu proprio Rey*[598].

A mensagem não muda na síntese de Pascoal de Melo: «na monarquia pura, com o trono ocupado, não reside nem no Povo nem nas Cortes a mais pequena partícula de poder majestático[599]».

Francisco Coelho de Sousa e Sampaio escreve, sem hesitações, que *não havendo Imperante algum, a que os contrahentes recorrerão, que*

---

[595] Importa assinalar que Melo Freire procurou uma classificação sinóptica dessas leis fundamentais, havendo enumerado as actas das Cortes de Lamego relativas aos poderes do rei e à ordem de sucessão da Coroa, a lei de 12 de Abril de 1698, referente à successão do filho do rei que sucedesse a seu irmão e, finalmente, o acto de 11 de Dezembro de 1679, que consagra uma dispensa das Cortes de Lamego em benefício da princesa D. Isabel. Cfr. Pascoal de Melo Freire, *Instituições do Direito Civil...*, cit., liv. I, tit. I, § 2, *in* BMJ 161, pp. 95 e 96.

[596] Paulo Merêa, *O Poder Real e as Cortes*, cit.

[597] José de Seabra da Silva, *Deducção Chronologica, e Analytica*, I, cit., § 558.

[598] *Idem, ibidem.*

[599] Pascoal de Melo Freire, *Instituições do Direito Civil...*, cit., liv. I, tit. 1, § 2 (= pp. 95 e 96 da ed. cit.).

judicial e imperativamente os obrigue a cumprir o contrato, sò resta o vinculo da consciencia, principalmente quando o contrato por sua natureza se não pode dissolver[600]. No mesmo sentido, dispõe António Ribeiro dos Santos que *as leis fundamentais, ou direitos constitucionais de uma nação*[601], enquanto *base ou fundamento sobre que assenta a fórma e constituição da monarchia*[602], não são inúteis, ainda que a nação *não tenha direito de coacção contra a sagrada pessoa do Principe para as fazer valer*[603].

De salientar, que o lúcido canonista procurou traçar uma classificação sinóptica dessas leis fundamentais, separando-as em leis fundamentais primitivas ou primordiais, de matriz consuetudinária[604], e em leis

---

[600] Francisco Coelho de Sousa e Sampaio, *Observações às Prelecções de Direito Patrio, Publico, e Particular*, cit., p. 55.

[601] António Ribeiro dos Santos, *Notas ao Plano do Novo Código de Direito Público de Portugal...*, cit., p. 145.

[602] *Idem, ibidem.*

[603] *Idem, ibidem.*

[604] Sobre a sua classificação de leis fundamentais *vide* as *Notas ao Plano do Novo Código de Direito Público de Portugal*, e os manuscritos, *Discursos juridicos sobre a materia das leys fundamentaes*, BNL, Cod. 4668 e *Princípios do direito publico de Portugal*, BNL, Cod. 4670. Para o grande tratadista de direito público nacional, as leis fundamentais consuetudinárias são entendidas como *costumes gerais e notórios, introduzidas de tempo immemorial por consentimento tácito dos seus Príncipes, e dos estados do reino e confrmados por uso e prática de acções públicas e reiteradas; que são aquellas, a que os nossos Reis costumam muitas vezes recorrer em suas leis e testamentos, dando-lhes o título de costume e estilo destes reinos.* Cfr. *idem, Notas ao Plano do Novo Código de Direito Publico de Portugal*, cit., p. 8. Preenchendo o conceito, inclui nas leis fundamentais tradicionais a profissão da religião católica; a indivisibilidade do reino; o benefício da representação na sucessão da coroa; a indivisibilidade de bens da coroa; o estabelecimento dos três estados; o estabelecimento das cortes; o juramento dos reis na exaltação ao trono, a liberdade que tem o povo de se tributar; a estabilidade do valor da moeda; o provimento dos ofícios em naturais do reino; a data dos ofícios das Câmaras; a lei da sucessão *ab intestato* dos colaterais... Cfr. *idem, Discursos juridicos...*, cit., ff. 266 e ss.. Já as leis fundamentais escritas são o resultado de convenções celebradas entre o rei e os povos com vista ao bem comum. Para o canonista, integram estas leis fundamentais escritas as actas das Cortes de Lamego e as Leis de 23 de Dezembro de 1674 e de 12 de Abril de 1698. *Vide, idem, Notas ao Plano do Novo Código de Direito Publico de Portugal...*, cit., pp. 8

fundamentais escritas, produto de uma convenção entre os reis e os povos.

Não se pode, depois disto, duvidar que o labor dos juristas do absolutismo josefino e mariano se orientou no sentido de retirar do conceito de lei fundamental, manipulado pelos homens da Revolução de 1640, a exigência da monarquia pura.

E é precisamente a ideia de lei fundamental que antecede a recepção do conceito formal de Constituição política.

O conceito surge nas vestes de um «súplica»[605] a um «rei invasor[606]». As circunstâncias são conhecidas pelo que nos abstemos de aqui as bosquejar. Diremos, tão só, que é o conturbado, complexo e confuso quadro político da sociedade portuguesa na época das invasões francesas, que proporciona a ocasião para um debate renovado sobre o conceito de Constituição. A partir de então o próprio termo se vulgariza no léxico português.

De notar, porém, que entre lei fundamental e Constituição escrita existe uma equivalência teórica, a qual transparece nas obras de muitos dos tratadistas que escrevem em data posterior a 1820[607]. Por outras

---

e 9. Sobre a questão *vide*, por todos, Ruy de Albuquerque e Martim de Albuquerque, *História do Direito Português*, vol. II, Lisboa, 1983, pp. 180 e 181 e A. Pedro Barbas Homem, *Judex Perfectus*, cit. pp. 108 e ss..

[605] Esta súplica, lida pelo juiz do povo Abreu Campos, foi publicada por Lopes Praça, *Colecção de Leis e Subsídios*, cit., vol. II, p. 9.

[606] Nas palavras de J. Joaquim Gomes Canotilho, «As Constituições», *in História de Portugal*, dir. de José Mattoso, ed. do Círculo de Leitores, 1993, p. 149. Sobre o pedido de Constituição a Napoleão Bonaparte *vide*, ainda, António Pedro Barbas Homem, «Algumas notas sobre a introdução do Código Civil de Napoleão em Portugal, em 1808», *in Revista Jurídica*, 2/3, 1985, pp. 102 e ss..

[607] Particularmente, Rámon Salas define Constituição como o «codigo de leys fundamentaes de hum Estado». Aquela equivalência é nítida nas obras paradigmáticas de Vicente José Ferreira Cardoso da Costa, *Que he o Codigo Civil*, António Rodrigues Galhardo, Lisboa, 1822, pp. 94 e ss.; *idem, O Velho Liberal. Jornal Político oferecido à Serenissima Senhora Infanta Regente Dona Isabel ...*, Lisboa, Impressão Régia, 1826, p. 6; Inocêncio António de Miranda, *O Cidadão Lusitano*, Lisboa, 1822, p. 8; Rodrigo Ferreira da Costa, *Cathecismo Politico*, pp. 81 e ss.; bem como nos tratados de direito constitucional do nosso Silvestre Pinheiro Ferreira. *Vide infra*.

palavras, a ideia inovadora da constituição escrita não é tão "nova" como pode à primeira vista parecer. Novas são nela a intenção[608] e a mentalidade filosófica[609].

A própria linguagem jurídica utilizada revela essa diferença basilar, a qual se exprime no cariz tradicional das leis fundamentais e no carácter inovador das disposições constitucionais relativas ao poder político.

A constituição moderna – escreve, com acerto, o Professor Cabral de Moncada – *é uma criação e invenção da inteligência do homem que se decide a tomar a direcção do seu destino, assentando as novas bases da Cidade e da sua vida de relação dentro do organismo político chamado Estado*[610]. Por consequência, *é, geralmente, um produto "repentino" da vontade soberana de uma nação, actuando sob a representação de "causas finais" e de certas representações ideológicas, saídas de um jacto de uma assembleia (...) quando não o produto calculado da liberalidade de um príncipe que se arvora, ele, em arquitecto desta espécie de construção política e social*[611]. Como corolário, a constituição saída do

---

[608] Não se pretende com esta afirmação desvalorizar o elogio da tradição constitucional portuguesa que perpassa da literatura portuguesa liberal. Particularmente, a imprensa periódica portuguesa enaltece, com frequência, a constituição histórica antiga da monarquia lusa, a qual urgia restaurar. Veja-se, a título meramente exemplificativo, o escrito de Pato Moniz *in Correio da Península* (12 de Fevereiro de 1810) II, p. 93, onde se lê: «pelas nossas Cortes de Lamego, com clareza e concisão ... se estatui quase tudo o que mais convém para coarctar o Despotismo e obviar a Anarquia». O elogio do passado marca o preâmbulo da Constituição de 1820. Recordemos as palavras que a inauguram: «As Cortes Extraordinárias e Constituintes da nação Portuguesa, intimamente convencidas de que as desgraças públicas, que tanto a têm oprimido e ainda oprimem, tiveram sua origem no desprezo dos direitos do cidadão, e no esquecimento das leis fundamentais da Monarquia; e havendo outrossim considerado que somente pelo restabelecimento destas leis, ampliadas e reformadas, pode conseguir-se a prosperidade da mesma Nação e precaver-se que ela não torne a cair no abismo, de que a salvou a heroica virtude de seus filhos...». Cfr. *Constituição de 23 de Setembro de 1822* (= p. 29 da ed. cit.). Atesta a sinceridade do elogio a leitura do *Diário das Cortes*, I, nº 122 a 126.

[609] Sobre os antecedentes históricos do conceito de Constituição escrita *vide*, por todos, Cabral de Moncada, «Origens do Moderno Direito Português», cit., pp. 95 e ss..

[610] Cabral de Moncada, «Origens do Moderno Direito Português», cit., p. 98.

[611] *Idem, ibidem.*

progresso das ideias liberais nem é, na atitude filosófica que exprime, um ditame da historia, mas da razão, nem é inspirada pelas considerações do *ser social* mas do *dever ser moral*.

Por outro lado, a moderna Constituição resulta, tal como as leis fundamentais que a antecedem, de um pacto ou contrato. Simplesmente, tal relação não se estabelece apenas entre o rei e os súbditos. Celebram-na todos os membros da comunidade, pelo que o produto dessa relação contratual será, essencialmente, uma renovação do chamado pacto ou «contrato social»[612/613].

Numa palavra, é nisto que se cifra a característica mentalidade das Constituições nascidas do desenvolvimento das ideias liberais.

O desenho deste cenário permitir-nos-á situar a concepção silvestrina de Constituição escrita.

Aos olhos do nosso publicista aparece como natural a ideia de Constituição como um pacto social. Tal facto não nos surpreende já que entender a Constituição pelo prisma do pacto de união constitui um dos dogmas do discurso político dos homens do liberalismo.

Mas recorramos às fontes e deixemos falar o Autor.

Em «Advertência» ao seu *Projecto d'Ordenações para o Reino de Portugal*, escreve, com propriedade, Silvestre Pinheiro Ferreira: «Duas sam as partes de que se compõe a obra que offerecemos aos nossos concidadãos. Na primeira e principal se contem, alem da carta constitucional, um systema de leis organicas destinadas a crear as instituições que a carta mesma indica, e alem dessas as que nos pareceram as mais proprias e indispensaveis para se poderem pôr immediatamente em actividade todas

---

[612] Nas palavras do Doutor Cabral de Moncada as constituições que sucedem às leis fundamentais são *juridicamente não um "acto jurídico bilateral", como um contrato, mas um "acto complexo"; são filosòficamente, não uma verificação objectiva de certos factos, mas um "fiat" criador do querer autónomo da "vontade geral"*. Cfr. Cabral de Moncada, «Origens do Moderno Direito Português», cit., p. 99.

[613] A ideia da Constituição mais não ser do que uma renovação do pacto social encontra eco no pensamento de Silvestre Pinheiro Ferreira. Cfr. «Advertência» a *Exposição do Projecto de Ordenações para o Reino de Portugal*, cit., p. ix. A passagem em questão foi, por nós, transcrita *supra*.

O *Poder e o Direito na obra de Pinheiro Ferreira: Princípios de Direito Constitucional*   257

as disposições daquele nosso novo pacto social[614]». E o *pacto social* – acrescenta o Publicista – *he o consentimento expresso de uns, e tacito de outros*[615] *às leis tanto fundamentaes como constituitvas do estado*[616].

Interessa-nos retirar do discurso silvestrino o conceito de lei fundamental.

Na obra do ilustre ministro constitucional de D. João VI a expressão é utilizada em duas acepções que importa precisar[617].

Mais amplamente, a lei fundamental designa a Constituição do Estado. Ao referir-se à Carta Constitucional de 1826, Pinheiro Ferreira utiliza, por mais do que uma vez, a expressão «lei fundamental»[618].

Isto quanto à primeira acepção...

De salientar, porém, que, na arquitectura dos seus projectos de texto constitucional, é possível identificar uma dupla estrutura sistemática a que corresponde uma diversa concepção acerca do valor da palavra na comu-

---

[614] Silvestre Pinheiro Ferreira, «Advertência» a *Projectos de Ordenações para o Reino de Portugal*, tomo I, cit., p. iv.

[615] Pressentindo uma dificuldade esclarece Pinheiro Ferreira que o consentimento tácito da nação às leis fundamentais pode ser presumido *todas as vezes que tendo o cidadão liberdade para manifestar o seu modo de pensar a respeito das leis do estado, ellas sam geralmente cumpridas e executadas.* Cfr. Silvestre Pinheiro Ferreira, *Manual do Cidadão em um Governo Representativo*, I, cit., p. 8.

[616] Silvestre Pinheiro Ferreira, *Manual do Cidadão em um Governo Representativo*, I, cit., p. 8.

[617] Como anunciámos *supra*, em Silvestre Pinheiro Ferreira a "lei fundamental" também surge como norma atributiva de poder. A leitura da seguinte passagem, retirada de uma das suas obras, não deixa, a este propósito, quaisquer dúvidas: «D'après la définition que je viens de vous donner du véritable sens du mot *héréditaire*, appliqué a la royauté, vous voyez qu'il n'est destiné qu'à designer l'ordre de la sucession à la couronne, suivant ce que l'on suppose prescrit dans les lois fondamentales de l'état». Silvestre Pinheiro Ferreira, *Cours de Droit Public*, I, cit., pp. 123 e 124. Vemos que, neste recorte, o conteúdo essencial do conceito de lei fundamental é estabelecer as regras sobre a sucessão régia.

[618] Leia-se, a título meramente exemplificativo, o disposto na «Advertência» que inaugura o seu *Projectos d'Ordenações para o Reino de Portugal*, tomo I, cit. Particularmente, a fls. V escreve o Autor: «Nòs estamos mui longe d'approvar um certo numero d'artigos desta nossa lei fundamental...».

nicação jurídica[619]. Assim, enquanto uma parte é dedicada à declaração de direitos, escrita através de formas verbais tendencialmente atestativas ou indicativas; uma outra é destinada à organização do poder político, concebida como deôntica ou ordenadora de condutas – numa palavra redigida sob a forma de imperativos[620/621].

Assim, em um sentido mais estrito, as leis fundamentais *sam aquellas que fixam os limites dos direitos naturaes e inauferiveis que por isso*

---

[619] De notar que esta dupla estrutura sistemática caracteriza quer o texto da *Constituição de 1822* quer o da *Carta Constitucional de 1826*.

[620] A leitura do seu *Project de Code Général des Lois Fondamentales et Constitutives d'une monarchie représentative*, permite apreender a diferença de linguagem jurídica a que aludimos. Cfr. Silvestre Pinheiro Ferreira, «Project de Code Général des Lois Fondamentales et Constitutives d'une monarchie représentative», *in Principes du Droit Public, Constitutionnel, Administratif, et des Gens ou Manuel du Citoyen sous un Gouvernement Représentatif*, tome troisième, Paris, Rey et Gravier, J. P. Aillaud, Treuttel et Würtz, F. G. Levrault, 1834, pp. 673 e ss..

[621] Compreendeu Sivestre Pinheiro Ferreira o verdadeiro alcance do valor da palavra na construção da ciência do direito. Não poderemos, nesta sede, desenvolver a teoria do discurso silvestrina. Não obstante, cumpre observar que a correspondência entre pensamento e linguagem, ideias e palavras preocupa o nosso Autor. Poder-se-á sustentar, a este propósito, que a importância atribuída às *Categorias* de Aristóteles, que o filósofo português traduziu, considerando-as verdadeiramente essenciais para o acompanhamento das *Prelecções Filosóficas*, relaciona-se com a exigência de «discorrer com acerto e falar com correcção». Cfr, *Idem, Prelecções Filosóficas*, cit., § 1 (= p. 35 da ed. cit.). Recupera, por essa via, o cânone aristotélico da retórica no sentido de criar nomenclatura precisa para os factos da ciência, particularmente da ciência da legislação. A estratégia discursiva silvestrina visa, primeiramente, enriquecer a nomenclatura integradora das ideias e das analogias efectivas com os objectos a que as ideias se reportam, nomenclatura que virá a ser desenvolvida em Sistema, Teoria e Método. Sobre a teoria do discurso na obra de Silvestre Pinheiro Ferreira, *vide*, por todos, António Paim, *História das Ideias Filosóficas no Brasil*, 4ª ed., S. Paulo, Editora Convívio, 1987; António Braz Teixeira, «Um filósofo de transição: Silvestre Pinheiro Ferreira», *in Rev. Bras. de Fil.*, nº 122, Abril-Junho, 1981; Nady Moreira Domingues da Silva, *O Sistema Filosófico de Silvestre Pinheiro Ferreira,* cit.; Maria Luísa Couto Soares, «A Linguagem com Método nas "Prelecções Filosóficas" de Silvestre Pinheiro Ferreira", *in Cultura – História de Filosofia*, III, (1984), pp. 310 e ss.; José Esteves Pereira, «Introdução» a *Prelecções Filosóficas*, cit., pp. 18 e ss..

mesmo constituem a base invariavel do pacto social[622]. Distinguem-se das leis constitutivas do Estado que, para o Pai das Prelecções Filosóficas, são *as que regulam o exercicio dos direitos politicos do estado*[623].

Chegados aqui, importa questionar: se o pacto social regula, e por antonomásia restringe, o exercício dos direitos naturais da *segurança pessoal*, da *liberdade individual* e da *propriedade real*, que pertencem a todo o homem, não será legítimo concluir que pelo simples facto de entrar em sociedade aquele sacrifica uma parcela significativa desse direitos?

O grande publicista não hesita em responder que, pelo contrário, *o homem social lèva grande vantagem ao barbaro ou selvagem, pois, ainda que este tenha menor numero de precisões do que aquelle, todavia tambem tem menos meios de as satisfazer*[624]. Mais exposto do que o homem social aos ataques dos homens e dos animais, *assim como falto de meios para vencer a intemperança das estações e os incómmodos que lhe offerece a natureza do terreno, o selvagem tem menos "segurança pessoal"; contrariado a cada passo por estes diversos obstaculos, em ultimo resultado tambem tem menos "liberdade"; e finalmente quanto à "propriedade", he geralmente reconhecido que ella não se pòde conservar sem a constante protecção das leis*[625]. E adiante, concretizando, sublinha: «D'onde se sègue que o homem longe de haver feito sacrificio de uma parte de seos direitos, estendeu o circulo de seos gozos, e por meio das leis sociaes assegurou o livre exercicio de seos direitos melhor do que o poderia fazer vivendo no estado de isolação[626]».

---

[622] Silvestre Pinheiro Ferreira, *Manual do Cidadão em um Governo Representativo*, I, cit., p. 8.

[623] As leis constitutivas – ensina Pinheiro Ferreira – *dividem-se em organicas e regulamentarares*. As primeiras caracterizam-se por *marcar as attribuições dos diversos podêres politicos dos estados*. As leis regulamentares são as que *determinam o modo por que devem ser exercidas aquellas atribuições*. Cfr. *Idem, ibidem*, pp. 9 e 10; *idem, Cours de Droit Public*, I, cit., pp. 8 e ss..

[624] Silvestre Pinheiro Ferreira, *Manual do Cidadão em um Governo Representativo*, I, cit., p. 8.

[625] *Idem, ibidem*, pp. 8 e 9.

[626] *Idem, ibidem*, p. 9. A mesma mensagem se retira, com transparência, do seu *Cours de Droit Public*, I, pp. 24, 40, 45 e 172.

260 *Para a História do Direito Constitucional Português: Silvestre Pinheiro Ferreira*

Esta nota silvestrina permite-nos adiantar a conclusão, jamais infirmada por outras passagens de seus escritos, de que o pacto social é o pressuposto das disposições constitucionais e, particularmente, das leis fundamentais[627]. Simplesmente, como observámos, tal pacto não é firmado entre o soberano e o povo, dotados ambos de direitos autónomos ou independentes, visando o *bem comum*[628]. Trata-se, antes, de um pacto celebrado, expressa ou tacitamente, entre todos os membros que compõem a sociedade tendo em vista *a maior somma possível de bens para a sociedade em geral e para cada individuo em particular*[629].

Contudo, o filho do qualificado tecelão da manufactura do Rato não ignora que o pacto social originário possa não ser uma situação historicamente verificada[630].

Tal constatação, como vimos, não o embaraça!

Recorrendo a uma imagem escreve no seu *Cours de Droit Public*: «en comparant ci - dessus la délégation nationale à la marche ordinaire pour constituer un avocat, un avoué, un fondé de pouvoirs, dans les affaires de l'ordre civil, nous avons prévu cette objection[631]». Na verdade, *personne n'ignore qu'il y a deux manières d'accorder des pouvoirs, de même qu'il y a deux de contracter des engagements*[632]: Uma, *par des actes exprès et antérieures, contenant la déclaration formelle de notre volonté*[633]; a outra *par des faits son antérieures, soit postérieures, lesquels, s'ils ne sont pas en termes exprès une déclaration textuelle de la concession des pouvoirs, ne prouvent pas moins notre consentimente à ce que les*

---

[627] Tomadas, naturalmente, na segunda acepção considerada. *Vide supra.*

[628] Sobre a natureza do pacto social *vide supra.*

[629] Silvestre Pinheiro Ferreira, *Manual do Cidadão em um Governo Representativo*, I, cit., p. 2.

[630] Os próprios textos revolucionários assumem que a ideia de pacto social é uma ficção. Sugestivamente, lê-se no *Manifesto do Governo de 31 de Outubro de 1920*: «Voltando momentaneamente, por uma ficção política, para o estado de natureza». Cfr. *Manifesto do Governo de 31 de Outubro de 1920*, publicado *in Documentos...*, cit., p. 81.

[631] Silvestre Pinheiro Ferreira, *Cours de Droit Public*, I, cit., p. 25.

[632] *Idem, ibidem.*

[633] *Idem, ibidem.*

actes de la personne en question soient considérés comme aussi valables que s'ils étaient faits par quelqu'un que nous y eussions expressément autorisé[634]. Da mesma forma, e é este aspecto que aqui nos importa salientar, *lorsqu'il s'agit de prouver notre intention d'entrer dans un engagement, allégation des faits antérieures ou postérieures qui prouvent cette intention est aussi concluante que si l'on produisait le texte même du contrat, car cet acte n'est lui même qu'un document, une manière de prouver l'engagement*[635].

Desta passagem, mais do que de qualquer outra, se retira que Pinheiro Ferreira, contratualista na explicação filosófica da origem da sociedade, como todo o século XVIII, representa a corrente individualista da filosofia desse período, derivada de Locke e da revolução francesa e ainda de Thomasius e Gunling, mais do que a do iluminismo germânico representada por Wolff[636].

Para o Publicista é inútil dedicar um minuto que seja do seu labor a discutir hipóteses fantasiosas sobre o primitivo estado de natureza ou a indagar como seria o homem isolado e selvagem, para, partindo daí, poder deduzir os seus direitos e deveres[637]. Na verdade, não carecemos dessa ideia para poder afirmar a natureza voluntária e contratual da sociedade, entendida como facto natural e necessário e, ao mesmo tempo, resultante de um consentimento expresso ou tácito dos indivíduos que a compõem[638].

---

[634] *Idem, ibidem*, pp. 25 e 26.

[635] *Idem, ibidem*, p. 26.

[636] Sendo que, desta última é possível deduzir a doutrina do «despotismo inteligente» tal como da primeira retirar a do liberalismo político. Neste sentido, L. Cabral de Moncada, «Subsídios para uma História da Filosofia do Direito em Portugal», cit., p. 264.

[637] Silvestre Pinheiro Ferreira, *Notes a Le Droit des Gens ou Principes de la Loi Naturelle Appliqués a la Conduite et aux Affaires des Nations et des Souverains par Vattel*, nova ed., Paris, Guillaumin et Ca., 1863, «Preliminares», § 4.

[638] Esta ideia é uma constante no pensamento silvestrino sobre a origem da sociedade e a natureza da delegação e do pacto social. Veja-se, exemplificativamente, o que o Autor escreve no seu *Cours de Droit Public*, I, cit., pp. 24 e ss. e 168 e ss. e nas *Notes a Vattel*, cit., «Preliminares» §§ 6 e 11 (= pp. 8 e 14 da ed. cit).

Foi Silvestre Pinheiro Ferreira um decidido adversário do abso-lutismo[639]. O mesmo vigor colocará na defesa da monarquia constitu-cional, tendo sido o primeiro português a aconselhar o rei D. João VI, desde 1814, a dar uma constituição ao país[640].

O debate sobre os poderes do monarca no domínio legislativo, em especial sobre a faculdade de se reconhecer a prerrogativa do *veto royal*,[641] fornece a ocasião para uma discussão renovada sobre a divisão de poderes e a soberania do poder legislativo e da lei parlamentar.

Silvestre Pinheiro Ferreira acreditava nas virtualidade do estado constitucional. Simplesmente, este não era, para o nosso compatriota, uma república democrática sob as vestes de uma monarquia em que o rei vem

---

[639] *Vide supra.*

[640] Pinheiro Ferreira dedica algumas páginas a indagar a conformidade do epiteto *outorgada* quer com a ideia de soberania popular e com a natureza do pacto social quer com o texto expresso da carta régia em que as novas leis fundamentais (em sentido estri-to, naturalmente) da monarquia se acham incorporadas. Escutemos o Autor: «Outorgar, no sentido mais commum e ordinario, significa *conceder*, quer seja gratuitamente, quer seja em troca de outra correspondente concessão. Se fosse pois n'algum destes dois sentidos que se dissesse haver sido a carta *outorgada*, rasão teriam os constitucionaes para recla-marem contra semelhante epitheto». Cfr. Silvestre Pinheiro Ferreira, «Advertencia» a *Exposição do Projecto d'Ordenações para o Reino de Portugal*, cit., p. viij. Porque, esclarece, *quando o rei, sobindo ao throno, propõe à nação modificações às cláusulas da sua procuração, nada concede; pela simples rasão, que o mandatário nada tem que con-ceder ao seo constituinte.* Idem, ibidem. Mas outorgar – sublinha – *tambem significa, em sentido mais restricto, desistir de certas vantagens de que antes se estava na posse: e he neste sentido que S. M. o senhor D. Pedro IV que, pela ordem legal da sucessão, havia entrado na plenitude das attribuições concedidas pelas constituições do estado a seos augustos maiores, dirigindo-se pela sua carta regia de 29 d'abril de 1826 à nação por-tugueza, desistio da plenitude do poder legislativo, de que estava de posse, para o ficar exercendo conjuntamente com as cortes geraes do reino, em conformidade com os princí-pios do governo representativo. Idem, ibidem*, pp. viij e ix. Outorga, no sentido que o Publicista aplaude, mais não é, portanto, que a proposta para se alterarem as cláusulas do mandato do monarca, criando-se as instituições políticas inerentes a esta alteração ou reforma do pacto social.

[641] Para utilizar terminologia do Autor. Cfr. Silvestre Pinheiro Ferreira, *Cours de Droit Public*, I, cit., p. 141.

a achar-se impotente ante o Parlamento[642/643]. Via-o, antes, como uma monarquia representativa e limitada por um código de leis fundamentais, que devia conter uma declaração dos direitos do homem e do cidadão, a impor ao respeito não só dos soberanos, como dos próprios parlamentos[644]. Afasta-se, deste modo, tanto do absolutismo real quanto do jacobinismo democrático de tipo rousseauniano[645]. Mais liberal do que democrata, a sua democracia não era, de forma alguma, concebida como um governo da nação pela nação[646].

Em síntese, entrega o Publicista à Constituição o prosseguir a salvaguarda da liberdade, da segurança, da propriedade e dos demais direitos dos cidadão, depositando as virtualidade de melhoramento na observância dos seus preceitos, por ser ela a primeira garantia desses direitos. Simplesmente, não pôde o nosso compatriota avançar no senti-

---

[642] Esta nota marca todo o discurso silvestrino no *Projecto d'un Systema de Providencias para a Convocação das Cortes Gerais e Restabelecimento da Carta Constitucional. Appendice ao Parecer de dois conselheiros da coroa constitucional sobre os meios de se restaurar o governo representativo em Portugal.* Permitimo-nos transcrever a seguinte passagem, suficientemente elucidativa do que se pretende dizer: «He pois com profunda indignação que os autores do *Parecer* tem visto citadas aquellas suas censuras, para se autorisarem as mais abjectas accusação de pretendidos zeladores das *virtudes republicas*». Cfr. Silvestre Pinheiro Ferreira, *in* «Advertência» a *Projecto d'un Systema de Providencias para a Convocação das Cortes Gerais e Restabelecimento da Carta Constitucional. Appendice ao Parecer de dois conselheiros da coroa constitucional sobre os meios de se restaurar o governo representativo em Portugal,* Paris, Officina Typografica de Casimir, 1832, pp. vj e vij.

[643] No seu *Cours de Droit Public* escreve Pinheiro Ferreira: « (…) les deux caractères essentiels qui distiguent le chef du pouvoir exécutif d'une monarchie de celui d'une république, sont (…) l'inviolabilité et le veto. Otez au monarque ces deux attributs, le gouvernement ne sera plus monarchique, il sera républicain, et le chef du pouvoir exécutif ne sera qu'un président». Cfr. Silvestre Pinheiro Ferreira, *Cours de Droit Public,* I, cit., p. 140. Sobre a questão *vide infra.*

[644] A lei do justo é precisamente o limite da omnipotência legislativa. *Vide supra.*

[645] Neste sentido, Cabral de Moncada, «Subsídios para uma História da Filosofia do Direito em Portugal», cit., p. 266.

[646] *Vide supra.*

do de ver nela a norma fundamentadora de todo o sistema jurídico, reconhecendo o verdadeiro e pleno primado da Lei Fundamental[647/648].

3 - UM "PROGRAMA POLÍTICO" EM GERMINAÇÃO

3.1 - O Homem e o Cidadão: Direitos e Deveres

Já antes escrevemos que caracterizar, em poucos traços, o pensamento jurídico dos finais do século XVIII e da primeira metade da centúria seguinte não constitui, por certo, tarefa fácil, tão grande é o número de tendências e forças que aí misturam suas águas[649/650].

A época das Luzes definiu uma nova fórmula de Direito Natural que pertence, sem eufemismos, ao que ela tem de mais característico. Nunca é demais frisar tal facto. Até então, como se viu, o Direito da Natureza consistia numa ordem transpessoal objectiva, de fundamentação mais ou menos metafísica e religiosa[651].

---

[647] Agora na sua acepção ampla.

[648] O que, na realidade, não nos causa estranheza já que uma coisa é o processo histórico de formação ou de conscientização dos imperativos normativos e dos correspondentes intrumentos conceituais, outra é a verificação *a posteriori* que a doutrina possa fazer. Neste sentido, Jorge Miranda, *Manual de Direito Constitucional*, tomo II, cit., pp. 15 a 20.

[649] *Vide supra.*

[650] Albert Sorel procurou, numa fórmula admirável, resumir a doutrina do período. Vale a pena relembrá-la: «toda a política dos filósofos se resume em pôr a omnipotência do Estado ao serviço da infabilidade da razão, a fazer (...) da razão pura uma nova razão de Estado». Cfr. Albert Sorel, *L'Europe et la Revolution Française*, tomo I, Paris, Plin, 1885, p. 107.

[651] *Vide supra.*

O novo edifício do Direito Natural ergue-se, precisamente, sobre a base dos direitos naturais e originários do homem.

Os teóricos da monarquia de direito divino haviam, como é sabido, reiterado a inexistência de qualquer limitação *legal* eficaz ao governo do imperante[652].

Os únicos limites conhecidos à acção governativa consistiam nos preceitos de ordem moral e religiosa que se impunham à consciência dos príncipes[653]. É certo que as "leis fundamentais", as quais apenas em Cortes podiam ser legitimamente alteradas, se impunham ao próprio governante. Não obstante, sublinhava-se, a cada passo, a inexistência de recursos legais contra a sua violação[654].

É aqui onde se produz a maior transformação das ideias. São conhecidas as causas desta metamorfose na concepção de Estado e de Direito Natural. Abstemo-nos, por consequência, de aqui as desenhar[655].

Como ponto de partida temos a ideia, ensinada mais recentemente pela filosofia individualista e racionalista do século da Enciclopédia, de que o homem nasce já dotado de certos direitos naturais[656/657]. Na verdade,

---

[652] *Vide supra.*

[653] Assim, Luís Cabral de Moncada, «Subsídios para uma História da Filosofia do Direito em Portugal», cit., p. 59.

[654] No discurso da *Dedução Cronológica*, literatura de justificação da monarquia de direito divino, consagra-se: «o governo monárquico é aquele em que o Supremo Poder reside todo inteiramente na pessoa de hum só homem, o qual homem, ainda que se deva conduzir pela razão, não reconhece contudo outro superior (na ordem temporal) que não seja o mesmo Deus; o qual homem deputa as pessoas que lhe parecem mais próprias para exercitarem nos diferentes ministerios do governo; e o qual homem, finalmente faz as leis e as derroga, quando bem lhe parece...». Cfr. José de Seabra da Silva, *Deducção Chronologica e Analitica*, cit., p. II, § 640. Sobre a problemática das leis fundamentais, no sistema de ideias da monarquia pura, *vide supra.*

[655] Sobre as causas desta transformação nas concepções de direito natural e de Estado *vide*, por todos, Cabral de Moncada, *Filosofia do Direito e do Estado*, I, cit., pp. 202 e ss.; *idem*, «Subsídios para uma História da Filosofia do Direito em Portugal», cit., pp. 63 e ss..

[656] Na transição da época do barroco para a do Iluminismo do século XVIII, Samuel Pufendorf distinguira, coerentemente, os *direitos inatos* dos *direitos adquiridos*: os

primeiros são os direitos próprios do homem isolado, antes de integrar qualquer forma de convivência; os segundos são os direitos que ao homem pertencem na sua qualidade de membro de uma sociedade. Característica desta concepção é o primado atribuído aos direitos sobre os deveres. O homem, levado pelo vínculo social, tende a associar-se, mas tal instinto deriva do interesse – ensinara ainda Pufendorf. O fim do Estado é, para o autor de *De iure naturae et gentium*, a *pax et securitas communis*. O Estado liberta-se progressivamente da Igreja; o direito cada vez mais da ética. A ideia de tolerância religiosa ganha todos os dias cada vez mais adeptos. Um deles é precisamente o nosso Silvestre Pinheiro Ferreira. A este propósito veja-se, exemplificativamente, o disposto nas suas *Observações sobre a Constituição do Império do Brasil, e sobre a Carta Constitucional do Reino de Portugal, cit.*, pp. 110 a 113.

Retornemos a Samuel Pufendorf! Não obstante a sua sincera crença luterana, o Pensador pode ser considerado um representante e um corifeu desta tendência. Sobre o pensamento de Pufendorf *vide*, por todos, Paulo Merêa, «O Problema da Origem do Poder Civil em Suárez e em Pufendorf», *in Boletim da Faculdade de Direito da Universidade de Coimbra*, vol. XIX (1943), Coimbra Editora, Coimbra, 1944, pp. 289 e ss.; L. Krieger, *The Politics of Discretion. Pufendorf and the Aceptance of Natural Law*, Chicago, The University Press, 1965; Pierre Laurent, *Pufendorf et la Loi Naturelle*, Paris, Vrin, 1982; Raymond G. Gettel, *História das Ideias Políticas*, trad. port. de Eduardo Salgueiro, Lisboa, Editorial Inquérito, 1936, pp. 270 e ss.; Otto Von Gierke, *Natural Law and the Theory of Society. 1500 to 1800*, trad. ing. de Ernest Barker, Cambridge, Cambridge University Press, 1938, pp. 3, 106-107, 118 a 121, 142 a 144, 146 e 147, 154 e 155, 169 e 170, 181, 184, 196 e 197; Luís Cabral de Moncada, *Filosofia do Direito e do Estado*, I, cit., pp. 182 e ss.; Georgio Del Vechio, *Lições de Filosofia do Direito*, 5ª edição, trad. de António José Brandão, rev. e prefaciada por L. Cabral de Moncada, actual. de Anselmo de Castro, Arménio Amado Editor-Sucessor, Coimbra, 1979, pp. 97 e ss.. Para mais referências bibliográficas *vide* José Adelino Maltez, *Sobre a Ciência Política*, cit., pp. 292 e 293.

[657] De notar, porém, que as origens dos direitos individuais naturais não nascem no século XVII. Transcrevemos aqui o que a este respeito salienta Gierke, no seu *Das deutsche Genossenschaftsrecht*: «Por toda a parte se encontra, na doutrina da Idade Média, a ideia de que o indivíduo tem *direitos inalienáveis* e *indestrutíveis*. É certo que a formulação e classificação destes direitos só aparece numa fase posterior de desenvolvimento da teoria do direito natural. Mas na Idade – Média o princípio da existência de tais direitos é um corolário do valor absoluto e objectivo, atribuído aos mais elevados princípios de direito natural e de direito divino. Bastará lançar um rápido olhar sobre a doutrina da Idade – Média para logo se reconhecer que nela se acha afirmada, a cada passo, a ideia do valor absoluto do indivíduo, ideia esta que o Cristianismo revelou ao mundo em toda a sua força e pureza – a ideia enfim de que a comunidade deve ver no indivíduo não um instrumento ou *meio*, mas um *fim* em si mesmo. Ora, acerca destas ideias, pode dizer-se que a Idade – Média se contentou com sugeri-las, embora não as exprimisse francamente, e não con-

a ideia de direitos "inalienáveis" do Homem, que não podem ser transferidos para a disposição do poder do Estado, nasceu do mundo conceitual da teoria jusnaturalista[658].

---

seguisse dar-lhes uma fórmula absolutamente nítida». Otto Von Gierke, *Das deutsche Genossenschaftsrecht, apud,* M. Hauriou, *Prècis de droit constitutionnel,* cit., p. 630. Esta passagem foi, de igual modo, transcrita por Cabral de Moncada, «Origens do moderno direito português», cit., p. 65, nota (I).

[658] Particularmente, a teoria de Locke acerca da origem da sociedade deu uma validade "pré-estatal" à ideia de direitos humanos inatos e inalianáveis. De notar, porém, a polissemia do conceito de validade. A este propósito escreve precisamente Reinhold Zippelius: «sem dúvida, podem ser "pré-estatais" a força de obrigatoriedade moral e a validade ético-social de uma norma mas não a validade (eficácia) como direito garantido. Esta forma de validade pressupõe um mecanismo operacional de tutela que garanta a execução coerciva da norma. A validade jurídica é, pois, neste sentido, condicionada pelo Estado». Cfr. Reinhold Zippelius, *Teoria Geral do Estado,* 3ª edição, Fundação Calouste Gulbenkian, Lisboa, 1997, p. 437. Não é esta segunda acepção que aqui nos importa. Mas, regressemos a Locke. No seu «Two Treatises of Government», Jonh Locke parte da hipótese de um estado natural do Homem, que seria um estado de plena liberdade e igualdade. Cfr. Jonh Locke, *Two Treatises of Government,* II, § 4 (socorremo-nos da ed. de Peter Laslet, Cambridge University Press, 1988). A sociedade funda-se pela necessidade de proteger a vida, a liberdade e a propriedade dos indivíduos. *Idem, ibidem,* § 123. Nasce de uma união voluntária *(idem, ibidem,* §§ 95 e 119) e o poder do Estado não é mais do que a totalidade das faculdades que os individuos transferem para a sociedade, por forma a que esta garanta a sua protecção. Simplesmente, o indivíduo não pode conceder a disposição sobre bens dos quais nem ele próprio pode dispor. Uma vez que o poder do Estado não é outra coisa que o poder reunido de todos os membros da sociedade, ao qual renunciaram em favor da pessoa ou assembleia que é o legislador, então, não pode ser maior do que o poder que os indivíduos possuíam por natureza antes de entrarem na sociedade, e ao qual renuciaram a favor desta. Na verdade, ninguém pode transferir para outrém um poder maior do que aquele que possui sobre si próprio, a ninguém assiste um poder absoluto e arbitrário, nem sobre si mesmo nem sobre os outros, que lhe permita destruir a própria vida ou privar outrém da sua vida e/ou da sua propriedade. Por consequência, um homem não se pode submeter ao poder arbitrário de outro homem. E dado que ele, no estado de natureza, não possui um poder absoluto sobre a vida, a propriedade e a liberdade de outrem, mas apenas tanto poder quanto o direito natural lhe conferiu para a preservação de si próprio e do resto da humanidade, então isto é tudo a que ele renuncia ou pode renunciar em favor do Estado ou, através dele, em prol de um poder legislativo... Cfr. *Idem, ibidem,* §§ 135 e 23. Sobre o pensamento político de Jonh Locke, *vide,* por todos, Emillienne

Negava-se a existência de fins específicos do Estado, só se admitindo, como fins deste, a promoção e realização dos fins do indivíduo[659/660].

A enumeração solene desses direitos naturais num acto escrito era julgada essencial e entendia-se que ela deveria ser esculpida nas *tábuas* das constituições escritas[661], como um aviso permanente a governantes e governados de que jamais as deveriam esquecer ou violar.

Naert, *Locke ou la raisonnabilité*, Paris, Seghers, 1973; Charles Bastide, *Jonh Lock, ses Théories Politiques et leur influence en Anglaterre*, Paris, Leroux, 1906; G. Parry, *Jonh Locke*, Londres, Allen & Unwin, 1978. Também noutra parte da doutrina jusnaturalista surge a ideia de que os homens possuem direitos originários. Assim, por exemplo, Christian Wolff ensina que todos os homens são, por natureza, iguais e livres, pssuindo direitos inatos, a saber, a igualdade, a liberdade, a segurança, a legítima defesa bem como o direito à penalização da pessoa que os houver lesado. Cfr. Christian Wolff, *Institutiones juris naturae et gentium*, Halles, 1750, §§ 70, 77, 74 e 95. Por consequência, o legislador está vinculado ao direito natural. Sempre que a autoridade ordena algo que seja contrário às exigência daquele direito racional cessa o dever de obediência e a resistência é legitima. Cfr. *idem, ibidem*, §§ 42 e 1079.

[659] Assim, Luís Cabral de Moncada, «Origens do moderno direito português», cit., p. 62.

[660] O indivíduo, que começou por ser o *indiviso*, o átomo insusceptível de decomposição, serviu para se dizer que o todo era apenas adição de mónadas sem a pluralidade dos corpos intermediários e sem a possibilidade de fins, para onde tenderia todo o movimento. Neste sentido, José Adelino Maltez, *Princípios de Ciência Política. O Problema do Direito*, cit., pp. 121 e 122. Por isso, ao conceito de indivíduo opomos o de pessoa, o de homem inteiro, aquele que resulta da soma da dimensão individual e social, num *indiviso* que é mais total que o átomo individualístico.

[661] A ideia de inalienabilidade dos direitos originários entrou, desde logo, nas codificações de direitos fundamentais do século XVIII. Particularmente, o artigo 1º do *Bill of Rights of Virginia*, de 12 de Junho de 1776, consagrava: «todos os homens são por natureza igualmente livres e independentes e possuem determinados direito inatos dos quais, quando entram no estado de sociedade, não podem privar ou destituir os seus descendentes, por qualquer pacto...». Uma formulação semelhante foi adaptada no artigo 2º da *Declaração Francesa dos Direitos do Homem e do Cidadão*, de 26 de Agosto de 1789. Também a Lei Fundamental alemã, no seu artigo 1º, número 2, assenta claramente na concepção de que existem «direitos humanos invioláveis» pré-estatais, que não são criados pelo poder do Estado que apenas os pode (e deve) reconhecer.

Esses direitos naturais e imprescritíveis eram, afinal, a liberdade individual, em todas as suas diferentes formas, a propriedade real e a segurança pessoal.

Nesta orientação se insere Silvestre Pinheiro Ferreira. Resta, por conseguinte, ver como o Publicista imprimiu a esta tese tão generalizada o cunho da sua individualidade.

As ideias filosófico-jurídicas deste homem acham-se espalhadas, sem formar sistema, através da sua vastíssima obra enciclopédica e infelizmente impossível de reunir hoje de uma maneira completa[662].

Dispersos pelos seus escritos, é possível encontrar tópicos e, não raras vezes, longos desenvolvimentos de um programa de governo. Não obstante o seu prisma ser mais teórico do que prático, parece-nos ser possível acercarmo-nos de seus textos com o fito de retirar os subsídios decisivos do seu programa político em germinação. A tal tarefa nos devotaremos de seguida.

Antes de mais, cumpre recordar que Pinheiro Ferreira é contratualista na explicação filosófica da origem da sociedade[663]. Simplesmente, para ele, não faz sentido discutir hipóteses fantasiosas sobre um primeiro estado de natureza para daí querer depois deduzir os direitos e deveres do homem[664].

Esta realidade originária acha-se racionalmente alicerçada sobre a própria natureza do homem, já considerado em sociedade, e constitui, numa palavra, o direito natural[665]. Ora, é precisamente para defesa desse direito que o Estado existe[666/667].

---

[662] Sobre a vastidão da obra silvestrina *vide*, por todos, Louzada de Magalhães, *S. P. Ferreira, sein Leben und seine Philisophie*, Bonn, 1881.

[663] *Vide supra*.

[664] *Vide supra*.

[665] Cfr. Silvestre Pinheiro Ferreira, *Prelecções Filosóficas*, cit., p. 40; *idem, Cours de Droit Public*, I, cit., pp. 6 e 7.

[666] *Vide supra*.

[667] Em uma das suas obras escreve Pinheiro Ferreira: «La réunion des hommes en société a pour but de leur assurer réciproquement la jouissance des droits de propriété réele, de liberté individuelle et de sûreté personnelle que, dans un état d'isolement, le

270 *Para a História do Direito Constitucional Português: Silvestre Pinheiro Ferreira*

E *quaes sam os direitos a que se chamam naturaes?* – interroga-se o Pensador Português. Partindo desta questão, Silvestre Pinheiro constrói o seu sistema político, baseando-o em três princípios liminares que considera perpétuos e *inauferíveis, porque ninguem pòde o homem d'elles esbulhar*[668]: a segurança pessoal, a liberdade individual e a propriedade real[669/670].

Chegados aqui, cumpre relembrar que, para o Jurisconsulto, o fundamento dos direitos derivados das leis sociais ou positivas[671] reside, precisamente, nestes três princípios básicos.

Foi esta a nossa primeira impressão. Cumpre, agora, aprofundá-la, completando o primordial juízo pela análise dos textos, instrumentos privilegiados do trabalho de investigação.

Ora – no seu *Manual do Cidadão em um Governo Representativo* – escreve, com veemência: «as leis sociais mais não são do que as decisões que os homens reunidos em sociedade tem tomado, afim de regular o uso e assegurar o gozo d'aquelles três direitos; o que deu logar a tres differentes corpos de leis, denominados "direito civil", "direito publico" e "direito penal" [672]».

Feita esta referência didáctica, Pinheiro Ferreira passa a concretizá-la: «O primeiro compreende as leis civis, o segundo as leis fundamentaes e constitutivas, e o terceiro as leis penaes[673]».

---

faible ne pourrait défendre contre le fort qui voudrait l'en depouiller». Silvestre Pinheiro Ferreira, *Cours de Droit Public*, I, cit., pp. 1 e 2.

[668] Silvestre Pinheiro Ferreira, *Manual do Cidadão em um Governo Representativo*, I, cit., p. 4.

[669] *Idem, ibidem; idem, Cours de Droit Public*, I, cit., pp. 2 a 8.

[670] É, pois, esta a realidade originária de que o Publicista Português parte para a sua construção filosófica e política de sociedade, afastando-se nesta atitude de Bentham, já que não admite sequer que se possa falar de «pessoas morais» senão como metáfora ou construção metafísica da inteligência. Cfr. Silvestre Pinheiro Ferreira, *Notes a Vattel*, cit., § 2.

[671] Sobre a problemática da lei em Silvestre Pinheiro Ferreira, *vide supra*.

[672] Cfr. Silvestre Pinheiro Ferreira, *Manual do Cidadão em um Governo Representativo*, I, cit., p. 4.

[673] Cfr. Silvestre Pinheiro Ferreira, *Manual do Cidadão em um Governo Representativo*, I, cit., p. 4.

Afastando-se de Wolff, Silvestre Pinheiro Ferreira considera não fazer sentido preferir a ideia de dever à de direito. Para o nosso compatriota, é um jogo inútil de palavras dizer, com Wolff ou Martini, que o direito nasce do dever ou obrigação já que, pode afirmar-se, com igual rigor lógico, o contrário[674], isto é, que o dever ou obrigação nascem do direito, já que estamos ante duas expressões correlativas[675].

Esta peremptória afirmativa deixa–nos adivinhar o entendimento silvestrino de direitos e deveres. Chamamos direitos – esclarece o Professor do Colégio das Artes – a *todos os còmmodos de que o homem pòde gozar sem offender a "lei do justo", e dá-se o nome de devêres a todos os incòmmodos que por essa mesma lei lhe sam impostos*[676].

Acerquemo-nos, pois, do "tratamento" que o Autor dá *aquelles "direitos naturaes" invariaveis, anteriores a toda a lei civil ou politica, e cuja observancia he indispensavel para que qualquer lei positiva não incorra na censura de injusta*[677].

Comecemos pelo direito de *liberdade individual*.

As condições essenciais para se poder afirmar que um cidadão goza de liberdade individual – ensina o Publicista – *são a liberdade de correspondencia e manifestação de pensamentos, a liberdade de residencia e a liberdade de industria*[678].

---

[674] *Idem, Notes a Vattel*, cit., § 3.

[675] Cfr. Silvestre Pinheiro Ferreira, *Manual do Cidadão em um Governo Representativo*, I, cit., p. 1.

[676] Silvestre Pinheiro Ferreira, *Manual do Cidadão em um Governo Representativo*, I, cit., p. 1. A mesma ideia aparece consagrada no seu *Cours de Droit Public*, I, cit., pp. 1 e 2.

[677] *Idem*, «Advertencia» a *Declaração dos Direitos e Deveres do Homem e do Cidadão*, Paris, Rey et Gravier, J. P. Aillaud, 1836, p. II. Este escrito – esclarece o Autor – é simples reprodução do título I do seu *Projecto de codigo de leis fundamentaes e constitutivas para uma monarchia representativa*. Cfr. *idem, ibidem*, p. I. Esta última obra foi publicada em Paris, na Officina Typographica de Casimir, em 1834. A ela já antes nos referimos. *Vide supra*.

[678] Cfr. *Idem, Manual do Cidadão em um Governo Representativo*, I, cit., p. 32. No mesmo sentido dispõe na sua *Declaração dos Direitos e Deveres do Homem e do Cidadão*, onde se lê: «em virtude do direito de *liberdade individual*, deve ser garantida ao cidadão

Vemos, assim, que, na arquitectura silvestrina, o direito de liberdade reveste uma pluralidade de formas: a liberdade de correspondência; a liberdade de residência, a liberdade de consciência, a de pensamento e a de expressão[679].

Na óptica do Autor, *ha liberdade de correspondencia todas as vezes que as leis castigam como um grave attentado contra os direitos do individuo toda a tentativa quer dos particulares, quer das autoridades publicas, para devassar a sua correspondencia*[680].

Por seu turno, a manifestação de opiniões pode ser considerada ou quanto às opiniões em si mesmas, ou quanto aos modos de se manifestarem[681]. Sob a primeira acepção, as opiniões podem ser *doutrinas de política, religião, moral, etc. ou asserções relativas a determinadas pessoas*[682]. No que tange à forma de manifestação, desenham-se *discursos públicos ou particulares, escriptos destinados a ficarem em um pequeno circulo de pessoas sòmente, ou a circularem no publico, em manuscripto, ou por via de imprensa, lithographia, etc.*[683]. Para a divulgação de opiniões também *se pòde empregar o desenho, a pintura, a esculptura, a musica, a mimica...*[684] As práticas e cerimónias *de um culto, sob os nomes de mys-*

---

a faculdade de manifestar os seos pensamentos, de se corresponder dentro e fôra do paiz, pelo modo que lhe agradar, de residir onde lhe convier; e de exercer o genero de trabalho ou industria que julgar conforme aos seos interesses». Cfr. Silvestre Pinheiro Ferreira, *Declaração dos Direitos e Deveres do Homem e do Cidadão*, cit., p. 1. A este propósito veja-se também o disposto no seu *Cours de Droit Public*, I, cit., p. 10.

[679] De notar que, em Silvestre Pinheiro Ferreira, a liberdade e a igualdade acham-se numa intima relação entre si. De facto, não pode haver liberdade perfeita de todos onde existirem profundas desigualdades, fundadas no privilégio. Para o Publicista Português, o Estado deve procurar realizar o máximo de liberdade para todos e cada um dos membros que compõem o tecido social, tratado todos como iguais perante a lei. Sobre a igualdade em Silvestre Pinheiro *vide supra*.

[680] Silvestre Pinheiro Ferreira, *Manual do Cidadão em um Governo Represetativo*, I, cit., p. 32.

[681] *Idem, ibidem*, p. 33.

[682] *Idem, ibidem*.

[683] *Idem, ibidem*.

[684] *Idem, ibidem*.

tica, de liturgia, tambem sam outros tantos modos de manifestação de opiniões[685].

O significado da primeira distinção traçada – explica o ilustre Publicista – reside, desde logo, no facto de a liberdade de manifestar opiniões quanto a doutrinas dever ser muito menos limitada do que a de expender opiniões quanto às pessoa[s686].

Já o modo pelo qual se manifestam opiniões, ainda que por si só não constitua delito, pode funcionar como circunstância agravante no caso de existir ofensa do direito de alguém[687].

Porque todos os indivíduos têm o mesmo direito à liberdade, este mesmo conceito tem que conhecer limites, ainda que mínimos[688/689]. Neste

---

[685] *Idem, ibidem.*

[686] Silvestre Pinheiro Ferreira, *Manual do Cidadão em um Governo Representativo,* I, cit., p. 34.

[687] A este respeito escreve Pinheiro Ferreira: «O modo de manifestação d'opiniões sò por si não pòde constituir delicto, porque de duas coisas uma: ou a manifestação offende a terceiro, ou não. No primeiro caso he culpavel, qualquer que seja o modo. No segundo não he culpavel de modo algum, porque não pode haver delicto onde não há offensa de direito de alguem». Cfr. Silvestre Pinheiro Ferreira, *Manual do Cidadão em um Governo Representativo,* I, cit., p. 35. Não obstante, a distinção não perde significado já que *o modo pode ser uma circunstancia aggravante do delicto, com tanto que tenha havido delicto. Idem, ibidem.* No mesmo sentido, dispõe na sua *Exposição ao Projecto de Decreto sobre os Abusos da Liberdade de Imprensa ou de quaesquer outros meios de Manifestação de Opiniões,* publicada conjuntamente com o seu *Projecto d'un Systema de Providencias para a Convocação das Cortes Geraes e Restabelecimento da Carta Constitucional,* cit., p. 17.

[688] No seu *Cours de Droit Public* deixa suficientemente expresso que o limite à liberdade de cada um é o reconhecimento de iguais direitos naturais a todos os outros: «La liberté individuelle consiste à pouvoir faire tout ce qui ne porte atteinte ni à la propriété ni à la sûreté d'autrui». Cfr. *Idem, Cours de Droit Public,* I, cit., p. 10. Na *Exposição* ao seu *Projecto de Decreto sobre os Abusos da Liberdade de Imprensa ou de quaesquer outros meios de Manifestação de Opiniões* acrescenta que não pode haver ao direito de manifestação de pensamentos outra excepção ou restrição para além da *necessidade de reparar o damno causado ao individuo ou à sociedade pelo abuso ou excesso cometido no exercicio d'aquelle direito.* V. *idem, Exposição ao Projecto de Decreto sobre os Abusos da Liberdade de Imprensa ou de quaesquer outros meios de Manifestação de Opiniões,* pub.

sentido, escreve Pinheiro Ferreira, que é *de urgente necessidade provêr desde jà para que os moradores d'este reino não sejam estorvados no exercicio do direito de manifestar seos pensamentos* mas, por outro lado, *não é menos necessario que o uso d'esta liberdade se não converta em abuso e offensa de outros quaesquer direitos, assim dos particulares, como da sociedade*[690].

De notar, porém, que a intervenção do legislador nesta sede deve reduzir-se a um mínimo indispensável. Na realidade, se o sistema da legislação política e penal estivesse em harmonia com a ciência do direito constitucional, certo não haveria lugar para lei especial, nem para prote-

---

conjuntamente com seu *Projecto d'un Systema de Providencias para a Convocação das Cortes Geraes e Restabelecimento da Carta Constitucional*, cit., p. 17.

[689] A este propósito – escreve, ainda, Silvestre Pinheiro – que *a reputação ou o bom nome de alguem - he incontestavelmente a mais preciosa e sagrada de todas as propriedades, e mais do que qualquer outra deve ser respeitada.* Assim, conclui, *enquanto qualquer cidadão não tiver sido d'ella expropriedado por sentença judicial, a ninguem he licito proferir a seo respeito asserções de algum facto ou qualificações de que lhe deva resultar odio, desprezo ou ludibrio. Idem, Manual do Cidadão em um Governo Representativo*, I, cit., p. 34. *E se houver sentença judicial que estabeleça a verdade do facto não será licita uma semelhante manifestação de conceito?* – indaga Pinheiro Ferreira. A resposta que traça é plena de significado. Para ele, o direito separa-se nitidamente da moral por se referir apenas às relações exteriores entre os indivíduos e por visar a conservação da paz e segurança entre estes por meio da coercibilidade. Direito e Moral, duas ordens normativas na sociedade, são irredutíveis entre si. Na solução que dá ao problema acima formulado, Silvestre Pinheiro acha-se bem compenetrado desta ideia: «A maledicencia, ainda que fundada em verdade, he sempre illicita aos olhos da moral. Assim, perante o tribunal da opinião publica, todo o homem que sem motivo honroso espalha boatos injuriosos incorre na responsabilidade moral inherente à maledicencia, ainda que assente em factos provados. Mas os tribunaes de justiça não o podem condemnar, pois elle não fez mais do que repetir decisões que por sua natureza pertencem ao pu-blico». Cfr. Silvestre Pinheiro Ferreira, *Manual do Cidadão em um Governo Representativo*, I, cit., pp. 34 e 35.

[690] Silvestre Pinheiro Ferreira, *Projecto de Decreto sobre os Abusos da Liberdade de Imprensa ou de quaesquer outros meios de Manifestação de Opiniões*, publicado juntamente com o seu *Projecto d'un Systema de Providencias para a Convocação das Cortes Geraes e Restabelecimento da Carta Constitucional*, cit., p. 1.

O Poder e o Direito na obra de Pinheiro Ferreira: Princípios de Direito Constitucional 275

ger o uso, nem para reprimir o abuso da manifestação de pensamentos[691]. Isto porque *nada seria mais escusado, uma vez reconhecido o direito natural e inauferível de emittir quaesquer concepções de palavra, pela imprensa, ou por qualquer outro modo, ou instrumento, sem mais excepção ou restricção do que a necessidade de reparar o damno causado ao individuo ou à sociedade pelo abuso ou excesso commettido no exercicio d'aquelle direito*[692]. Todavia – lamenta-se o Publicista – o *systema da nossa legislação não está coherente com a natureza do governo representativo*[693], nem, tão pouco, *com a filosophia do século* em que ele vê, escreve e sente. Na verdade, *prevalecendo o systema de policia preventiva que suppõe e castiga o delicto antes de commettido, era mister que tratando-se de regular o uso da liberdade de manifestação d'opiniões se começasse por proscrever aquele iniquo systema, proclamando, em seo lugar, o principio que unicamente se pòde admitir como justo, da policia repressiva,* nos termos do qual, *so depois de definido o abuso e de provado o facto abusivo, he que inflige ao culpado a pena corres-pondente à gravidade do delicto*[694].

Silvestre Pinheiro Ferreira confidencia ser este o fundamento único do seu *Projecto de Decreto sobre os Abusos da Liberdade de Imprensa ou por quaisquer outros meios de Manifestação de Opiniões,* garantindo, desta forma, a coerência de seu raciocínio.

Ao lado da liberdade de manifestação de opiniões perfila-se a liberdade de residência que, na linguagem silvestrina, consiste na faculdade *que as leis devem garantir ao cidadão de estabelecer o seo domicilio ou escolher para sua residência o logar que lhe convier, no proprio paiz ou no estrangeiro, pelo tempo que lhe agradar, salvo se, por convenções ou*

---

[691] *Idem, Exposição dos Motivos do Projecto de Decreto sobre os Abusos da Liberdade da Imprensa ou de Quaesquer outros meios de Manifestação de Opiniões,* cit., p. 17.

[692] *Idem, ibidem.*

[693] *Idem, ibidem,* p. 18.

[694] Silvestre Pinheiro Ferreira, *Exposição dos Motivos do Projecto de Decreto sobre os Abusos da Liberdade da Imprensa ou de Quaesquer outros meios de Manifestação de Opiniões,* cit., pp. 18 e 19.

actos por elle praticados com conhecimento de causa, tiver voluntariamente contrahido obrigações que ponham limites a esta faculdade[695/696].

Quais serão os actos que, praticados pelo cidadão, oferecem limites à liberdade de residência? – interroga-se Silvestre Pinheiro. A resposta surge imediatamente: «sem convenção voluntária[697] sò os actos criminosos podem autorizar alguma pessoa, seja quem fôr, para attentar contra a liber-

---

[695] Silvestre Pinheiro Ferreira, *Manual do Cidadão em um Governo Representativo*, I, cit., p. 38. Veja-se, ainda, o disposto na *Declaração dos Direitos e Deveres do Homem e do Cidadão*, cit., p. 1; no *Projecto de Código Geral de Leis Fundamentais e Constitutivas para uma Monarchia Representativa*, pp. 1 e ss.; no *Cours de Droit Public*, I, cit., pp. 1 e 2, obras que também assina.

[696] Diferente da noção de residência é o conceito de domicílio. A este respeito escreve Silvestre Pinheiro: «nòs entendemos por logares de residencia todos aquelles em que o cidadão estabelece a sua morada permanente ou temporaria, e por logar de domicilio aquelle que o cidadão tiver escolhido como ponto central onde se devam registar todos os actos que lhe dizem respeito, ou seja nas suas relações com o estado, na qualidade de simples cidadão ou como empregado publico, ou seja relativamente aos seos concidadãos ou correspondentes em paiz estrangeiro, nas diversas transacções que sem distincção de logar ou de tempo tiver tido com elles». Cfr. Silvestre Pinheiro Ferreira, *Manual do Cidadão em um Governo Representativo*, I, cit., pp. 38 e 39. Como se pode compadecer a necessidade do domicílio fixo com a ilimitada liberdade de residência? – interroga-se o Autor. A resposta é dada prontamente: «todos os actos que o cidadão ou as autoridades devem fazer registrar no cartorio do domicilio não tolhem mais a escolha da residencia do que as outras relações da vida social com pessoas que vivem em paiz distante; tudo isto se pòde fazer e se faz todos os dias por meio de correspondencia. He mister unicamente, cada vez que o cidadão muda de residencia, ter o cuidado de o participar às competentes autoridades do seo domicilio, obrigação que a todos os respeitos he muito mais facil de satisfazer do que a dos passaportes, por quanto basta enviar a essas autoridades uma simples carta de aviso de viagem que projecta fazer ou mudança de residencia, quando o cidadão tiver resolvido estabelecer-se ou passar algum tempo em qualquer parte». *Idem, ibidem*.

[697] Para que não restem dúvidas, esclarece Pinheiro Ferreira o que entende por convenções voluntariamente celebradas pelo cidadão: «sam todas aquellas em que o cidadão, por um acto voluntario e, expressa ou tacitamente, se houver obrigado para com algum particular ou o estado à prestação de serviço as pessoaes, que não seja possível remir nem satisfazer por intervenção de um terceiro, com tanto porem que estas obrigações sejam temporarias e não perpetuas». Cfr. Silvestre Pinheiro Ferreira, *Manual do Cidadão em um Governo Representativo*, I, cit., p. 53.

dade do cidadão, prendendo-o ou desterrando-o, quer seja em virtude de sentença judicial, quer por ordem imediata do governo, como medida de segurança[698], porque toda a coacção he castigo, e todo o castigo suppõe crime[699]».

Mas o direito natural de liberdade é também liberdade de industria[700]. Para o Publicista, esta pode ser considerada numa dupla perspectiva: ou em relação àquele que a exerce ou, quanto à faculdade de se aproveitar da indústria alheia. Na primeira acepção, liberdade de indústria consiste *em não sermos perturbados por ninguém no exercicio das nossas faculdades physicas ou moraes, em quanto nòs não causarmos prejuizo a alguem.* No segundo sentido, *consiste na faculdade que cada cidadão deve ter de se dirigir àquelle negociante ou professionista de qualquer ramo de industria que lhe inspirar mais confiança*[701].

Analisada, com a brevidade possível e as deficiências concomitantes, o conceito silvestrino de liberdade, cumpre, agora, precisar a concepção que advoga de segurança individual.

Nas palavras de Pinheiro Ferreira, *este direito impõe a todos os membros da sociedade, a respeito de cada individuo, duas ordens de deveres*[702]. *Em primeiro lugar, não attentar nem contra a vida nem contra o còmmodo de alguém*[703]. *Depois, contribuir segundo as suas faculdades,*

---

[698] Esta medida do governo é, pelo Publicista, rodeada de particulares cautelas. Cfr. Silvestre Pinheiro Ferreira, *Manual do Cidadão em um Governo Representativo*, I, cit., pp. 45 e ss..

[699] *Idem, ibidem*, p. 45.

[700] Não entra no programa deste trabalho ocuparmo-nos das ideias de Silvestre Pinheiro em matéria de organização económica da sociedade. Todavia, não poderemos deixar em branco o conceito silvestrino de liberdade de indústria. Ainda assim, e não obstante aquele estudo ultrapassar os propósitos da presente investigação enunciaremos o aspecto económico e social da sua obra quando tratarmos o tecido social. *Vide infra.*

[701] Silvestre Pinheiro Ferreira, *Manual do Cidadão em um Governo Representativo*, I, cit., pp. 56 e 57. A defesa destes princípios é assumida no seu *Cours de Droit Public*, I, cit., pp. 263 e ss., especialmente a fls. 266, 271, 281 e 294.

[702] Silvestre Pinheiro Ferreira, *Manual do Cidadão em um Governo Representativo*, I, cit., p. 58.

[703] *idem, ibidem.*

e na forma determinada pelas leis, para o socorro do cidadão que o precisar[704], *ou seja por effeito de causas naturaes, ou da maldade dos homens*[705/706].

Preenche a trilogia dos direitos naturais do homem e do cidadão o direito de propriedade real que o nosso compatriota identifica com a *fa-*

---

[704] A precisão existe – sublinha o Pensador Português – sempre que alguém *não possa achar nas suas próprias forças o socorro de que necessita. Idem, ibidem.*

[705] Silvestre Pinheiro Ferreira, *Manual do Cidadão em um Governo Representativo*, I, cit., p. 58. Na sua *Declaração dos Direitos e Deveres do Homem e do Cidadão* a segurança pessoal é, nestes termos, definida: «em virtude deste direito deve ser garantida ao cidadão a confiança e securidade de animo de que não há-de ser atacado na sua vida, nem no seo bem estar». Cfr. Silvestre Pinheiro Ferreira, *Declaração dos Direitos e Deveres do Homem e do Cidadão*, cit., pp. 1 e 2. A segurança pessoal fundamenta a disciplina das artigos I, 2, 3, 4, 9, 10, 11, 12, 13, 14, 15, 16, 17, 18, 19, 20, 21, 22, 23, 24, 25, 26, 27, 28, 29, 30, 31, 32, 33, 34, 35, 36, 36, 38, 39, 40, 41, 42, 43, 44 e 45 do *seu Projecto de Codigo Geral de Leis Fundamentaes e Constitutivas para uma Monarchia Representativa*, cit., pp. 1 a 14. Sobre a segurança individual veja-se, ainda, o disposto no seu *Cours de Droit Public*, I, cit., p. 6.

[706] Importante assinalar que a análise silvestrina não se queda por aqui. Teoriza, em paralelo, os ataques de que a segurança pessoal pode ser alvo, classificando-os em *ataques directos* e *indirectos*. Os primeiros são os que ofendem efectivamente a vida, a saúde ou a tranquilidade do cidadão. Subdividem-se em oito classes: *1ª. Mortes e ferimentos, 2ª. Assuadas, motins ou tumultos, e a embriaguez; 3ª rixas, desafios, ameaças e esperas; 4ª Atentado contra a segurança nas povoações e estradas; 5ª. Os ataques contra as faculdades intelectuais dos homens, seja alucinando e deparavando, seja suspendendo o seu normal desenvolvimento, empregando meios físicos para promover o delirio, a loucura ou a demencia; 7ª. As difamações ou injurias e as calunias* e, finalmente, *as prisões ilegais e os castigos arbitrarios.* Por seu turno, os ataques indirectos, em que a segurança individual é ofendida pela omissão de formalidades determinadas por lei, *nos casos que por sua natureza induzem receio ou perigo de virem a ser attentorios contra a vida, saude ou tranquilidade do cidadão*, podem ser agrupados em 4 secções: *1ª. Visitas domiciliares; 2ª. Servidões injustas; 3ª. Estabelecimentos insalubres, perigosos ou incómodos* e, por último, *vadiação, casas de jogo e prostituição.* Cfr. Silvestre Pinheiro Ferreira, *Manual do Cidadão em um Governo Representativo*, I, cit., pp. 59 e ss. Contesta o Publicista que os ataques indirectos sejam vistos como medidas de polícia preventiva já que nem sempre os atentados indirectos serão delitos. *Podem-no vir a ser* – sublinha – *mas tambem podem ficar innofensivos, ou mesmo não serem mais do que circunstancias agravantes de um delicto, e por isso mesmo se distinguem dos primeiros. Idem, ibidem*, p. 60.

O Poder e o Direito na obra de Pinheiro Ferreira: Princípios de Direito Constitucional 279

culdade que tem o cidadão de dispôr de qualquer objecto differente da sua propria pessoa, e das suas faculdades individuais[707]. Numa outra formulação, é pelo direito de propriedade[708] que se garante ao cidadão *a livre disposição do produto do próprio trabalho, e bem assim do que elle tiver adquirido ... por cessão legal, ou occupação de objecto que antes não fosse possuido por alguem*[709][710].

Em que se funda esse direito de dispor livremente da sua propriedade? – interroga-se o Jurisconsulto.

Como vimos, foi justamente nas fileiras da escola utilitarista que o nosso político colheu o melhor do seu pensamento. Ademais, a propriedade fora pelo Filósofo Português definida em tom plenamente liberal.

---

[707] Silvestre Pinheiro Ferreira, *Manual do Cidadão em um Governo Representativo*, I, cit., p. 74. Para o Autor, o direito de alguém dispôr da sua pessoa e faculdades preenche a chamada liberdade individual. A ela nos referimos *supra* e Pinheiro Ferreira trata-a ao nível da terceira conferência da obra antes referida. Simplesmente, na medida em que alguns teorizadores designaram aquela realidade por "propriedade pessoal" urgia fazer a distinção. Para evitar equívocos, Silvestre Pinheiro Ferreira, sempre que se refere a este direito natural, utiliza o epíteto "real". É, pois, à propriedade real que dedica a Quinta Conferência, do tomo I, do seu *Manual do Cidadão em um Governo Representativo*, obra em que mais profusamente versou o tema.

[708] Agora na acepção restrita de propriedade real. *Vide supra*. De ora em diante, sempre que nos referirmos ao direito de propriedade teremos em vista o conceito silvestrino de propriedade real.

[709] Silvestre Pinheiro Ferreira, *Declaração dos Direitos e Deveres do Homem e do Cidadão*, cit., p. 2. A propriedade anima a disciplina dos artigos I., 2., 3., 4., 5., 10,. 11., 12., 13., 46. a 71. do seu *Projecto de Código Geral de Leis Fundamentaes e Constitutivas d'uma Monarchia Representativa*, cit., pp. 1 e ss.. No seu *Cours de Droit Public*, I, cit., p. 9 define propriedade como *le droit qu'a chaque individu de disposer à son gré du produit de son travail, ainsi que des choses dont il se trouve en pocession de bonne foi, pourvu que dans l'un comme dans l'autre cas, il ne porte atteinte à la propriété, à la liberté ou à la sûreté d'aucun autre individu.*

[710] Ensina Pinheiro Ferreira que existem dois modos pelos quais pode o cidadão dispor dos objectos da sua propriedade. Em primeiro lugar, empregando-os em seu proveito. Depois, cedendo-os a outrém. Por seu turno, identifica três formas pelas quais se pode adquirir a propriedade de algum objecto: o trabalho, a cessão e, por fim, a ocupação. Cfr. Silvestre Pinheiro Ferreira, *Manual do Cidadão em um Governo Representativo*, I, cit., pp. 74 e ss..

A resposta que dá ao problema enunciado revela suficientemente estes dois traços do seu pensamento.

Escutemos, então, Silvestre Pinheiro Ferreira: «sendo a lei do justo *o maior bem possível da sociedade em geral, e de cada um dos seos membros em particular (...), tudo quanto he indispensavel para que os cidadãos se entreguem com ardor à cultura dos diversos ramos da industria cujo desenvolvimento pòde assegurar o progresso da civilisação e da prosperidade nacional, tudo se deve contar no numero dos direitos essenciaes da sociedade em geral, e de cada um dos cidadãos em particular*[711]». *Ora, se a lei prohibisse ao cidadão dispôr do produto do seo trabalho pelo modo que elle julgasse conveniente, cada um limitaria os esforços da sua industria ao que atendesse proprorcionado às suas necessidades*[712]. Por consequência, e caso *os lucros excedessem a sua expectação e o limite das suas precisões, elle as mais das vezes dissiparia este excedente da producção antes do que vê-lo passar às mãos de pessoas estranhas às suas affeições, e talvez oppostas aos seos interesses*[713]».

O filho do qualificado tecelão da manufactura do Rato não se fatiga de sublinhar o carácter "sagrado" da propriedade[714/715]. Simplesmente, é para ele errónea «a opinião vulgar de que os *proprietarios territoriaes* sam os unicos que merecem o nome de *proprietarios*; pois pelo contrario,

---

[711] Silvestre Pinheiro Ferreira, *Manual do Cidadão em um Governo Representativo*, I, cit., p. 86.

[712] *Idem, ibidem.*

[713] *Idem, ibidem.*

[714] Mesmo a *propriedade dos privilegiados*. Silvestre Pinheiro Ferreira, "Advertência" ao *Projecto de Ordenações para o Reino de Portugal*, cit., p. v. A tal passagem já nos referimos *supra*.

[715] *Les droits que nous venons de définir* – escreve no seu *Cours de Droit Public* – *sont* tellement *inhérents à l'idée de l'homme et du citoyen que tout loi doit non-seulement leur être subordonnéé, mais encore ne doit avoir pour but que d'en assurer le maintien.* Silvestre Pinheiro Ferreira, *Cours de Droit Public*, I, cit., pp. 10 e 11. Entre tais direitos conta-se, naturalmente, o direito de propriedade. A passagem antes transcrita será refe-renciada *infra*.

o *propriedade do trabalho* è a única que involve o direito da livre, e inteira disposição[716].

Pinheiro Ferreira distingue, assim, a propriedade territorial e a propriedade industrial.

A propriedade territorial – ensina – não consiste *sòmente no solo, mas comprehende todas as produccões espontaneas da natureza. Na origem de qualquer associação de homens que se estabeleçam em um paiz tal propriedade não pertence mais a um do que a outro em particular, mas sim a toda a communidade em geral*[717]. Mas, para que a comunidade use vantajosamente desse dom, foi necessária a apropriação individual. Simplesmente, como não era possível fazer uma distribuição do território entre todos os seus membros, foi preciso convir em que fossem designados uns indivíduos que com o título de "proprietários" se incumbissem de dirigir os trabalhos, já da agricultura, já da mineração cujos ramos se foram sucessivamente multiplicando e dividindo, à medida que a nação se civilizava[718].

Em perfeita conexão com a sua teorização política, implicitamente nos orienta para uma exigência utilitarista da propriedade da terra. Na verdade – sublinha – *o proprietario territorial não è plenamente senhor, senão dos valores, que tiver incorporado na terra, jà por trabalhos uteis, jà pelo preço justo da compra*[719]. Como corolário, *se a nação o embolsar d'essas quantias, pode retomar a terra, que faz parte do seo patrimonio, sò pelo motivo de que essa porção não foi confiada a elle senão com a condição de cultiva-la em nome, e em bem dos interesses da communidade*[720]. Não obstante, o respeito pelos princípios da ciência do direito

---

[716] Silvestre Pinheiro Ferreira, *Projecto d'Associação das Classes Industriosas*, cit., p. 131.

[717] *Idem, Manual do Cidadão em um Governo Representativo*, I, cit., «Nota adicional», p. 94.

[718] *Idem, ibidem.*

[719] *Idem, ibidem.*

[720] *Idem, ibidem.* O desenvolvimento destas ideias pode ser lido no seu *Prècis d'un Cours d'Économie Politique*, Paris, Édouard Garnot, 1840, particularmente nas pp. 11, 13, 15, 6, 17, 18, 27, 28, 30, 33, 63, 73, 85, 152, 153 e 203.

constitucional obriga a que *ninguém pode ser desapossado da sua propriedade senão em virtude d'uma sentença judicial proferida debaxo da garantia das formalidades legaes do processo, em que se declare que essa propriedade não mais lhe pertence*[721].

Para Silvestre Pinheiro Ferreira, a liberdade, a segurança e a propriedade preenchem o elenco dos direitos individuais naturais.

Na construção ferreireana, *estes direitos não sam aquelles direitos politicos, que variam com a constituição do estado; nem aqueles direitos civis que, derivando das leis positivas e particulares de cada nação, dependem absolutamente do arbitrio e poder discrecionario do legislador*[722]. *Serão, antes, aquelles direitos naturaes invariaveis, anteriores a toda a lei civil e politica*[723].

Mas não é apenas como direitos originários do homem que interessa e é urgente afirmá-los; é também como base e fim supremo da lei do Estado. Este não existe senão para os realizar e garantir, apenas quando tal se torne necessário para fazer respeitar direitos iguais dos outros ou de todos e, mesmo assim, dentro de estreitíssimos limites.

Os escritos silvestrinos acham-se bem compenetrados destas ideias.

Les droits que nous venons de définir – escreve no seu *Cours de Droit Public* – *sont tellement inhérents à l'idée de l'homme et du citoyen que toute loi dont non-seulement leur être subordonée, mais encore ne doit avoir pour but que d'en assurer le maintien*[724]. Dito de outro modo, *proteger estes direitos ou sustentar estes princípios invariaveis he o fim ou antes a condição essencial do mandato legislativo*[725]. Mais ampla-

---

[721] Silvestre Pinheiro Ferreira, *Declaração dos Direitos e Deveres do Homem e do Cidadão*, cit., p. 17. Referindo-se, agora, à propriedade pessoal escreve o Autor: «Quanto à pessoa do cidadão ella não pode ser dettida senão debaxo de salvo-conducto das prisões publicas, e da responsabilidade de quem requereu a detenção, afim de que seja feita justiça, tanto ao autor como ao reo». Cfr. *Idem, ibidem*, pp. 17 e 18.

[722] Silvestre Pinheiro Ferreira, «Advertência» à *Declaração dos Direitos e Deveres do Homem e do Cidadão*, cit., p. II.

[723] *Idem, ibidem*.

[724] Silvestre Pinheiro Ferreira, *Cours de Droit Public*, I, cit., pp. 10 e 11.

[725] Silvestre Pinheiro Ferreira, «Advertência» à *Declaração dos Direitos e Deveres do Homem e do Cidadão*, cit., p. II.

mente, *la réunion des hommes en société a pour but de s'assurer mutuellement la jouissance des trois droits naturels de sureté, de liberté et de proprieté*[726].

Chegado aqui Silvestre Pinheiro Ferreira pôde exortar: «Conheçam pois os povos, e reconheçam os legisladores, seos mandatarios, que estes naturaes e inauferíveis direitos constituem os impreteriveis limites da omnipotencia parlamentar[727]». Nestes termos, *a nação que desconhecer estes direitos não he digna de liberdade; e os legisladores que os postergarem incorrem na pena reservada ao tirano, ou pelo barbaro furor dos escravos sedentos de vingança, ou pela justa indignação dos povos que ainda conservarem algum sentimento de verdadeira liberdade*[728]!

3.2 - O Tecido Social

O alcance da concepção de sociedade de Silvestre Pinheiro Ferreira só poderá ser convenientemente apreendido se atentarmos, como pano de fundo, no utilitarismo como reacção à teoria do valor, na interligação das suas ideias na apresentação dos *Principles of Political Economy*, de McCulloch[729], e nos artigos jornalísticos que, sobre a matéria, fez publicar.

---

[726] *Idem*, «Advertissement» a *Précis d'un Cours de Droit Public*, I, cit., pp. VII e VIII.

[727] *Idem, Manual do Cidadão em um Governo Representativo*, I, cit., pp. II e III.

[728] Silvestre Pinheiro Ferreira, «Advertência» à *Declaração dos Direitos e Deveres do Homem e do Cidadão*, cit., p. III.

[729] Deve-se a Silvestre Pinheiro Ferreira a publicação dos *Principles of Political Economy*, de McCulloch. Cfr. *Principles of Political Economy by Mr. Mac-culloc, abridged for the use of schools, accompanied with notes and preceded by a preliminary discourse by Mr. Pinheiro Ferreira*, Paris, 1839. O *Preliminary Discourse*, da responsabilidade de Pinheiro Ferreira, ao mesmo tempo que introduz o trabalho do economista britânico, faculta elementos preciosos para a reconstrução do pensamento económico silvestrino. Esta introdução, que se estende por cento e vinte duas páginas, terá estado na base da redacção do seu *Précis d'un Cours d'Économie Politique*.

Mesmo o pensamento económico[730] do Pai das *Prelecções Filosóficas* traduzir-se-á mais, como anota José Esteves Pereira, em «economia social do que em economia pura»[731].

Uma análise circunstanciada do pensamento social de Silvestre Pinheiro Ferreira escapa, largamente, ao objecto do presente ensaio. Não obstante, a perspectiva sociológica de qualquer personagem histórica interessa, sempre, ao desenho vivo da sua fisionomia.

Por outro lado, é hoje uma verdade adquirida que o direito estabelece sempre uma relação entre pessoas. Por este motivo, podemos, sem eufemismos, dizer que o jurídico é, essencialmente, trans-subjectivo e social. Já Aristóteles o afirmara e S. Tomás Aquino, mais tarde, desenvolve-o e confirma-o: *Ex sua ratione iustitia habet quod sit ad alterum*[732]. Seria, porventura, supérfluo insistir neste tópico. Mas não será supérfluo observar os termos daquele esquema lógico: a individualidade e a sociabilidade.

Como escreve Giorgio Del Vechio, *a individualidade não é matéria, mas espírito: é o espírito subjectivo que encerra em si a inapagável marca do espírito universal que o transcende. Isto resulta da análise da consciência, que nos leva a descobrir na mente humana elementos a priori, não deduzíveis da experiência, mas anteriores e supe-*

---

[730] Sobre a introdução da economia política em Portugal *vide*, por todos, Moses Bensabat Amzalak, *Do Estudo e da Evolução das Doutrinas Políticas em Portugal*, Lisboa, ed. do Autor, 1928; José Luis Cardoso, *Contribuições para a História do Pensamento Económico em Portugal*, Lisboa, D. Quixote, 1988 e, do mesmo Autor, «A legislação económica do vintismo: economia política e política económica nas Cortes Constituintes», *in Análise Social*, 112-113 (1991), pp. 471 a 488; Armando Castro, *A Revolução Industrial em Portugal no Século XIX*, 3ª edição, Porto, Limiar, 1976; do mesmo Autor, *O pensamento económico no Portugal moderno (de fins do século XVIII a começos do século XX)*, Lisboa, Instituto de Cultura Portuguesa, 1980 e «As finanças públicas na economia portuguesa da primeira metade do século XIX» *in O Liberalismo na Península Ibérica na Primeira Metade do Século XIX*, volume I, Lisboa, Sá da Costa, 1982, pp. 189 a 199.

[731] Cfr. José Esteves Pereira, *Silvestre Pinheiro Ferreira*, cit., p. 147.

[732] S. Tomás de Aquino, *Suma Theol.*, II-II, q. 58, ª 2c; *vide*, também, *ibidem*, q. 57, ª 1c; q. 58, ª 8c; cfr. I-II, q. 60, ª 2c.

riores a ela. Os resultados da crítica gnoseológica vêm assim coincidir, ou ao menos encontrar-se e harmonizar-se, sem contraste, com as doutrinas teológicas. A Razão e a Fé levam às mesmas conclusões[733].

Ora, o direito afirma-se categoricamente, na consciência individual como exigência de superação da individualidade, numa ordem de respeito recíproco da individualidade de cada um. Nas palavras do sábio Professor da Universidade de Roma, *a sociabilidade como vocação e a sociabilidade como facto mergulham também as suas raízes no espírito subjectivo*[734]. Também Karl Larenz refere que o direito, enquanto *ordem da convivência humana sob a exigência da justiça,* relativamente a cada homem, propõe *uma directiva para o seu comportamento com os outros, mas também o confirma na sua confiança no comportamento dos outros, não o constitui apenas em obrigação, também o legitima e o autoriza*[735]. Ainda no mesmo sentido, J. G. Fichte considera que *a reciprocidade das liberdades é a missão específica do direito*[736]

A penetração do indivíduo em si mesmo, para encontrar na mais profunda interioridade a comunhão com o absoluto, já inspirara Santo Agostinho ao admoestar *noli foras ire, in te ipsum redi, in interiore homine habitat veritas?*[737].

Permitimo-nos, a este propósito, recordar, uma vez mais, o Professor emérito e antigo Reitor da Universidade de Roma para quem as verdades mais importantes, as essenciais, as eternas, são precisamente aquelas que o espírito encontra impressas em si mesmo, na sua natureza racional, e

---

[733] Giorgio Del Vechio, «Direito, Sociedade e Solidão», in *Boletim da Faculdade de Direito da Universidade de Coimbra,* vol. XXXVII (1961), Coimbra Editora, Coimbra, 1961, p. 161.

[734] *Idem, ibidem,* p. 162.

[735] Karl Larenz, *Metodologia da Ciência do Direito,* trad. port., de José de Sousa e Brito e José António Veloso, segundo a 2ª edição alemã de 1969, Lisboa, Fundação Calouste Gulbenkian, p. 208.

[736] J. G. Fichte, *Grundlage des Naturechts* (1796), *apud* Simone Goyard-Fabre e René Sève, *Les Grands Questions de la Philosophie du Droit,* Paris, PUF, 1993, p. 270.

[737] Santo Agostinho, *De vera religione,* c. XXXIX.

não as que se oferecem aos sentidos, tantas vezes falazes[738]. Por este motivo, a sociabilidade não pode prescindir da individualidade.

É evidente que, nesta dialéctica do homem e da sociedade, a primeira das dificuldades está precisamente na qualificação do átomo, por um lado, e na qualificação do conjunto, por outro[739].

A nós interessar-nos-á, antes de tudo, a constatação de que para pensarmos o direito, somos forçados a penetrar no cerne da questão complexa das relações entre ambos.

Partindo desta premissa, encontramos ampla justificação para aflorar o pensamento social de Pinheiro Ferreira sob este capítulo, embora cientes de não podermos dar a amplitude de resposta que a questão mereceria.

A invocação de que a estrutura da sociedade portuguesa continua a ser a tradicional, hierarquizada e composta por três ordens – clero (*oratores*); nobreza (*bellatores*) e povo (*laboratores*), mediatizada pela correcção da omnipresença da «burguesia» - apenas logrará servir de alimento, motivação e módulo de resolução de problemas que, por essa via, se resolvem antes mesmo de serem «postos em equação». Por outras palavras, a visão tripartida do tecido social já não explica a realidade social deste período, intensamente metamorfoseada pelo progresso da técnica e pelas alterações profundas na economia[740].

---

[738] Giorgio Del Vechio, «Direito, Sociedade e Solidão», cit., p. 165.

[739] Sobre a questão *vide* a síntese assinada por José Adelino Maltez, *Princípios de Ciência Política. O Problema do Direito*, cit., pp. 120 a 133.

[740] Suficientemente ilustrativo do que pretendemos dizer será a mensagem expressa pelas palavras que de seguida transcrevemos, palavras essas atribuídas a Pinheiro Ferreira: «Quando o marquez de Pombal sahiu do ministerio, ficavam avultadas sommas no erario, provenientes tanto das rendas das commendas e benefícios vagos, e dos bens confiscados aos jezuitas e aos fidalgos condemnados pelo crime de alta traição... O poder usurpado pelos papas foi então combatido com feliz exito: a igeja-nacional entrou no goso de seus direitos; os jesuitas desapareceram: os frades iam-se sensivelmente supprimindo sem abalo, sem esforço, sem injustiça, pela expressa prohibição de novos ingressos: (...) ao passo que a nobreza, obrigada a respeitar as leis, veiu a perder a faculdade de oprimir os cidadãos, assim como a exclusiva posse – de todos os empregos lucrativos – e das rendas tanto ecclesiasticas, como das ordens militares, que até ali considerava como seu patrimónío: a nação portugueza tinha pois deixado de ser o alvo de desprezo dos povos da

A este propósito, e sem de qualquer forma pretendermos tratar aqui um tema que nos levaria demasiado longe, sempre se adiantará que, pela quarta década da centúria de Oitocentos, os mecanismos económico-sociais já não podem esconder os evidentes sinais de crise.

A observação menos atenta revelava as negras tintas das convulsões criadas pela I Revolução Industrial[741]. No seu rescaldo, adivinha-se um complexo de problemas, de índole económica ou financeira, que não podiam deixar indiferentes as classes dirigentes e as possidentes.

No pensamento de Silvestre Pinheiro Ferreira identifica-se a originalidade de procurar a articulação racional do sociológico com o económico, logrando, ao mesmo tempo, a superação das contradições do Estado Liberal.

O seu *Projecto d'Associação para o melhoramento da sorte das classes industriosas* foi dado à estampa, em Paris, um ano antes de o grande publicista regressar definitivamente à Pátria.

Numa sua carta, datada de 26 de Outubro de 1840 e dirigida a Osborne Henrique de Sampaio[742], encontramos suficientemente documentadas as preocupações que estão na base da criação do seu projecto, único que, em sua opinião, poderia *levantar aquellas classes do estado de abatimento em que actualmente jazem, e assegurar-lhes uma sorte futura pro-*

---

europa». Cfr. *Historia D' El Rei D. João VI, traduzida do Francez*, Lisboa, 1838, pp. 6 e 7.

[741] Sobre a questão veja-se a obra capital de Paul Mantoux, *La Révolution Industrielle au XVIIIème Siècle*, 1928. Como excelentes introduções, escritas sobre diversas acepções, temos J. L. e Barbara Hammond, *The Rise of Modern Industry*, 5ª edição, 1937; A. P. Usher, *A History of Mechanical Inventions*, 1929; L. S. Pressnell, *Studies in the Industrial Revolution*, 1960; A. M. Arr-Saunders, *The Population Problems*, 1922; G. Talbot-Griffiths, *Population Problems of the Age of Malthus*, 1926; M. C. Buer, *Health, Wealth and Population in the Early Days of the Industrial Revolution*, 1926; Sidhey e Beatrice Webb, *History of Trade Unionism*, 1911; H. J. Laski, *The Rise of European Liberalism*, 1936; Basil Willey, *The Eigheenth-Century Backgroun*, 1940.

[742] Cfr. Silvestre Pinheiro Ferreira, carta datada de 26 de Outubro de 1840 e dirigida, de Paris, a Osborne Henrique de Sampaio. O texto de tal missiva encontra-se publicado, em anexo, ao seu *Projecto d'Associação para o melhoramento da sorte das classes industriosas*, Paris, Ray e Gravier, J. P. Aillaud, 1840, pp. V a XVI.

porcional ao merecimento de cada um de seos membros, sem favor, nem privilégio[743].

Explicita, a este propósito, Silvestre Pinheiro Ferreira que *a classe industriosa, ou que vive do seo trabalho, bem que seja a mais numerosa e util da sociedade, tem sido infelizmente atè agora, em toda a parte, menos contemplada e favorecida do que podia, e devia ser*[744]. E, adiante, acrescenta: «Milhares de indivíduos perecem victimas da miseria e da enfermidade, ou jazem no desprezo e nullidade do vicio ou da incapacidade, por falta de educação e d'adequadas providencias, com que poderiam tornar-se uteis a si mesmos e à sociedade. Occorrer pois aos graves damnos, que d'este abandono e descuido provem à humanidade, procurando a conservação e aproveitamento d'uma classe tam numerosa, é um objecto que, interessando ao mesmo tempo a virtude e o saber, excita a sympathia dos corações sensiveis e generosos, occupa a atenção dos governos, e a meditação dos homens d'estado[745]...»

Não ignora o grande publicista que aquele propósito já norteara o labor de nomes que abrilhantam a história do pensamento jurídico. De facto, *Platão, Campanela, Thomas Moro, Fenelon, Bodin e alguns outros escriptores* haviam imaginado *varias sociedades organisadas na maneira que lhes pareceu mais propria para evitar os defeitos que haviam notado nas nações cuja organisação lhes era conhecida*[746]. Simplesmente, *estes homens doutos nunca pretenderam que fosse possível fazer passar nenhuma nação existente do seo estado actual a aquelle que, segundo elles, seria exemplo dos inconvenientes que nella se pudessem encontrar*[747]. Por outras palavras, cada uma daquelas concepções não será mais do que um ideal que os respectivos autores ofereciam ao legislador, não para que este as adoptasse, mas para que delas retirasse o mais que fosse possível, com o propósito de melhorar a sorte das maltratadas classes laboriosas[748].

---

[743] *Idem, ibidem*, p. XV.
[744] *Idem, ibidem*, p. VII.
[745] *Idem, ibidem*, pp. XVII e XVIII.
[746] *Idem, ibidem*, p. IX.
[747] *Idem, ibidem*.
[748] *Idem, ibidem*, p. X.

Na dedicatória do *Projecto d'Associação para o Melhoramento da Sorte das Classes Industriosas* a Osborne Henrique de Sampaio, afirma Silvestre Pinheiro Ferreira terem Saint-Simon[749], Fourier e Owen *tentado o melhoramento das classes laboriosas, mediante a reforma da sociedade em geral*[750].

Ao atentarmos nas palavras que o Filósofo Português dedica a cada um daqueles precursores do socialismo europeu reforçamos a nossa convicção de que estudamos um Autor que não se enovela no teorema ou no problema, seguindo uma orientação discursiva, orientada para as profundidades enigmáticas. A clareza, a objectividade, a compreensibilidade são atributos do seu discurso.

De Claude-Henry de Rouvroi, Conde de Saint-Simon, acentua que, após traçar com vivas côres o quadro dos vícios e torpezas que desfiguram hoje a sociedade, *apenas logrou assentar algumas balizas para a cura de tamanhos males, sem sequer haver tentado apresentar o esboço d'um plano de reforma*[751].

É sustentável que a referência silvestrina a Saint-Simon não remonte directamente às páginas saídas da pena deste mas sim ao desenvolvimento que os seus discípulos lhes imprimiram. Como sublinha Esteves Pereira, com o surto revolucionário da década de trinta formou-se um saint-simonismo que, ao promover o culto da acção, sublinha o desfasamento originário da teoria política e social do mestre[752]. Ora, terá sido

---

[749] Sobre o pensamento de Saint-Simon *vide*, por todos, Pierre Ansart, *Saint Simon*, Paris, Puf, 1969; *idem, Sociologie de Saint Simon*, Paris, Puf, 1970; Raymond G. Gettel, *História das Ideias Políticas*, trad. port., Lisboa, 1936, pp. 435 e ss.; Walter Theimer, *História das Ideias Políticas*, cit., pp. 306 e ss.; Élie Halévy, *História do Socialismo Europeu*, trad. port. de Maria Luísa C. Maia, Amadora, Bertrand, 1975, pp. 79 e ss.; José Júlio Gonçalves, «Itinerários da Teoria Sociológica», in *Estudos Políticos e Sociais*, vol. VII, nº 1, 1969, pp. 20 e ss.. Estas e outras referências bibliográficas podem ser lidas em José Adelino Maltez, *Sobre a Ciência Política*, cit., pp. 308 e 309.

[750] Cfr. Silvestre Pinheiro Ferreira, carta, datada de 26 de Outubro de 1840 e dirigida, de Paris, a Osborne Henrique de Sampaio, cit., p. X.

[751] Cfr. Silvestre Pinheiro Ferreira, carta, datada de 26 de Outubro de 1840 e dirigida, de Paris, a Osborne Henrique de Sampaio, já cit., p. X.

[752] Cfr. José Esteves Pereira, *Silvestre Pinheiro Ferreira*, cit., pp. 182 e 183.

nesta fase, capitaneada por Barthélemy-Prosper Enfantin, que o Filósofo Português, chegado a França no ano de 1823, tomou contacto com a escola saint-simoniana[753].

François-Marie-Charles Fourier[754] é, sem dúvida, o pensador que mais negativamente figura na apresentação silvestrina. Escutemos as palavras que o nosso compatriota dedica à "utopia fourierista": «Este homem extraordinario, dotado de uma concepção mais vasta do que a de S. Simon, mas fascinado por uma imaginação mais ardente, coordenou um plano de associação digno de figurar entre os contos de *Mil e uma noite*, porem tam accommodado á tendencia romanesca do presente seculo que tem attrahido os applausos da mocidade e do vulgo, duas classes que mais facilmente se deixam levar pela phantasia. Entretanto os principios em que este plano è fundado, sam tam contrarios à natureza do coração humano, e aos habitos sociaes de todas as nações do universo, que a opinião da gente sensata logo reconheceu a impossibilidade da sua execução[755]».

O terceiro plano de associação que Pinheiro Ferreira analisa, brevemente, é o de Owen, o reformador de New Lanark[756].

---

[753] Sobre as confluências entre o ideário dos continuadores de Saint-Simon e o pensamento social e económico de Pinheira Ferreira veja-se a síntese de José Esteves Pereira, *Silvestre Pinheiro Ferreira*, cit., pp. 183 a 185.

[754] Sobre o pensamento de Fourier *vide*, por todos, Jean Goret, *La Pensée de Fourier*, Paris, Puf, 1974; Pascal Bruckner, *Fourier*, Seuil, 1975; Élie Halévy, *História do Socialismo Europeu*, cit., pp. 91 e ss.; Walter Theimer, *História das Ideias Políticas*, cit., pp. 303 e ss. e António Marques Bessa, *Quem Governa? Uma análise histórico-política do tema da elite*, Lisboa, ISCSP, 1993, pp. 109 e ss.. Para mais indicações bibliográficas veja-se José Adelino Maltez, *Sobre a Ciência Política*, cit., p. 313.

[755] Cfr. Silvestre Pinheiro Ferreira, carta, datada de 26 de Outubro de 1840 e dirigida, de Paris, a Osborne Henrique de Sampaio, já cit., p. XI.

[756] Sobre o pensamento de Robert Owen *vide*, por todos, J. F. C. Harrison, *Robert Owen and the Owenites in Britain and America. The Quest for the New Moral World*, Londres, Routledge & Kegan Paul, 1969; Élie Halévy, *História do Socialismo Europeu*, cit., pp. 53 e ss.; Walter Theimer, *História das Ideias Políticas*, cit., pp. 309 e ss.; António Marques Bessa, *Quem Governa? Uma análise histórico-político do tema da elite*, cit., pp. 309 e ss.. Outras referências bibliográficas podem ser lidas em José Adelino Maltez, *Sobre a Ciência Política*, cit., p. 313.

O Político Português não deixa de acentuar que o plano coordenado pelo autor de *A New View of Society* é mais conforme aos sentimentos e hábitos da geração actual em Inglaterra e nos Estados Unidos da América, *onde elle tentou estabelece-lo*[757]. Não obstante, *dois grandes defeitos tornam impossivel, se não a edificação do projecto, pelos menos a conservação de semelhantes estabelecimentos*[758]. O primeiro, e na óptica silvestrina o mais essencial, è *a falta absoluta de instituições, que dispensem a acção conservadora d'um chefe dotado das extraordinarias qualidades que distinguem M. Owen. E com effeito, logo que elle se ausentou dos que havia creado, e que julgava solidamente constituidos, não sò se dissolvêram, mas na sua decadencia mostraram o vicio radical da sua interna constituição: vicio que consiste em lhe faltarem muitos dos princípios moraes indispensaveis a toda a sociedade humana*[759].

Posto isto, urge penetrar, sem mais delongas, no projecto silvestrino.

O pensamento social de Pinheiro Ferreira resume-se, grosso modo, na ideia de associação das classes laboriosas[760]. Esta ideia vem afirmada no seu *Projecto d'Associação das Classes Industriosas* e por mais de uma forma. Logo nas disposições gerais lê-se que *a associação das classes industriosas serà composta de todas as pessoas que quizèrem assegurar-se mutuamente um auxilio fraternal para os casos em que accidentes na-*

---

[757] Cfr. Silvestre Pinheiro Ferreira, carta, datada de 26 de Outubro de 1840 e dirigida, de Paris, a Osborne Henrique de Sampaio, já cit., p. XI.

[758] *Idem, ibidem.*

[759] *Idem, ibidem*, pp. XI e XII.

[760] Por classes industriosas, a que Silvestre Pinheiro Ferreira também chama *classes laboriosas* e *classes proletárias* (*idem, Projecto d'Associação*, cit., p. 101), deve entender-se classes trabalhadoras ou, na terminologia do próprio Autor, *as que vivem do seo trabalho*. Não designa apenas, nem necessariamente, a burguesia. Sob o termo perfilam-se também os empresários e, amplamente, *toda a pessoa que derivar, pelo menos, um terço dos seos meios de subsistencia d'uma profissão ou de salários pagos por terceiro, por estarem habitualmente à disposição deste*. V. Silvestre Pinheiro Ferreira, *Projecto d'Associação*, cit., p. 14. Adianta José Esteves Pereira que o grande publicista terá recebido a locução por via francesa, já que era comum nos pré-socialistas o uso do termo «industriels» no sentido de operários. Cfr. José Esteves Pereira, *Silvestre Pinheiro Ferreira*, cit., p. 158, nota 1.

turaes, a maldade dos homens, ou o abuso do podêr houverem causado prejuizos inevitáveis[761].

Pretendia, porém, o Autor que o projecto de Associação fosse independente do auxílio do governo, quando fosse possível, por conhecer *quam pouco tempo resta às pessoas encarregadas de dirigir os complicados negocios d'um Estado para descerem aos permonores, que exigiria uma semelhante assistencia a favor das classes industriosas*[762]. Simplesmente, o reconhecimento da necessidade de atribuir à iniciativa um pendor oficial[763] força-o, inevitavelmente, a reconsiderar a teoria de Estado. Esta correcção do ensaio silvestrino refreia a expectativa que pudéssemos querer tirar daquelas palavras introdutórios do seu Projecto.

Impõe-se, todavia, não antecipar. Por isso, deixando aqui registada a ideia de que a *Associação* proposta *não deixa de precisar do primeiro impulso do governo, no princípio do projecto, afim de se reûnir a primeira assemblea, como cumpre, com o assenso, e debaxo das vistas*[764]

---

[761] Silvestre Pinheiro Ferreira, *Projecto d'Associação*, cit., p. 1.

[762] Cfr. *Idem*, carta, datada de 26 de Outubro de 1840 e dirigida, de Paris, a Osborne Henrique de Sampaio, já cit., p. XV.

[763] Não esconde o Autor a necessidade sentida de fazer intervir *as autoridades constituídas*. Escutemos as suas palavras: «Quando nòs fazemos intervir na formação da sociedade das classes industriosas as autoridades constituidas; não he nossa intenção attribuir àquellas autoridades um podêr, que lhes não está conferido por lei. È por isso que não dizemos *ordenarão*, mas sim *convidarão* os cidadãos para fazerem o que se propoem n'este, e nos seguintes artigos. A necessidade de haver quem dê o primeiro impulso a esta obra de utilidade geral, nos levou a suppôr, que o governo supremo do estado, convencido do proveito, que attribuimos ao nosso projecto, se prestaria a contribuir para a sua execução, incumbindo-se elle e as autoridades que lhe sam subordinadas, de o fazer comprehender e apreciar por todas as classes da sociedade; tomando depois na execução delle, a parte puramente benèvola, e de nenhum modo imperativa, que se acha indicada n'este primeiro capitulo». Cfr. *idem, Projecto d'Associação*, cit., pp. 96 e 97. Silvestre Pinheiro Ferreira conclui a anotação ao artigo 16º do seu sistema dizendo: «Pareceu-nos que bastaria a intervenção do governo puramente officiosa; e que a protecção que as leis de todos os paizes concedem a todo o contrato licito, seria suficiente para assegurar o cumprimento d'este compromisso». *Idem, ibidem*, p. 96.

[764] *Idem, ibidem*, pp. XV e XVI.

O Poder e o Direito na obra de Pinheiro Ferreira: Princípios de Direito Constitucional 293

oficiais, passaremos a examinar, com a brevidade possível, o esquema silvestrino.

Cada grémio, explica-nos o Autor, *seria composto por profissões ligadas entre si pela analogia dos seus processos de operar, ou pela identidade das matérias primeiras que emprègam; ou de profissões que, concorrendo para um mesmo fim, se acham ligadas por uma comunidade de interêsses*[765]. Aos presidentes das câmaras municipais competiria convidar os chefes de família *ou quaesquer cidadãos, que não estejam debaixo do patrio pôder, para se fazerem inscrever na lista do officio, profissão ou emprego, de que elles derivam a sua subsistência*[766].

As declarações assim obtidas seriam distribuídas pelas diversas profissões que integram o mapa dos grémios industriosos e das secções de que os mesmos se compõem[767]. Realizado este ponto, o presidente da câmara enviaria as inscrições ao administrador do distrito que *fará refundir, em uma só, todas as listas d'uma mesma profissão provenientes das diversas municipalidades*[768].

A orgânica associativa previa, ainda, uma assembleia especialmente encarregada de, em cada comarca, eleger os elementos para a representação provincial[769/770].

Às assembleias das secções e dos grémios industriosos competiria *definir os differentes ramos em que convem repartir a respectiva profissão; fixar a tarifa dos salarios de cada um desses ramos, ou o principio em cuja conformidade se deve fazer a distribuição dos lucros e perdas; tomar em consideração as proposições que lhes fossem dirigidas; estatuir*

---

[765] *Idem, Projecto d'Associação*, cit., p. 2.

[766] *Idem, ibidem*, p. 5.

[767] O mapa em questão é, por Sivestre Pinheiro Ferreira, traçado a páginas 12 a 15 do seu *Projecto d'Associação das Classes Industriosas*. A mesma representação é por, nós, apresentada em anexo. Cfr. Anexo I.

[768] *Idem, ibidem*, p. 6.

[769] *Idem, ibidem*, p. 11.

[770] O processo de nomeação dos cidadãos que virão a compor a assembleia provincial de cada secção é, pelo Autor, objecto de exposição circunstanciada. Veja-se o seu *Projecto d'Associação*, cit., pp. 6 a 11.

definitivamente sobre tudo o que deve ser considerado como lei da secção ou do grémio respectivo; examinar os orçamentos de despeza e receita que lhe deverão ser submetidos pelas direcções, bem como *aprovar, modificar, rejeitar, ou acrescentar os artigos, conforme julgar conveniente; fiscalizar a gerência, tanto das direcções* quanto *dos empregados subalternos;* superintender na importação de máquinas, de acordo com o estipulado de adiantamento ou empréstimo[771]; *autorizar a direcção para convidar nos paizes estrangeiros artistas ou sábios para propagar ou ensinar no paiz novos ramos d'arte e sciencias* sempre que fosse mais conveniente do que *enviar aos paizes estrangeiros instruir-se nessas sciencias os nacionais; tomar conhecimento de todos os obstáculos que os acidentes naturaes, a maldade dos particulares, ou o abuso de podêr, oppozèrem ao desenvolvimento da industria do grèmio, ou livre exercício de cada um dos seos membros,* com o propósito de dirigirem o seu protesto às autoridades competentes; *fixar as quantias que deverão ser pòstas à disposição das direcções, para fazerem aos membros do grémio os adiantamentos ou emprestimos de que precisarem;* promover a reciprocidade do fornecimento de objectos de produção inter-grémios; autorizar as transacções a realizar entre direcções, entre estas e o governo, companhias nacionais e estrangeiras, empresas de industria privada ou de serviço público[772].

A orgânica associativa previa, ainda, a existência da assembleia central do grémio, a reunir na capital do Estado, saída dos representantes provinciais[773]. As assembleias centrais nomeariam, de entre os seus membros, *aquelles que devem compôr uma assemblea geral de todos os grèmios, a qual se reunirá na capital do estado nas épocas[774]* a determinar por regulamento.

---

[771] Esta ideia não poderá, no âmbito do pensamento social do Autor, ser dissociada do seu projecto de banco de socorros mútuos. *Vide infra.*

[772] *Idem, ibidem.*

[773] Silvestre Pinheiro Ferreira, *Projecto d'Associação*, cit., p. 2.

[774] *Idem, ibidem*, pp. 2 e 3.

No plano executivo, previa-se a criação de uma direcção geral, *para a gerencia dos interesses communs a todos os grèmios industriosos, e uma para cada grémio, sita na capital do estado*. Cada secção[775] terá *direcções especiaes, residentes nas cabeças de commarca, e direcções provinciais, residentes nas cabeças das provincias*[776].

Desenvolve Pinheiro Ferreira as atribuições a prosseguir quer pelas direcções centrais quer pelas direcções provinciais. Reserva-lhes, por conseguinte, o papel de acautelar que aos membros do grémio não deixarão de ser fornecidos os necessários utensílios, matérias e informações[777]; prover aos meios de consumo dos produtos, quer no interior do país, quer no estrangeiro[778]; fiscalizar o comportamento dos membros da secção e o ensino dos alunos nas escolas, ou oficinas da especialidade[779]; assegurar a vinculação à responsabilidade social[780]; zelar pelo cumprimento das determinações da assembleia acerca da distribuição dos lucros[781]; dirigir a tesouraria especial da secção[782]; assegurar o equipamento e emprego[783]; vigiar a qualidade dos produtos e as necessidades dos diferentes mercados[784]; estudar as condições reais do oferta e da procura[785]; vigiar a fixação dos preços, assegurando a sua estabilidade[786]; acautelar a determinação de uma marca comercial pelos membros do grémio[787] e, em geral, gerir os

---

[775] Ensina-nos Pinheiro Ferreira que *toda a profissão, que não podèr ser considerada como um ramo de qualquer outra profissão, constituirá uma secção do grèmio industrioso em que se achar comprehendida.* Cfr. *Idem, ibidem*, p. 2.

[776] *Idem, ibidem*, p. 3.

[777] *Idem, ibidem*, capítulo IV, artigo 42°, § 1, p. 22.

[778] *Idem, ibidem*, capítulo IV, artigo 42°, § 2, p. 22.

[779] *Idem, ibidem*, capítulo IV, artigo 42°, § 3, p. 22.

[780] *Idem, ibidem*, capítulo IV, artigo 42°, § 4, p. 23.

[781] *Idem, ibidem*, capítulo IV, artigo 42°, § 5, p. 23.

[782] *Idem, ibidem*, capítulo IV, artigo 42°, § 7, p. 23.

[783] *Idem, ibidem*, capítulo IV, artigo 42°, §§ 5, 9, 12, 13 e 14, pp. 23 e 24.

[784] *Idem, ibidem*, capítulo IV, artigo 42°, §§ 16 e 17, p. 25.

[785] *Idem, ibidem*, capítulo IV, artigo 42°, §§ 18, 19, 20, 21, pp. 25 e 26.

[786] *Idem, ibidem*, capítulo IV, artigo 42°, § 21, 22, 23, p. 26.

[787] *Idem, ibidem*, capítulo IV, artigo 42°, § 24, pp. 26 e 27.

interesses comuns. Compõem as direcções um presidente, um secretário e seis deputados[788].

Como órgão fiscal do projecto, criava-se um corpo de síndicos[789] que teria por escopo fiscalizar a gerência das direcções, assim como *dos empregados a ellas subordinados, e determinadamente a dos tutores dos menores*[790], além da função essencial de prover que se faça justiça às reclamações, assim dos membros do grémio, como dos terceiros interessados[791].

A análise da orgânica associativa ensaiada por Pinheiro Ferreira, no seu *Projecto*, não permitirá que deixemos de atentar, ainda que por breves instantes, nas funções do «Banco dos Grémios Industriosos»[792]. O autor deixa claro que estará confiada ao banco, *em cujos livros todos os membros dos grémios serão inscriptos, como contribuintes, pensionarios ou fiadores*[793], a direcção *do movimento dos fundos ou capitaes da associação industriosa*[794].

---

[788] *Idem, ibidem*, p. 22.

[789] Composto por um presidente, um secretário e cinco síndicos. Cfr. *idem, ibidem*, capítulo V, artigo 45°, p. 29.

[790] Os tutores para órfãos deveriam ser nomeados pelas direcções das secções e dos grémios, *de entre os seus membros que fossem jurisconsultos*, sempre que os progenitores não o houvessem já feito. Cfr. *idem, ibidem*, § 15, p. 25.

[791] *Idem, ibidem*, artigo 46°, p. 29.

[792] No *Projecto de um Banco de Socorro e Seguro Mutuo*, Pinheiro Ferreira tem em mente as necessidades associativas. Tal Projecto – explica o Autor – funda-se *nos mesmos princípios da associação formada pelos grandes proprietarios da Silesia ao sair da guerra de septe annos em 1770; e à sua imitação pelos da marca de Brandeburgo; pelos do ducado de Posen, depois da invasão franceza em 1806; e pelos da Polonia, depois da erecção d'aquelle reino em 1815: associações, a que devêram aquelles paizes a sua salvação em meio das revoluções, das guerras e das calamindades, que ameaçavam a sua existência.* Cfr. Silvestre Pinheiro Ferreira, *Projecto de um Banco de Socorro e Seguro Mutuo*, Paris, Rey et Gravier, J. – P. Aillaud, 1836, p. 5. A edição que consultámos está publicada juntamente com outros opúsculos do Autor, de entre os quais cumpre referir *Indicações de Utilidade Publica offerecidas às Assembleias Legislativas do Imperio do Brazil e do Reino de Portugal*, Paris, Officina Typographica de Casimir, 1834; *Qu'est-ce que la Pairie*, Paris, Delaunay, Dentu, 1831; *Mappas Systematicos das Terminações dos Nomes e dos Verbos da Lingua Franceza*, e respectiva versão em língua francesa.

[793] *Idem, ibidem*, artigo 84°, p. 51.

[794] *Idem, ibidem*.

O Poder e o Direito na obra de Pinheiro Ferreira: Princípios de Direito Constitucional 297

A leitura do capítulo V do *Projecto para o melhoramento das classes industriosas* permitirá a conclusão de que o banco que Silvestre Pinheiro Ferreira tem em mente é um órgão de auto-financiamento, subordinado aos interesses gremiais e às necessidades associativas[795].

Assim, começa por salientar que *todos os individuos inscriptos nos livros d'um grémio, como possuindo um rendimento proveniente do seo trabalho, ou de seos bens moveis ou immoveis, figurarão nos livros do banco entre os cidadãos contribuintes*[796], os quais deveriam *contribuir "pro rata" de seos rendimentos, para as despezas geraes da associação, assim como para as particulares do grémio, ou da secção, de que cada um faz parte*[797].

Por seu turno, esclarece o Publicista, *todos os individuos inscriptos nos livros das secções, ou dos grémios, como não possuindo algum rendimento, ou salário, serão incluidos nos livros do banco, na classe dos pensionarios*[798], *devendo cada um receber a pensão, que lhe tiver sido assignada para sua subsistencia*[799].

Os membros fiadores, que *responderão pelo prompto pagamento das despezas autorizadas pela assemblea do banco, e mandadas pagar à ordem das direcções, e dos agentes a ellas subordinados*[800], serão *todos os individuos inscriptos nos livros dos grèmios das secções ou do banco, como possuindo bens immoveis, ou valores em oiro, ou prata depositados nos cofres do banco ou nos de seos filiais*[801].

---

[795] O corpo institucional do banco dos grémios industrioso seria composto por uma assembleia, uma direcção geral e direcções provinciais. Cfr. *Idem, ibidem*, artigos 98° a 105°, pp. 55 a 57.

[796] *Idem, ibidem*, artigo 85°, p. 51.

[797] *Idem, ibidem*.

[798] Os "pensionarios", no esquema silvestrino, serão divididos em duas classes: a dos permanentes e a dos temporários. Cfr. Silvestre Pinheiro Ferreira, *Projecto d'associação*, cit., artigos 91° a 93°, p. 53.

[799] *Idem, ibidem*, artigo 86°, pp. 51 e 52.

[800] *Idem, ibidem*, artigo 88°, p. 52.

[801] *Idem, ibidem*, artigo 87°, p. 52.

Fundava-se o projecto silvestrino no entendimento basilar de que todas as suas disposições *sam puramente voluntárias*. Silvestre Pinheiro Ferreira não poderia, a este propósito, ser mais peremptório: *todos os membros dos grémios industriosos que quizerem aceitar o conteûdo d'este capitulo, e mais geralmente ainda, o resto do projecto, formarão, pelo facto d'esta adhesão, uma sociedade de socorro, e seguro mutuo*[802].

Sem entrar num exame valorativo aprofundado do pensamento social silvestrino, desde já nos parece que a intenção imediata do nosso Político era reintegrar as classes industriosas, sem descurar a necessidade de animar o investimento, consequência lógica das coordenadas económicas e sociais do estado liberal[803].

O papel que ao Estado incumbe no ensaio das suas propostas é pelo Filósofo perfeitamente delineado[804]. Concede Pinheiro Ferreira que *para se obterem todas as garantias de duração para quaesquer providencias que se houverem de tomar a bem das classes industriosas, seria necessario liga-las ao systema geral da organisação politica do estado*[805]. Simplesmente, foi-lhe possível esboçar *um plano d'associação d'aquellas classes que, prescindindo do principio politico, podesse ser adoptado por toda e qualquer nação*[806]. O que não nos surpreende pois o problema de fundo não estava, na óptica do grande publicista, centrado na organização do poder político, surgindo antes como um conflito esteado na organização societária[807].

---

[802] *Idem, ibidem*, comentário ao artigo 86°, p. 161.

[803] Neste sentido, José Esteves Pereira, *Silvestre Pinheiro Ferreira*, cit., p. 167.

[804] *Vide supra*.

[805] Silvestre Pinheiro Ferreira, *Projecto d'associação*, cit., p. XII.

[806] *Idem, ibidem*.

[807] Silveste Pinheiro Ferreira atenta na problemática específica das condições reais no interior da sociedade oitocentista. Fá-lo, porém, em estreita conexão com toda a sua proposta política. Escutemos as suas palavras: «Cumpre não perder de vista, que se tracta, não só de reformar a geração presente, mas de preparar uma melhor condição para as gerações futuras». Cfr. *Idem, ibidem*, p. XIV. Para o conseguir – continua o Político – *é forçoso contar com os defeitos, não menos que com as boas qualidade das classes que se intenta reformar. Idem, ibidem. E, as precisões das classes industriosas podem resumir-se*

O Poder e o Direito na obra de Pinheiro Ferreira: Princípios de Direito Constitucional   299

O cerne do seu pensamento adivinha-se quando, ao atentar na problemática específica das condições reais imperantes no interior da sociedade burguesa oitocentista, afirma que *o estado de isolação, em que se acham hoje todos os membros da sociedade, faz que cada um se esforce em exigir um preço exorbitante das pessoas que se dirigem à sua industria; e quando o não podem obter recorrem à fraude, substituindo ao objecto convencionado outro de inferior qualidade ou valor. Estes procedimentos de mà fè dirigem-se principalemente contra as pessoas menos favorecidas da fortuna, que em todos os tempos, e em toda a parte, parecem condemnadas a contentar-se com os productos, que o rico não quer, pagando-os, além d'isso, mais caros do que os ricos pagam os de melhor qualidade. È esta uma das numerosas sem-razões, que as classes abastadas exercem impunemente contra as classes pobres, e que é urgente remediar. Por muitas vezes se tem tentado isso, mas sempre sem resultado; porque procedendo rigorosamente contra as pessoas, que se aproveitavam d'essa desordem, cahiu-se no excesso opposto, não se respeitando os direitos d'estas últimas*[808]. Esta passagem merecia ser transcrita, porque, melhor talvez do que nenhuma outra, mostra o fundo do pensamento social silvestrino.

Em síntese, Silvestre Pinheiro Ferreira deixa bem claro que a solução para o pauperismo das *classes menos favorecidas da fortuna* deveria ser

---

às seguintes rubricas, a saber: 1. Assegurar aos homens industriosos os meios de ganharem a sua vida procurando proporcionar a producção do consumo. 2. Emprestar aos empresarios os capitaes de que carecerem para as suas especulações, tomando as necessárias cautelas contra quaesquer sortes de abusos. 3. Adiantar os meios indispensaveis de subsistência aos individuos que se acharem desoccupados por falta de saude, ou por não acharem trabalho em que se occupem. 4. Provêr a que os invalidos destituidos de bens proprios recebam da sociedade os soccorros correspondentes à consideração que lhes for devida, segundo o seu procedimento e graduação. 5. Premiar a virtude e punir o vicio. 6. Crear meios de recreação tendentes a desenvolver as faculdades physicas e moraes, em vez dos divertimentos ineptos ou viciosos a que aquellas clases costumam entregar-se. 7. Provêr à educação das creanças, principalmente dos órphãos, e expostos, começando da mais tenra idade se fôr possível, atè que cada um possa exercer a profissão para que fôr mais apto. Idem, ibidem.

[808] *Idem, ibidem,* pp. 108 e 109.

encontrada dentro do próprio sistema. Nestes termos, poder-se-á, talvez, afirmar que o seu projecto, sobre esta questão em particular, *não ultrapassa os limites de uma proposta tímida em relação ao Estado*[809]. Todavia, o centro de interesse está precisamente aí. Mesmo sem pôr em causa as estruturas socio-económicas do Estado liberal, é possível encontrar na obra de Silvestre Pinheiro Ferreira a harmonia de um sistema de ideias, colorido por um inegável toque de originalidade, em perfeita sintonia com o que vinha sendo motivo de estudo pelos mais lidos profetas do socialismo europeu[810] e pelas correntes de pensamento que neles se filiam.

Não poderíamos colocar um ponto final no tratamento desta matéria sem dedicarmos algumas linhas ao confronto do projecto silvestrino com as construções dos teóricos socialistas.

O que atrás ficou dito habilita-nos a concluir que o Político Português jamais se filiou no voluntarismo saído do individualismo filosófico, característico da Época das Luzes. Por esta via, se afasta dos reformadores seus contemporâneos.

Ensaiando uma tomada de posição diremos que Silvestre Pinheiro Ferreira se situa, a igual distância, entre os primeiros teóricos do socialismo europeu[811] e os defensores do livre-cambismo e do capitalismo liberal[812].

Simplesmente, a análise do sistema social defendido pelo teórico português, a par da leitura da sua proposta para o sector económico, per-

---

[809] Neste sentido, J. Esteves Pereira, *Silvestre Pinheiro Ferreira*, cit., p. 178.

[810] Como observou G. D. Cole, *é muito possível que se objecte que nem Fourier, nem Saint-Simon, nem tão-pouco Godwin ou Paine, se possam chamar "socialistas" no sentido em que geralmente se emprega esta palavra. Fourier porque a sua doutrina se baseia mais propriamente na associação voluntária do que na acção do Estado, e foi mais um precursor do cooperativismo do que das ideias socialistas modernas, e Saint-Simon porque, ainda que exigisse com veemência uma sociedade colectivamente planificada, nunca pensou que o socialismo implicasse uma luta de classes entre patrões, capitalistas e operários.* Cfr. G. D. Cole, *Historia del pensamiento socialista*, vol. I, México, 1957, p. 40.

[811] No sentido e com a reserva que antes sublinhámos. *Vide supra*.

[812] Que na tipologia contemporânea de Pinheiro Ferreira, e simbologia correspondente, foram apelidados de "economistas".

mite-nos afirmar que cedo se apercebeu correctamente das condições sociais, económicas e, também, culturais que geravam no seio da sociedade Oitocentista uma plêiade de problemas ligados ao sistema produtivo. E apercebeu-se, de igual forma, que estas consequências do sistema colidiam com as próprias premissas liberais.

Mas, a resposta que ofereceu não se esteia em possibilidades externas ao próprio sistema liberal. Muito pelo contrário...

O projecto de reforma advogado por Silvestre Pinheiro Ferreira tem as dimensões limitadas de um esforço moralizador do livre cambismo, norteado para a superação de um confronto esperado do capital e do trabalho. Por outras palavras, ao avaliarmos o sistema social subscrito pelo Político Português não nos deparamos com o estatuir frontal de uma nova ordem de relações entre aqueles dois factores de produção. E neste ponto reside, precisamente, a riqueza da construção silvestrina. Como sublinhou José Esteves Pereira, *a sua proposta seria válida para qualquer tipo de governo, constitucional ou não, isto é, para ser actuado dentro do tipo efectivo de governo que historicamente se oferecia na hora política que soava*[813]. Da mesma forma, *só por este viés poderá falar-se de uma contribuição de Pinheiro Ferreira para a ideia corporativista*[814].

---

[813] José Esteves Pereira, *Silvestre Pinheiro Ferreira*, cit., pp. 187 e 188.

[814] *Idem, ibidem*, p. 188. Sobre a contribuição de Silvestre Pinheiro Ferreira para a ideia corporativa vejam-se ainda os contributos de L. Cabral de Moncada, «Subsídios para uma História da Filosofia do Direito em Portugal», in *Boletim da Faculdade de Direito da Universidade de Coimbra*, vol. XIV, (1937-1938), Coimbra Editora, Coimbra, 1938, p. 269, nota 1 e de Victor de Sá, «Do Liberalismo ao Corporativismo – Silvestre Pinheiro Ferreira», *in Seara Nova*, nº 1489, No. de 1969, pp. 382 a 384. Vale a pena escutar as palavras que o Professor Cabral de Moncada dedica ao Político Português: «Procurava (Silvestre Pinheiro Ferreira) estabelecer a independência do trabalho ou «esfera industrial» sôbre a base da associação livre entre trabalhadores e empresários, dentro de moldes a que hoje se dá o nome de corporativos e segundo uma ideia económica fundamental que hoje se designa pela expressão de economia «auto-dirigida». P. Ferreira é, cremos, o verdadeiro precursor em Portugal da idéa dum Estado corporativo nos seus aspectos mais importantes e, inclusivamente, no da existência de uma assemblea ou câmara corporativa com representação de todas as forças vivas da nação, não só económicas como espirituais». Cfr. L. Cabral de Moncada, «Subsídios...», cit., p. 269, nota 1.

3.3 - Da Independência dos Poderes Políticos nos Governos Representativos

3.3.1 – Razões de Ordem

Um dos temas mais antigos e, ao mesmo tempo, mais actuais, talvez até a questão central na teoria do Estado[815], trata do modo como se pode evitar, numa comunidade politicamente organizada e dotada de uma força integradora suficiente, uma perigosa concentração de poder, bem como um excesso de dirigismo centralizado.

O programa de um controlo do poder ultrapassa, porém, de longe, os temas clássicos do equilíbrio dos poderes no plano da organização do Estado.

A divisão de poderes visa, precisamente, criar um sistema de exercício moderado e controlado do poder, através de uma repartição e coordenação ordenada das competências estatais. À repartição de funções a nível organizativo do Estado dedicaremos as linhas seguintes.

A ideia de separação de poderes nasce no século XVIII[816]. Nas palavras do Professor Cabral de Moncada, esta é a única das chamadas

---

[815] Neste sentido, Reinhold Zippelius, *Teoria Geral do Estado*, cit., p. 401.

[816] O que não significa, naturalmente, que na história anterior das ideias não encontremos quem houvesse proposto a ideia de dividir o supremo poder do Estado para, assim, o limitar. Já Aristóteles, na *Política*, distinguira três âmbitos de funções do Estado: primeiro, as tarefas de um "poder deliberativo e decisório", designadamente quanto à aprovação das leis, às relações externas e à nomeação e responsabilidade dos magistrados. Depois, as funções de decisão e de injunção, atribuídas a magistrados. De resto, a jurisdição. Expôs o Estagirita a utilidade de uma distribuição de funções no âmbito das atribuições do Estado e explicou, também, de modo comparativo, que grupo social e em que grau participaria em tais funções. Simplesmente, na sua óptica, o primeiro plano não era ocupado pela organização formal do Estado mas pela ideia de equilíbrio social. Cfr. Aristóteles, *Política*, texto bilingue, trad. castelhana de Julián Marias e Maria Araújo, Madrid, Centro de Estudios Constitucionales, § 1295 e ss. Também Cícero, tendo em vista a liberdade dos povos e a estabilidade do poder, preferira uma forma de governo equilibrada e moderada. Cfr. Marco Túlio Cícero, *De re publica*, I, 69 (consultámos a trad.

O Poder e o Direito na obra de Pinheiro Ferreira: Princípios de Direito Constitucional   303

"novas ideias" a que é impossível achar uma origem histórica precisa nas antigas construções do Estado ou nas anteriores concepções políticas[817].

Foi sob a influência de Montesquieu, e do seu *Esprit des Lois*[818], que a doutrina penetrou nas construções políticas da Revolução Francesa. Mas

---

francesa, *La Republique*, Paris, Chambry, 1975). Maquiavel acreditava que uma vigilância recíproca entre os poderes "dos principes, dos nobres e do povo, coexistentes num e no mesmo Estado" desse maior solidez ao Estado. Althasius propunha uma "observação, vigilância e fiscalização recíproca" entre os titulares do poder governamental bem como uma autoridade destinada à defesa da Constituição. Cfr. Johannes Althusius, *Politica methodice digesta*, XVIII 92. Na história do pensamento, outros nomes ficaram por citar. Não obstante, a ideia de divisão de poderes alcança desde John Locke, Henry Bolingbroke, Charles de Montesquieu e David Hume um alcance sem precedentes, convertendo-se em postulado essencial da ideia liberal de Estado.

[817] Luís Cabral de Moncada, «Origens do moderno direito português», cit., p. 85. *A concentração de todo o poder nas mãos do soberano – esclarece – e a confusão de atribuições que se notava na monarquia absoluta eram incompatíveis com qualquer ideia de uma rigorosa separação entre os poderes do Estado no seu exercício. Idem, ibidem.*

[818] Chegado ao término de seu árduo esforço e atingida a idade de sessenta anos, confessava Montesquieu, no prefácio de sua obra capital, que esta por pouco não o matara. Imenso era o seu projecto proclamado e Charles Secondat tinha plena consciência disso. Propusera-se, nada menos, do que abraçar todas as instituições recebidas entre os homens, debruçar-se sobre as leis e os costumes diversos de todos os povos da terra, para lhes encontrar a razão e revelar o espírito. Neste sentido, Jean-Jacques Chevallier, *História do Pensamento Político*, tomo 2, cit., p. 69.

A liberdade – ensinara – tem por condição fundamental que não se possa abusar do poder, no singular, o que implica uma certa distribuição dos poderes, no plural. E Montesquieu estuda longamente essa distribuição no célebre capítulo VI do Livro XI, intitulado *Da Constituição da Inglaterra.*. Não obstante, já foi observado, que a sua construção não é *«uma teoria (jurídica) de separação de poderes»* mas antes *«uma concepção (político-social) do equilíbrio de poderes, equilíbrio esse que tende a consagrar um poder entre os outros; o da aristocracia».* Cfr. J. Touchard, citado por Antonio Truyol Serra, *História da Filosofia do Direito e do Estado. 2. Do Renascimento a Kant*, cit., p. 275. A este propósito escreve, ainda, George Sabine: «La forma específica de su teoría se basaba en la proposición de que todas las funciones politicas tienen que ser por necessidad clasificables como legislativas, ejecutivas o judiciales y, sin embargo, no dedica el menor estudio a este punto crucial. La posibilidad práctica de hacer una separación radical entre la legislación y la función jurisdiccional, o entre la formación de una política y el control de su ejecución es algo que en ninguna época habría podido encomiar un realista politi-

a *Assembleia nacional constiuinte de França* não se limitou a uma pura afirmação teorética do princípio. Pretendeu realizá-la, vasando-a na sua lei de organização judiciária de 1790.

O ponto de doutrina filosófico-política em que o século XVIII se mostrou mais original e inovador[819] ilustrará não só a primeira constituição francesa de 1791, mas também todas as ulteriores constituições dos Estados europeus e não europeus, as quais o consagram como um dos fundamentos imprescindíveis das suas construções políticas.

Concluída esta brevíssima consideração, é chegado o momento de reatarmos a nossa peregrinação pelo pensamento de Silvestre Pinheiro Ferreira.

Já em capítulo antecedente tivemos oportunidade de dizer que, na construção silvestrina, a democracia é apenas a ausência de todo e qualquer privilégio. Dito de outro modo, trata-se de uma forma de governo em que a lei não exclui alguém do exercício dos direitos políticos, para os quais haja sido julgado apto pelo voto de seus concidadãos[820].

Esta nota caracteriza, em exclusivo, a igualdade que, para o Publicista, está longe de consistir numa igualdade absoluta e quimérica entre todos os indivíduos, no que concerne às esferas da sua capacidade, dos seus meios e dos seus recursos[821]. Nem outro é o sentido que tem para este ilustrado liberal do nosso primeiro constitucionalismo a ideia de soberania nacional e o princípio da representação. Na verdade, aquela não significa um direito de o povo se governar a si mesmo, já que não pode haver direito a uma coisa impossível[822]. Cifra-se, antes, em um direito

---

co». Cfr. George Sabine, *Historia de la teoria politica*, cit., p. 412. Não obstante, é verdade que o constitucionalismo liberal – a começar pelo americano que aplicaria o princípio de forma mais consequente – fez da divisão de poderes um dos seus pilares. E, referiu-a a Montesquieu.

[819] Na terminologia de Fehr, citado por Luís Cabral de Moncada, «Origens do moderno direito português», cit., p. 86.

[820] *Vide supra.*

[821] Neste sentido, Cabral de Moncada, «Subsídios para uma História da Filosofia do Direito em Portugal», cit., p. 267.

[822] *Vide supra.*

O Poder e o Direito na obra de Pinheiro Ferreira: Princípios de Direito Constitucional 305

reconhecido a todo o cidadão eleitor, de participar, por meio do voto, na eleição daqueles que hão-de exercer, no interesse da nação, os poderes políticos exarados na Constituição do Estado. E estes poderes são cinco: o eleitoral, o legislativo, o judicial, o executivo e o conservador[823/824]. Os agentes que os exercem devem considerar-se representantes da nação[825].

Impossível encetar o estudo de cada um destes poderes, em particular, sem tecer algumas considerações de carácter geral.

Os direitos políticos[826] *he a faculdade que tem o cidadão d'exercer certas funcções no serviço do estado*[827] - escreve Pinheiro Ferreira, que

---

[823] Sem preocupação de sermos exaustivos, referiremos algumas obras, saídas da pena do Jurisconsulto Português, em que aquela classificação está consagrada. Cfr. Silvestre Pinheiro Ferreira, *Manual do Cidadão em um Governo Representativo*, I, cit., pp. 100; *Idem, Cours de Droit Public*, I, cit., p. 11; *Idem, Projecto de Codigo Politico para a Nação Portugueza*, Paris, Rey e Gravier, J. P. Aillaud, 1838, pp. 17 e ss.; *Idem, Projectos de Ordenações para o Reino de Portugal*, cit., pp. 4 e ss.; *Idem, Exposição do Projecto d'Ordenações para o Reino de Portugal*, cit., pp. 207 e ss.; *Idem, Principles du Droit Public, Constitutionnel, Administratif, et des Gens*, ou *Manuel du Citoyen sous un Gouvernement Représentatif*, tomo III, Paris, Rey et Gravier, J. P. Aillaud, Treutell et Würtz, F. G. Levrault, 1834, pp. 674, 705 e ss.; *Idem, Précis d'un Cours de Droit Public*, I, cit., pp. 41 e ss.; *Idem, Précis d'un Cours de Droit Public, Administratif et des Gens*, tome II, Libonne, Imprimerie Nationale, 1846; *Idem, Projecto de Código Geral de Leis Fundamentaes e Constitutivas d'uma Monarchia Representativa*, cit., pp. 27 e ss..

[824] A separação de poderes ensaiada por Silvestre Pinheiro Ferreira apresenta sérias semelhanças com a de Benjamin Constant, sobretudo no que concerne ao desenho do poder conservador. Impõe-se, todavia, não antecipar. Por isso, deixemos aqui apenas registada esta conformidade de construções. Regressando a Benjamin Constant, vemos que este experiente intérprete da cena política francesa dividia os poderes políticos em real, executivo, representativo, judiciário e municipal. Sobre o pensamento político de Benjamin Constant, *vide*, por todos, Paul Bastid, *Benjamin Constant et sa doctrine*, 2 volumes, Paris, 1966.

[825] *Vide supra.*

[826] Na linguagem silvestrina, as expressões "direitos políticos" e "poderes políticos" equivalem-se. cfr. Silvestre Pinheiro Ferreira, *Manual do Cidadão em um Governo Representativo*, cit., p. 9.

[827] *Idem, ibidem.* Numa segunda tentativa, *on appelle "pouvoir politique" le droit que quelqu'un a d'exercer certaines fonctions au service de l'état*. Cfr. *ibidem, Cours de Droit Public*, I, cit., p. 11.

logo continua: «A collação do mandato ou delegação nacional he a origem dêsses poderes[828]».

Para Pinheiro Ferreira, a ciência relativa aos direitos e poderes políticos do Estado encerra-se em dois princípios basilares. Por um lado, a independência e eleição para todos os poderes. Por outro, a responsabilidade e publicidade de todos os actos[829/830].

Centremos a nossa atenção na ideia primeiramente enunciada.

Em que consiste a distinção dos podêres politicos? – interroga-se o Autor, para de imediato responder: «não sendo os podêres senão mandatos, he na jurisprudencia do mandato que havemos de procurar os principios que servem para distinguir os poderes[831]». Ora, *o fim de todo o mandato he representar certas ordens de interêsses[832]*. Desta consideração resulta *que a diversidade dos mandatos não pòde provir senão da diversidade dos interêsses que o mandatário he chamado a representar[833]*. Por consequência, *toda a questão se reduz a saber em quantas sortes se devem dividir os interêsses para serem bem representados[834]*. Vendo o problema por este prisma, *a resolução torna-se facil porque he evidente, por uma parte, que devem dar logar a outros tantos mandatos distinctos aquelles interesses que pedirem cada um different especialidade de conhecimentos; e por outra parte que tambem devem ser commettidos a differentes mandatarios os interêsses pertencentes a diversas pessoas, e que possam achar-se em conflito[835]*. Como corolário, os agentes de um dos poderes políticos *não devem depender dos agentes do outro, nem quanto à sua*

---

[828] Silvestre Pinheiro Ferreira, *Manual do Cidadão em um Governo Representativo*, I, cit., p. 100. Sobre a origem do poder no pensamento do Autor *vide supra*.

[829] *Idem*, «Introdução» ao *Projecto de Codigo Politico para a Nação Portugueza*, cit., p. VII.

[830] Sobre a publicidade dos actos *vide supra*.

[831] Silvestre Pinheiro Ferreira, *Manual do Cidadão em um Governo Representativo*, I, cit., p. 106.

[832] *Idem, ibidem*.

[833] *Idem, ibidem*.

[834] *Idem, ibidem*.

[835] *Idem, ibidem*, pp. 106 e 107.

nomeação, conservação, ou promoção, nem quanto à validade dos seus actos[836].

A mesma facilidade revela Pinheiro Ferreira em encontrar a base sobre a qual assenta a separação dos direitos políticos.

Deixemos falar o Autor: «reflectindo sobre a natureza dos diversos podêres (…) acha-se que não se pode confiar o exercicio *de dois d'esses podêres, na sua plenitude* a um mesmo individuo physico ou moral sem offender as liberdades publicas[837]». O motivo não é difícil de traçar. Na verdade, *sendo cada um dos cinco podêres politicos particularmente destinado a fiscalizar o procedimento dos agentes dos outros podêres a fim de occorrer a qualquer abuso,* tal garantia tornar-se-á ilusória *se dois podêres fossem exercidos na sua plenitude pelo mesmo individuo*[838].

Garantida a separação de direitos políticos, e *uma vez que o empregado não exerce o poder por si sò, a pessoa ou pessoas que com elle concorrem no exercicicio d'esse mesmo podêr sam interessadas em se oppôr aos abusos que elle quizesse commeter,* salvaguarda-se a liberdade pública[839].

Se atentarmos na passagem aqui registada – e outras seriam invocáveis no mesmo sentido[840] - vemos a consagração da teoria que pugna pela necessidade de existir um contrabalanço organizativo e funcional dos diferentes poderes políticos.

Diferente da independência será a responsabilidade dos governantes pelos seus actos. Passemos, então, a analisar o segundo pressuposto.

---

[836] Silvestre Pinheiro Ferreira, *Manual do Cidadão em um Governo Representativo*, I, cit., pp. 107 e 108.

[837] Silvestre Pinheiro Ferreira, *Manual do Cidadão em um Governo Representativo*, I, cit., p. 107.

[838] *Idem, ibidem.*

[839] Silvestre Pinheiro Ferreira, *Manual do Cidadão em um Governo Representativo*, I, cit., p. 107.

[840] Veja-se, por exemplo, o disposto a fls. VII e ss. da «Introdução» ao seu *Projecto de Codigo Politico para a Nação Portugueza,* cit.

Na construção silvestrina, os empregados públicos estão sujeitos a dois tipos de responsabilidade: *legal* e *moral*[841].

A responsabilidade legal ocorre quando *o funcionario he chamado a dar rasão do seo comportamento, no exercicio do seo emprêgo, perante as autoridades revestidas de jurisdição contenciosa ou voluntaria*[842], *ou perante o tribunal da opinião publica*[843/844]. Já a responsabilidade moral consiste em cada um *estar subjeito a que o seo procedimento seja approvado ou reprovado por quaesquer pessoas capazes de o avaliarem com conhecimento de causa*[845]. Numa palavra, *será a responsabilidade inherente a todo o acto humano, e de que ninguem he, nem pòde ser exemplo*[846].

Condenando veementemente o chamado *sistema de policia preventiva*[847], escreve Silvestre Pinheiro que ninguem deve ser chamado à respon-

---

[841] Cfr. Silvestre Pinheiro Ferreira, *Manual do Cidadão em um Governo Representativo*, I, cit., p. 108; *idem, Cours de Droit Public*, p. 11, 24, 113, 174, 360 e 410; *idem, Précis d'un Cours de Droit Public*, I, cit., §§. 121, 131 a 135, 144, 200; *idem, Projecto de Codigo Politico para a Nação Portugueza*, cit., §§. 21, 81, n° 4, 86, 89, 90, 94 e 95.

[842] Para Silvestre Pinheiro Ferreira, a responsabilidade de um funcionário perante as autoridades revestidas de jurisdição voluntária verifica-se em duas situações. Em primeiro lugar, *todas as vezes que o chefe de qualquer das repartições do poder executivo argûe, suspende, ou demite algum dos seos subalternos*. Em segundo lugar, *quando um empregado de qualquer dos outros podêres politicos he chamado perante as respectivas autoridades para satisfazer a alguma arguição sobre o desempenho do seo cargo*. Cfr. Silvestre Pinheiro Ferreira, *Manual do Cidadão em um Governo Representativo*, I, cit., p. 108.

[843] Explica o Autor como se verifica a responsabilidade no "tribunal da opinião pública". Nas suas palavras, tal responsabilização ocorre *no acto das eleições annuaes, em que todos os empregados publicos devem ser submettidos ao voto dos respectivos eleitores, para estes decidirem se ham de, ou não, ser conservados em seos cargos; e bem assim se devem, ou não, ser promovidos a alguma graduação ou emprêgo. Idem, ibidem,* p. 109.

[844] Silvestre Pinheiro Ferreira, *Manual do Cidadão em um Governo Representativo*, I, cit., p. 109.

[845] *Idem, ibidem*, p. 109.

[846] *Idem, ibidem.*

[847] *Vide supra.*

sabilidade *senão quando se constituir suspeito de abuso de poder*[848] *por factos mais ou menos averiguados, e dirigidos contra direitos individuaes de algum cidadão, ou contra o patrimonio nacional, ou contra as liberdades publicas e a consituição do estado*[849].

Concluída esta já longa, mas imprescindível peregrinação pelos princípios gerais que devem reger todos os direitos e poderes políticos, é chegado o momento de nos debruçarmos sobre cada um deles, em particular.

3.3.2 - A Concepção de Poder Eleitoral

As eleições políticas constituem o instrumento, por excelência, para a condução verdadeiramente democrática do governo representativo.

No estado de partidos, o voto dos eleitores inclui não só a manifestação da confiança pessoal nos deputados a eleger, mas simultaneamente, uma decisão a favor de determinados programas políticos e futuros elencos governativos[850]. As eleições possuem, assim, a um só tempo, uma componente "real-plebiscitária" e uma componente "pessoal-plebiscitária"[851].

---

[848] Sobre o conceito silvestrino de abuso de poder *vide supra*.

[849] Silvestre Pinheiro Ferreira, *Manual do Cidadão em um Governo Representativo*, I, cit., p. 109.

[850] De notar que, aos olhos do nosso Publicista, a influência dos partidos deveria ser olhada com especial cuidado. De facto, escreve: «por mais cautelas que se ponham no modo das eleições, he impossivel atalhar inteiramentente a influencia dos partidos; e portanto he forçoso organisar um systema de fiscalização capaz de acudir a tempo aos abusos e aos excessos de poder, em que incorrerem os empregados publicos». Cfr. Silvestre Pinheiro Ferreira, «Introducção» ao *Projecto de Codigo Politico para a Nação Portugueza*, cit., pp. IX e X. Por esse motivo, considera o Jurisconsulto que não bastará que a Constituição incumba, em geral, a todas as públicas autoridades de exercerem, umas sobre as outras, uma vigilante fiscalização. Em paralelo, é mister regular o modo como esta se deve exercer, considerando-a como um poder politico distinto dos poderes legislativo, executivo e judicial. Esta necessidade está na base do conceito silvestrino de poder conservador. *Vide infra*.

[851] Neste sentido, Reinhold Zippelius, *Teoria Geral do Estado*, cit., p. 254.

No espírito do nosso tratadista, a questão do poder eleitoral não se equacionou, porém, em termos plebiscitários, mas em termos de exigência constitucional, isto é, de atribuição de poderes aos cidadão eleitores, através de uma hierarquização que desemboca no regime da eleição indirecta[852].

Vejamos, contudo, para melhor compreensão, o que dispõem os escritos saídos de sua pena.

Silvestre Pinheiro Ferreira rodeou de particulares cautelas o tratamento do poder que é, para ele, a base fundamental de todos os outros[853].

Na arquitectura silvestrina, *o poder eleitoral consiste na função d'eleger e nomear[854] para os cargos civis e politicos, e designar os cidadãos que por seos serviços se fazem benemeritos das recompensas nacionaes[855], tudo na conformidade das leis[856].*

---

[852] Assim, José Esteves Pereira, *Silvestre Pinheiro Ferreira*, cit., p. 145.

[853] Cfr. Silvestre Pinheiro Ferreira, *Cours de Droit Public Interne et Externe*, tome second, Paris, Rey et Gravier, J. P. Aillaud, 1830, p. 355. Não obstante, lamenta o Publicista que, *par une sorte de fatalité, aucune partie n'a été traitée avec autant de négligence par les publicistes. De la probité, et cette généralité de connaissances que donne une éducation libérale; être âgé de trente ou de quarente ans (car sur cet article on n'est pas d'accord) et avoir une certaine fortune: voilà toutes les qualités qu'on exige partout pour être éligible à la place de député à la chambre des communes. Idem, ibidem,* pp. 356 e 357.

[854] Pinheiro Ferreira esclarece o sentido que deve ser atribuído aos vocábulos "nomear" e "eleger". *Diz-se ter havido nomeação* – sublinha – *quando a pessoa a quem compete a escolha definitiva he de graduação superior à do emprego que se tracta de prover. Mas, se a pessoa incumbida da escolha do funccionario he igual ou inferior à do emprego, e não sò tem logar entre muitos candidatos, mas depende do concurso de muitos votos diz-se que houve eleição.* Silvestre Pinheiro Ferreira, *Manual do Cidadão em um Governo Representativo*, I, cit., p. 112

[855] Interroga-se Silvestre Pinheiro porque motivo não será de atribuir ao poder executivo o direito de conceder as recompensas, como é, aliás, prática corrente. As suas palavras são suficientemente esclarecedoras. Vale a pena escutá-las: «Porque não se pòde conceder recompensas a uns sem por isso lhes conceder preferencia a respeito de todos os outros. Por tanto, em taes casos, há sempre direitos oppostos entre os quaes he mister proferir uma decisão, e então, por isso que he materia contenciosa, deveria pertencer ao poder judicial, se fosse possivel achar juizes competentes para formar um jury; mas sempre que se tracta da distribuição de recompensas nacionaes, apresenta-se um tam grande numero

Interessa-nos o poder eleitoral enquanto função destinada a eleger os cidadãos para os cargos políticos.

---

de interessados, que he impossivel formar-se um jury capaz d'emittir uma decisão com conhecimento de causa e que seja ao mesmo tempo imparcial». Cfr. Silvestre Pinheiro Ferreira, *Manual do Cidadão em um Governo Representativo*, I, cit., p. 113. À constatação desta dificuldade, que o Publicista evidencia não sem um toque de ironia, segue-se a solução que propõe: «Em taes casos pois sò o voto universal de todos os que podem emittir uma opinião com conhecimento de causa, he competente para decidir sobre o negocio de que se tracta». *Idem, ibidem*. E o motivo é facilmente explicável: «no voto universal cada um dos interessados exerce a respeito de todos os seos concorrentes o mesmo poder descricionario que estes a respeito d'elle, e por conseguinte nenhum dos pretendentes està em posição menos vantajosa do que os seos concorrentes. Assim, ficam satisfeitas a todos os respeitos as condições de um juízo tam competente como imparcial, pois que a imparcialidade do juízo consiste em não pôr a nenhuma das partes, pela escolha dos juizes, de melhor condição do que a outra; bem como a competencia proveniente da capacidade de decidir com conhecimento de causa cresce em rasão do numero de pessoas que, conhecendo o merito dos concorrentes e sendo aptas para o bem appreciarem, sam chamadas a votar, não ja de um modo absoluto mas com relação de uns aos outros». *Idem, ibidem*. E não se alegue, adverte o Publicista, que a solução preconizada deverá ceder sempre que os serviços que se trata de compensar apenas são do conhecimentos de um pequeno círculo de pessoas. O contra-argumento sivestrino é incisivo: «Uma vez que se começa por suppor que sò esse pequeno numero he apto para decidir com conhecimento de causa, he fora de duvida que só elle he competente pelo lado da capacidade intelectual». *Idem, ibidem,* p. 114. Não obstante, *nem o legislador pòde traçar uma formula geral para se poderem escolher por meio d'ella os juizes que tem de compôr esse jury, nem quando isso fosse possivel, a simples capacidade bastaria para lhes conferir a competencia; pois he mister que nenhum dos interessados lhes possa oppôr a excepção de parcialidade. Idem, ibidem.* Assim, o que em tais casos é praticável, esclarece o ilustrado liberal, *e com effeito se pratica, he que o pretendente comece por fazer attestar os serviços com que tem de allegar, pelas pessoas que d'elles tem conhecimento e sam capazes de o avaliar e, munido desta abonação, submetter-se à decisão de todos os interessados. Jà se viu que estes, em tal caso, não tem de decidir sobre o merecimento dos pretendentes cujos serviços, por hypothese, lhes sam desconhecidos, mas sobre a contemplação que merecem as attestações com que os mesmos pretendentes fundamentarem o seo direito. Idem, ibidem.* Com tal argumentação procura o Publicista demonstrar que ver na distribuição de recompensas uma prerrogativa da coroa colide frontalmente com os princípios do Direito Constitucional. Cfr. *Idem, Précis d'un Cours de Droit Public*, I, cit., pp. 53 e ss..

[856] Silvestre Pinheiro Ferreira, *Manual do Cidadão em um Governo Representativo*, I, cit., p. 112.

Silvestre Pinheiro Ferreira traça a imagem do poder eleitoral partindo de dois princípios basilares: *o principio da independencia e eleição para todos os poderes* e o da *responsabilidade e publicidade de todos os actos*[857].

Procurando, em duas palavras, explicar o alcance da sua proposta, escreve Silvestre Pinheiro: «duas sam as principaes refòrmas que havemos feito para organização do poder eleitoral... Uma d'elas diz respeito ao principio fundamental da capacidade eleitoral e à elegibilidade; a outra versa sobre o processo das eleições, que conforme ao presente systema devem ser annuaes[858]».

Centremos a nossa atenção na questão essencial da capacidade eleitoral.

Pretende o Publicista a adopção do *voto universal*[859]. Simplesmente, o sufrágio universal não corresponderá, a maior parte das vezes, a uma orientação política definida. Ademais, era com os olhos postos no suprir da corrupção que o pensamento silvestrino tomava corpo[860]. No *Cours de Droit Public*, escreve, sugestivamente: «Les mauvais choix des électeurs peuvent provenir d'erreur ou de corruption. Contre l'erreur, il n'y a de garantie que le plus grand nombre possible des votants, mais des votants spéciaux...; et contre corruption, outre la garantie qui résulte du nombre, il y a celle de la publicité. Plus le nombre des électeurs est considérable, plus les erreurs et les intrigues des uns seront neutralisées par la sagasse, par la probité, et même par les erreurs et les intrigues des autres[861]».

Neste contexto, quais serão as condições a exigir para que um cidadão possa ter voto nas eleições nacionais? – questiona. *Quando se*

---

[857] O próprio Autor o confidencia nos prolegómenos ao seu *Projecto de Codigo Politico para a Nação Portugueza*, cit., p. VII.

[858] *Idem, ibidem*, pp. VII e VIII.

[859] Embora, *não no sentido dos pseudo-liberais* – esclarece – *mas conforme aos princípios de direito constitucional. Idem, ibidem*, p. VIII. Procuraremos aferir o alcance desta observação... *Vide infra*.

[860] Neste sentido, José Esteves Pereira, *Silvestre Pinheiro Ferreira*, cit., pp. 145 e 146.

[861] Silvestre Pinheiro Ferreira, *Cours de Droit Public*, I, cit., pp. 378 e 379.

O Poder e o Direito na obra de Pinheiro Ferreira: Princípios de Direito Constitucional 313

tracta de determinar as condições da capacidade eleitoral – logo, continua – *todos os moradores de qualquer paiz se podem destribuir em tres ordens*[862]. Primeiro, *a dos que sam capazes de conhecer quaes sam as qualidades requeridas para o emprêgo de que se tracta, e as pessoas que as possuem*[863]. Depois, *d'aquelles que, sem terem esta capacidade, conhecem com tudo quem a tenha*[864]. De resto, *todos os outros cidadãos que compoem as grandes massas e que sam totalmente incapazes de emitir uma opinião a este respeito.* Eis, portanto, a proposição básica da construção silvestrina em sede de capacidade eleitoral.

Partindo daqui, Pinheiro Ferreira conclui que a capacidade eleitoral se divide em dois graus.

Será eleitor de primeiro grau todo o cidadão maior, emancipado[865] ou naturalisado que, não podendo determinar as qualidades requeridas para o

---

[862] Silvestre Pinheiro Ferreira, *Manual do Cidadão em um Governo Representativo*, I, cit., p. 117. Idênticas considerações podem ser lidas no seu *Cours de Droit Public*, cit., I, pp. 382 e ss. e *Exposição do Projecto d'Ordenações para o Reino de Portugal*, cit., pp. 230 e ss.

[863] Silvestre Pinheiro Ferreira, *Manual do Cidadão em um Governo Representativo*, I, cit., p. 117.

[864] *Idem, ibidem.*

[865] Vale a pena escutar, a este propósito, a argumentação silvestrina: «l'expérience de tous les siècles et de toutes les nations ayant montré que l'homme, avant d'avoir atteint un certain âge, ne possède pas tout la force d'intelligence et de caractère requise pour disposer convenablement, soit de sa personne, soit de sa propriété, on a songé de tout temps à fixer une époque à laquelle seulement il fut permis d'exercer ses droits... On a nommé l'âge qui détermine cette époque, l'âge de la majorité. Cependant on remarqua que les transactions sociales étaient susceptibles de différents degrés d'importance; et que les une pourraient êtres confiées à la discrétion d'un jeune homme sortant de sa minorité, tandis que d'autres seraient beaucoup trop graves pour qu'on pût s'en rapporter à son inexpérience. C'est pourquoi on a marqué encore une seconde époque de majorité à laquelle on a donné le nom d'émancipation». Silvestre Pinheiro Ferreira, *Cours de Droit Public*, I, cit., p. 13. Não poderemos, por se situar fora dos propósitos do presente estudo, apresentar os princípios que na óptica de Pinheiro Ferreira devem nortear as regras sobre a maioridade e emancipação. Veja-se a propósito o disposto na Secção III do seu *Projecto de Codigo Politico para a Nação Portuguesa* (= pp. 13 a 15 da ed. cit.). Interessa-nos, não obstante, deixar expressa a conclusão a que chega o nosso publicista depois de sobre elas haver dissertado

emprego, nem conhecer, por consequência, as pessoas aptas para o exercerem, estam comtudo em estado de designar os que possuem esta capacidade, que lhes falta[866]. Estes últimos serão, por seu turno, os eleitores definitivos ou de segundo grau[867].

Sendo o poder eleitoral um dos mais importantes direitos políticos do cidadão, *rien ne peut justifier la loi qui dépouille, sans une raison fondée sur les faits, un si grand nombre de citoyens actifs* do exercício de tal direito[868].

A argumentação é, fatalmente, diferente no que respeita aos eleitores de segundo grau. Na verdade, confidencia Pinheiro Ferreira, que «de

---

ao longo de três páginas do seu *Cours de Droit Public*: «Hormis ces cas d'exception, savoir: des mineurs, des femmes, des aliénés, des idiots, et de ceux qui ont encouru la peine d'interdiction, tous les autre citoyens doivent jouir la plenitude de leurs droits civils, et son dans ce sens désignés sous le nom de *citoyens actifs*. Or, tout les citoyens actifs sont aptes à exercer le pouvoir électoral au premier degré... et s'ils réunissent la capacité requise pour obtenir la confiance de leurs concitoyens, ils peuvent être promus, par de successives élections, conformément à la loi, à tous les emplois du service public où leurs talents pourront être utiles à l'état». *Idem, ibidem*, pp. 16 e 17.

[866] Silvestre Pinheiro Ferreira, *Manual do Cidadão em um Governo Representativo*, I, cit., p. 117. No mesmo sentido escreve no seu *Cours de Droit Public*: «L'exercice d'un pouvoir politique quelconque suppose que celui qui l'exerce a reçu la délégation de la nation. Or, cette délégation peut se faire par le moyen d'une élection ou par une loi qui désinge en général certaines qualités dont la possession suffise pour qu'on entre dans l'exercice de telles ou telles fonctions. Lorsque la délégation se fait simplement par la loi, tout citoyen, réunissant les *qualités légales*, est appelé à exercer de plein droit les fonctions propres de l'emploi: ceux qui ne les possèdent pas en sont exclus par ce seul fait. Tel est le cas de ceux qui sont appellés à exercer en première ligne le pouvoir électoral. C'est par la loi que les uns sont déclarés capables, les autres incapables. C'est ainsi que la loi fixe l'âge de la majorité, de l'émancipation, et les autres circonstances de l'êtat civil qui doivent être considérées comme autant de conditions indispensables pour être admis parmi les électeurs du prémier degré». Cfr. Silvestre Pinheiro Ferreira, *Cours de Droit Public*, I, cit., pp. 383 e 384. A tais eleitores de primeiro degrau chama o Publicista *electeurs d'electeurs* por oposição aos *electeurs en definitive*. *Idem, ibidem*, pp. 384 a 386.

[867] Silvestre Pinheiro Ferreira, *Manual do Cidadão em um Governo Representativo*, I, cit., p. 117.

[868] *Idem, Cours de Droit Public*, I, cit., p. 386.

même que je ne vois rien qui doive borner le nombre de ceux du premier, je suis d'avis que le choix de ceux-ci doit être assujetti à des conditions fondées sur la nature même de l'emploi qui constitue le but de l'élection[869]».

Assim, serão eleitores definitivos *les employés de la même classe et du même rang de l'emploi auquel il s'agit de nommer; ceux du rang immédiatement supérieure ou ceux des deux rangs immédiatement inférieurs*[870].

A cabal compreensão desta passagem obriga a um esclarecimento prévio.

Nas suas obras de cariz jurídico-político, Silvestre Pinheiro Ferreira desenha uma divisão de moradores. Essa classificação, aparentada com a moderna distribuição sectorial primária, secundária ou de serviços, efectiva-se, ordenando *os moradores* do reino em três *ordens ou estados*[871]. Na verdade, afirma categoricamente o publicista, que *tous les citoyens qui ne sauraient être classés parmi les employés publics sont nécessairement propriétaires fonciers ou exercent une branche quelconque d'industrie*[872]. Numa segunda formulação: *la proprieté foncière, l'industrie et le service public sont (...) les trois états dans lesquels tous les habitants d'un pays se trouvent nécessairement compris*[873]. Simplesmente, esta primeira classificação não chega para exprimir a variedade dos interesses em presença.

---

[869] Silvestre Pinheiro Ferreira, *Cours de Droit Public*, I, cit., p. 386.

[870] *Idem, ibidem,* p. 387.

[871] Silvestre Pinheiro Ferreira, «Projecto de Decreto Regulando a Classificação dos Moradores deste Reino Segundo as suas Profissões e Actuaes Graduações Civis, Militares e Ecclesiasticas», publicado juntamente com o *Projecto d'un Systema de Providencias para a Convocação das Cortes Geraes e Restabelecimento da Carta Constitucional*, cit., p. 1.

[872] Silvestre Pinheiro Ferreira, *Cours de Droit Public*, I, cit., p. 18.

[873] *Idem, ibidem.* O que não significa – adverte o Publicista – que um cidadão não possa pertencer, em um só tempo, a dois ou mesmo a todos os estados. Simplesmente, mesmo então, os interesses serão diferentes consoante o ponto de vista que se assuma. Rematando, sublinha: «Ce sont, comme disent les jurisconsultes, trois personnes dans un même individu». *Idem, ibidem.*

Propõe, então, a sua distribuição em doze classes: agricultura, minas, comércio e todas as restantes profissões industriais, instrução pública, saúde pública, marinha, exército, obras públicas, justiça, estadística, secretaria de estado e negócios estrangeiros[874].

---

[874] Esquematicamente, é esta a classificação silvestrina apresentada no seu *Cours de Droit Public* (= pp. 19 e 20 da ed. cit):

États		Classes
De la propriété foncière	I.	De l'agriculture et autre biens térritoriaux
	II.	Des mines
De l'industrie	III.	Du commerce et de toutes les autres professions industriellles
Du service public	IV.	De l'instruction publique
	V.	De la santé publique
	VI.	De la marine.
	VII.	De l'armé.
	VIII.	Des travaux publics.
	IX.	Des finances.
	X.	De la justice.
	XI.	De la statistique.
	XII.	De la secrétarerie d'état et des relations extérieures.

No seu *Projecto de Decreto Regulando a Classificação dos Moradores deste Reino*, cit. (= p. 12 da ed. cit.), Pinheiro Ferreira apresenta a seguinte classificação:

Para a classificação dos moradores, segundo as suas actuaes profissões, agencias, e empregos, nas seguintes doze classes

1.	Agricultura.	7.	Fazenda.
2.	Artes e officios.	8.	Justiça.
3.	Commercio.	9.	Ecclesiastico, coroa e ordens.
4.	Marinha.	10.	Instrucção publica.
5.	Exercito.	11.	Saûde publica.
6.	Obras Publicas.	12.	Expediente geral e negocios estrangeiros.

O *Poder e o Direito na obra de Pinheiro Ferreira: Princípios de Direito Constitucional*   317

É com base nesta seriação que se classificam os cidadãos relativamente à sua hierarquia social.

Instruit par l'histoire – escreve o Publicista – *le législateur doit prévoir que des hommes aussi remplis d'ambition que dénués de mérite, aspireront à occuper les rangs supérieures de la hierarchie sociale; et par conséquence il faut que la loi trace la marche d'après laquelle seulement il doit être permis de s'élever, no pas au gré de la faveur ou du caprice, mais par des services rendus à la société et par elle dûment appréciés au tribunal de l'opinion publique*[875]. Esta consideração importa a dois níveis. Por um lado, revela o sentido da hierarquização social programada, dentro de um contexto funcional que procurava intelectualizar a própria razão histórica. Depois, justifica o esquematismo do sistema eleitoral proposto pelo nosso compatriota. Senão vejamos...

Partindo da afirmação de que *he principio fundamental e incontestavel do systema representativo, que todo o cargo publico deve ser considerado como um mandato conferido pela nação*[876], prossegue Silvestre Pinheiro, considerando que *o unico meio que resta para de novo se poder organisar a machina do governo, he aquelle que a boa rasão e a historia das nações indicam no principio de toda a humana sociedade*[877]. Tal meio, conclui, cifra-se em que *todo o cidadão apto a emitir, com conhecimento de causa, uma opinião sobre a capacidade dos seos concidadãos para*

De notar que, no *Projecto de Ordenações para o Reino de Portugal*, Silvestre Pinheiro Ferreira divide os moradores não em doze mas em catorze classes. A décima classe é agora preenchida pela Coroa e Ordens e a classe da secretaria de estado e negócios estrangeiros subdivide-se, dando lugar a duas classes distintas. Cfr. Silvestre Pinheiro Ferreira, *Projecto d'Ordenações para o Reino de Portugal*, cit., pp. 43 e 44.

[875] Silvestre Pinheiro Ferreira, *Cours de Droit Public*, I, cit., p. 21.

[876] Silvestre Pinheiro Ferreira, *Exposição do Projecto de Decreto Regulando a Classificação dos Moradores*, publicado juntamente com *Projecto d'un Systema de Providencias para a Convocação das Cortes Geraes e Restabelecimento da Carta Constitucional*, cit., p. 31.

[877] Silvestre Pinheiro Ferreira, *Exposição do Projecto de Decreto Regulando a Classificação dos Moradores*, pub. juntamente com *Projecto d'un Systema de Providencias para a Convocação das Cortes Geraes e Restabelecimento da Carta Constitucional*, cit., p. 31.

318   *Para a História do Direito Constitucional Português: Silvestre Pinheiro Ferreira*

exercerem os diversos poderes políticos do estado, ou para aspirarem ao gozo de recompensas nacionaes, declare o conceito em que tem cada um d'aquelles cujos talenctos e conducta lhe sam conhecidos[878].

Chegado aqui procurará o ilustrado Publicista determinar o modo das eleições dos cidadãos *que tem d'occupar os varios cargos correspondentes*[879] às diferentes graduações em que divide os moradores e principalmente *os membros das cortes geraes*[880].

Discorramos, com a brevidade que se impõe, por estes pontos do seu pensamento.

A avaliação dos candidatos deveria fazer-se em função das já nossas conhecidas doze classes, em que os moradores se achavam divididos. Os representantes de cada classe eram eleitos pela classe imediatamente superior, pelos membros da mesma classe ou das duas imediatamente inferiores[881].

Posto isto, cumpre indagar quais serão, na arquitectura ferreireana, as condições legais de elegibilidade para os cargos públicos?

As considerações expendidas anteriormente deixam antever quais serão os requisitos primeiros de admissibilidade de qualquer candidatura. Não obstante, Pinheiro Ferreira não hesita em os explicitar, por forma a não deixar dúvidas quanto à concepção que preconiza.

As primeiras condições de elegibilidade, explica o Autor, devem ser expressas por lei e provam-se por documentos passados pelas autoridades administrativas ou judiciais, consoante as circunstâncias[882]. Concretizando, apresenta como exemplo, as condições de graduação[883], idade, have-

---

[878] *Idem, ibidem*, pp. 33 e 34.

[879] *Idem, ibidem*, p. 34.

[880] *Idem, ibidem.*

[881] Silvestre Pinheiro Ferreira, *Cours de Droit Public*, I, cit., p. 387. O processo está pormenorizadamente descrito no capítulo II, do título II, do seu *Projecto de Ordenações para o Reino de Portugal*, cit., pp. 140 e ss..

[882] *Idem, Manual do Cidadão em um Governo Representativo*, I, cit., p. 118; *idem, Cours de Droit Public*, pp. 387 e ss.; *idem, Exposição do Projecto d'Ordenações para o Reino de Portugal*, cit., pp. 230 e ss.; *idem, Précis d'un Cours de Droit Public*, cit., pp. 52 e ss..

[883] A enumeração da graduação entre as condições legais de elegibilidade explica-se à luz dos princípios que Pinheiro Ferreira assume como exigências profundas do próprio

res, emancipação, domicílio, etc. As restantes, *são de natureza tam individual e variada que sò se podem provar pelo testemunho de pessoas que tenham a capacidade eleitoral requerida pela natureza do caso*[884]. Os cidadãos que cumulem estes requisitos reunem, na perspectiva silvestrina, as condições de elegibilidade e dizem-se candidatos.

Pinheiro Ferreira concretiza o seu pensamento, dizendo quais devem ser as condições legais exigíveis para um cidadão ser candidato *aos emprêgos do poder executivo*[885]. A resposta já a antevíamos.

Em geral, é candidato a tais empregos *quem se achar occupando um emprêgo do mesmo ramo da administração, e d'huma graduação igual ou immediatamente inferior àquelle que se tracta de provêr*[886]. Em comentário ao § 2 do artigo 123 da Constituição de 1822 escreve, sugestivamente: «a expressão livremente offerece um equívoco e induz a suppor que o monarca pode escolher para ministro quem lhe aprouver[887]». E, adiante, considera: «he certo que a presente constituição não designa os candidatos d'entre os quaes ele haja de escolher, e essa omissão favorece

---

sistema constitucional. Em regra, sublinha, não devem ser promovidas a algum cargo senão as pessoas que se acham já legalmente colocadas em emprego da mesma ordem de graduação ou da imediatamente inferior. Refere-o em todas as obras em que trata do poder eleitoral. Trata-se, porém, de uma regra que admite excepções. Na verdade, *há exemplos de pessoas de uma capacidade tam transcendente que não podem ser subjeitas a esse acesso gradual e vagaroso sem que o estado seja privado dos assignalados serviços que lhe poderiam fazer se fossem collocados em logares superiores.* Cfr. Silvestre Pinheiro Ferreira, *Manual do Cidadão em um Governo Representativo*, I, cit., p. 119. Ainda, assim, deverá ser a lei a determinar *tanto o modo de verificar essas qualidades extraordinarias, como* as formas *de acautelar os prejuizos que o interesse individual dos concorrentes poderia experimentar com esta preferencia. Idem, ibidem.* Na verdade, a excepção deve ceder ante a regra sempre que *a recompensa de um merecimento extraordinario faça esmorecer aquelles que não pòdem aspirar senão a um accesso ordinario. Idem, ibidem.*

[884] Silvestre Pinheiro Ferreira, *Manual do Cidadão em um Governo Representativo*, I, cit., p. 118.

[885] *Idem, ibidem*, p. 119.

[886] *Idem, ibidem.*

[887] *Idem, Breves Observações sobre a Constituição Politica da Monarchia Portugueza*, cit., p. 18.

aquella ampla liberdade que se lhe attribue[888]». Simplesmente, a defesa do princípio da eleição nacional retira-se, por inteiro, das palavras que logo profere: «o silêncio da lei não nos autorisa a deduzir uma conclusão incompatível com a natureza do governo representativo, onde o monarca sim pode escolher os ministros, com tanto que seja d'entre as pessoas que para taes empregos tiverem sido declaradas aptas pelos competentes eleitores em nome da nação[889]».

Mais do que a definição legal das condições de elegibilidade para os cargos do poder executivo, o Publicista preocupa-se em estabelecer as condições requeridas para um cidadão poder ser membro do congresso nacional[890/891]. Os deputados devem pertencer a uma das primeiras seis

---

[888] *Idem, ibidem.*

[889] *Idem, ibidem.* Veja-se, ainda, o seu comentário ao § 7 do mesmo artigo da Constituição. No *Manual do Cidadão em um Governo Representativo*, Silvestre Pinheiro esclarece como deve ser feita a nomeação dos ministros e subministros do Estado. Na construção ferreireana, o monarca deve escolher de entre os directores e superintendentes das juntas supremas compreendidas em cada ministério, ou dos que nas listas das últimas eleições figurarem entre os candidatos a conselheiros de Estado na correspondente secção, as pessoas que julgar mais aptas para exercer as funções de ministro e subministro na respectiva repartição. Já o secretário e subsecretário de Estado devem ser escolhidos entre os membros das primeiras duas classes do corpo diplomático ou entre os candidatos ao conselho de Estado. Os superintendentes e director da junta suprema da estadística serão seleccionados de entre os candidatos ao Conselho de Estado. Silvestre Pinheiro Ferreira, *Manual do Cidadão em um Governo Representativo*, cit., pp. 312 e 313. Propõe o Autor que todas estas nomeações sejam feitas por decreto, assinado pelo monarca e referendado pelos membros do Conselho de Estado que *quizerem tomar sobre si a responsabilidade d'esses actos. Idem, ibidem,* p. 313. O motivo desta construção é claro e Silvestre Pinheiro não hesita em o revelar: «ninguem pòde ter direito a uma coisa impossível. Ora he impossivel que um homem noméé, realmente e por si mesmo, para todos os emprêgos da administração de um paiz, por mais pequeno que este seja; pois o chefe de uma ordem superior não pòde julgar com conhecimento de causa da capacidade relativa dos candidatos aos emprêgos das differentes ordens inferiores que exigem conhecimentos especiaes». *Idem, ibidem,* p. 116.

[890] Revela esta preocupação maior o disposto nos prolegómenos do seu *Projecto de Decreto Regulando o Modo das Eleições do Membros das Cortes Geraes do Reino*, publicado conjuntamente com o seu *Projecto d'un Systema de Providencias para a Convocação das Cortes Geraes e Restabelecimento da Carta Constitucional*, cit.. Cumpre

dar a palavra ao eminente Jurisconsulto: «sendo necessario proceder à eleição de novos deputados às cortes geraes do reino, visto achar-se interrompida, a respeito d'um grande numero dos que compunham a legislatura suspensa pelos funestos acontecimentos d'estes ultimos quatro anos, a confiança que a nação n'elles tinha posto: e não existindo lei pela qual se hajam de regular as mencionadas eleições de modo que se conciliem os direitos individuaes com os publicos interesses do estado, nas actuaes extraordinarias circunstancias da monarchia; hei por bem ordenar, como medida provisora, e para o presente caso somente, se observem as seguintes disposições...». Cfr. Silvestre Pinheiro Ferreira, *Projecto de Decreto Regulando o Modo das Eleições do Membros das Cortes Geraes do Reino*, p. 1.

[891] Terão voto na eleição dos membros do congresso nacional todos os cidadãos pertencentes a uma das dez primeiras ordens da hierarquia civil. A compreensão desta regra depende de duas consideração prévias. Como veremos, na construção ferreireana, a câmara dos deputados deve ser dividida em três secções, duas das quais se destinam a representar, primacialmente, os interesses especiais do comércio e da indústria e a terceira os interesses gerais de todas as classes. Para cada uma das três mencionadas secções – ensina Pinheiro Ferreira – deve ser eleito um deputado por cantão, sendo eleitores os cidadãos aí estabelecidos que, em virtude da sua profissão, pertençam ou à secção do comércio ou à secção da indústria, cujos interesses o deputado deve representar. No que concerne à terceira classe, a que o Publicista dá o nome de estadística, não releva a profissão do eleitor. É esta a primeira consideração. A secção do comércio – esclarece – deve abranger as classes do comércio, marinha, fazenda e negócios estrangeiros. Por seu turno, a da indústria compreende as repartições das artes, ofícios, e outros ramos da indústria, agricultura, minas, obras públicas, belas artes, letras, ciências morais e políticas, saúde pública, justiça e guerra. Cfr. Silvestre Pinheiro Ferreira, *Manual do Cidadão em um Governo Representativo*, I, cit., pp. 128 e 129. Partindo destes dois considerandos, está o nosso compatriota em condições de explicar o motivo que o leva a restringir às dez primeiras ordens da hierarquia o direito de eleger os membros do congresso nacional. Escutemo-lo: «nòs já mostràmos que a massa da nação, considerada relativamente ao poder eleitoral, devia ser dividida em tres classes, a primeira das quaes comprehende as pessoas aptas para designarem entre os seos concidadãos aquelles que possuem as qualidades requeridas para o emprêgo que fôr objecto das eleições e às quaes havemos dado o nome de *eleitores de segundo grào* ou *definitivos*. A segunda he d'aquelles que, não podendo fazer essa escolha immediata, podem comtudo designar entre as pessoas da mesma profissão aquellas que sam aptas a preencher essas funções; e estes eleitores denominàmos de *primeiro grào*. Finalmente, a terceira classe he a do resto da nação, que se compõe de todos os individuos que não sò não podem eleger immediatamente para os cargos de que se tracta, mas nem mesmo designar quem o possa fazer com conhecimento de causa. Ora, esta ultima classe he a que nòs preenchemos na duodecima graduação de jerarchia civil... Assim, os cidadãos pertencentes à undecima graduação sò por esse facto

ordens da graduação da hierarquia civil[892] e estar matriculados em alguma das doze classes que preenchem os três estados do comércio, indústria e serviço público[893]. Não hesita o Autor em explicitar a razão de ser destas exigências.

A importância das funções a que os deputados são chamados *exige que a nação tenha adquirido grandes provas da sua capacidade, e que por sua parte elles tenham chegado a um certo grào de prosperidade e independencia, que possa imprimir nas suas opiniões a consideração inherente ao seo caràcter pessoal*[894]. Estas condições, acrescenta de imediato, *acham-se reunidas nos cidadãos que, por uma série de eleições,*

---

ficam sendo *eleitores de primeiro grào*; e os que pertencem às dez graduações seguintes sam *eleitores de segundo grào* ou *definitivos*». *Idem, ibidem.* De notar que, para o nosso autor, as ordens não são estanques, antes têm uma dinâmica própria. Assim, os eleitores que preenchem a décima primeira graduação concorrem com o seu voto para que os cidadãos da mesma graduação passem à décima ou, o que é o mesmo, assumam a qualidade de eleitores definitivos». *Idem, ibidem*, p. 130. De notar que a regra que limita às dez primeiras ordens da hierarquia o direito de eleger os deputados retira-se, de igual forma, do disposto no *Projecto* silvestrino de *Decreto Regulando o Modo das Eleições dos Membros das Cortes Geraes do Reino*, cit., pp. 2 e 3.

[892] Concede Pinheiro Ferreira que onde houver governo existirá necessariamente uma hierarquia civil e administrativa. Ora, a hierarquia a que o Autor alude em nada difere da que se acha em todos os Países. Pinheiro Ferreira ilustra o que pretende dizer, recorrendo a um exemplo: o da hierarquia militar. Na base da hierarquia coloca os soldados, seguidos dos oficiais inferiores, alferes, tenentes, capitães, majores, tenentes-coronéis, coronéis, generais de brigada, tenentes generais, generais e no topo marechal general. Em qualquer outra das classes desenham-se, de igual modo, doze graduações. Cfr. Silvestre Pinheiro Ferreira, *Manual do Cidadão em um Governo Representativo*, I, cit., pp. 18 e 19. Recorrendo ao exemplo silvestrino diremos que são candidatos a membros do congresso nacional todos os cidadãos que ocupem em cada uma das classes de moradores o lugar equivalente ao de tenente-coronel ou superior.

[893] Silvestre Pinheiro tem em mente as seguintes classes: agricultura, minas, artes e ofícios, comércio, marinha e exército, obras públicas, fazenda, justiça, instrução pública, saúde pública, secretaria de estado e negócios estrangeiros. Esta conclusão retira-se, por exemplo, do disposto no seu *Manual do Cidadão em um Governo Representativo*, I, cit., p. 17 e

[894] Silvestre Pinheiro Ferreira, *Manual do Cidadão em um Governo Representativo*, I, cit., p. 120.

*subiram desde o último ao sexto (e seguintes) degraus da hieraquia e que,
em rasão do seo mèrito e comportamento, ahi foram mantidos por seus
concidadãos* [895].

Acresce que no que concerne aos mandatários da nação *sendo
chamados a representar os interesses dos seos constituintes, a primeira
condição indispensavel para cumprir o seo mandato he de bem conhecer
esses interêsses*[896]. Não obstante, ninguém, *por mais vasta capacidade que
se lhe supponha pòde conhecer todos os interesses de um povo*[897]. Ora,
como é sabido, a proposta silvestrina orientara-se no sentido de que todos
os moradores do reino se distribuíssem pelas classes que preenchem os
três estados de comércio, indústria e serviço público[898]. Em cada um destes
estados, por certo, *haverá um certo numero de homens capazes de comprehender e sustentar no congresso os respectivos interêsses*[899].
Consideração, abastança de bens, experiência de negócios, comportamento irrepreensível e sustentado por longos anos *taes sam as garantias que
offerece a disposição de não se escolherem os deputados senão nas seis
primeiras ordens da jerarquia*[900]. Portanto, cada deputado *ainda que deva
representar sobre tudo os interêsses geraes da nação*, representa especialmente os do estado a que pertence[901]. Aliás, *mesmo que possua conhecimentos de vulto em outros ramos do saber, não he sobre esses conhecimentos que os eleitores estabelecêram a sua confiança, por não saberem dar-lhes valor, nem poderem achar ali senão um interesse mui remoto*[902].

---

[895] *Idem, ibidem.*

[896] Silvestre Pinheiro Ferreira, *Manual do Cidadão em um Governo Representativo,*
I, cit., p. 121.

[897] *Idem, ibidem.*

[898] *Vide supra.*

[899] Silvestre Pinheiro Ferreira, *Manual do Cidadão em um Governo Representativo,*
I, cit., p. 121.

[900] *Idem, ibidem*, p. 120.

[901] Silvestre Pinheiro Ferreira, *Manual do Cidadão em um Governo Representativo,*
I, cit., p. 121.

[902] *Idem, ibidem.* No mesmo sentido escreve no seu *Cours de Droit Public*, I, cit.,
pp. 382 e ss..

De referir, ainda, que a distinção entre pares e deputados inspirara críticas severas[903] a Silvestre Pinheiro Ferreira que, em vez de pares hereditários, preconizava um pariato de eleição pública[904]. O fundamento desta exigência explica-se em poucas palavras: as duas câmaras mais não são do que representantes ou mandatários da nação[905]. Assim, será *inconstitucional que os pares, agentes do poder legislativo, sejam nomeados por outrem que os seos constituintes; e, mais ainda, o serem-o pelo chefe do poder executivo*[906].

As considerações expendidas permitem que o nosso compatriota proponha o alargamento das amplas reformas eleitorais que preconiza à câmara alta. Nesta medida, *os eleitores escolheriam os procuradores dos estados da Europa, Asia e Africa entre as pessoas da primeira ordem da graduação civil; entre as da segunda os das provincias; entre as da terceira, os das comarcas e entre as da quarta, os dos cantões*[907].

Sob um ponto de vista teorético, a ideia do "eleitorado função[908]" serviu para a delimitação do suporte social de apoio aos esquemas constitucionais cartistas. Eis a sua proposição básica: o direito de sufrágio depende da capacidade dos indivíduos não sendo inerente à natureza do

---

[903] Verdadeiramente ilustrativo do que se pretende dizer é o disposto em uma passagem de seu *Cours de Droit Public*. Escutemos, então, o Publicista: «Quant à la chambre des pairs on n'exige qu'un certain âge, de trente ans par exemple; pour le reste il suffit que le candidat ait les bonnes grâces du roi, ou que le hasard l'ait fait naître d'un pair: il suffit même souvent d'avoir un pour oncle». Cfr. Silvestre Pinheiro Ferreira, *Cours de Droit Public*, II, cit., p. 356.

[904] Refira-se, a título de exemplo, o disposto nas suas *Observations sur la Charte Constitutionelle de la France, Extraits du Cours de Droit Public*, Paris, Rey et Gravier, J. P. Aillaud, 1833, pp. 65 a 77.

[905] Veja-se o disposto no seu *Cours de Droit Public*, I, cit., pp. 59 a 73, particularmente o disposto na p. 70.

[906] Silvestre Pinheiro Ferreira, *Observações sobre a Constituição do Imperio do Brazil e sobre a Carta Constitucional do Reino de Portugal*, cit, p. 157.

[907] Silvestre Pinheiro Ferreira, *Observações sobre a Constituição do Imperio do Brazil e sobre a Carta Constitucional do Reino de Portugal*, cit., pp. 157 e 158.

[908] Na terminologia do Professor Gomes Canotilho, «As Constituições», cit., p. 157.

O Poder e o Direito na obra de Pinheiro Ferreira: Princípios de Direito Constitucional 325

homem. O eleitorado é, pois, uma função social, o que permite legitimar jurídico-constitucionalmente o "principio do sufrágio censitário"[909].

Verá Silvestre Pinheiro Ferreira alguma diferença entre o sistema que preconiza e a definição cartista de corpo eleitoral? – urge perguntar.

Na vastidão da sua obra, encontramos, sem dificuldade, a solução para o problema enunciado. De facto, no *Manual do Cidadão em um Governo Representativo* escreve Pinheiro Ferreira: «quanto ao fundo em nada diferem, porque os actuaes exigem que os candidatos tenham certas condições de idade e rendimento, deixando à descrição dos eleitores as condições de probidade e aptidão[910]». Também o método que preconiza – concede o Autor – exige as mesmas condições. Na verdade, postula a "condição de idade" na medida em que só será elegível aquele que os sucessivos testemunhos dos eleitores, por uma série de promoções, elevarem até aquela das seis primeiras ordens da graduação[911]. Também a condição de rendimento é garantida pelo sistema de dotações legais, correspondentes a cada graduação da hierarquia, que preconiza[912]. Finalmente, as condições de *probidade* e *aptidão* ficam, na sua óptica, *seguradas contra o perigo de qualquer manejo de intriga* já que – acrescenta – *nenhuma suspeita pòde inspirar o cidadão que não deve a sua elevação, nem ao favor da corte, nem a baxezas diante do poder,* mas antes *ao voto universal de todos os seos concidadãos capazes de emittirem a seo respeito uma opinião com conhecimento de causa.*

---

[909] Lendo o texto da *Carta Constitucional* deparamos com a consagração do entendimento de que a capacidade eleitoral activa apenas era reconhecida àqueles que, pelo menos, houvessem «de renda líquida anual cem mil réis, por bens de raiz, indústria, comércio ou empregos», Cfr. artigo 65º, § 5º (= p. 118 da ed. cit.). Os requisitos da capacidade eleitoral passiva eram ainda mais restritivamente oligárquicos, já que apenas «são hábeis para serem deputados» os que tiverem quatrocentos mil réis de renda líquida. V. artigo 68, § 1º (= p. 119 da ed. cit.).

[910] Silvestre Pinheiro Ferreira, *Manual do Cidadão em um Governo Representativo*, I, cit., p. 122.

[911] *Vide supra.*

[912] À explicação do sistema de dotações dedica Silvestre Pinheiro algum do seu labor. Veja-se, por exemplo, o disposto no seu *Manual do Cidadão em um Governo Representativo*, I, cit., pp. 21 a 31.

O que, na perspectiva do ilustrado liberal do nosso primeiro constitucionalismo, distingue o seu sistema do modelo recebido reside no facto de aquele exigir *em cada deputado a especialidade de conhecimentos requerida para bem representar cada uma das tres sortes de interêsses relativos às três secções de que se deve compôr o congresso legislativo*[913], enquanto neste, *cada eleitor escolhe sem saber que condições reunir o candidato*[914]. Aqui reside, a seus olhos, o motivo pelo qual *os interêsses dos differentes estados sam mui imperfeitamente representados nos congressos de quantas nações se presumem viver debaxo do regime constitucional*[915/916]. Sob a égide do seu sistema, deverá a lei dirigir a atenção do eleitor, *a fim de que elle se concentre no circulo de seos conhecimentos*[917], procurando *entre as pessoas do seo estado, as mais capazes de representar os respectivos interêsses*[918].

A análise silvestrina acerca das condições de elegibilidade para cargos públicos não se queda por aqui. Dedica, ainda, parte de seu labor a definir os requisitos necessários para que um cidadão possa ser candidato aos *emprêgos do poder judicial.*

Também aqui, Pinheiro Ferreira não nos dá uma resposta única já que a solução depende de uma distinção prévia entre *juízes*[919] e *officiaes*

---

[913] Silvestre Pinheiro Ferreira, *Manual do Cidadão em um Governo Representativo*, I, cit., p. 123.

[914] *Idem, ibidem.*

[915] *Idem, ibidem.*

[916] Esta passagem deve ser lida no contexto da obra do Autor, ainda que possa estar entre aquelas que melhor evidenciam a substância do seu pensamento. Na verdade, daqui não pretende o Publicista retirar que as três secções de que se deve compôr uma das câmaras do congresso legislativo não representem sobretudo os interesses gerais da nação. Sem colocar em causa a concepção do congresso como mandatário ou representante da nação, procura, apenas, reafirmar que as secções que integram a câmara dos deputados representam especialmente os interesses do *estado* a que pertencem. Por conseguinte, é *mister* conhecê-lo.

[917] Silvestre Pinheiro Ferreira, *Manual do Cidadão em um Governo Representativo*, I, cit., p. 123.

[918] *Idem, ibidem.*

[919] Os juízes são, no vocabulário silvestrino, *os árbitros que compõem o jury.* Cfr. Silvestre Pinheiro Ferreira, *Manual do Cidadão em um Governo Representativo*, I, cit., p. 124; *idem, Cours de Droit Public*, I, cit., pp. 344 e 345.

de juízo[920]. Os primeiros, dada a natureza da função que são chamados a desempenhar, não poderão deixar de receber o seu mandato da nação[921/922]. Simplesmente, porque *ninguem deve ser julgado senão pelos seos pares, ou iguaes, o que quer dizer, pessoas que lhe não sejam suspeitas, (…) não he constitucional o systema de administração de justiça em que os juízes não forem escolhidos ou consentidos pelas partes*[923].

Numa tentativa de conciliar os interesses divergentes em presença, Silvestre Pinheiro Ferreira propõe o seguinte esquema para a eleição dos membros do juri: «porque os interêsses das partes e a decisão do jury exercem necessariamente uma influencia sobre os interêsses geraes da nação[924]» deverá a lei, «deixando às partes a liberdade de tomarem por

---

[920] Os oficiais do juízo são o presidente, o secretario e o assessor. Cfr. Idem, *Manual do Cidadão em um Governo Representativo*, I, cit., p. 124; *idem, Cours de Droit Public*, I, cit., pp. 358 a 361.

[921] Silvestre Pinheiro Ferreira, *Cours de Droit Public*, I, cit., p. 362.

[922] Nestes termos, propõe o Autor, que na eleição dos árbitros se distinga entre os que vão exercer este cargo nos juízos das diferentes alçadas. Assim, serão candidatos a membros do juri nas auditorias os cidadãos da nona e décima ordem de graduação; nos tribunais de ouvidoria os da oitava e nona; nos de provedoria os da sétima e oitava; nos de corregedoria os da sexta e sétima e, por último, nos tribunais superiores de província, bem como no Tribunal Supremo de Justiça, os das seis primeiras ordens de graduação. Adverte Silvestre Pinheiro que os presidentes do juri, sempre que possível, deverão ser de graduação imediatamente superior à dos membros do mesmo juri. Cfr. *Idem, Manual do Cidadão em um Governo Representativo; Idem, Cours de Droit Public*, I, cit., pp. 362 – 363, 372, 398 e ss.. Isto no que tange às condições de admissibilidade. O direito de eleger os *agentes especiaes* do poder judicial competirá, por seu turno, *aos cidadãos que residirem na divisão territorial a que o emprêgo pertence, e compreendidos nas seis primeiras graduações, se o objecto fôr uma provincia, e nas dez primeiras se se tratar das três divisões immediatas.* Ademais, se *o emprego faz parte do governo supremo, os eleitores devem ser comprehendidos nas seis primeiras graduações,* sem distinção do respectivo local de residência. Cfr. Silvestre Pinheiro Ferreira, *Manual do Cidadão em um Governo Representativo*, I, cit., pp. 130. Uma última palavra, para salientar que o eminente Publicista concebe o País dividido em províncias, comarcas, cantões, distritos, municipalidades e bairros. *Idem, Projecto de Ordenações para o Reino de Portugal*, cit., pp. 39 e 40.

[923] Silvestre Pinheiro Ferreira, *Manual do Cidadão em um Governo Representativo*, I, cit., p. 186, nota I.

[924] *Idem, ibidem*, p. 189.

juízes as pessoas que merecerem a sua confiança[925]», determinar que a escolha se faça «entre aquellas que tambem mereceram a confiança publica, (...) por via das eleições periodicas[926]».

Quanto aos oficiais do juízo, *sam candidatos em primeira instancia os que tiverem obtido a qualificação de distinctos nas differentes escolas geraes de direito*[927], *devendo* seguir-se, *d'ahi por diante*, o procedimento geral das promoções[928].

O princípio do sufrágio não conduz, em linha recta, a um modelo determinado ou a uma só forma de organização eleitoral. Assim, traçadas, em breves pinceladas, as condições de elegibilidade para os cargos públicos, cumpre agora lançar um olhar sobre o sistema eleitoral silvestrino[929].

O largo número e a importância dos problemas que se levantam reclamam estudos cuidadosos. Particularmente – e é o que nas linhas

---

[925] *Idem, ibidem.*

[926] *Idem, ibidem.*

[927] Silvestre Pinheiro Ferreira, *Manual do Cidadão em um Governo Representativo*, I, cit., p. 124.

[928] Veja-se, por ser ilustrativo, o disposto no mapa demonstrativo das graduações e da ordem de promoções dos diferentes empregos do público serviço, publicado em anexo ao seu *Projecto de Ordenações para o Reino de Portugal*, cit., p. 36. Sobre os graus de promoção veja-se, ainda, o explicação dada nos seus *Manual do Cidadão em um Governo Representativo*, I, cit., pp. 19 e ss e *Cours de Droit Public*, I, p. 21. Aquele mapa é, por nós, apresentado em anexo ao presente estudo. Cfr. Anexo II.

[929] Sobre os sitemas eleitorais *vide*, entre tantos, Thomas Hare, *A Treatise on the Election of Representatives*, Londres, 1859; A. C. Ribeiro da Costa, *Princípios e Questões de Filosofia Política*, Tomo I. *Condições cientificas de direito de sufrágio*, Coimbra, 1878; N. Saripolos, *La démocratie et l'éléction proportionnele. Étude juridique, historique et politique*, Paris, 1899; Leão Azedo, *A questão eleitoral*, Lisboa, 1915; Maurice Duverger, *L'influence des systèmes électoraux sur la vie politique*, Paris, 1950; *Comparative Politics*, obra colectiva ed. por Harry Eckstein e David E. Apter, Nova Iorque, 1963, pp. 247 e ss.; Douglas W. Era, *The Political Consequences of Electoral Laes*, New Haven, 1967 e 1971; J. M. Cotteret e Claude Emeri, *Les Systèmes Eléctoraux*, Paris, 1970; Marcelo Rebelo de Sousa, *Os partidos políticos no Direito Constitucional Português*, Braga, 1983; André Gonçalves Pereira, *Sistema eleitoral e sistema de governo*, 1986; Jorge Miranda, *Ciência Política. Formas de Governo*, Lisboa, Faculdade de Direito da Universidade de Lisboa, 1992.

O aspecto essencial a ter em conta pelo investigador é o dos votos curiais.

seguintes se procurará fazer, embora cientes de não podermos dar ao tratamento do tema a amplitude que ele merece – é preciso definir as regras, procedimentos e práticas, com a sua coerência e lógica interna, a que, na construção ferreireana, a eleição deveria estar sujeita.

O aspecto essencial a ter em conta pelo investigador é o dos votos curiais.

Na perspectiva de Pinheiro Ferreira, *as eleições fazem-se por votos curiais*[930] sempre que *os votos dos eleitores pertencentes às diversas graduações se contam separadamente e o voto da maioria de graduação conta por um sò voto*[931]. Por oposição ao *voto viril*, que *se compõe da totalidade dos votos individuais*, os votos da mesma graduação contam, naquele caso, em conjunto e não individualmente. Interessa, por conseguinte não o candidato que goza de preferência aos olhos de cada eleitor, mas o que ocupa o mais alto grau de estima na opinião de todos os eleitores[932]. Nestes termos, deveria ser ante uma lista de *quotas de estimação*[933] que cada eleitor consideraria o candidato como *superior, mediano, inferior, inadmissivel, duvidoso e inibido*[934]. A soma dos valores numéricos de estima classificava o candidato[935].

---

[930] Silvestre Pinheiro Ferreira, «Introdução» ao *Projecto de Codigo Politico para a Nação Portugueza*, cit., p. IX; *idem, Manual do Cidadão em um Governo Representativo*, I, cit., p. 20, *idem, Exposição do Projecto de Ordenações para o Reino de Portugal*, cit., pp. 297 e 298.

[931] Silvestre Pinheiro Ferreira, «Introdução» ao *Projecto de Codigo Politico para a Nação Portugueza*, cit., p. IX.

[932] Silvestre Pinheiro Ferreira, «Introdução» ao *Projecto de Codigo Politico para a Nação Portugueza*, cit., p. IX; *idem, Manual do Cidadão em um Governo Representativo*, I, cit., p. 20, *idem, Exposição do Projecto de Ordenações para o Reino de Portugal*, cit., pp. 297 e 298.

[933] Silvestre Pinheiro Ferreira, *Manual do Cidadão em um Governo Representativo*, I, cit., p. 133.

[934] Silvestre Pinheiro Ferreira, *Manual do Cidadão em um Governo Representativo*, I, cit., p. 134.

[935] *Idem, ibidem*, pp. 136. O método de estimação proposto pelo nosso compatriota explica-se em poucas palavras. A autoridade incumbida das eleições em cada território deve ter uma lista dos respectivos eleitores, cujos nomes ali devem estar escritos por

ordem alfabética e numerados. A cada eleitor seriam distribuidos dois exemplares da lista de candidatos, ordenada, de igual forma, por ordem alfabética. Naqueles exemplares deveria ser aposto o número de que o nome do eleitor é precedido na lista geral de votantes. A lista de candidatos estaria organizada em sete colunas, na primeira das quais foram lançados os nomes dos diferentes candidatos e, nas restantes, em branco, as rubricas seguintes, a saber: *superior, mediano, inferior, inadmissivel, duvidoso e inibido*. O eleitor, discorrendo sobre os nomes dos candidatos, deverá, de acordo com aquelas rubricas, expressar a opinão que houver formado acerca da capacidade do candidato. Posto isto, o votante deverá deligenciar no sentido de fazer chegar às mãos da autoridade de quem recebeu as listas um dos dois exemplares. O correio poderia ser uma das vias de recurso. A sobredita autoridade, após coligir as listas dos diversos eleitores, procederá ao apuramento dos votos, escrutinando separadamente as listas dos votantes que pertencem a uma mesma ordem de hierarquia, após o que sumará, relativamente, a cada candidato, os votos que, nas diferentes listas, lhe corresponder em cada uma das seis colunas mencionadas. Cfr. Silvestre Pinheiro Ferreira, *Manual do Cidadão em um Governo Representativo*, I, cit., pp. 133 e 134. Desta forma, pretendia o Autor assegurar a comodidade do processo. Findo o procedimento, dever-se-ia considerar excluído todo o candidato que não houvesse obtido ao menos um terço dos votos dos eleitores. Depois, seria admitida como base de cálculo das estimações que o termo "mediano" vale o dobro da rubrica "inferior", da mesma forma que "superior" vale o mesmo que dobrados votos de "mediano", "duvidoso" o dobro de "inibido" ou "desconhecido" e "inadmissível" o dobro de "duvidoso". Para se liquidar a total estimação de um candidato, na opinião dos eleitores, é *mister* multiplicar por quatro os votos que lhe corresponderem na coluna sob a rubrica "superior"; por dois os da coluna sob o termo "medianos" e, estes dois produtos, somados com o número de votos lançados sob a rubrica "inferior", classificarão o candidato. Por outro lado, devem multiplicar-se por dois os votos que o qualificaram de "duvidoso", por quatro os de "inadmissivel", cujos produtos, somados com os votos de "inibido", constituirão o voto de exclusão do mesmo candidato. A diferença entre os votos de admissão e os de exclusão revelarão o conceito que, do candidato, forma a generalidade dos eleitores cujas listas se escrutinaram. Por outras palavras, findo este procedimento, achado está o voto curial da dita ordem. Feita a liquidação das listas das diferentes graduações, resta formar uma nova lista geral, na qual serão lançados os nomes dos candidatos pela ordem das quotas de estimação que lograram obter. Tal lista permitirá mostrar a ordem em que os candidatos eleitos devem ser chamados a exercer o emprego de que se trata. Ademais, ante a falta ou impedimento do eleito deve ser chamado o que, depois dele, houver sido mais votado, sem necessidade de repetição do processado. Cfr. Silvestre Pinheiro Ferreira, *Manual do Cidadão em um Governo Representativo*, I, cit., pp. 135 e 136.

Se, em uma palavra, procurássemos traduzir o processo de estimação arquitectado pelo nosso compatriota diriamos que consiste, fundamentalmente, em um processo qualitativo de eleição.

O sistema eleitoral silvestrino, no seu esquematismo e na sua pretendida eficácia, reflecte preocupações fundas, emergentes das novas tendências liberais. Na realidade, será com os olhos postos em duas condições que reputa essenciais que o seu pensamento toma corpo. Referimo-nos, por um lado à invocada necessidade de *admitir o maior numero possível de eleitores*[936] e, por outro, à exigida garantia de que *o acto seja exercido com a maior publicidade*[937/938].

Do que antecede podemos, com alguma segurança, concluir que o *voto universal* – que Pinheiro Ferreira pretendia ver alicerçado nos princípios de direito constitucional – consiste, essencialmente, *em que todo o cidadão que pode emittir sobre o objecto das eleições uma opinião com conhecimento de causa he, não sò admittido, mas obrigado a votar*[939/940].

---

[936] Silvestre Pinheiro Ferreira, *Manual do Cidadão em um Governo Representativo*, I, cit., p. 137. A este propósito escreve com pertinência: «esse methodo admite a votar o maior número possível de eleitores porque remove todos os obstaculos que nos outros methodos estorvam os eleitores de cumprirem este dever. O primeiro d'estes obstaculos consiste em que o eleitor he obrigado a comparecer pessoalmente na assemblea eleitoral, o que lhe causa o prejuizo de deixar os seos negocios por todo o tempo que duram as eleições, que às vezes he consideravel em rasão das distancias do seo domicilio». *Idem, ibidem*. E, linhas adiante, em concretização, sublinha: «No nosso systema pelo contrario (...) o eleitor não tem necessidade de comparecer pessoalmente; basta que, sendo necessario, possa provar que o seo voto foi entregue à autoridade de quem recebeu as listas sobre que tinha de votar; o que he mui facil, cobrando d'elle recibo, quer a remessa se faça por terceira pessoa, quer seja segura pelo correio ordinario». *Idem, ibidem*, p. 138.

[937] O mero facto de os votos deverem ser dados por escrito - escreve Silvestre Pinheiro - é garantia de publicidade dos votos. Cfr. Silvestre Pinheiro Ferreira, «Introdução» a *Projecto de Codigo Politico para a Nação Portugueza*, cit., p. IX.

[938] Silvestre Pinheiro Ferreira, *Manual do Cidadão em um Governo Representativo*, I, cit., p. 137.

[939] Cfr. Silvestre Pinheiro Ferreira, «Introdução» a *Projecto de Codigo Politico para a Nação Portugueza*, cit., p. VIII.

[940] A obrigatoriedade de voto é reiterada em outras passagens da sua obra. Particularmente, lê-se no seu *Manual do Cidadão em um Governo Representativo*: «ainda

332   *Para a História do Direito Constitucional Português: Silvestre Pinheiro Ferreira*

Na construção de Pinheiro Ferreira, o sufrágio universal, mais do que uma orientação política definida, representa, pois, uma arma contra a corrupção e o erro dos eleitores[941]. Ademais, e esta é, na perspectiva do Autor, a outra das suas irrefutáveis virtualidades, permitirá *o desvanecimento da funesta influencia que os eleitores das classes inferiores costumam exercer em rasão do maior numero de votos, quando* os votos *se contam por cabeça*[942/943].

3.3.3 - Ensaio de um Poder Legislativo

Na sua construção jurídico-política, Silvestre Pinheiro Ferreira chegara à concepção de que qualquer governo deve ter poderes limitados, não existindo à margem do consentimento dos governados[944]. É a partir

---

que por falta de outra mais clara se empregue a expressão equivoca de *direito*, ou *poder eleitoral*, nem por isso se segue que seja um d'esses *direitos* ou *podêres* de que o cidadão pòde fazer uso ou não fazer uso segundo lhe convier. Os *direitos* ou *podêres politicos* não sam uma faculdade creada pela lei do estado para proveito individual do cidadão, mas sim a bem dos interesses da communidade. He um dever a que se deu o nome de direito ou de poder, sò porque he destinado a crear outros direitos e devêres. Seria pois faltar ao seo dever, e traîr a fè dos seos contractos deixar de exercer as funções inherentes a este cargo». Silvestre Pinheiro Ferreira, *Manual do Cidadão em um Governo Representativo*, I, cit., p. 139. Recorrendo a uma imagem, acrescenta: «Um eleitor que se abstivesse de votar pelo receio de prejudicar os seos interesses commeteria uma acção tão vil como o soldado que abandonasse o seo posto por medo». *Idem, ibidem*. Acresce que a publicidade do processo assegurará que o cidadão não deixe de responder ante o poderoso tribunal da opinião pública. *Idem, ibidem*, p. 140; *idem, Cours de Droit Public*, pp. 409 e 410.

[941] Como já antes sublinhámos. *Vide supra*.

[942] Silvestre Pinheiro Ferreira, «Introdução» a *Projecto de Codigo Politico para a Nação Portugueza*, cit., p. IX.

[943] De notar que o Autor dedica ainda parte do seu labor a delinear o procedimento a adoptar no caso de existirem dúvidas acerca da validade da eleição de um funcionário. Sobre a questão, veja-se o disposto no seu *Manual do Cidadão em um Governo Representativo*, I, cit., pp. 140 e 141 ou no *Cours de Droit Public*, I, cit., pp. 114 e ss..

[944] *Vide supra*.

destas ideias básicas que logo proclama que as *monarchias absolutas não sam senão abusos do poder*[945].

O seu pensamento acolhe as ideias contratualistas dominantes no seu tempo. Simplesmente, perspectiva o pacto social não como um facto empírico, como algo que efectivamente aconteceu num certo momento da História e, consequentemente, como uma forma verificada de explicar o político, mas antes como um princípio ético-normativo: aquilo que deu origem à sociedade civil não foi senão o consentimento, expresso ou tácito, de um certo número de homens livres[946], capazes de serem representados[947].

Para o Publicista Português, o poder político é entendido como mero poder-dever, como uma missão que o povo confia aos que o representam.

Partindo da ideia de que o poder nasce de uma relação de confiança entre governados e governantes, Pinheiro Ferreira rechaça o dualismo do *pactum subjectionis*[948].

O seu espírito clama pela democracia. Mas, para ele, democracia significava, simplesmente, ausência de privilégio[949].

Se, por um lado, condena o poder absoluto por parte dos governantes, eis que, por outro, também nega que a soberania nacional constitua um direito de a nação se governar a si mesma. Na linguagem silvestrina, poder soberano do povo significa apenas o direito reconhecido a todo o cidadão eleitor de participar, por meio do voto, na escolha daqueles que hão-de exercer, no interesse da nação, os poderes políticos[950].

Liberal moderado, receando o perigo da oclocracia[951] ou governo de massas, representadas numa assembleia demagógica, concluía por um sis-

---

[945] Silvestre Pinheiro Ferreira, *Manual do Cidadão em um Governo Representativo*, I, cit., p. 272.

[946] *Idem, Cours de Droit Public*, I, cit., pp. 25 a 28.

[947] *Idem, ibidem.*

[948] *Vide supra.*

[949] *Vide supra.*

[950] *Vide supra.*

[951] Contrariando, aparentemente, este entendimento, escreve José Esteves Pereira: «Quer isto dizer que a oclocracia, no início das suas proposições políticas, surgiu de um

tema constitucional que, antecipando-se ao seu tempo, assentava numa divisão orgânica dos poderes do Estado[952].

A nação – ensina o Publicista – governa-se por intermédio de cinco poderes: o eleitoral, o legislativo, o executivo, o judicial e o conservador[953].

Particularmente, a questão do poder legislativo é exemplo frisante de como estas afirmações, a cada passo repetidas, não resistem a uma análise cuidada e imparcial. De facto, é à luz destas considerações preliminares que Pinheiro Ferreira intentou a formulação do poder legislativo no seio da monarquia representativa.

A opção não nos deverá causar estranheza, atendendo, desde logo, aos resultados do revolucionarismo liberal europeu. Seguiram-se, por conseguinte, prevenções de vulto no que concerne à extensão do poder legislativo e ao poder discricionário do legislador.

Já antes – sob o título "razão da lei" – procurámos delinear os limites que o Autor aponta como necessários à *autoridade de fazer leis*[954].

Nas próximas linhas seremos norteados por esta questão essencial: como deverá ser organizado o poder legislativo numa monarquia constitucional?

A resposta – quer-nos parecer – não pode dissociar-se dos receios profundos do Pensador Luso.

Mas, recorramos às fontes e deixemos falar o Autor pela voz dos documentos.

Ao poder legislativo compete, desde logo, a representação dos interesses nacionais[955]. Mas não apenas…

---

contacto atento de Montesquieu, embora seja certo que o doutrinarismo lhe trouxe um conteúdo de natureza histórica, desenvolvido no aspecto "constitucional" do liberalismo, que superou a perspectiva filosófico-política setecentista». Cfr. José Esteves Pereira, *Silvestre Pinheiro Ferreira*, cit., pp. 127 e 128.

[952] *Vide supra.*

[953] Veja-se, por exemplo, o disposto no seu *Cours de Droit Public*, I, cit., pp. 23 e 24.

[954] Silvestre Pinheiro Ferreira, *Manual do Cidadão em um Governo Representativo*, I, cit., p. 142.

[955] *Idem, ibidem*; *idem, Cours de Droit Public*, I, cit., p. 70.

O *Poder e o Direito na obra de Pinheiro Ferreira: Princípios de Direito Constitucional*   335

Silvestre Pinheiro Ferreira reservava o exercício do poder legislativo a uma *assemblea dos representantes dos diversos interêsses que podem achar-se em conflicto*[956/957], precisando o seu ponto de adopção.

A maior parte dos negócios do Estado – sublinha – devem ser contemplados, a um só tempo, sob três acepções diferentes[958]. Frequentemente, deparamo-nos com um conflito entre interesses concorrentes que só o legislador pode dirimir[959]. Ora, *os tres interêsses que concorrem, e muitas vezes parecem contràrios, sam os interêsses particulares do commercio; os de todos os outros ramos da industria e os interesses geraes do estado*[960].

A ideia de interesses diversos ou, mais incisivamente, divergentes, leva o Publicista a preconizar um sistema bi-camaral: a câmara dos pares[961] e a câmara dos deputados.

Uma atenta determinação das classes ascensionais exige a análise histórica da feição evolutiva. Por outras palavras, o *casus* deve ser precisamente equacionado e decidido atendendo à linha da respectiva evolução.

A fina argúcia jurídica, qualidade que Pinheiro Ferreira possui no mais elevado grau, permitiu-lhe aperceber-se disso mesmo e colocar a questão nos devidos parâmetros. Assim, olhará a história que, *nestas*

---

[956] *Idem, ibidem*, p. 144.

[957] No vocabulário silvestrino, *à assemblea que regula os interêsses communs a duas ou mais provincias* chama-se congresso nacional. Por seu turno, apelidam-se as assembleias de "territoriais" quando regem *os interêsses particulares de qualquer divisão territorial ou os interêsses communs a duas ou mais divisões de ordem igual ou inferior.* Cfr. *Idem, ibidem.* O desenvolvimento destas ideias pode ser lido no seu *Cours de Droit Public*, I, cit., pp. 52 a 58. No presente ensaio, sempre que, de agora em diante, nos referirmos à assembleia dos representantes, teremos em mente o congresso nacional.

[958] Silvestre Pinheiro Ferreira, *Manual do Cidadão em um Governo Representativo*, I, cit., p. 144.

[959] *Idem, ibidem.*

[960] *Idem, ibidem.*

[961] Que o Autor também designa por câmara alta, câmara dos senadores ou segunda câmara. Cfr. Silvestre Pinheiro Ferreira, *Cours de Droit Public*, I, cit., pp. 59 e 61; *idem, Manual do Cidadão em um Governo Representativo*, I, cit., p. 147.

336 *Para a História do Direito Constitucional Português: Silvestre Pinheiro Ferreira*

materias he guia mais segura do que qualquer hypothese deduzida da razão "a priori"[962]. Precisamente, em uma das suas obras, procederá a um criterioso estudo da situação inglesa no período que medeia entre a revolução setecentista e a época em que escreve, vê e sente[963].

Para Silvestre Pinheiro, erram profundamente os publicistas que pretendem que a câmara dos senadores representa os interesses da grande propriedade[964]. A verdade falece, ainda mais, aos que lhe reservam o papel de representação da nobreza[965/966]. Vêm a propósito as seguintes palavras saídas da sua pena: «os representantes da nação não representam nem o território, nem os habitantes, como uma errada phraseologia tem conduzido muitos publicistas e legisladores a tomarem por base de suas leis e

---

[962] *Idem, Exposição do Projecto de Ordenações para o Reino de Portugual,* cit., p. 226.

[963] Uma análise circunstanciada da evolução britânica pode ser lida no seu *Cours de Droit Public,* pp. 61 a 70. De notar que o pensamento jurídico-político de Pinheiro Ferreira foi completado pelo exame dos diplomas constitucionais promulgados na Europa. Veja-se, a propósito, o disposto nas suas *Observations sur la Constitution de la Bélgique, decretée par le Congrès Nationale de 7 Fèvrier 1831,* Paris, Rey et Gravier, 1838 e *Observations sur la Constitution du Royaume de Saxe promulguée le 4 Septembre 1831,* Paris, Rey et Gravier, 1838.

[964] Silvestre Pinheiro Ferreira, *Cours de Droit Public,* I, cit., pp. 61 e 62.

[965] *Idem, Cours de Droit Public,* I, cit., pp. 63 a 65.

[966] Entendendo que o princípio da divisão das câmaras legislativas procede directamente das instituições do feudalismo diz, já no dealbar do nosso século, P. de Cassin que, na sua fórmula primitiva e elementar, o grupo feudal representava uma confederação de senhores, reunidos, sob a presidência de um deles, pelos deveres recíprocos, que prendiam tanto o soberano como os seus vassalos e, acrescenta, haver sido esse sistema, mais tarde, aplicado não só ao governo das províncias – os grandes feudos – mas, ainda, ao de todos os reinos. Cfr. P. de Cassin, *Du mode de recrutement des chambres hautes,* Paris, Ancienne Maison L. Larose et Forcel, 1901, p. 6. Não satisfaz, porém, a explicação a Racioppi. Na verdade, o Autor adverte para que as assembleias medievas, ao representarem simples delegação dos vários estados para a concessão dos impostos extraordinários, não podem ser vistas nem como o órgão legislativo do Estado nem, tão pouco, como «representantes» de apenas um, talvez dois, estados sociais. Historicamente, a duplicidade das câmaras veio-nos de Inglaterra e aqui reside a causa primeira da bipartição. Cfr. *Commento allo Statuto del Regno,* vol. I, Roma, Loescher, 1901, p. 232.

O *Poder e o Direito na obra de Pinheiro Ferreira: Princípios de Direito Constitucional*   337

theorias[967]». Na verdade, *não se representam homens nem terras; repre-sentam-se interesses*[968]. E, *he sobre interesses que se exerce o mandado transmittido por delegação nacional para o exercício dos cinco poderes politicos*[969]. Daí que o tratadista se insurgisse contra *la vieille erreur que le roi représente la couronne, la chambre des pairs la grande propriété ou la noblesse, et celle des communes le tiers–état*[970]. Como veremos, o seu espírito orientava a superação destes desvios para o conceito de nação[971].

Esta argumentação não permitirá que o ilustre Publicista siga pela vereda já trilhada por todos os que fundam a câmara dos pares na necessidade de manter o equilíbrio entre o governante e a câmara dos comuns.

No contexto do seu pensamento, a ideia de equilíbrio parlamentar é uma das notas de oposição ao propugnado por variadas correntes de pensamento contemporâneas, e nasce da leitura de Montesquieu[972]. O próprio Autor não deixa de o confidenciar: «cette idée de l'équilibre, à laquelle l'autorité de Montesquieu paraît avoir donné beaucoup de crédit, avait, à l'époque oú cet illustre publiciste a écrit son immortel ouvrage, quelque plausibilité, parce que le gouvernement anglais était le seul que l'on eût sous les yeux lorsq'on traitait de pareils sujects, et là on avait souvent l'occasion de remarquer que le partage du pouvoir legislatif en trois branches contribuait efficacement à empêcher la tyrannie d'un côté, autant que l'oligarchie et demagogie d'autre[973]». Aliás, – remata o Pensador Português – *cette qualité conservatrice n'est pas plus parti-*

---

[967] Silvestre Pinheiro Ferreira, *Exposição do Projecto de Ordenações para o Reino de Portugal*, cit., p. 214.

[968] *Idem, ibidem.*

[969] *Idem, ibidem.*

[970] *Idem, Cours de Droit Public*, I, cit., p. 92.

[971] Sugestivamente, escreve no seu *Cours de Droit Public*: «... cette théorie est fausse dans tous ses points; qu'aucune des trois branches ne représente un ordre particuli-er, mais que tous e chacune représentent la nation; que c'est ce qui constitue le mandat général, tant du parlement que de chacune de ses branches et de chacun des individus qui le composent». Cfr. Silvestre Pinheiro Ferreira, *Cours de Droit Public*, I, cit., p. 92.

[972] Assim, José Esteves Pereira, *Silvestre Pinheiro Ferreira*, cit., p. 127.

[973] Silvestre Pinheiro Ferreira, *Cours de Droit Public*, I, cit., p. 66.

culière à la chambre des lords qu'à celle des communes, ou même au conseil de la couronne[974].

No fundo, importa notar, Pinheiro Ferreira acreditava nas virtualidades do modelo que separa em duas câmaras a assembleia legislativa[975]. Não obstante, também nestas palavras se revê o Publicista: a criação, mesmo num país verdadeiramente democrático, de duas câmaras resulta, em primeiro lugar, da *tendencia para a imitação machinal por puro instincto, sem tomar o trabalho de examinar se tem logar a imitação*[976]. Por este motivo, serviu *a Gram-Bretanha de modelo a todo o mundo* e *grandes escriptores* puderam afirmar *que o fim da creação da camara dos lords era manter o equílibrio entre forças contrarias sempre inimigas, e sempre presentes*[977].

Se em toda a parte há necessidade de equilíbrio, em toda a parte se exige uma câmara alta. Nada mais erróneo... A mais breve reflexão serviria para mostrar que *a necessidade d'esta força destinada a manter o equilíbrio no governo suppunha a existencia de duas forças rivaes, a saber: "o privilegio" e a "lei commum"*[978]. Por consequência, conclui o digno Professor, *onde não houvesse senão "lei commum" não podia ter logar a lucta que se pretende remediar*[979]. Ademais, a ideia de equilíbrio já não se aplicava, por exemplo, na altura em que o Publicista escreve, às instituições democráticas norte-americanas[980]. Não obstante, há uma prevenção mitigada que Pinheiro Ferreira não repudia, embora a aceite com reservas: a da câmara dos pares poder servir de *barrrière à la tendence de la couronne vers l'absolutisme, et à celle de la chambre des communes vers la démocratie*[981]. Todavia, não deixa de sublinhar, *tal deve ser con-*

---

[974] *Idem, ibidem.*

[975] Silvestre Pinheiro Ferreira, «Introdução» a *Projecto de Codigo Geral para a Nação Portugueza,* cit., pp. XIII e ss.

[976] *Idem, Manual do Cidadão em um Governo Representativo,* I, cit., p. 150.

[977] *Idem, ibidem.*

[978] *Idem, ibidem.*

[979] *Idem, ibidem.*

[980] *Idem, Cours de Droit Public,* I, cit., p. 66.

[981] *Idem, ibidem,* p. 68.

siderado mais como uma consequencia secundaria, do que como attribuição essencial de qualquer das duas câmaras[982].

Qualquer que seja a nação, *a massa dos seos interesses pode ser considerada unicamente* sob uma tríplice perspectiva[983]. Em primeiro lugar, *no seo complexo, tomando-se em contemplação simultaneamente as relações de todas ellas, umas com as outras*[984]. Depois, contemplando *unicamente os mutuos e reciprocos interesses das grandes divisões do territorio, considerada cada uma dellas a respeito de cada uma das outras grandes divisões territoriaes*[985]. De resto, discutindo *os interesses dos tres estados da propriedade, industria e servico publico, quer seja de uns para com os outros, quer seja de entre as differentes classes de que elles se compoem*[986]. Ora, fazendo aplicação destes considerandos à divisão do poder legislativo nos governos constitucionais, é *mister* concluir que *a practica das nações, fructo do senso commum dos homens e da sabedoria dos seculos*[987], corresponde *exactamente às tres differentes sortes de interesses que os ramos do poder legislativo sam chamados a representar.* E tais ramos serão, naturalmente, três.

É neste contexto que o Publicista dá à câmara alta um nítido sentido de representação regional[988], esclarecendo o seu ponto de vista. Para além da representação geral de todos os interesses nacionais, a câmara dos senadores *acha-se especialmente encarregada de representar certos e determinados interesses que, por serem differentes para cada um dos tres ramos do poder legislativo, he que a lei fundamental estabeleceu esta*

---

[982] *Idem, Exposição do Projecto de Ordenações para o Reino de Portugal*, cit., pp. 224 e 225.

[983] *Idem, Manual do Cidadão em um Governo Representativo*, p. 216. Veja-se, ainda, o disposto no seu *Cours de Droit Public*, I, cit., pp. 70 a 73 e no seu *Manual do Cidadão em um Governo Representativo*, I, cit., pp. 144 e 145.

[984] Silvestre Pinheiro Ferreira, *Exposição do Projecto de Ordenações para o Reino de Portugal*, cit., pp. 216.

[985] *Idem, ibidem*, pp. 216 e 217.

[986] *Idem, ibidem*, p. 217.

[987] *idem, ibidem.*

[988] Silvestre Pinheiro Ferreira, *Cours de Droit Public*, I, cit., pp. 77 a 84.

divisão[989]. O seu sentido político é não o de uma aristocracia de classe mas de conhecimentos: «Partout aussi la chambre haute, soit de pairs, soit de sénateurs, est formée d'hommes choisis parmi les notabilités du pays, c'est-à-dire parmi ceux qui, sans avoir peut-être des connaissances fort étendues dans aucune des douze spécialités dont nous venons de parler, possèdent cependant une grande masse de ces connaissances génerales, de ces grandes résultats d'économie publique que le député, tout entier aux intérêts de detail de la classe à laquelle il appartient, n'a eu ni le loisir, ni le besoin de se procurer[990]».

De notar que, no esquema legislativo silvestrino, a sociedade visionada não pressupõe a localização dos interesses terranientes numa determinada classe[991]. Como observou, José Esteves Pereira, o Publicista insere as próprias classes nobres ou intelectuais num tipo de sociedade perfeitamente "enquadrado", que não deixava de ser o resultado do progresso[992]. Concretizemos...

Observando, em breve trecho, o esquema legislativo que preconiza, verificamos que o Autor reparte o poder pela coroa e pelas duas câmaras, com o propósito, por tantas vezes repetido, de especializar os assuntos. Na verdade, *a razão da necessidade da separação dos representantes dos interesses nacionais*[993] não é diversa *do motivo que à primeira vista parece exigir a sua reunião*[994]. É neste sentido que deve ser buscada a solução.

Trilhado o caminho, o nosso compatriota pode concluir: «os promiscuos interesses de todos os moradores em massa, qualquer que seja o seo sexo, a sua idade, o seo estado, classe e condição; e quer seja dos nacionaes entre si, quer seja de toda a nação com as outras nações estrangeiras,

---

[989] Silvestre Pinheiro Ferreira, *Exposição do Projecto de Ordenações para o Reino de Portugal*, cit., pp. 214 e 215.

[990] *Idem, Cours de Droit Public*, I, cit., p. 74.

[991] *Vide supra.*

[992] José Esteves Pereira, *Silvestre Pinheiro Ferreira*, cit., p. 128.

[993] Silvestre Pinheiro Ferreira, *Exposição do Projecto de Ordenações para o Reino de Portugal*, cit., p. 219.

[994] Silvestre Pinheiro Ferreira, *Exposição do Projecto de Ordenações para o Reino de Portugal*, cit., p. 219.

por ninguem podem ser adequadamente representados como pelo chefe supremo do poder executivo, assistido de seos ministros e de um concelho d'estado[995]». Na verdade, só o rei, assistido de tal conselho, *deve reûnir todos os dados que a lição, a meditação e a experiencia dos negocios podem grangear para se possuir o nexo dos varios e multiplices interesses das differentes ordens do estado, no plano interno, e das relações politicas e comerciaes quanto ao externo*[996]. Por seu turno, a câmara dos deputados, *composta de pessoas escolhidas de todas as classes dos tres estados, serà mais propria para representar os interesses destes mesmos tres estados*[997]. Neste ponto do seu raciocínio, antevê o autor uma dificuldade: *representados assim os interesses especiaes de cada um dos tres estados o mais plenamente possivel pelos deputados escolhidos d'entre as differentes classes de que os mesmos tres estados se compoem e achando-se completamente representados pelo rei e seo concelho os promiscuos interesses de todas as classes,* quais os interesses que os pares do reino deverão representar[998].

A resposta dá-a a história[999]. Se, nos primeiros momentos, *he verdade dizer que os procuradores da nobreza propugnavam pelos privilegios dos nobres: que o rei e seos ministros propugnavam pelas prerrogativas da coroa: e que os procuradores do povo propugnavam pelas liberdades publicas*[1000] tal ideia já não é passível de ser aplicada, por exemplo, nessa altura, às instituições verdadeiramente democráticas[1001]. Com efeito, na

---

[995] *Idem, ibidem,* p. 217.

[996] *Idem, ibidem,* p. 221.

[997] *Idem, ibidem,* pp. 217 e 218.

[998] *Idem, ibidem,* p. 218.

[999] Silvestre Pinheiro Ferreira, *Exposição do Projecto de Ordenações para o Reino de Portugal,* cit., p. 219.

[1000] *Idem, ibidem,* p. 227.

[1001] Sendo que, para o Autor, democracia significa, simplesmente e como antes se disse, ausência de privilégios. Aliás, o pensamento silvestrino relativamente à conceitualização das formas de governo é passível de ser descoberto no artigo que dedica ao estudo do poder legislativo. Cfr. Silvestre Pinheiro Ferreira, *Cours de Droit Public,* I, cit., pp. 122 e ss..

luta entre o privilégio e a lei comum, estádio necessário na organização constitucional, impossível seria que o primeiro não viesse a sucumbir[1002]. De sorte que, *bem longe do systema constitucional, presuppor que a camara dos pares representa os privilegios, ou o que val o mesmo, a classe privilegiada da nobreza, he justamente na epoca em que se consumma a anniquilação daquelles privilegios, que a camara dos pares assume um caracter verdadeiramente nacional, posto que, de uma maneira differente dos outros dois ramos do poder legislativo[1003]*. A partir de então, começa a representar *não já os exlusivos interesses de uma pequena fracção da massa total do povo, mas os interesses communs a toda a nação[1004]*. Contudo, cumpre observar, *a destruição do privilegio não veio alterar essencialmente a natureza de representação primitiva da camara dos pares[1005]*, na medida em que, sob o regime de privilégio, exercia, a um só tempo, dois tipos de representação: a representação dos interesses da divisão territorial, *onde cada um dos magnates tinha seo solar[1006]*, e a representação dos privilégios e prerrogativas que a todos e a cada um dos membros da nobreza competiam. Por consequência, cessando, com a abolição dos privilégios, esta especial representação dos interesses de classe, nem por isso deixou de fazer sentido a representação dos interesses gerais das várias divisões territoriais.

À luz destas considerações preliminares, intentou Pinheiro Ferreira encontrar resposta para a questão que o atormentava. À câmara alta compete representar, pois, os interesses nacionais[1007]. Não se trata, porém, dos

---

[1002] Silvestre Pinheiro Ferreira, *Exposição do Projecto de Ordenações para o Reino de Portugal*, cit., p. 227.

[1003] *Idem, ibidem*

[1004] *Idem, ibidem.*

[1005] *Idem, ibidem*, p. 228.

[1006] *Idem, ibidem.*

[1007] Intimamente relacionada com esta temática surge a questão da nomeação dos pares vitalícios bem como a da duração, revogação e forma de exercício desta delegação. Já antes aflorámos as impressões silvestrinas acerca da nomeação dos membros da câmara alta. Não obstante, merecerá a pena determo-nos aqui alguns momentos. «Se os pares houvessem de representar os interesses ou atribuições da coroa em cortes» - escreve Pinheiro

interesses considerados na individualidade das classes e profissões em que os três estados da sociedade se acham divididos, interesses suficien-

---

Ferreira - «se elles fossem por qualquer modo delegados ou subdelegados do rei, a sua nomeação importava collação de poderes, e pressuppunha instrucções para o exercicio delles, duração vitalicia por forma de providencia geral, mas subjeita ao inauferivel e inalienavel poder da suspensão e mesmo da revogação ao arbitrio do rei, sempre que razões maiores o obrigassem a fazer excepção a aquella geral providencia». Cfr. Silvestre Pinheiro Ferreira, *Exposição do Projecto de Ordenações para o Reino de Portugal*, cit., pp. 266 e 267. Pelo mesmo motivo – considera linhas adiante – *do rei dependeria confiar a effectiva representação das suas attribuições ou interesses, separada collectivamente, a aquelle numero de pares que para os bem representarem entendesse ser conveniente. Idem, ibidem,* p. 267. Mas, sublinha com particular energia, não é este o sentido político da câmara alta. Ademais, sendo um dos caractéres essenciais do poder a independência, surge, aos olhos do nosso compatriota, evidente que a nomeação, bem como a duração e portanto a suspensão ou a revogação do mandato, não pode pertencer a nenhum dos outros ramos do poder legislativo, mas sim, e tão somente, *a quem quer que pertencerem os direitos e interesses cuja particular representação constitue o "especial mandado" da camara dos pares. Idem, ibidem.* Ora, concluirá que *não he do rei, mas da nação, de quem elles sam tam mandatarios como o rei e os deputados da camara dos tres estados,* que os membros da câmara dos pares recebem o seu mandato. *Idem, ibidem.* Logo, *os eleitores da nação sam os unicos competentes para lhes conferirem os poderes de que precisam para legitimamente representarem a nação em cortes. Idem, ibidem,* p. 268. No mesmo sentido, dispõe, nas suas *Observações sobre a Constituição do Imperio do Brazil e sobre a Carta Constitucional do Reino de Portugal,* cit., que *à excepção do monarca, nenhum funccionario publico deve ser vitalicio, porque repugna com a natureza do mandato o ser perpetuo.* Bem pelo contrário – acrescenta – *uma das principaes garantias das liberdades publicas (...) consiste em subjeitarmos todos os empregos à prova d'uma eleição annual. Mais repugnante he ainda, não so com o direito mas com a rasão, que algum succeda por modo de herança em qualquer emprego que para o seo desempenho suppõe sempre certa capacidade.* Ademais, *tam pouco se pode compadecer com os princípios constitucionaes que os agentes d'um poder sejam nomeados pelos agentes de outro poder.* Logo, *a nomeação dos membros desta camara pelo chefe do poder executivo he tam inconstitucional, como o seria a dos deputados pela coroa ou pela camara dos pares. Idem, ibidem,* pp. 138 e 139. Não obstante, não deixará o nosso compatriota de procurar conciliar a disciplina do artigo 39° da *Carta Constitucional* com os princípios constitucionais. Cfr. Silvestre Pinheiro Ferreira, *Exposição do Projecto de Ordenações para o Reino de Portugal,* cit., pp. 268 e 269 e 337 e ss; *idem, Observações sobre a Constituição do Imperio do Brazil e sobre a Carta Constitucional do Reino de Portugal,* cit. p. 158.

344 *Para a História do Direito Constitucional Português: Silvestre Pinheiro Ferreira*

temente representados pela câmara dos deputados, mas os interesses das grandes massas de povoação, que a câmara dos pares sempre representou e continua, ao tempo, a representar[1008].

A especialidade de mandato é, numa palavra, a pedra de toque da formulação silvestrina do poder legislativo na monarquia constitucional. À sua luz intentará, pois, o Autor formular as questões da composição e atribuições dos diferentes ramos do *poder de fazer leis necessarias ao bem geral do estado*[1009]. Fá-lo sem jamais perder de vista a *lei geral do mandato*, em cujo desempenho os três braços do poder legislativo podem (e devem) decretar, alterar e revogar quanto entendam ser necessário à salvaguarda dos públicos interesses[1010], sem restrição alguma, salvos os direitos imprescritíveis da propriedade real, da liberdade individual e da segurança pessoal de todos e cada um dos governados[1011].

No vendaval das ideias múltiplas que acabamos de percorrer, sentem-se palpitar outros problemas. Mormente, as questões que se prendem com a temática do *preparo, discussão, votação e promulgação*[1012] das leis e das decisões legislativas[1013].

Passemos, então, a esta outra face do poder em estudo, embora cientes de não podermos dar ao tratamento do tema a amplitude merecida.

Tem sido questão entre os publicistas – *escreve Silvestre Pinheiro Ferreira* – se a iniciativa das leis deve pertencer a todos os tres ramos do poder legisltivo, ou se somente ao monarcha[1014].

[1008] Silvestre Pinheiro Ferreira, *Exposição do Projecto de Ordenações para o Reino de Portugal*, cit., pp. 227 a 229; Idem, *Cours de Droit Public*, I, cit., pp. 70 a 84.

[1009] *Idem, Manual do Cidadão em um Governo Representativo*, I, cit., p. 142.

[1010] Nisto se cifra o conceito silvestrino de omnipotência parlamentar. *Vide supra.*

[1011] Sobre a concepção de direitos naturais *vide supra.*

[1012] Silvestre Pinheiro Ferreira, *Exposição do Projecto de Ordenações para o Reino de Portugal*, cit., p. 271; *idem, Cours de Droit Public*, I, cit., pp. 85 e ss.; *idem, Précis d'un Cours de Droit Public, Administratif et des Gens*, II, cit., pp. 126 e ss.; *idem, Principes du Droit Public, Constitutionnel, Administratif, et des Gens ou Manuel du Citoyen sous un Gouvernement Représentatif*, tomo troisième, Paris, Rey et Gravier, J. P. Aillaud, Treuttel et Würtz, F. G. Levrault, 1834, pp. 741 e ss..

[1013] Sobre a distinção entre lei e decisão *vide supra.*

[1014] Silvestre Pinheiro Ferreira, *Exposição do Projecto de Ordenações para o Reino de Portugal*, cit., p. 271.

Perfila-se, assim, o tema da iniciativa legislativa.

O poder de iniciativa[1015], entendido como o poder de abrir o processo legislativo ou de, em um processo já em curso, formular uma pretensão legislativa, de apresentar um texto sobre o qual virá, depois, a recair uma deliberação[1016], pertence a qualquer das duas câmaras que compõem o congresso, ou a algum deputado, bem como ao governo[1017/1018].

Não obstante, o Publicista aceita que o poder de iniciativa no processo de feitura de leis pertence aos três braços do poder legislativo não sem antes indagar os motivos pelos quais ele não deverá caber apenas ao monarca.

Merecerá a pena determo-nos aqui alguns momentos.

Os que seguiram esta última opinião – constata o lúcido Publicista Português – *fundaram-se principalmente em que concedida a iniciativa às duas camaras, he impossivel impedir que não sobrevenha cada dia um infindo numero de novos projectos, cujo menor inconveniente he o de tornar a legislação patria, alem de immensa, confusa e vacilante: sem fallar na consideravel perda de tempo empregado na discussão de objectos de pouca e nenhuma utilidade, entretanto que propostas, talvez de grande urgencia, à espera de que lhes chegue o seo turno, ficam indefinidamente adiadas*[1019]. Simplesmente, *o receio de que a legislação se torne immensa,*

[1015] Falámos em poder de iniciativa quando temos em mente um poder funcional de orgãos ou de titulares de órgãos. Já a iniciativa popular ou de *algum cidadão particular* tratar-se-á de um direito subjectivo.

[1016] Neste sentido, Jorge Miranda, *Funções, Órgãos e Actos do Estado*, ed. da Faculdade de Direito da Universidadade de Lisboa, Lisboa, 1990, p. 376. Sobre a iniciativa legislativa *vide*, por todos, Fausto Cuocolo, «Iniziativa Legislativa», *in Enciclopedia del Diritto*, XXI, 1971, pp. 610 e ss..

[1017] Silvestre Pinheiro Ferreira, *Manual do Cidadão em um Governo Representativo*, I, cit., p. 155 e p. 155, nota 2.

[1018] Esta conclusão é precedida pela análise dos motivos pelos quais a iniciativa não poderá ser uma prerrogativa da coroa. Cfr. Silvestre Pinheiro Ferreira, *Cours de Droit Public*, I, cit., pp. 147 a 156.

[1019] Silvestre Pinheiro Ferreira, *Exposição do Projecto de Ordenações para o Reino de Portugal*, cit., p. 271.

confusa e vacillante, por effeito de abuso de iniciativa da parte das camaras, he destituido de todo o fundamento[1020]. Na verdade, *ou os projectos sam julgados uteis pelos tres ramos do poder*[1021], caso em que, *bem longe de haver sido um mal o conceder-se a iniciataiva à camara donde elle emanou*[1022], pois que, a final, *produziu uma lei, por hyphotese util ao estado*[1023], ou algum dos restantes braços do poder legislativo *os reputam intempestivos*[1024]. Neste situação, *direito tem, tanto o monarca, como a outra camara para o rejeitar*[1025].

Posto isto, a procedência de opiniões como aquela dependerá do valor que se atribuir à segunda objecção: a considerável perda de tempo empregado na discussão de projectos de pouca e nenhuma utilidade, tempo que *melhor se houvera empregado em discutir outros assumptos que por terem sido ulteriormente propostos se haviam adiado*[1026].

A questão deve ser equacionada nos seus exactos termos: *esta objecção não rechae sobre a concessão de iniciativa a este ou a aquelle dos tres ramos; porem sim e tam somente sobre o modo como se acha regulada a ordem dos trabalhos*[1027].

Feita a advertência, Pinheiro Ferreira deixa escapar um lamento: «com effeito he de confessar, que a absoluta falta de providencias que se observa a este respeito em todos os paizes constitucionais não deixa de dar grande força a aquella objecção[1028]».

Para atalhar, por conseguinte, em sua origem, o inconveniente sentido, dedicará Silvestre parte do seu labor à consignação de regras que disciplinem não só o exercício do poder de iniciativa mas, também, o

---

[1020] *Idem, ibidem*, p. 272.
[1021] *Idem, ibidem*.
[1022] *Idem, ibidem*.
[1023] *Idem, ibidem*.
[1024] *Idem, ibidem*.
[1025] *Idem, ibidem*.
[1026] *Idem, ibidem*.
[1027] *Idem, ibidem*.
[1028] *Idem, ibidem*.

direito de suscitar a dinamização da competência legislativa que assiste a todo o cidadão, em virtude do direito de petição[1029/1030].

A partir deste momento, a análise silvestrina torna-se mais cerrada, concentrando-se em um ponto fundamental: a disciplina da iniciativa legislativa, o primeiro acto do processo de feitura de leis.

A amplitude da sua proposta bem merece que um dia alguém, dotado de talento e mais conhecimentos, lhe possa dedicar profunda análise e dela extrair as últimas conclusões. O objecto do presente ensaio não nos permite que as palavras subsequentes possam constituir mais do que uma breve e, por isso mesmo, bem incompleta aproximação do assunto.

Olhemos, então, para o esquema ferreireano de processo legislativo, começando, precisamente pelo seu primeiro acto.

Antes, porém, seja-nos permitido fazer uma observação de índole terminológica.

Falou-se, até aqui, de iniciativa legislativa. E, todavia, lembra o Publicista Português que numerosos autores usaram para referir a mesma

---

[1029] Silvestre Pinheiro Ferreira, *Manual do Cidadão em um Governo Representativo*, I, cit., p. 155 e p. 155, nota 2.

[1030] Recorde-se que o direito de petição é, no esquema silvestrino, um dos meios de assegurar o Estado contra a usurpação e abusos do supremo poder executivo. Cfr. Silvestre Pinheiro Ferreira, *Manual do Cidadão em um Governo Representativo*, I, cit., p. 272. Em virtude de tal direito será lícito a todo o cidadão dirigir-se a qualquer autoridade pública, invocando a sua intervenção em tudo o que repute favorável à salvaguarda dos seus particulares interesses e dos do Estado. *Idem, ibidem*, p. 323. Com efeito, *tout citoyen a le droit d'adresser au parlement national ce qu'il croira convenable à ses intérêts, soit qu'il les considère comme simplement inoffensifs des droits d'autrui, soit qu'il les regarde comme intimement liés avec les intérêts de tous ou d'un certain nombre de ses concitoyens. Idem, Cours de Droit Public*, I, cit., p. 149. Nestes termos, *soit que sa proposition ne concerne que ses intérêts en particulier, soit qu'elle ait pour objet un intérêt plus général, national même, le citoyen est dans son droit lorsqu'il s'adress d'une manière convenable et respecteuse à l'une ou à l'autre des trois branches du pouvoir législatif. Idem, ibidem*. E, a este direito – remata Silvestre Pinheiro – convencionou-se atribuir a designação de *direito de petição. Idem, ibidem*. Entende, ainda, o Publicista que o exercício deste direito deve ser regulado por lei. *Vide supra*.

realidade os termos *inchoativa* e *proposta*[1031]. Não interessa, nesta sede, fazer querelas de palavras ou fórmulas. Importa, sim, fixar conceitos; definir o que se tem em mente; saber de que se fala.

Em todos os governos constitucionais – escreve, a este propósito, Pinheiro Ferreira – *he licito a qualquer cidadão dirigir a qualquer dos ramos do poder legislativo suas propostas sobre assumptos de publico interesse*[1032]. Todavia, *fica livre a aquellas autoridades o dar, ou não, seguimento às ditas propostas*[1033]. Por seu turno, *quando a lei do estado determina (...) que cada um dos ramos do poder legislativo tem a "iniciativa", não se entende que tenha o simples direito de proposta, commum a todos os cidadãos, mas d'uma proposta tal, que os outros ramos do mesmo poder sam obrigados a dar-lhe seguimento em discussão ordinaria e com regular votação na forma geralmente ordenada*[1034]. Esta nota dá-nos, precisamente, a essência do conceito silvestrino de "iniciativa", *que he commum a todos os ramos do poder legislativo*[1035].

Diferente é o direito de *inchoativa*. À sua luz, vislumbra-se *qual dos ramos deve começar o negocio*[1036]. A resposta é a esperada...

Os ramos do poder legislativo – sublinha, com energia – *sam iguaes entre si*[1037]. Por consequência, *todos os negocios podem começar em qualquer d'elles sem alguma prerrogativa ou privilegio*[1038].

[1031] Silvestre Pinheiro Ferreira, comentário ao artigo 36° da *Carta Constitucional, in Observações sobre a Constituição do Imperio do Brazil e sobre a Carta Constitucional do Reino de Portugal*, 2ª edição, Paris, Rey e Gravier, J. P. Aillaud, 1835, pp. 136 e 137.

[1032] Silvestre Pinheiro Ferreira, *Exposição do Projecto de Ordenações para o Reino de Portugal*, cit., p. 484.

[1033] *Idem, ibidem.*

[1034] *Idem, ibidem*, pp. 484 e 485.

[1035] *Idem, Manual do Cidadão em um Governo Representativo*, I, cit., p. 155, nota 2.

[1036] *Idem, ibidem; idem, Exposição do Projecto de Ordenações para o Reino de Portugal*, cit., p. 486.

[1037] Silvestre Pinheiro Ferreira, *Manual do Cidadão em um Governo Representativo*, I, cit., p. 155, nota 2.

[1038] *Idem, ibidem.*

Seguindo nesta linha, será coerente com aquilo em que crê a oposição, que logo assume, ao facto de, por imitação do modelo inglês, se haver feito privativa da câmara dos deputados a iniciativa sobre impostos e sobre recrutamentos[1039].

Entremos, pois, e já não sem tempo, no cerne da questão.

Pelo que respeita à disciplina do primeiro acto do processo legislativo no pensamento de Silvestre Pinheiro Ferreira, começaremos por anotar que a proposta assenta em uma presunção. A leitura da seguinte passagem, retirada de uma das suas obras, não deixa, a este propósito, quaisquer dúvidas. *Como he de presumir* – escreve o nosso compatriota – *que as propostas do governo não sò ham de ser as mais numerosas e importantes, mas acompanhadas de mais esclarecimentos, ellas devem formar o quadro principal das materias da sessão do congresso, e comprehender, quando fôr possivel, as propostas quer dos deputados, quer dos cidadãos particulares*[1040].

Certamente para harmonizar disposições diversas, o Publicista acrescenta: «serà mister que o presidente do congresso, antes do fim do anno, envie ao governo as propostas que receber ou dos deputados, ou dos cidadãos particulares, para que distribuidas entre as *diferentes juntas administrativas*, ahi sejam examinadas, e conferidas com as que o governo houver de fazer sobre objectos analogos»[1041]. Uma vez discutidas nas juntas supremas[1042], as propostas referidas *devem ser apresentadas ao rei em conselho d'estado*[1043], *afim de chegarem ao conhecimento do congresso acompanhadas dos esclarecimentos que o governo achar convenientes, e dispostas na ordem, que parecer mais conforme ao grào de importancia de cada assumpto*[1044].

[1039] Silvestre Pinheiro Ferreira, *Exposição do Projecto de Ordenações para o Reino de Portugal*, cit., pp. 485 e 486.

[1040] *Idem, Manual do Cidadão em um Governo Representativo*, I, cit., p. 155.

[1041] *Idem, ibidem.*

[1042] A temática será aflorada *infra.*

[1043] *Idem, ibidem*, pp. 155 e 156.

[1044] *Idem, Projecto de Codigo Geral de Leis Fundamentaes e Constitutivas d'uma Monarchia Representativa*, cit., p. 57; *idem, Projecto de Ordenações para o Reino de Portugal*, pp. 174 e 175.

Caberá ao congresso, *depois de tomar em consideração o que o governo tiver proposto a esse respeito*, decidir *se deve manter-se a ordem indicada*[1045] ou *proceder-se a alguma alteração*[1046]. Não obstante, deverá, em todo o caso, *começar a sessão annual do congresso por se regular definitivamente a ordem dos trabalhos durante esse ano*[1047].

No pensamento silvestrino, todavia, a menção antes adiantada não tolhe a possibilidade de o governo, os membros das cortes gerais ou algum cidadão apresentarem todas as propostas que julguem convenientes à salvaguarda dos públicos interesses[1048]. Se estas novas propostas *pareçam que devem ser tomadas em consideração com preferencia àquellas que (...) estiverem na ordem do dia*[1049], o congresso decidirá se *hão de ser tomadas em consideração immediatamente, se adiadas, ou em fim desde logo desattendidas*[1050].

Uma outra nota que se poderá adiantar respeita ao facto de na eventualidade de entre as propostas haver alguma que tenha por objecto a interpretação de *lei escura* dever ser por esta que o nosso compatriota propõe que se comece[1051]. Facto que, neste ponto, deveria originar direito[1052].

[1045] *Idem, Manual do Cidadão em um Governo Representativo*, I, cit., p. 156.

[1046] Se o congresso não aprovar o projecto de ordem do dia remetido, pelo governo, poderá adoptar qualquer outro que obtiver a maioria obsoluta dos votos nas duas câmaras. Cfr. *idem, Projecto de Codigo Geral de Leis Fundamentaes e Constitutivas d'uma Monarchia Representativa*, cit., p. 58.

[1047] *Idem, ibidem.*

[1048] Silvestre Pinheiro Ferreira, *Projecto de Ordenações para o Reino de Portugal,* cit., pp. 175 e 176; *idem, Projecto de Codigo Geral de Leis Fundamentaes e e Constitutivas d'uma Monarchia Representativa*, cit., p. 59; *idem, Manual do Cidadão em um Governo Representativo*, I, cit., p. 156.

[1049] *Idem, Projecto de Codigo Geral de Leis Fundamentaes e Constitutivas d'uma Monarchia Representativa*, cit., p. 59

[1050] *Idem, Manual do Cidadão em um Governo Representativo*, I, cit., p. 156.

[1051] *Idem, ibidem.*

[1052] O que levará o Autor a consagrá-lo quer no seu *Projecto de Ordenações para o Reino de Portugal* (= ed. cit., pp. 175 e 176) quer no *Projecto de Codigo Geral de Leis Fundamentaes e Constitutivas d'uma Monarchia Representativa* (= ed. cit., p. 58). Sobre a temática da *lei escura vide supra.*

À iniciativa segue-se a fase do debate parlamentar[1053/1054]. Relembremos, contudo, para melhor compreensão, que, na arquitectura silvestrina, *o congresso acha-se naturalmente dividido em "tres classes", das quaes cada uma deve formar uma secção especial*[1055]. Pretende o Autor referir-se à secção do comércio, à da indústria e à dos interesses

---

[1053] O tratamento silvestrino desta questão abre com uma dúvida. Indaga o Autor se a temática da discussão das leis deve integrar o corpo de leis orgânicas ou, se pelo contrário, deverá pertencer aos regulamentos das câmaras, *como parece ser a opinião que, atè agora, theorica e praticamente, se tem geralmente adoptado.* Cfr. Silvestre Pinheiro Ferreira, *Exposição do Projecto de Ordenações para o Reino de Portugal*, cit., p. 286. A certeza de não poder trilhar aqui um caminho seguro leva o nosso Publicista a ensaiar uma solução descomprometida. Opta trabalhar o tema na Exposição do seu *Projecto de Ordenações para o Reino de Portugal* (= pp. 286 e ss da ed. cit.) embora nem sequer o aflore no *Projecto de Ordenações*. A incerteza não o leva, porém, a deixar de consagrar o método que, em sua perspectiva, convem seguir a este respeito no seu *Projecto de Codigo Geral de Leis Fundamentaes e Constitutivas d'uma Monarchia Portugueza* (= pp. 58 e ss. da ed. cit.).

[1054] Quanto ao período de funcionamento do congresso, escreve Silvestre Pinheiro: «Cumpre distinguir os casos extraordinarios do andamento ordinario dos negocios. Suppondo um paiz no começo da reforma de sua organização social, elle terà com effeito um complexo de *leis fundamentaes e organicas,* pois jà reconhecemos como um principio que toda a reforma emprehendida sem esse preliminar há de necessariamente mallograr-se. Faltam-lhe porem as *leis regulamentares,* e este trabalho, que exige o concurso de muitos conhecimentos especiaes, he longo e indispensavel... Por tanto, não he possivel que o congresso nacional interrompa o seguimento de tam urgentes trabalhos, e por isso deve continuar as sessões até os terminar. Uma vez posto em andamento o systema constitucional he certo que pòde haver intervallos em que a reunião do congresso não seja necessária, mas nesse caso compete ao mesmo congresso estatuir segundo as necessidades nacionaes. Antes porem de separar-se, o congresso deve nomear um presidente para ficar permanentemente com a mesa e secretaria a fim de receber as representações que os cidadãos, em virtude do direito de petição, lhe possam dirigir para serem apresentadas ao congresso, e para convocar a assemblea sempre que elle presidente o julgar necessario, ou quando fôr requerido pelo governo ou pelo concelho supremo de inspecção». Cfr. Silvestre Pinheiro Ferreira, *Manual do Cidadão em um Governo Representativo*, I, cit., pp. 152 e 153. Mais do que isto, e o alcance de suas palavras já é considerável, entende o Autor não dever avançar.

[1055] *Idem, Manual do Cidadão em um Governo Representativo*, I, cit., pp. 1⁵⁷ ˃ ¹⁵⁹

gerais[1056]. Ademais, não desconhece que *he pratica recebida o fazerem-se discutir os projectos em commissões ou secções, antes de os admittir à discussão geral da camara.* A incerteza acha-se no número e composição destas secções ou comissões.

Seria fácil elaborar extensas, mas por isso mesmo fatigantes, listas de posições, mais ou menos matizadas, mais ou menos originais, em todos os sentidos. O nosso compatriota dá-se conta disto mesmo[1057]. Atem-se, pois, à observação de que *todo o projecto proposto à deliberação pode ser discutido com relação a princípios da moral, da jurisprudencia ou da economia publica, ou com relação a certas e determinadas profissões a cujos interesses pode importar que elle seja admittido ou rejeitado*[1058].

Como enquadramento ou tapeçaria de fundo, assume que *ha projectos que admittem ser discutidos debaxo d'ambos estes pontos de vista*[1059], enquanto outros *só dizem respeito a interesses de certa ordem e so podem ser ventilados conformemente aos princípios peculiares de certas profissões*[1060].

Antes de abrir a discussão das propostas de lei, o presidente do congresso[1061] deverá *examinar se o assumpto he tam simples que possa ser*

[1056] *Vide supra.*

[1057] Silvestre Pinheiro Ferreira, *Exposição do Projecto de Ordenações para o Reino de Portugal,* cit., p. 287.

[1058] *Idem, ibidem.*

[1059] *Idem, ibidem.*

[1060] *Idem, ibidem.*

[1061] De salientar que a nomeação do presidente do congresso não pode deixar de pertencer senão ao próprio congresso, devendo renovar-se todos os meses. O mesmo se diga da nomeação dos secretários. Estas nomeações – sublinha o Publicista – *devem ser feitas em conformidade dos principios geraes para toda a eleição segundo o nosso systema, por bem do qual os funccionarios actuaes sam contados no numero dos candidatos, e ficam conservados no exercicio de seos emprêgos em quanto obtiverem um terço dos votos.* Cfr. *idem, Manual do Cidadão em um Governo Representativo,* I, cit., pp. 154 e 155. Veja-se, a este propósito, o disposto no artigo 242º do seu *Projecto de Ordenações para o Reino de Portugal* (= ed. cit., p. 162), o qual representa uma tentativa séria de harmonizar o texto da *Carta Constitucional* com os princípios constitucionais preconizados pelo nosso compatriota.

O Poder e o Direito na obra de Pinheiro Ferreira: Princípios de Direito Constitucional   353

decidido desde logo na mesma sessão da assembleia geral, ou se he mister que seja examinado e debatido nas secções[1062]. O fundamento da solução descobre-se com facilidade. Na verdade, tratando-se de questões *que podem ser discutidas por princípios geraes que todos os membros da camara sam vistos possuir, ninguem pode ser excluido nem dispensado de emittir uma opinião e dar um voto positivo d'admissão ou rejeição*[1063].

Diferente será a solução *quando a questão exige conhecimentos taes ou de taes sciencias, artes ou profissões,* caso em que o projecto deve ser enviado às secções. Que secções, impõem-se questionar?

Uma nota ao seu *Projecto de Ordenações* dá-nos conta, em estilo grandiloquente, do alcance da construção silvestrina.

Uma vez que se adopte o plano que nòs propomos para as eleições[1064] – escreve o eminente Publicista – *a camara dos deputados serà composta de catorze secções, cada uma das quaes representa pertinentemente uma das catorze classes em que se acham divididos os tres estados da propriedade, industria e serviço publico*[1065]. Posto isto, – acrescenta de imediato – *não pode haver questão que não encontre na camara uma ou mais secções munidas de conhecimentos precisos para pertinentemente a poder discutir*[1066].

Chegado aqui, Pinheiro Ferreira esclarece o seu pensamento ao afirmar que, ante *a apresentação em camara de um projecto, é excusado proceder-se à formação de comissões ou de secções; poisque essas se acham naturalmente formadas simplesmente pela maneira como a camara he composta*[1067].

[1062] Silvestre Pinheiro Ferreira, *Manual do Cidadão em um Governo Representativo*, I, cit., pp. 59 e 60.

[1063] Silvestre Pinheiro Ferreira, *Exposição do Projecto de Ordenações para o Reino de Portugal*, cit, p. 287.

[1064] Sobre o poder eleitoral *vide supra*.

[1065] Silvestre Pinheiro Ferreira, *Exposição do Projecto de Ordenações para o Reino de Portugal*, cit, pp. 288 e 289.

[1066] *Idem, ibidem*, p. 289.

[1067] *Idem, ibidem*.

É tempo de nos perguntarmos em que termos se há de regular o trabalho destas secções.

Se quiséssemos sintetizar – o que é sempre insuficiente – poderíamos dizer que, num primeiro momento, o presidente do congresso *deve fazer distribuir a cada secção tantos exemplares quantos sam aos seos membros*[1068], os quais, no prazo que a secção houver fixado, enviarão ao presidente respectivo a proposta com a sua aprovação ou rejeição[1069]. Se algum dos deputados entender que devem ser feitas ao projecto em discussão adições ou emendas, *não apresentarà somente estas emendas ou addições, mas sim a totalidade do projecto como lhe parece que elle deve ser emendado ou addicionado*[1070]. Por outras palavras, deverá ser feita *uma nova redacção da proposta, comprehendendo as emendas que o deputado julgar convenientes*[1071]. Seguidamente, o presidente da secção *farà distribuir copias das propostas emendadas, ou contra-propostas*[1072], *a cada um dos membros della para as examinarem*[1073]. Nas ulteriores sessões, *se discutirà, um apoz outro*[1074], *os "contra-projectos" apresentados, juntamente com a proposta primitiva*[1075]. À medida que cada um destes projec-

---

[1068] *Idem, Manual do Cidadão em um Governo Representativo*, I, cit., p. 158.

[1069] Silvestre Pinheiro Ferreira, *Manual do Cidadão em um Governo Representativo*, I, cit., p. 158; *idem, Exposição do Projecto de Ordenações para o Reino de Portugal*, cit., p. 291; *idem, Projecto de Codigo Geral de Leis Fundamentaes e Constitutivas d'uma Monarchia Portugueza*, cit, p. 60.

[1070] *Idem, Exposição do Projecto de Ordenações para o Reino de Portugal*, cit., p. 291.

[1071] *Idem, Manual do Cidadão em um Governo Representativo*, I, cit., p. 158.

[1072] *Idem, ibidem*.

[1073] *Idem, Exposição do Projecto de Ordenações para o Reino de Portugal*, cit., p. 291.

[1074] No que concerne, em particular, à determinação da ordem pela qual os diferentes projectos devem ser admitidos à discussão, escreve Silvestre Pinheiro Ferreira: «o presidente da secção facilmente reconhecerà a proposta cuja approvação ou rejeição envolve a adopção ou rejeição das outras, e que por isso deve ter a prioridade. Entretando se algum dos membros entender que a ordem indicada pelo presidente não convem; pode apresentar as suas objecções, e a secção decidirà o que melhor lhe parecer». *Idem, Manual do Cidadão em um Governo Representativo*, I, cit., pp. 158 e 159.

[1075] Silvestre Pinheiro Ferreira, *Manual do Cidadão em um Governo Representativo*, I, cit., p. 159.

O *Poder e o Direito na obra de Pinheiro Ferreira: Princípios de Direito Constitucional*   355

tos for sendo discutido, o respectivo autor *lhe fará as alterações que julgar convenientes ou declararà persistir na sua primeira opinião*[1076]. Uma vez alterado, haverá *logar a uma segunda leitura da proposta e dos contra-projectos que seos autores quizerem apresentar*[1077]. Se, *depois d'esta segunda leitura e da discussão de que pòde ser seguida, ninguem offerecer contra-projecto, deve proceder-se à votação*[1078]. Caso contrário, *deve ter logar uma terceira leitura, e sò depois de fechado esse debate he que se ha de proceder à votação*[1079].

Encerrado o debate em cada secção, *deverà ser mandada copia do que nella se houver vencido a cada uma das outras secções*[1080]. De aplaudir o facto de, *antes do negocio ser levado à deliberação da camara, cada uma das catorze secções haver jà examinado e discutido não sò o projecto primitivo mas o que sobre elle, em cada uma das outras secções se houver vencido*[1081].

Logo que este primeiro momento estiver concluído, o debate prosseguirá, não ao nível das secções, mas de uma comissão. Cada uma das quatorze secções nomeará *tres dos seos membros a fim de que, reûnidos todos* em tal comissão, *discutam entre si, debaxo dos pontos de vista geraes e em que toddos podem igualmente emittir uma opinião, os diversos pareceres que vierem vencidos das catorze secções*[1082/1083].

[1076] *Idem, Exposição do Projecto de Ordenações para o Reino de Portugal*, cit., p. 291.

[1077] *Idem, Manual do Cidadão em um Governo Representativo*, I, cit., p. 159

[1078] *Idem, ibidem.*

[1079] Silvestre Pinheiro Ferreira, *Manual do Cidadão em um Governo Representativo*, I, cit., p. 159. Veja-se, ainda, o disposto no seu *Cours de Droit Public*, I, pp. 85 e 288 e na *Exposição do Projecto de Ordenações para o Reino de Portugal*, cit., p. 291, obra que também assina.

[1080] *Idem, Exposição do Projecto de Ordenações para o Reino de Portugal*, cit., p. 291.

[1081] *Idem, ibidem*, p. 290.

[1082] *Idem, ibidem.*

[1083] As regras que disciplinam a discussão em cada uma das secções aplicar-se-ão aos debates na comissão e na câmara. *Vide infra.* As mesmas disposições regem os debates na câmara das províncias. V. Silvestre Pinheiro Ferreira, *Projecto de Ordenações para o Reino de Portugal*, cit., pp. 188 e ss.

Num terceiro momento, a discussão prosseguirá na câmara, *onde se apresentarão tanto os pareceres*[1084] *que tiverem obtido a maioria nas catorze secções, como o que houver prevalecido na discussão da comissão geral*[1085].

Discutido o assunto na câmara dos três estados, passará à câmara alta *a quem incumbe ventilar os negocios debaxo do ponto de vista da estatistica geral, sem entrar nos detalhes, para que não está habilitada, dos interesses das diferentes classes dos três estados*[1086].

Em defesa do modelo que preconiza escreve o ilustre Publicista: «parece-nos que depois d'uma discussão instituida em cada uma das secções sobre o projecto com relação aos interesses da respectiva classe: logo depois na commissão geral, e a final na camara, com relação aos princípios geraes de direito e d'economia publica, tem-se dado à nação todas as possíveis garantias de que nenhum dos interesses publicos ou privados, seja qual for a profissão ou classe a que pertençam, ham deixado d'encontrar na camara representantes que os sustentassem com pleno conhecimento de causa[1087/1088]».

[1084] Não deixa, aliás, de ser curioso vincar que Pinheiro Ferreira emprega, indiferentemente e com valor de fungibilidade, fórmulas como «propostas»; «negócio»; «projecto»; «pareceres»...

[1085] Silvestre Pinheiro Ferreira, *Exposição do Projecto de Ordenações para o Reino de Portugal*, cit., p. 290.

[1086] *Idem, ibidem*, p. 304. Coerentemente, adita o Autor: «decidido na camara dos pares que um projecto he conforme, ou que não repugna aos interesses geraes das divisões territoiraes do reino, e passado dali a discutir-se na camara dos deputados, não he sobre este particular que a discussão pode ter logar, mas sim e tam somente sobre a conformidade ou oposição do mesmo projecto com os interesses de cada um dos tres estados, tanto na discussão da camara, como de cada uma das quatorze secções de que elles se compõem». *Idem, ibidem*, p. 305.

[1087] Silvestre Pinheiro Ferreira, *Exposição do Projecto de Ordenações para o Reino de Portugal*, cit., p. 290.

[1088] Em regra, os projectos devem ser discutidos, e votados, pelas duas câmaras separadamente. Não obstante, casos haverá em que o interesse público exige que a discussão se faça por pares e deputados reunidos em uma só câmara. Uma análise circunstanciada desta questão pode ser lida no seu *Cours de Droit Public*, I, cit., pp. 101 a 104.

O Poder e o Direito na obra de Pinheiro Ferreira: Princípios de Direito Constitucional   357

Passemos a falar da votação.

Não intentamos tomar aqui posição sobre o modelo preconizado pelo eminente Professor, sendo-nos suficiente anotar as regras a que, na sua perspectiva, a votação deveria obedecer.

Traça Silvestre Pinheiro Ferreira, cuidadosamente, as diferenças na votação de uma *proposta primitiva* e na votação de uma proposta a que acrescem contra-projectos.

Pelo que toca à primeira hipótese propõe que o processo de votação obedeça às seguintes regras: em primeiro lugar, *um continuo apresentará uma urna a cada deputado, que ahi deve lançar um bilhete de approvação ou rejeição, onde esteja escripto o seo nome de modo que um dos secretarios, proclamando a approvação ou rejeição notada em cada bilhete, nomêa o vogal a quem pertence, e este levanta-se para ratificar ou reclamar contra o engano se o houver*[1089/1090]. Em simultâneo, *outro secretario escreve os nomes proclamados na lista de approvação ou na de rejeição.* Somados, por um lado, os votos positivos e, por outro, os negativos achamos a *maioria legal*[1091]. Ora, a opinião que lograr obter a maioria legalmente exigida constituirá o *voto curial* da secção[1092/1093].

[1089] *Idem, Manual do Cidadão em um Governo Representativo*, I, cit., pp. 159 e 160.

[1090] Vemos, assim, que o Autor se afasta, deliberada e conscientemente, *dos tres modos de votação que o uso tem adoptado, a saber: por "assentados e levantados", por "chamada nominal", e por "escrutinio secreto". Idem, Manual do Cidadão em um Governo Representativo*, I, cit., p. 159, nota 2. Na verdade, aos olhos de Silvestre Pinheiro, *os dois primeiros sam subjeitos a abusos, e sempre deixam alguma duvida quanto ao resultado que se venceu. Idem, ibidem.* O terceiro *tem o grave inconveniente de subtraîr à censura da opinião publica o vogal que à sombra do segredo, e muito a seo salvo, quizer prevaricar. Idem, ibidem.*

[1091] Silvestre Pinheiro Ferreira, *Manual do Cidadão em um Governo Representativo*, I, cit., p. 160. Veja-se, ainda, o disposto no seu *Cours de Droit Public*, I, pp. 94 e ss.; na *Exposição do Projecto de Ordenações para o Reino de Portugal*, cit., pp. 292; no *Projecto de Ordenações para o Reino de Portugal*, cit., pp. 189 a 194 e no *Projecto de Codigo Geral de Leis Fundamentaes e Constitutivas d'uma Monarchia Portugueza*, cit, pp. 60 e 61, obras que também assina.

[1092] Silvestre Pinheiro Ferreira, *Manual do Cidadão em um Governo Representativo*, I, cit., p. 160; *idem, Cours de Droit Public*, I, pp. 94 e ss.; *idem, Exposição do Projecto de*

Falou-se em maioria legal. Interessa fixar o conceito, procurando definir o que Pinheiro Ferreira tem em mente.

A maioria que a lei ordinariamente determina para a decisão das assembleias deliberantes é a *simples maioria*[1094]. Não obstante, *por pouco que sobre a materia se reflicta, he facil de reconhecer-se que um negocio de uma mui transcendente importância deve exigir para sua decisão uma muito maior preponderancia de votos do que um negocio ordinario*[1095]. Ora, no pensamento do ilustrado Publicista, ninguém melhor do que o proponente pode aferir a relevância do negócio[1096]. Por consequência, *se o autor da proposta entender que da rejeição d'ella sam de recear maiores inconvenientes do que da aprovação, deve propôr que a rejeição não tenha logar senão por "maioria de dois terços", ou mesmo "dos tres quartos", segundo a gravidade dos males que elle recêa*[1097/1098].

A proposta não deve ficar sujeita nem às manobras da intriga nem aos efeitos do acaso – alerta o autor. Daí a cautela na determinação da maioria legal, daí o cuidado na *fixação no número de vogais precisos, tanto para se votar como para se abrir a discussão*[1099].

Passemos, então, à outra face do processo em estudo.

Ordenações para o Reino de Portugal, cit., p. 292; idem, *Projecto de Codigo Geral de Leis Fundamentaes e Constitutivas d'uma Monarchia Portugueza*, cit, pp. 60 e 61.

[1093] Sobre o conceito de "voto curial" *vide supra*.

[1094] *Que se divide* – ensina Pinheiro Ferreira – em absoluta e relativa. A primeira, a que apela, desde logo, o artigo XXIV da *Carta Constititucional* (= p. 109 da ed. cit.), *consiste em se obter mais de metade da totalidade dos votos*. A segunda *em conseguir mais votos do que qualquer dos outros concorrentes*.

[1095] Silvestre Pinheiro Ferreira, *Exposição do Projecto de Ordenações para o Reino de Portugal*, cit., p. 292

[1096] *Idem, ibidem; idem, Manual do Cidadão em um Governo Representativo*, I, cit., p. 160.

[1097] *Idem, Manual do Cidadão em um Governo Representativo*, I, cit., p. 160.

[1098] A esta luz – acrescenta o Autor – se compreende que para se poder infligir a *pena capital se requeira, nuns paizes, dois terços dos votos, noutros a unanimidade. Idem, ibidem.*

[1099] Silvestre Pinheiro Ferreira, *Exposição do Projecto de Ordenações para o Reino de Portugal*, cit., p. 293.

Pelo que respeita a requerermos pelo menos dois terços dos vogais para se abrir a discussão[1100] – escreve Pinheiro Ferreira – *ninguem haverà que repute excessiva esta exigencia, advertindo que pela natureza dos corpos moraes acontece que no decurso de uma discussão de varias sessões poucos sam os membros que assistem a duas terças partes da discussão, quer seja porque faltam inteiramente a umas, quer seja porque sò assistem a parte de outras sessões*[1101]. Nestes termos, sublinha o Publicista, com particular vigor, a importância da maioria que propõe. Ou seja, ao admitir-se *a simples presença de metade dos vogaes (como he a pratica mais universal), poucos sam os membros que ao fechar da discussão se achem, com effeito, cabalmente instruidos para votarem com sufficiente conhecimentos de causa*[1102].

Isto no que concerne à maioria que a lei deve consagrar para a abertura do debate parlamentar.

Mais ábsona com os princípios dos governos representativos é *a practiva de se proceder à votação com os presentes, sem se determinar quantos devam ser presentes e que, por terem assistido as discussões, sejam aptos a votar.* A constatação desta desconformidade levará Silvestre Pinheiro a idealizar um esquema destinado a chamar à responsabilidade os deputados ausentes[1103].

Como pano de fundo, temos a ideia de que os mandatários do povo são empregados públicos, e como tal responsáveis ante os seus constituintes pelo bom ou mau desempenho de seus deveres, sendo o primeiro

---

[1100] No *Projecto de Ordenações para o Reino de Portugal* escreve Silvestre Pinheiro: «A pluralidade de votos (…) refere-se sempre à totalidade dos membros effectivos da camara e não dos que ocasionalmente acontecer acharem-se presentes no acto de votação. Em geral nunca se poderà proceder a votação em nenhuma das camaras, se não forem presentes e concordarem em votar, ao menos duas terças partes da totalidade delles». Cfr. *idem, Projecto de Ordenações para o Reino de Portugal*, cit., p. 186.

[1101] *Idem, ibidem*, p. 294.

[1102] *Idem, ibidem*.

[1103] Silvestre Pinheiro Ferreira, *Manual do Cidadão em um Governo Representativo*, I, cit., pp. 153 e 154; *idem, Cours de Droit Public*, I, pp. 85 e ss.; *idem, Exposição do Projecto de Ordenações para o Reino de Portugal*, cit., pp. 294 e 295.

de entre eles o da permanência em seu posto[1104]. Assim, *pela mesma razão que qualquer outro publico empregado incorre em delicto e pelo delicto em castigo, que deve estar determinado por lei, quando sem legitima causa deserta o posto a que o chamam o dever e a honra; he forçoso que em juizo contenciado responda cada um pela sua negligencia sempre que della se constituir reo, sendo-lhe parte as autoridades que as constituições do estado tem incumbido de vigiar pela execução das leis sem distincção alguma de pessoas ou empregos[1105/1106]*.

Concluída esta já longa, mas imprescindível peregrinação pela concepção silvestrina de maioria legal, é chegado o momento de regressar ao processo de votação.

Procuraremos evoluir no sentido de fixar as regras que deverão ser observadas na votação de uma proposta a que acrescem contra-projectos.

[1104] *Idem, Exposição do Projecto de Ordenações para o Reino de Portugal*, cit., p. 295.

[1105] Silvestre Pinheiro Ferreira, *Exposição do Projecto de Ordenações para o Reino de Portugal*, I, cit., p. 295.

[1106] No seu *Projecto de Ordenações para o Reino de Portugal*, dedica alguns parágrafos a discriminar as providências reputadas suficientes para efectivar a responsabilidade dos membros das câmaras, bem como para suprir a sua ausência, qualquer que seja o motivo de que ela possa provir. Merecerá a pena determo-nos aqui alguns instantes. Como primeira medida propõe o Autor que o *presidente de cada uma das camaras fassa expedir, todos os meses, ao procurador geral da coroa e ordens uma lista dos membros effectivos, e substitutos que, intimados a comparecer na sessão, não tiverem comparecido ou tiverem faltado a mais de oito sessões dentro daquelle mez; a doze nos espaço de dois mezes, ou a dezeseis no de tres mezes. O procurador da coroa, fazendo-os, então, citar perante o tribunal supremo, exigirà, que elles dem sua coarctada ou que se lhes aplique pena que pelas leis estiver comminada aos empregados publicos pela falta de residencia em seos lugares.* Ademais, *no caso de ausencia de um membro de qualquer das camaras dever durar mais de um mez ou, sem previa excusa, houver durado quinze dias, o presidente convocarà o respectivo substituto, correndo, por forma de mulcta, as despesas desta convocação, a cargo do membro ausente e não excuso,* salvo, naturalmente o respectivo direito de justificar a sua ausência e, admitidas as razões invocadas, *obter absolvição ou minoração de mulcta.* Silvestre Pinheiro Ferreira, *Projecto de Ordenações para o Reino de Portugal*, I, cit., §§ 309, 310 e 312 (= pp. 186 a 188 da ed. cit.).

O Poder e o Direito na obra de Pinheiro Ferreira: Princípios de Direito Constitucional   361

Depois de se haver marcado com uma letra do alfabeto, tanto a proposta, como os contra-projectos oferecidos e sustentados pelos respectivos autores, proceder-se-á à formação de uma lista dividida em seis colunas[1107]. Na primeira coluna representar-se-ão o projecto e o contra-projecto, através das letras que lhe hão sido atribuídas. As restantes *terão em frente as rubricas seguintes, a saber: 1ª grào superior; 2ª grào mediano, 3ª grào inferior, 4ª inadmissíveis; 5ª valores totais*[1108]. De tais listas, serão distribuídos dois exemplares marcados com o mesmo número a cada membro da secção. Uma vez na posse de tais exemplares, o deputado classificará quer o *projecto primitivo* quer os *contra-projectos*, recorrendo às rubricas *superiores, medianos, inferiores* ou *inadmissíveis*, traduzindo, desta forma, o juízo que deles houver formado.

A sessão procederá, de imediato, a escrutinar as listas votadas, *addicionando os votos semelhantes que se acharem nas differentes listas*[1109].

Na lista que resultar desta operação, *serão contados os votos de superiores como valendo o dobro dos votos de medianos e estes como o dobro dos inferiores*[1110]. Havendo, pois, *multiplicado os superiores por quatro e os medianos por dois, se addicionarão estes productos com os votos inferiores*[1111], e da soma resultante subtrair-se-ão os votos que repousam na coluna dos inadmissíveis. O resultado desta operação representa o grau de estimação que o projecto a que a votação se refere goza na opinião geral de todos os membros da secção[1112].

[1107] Silvestre Pinheiro Ferreira, *Projecto de Ordenações para o Reino de Portugal*, I, cit., pp. 189 a 194; *idem, Exposição do Projecto de Ordenações para o Reino de Portugal*, I, cit., 296 e ss; *idem, Manual do Cidadão em um Governo Representativo*, I, cit., pp. 161 e ss.; *idem, Cours de Droit Public*, I, cit., pp. 94 e ss; *idem, Cours de Droit Public*, II, cit., pp. 237 e ss..

[1108] Silvestre Pinheiro Ferreira, *Manual do Cidadão em um Governo Representativo*, I, cit., p. 161.

[1109] *Idem, ibidem.*

[1110] *Idem, ibidem.*

[1111] *Idem, ibidem.*

[1112] Silvestre Pinheiro Ferreira, *Projecto de Ordenações para o Reino de Portugal*, I, cit., pp. 189 a 194; *idem, Exposição do Projecto de Ordenações para o Reino de Portugal*,

À comissão central[1113] chegam os *projectos* e *contra-projectos* que lograram obter mais de metade dos votos nas várias secções.

Também aqui impera o sistema de votos curiais[1114]. Os projectos que, na comissão central tiverem obtido ao menos metade dos votos, *serão discutidos em assemblea geral da camara*[1115].

Os projectos ou contra-projectos que tiverem obtido metade dos votos viris em uma das câmaras, serão remetidos à outra càmara com o propósito de aí serem debatidos e votados, nos termos propostos[1116/1117].

Em defesa do processo qualitativo de votação que sugere, escreve Silvestre Pinheiro Ferreira: «se se tractasse de fazer constar a quantos indivíduos presentes na salla o projecto he util e a quantos nocivo, não há

I, cit., 296 e ss; *idem, Manual do Cidadão em um Governo Representativo*, I, cit., pp. 161 e ss.; *idem, Cours de Droit Public*, I, cit., pp. 94 e ss; *idem, Cours de Droit Public*, II, cit., pp. 237 e ss..

[1113] *vide supra.*

[1114] Sobre o significado dos votos curiais no esquematismo do poder eleitoral ensaiado por Pinheiro Ferreira *vide supra.*

[1115] Silvestre Pinheiro Ferreira, *Projecto de Codigo Geral de Leis Fundamentaes e Constitutivas d'uma Monarchia Portugueza*, cit, pp. 62 e 63. De notar que o processo qualitativo dos votos curiais rege a votação quer na câmara dos deputados quer na das províncias. Silvestre Pinheiro Ferreira, *Projecto de Ordenações para o Reino de Portugal*, I, cit., pp. 189 a 194; *idem, Exposição do Projecto de Ordenações para o Reino de Portugal*, I, cit., 296 e ss; *idem, Manual do Cidadão em um Governo Representativo*, I, cit., pp. 161 e ss.; *idem, Cours de Droit Public*, I, cit., pp. 94 e ss; *idem, Cours de Droit Public*, II, cit., pp. 237 e ss..

[1116] Silvestre Pinheiro Ferreira, *Projecto de Codigo Geral de Leis Fundamentaes e Constitutivas d'uma Monarchia Portugueza*, cit, p. 63.

[1117] Em caso algum poderá o deputado abster-se de votar, salvo se *lhe faltarem princípios para o poder fazer com conhecimento de causa, ou havendo infracção do regulamento quer no debate, quer na votação.* Ressalvados estes casos, e a latitude que os mesmos necessariamente comportam, *elle faltaria ao seo dever de mandatario se desamparasse os interêsses da parte que, segundo o seo parecer, tiver justiça, não a sustentando com o seo voto, pois essa omissão não deixará de ser proveitosa à parte contrária.* Cfr. Silvestre Pinheiro Ferreira, *Manual do Cidadão em um Governo Representativo*, I, cit., pp. 164 e 165. Veja-se, ainda, o disposto no seu *Cours de Droit Public*, I, cit., p. 97.

duvida que por votos viris he que se havia de decidir a contenda[1118]». Todavia – acrescenta, de imediato – *a questão não he se o projecto convem ou não a um maior numero de deputados, mas a um maior numero dos diversos interêsses de que elles sam representantes*[1119]. Por outras palavras, *quando se tracta do interêsse individual o voto do individuo he decisivo, mas, tratando-se de liquidar o interêsse de uma classe, não se pòde estimar este senão pelo voto da maioria legal dos votos d'essa classe*[1120].

Em conclusão, o processo de votação silvestrino, no seu esquematismo e pretendida eficácia, procura começar por conhecer o voto da maioria de cada classe, antes de proceder à soma, a qual apenas pode mostrar se o projecto satisfaz ou não um maior número dos interesses representados, isto é, os interesses das classes e não dos indivíduos que, em cada momento, lhes dão corpo[1121].

Um só exemplo, saído de sua pena, de tão frisante, dispensa outros depoimentos análogos que encontramos espalhados, com maior ou menor número de pormenores, mais ou menos erudição, de forma mais ou menos completa, mais ou menos fragmentária, por sua vastíssima obra.

Escutemos, então, Silvestre Pinheiro Ferreira: «representemos as três classes pelas lettras A, B e C e supponhamos que cada uma d'ellas he composta de trinta membros e que a maioria legal, sendo absoluta, justificou que os votos tenham sido pelo modo seguinte:

	Approvação		*Rejeição*
A	16		14
B	19		11
	35		25
C	7		23
	42		48

1118 Silvestre Pinheiro Ferreira, *Manual do Cidadão em um Governo Representativo*, I, cit., p. 166.
1119 *Idem, ibidem.*
1120 *Idem, ibidem.*
1121 *Idem, ibidem.*

Donde se segue que um projecto julgado util pela grande maioria das duas primeiras classes (35 contra 25), e approvado pelo methodo dos votos curiaes, serà rejeitado pelo dos votos viris sò porque a maioria dos representantes da terceira classe o julgou nocivo a esta[1122/1123]».

Uma última palavra será dedicada à sanção e promulgação das leis.

Pinheiro Ferreira, como sabemos, introduzira, como princípio fundamental de toda a monarquia constitucional, que o exercício da soberania, mormente o exercício do poder legislativo, *não residia separadamente em nenhuma das partes integrantes do governo, mas sim na reunião do monarca e deputados escolhidos pelos povos, tanto aquelle como estes para formarem o supremo conselho da nação a que os nossos maiores têm designado pela denominação de côrtes*[1124].

Insinuando uma teorização tradicional, embora justificando o poder de soberania nacional e refutando qualquer sequela de fundamentação absolutista[1125], guardava para o monarca um papel legislativo activo.

[1122] Silvestre Pinheiro Ferreira, *Manual do Cidadão em um Governo Representativo*, I, cit., pp. 166 e 167.

[1123] Intuindo uma crítica fácil, esclarece, ainda, o Publicista: «Nenhum dos numerosos inconvenientes nos parece existir no methodo que se expõe... Ahi não pode facilmente haver engano na votação de cada classe, pelo pequeno numero de votantes. Como os secretarios devem lançar por escripto o resultado de cada uma das quatorze urnas indistinctamente, e no acto mesmo de o escrever, proclama-lo de modo que cada qual pode reclamar contra qualquer erro ou engano (...), torna-se impossivel qualquer collusão ou abuso. E posto que o methodo se presente à primeira vista como extraordinariamente moroso, he-o na realidade muito menos do que parece; pois que as classes votam todas ao mesmo tempo: a proclamação da mesa ao tirarem-se os bilhetes das urnas, não toma mais tempo do que a simples chamada: e como um secretario escreve ao mesmo tempo que o outro proclama, terminada a extracção dos bilhetes està por esse simples facto liquidada a verdadeira pluralidade». Cfr. Silvestre Pinheiro Ferreira, *Exposição do Projecto de Ordenações para o Reino de Portugal*, cit., p. 30. De resto, remata o notável jurisconsulto português, *a questão não he de saber o como se podem fazer leis de pressa, mas o como se deve proceder para que ellas sejam o menos defeituosas que humanamente se pode esperar. Idem, ibidem.*

[1124] Resposta do Rei ao discurso de José Joaquim Ferreira de Moura *in Diário das Cortes...*, t. II, n° 118, sessão de 4-VII-1821, pp. 1486 e 1487. O mesmo discurso, lido pelo nosso Político, foi transcrito em Clemente José dos Santos, *op. cit.*, vol. I, p. 211.

[1125] *Idem, ibidem*, pp. 209 e 210.

Assim, antes de uma lei entrar em vigor precisa que o Rei a sancione. Por outras palavras, o decreto que, uma vez terminada a discussão, houver obtido *a pluralidade dos votos curiaes em qualquer das camaras, serà apresentado ao monarcae em concelho d'estado no dia que elle, para isso, aprazar*[1126].

A sanção – depreende-se da leitura dos escritos silvestrinos – consiste na aprovação do projecto pela coroa. Por antonomásia, a reprovação ou não aprovação do texto toma o nome de veto[1127].

Benjamim Constant justificou da seguinte forma a sanção ou a sua recusa: «É mister que a auctoridade encarregada de vigiar pela execução das leis tenha o direito de oppor-se ás que julga perigosas; porque nenhum poder executa com zelo uma lei que não approva: d'outro modo fica bem depressa sem força e sem consideração; os seus agentes desobedecem-lhe no pensamento secreto de lhe desagradar. Em fim quando o principe concorre para a formação das leis, e quando o seu consentimento é necessário, seus vicios não chegam nunca ao mesmo gráu a que chegam quando os corpos representativos decidem sem appelação, porque o principe e os ministros tem a experiencia dos effeitos que uma lei póde produzir[1128]». As palavras de Constant poderiam ser de Silvestre. Na verdade, para o Publicista Português, a sanção e o veto não se justificam como um resquício das antigas atribuições da realeza, que concentrava, *no antigo regimen absoluto,* o poder legislativo.

Numa monarquia, mesmo constitucional – ponderou Pinheiro Ferreira – *les deux caractères essentiels qui distinguent le chef du pouvoir*

[1126] Silvestre Pinheiro Ferreira, *Manual do Cidadão em um Governo Representativo,* tomo III, Direito Administrativo e das Gentes, Paris, Rey e Gravier, J. P. Aillaud, 1834, p. 63.

[1127] Veja-se, por exemplo, o disposto no seu *Projecto de Codigo Politico para a Nação Portugueza, cit.,* §§ 127 a 133 e 705 a 710. Ao veto do monarca – esclarece o Autor – dedica o § 129 do mesmo projecto. Cfr. Silvestre Pinheiro Ferreira, *Projecto de Codigo Politico para a Nação Portugueza, cit.,* p. 474.

[1128] Benjamim Constant *apud* Lopes Praça, *Estudos sobre a Carta Constitucional de 1826 e Acto Addicional de 1852,* 2ª Parte, Vol. I, Coimbra, Livraria Portugueza e Estrangeira de Manuel de Almeida Cabral – Editor, Coimbra, 1879, p. 297.

exécutif de celui d'une république, sont, ainsi que nous l'avons avancé ci-dessus, l'inviolabilité et le veto[1129]. Por consequência, *otez au monarque ces deux attributs, le gouvernement ne sera plus monarchique, il sera républicain, et le chef du pouvoir exécutif ne sera qu'un président*[1130].

Acresce que, sendo *la perpétuité du chef du pouvoir exécutif* o princípio fundamental da monarquia, *il a fallu admettre son intervention en qualité de troisième branche du pouvoir législatif, et par conséquent il faut lui départir son rôle*[1131]. Ora – remata o Polígrafo – *nous croyons que celui-ci ne peut être déterminé que par la spécialité des connaissances que le gouvernement doit avoir, plus détaillée et mieux combinée que celles des deux autres branches du pouvoir législatif, des intérêts généraux de la monarchie au dedans, et de ses rapports avec les nations étrangères au dehors*[1132].

Silvestre reparte, pois, o poder legislativo pela coroa e pelas duas camaras (pares e deputados) com o intuito de especializar funções.

Encontrado o fundamento da sanção, ou da sua recusa, cumpre indagar em que prazo deve o Rei *dar a sua sanção às decisões das cortes geraes*.

O prazo geral de um mês que o artigo 59° da *Carta Constitucional*[1133] consagra foi, pelo nosso compatriota, objecto de reparos.

A crítica silvestrina alicerça-se em duas ordens de motivos. Em primeiro lugar, *há casos de urgencia em que aquelle praso, contado do dia em que as decisões das cortes geraes* forem apresentadas ao Rei, *seria demasiado prolongado*[1134]. Depois, nem todos os negócios demandam o mesmo tempo para serem maduramente resolvidos e a *Carta* consagra para todos o período certo de um mês[1135].

1129 Silvestre Pinheiro Ferreira, *Cours de Droit Public*, I, cit., p. 140.

1130 *Idem, ibidem.*

1131 *Idem, ibidem*, p. 147.

1132 *Idem, ibidem.*

1133 Cfr. Artigo 59° da Carta Constitucional de 29 de Abril de 1826 (= p. 116 da ed. cit.).

1134 Silvestre Pinheiro Ferreira, *Exposição do Projecto d'Ordenações para o Reino de Portugal*, cit., p. 311.

1135 *Idem, ibidem.*

O *Poder e o Direito na obra de Pinheiro Ferreira: Princípios de Direito Constitucional*   367

Como alternativa, susceptível de tomar em consideração a *dignidade do throno, que podendo dar ou recusar a sanção muito mais a pode retardar dentro d'arresoados limites sempre que assim entenda ser conforme aos publicos interesses,* propõe Silvestre Pinheiro que as Cortes deliberem a declaração de urgência, competindo ao poder executivo ou ao moderador o dever de fundamentar, circunstanciadamente, a sua discordância com o deliberado pelas câmaras[1136].

O monarca, em Conselho de Ministros, *tomará a resolução que lhe parecer justa, e èsta serà participada aos presidentes das camaras por officio do secretario de estado*[1137].

As razões que justificam a faculdade de sancionar os *projectos de lei* concedida à realeza, são as mesmas que fundamentam o poder de lhes recusar a sanção. De facto, aos olhos do nosso compatriota, inútil e estéril seria a concessão à realeza do poder de sancionar se lhe não coubesse, conjuntamente, o poder de vetar[1138].

Agora é tempo de colocar a célebre questão escolar: deverá o veto ser absoluto ou suspensivo?

Nos termos do artigo 58º da Carta Constitucional[1139], a denegação de sanção tem um efeito absoluto no sentido de que a sanção real é indispensável no processo de formação da lei[1140]. Afasta-se, assim, o entendi-

---

[1136] Silvestre Pinheiro Ferreira, *Projectos d'Ordenações para o Reino de Portugal,* cit., p. 195.

[1137] Silvestre Pinheiro Ferreira, *Projecto de Codigo Geral de Leis Fundamentaes e Constitutivas d'uma Monarchia Representativa,* cit., p. 64.

[1138] Silvestre Pinheiro Ferreira, *Cours de Droit Public,* I, cit., pp. 141 a 145.

[1139] Cfr. Artigo 58º da *Carta Constitucional* de 29 de Abril de 1826 (= p. 116 da ed. cit.).

[1140] A Constituição de 1822 consagrara o veto suspensivo no seu artigo 110º (= p. 60 da ed. cit.). Na discussão das bases para aquele diploma, votou-se a questão do veto na sessão ordinária de 26 de Fevereiro de 1821. Foi decidido, por setenta e oito votos contra sete, que o monarca não deveria ter veto absoluto e, por oitenta e um votos contra quadro, que deveria ter veto suspensivo. Os argumentos que podem adiantar-se a favor do veto suspensivo podem ser lidos no *Diário das Côrtes Constituintes de 1821,* pp. 135 a 165. Lopes Praça reproduz, nos seus *Estudos sobre a Carta Constitucional...,* cit., parte de um discurso de Soares Franco. A leitura de tal excerto, por si só, permite formar uma ideia das

mento de que, não obstante uma ou reiteradas recusas de sanção, o decreto poderá chegar a converter-se em lei mesmo sem o consentimento régio.

Este artigo mereceu de Silvestre Pinheiro o seguinte comentário: «A expressão *d'absoluto* empregada neste artigo he por extremo vaga e equivoca, porque d'uma parte parece ordenar que o veto real não deve ser motivado; e pela outra, que se não pode mais levar semelhante proposta à presença do rei: duas conclusões incompativeis com o bem dos publicos interesses; porque a primeira torna illusoria a responsabilidade dos concelheiros da coroa em semelhantes casos; e a segunda paralysa as funcções das cortes, cujo dever de proporem quanto entendam que cumpre ao bem do estado não he susceptivel de nenhuma restrição[1141]».

Para o Polígrafo a questão deveria ser equacionado nos seus exactos termos. O poder legislativo faz leis que obrigam todos os cidadãos; mas é o poder executivo que as faz cumprir. Se o poder legislativo prosseguir cabalmente a sua missão o veto absoluto não o amesquinha. Se, ao invés, o poder executivo dispuser arbitrariamente dos meios e da força não será o veto suspensivo que curará os males de um povo que se definha na mais degradante abjecção moral[1142].

Reduzida, assim, a questão às suas reais proporções entende Pinheiro Ferreira que o "veto sem responsabilidade" *he incompativel com a independencia dos poderes,* já que *o monarcha, chefe do poder executivo, pòde por este meio paralisar a acção do poder legislativo, faculdade tanto mais funesta, quanto a herança da corôa dà logar a um systema seguido de invasão, a que se não pòde oppôr nenhuma barreira efficaz*[1143].

---

opiniões que, a respeito do veto, se degladiavam naquela Assembleia Constituinte. Cfr. Lopes Praça, *Estudos sobre a Carta Constitucional de 1826 e Acto Addicional de 1852,* 2ª Parte, vol. I, cit., pp. 299 e ss..

[1141] Silvestre Pinheiro Ferreira, *Observações sobre a Constituição do Imperio do Brazil e sobre a Carta Constitucional do Reino de Portugal,* 2ª edição, Aumentada com as observações do Autor sobre a Lei das Reformas do Imperio do Brazil, Paris, Rey e Gravier, J. P. Aillaud, 1835, p. 146.

[1142] Cfr. Silvestre Pinheiro Ferreira, *Exposição do Projecto d'Ordenações para o Reino de Portugal,* cit., pp. 311 e 312; *Idem, Cours de Droit Public,* I, cit., pp. 139 e ss..

[1143] Silvestre Pinheiro Ferreira, *Manual do Cidadão em um Governo Representativo,* I, cit., p. 259; *Idem, Cours de Droit Public,* I, cit., pp. 127 e ss..

O *Poder e o Direito na obra de Pinheiro Ferreira: Princípios de Direito Constitucional* 369

Silvestre não preconiza, todavia, esquemas de contraposição, pelo menos muito acentuada, como resposta para os problemas concretos do País – o que, afinal, só ilustra a sua formulação teórico-prática. E, assim, voltando ao fundo das suas concepções sobre a temática do veto, assevera: «na maior parte dos negocios a demora e mesmo a denegação da sancção não tem por consequencia prejuizos insanaveis. Comtudo casos pode haver em que seja forçoso legislar de prompto, taes como por exemplo o decretamento de receita e despesa correntes; e então he preciso que a lei tenha providenciado ao modo de supprir à sanção denegada ou retardada[1144]». Simplesmente, acrescenta, *sò passarà como lei do estado o projecto pelo monarca aprovado*[1145].

A tentativa de harmonizar os interesses diversos em presença levá-lo-á a idealizar o seguinte esquema: «o projecto recusado pelo monarca não passarà como lei[1146]». Simplesmente, poderá o decreto ser novamente decidido na mesma sessão *se ao menos por dois terços dos votos viris do congresso se vencer que he forçoso providenciar sobre o caso, que faz objecto da lei recusada pelo monarca*[1147].

Porque o chefe supremo do poder executivo pode vetar o decreto que lhe é, uma vez mais, presente pelas câmaras[1148], *por esse mesmo facto*, uma vez verificado, *serão os ministros suspensos no exercicio das suas funcçoes*[1149/1150]. O Publicista fundamenta a regra no seguinte entendimen-

---

[1144] Cfr. Silvestre Pinheiro Ferreira, *Exposição do Projecto d'Ordenações para o Reino de Portugal*, cit., pp. 311 e 312.

[1145] Silvestre Pinheiro Ferreira, *Projecto de Codigo Geral de Leis Fundamentaes e Constitutivas d'uma Monarchia Representativa*, cit., p. 65.

[1146] Silvestre Pinheiro Ferreira, *Projecto de Codigo Geral de Leis Fundamentaes e Constitutivas d'uma Monarchia Representativa*, cit., p. 64.

[1147] Silvestre Pinheiro Ferreira, *Projecto de Codigo Geral de Leis Fundamentaes e Constitutivas d'uma Monarchia Representativa*, cit., p. 64.

[1148] Por intermédio de uma deputação composta por três membros para esse fim eleita pelas respectivas secções. *Idem, ibidem*, pp. 63 e 64.

[1149] *Idem, ibidem.*

[1150] Para providenciar a estes casos – explica o Polígrafo – *acha-se especialmente criada a mesa do desembargo do paço, entre cujas attribuições, a primeira e mais importante consiste em que todas as vezes que o ministerio incorrer em inhibição (...), entre ella*

370 *Para a História do Direito Constitucional Português: Silvestre Pinheiro Ferreira*

to: «Como o ministro que tal concelho desse ao soberano incorreria por esse simples facto na obrigação de por elle responder em juizo, aonde à camara dos tres estados incumbe o dever de o accusar; segue-se dever em tal caso entrar um novo ministerio que dando a S. M. mais acertado concelho transmita à camara a decisada sanção: ou seguindo os vestigios dos predecessores tambem concorde em ella ser denegada ou retardada: e então incorre na mesma responsabilidade e inhibição, como o precedente[1151]». A inviolabilidade régia é, pois, inseparável da responsabilidade ministerial.

Ao monarca – ensina o Polígrafo – compete promulgar e ordenar a publicação das leis[1152].

---

no encargo do expediente do poder executivo, constituindo-se em concelho permanente junto à pessoa do rei... Silvestre Pinheiro Ferreira, *Exposição do Projecto d'Ordenações para o Reino de Portugal,* cit., p. 312. Sobre a Mesa do Desembargo do Paço veja-se, a título paradimático, o disposto nessa mesma obra, pp. 488 e ss..

[1151] Silvestre Pinheiro Ferreira, *Exposição do Projecto d'Ordenações para o Reino de Portugal,* cit., p. 312.

[1152] Pinheiro Ferreira dedica a sua atenção a definir os termos da promulgação e da publicação das leis. Escutemo-lo: «do projecto que fôr decretado, na forma do artigo antecedente, se lavrarão dois autographos, e depois de assignados pelo monarca, e pelo presidente da camara onde o projecto houver sido approvado, serão referendados pelo secretário d'estado e pelos da dita camara, e depositados um no archivo geral do congresso, e o outro nos archivos da chancelaria. O secretario d'estado enviarà a cada um dos ministros d'estado, e dos governadores das provincias um exemplar da lei depois de assignado pelo monarca, e de referendado pelo mesmo secretario d'estado. As autoridades a quem a lei fôr enviada, (...), distribuirão do mesmo modo exemplares por ellas assignados aos seos immediatos subalternos, e assim se procederà gradualmente atè aquellas que estiverem incumbidas da publicação das leis e de as fazer affixar nos logares, e pela forma que se determinar na lei regulamentar». Cfr. Silvestre Pinheiro Ferreira, *Projecto de Codigo Geral de Leis Fundamentaes e Constitutivas d'uma Monarchia Representativa,* cit., pp. 65 e 66. Veja-se, ainda, o disposto no *Manual do Cidadão em um Governo Representativo,* I, cit., pp. 181 e 182. Vemos que a cautela que o Publicista coloca no tratamento da publicação da lei se explica a dois tempos. Por um lado, a circunstância de parecer filosoficamente incontroverso que ninguém fosse responsável pela não observância de leis que ignora. Depois, o reconhecimento que a adopção daquele princípio tornaria praticamente impossível a aplicação das leis e ineficaz a sua promulgação. Para resolver as dificuldades inerentes a tal temática assenta o postulado, que de imediato decorre da análise dos seus textos, que o mesmo é poder conhecer a lei que conhecê-la de facto.

Coroando o princípio da colaboração entre os órgãos constitucionais na obtenção de um resultado prefixado, determina que a promulgação está sujeita a referenda ministrial[1153]. Compreende-se o instituto: salvaguardar a irresponsabilidade do monarca já que são os ministros que respondem pelos actos do poder executivo[1154].

3.3.4 – Do Poder Judicial

As raízes dos nossos conceitos europeus e ocidentais do político e do jurídico elevam a justiça como o bem maior do agregado político, como a síntese suprema da *racionalidade* que conduziu à construção da *polis*[1155].

O direito público não dispensa, pois, aquela que é a *primeira virtude das instituições sociais, tal como a verdade o é para os sistemas do pensamento*[1156].

Acentuando no direito a dimensão axiológica ou valorativa, observa Karl Larenz que *todos exigem que nas relações dos homens entre si e em particular na ordem de uma comunidade se faça valer a justiça e que não reine o arbítrio ou o humor de um indivíduo, nem a vantagem do mais forte ou a força bruta*[1157]. No mesmo sentido, escreve Miguel Reale que o valor próprio do direito é a justiça, *não entendida como simples relação extrínseca ou formal, aritmética ou geométrica, dos actos humanos, mas*

[1153] Veja-se, por exemplo, o disposto no seu *Manual do Cidadão em um Governo Representativo*, I, cit., p. 181.

[1154] A temática da responsabilidade ministerial será, por nós, retomada *infra*.

[1155] Nas palavras de José Adelino Maltez, *Princípios de Ciência Política. O Problema do Direito*, cit., p. 173.

[1156] Jonh Rawls, *Uma Teoria da Justiça*, trad. port. de Carlos Pinto Correia, Lisboa, Editorial Presença, 1993, p. 27.

[1157] Karl Larenz, *Metodologia da Ciência do Direito* (1960), trad. port. de José de Sousa e Brito e José António Veloso, Lisboa, Fundação Calouste Gulbenkian, 1968, p. 209. Esta passagem foi transcrita por José Adelino Maltez, *Princípios de Ciência Política. O Problema do Direito*, cit., p. 175.

como a unidade concreta destes actos, com o fim de constituir um bem intersubjectivo: o bem comum[1158].

Os próprios reis assumem o *culto da justiça* como sua específica missão, ao lado de juízes e advogados, para quem a justiça caracteriza o conteúdo da respectiva actividade[1159].

De salientar que a justiça é concretizável pela equidade – a justiça do caso concreto, resultante da *ars boni et aequi*, onde o *bom* e o *equitativo* não são conceitos metajurídicos, mas fins relativos[1160]. Como assina Battaglia, *aquele fim bom e aquele fim equitativo exigem, na opção, uma determinação dos meios e um certo uso de meios, em que precisamente consiste a arte.* Estamos, por conseguinte, ante *uma ciência de meios e fins não peremptórios, mas elegíveis; ou seja, cabalmente, uma técnica*[1161].

Face ao papel verdadeiramente estrutural da justiça, a aristotélica *estrela polar do direito*, importa atentar na teorização silvestrina da função de julgar.

A profunda reflexão de Pinheiro Ferreira é uma lição inesperada acerca da natureza do poder judicial.

O largo número e a importância dos problemas levantados pelo Publicista reclamam estudos cuidadosos. Atendendo à indole e propósitos do presente trabalho, impõe-se, apenas, realizar uma aproximação inicial daquelas questões.

Começaremos pelo objecto do poder judicial, em si tomado, e seguidamente examinaremos a composição dos tribunais de justiça e a respectiva competência, questões que revestem importância especialíssima para a compreensão da proposta do autor.

[1158] Miguel Reale, *Filosofia del Derecho. I. Introducción Filosófica General*, trad. cast., Madrid, Ediciones Pirámide, 1979, p. 226. Este excerto foi objecto de transcrição por José Adelino Maltez, *Princípios de Ciência Política. O Problema do Direito*, cit., p. 175.

[1159] *Vide supra*.

[1160] Assim, José Adelino Maltez, *Princípios de Ciência Política. O Problema do Direito*, cit., p. 198.

[1161] Felice Battaglia, *Curso de Filosofia del Derecho*, trad. cast. de Francisco Elias de Tejada e Pablo Lucas Verdú, Madrid, Instituto Editorial Reus, 1951, I, p. 42. Esta passagem foi transcrita por José Adelino Maltez *in Princípios de Ciência Política. O Problema do Direito*, cit., p. 198.

A construção do Estado nascido após a Revolução Liberal Francesa funda-se sobre o princípio da separação de poderes[1162].

No campo judicial, esse princípio tem o significado de alicerçar as bases de uma nova organização judiciária, retirando aos tribunais todas as atribuições de administração activa e política.

A afirmação da necessidade imperiosa de separar os poderes executivo e judicial foi secundada por Pinheiro Ferreira. A sua mensagem não poderia ser mais transparente: «depois dos jurisconsultos terem por muito tempo confundido o poder judicial com o executivo, veio a reflectir-se que as attribuições de um sam diversas das do outro; e então, extremando-as cuidadosamente, conveio-se, não em que fossem diversos, pois isso era um facto, e não dependia da vontade de ninguem, mas que para o futuro se désse a cada um delles um nome especial, para nunca mais se confundirem[1163]».

Um segundo relato, concebido a partir da crítica à anterior indiferenciação dos dois poderes, atinge outra acutilância. Vale a pena transcrevê-lo: «outrora a ignorancia, de ordinario presumptuosa, envergonhou-se de não ter visto que as atribuições do poder judicial eram distinctas das do poder executivo, e por muito tempo se obstinou esta distincção[1164]». Distinção que, para o esclarecido pensador, é verdadeiramente fulcral...

Em Portugal, as linhas de força do constitucionalismo liberal alvoreceram em 1820, com a Revolução[1165].

Triunfante, o movimento liberal logo quis garantir em lei os princípios que defendia. Aprovado para vigorar provisoriamente e servir de orientação à futura Constituição, o Decreto de 9 de Março de 1821 foi

---

[1162] *Vide supra.*

[1163] Silvestre Pinheiro Ferreira, «Introdução» a *Projecto de Codigo Politico para a Nação Portugueza*, cit., p. x.

[1164] *Idem, ibidem*, p. xi.

[1165] Almeida Garret, «O dia 24 de Agosto, 1821» e «Portugal na Balança da Europa. Do que tem sido e do que não convém ser na nova ordem de coisas do mundo civilizado», *in Obras Completas de Almeida Garrett*, 1º volume, Porto, 1963; José Xavier Mouzinho da Silveira, «Memória» *in Mouzinho da Silveira, Obras*, volume I, Lisboa, Fundação Calouste Gulbenkian, 1989, pp. 620 e ss..

buscar as principais bases para a nova Constituição ao nosso antigo direito público[1166], acordando em *dividir e equilibrar os três poderes para evitar o despotismo que resulta da sua acumulação*[1167].

Ao contrário da ruptura com o passado, desejada pelos revolucionários franceses[1168], os portugueses, na linha dos espanhóis[1169], aceitam uma via de compromisso entre a tradição jurídico-política e o novo ideário liberal, sendo interessante verificar como, no decorrer da centúria de Oitocentos, a vários níveis se degladiam as duas linhas de força agora desenhadas. Nestes termos, a divisória revolucionária não estabelece, entre nós, uma incomunicabilidade entre o antigo e o novo regime[1170].

Não raras vezes, a alteração das estruturas de um País provocadas por uma revolução não acompanha os movimentos repentinos do fenómeno político. Frequentemente, assiste-se, mesmo, à fusão das novas ideias com as velhas estruturas.

Portugal é exemplo disso mesmo. Se existem antigas estruturas da organização judiciária que são imeditamente desactivadas, outras, ainda que moribundas, permanecem até àquele período em que Mouzinho da Silveira dá curso livre ao seu génio[1171].

A narração das circuntâncias e dos acontecimentos que antecedem e justificam o constitucionalismo liberal português escapa aos propósitos da presente investigação. O mesmo se diga da apresentação das reformas então introduzidas na organização judiciária.

[1166] Cfr. João Maria Tello de Magalhães Collaço, *Ensaio sobre a inconstitucionalidade das leis no direito português*, Coimbra, 1915, p. 44.

[1167] Palavras proferidas pelo Presidente da Comissão que elaborou as bases da Constituição, justificando o seu conteúdo ante as Cortes. Cfr. *Diário das Cortes*, volume I, 1821, pp. 79 e 80.

[1168] Contra João Maria Tello de Magalhães Collaço, para quem a França revolucionária desejaria voltar ao passado. Cfr. *idem, Ensaio sobre a inconstitucionalidade das leis no direito português*, cit., pp. 38 a 43.

[1169] Jose Luis Villar Palasi, *Derecho Administrativo*, tomo I, 1968, pp. 145 e ss..

[1170] *Vide supra.*

[1171] Sobre o assunto *vide*, por todos, Miriam Alpern Pereira, «Estado e Sociedade. Pensamento e Acção Política de Mouzinho da Silveira», in *Obras de Mouzinho da Silveira*, 1º volume cit., pp. 66 e ss..

O *Poder e o Direito na obra de Pinheiro Ferreira: Princípios de Direito Constitucional*   375

Quanto a Silvestre Pinheiro Ferreira, vemos que o Publicista não se fatiga de sublinhar que a reforma do poder judicial é um dos pontos mais significativos do trânsito de uma constituição corporativo-feudal para uma constituição que afirma o Estado perante os particularismos das diversas ordens.

Esta afirmação não nos deverá surpreender já que é sobejamente conhecida a hostilidade do Autor a uma diferenciação de estatutos jurídicos baseada, unicamente, numa qualificação subjectiva[1172]. Por outro lado, a destruição do vetusto aparelho judicial solidário com uma distribuição do espaço e do poder compatível com a perpetuação da capacidade de decidir de certos grupos sociais representativos do Antigo Regime é um imperativo das linhas de força do seu pensamento.

Vale a pena escutar Pinheiro Ferreira: «um dos principios fundamentaes do systema constitucional he indubitavelmente a divisão e independencia dos poderes[1173]». Portanto – continua – *custa a conceber, como nos paizes que se gloriam de serem constitucionaes, se cumula, em certos casos, na camara dos pares o poder legislativo e o poder judicial*[1174]. Tal só é possível – esclarece o Publicista – porque se parte de dois princípios destituídos de todo o fundamento: *o primeiro he que se os membros das camaras legislativas estivessem subjeitos aos tribunaes ordinarios, o poder legislativo ficaria dependente do poder judicial. O segundo he que os tribunaes ordinarios, alem de nõ corresponderem à alta dignidade das personagens que se costuma subjeitar à jurisdicção da camara dos pares, não he de presumir que tenham assaz energia para decidirem contra ellas a favor das partes queixosas, sempre que estas forem d'uma muito inferior jerarquia*[1175]. Penetrando na análise de cada um dos argumentos, escreve o ilustrado liberal do nosso primeiro constitucionalismo: «o primeiro he fundado na falsa idea do que se chama dependencia dos

---

[1172] *Vide supra.*

[1173] Cfr. Silvestre Pinheiro Ferreira, comentário ao § 1, do artigo 41. da *Carta Constitucional Portuguesa in Exposição do Projecto d'Ordenações para o Reino de Portugal* cit., p. 399.

[1174] *Idem, ibidem*, pp. 399 e 400.

[1175] *Idem, ibidem*, p. 400.

poderes[1176]». *He tam falso – adianta – que o poder legislativo fique dependente do poder judicial, porque os agentes do primeiro devem ser julgados em seos litigios pelos agentes do segundo, como seria falso dizer-se que o poder legislativo, ou o judicial, dependem do poder executivo, porque os agentes dos dois primeiros dependem das decisões administrativas dos agentes deste ultimo, n'uma infinidade de casos da mais relevante importância[1177]*. Na verdade – esclarece Pinheiro Ferreira – *não he nisto que consiste a dependencia que prohibem os princípios constitucionaes, porque esta não inspira nenhum receio, uma vez que a autoridade seja confiada a pessoas escolhidas pela opinião publica[1178], e que a exerçam debaxo de uma verdadeira responsabilidade, sem mysterio nem rebuço, à face de toda a nação[1179]*.

Partindo destas premissas, o Publicista não pode deixar de concluir: «seriamos pois de parecer que se eliminasse immediatamente da nossa constituição um tam exorbitante privilegio[1180]».

É dentro dos pressupostos apontados que julgamos conveniente auscultar a arquitectura ferreireana para saber como se desenhou ou viveu, na sua proposta, a configuração de organização judiciária.

Impõe-se uma breve incursão na resposta que o ilustrado pensador encontra para a resolução do problema do objecto do poder judicial.

Ao poder judiciário compete *decidir quaesquer causas civeis[1181]* e *crimes[1182] por via de tribunaes revestidos de jurisdição contenciosa[1183] ou*

[1176] *Idem, ibidem.*

[1177] Cfr. Silvestre Pinheiro Ferreira, comentário ao § 1, do artigo 41. da Carta Constitucional Portuguesa *in Exposição do Projecto d'Ordenações para o Reino de Portugal*, cit., p. 400.

[1178] Sobre a proposta silvestrina para a eleição dos candidatos *aos emprêgos do poder judicial, vide supra.*

[1179] Cfr. Silvestre Pinheiro Ferreira, comentário ao § 1, do artigo 41. da Carta Constitucional Portuguesa *in Exposição do Projecto d'Ordenações para o Reino de Portugal*, cit., p. 400.

[1180] *Idem, ibidem*, p. 401.

[1181] A causa cível – esclarece Pinheiro Ferreira – *he aquella em que o autor se diz offendido ou ameaçado em algum direito que o rèo lhe contesta.* Cfr. Silvestre Pinheiro Ferreira, *Manual do Cidadão em um Governo Representativo*, I, cit., p. 183.

O Poder e o Direito na obra de Pinheiro Ferreira: Princípios de Direito Constitucional   377

voluntaria[1184] *e cuja organisação deve ser regulada por lei*[1185]. De salientar que esta última nota silvestrina parece legitimar o entendimento de

---

[1182] No léxico do Pensador Português, a expressão "causa crime" significa *aquella em que o autor se diz offendido ou ameaçado pelo réo em algum direito, que este lhe não contesta; versando a contenda unicamente sobre a certeza e liquidação do damno, e intenção culpavel do rèo. Idem, ibidem.* E a intensão do réu é culpável sempre que *a acção foi commetida com conhecimento dos damnos que d'ahi deviam naturalmente seguir-se, ou para os legitimos interêsses dos particulares, ou para a segurança e tranquilidade publica. Idem, ibidem,* pp. 183 e 184. Neste último caso, o processo justifica-se, *primeiramente, pelas perturbações que a acção pòde occasionar. Depois d'isso, pelo receio e desconfiança, tanto da reincidencia do rèo, como de que outros a seo exemplo venham a commetter semelhantes crimes, receio que se mede pela malicia do rèo, e segundo o qual as acções puniveis se qualificam de crimes, delictos, ou contravenções. Idem, ibidem,* p. 184.

[1183] A jurisdição contenciosa – ensina o Publicista – *he a competencia para decidir definitivamente em qualquer causa crime ou cível se a especie que se controverte està ou não comprehendida na lei allegada pelo autor contra o reo, ou naquella em que o reo impugna a pretenção do autor.* Cfr. Silvestre Pinheiro Ferreira, *Manual do Cidadão em um Governo Representativo,* I, cit., p. 184. Desta ideia decorre uma outra que o Polígrafo não hesita em evidenciar: «do seu conteûdo depreende-se claramente que, em geral, cumpre que todas as contestações sejam decididas perante os tribunaes de justiça, ainda quando as partes se achem de acordo quanto aos pontos do direito». *Idem, Exposição do Projecto d'Ordenações para o Reino de Portugal,* cit., p. 390. Por consequência, remata o Autor, as causas *que forem de jurisdição contenciosa por nenhum caso poderão ser decididas por outra autoridade. Idem, ibidem.*

[1184] A jurisdição voluntária, por antonomásia, *he a competencia para decidir em qualquer causa crime ou cível se a especie que se controverte està ou não comprehendida na lei allegada pelo autor contra o reo, ou naquella em que o reo impugna a pretenção do autor, sendo porem livre a cada uma das partes não aquiescer à decisão que nesse caso ficarà de nenhum efeito. Idem, Manual do Cidadão em um Governo Representativo,* I, cit., p. 184. Silvestre Pinheiro fundamenta a jurisdição voluntária na ideia de que pode *haver casos em que as decisões podem ser mais bem tomadas, se o pleito for tratado perante as autoridades administrativas. Idem, Exposição do Projecto d'Ordenações para o Reino de Portugal,* cit., p. 390. Não obstante, as especialíssimas atribuições do poder judicial obrigam a que, *por lei expressa, se declare quaes ellas sejam; porque fòra das que assim se exceptuarem, todas as demais deverão ser levadas ao poder judicial: ao mesmo tempo, que as que forem de jurisdição contenciosa por nenhum caso poderão ser decididas por outra autoridade. Idem, ibidem.*

[1185] Silvestre Pinheiro Ferreira, *Manual do Cidadão em um Governo Representativo,* I, cit., p. 183.

378 *Para a História do Direito Constitucional Português: Silvestre Pinheiro Ferreira*

que, na construção do estado liberal, fundada sobre o princípio da separação de poderes, é nítida uma certa subalternização do judicial ao legislativo. Neste campo, tal subalternização tem o significado de colocar os tribunais fora do mundo da política ou da actuação livre, sujeitando-os estritamente à lei, à qual o mundo do jurídico se circunscreve. Numa palavra, *il faut interdire tout fonction politique aux juges (…), ils doivent être chargés simplement de décider les différends qui s'établissent entre les citoyens, honorable et sainte fonction qui semble placer ceux qui la remplissent dignement au dessus de l'humanité même*[1186].

Não nos devemos, contudo, deixar iludir.

Pelo facto de Pinheiro Ferreira haver sublinhado as atribuições próprias do poder judicial e pela circunstância de ter colocado em evidência a imperiosa necessidade de a organização judiciária estar submetida à lei não significa que o seu ideal de Estado constitucional fosse o do jacobinismo democrático de matriz rousseauniana. Por um lado, impedia-o o estatuto que defende para o rei constitucional[1187]; por outro lado, a imagem que constrói do poder conservador[1188].

Nem todos os aspectos do pensamento de Silvestre, no que respeita ao poder judicial, são de interesse ideológico igualmente relevante. Tem-no, entretanto, a temática da organização da justiça, de olhos postos no sistema judiciário anglo-saxónico[1189].

Vale a pena determo-nos aqui por alguns instantes.

Se quiséssemos sintetizar poderíamos dizer que, para o nosso compatriota, *um tribunal composto de certa classe de cidadãos que, sob a*

[1186] São palavras de Dupont, proferidas na sessão da Assembleia Constituinte de 29 de Março de 1790, citadas por Edouard Lafferrière, *Traité de Jurisdiction Administrative et des Recours Contentieux*, volume I, 1ª ed., 1887, p. 149.

[1187] *Vide infra.*

[1188] *Vide infra.*

[1189] É nítida e consentida na doutrina de Ferreira a sugestão do sistema judiciário anglo-saxónico, particularmente do modelo que *se acha organisado nos Estados Unidos da America septentrional*. Cfr. Silvestre Pinheiro Ferreira, «Introducção» a *Projecto de Codigo Politico para a Nação Portugueza*, cit., p. xvi.

presidência de um juiz de direito, julga dos factos relativos a causas judiciais[1190] é algo que merece ser individualizado.

Todos os tribunais – esclarece Pinheiro Ferreira – *devem ser compostos de duas classes de funccionarios, a saber: os juizes e os officiaes do tribunal*[1191].

Os juizes são os árbitros[1192], ou membros do juri[1193]. Os oficiais do juízo, por sua vez, são o presidente, os secretários e os assessores *que precisos forem segundo a affluencia das causas*[1194]. Além destes agentes do poder judicial, devem concorrer no tribunal o procurador e o solicitador da justiça, enquanto *officiaes do ministerio publico e agentes do poder*

[1190] As palavras são de Chaves e Castro mas poderiam ser de Silvestre Pinheiro Ferreira. Cfr. Manuel de O. Chaves e Castro, *A organização e competência dos tribunais de justiça portugueses,* Coimbra, 1910.

[1191] Silvestre Pinheiro Ferreira, *Manual do Cidadão em um Governo Representativo,* I, cit., p. 185.

[1192] Termo que Pinheiro Ferreira declara preferir. Cfr. *Exposição do Projecto d'Ordenações para o Reino de Portugal,* cit., p. 393 e *Manual do Cidadão em um Governo Representativo,* I, cit., p. 185, nota 2.

[1193] Silvestre Pinheiro Ferreira, *Manual do Cidadão em um Governo Representativo,* I, cit., p. 185; *idem, Cours de Droit Public,* pp. 344 a 361; *idem, Projecto de Codigo Politico para a Nação Portugueza,* cit., p. 37; *idem, Projecto de Codigo Geral de Leis Fundamentaes e Constitutivas d'uma Monarchia Representativa,* I, cit., 69 e 70; *idem, Projecto d'Ordenações para o Reino de Portugal,* cit., p. 312; *idem, Exposição do Projecto d'Ordenações para o Reino de Portugal,* cit., pp. 391 e ss.; *idem, Précis d'un Cours de Droit Public,* tomo I, cit., pp. 113 e ss.; *idem, Principes de Droit Public, Constitutionnel Administratif, et des Gens ou Manuel du Citoyen sous un Gouvernement Représentatif,* cit., pp. 752 e ss..

[1194] Silvestre Pinheiro Ferreira, *Manual do Cidadão em um Governo Representativo,* I, cit., p. 185. No mesmo sentido dispõe nos seus *Cours de Droit Public,* pp. 344 a 361; *Projecto de Codigo Politico para a Nação Portugueza,* cit., p. 37; *Projecto de Codigo Geral de Leis Fundamentaes e Constitutivas d'uma Monarchia Representativa,* I, cit., 69 e 70; *Projecto d'Ordenações para o Reino de Portugal,* cit., p. 312; *Exposição do Projecto d'Ordenações para o Reino de Portugal,* cit., pp. 391 e ss.; *Précis d'un Cours de Droit Public,* tomo I, cit., pp. 113 e ss.; *Principes de Droit Public, Constitutionnel Administratif, et des Gens ou Manuel du Citoyen sous un Gouvernement Représentatif,* cit., pp. 752 e ss..

380   *Para a História do Direito Constitucional Português: Silvestre Pinheiro Ferreira*

executivo[1195], bem como os advogados, procuradores e intérpretes, *como assistentes das partes*[1196].

Com a organização judiciária que preconiza, Pinheiro Ferreira procura a melhor aplicação da lei ao concreto dos factos, para mais correcta atribuição da pena ou da absolvição[1197]. E dentro desta ordem de ideias distingue ainda o júri geral e o júri especial, que intervirá nos casos em que houver implicações de ordem técnica[1198].

Já conhecemos a proposta silvestrina para a eleição dos *candidatos aos emprêgos do poder judicial*[1199]. Falamos, com propriedade, em "eleição" porque, aos olhos do grande jurisconsulto, sempre que os tribunais de justiça são compostos *de homens escolhidos pelo governo, a quem a lei autorisa para os poder destituir*[1200], jamais as instituições poderão *inspirar às partes senão desconfiança, principalmente quando na contenda forem interessados homens poderosos*[1201]. Por consequência, só

[1195] Silvestre Pinheiro Ferreira, *Manual do Cidadão em um Governo Representativo*, I, cit., p. 185.

[1196] *Idem, ibidem.*

[1197] Silvestre Pinheiro Ferreira, *Manual do Cidadão em um Governo Representativo*, I, cit., pp. 185 e ss.; *idem, Cours de Droit Public*, pp. 344 a 361; *idem, Projecto de Codigo Politico para a Nação Portugueza*, cit., p. 37; *idem, Projecto de Codigo Geral de Leis Fundamentaes e Constitutivas d'uma Monarchia Representativa*, I, cit., 69 e 70; *idem, Projecto d'Ordenações para o Reino de Portugal*, cit., p. 312; *idem, Exposição do Projecto d'Ordenações para o Reino de Portugal*, cit., pp. 391 e ss.; *idem, Précis d'un Cours de Droit Public*, tomo I, cit., pp. 113 e ss.; *idem, Principes de Droit Public, Constitutionnel Administratif, et des Gens ou Manuel du Citoyen sous un Gouvernement Représentatif*, cit., pp. 752 e ss..

[1198] Veja-se, a título paradigmático, o disposto no seu *Cours de Droit Public*, I, cit., p. 345.

[1199] *Vide supra.*

[1200] Silvestre Pinheiro Ferreira, *Exposição do Projecto d'Ordenações para o Reino de Portugal*, cit., p. 187.

[1201] *Idem, ibidem.* A mesma crítica preenche algumas páginas das suas *Observations sur la Charte Constitutionnelle de la France*. Atentemos nas seguintes palavras, suficientemente ilustrativas do pensamento do seu autor: «*Tout justice émane du roi*: doctrine tout-à-fait d'accord avec les principes des monarchies absolues, mais absolument contradictoire avec ceux des gouvernemens constitutionnels. La justice, c'est-à-dire le pouvoir judi-

O mandato geral da nação, conferido por via das eleições nacionais, funcionará *como limite* aos abusos de poder que os juízes de nomeação régia poderiam cometer[1202]. Simplesmente, *porque em todo o litigio ha tres partes interessadas, a saber: o autor, o rèo, e a nação nenhuma d'estas partes a respeito das outras deve ser considerada de peor condição*[1203].

A harmonização dos interesses divergentes obriga a que a lei deixe às partes a liberdade de tomarem por árbitros as pessoas que merecerem a sua confiança, sem prejuízo, naturalmente, de os membros da *assemblea dos juizes*[1204] deverem ser escolhidos de entre aqueles que mereceram a confiança pública[1205].

De notar que a atenção eleitoral posta por Silvestre Pinheiro Ferreira na escolha do júri não se oculta de reflectir a lógica dos esquemas de representação nacional pelo Autor preconizados[1206]. É nesta perspectiva que se moldam os problemas de organização constitucional Oitocentista, e foi

---

ciaire, est un pouvoir politique distinct et indépendant de tous les autre pouvoirs; comme eux, il ne peut émaner que de la nation. Les juges qui l'exercent ne peuvent tenir leur mandat que de la même source d'oú dérive celui du roi lui-même, la nation. Les constitutions de l'État ont délégué au roi la faculté de nommer les juges, aussi bien que de nommer des pairs. On serait donc tout aussi fondé à dire que les pairs exercent le pouvoir législatif au nom du roi, et les députés, au nom des électeurs. Tout le monde sent combien une pareille doctrine serait absurde... Sous un gouvernement constitutionnel, les juges ne peuvent être nommés ni institués que par la voi de l'élection nationale...». Cfr. Silvestre Pinheiro Ferreira, *Observations sur la Charte Constitutionnelle de la France*, cit., comentário ao artigo 48° (= p. 108 da ed. cit.).

[1202] Silvestre Pinheiro Ferreira, *Exposição do Projecto d'Ordenações para o Reino de Portugal*, cit., pp. 187 e 188.

[1203] Silvestre Pinheiro Ferreira, *Manual do Cidadão em um Governo Representativo*, I, cit., p. 186, nota I.

[1204] Para utilizarmos terminologia de Silvestre Pinheiro Ferreira. Cfr., exemplificativamente, o disposto no seu *Manual do Cidadão em um Governo Representativo*, I, cit., p. 189.

[1205] Sobre o significado do mandato geral da nação na eleição do júri e do mandato especial das partes na escolha da assembleia de juízes que, em concreto, vai julgar o pleito, *vide supra*.

[1206] Neste sentido, José Esteves Pereira, *Silvestre Pinheiro Ferreira*, cit., p. 144.

nela que o nosso teórico gizou a sua tese quanto à eleição dos *candidatos aos emprêgos do poder judicial.*

Posto isto, importa notar que o Jurisconsulto Português dedica parcela significativa do seu intenso labor a um conjunto de matérias de importância fundamental. Particularmente, indaga o verdadeiro significado da assembleia de juízes, dos oficiais do juízo, do ministério público, dos intérpretes, dos advogados e dos procuradores[1207]; elenca e explicita os principais actos do processo judicial[1208]; consagra os princípios gerais a que devem obedecer os recursos[1209]; apresenta as bases em que deve assentar a hierarquia judiciária[1210].

Estamos cientes da complexidade da matéria e do largo número de problemas que as soluções encontradas pelo Publicista levantam. Mais do que fazer uma análise prospectiva das resposta silvestrinas às questões do poder judicial, a qual extravasa os propósitos do presente trabalho, pretendemos, com a sua enunciação, lançar um repto a futuras investigações as quais, partindo do ponto em que nós temos que nos deter, poderão, com outra segurança, analisar criticamente a proposta ferreireana.

3.3.5 - A Imagem do Poder Executivo

Sem eufemismos, pode asseverar-se que a doutrina acerca do "chefe supremo do poder executivo"[1211] tem sido elaborada mais em torno de pressupostos políticos e de elementos obtidos na observação empírica do que a partir de uma reflexão jurídica rigorosa susceptível de fornecer o significado preciso da instituição em face da pluralidade de sistemas de governo[1212].

[1207] Veja-se, a título de exemplo, o disposto no seu *Manual do Cidadão em um Governo Representativo*, I, cit., pp. 185 a 199.

[1208] *Idem, ibidem,* pp. 199 a 233.

[1209] *Idem, ibidem,* pp. 233 a 236.

[1210] *Idem, ibidem,* pp. 236 e ss..

[1211] Para utilizarmos terminologia de Silvestre Pinheiro Ferreira.

[1212] Neste sentido, Jorge Miranda, *Chefe de Estado*, Atlântida Editora, S.A.R.L., Coimbra, 1970, p. 7. Colhendo os ensinamentos do ilustre Professor, diremos que o termo

Pinheiro Ferreira pode ufanar-se de dizer que escapa a esta regra.

Na verdade, a primeira dificuldade que se põe a uma «mentalidade doutrinária», como a do grande Publicista, é definir a organização do poder executivo. Em resposta a esta questão, verdadeiramente central, escreve Silvestre Pinheiro: «costuma-se dizer que ella deve variar segundo a forma de governo que se tiver adoptado; mas isso he iludir e não resolver a questão, pois pelo contrario a forma de governo depende da organisação de todos e de cada um dos podêres políticos; ou antes as diversas fôrmas de governo não sam senão a diversa organisação dos podêres políticos»[1213/1214].

Só por intermédio do estudo da "organização diversa dos poderes políticos" é possível detectar a forma de governo adoptada.

Pinheiro Ferreira imagina o poder executivo, alimentado pelo desejo de «realização do ideal medieval do monarca limitado pelas leis mas independente no seu direito, governando tanto pela graça de Deus como com o consenso da colectividade», como detectou Fritz Kern[1215]. Ideal cuja procura constantemente se renova, particularmente quando os ventos da história tendem a desequilibrar em benefício do poder e contra a liberdade ou o inverso, a dicotomia em que a realização do direito se concretiza,

---

Chefe de Estado tem servido para designar, não um órgão, ao lado de outros, mas um órgão supremo, colocado no vértice do aparelho do poder e que assume, de forma actual ou virtual, de forma efectiva ou simbólica, directa ou indirectamente, a condução ou direcção das actividades do Estado. Ademais, a expressão «Chefe de Estado» tem sido utilizada para significar uma de três realidades. Em primeiro lugar, o titular ou o órgão de exercício do poder político concebido como um fenómeno global. Depois, a entidade que exprime a unidade jurídica e política do País. De resto, órgão superior a todos os demais, sobre os quais interfere por meios idóneos e determinantes. Cfr. *idem, ibidem*.

[1213] Silvestre Pinheiro Ferreira, *Manual do Cidadão em um Governo Representativo*, I, cit., p. 246. A este propósito veja-se, ainda, o disposto no seu *Cours de Droit Public*, I, cit., pp. 156 e ss..

[1214] Sobre a classificação ferreireana de formas de governo *vide supra*.

[1215] Fritz Kern, *Gottesgnadentum und Widerspruchrecht im früheren Mittelalter. Zur Entwicklungsgeschichte der Monarchie*, Darmstadt, 1962, 3. Auf., p. 122 e pp. *226* e ss..

abalando a crença limitadora e intencional na Constituição e generalizando a convicção da ilegitimidade do exercício do poder[1216].

O pedra de toque da construção silvestrina do poder executivo é *um principio mui simples, e vem a ser que o governo se compõe de dois elementos, que he mister não confundir: a "execução"*[1217], *que se reparte por um grande número de agentes, e a "direcção", que não póde pertencer senão a uma sò pessoa*[1218].

Esta visão ferreireana parte do pressuposto de que não existe sociedade sem chefe. Todos os fenómenos societários carecem de alguém que dirija a sua vontade pelo que a experiência histórica demonstra o facto necessário de em cada Estado aparecer um chefe, electivo ou hereditário, a que pertença o poder de direcção.

De notar, porém, que o pensamento de Silvestre Pinheiro Ferreira está, consciente ou inconscientemente, fora dos quadros do antigo regime, se bem que de maneira mitigada quanto aos esquemas puramente ideológicos do liberalismo, por não admitir, por inteiro, na sua expressão jurídica, aquilo que Nora Hudson denominou de "nova era"[1219]. O que antes se disse não pretende refutar este ponto. Simplesmente, mesmo na época contemporânea de separação de poderes, com multiplicidade de órgãos – e talvez mais ainda por causa disso – entende o Publicista ser indispensável reconduzir o feixe de competências ao seu princípio de unidade essencial.

[1216] Nas palavras de Maria da Glória Ferreira Pinto Dias Garcia, *Da Justiça Administrativa em Portugal. Sua origem e evolução*. Lisboa, Universidade Católica Editora, 1994, p. 22.

[1217] E execução significa *a faculdade de dispôr das forças da communidade a bem do cumprimento das legitimas decisões dos diversos podêres politicos do estado*. Cfr. Silvestre Pinheiro Ferreira, *Manual do Cidadão em um Governo Representativo*, I, cit., p. 246. Mais estritamente, será o poder *d'exécuter ou de faire exécuter les lois. Idem, Cours de Droit Public*, I, cit., p. 157.

[1218] Silvestre Pinheiro Ferreira, *Manual do Cidadão em um Governo Representativo*, I, cit., p. 248.

[1219] Neste sentido, José Esteves Pereira, *Silvestre Pinheiro Ferreira*, cit., p. 99.

O Poder e o Direito na obra de Pinheiro Ferreira: Princípios de Direito Constitucional 385

Porque cada um dos numerosos agentes – escreve a este propósito – *não podendo concorrer para o fim commum senão com a sua especialidade de meios, tem necessidade de que se lhe ministrem os dados segundo os quaes há de regular a sua cooperação*[1220]. *Estes dados* – acrescenta – *sendo o complexo de todas estas cooperações diversas, devem necessariamente partir de um sò pensamento, e por tanto he evidente que a direcção não pòde pertencer a duas pessoas, e quanto mais se aumentasse o numero de directores, menos systema e uniformidade haveria na direcção*[1221].

Chegado aqui, Silvestre Pinheiro inspira a sua concepção numa visão antropomórfica ou organicista do social. Ouçamo-lo: «he neste sentido que se tem comparado o governo à intelligencia humana, e os diversos agentes do governo aos differentes orgãos dos nossos sentidos, dos quaes cada um he incumbido de certa ordem de funções especiaes[1222]». Assim, *muitos ministros devem cooperar, cada um na especialidade da sua repartição, para o fim commum da publica administração*[1223]. Mas, *o complexo das medidas deliberadas por cada um em particular, e por elles todos em geral, deve ligar-se a um "systema", a um pensamento único, a que se chama o "pensamento do governo", e este não pòde pertencer senão a uma sò pessoa*[1224]. Aquele que possui este pensamento – conclui o Político Português – *e em conformidade d'elle deve dirigir o movimento de todos os ramos da administração chama-se o "chefe supremo do poder executivo"*[1225]. E, *para fazer bem comprehender que elle he o único chefe do governo, tambem se lhe deu o nome de "monarcha", e a esta forma de governo o de "monarchia"*[1226]. Estas palavras esclarecem a importância que, a seus olhos, devia ser dada ao rei.

[1220] Silvestre Pinheiro Ferreira, *Manual do Cidadão em um Governo Representativo*, I, cit., p. 248.

[1221] *Idem, ibidem*, pp. 248 e 249.

[1222] *Idem, ibidem*, p. 249.

[1223] Silvestre Pinheiro Ferreira, *Manual do Cidadão em um Governo Representativo*, I, cit., p. 249.

[1224] *Idem, ibidem*.

[1225] *Idem, ibidem*.

[1226] *Idem, ibidem*.

Ao lermos as suas *Observations sur la Charte Constitutionnelle de la France* depressa verificamos que o ponto mais relevante discutido pelo Publicista[1227] é o que se refere às funções régias.

A crítica incide, antes de mais, sobre a teoria inglesa de que o rei reina mas não governa[1228]. Na verdade, *reconhecido por uma parte que a concepção e a direcção do systema de governo com a execução ministerial constituem o que se chama governar, e por outra parte que todos aquelles que assim participam do governo devem incorrer na responsabilidade; concluiram os publicistas que, por isso que o monarcha era irresponsavel, não podia tomar parte no governo: e para exprimir esta ideia adoptaram a formula seguinte, a saber: que o monarcha reina mas não governa*[1229].

Ora, na perspectiva do Político Português, se o rei não deve governar, não poderá exercer qualquer acto governativo. Por consequência, não lhe poderá pertencer a direcção do governo[1230]. Todavia, como já antes observámos, a organização dos poderes do Estado exigia, necessariamente, um pensamento ordenador dos distintos aspectos materiais dos ministérios distribuídos[1231/1232]. Respondeu-se ao problema, é certo, com a solução de um presidente do conselho de ministros. Simplesmente, tal resolução não satisfaz o Publicista[1233]. E o motivo poderá, porventura, adiantar-se.

[1227] Aliás, remete para toda a sua construção política pelo que alguns dos problemas que aqui podem surgir já foram por nós aflorados no capítulo I, da II Parte do presente estudo.

[1228] Silvestre Pinheiro Ferreira, *Observations sur la Charte Constitutionnelle de la France, Extraits du Cours de Droit Public*, Paris, Rey et Gravier, J. P. Aillaud, 1833, pp. 32 e ss..

[1229] *Idem, Manual do Cidadão em um Governo Representativo*, I, cit., p. 255.

[1230] Silvestre Pinheiro Ferreira, *Observations sur la Charte Constitutionnelle de la France*, cit., pp. 32 e ss.; *idem, Manual do Cidadão em um Governo Representativo*, I, cit., pp. 255 a 259.

[1231] Silvestre Pinheiro Ferreira, *Observations sur la Charte Constitutionnelle de la France, Extraits du Cours de Droit Public*, pp. 32 e ss..

[1232] Cfr. José Esteves Pereira, *Silvestre Pinheiro Ferreira*, cit., p. 98.

[1233] A este propósito refere Pinheiro Ferreira: «A l'égard du président du conseil, ces contradictions deviennent encore plus frappantes. Quel motif le roi peut-il avoir, soit pour

A instituição de um presidente do conselho teria como consequência não deixar ao monarca outras atribuições que não a de nomear e exonerar os ministros[1234]. Ora, *isso he precisamente o que elle não poderà fazer desde o momento em que não fôr a elle, mas sim ao presidente do concelho, que a lei attribue a "concepção" e a "direcção" do systema de governo*[1235]. Com efeito, a nomeação dos ministros não se deve fazer senão atendendo à sua capacidade para a execução do sistema de governo. Por tanto, tal nomeação não pode pertencer senão a quem tiver a "concepção" e a "direcção" e que, na hipótese que o Autor combate, pertence não ao rei mas ao presidente do conselho[1236].

Maior contradição existirá se se admitir que compete ao rei a nomeação do próprio presidente do conselho. Com ironia, sublinha o Publicista: «quanto à nomeação do presidente do concelho, a contradição ainda he mais notavel, por ser elle que há de crear ou conceber o *pensamento* segundo o qual o rei o deve nomear[1237]».

A crítica silvestrina insere-se na moldura teorética a que já antes nos referimos, isto é, no princípio da separação dos poderes e do seu equilíbrio.

---

en faire le choix parmi les divers candidats, soit pour congédier celui qu'il aurait précédemment nommé? Ce ne peut être que par la conformité présumée ou l'incompatibilité reconnue entre la pensée du roi et celle du ministre, c'est-à-dire que, d'un côté, ces publicistes soutiennent que *la pensée du roi ne devra jamais prévaloir sur celle du président du* conseil, tandis que, d'un autre côté, ils enseignent que *la pensée du président du conseil devra être nulle et comme non avenue, et que lui-même devra être congédié, du moment où elle ne sera pas d'accord avec la pensée du roi!!!* Voilá ce que devient la monarchie constitutionelle fondée sur le principe que *le roi règne et ne gouverne pas*». *Idem, Observations sur la Charte Constitutionnelle de la France, Extraits du Cours de Droit Public*, cit., pp. 34 e 35.

[1234] Já conhecemos a proposta silvestrina para a eleição dos ministros. *Vide supra.*

[1235] Silvestre Pinheiro Ferreira, *Observations sur la Charte Constitutionnelle de la France,* cit., pp. 33 e 34; idem, *Manual do Cidadão em um Governo Representativo,* I, cit., p. 257.

[1236] Silvestre Pinheiro Ferreira, *Observations sur la Charte Constitutionnelle de la France,* cit., pp. 33 e 34; idem, *Manual do Cidadão em um Governo Representativo,* I, cit., p. 257.

[1237] *Idem, Manual do Cidadão em um Governo Representativo,* I, cit., p. 257.

Se até à revolução liberal francesa a unidade jurídico-política foi, fundamentalmente, assegurada pela pessoa do rei – personificação do poder político – a partir de então passa a fluir de "abstracções", construídas sobre a ideia de igualdade, ideia essa objectivada na lei, coroando uma evolução preparada séculos antes com a centralização do poder e o aparecimento, ao lado do costume, fonte de direito, da lei, também fonte de direito e expressão da vontade do monarca. Meio de pôr termo a privilégios e desigualdades sociais, a lei potencia a concentração de poder nas mãos de quem a aprova – povo, representado no Parlamento –, ao mesmo tempo que uniformiza os membros da sociedade na obediência de seus ditames[1238]. Não admira, portanto, que a construção nascida após a revolução liberal francesa, fundada sobre o princípio da separação de poderes, subalternize o executivo ao legislativo.

Recordemos, porém, que o ideal silvestrino de Estado Constitucional foi não o de uma república democrática declarada ou disfarçada sob as vestes de uma monarquia em que o rei vem a achar-se impotente ante o congresso[1239], mas o de uma monarquia representativa e limitada por um código de leis fundamentais[1240], que devia conter uma declaração dos direitos do homem e do cidadão[1241], a impor ao respeito não só do monarca, como do próprio parlamento.

Afasta-se, por consequência, tanto do absolutismo monárquico quanto do jacobinismo democrático de cariz rousseauniano. Mais liberal que democrata, a democracia por que sonha[1242] não era de modo algum concebida como um governo da nação pela nação[1243].

[1238] Neste sentido, Maria da Glória Garcia, *Da Justiça Administrativa em Portugal* cit., p. 22.

[1239] Veja-se, exemplificativamente, o disposto no seu *Cours de Droit Public*, I, cit., p. 140.

[1240] *Vide supra.*

[1241] *Vide supra.*

[1242] E democracia, no vocabulário ferreireano, significa simplesmente ausência de privilégio. *Vide supra.*

[1243] *Vide supra.*

O *Poder e o Direito na obra de Pinheiro Ferreira: Princípios de Direito Constitucional* 389

Tomando estas considerações como tapeçaria de fundo por certo não nos causará estranheza o papel que o nosso compatriota reserva para o rei, ao mesmo tempo herdeiro do *Ancien Régime* e peça orgânica, como outras peças, do novo Estado de Direito a tentar radicar-se.

Com estas afirmações não ficam, porém, resolvidos todos os problemas que a análise silvestrina do poder executivo levanta. Olhando, apenas, para o "chefe supremo", outros aspectos a salientar são os que tocam nas condições de acesso ao cargo – sejam condições de elegibilidade ou de sucessão –, no juramento requerido no acto de investidura[1244], nas regras sobre a ausência do território nacional, nas normas sobre eventual responsabilidade política e criminal.

Começando pelas condições de acesso ao *emprego*.

Ao atentar na forma possível de escolha dos governantes[1245], Silvestre Pinheiro Ferreira não pode deixar de dedicar algumas páginas do seu intenso labor ao estudo da monarquia hereditária[1246/1247].

[1244] Esta temática já aflorámos *supra*, pelo que nos absteremos de aqui a trabalhar.

[1245] As monarquias – ensina Pinheiro Ferreira – são electivas ou hereditárias. No primeiro caso, *la constitution de l'état a reglé qu'au décès du souverain, ou même à une époque antérieure et éventuellement, on procèdera à lui nommer un sucesseur.* Cfr. Silvestre Pinheiro Ferreira, *Cours de Droit Public Interne et Externe, Première Partie, Principes Généraux de la Science, Première Section, du Droit Public Interne, ou Droit Constitutionnel,* Rey et Gravier, J. P. Aillaud, Paris, 1830, p. 123. A regra da hereditariedade na sucessão régia existe sempre que a ordem sucessória esteja de tal forma determinada que, sem necessidade de haver recurso a uma eleição, a pessoa designada pelas leis entre, de pleno direito, no exercício da soberania. *Idem, ibidem.* A ordem da sucessão, a menoridade do monarca e a regência nas monarquias hereditárias preocupou Silvestre Pinheiro Ferreira que lhes dedica algumas páginas no seu *Cours de Droit Public,* I, cit., pp. 178 a 188.

[1246] Lê-se no seu comentário ao artigo XXXIX da *Carta Constitucional outorgada por S. M. o senhor D. Pedro IV e aceita pela Nação Portuguesa* que «à excepção do monarca, nenhum funcionário público deve ser vitalício». Cfr. Silvestre Pinheiro Ferreira, *Exposição do Projecto d'Ordenações para o Reino de Portugal,* cit., p. 33. Não obstante, contesta a utilização do epíteto hereditário que, a seus olhos, tem o grave inconveniente de ser inseparável da ideia de propriedade... *Idem, ibidem,* p. 2. Sobre a ideia de que os reinos não são património do monarca *vide supra.*

[1247] O grande Publicista, que, ao longo da sua obra, jamais deixou de chamar a atenção dos seus leitores para a influência que as palavras podem exercer sobre as coisas,

No artigo 86º da *Carta Constitucional outorgada por S. M. o senhor D. Pedro IV e aceita pela Nação Portuguesa* são consagradas as regras a que deverá obedecer a sucessão do reino. *A descendencia legitima* – consagra – *succederá no throno, e representação, preferindo sempre a linha anterior às posteriores; na mesma linha, o gráo mais proximo ao mais remoto; no mesmo grào, o sexo masculino ao feminino; no mesmo sexo, a pessoa mais velha à mais moça*[1248]. Extintas as linhas de descendentes legítimos do monarca – acrescenta-se – *passará a coroa à colateral*[1249].

---

dedica algumas linhas a precisar o sentido do termo *hereditário*. Vale a pena escutar Pinheiro Ferreira: «D'après la définition que je viens de vous donner du véritable sens du mot *héréditaire*, appliqué à la royauté, vous voyez qu'il n'est destiné qu'à designer l'ordre de la sucession à la couronne, suivant ce que l'on suppose prescrit dans les lois fondamentales de l'état». Silvestre Pinheiro Ferreira, *Cours de Droit Public Interne et Externe, Première Partie,* cit., pp. 123 e 124. Compreende-se a cautela do nosso compatriota para quem, em caso algum, deve o reino ser considerado propriedade dos monarcas e de seus sucessores. Cfr. *Idem, ibidem; idem, Manual do Cidadão em um Governo Representativo,* I, cit., p. 250. Sobre o debate da natureza da sucessão régia pelos nossos juristas de Quinhentos e Seiscentos *vide,* por todos, Martim de Albuquerque, «O Poder Político...», cit., vol. IV, pp. 1434 e ss..

[1248] Silvestre Pinheiro Ferreira, *Projecto d' Ordenações para o Reino de Portugal,* Paris, Officina Typographica de Casimir, 1831, p. 21.

[1249] *Idem, ibidem.* A *Carta Constitucional* consagra, ainda, nos artigos subsequentes, as regras pelas quais se deverá regular a regência do reino, na menoridade ou impedimento do Rei. *Idem, ibidem,* capítulo V, artigos 91º a 100º, pp. 22 a 24. O instituto jurídicopolítico das regências é, sem dúvida, fundamental na mecânica do Estado monárquico. Isto, por si, justificaria um estudo atento. Atendendo à índole do presente trabalho não poderemos mais do que enunciar o tratamento silvestrino da questão. A matéria das regências liga-se a três situações diferentes: a menoridade, a doença e a ausência do titular da coroa. A menoridade de D. Maria II motivaria D. Pedro IV a procurar o conselho de Silvestre Pinheiro Ferreira sobre a situação política do País e, em particular, sobre a restauração de sua filha no trono. Com Silvestre foram consultados outros elementos moderados, entre eles *o marquez do Lavradio, pae; o conde de Villa – Real, Agostinho Jozè Freire; D. Francisco d'Almeida; marquez de Rezende; Felipe Ferreira de Araujo e Castro; Candido Jozè Xarvier.* Cfr. «Introdução» a *Parecer sobre os meios de se restaurar o Governo Representativo em Portugal, por Dois Concelheiros da Coroa Constitucional, seguido de Notas às "Observações" que se publicaram em Londres sobre aquelle "Parecer"; e uma Analyse das mesmas Observações segundo os princípios de Jurisprudencia applicavel às questões de Regencia – Intervenção das Potencias estrangeiras – e Amnistia; e Reflexões sobre a necessidade absoluta de leis preparatorias, e organicas para a introducção, e seguimento da Carta Constitucional*, 2ª edição, Paris, Officina Typographica de Casimir, 1832, p. 4. Em Janeiro de 1832, aparece o escrito silvestrino ventilando o assunto: o *Parecer sobre os meios de se restaurar o governo representativo, em Portugal por dois conselheiros da Coroa Constitucional*, devido ao nosso Publicista e a Filipe Ferreira de Araújo e Castro. Sustentaram os Autores que D. Pedro se encontrava ainda no trono e que se determinara a abdicar poderia livremente escolher a data em que se verificaria a sucessão: a da maioridade de D. Maria da Glória. Todavia, como governante não vitalício e limitado no tempo quadrava-lhe preferentemente o nome de *regente*, que tinha, ademais, a bondade de *afastar qualquer sombra ou suspeita de ambição*. Assim, Martim de Albuquerque, «As Regências na História do Direito Público e das Ideias Políticas em Portugal», *in Estudos de Cultura Portuguesa*, 1º volume, pp. 28 e 29. Vale a pena dar a palavra aos Autores: «nas circunstancias actuaes de Portugal, de divisão de opiniões, complicação de interesses, e apprehensão ou receios dos governos estrangeiros, he de urgente necessidade uma pessoa que represente os interesses geraes da nação, com caracter legal e capacidade politica, a fim de inspirar confiança a todas as partes dissidentes, e aos governos desconfiados. Estas condições parecem verificar-se na pessoa do principe D. Pedro d'Alcantara. Este principe, depois da sua abdicação à coroa de Portugal em que devia suceder pela disposição das leis, e succedeu de facto pelo livre e voluntario consentimento da nação portugueza, tem figurado atè agora com a qualidade puramente civil de tutor de sua filha; mas he forçoso reconhecer que com este caracter, que por sua natureza não pòde ser senão civil, tambem não pòde representar senão direitos civis e interesses particulares. Portanto deve o principe tomar um caracter politico; mas qual serà elle?». *Idem, ibidem*, pp. 17 e 18. A resposta é dada de imediato. Escutemo-la: «havendo cessado o impedimento constitucional que o retinha em paiz estrangeiro, e tendo sido frustradas, como he notorio, as condições da abdicação, he evidente que a podia reclamar, e reassumir a realeza. Mas aquelle principe, para remover toda a suspeita de ambição, para dar mais uma prova de desinteresse e firmeza de caracter, e inspirar confiança a todas as partes dissidentes, tem declarado ser sua magnanima intensão ratificar, e manter aquella abdicação: e por tanto o caracter politico com que lhe compete representar, assim dentro como fora do reino, os interesses da nação portugueza, he o de regente, na menoridade da rainha sua filha, como parente mais proximo, segundo a Carta Constitucional, que elle mesmo outorgàra e a nação livremente acceitou». *Idem, ibidem*, pp. 18 e 19. Vemos, assim, que a ideia de Silvestre pressupunha uma pessoa que representasse os "interesses geraes da nação com caracter legal e capacidade politica». Mas não só... A busca de solução para o problema fora norteada por uma pergunta fundamental, ociosa à primeira vista, em 1832, mas não exageradamente, dada a realidade nacional: «na supposição de se haver conseguido felizmente a mudança do actual governo em Portugal, que systema de administração publica se deve adoptar? Serà o da antiga monarchia absoluta? Ou o de 1820? Ou o de 1826? Ou um systema diverso de todos aquelles?». *Idem, ibidem*, p. 16. Apesar da aparente incerteza na apresentação do problema, a resposta é a esperada. O retorno a antigas instituições não se coadonava com os propósitos silvestrinos nem com a visão realista do País. A coerência do seu pensamento também não as poderia admitir. Basta recordar quer os princípios assumidos, quer a tenaz convicção, já enunciada em 1814, de que a Constituição deveria ser uma outorga do monarca. *Vide supra*. É, pois, com base na Carta Constitucional, embora com as alterações que reputava indispensáveis, que Pinheiro Ferreira pretendia juridicamente resolver a questão. O último quesito que formula não deixa, a este propósito, grandes dúvidas: «Quaes sam as principaes disposições d'este systema, e quaes os meios que se propoem para a sua execução; ou quaes são os meios de execução da Carta?». Cfr. *Parecer*, cit., p. 17. Repudiava, portanto, embora veladamente, o vintismo ideológico e revolucionário. Tal facto não nos surpreende. Mas esse repudio era completado por outro: o do miguelismo. «O actual governo de Portugal he illegitimo, porque lhe falta a condição do livre consentimento da vontade nacional, pois esta não pòde deduzir-se do facto da obediencia, aonde não há liberdade de opinião. Se o povo portuguez tivesse liberdade de emitir uma opinião contraria, e pudesse escolher; n'esse caso o facto da obediencia ao actual governo era prova de consentimento e vontade nacional, e então o governo seria legitimo. Em quanto porem durar a perseguição por opiniões, atè mesmo meramente presumidas, he evidente que a opinião he forçada, e nella não pòde fundar-se a presumpção da vontade nacional. Portanto aquelle governo he intruso, como fundado em violencia e medo; he illegitimo, e como tal pòde licitamente ser debellado». Cfr. *Parecer*, cit., p. 20. O primeiro ponto discutido no *Parecer* foi, portanto, o de como conceber um liberalismo, à escala das realidades conjunturais portuguesas e europeias de princípio e de facto, como estruturar o *systema de governo representativo*, que o Publicista declara haver sempre sustentado ainda que *por pesados sacrifícios*. Cfr. «Introdução» a *Parecer*, cit., p. 3. Intimamente ligado com o primeiro tema está o segundo: como pensar a intervenção das potências estrangeiras. A estruturação do governo constitucional excluía, no cálculo silvestrino, a hipótese de recurso à força. *Ás potencias estrangeiras* – escreve a este propósito – *he preciso que Vossa Magestade declare em seo "manifesto", com a dignidade e franqueza que convem ao representante de uma nação livre e independente, que a nação portugueza tendo necessidade de reformar as suas instituições sociaes usarà do seo direito, como qualquer outra nação independente (...), devendo Vossa Magestade outrosim garantir mui explicitamente para intelligencia d'essas nações, que, por isso mesmo que Vossa Magestade promove a reforma no "interior" do reino sobre a base da justiça e da moderação para que a cada cidadão respeitem os seos direitos adquiridos, assim tambem não pòde deixar de tomar todas as medidas convenientes para que no "exterior" se respeitem às outras nações, e mórmente às mais visinhas, os seos direitos de independencia e de liberdade, para remover qualquer receio de que possa vir a ser perturbada a sua tranquilidade com a reforma da nação portugueza. Idem, ibidem*, p. 45. Não obstante, inclinase o Polígrafo para a solução da mediação oficiosa de um governo estrangeiro. Eis como se explica: «não devendo admittir-se jamais a intervenção armada dos governos

Este artigo mereceu as seguintes palavras, suficifientemente ilustrativas do pensamento do seu autor: «Pelo estado em que ficou o reino pela morte do Senhor D. João VI e pelos acontecimentos que depois nelle tem ocorrido, há conveniencia que se mantenha este artigo LXXXVI...[1250]».

Não obstante, também nesta ideia se revê o político: a monarquia aristocrática[1251] é incompatível com o sistema representativo[1252]. E o moti-

---

estrangeiros nos negocios de Portugal, porque se offenderia o principio da independencia das nações; mas, por outra parte, sendo incontestavel que he do seo interesse e direito assegurarem-se contra o perigo de serem offendidos e perturbados na sua tranquilidade, cumpre que Vossa Magestade no caracter de regente do reino, e legitimo representante dos direitos e interesses nacionaes, e por isso mesmo reconhecendo e respeitanto os das outras nações, ponha de accordo os respectivos governos, especialmente os de Hespanha, França, Prussia, Austria e Inglaterra, sobre as medidas e princípios que tem adoptado, para que elles a bem da humanidade, de uma politica civilisada, e do interesse geral da familia europea, de que faz parte a nação portugueza, cooperem por via de mediação puramente officiosa, mas sincera e efficaz, para fazer cessar o escandalo e barbaridade do actual estado de cousas em Portugal, restaurar a paz e concordia entre os membros da familia portugueza, e restabelecer as relações politicas e commerciaes com os outros povos; ou para que ao menos sustentem uma neutralidade leal, franca, e de boa politica». *Idem, ibidem,* pp. 45 e 46. Quanto ao terceiro aspecto debatido no Parecer, o Autor determina-se, acima de tudo, pela coerência de princípios: «ao partido dos cumplices na usurpação, e aos commettidos por quaesquer factos ou opiniões politicas, Vossa Magestade, pelo seo "manifesto", deve garantir uma "amnistia" franca, leal e sem restricção alguma, assegurando a cada cidadão o gozo e exercicio de seos direitos anteriores à dissensão, quaesquer que sejam, ou tenham sido as suas opiniões politicas». *Idem, ibidem,* p. 43. Sobre a polémica que o *Parecer* de Silvestre Pinheiro Ferreira e de Felipe Ferreira de Araújo e Castro gerou com um corifeu do ideário vintista, José Ferreira Borges, *vide,* por todos, José Esteves Pereira, *Silvestre Pinheiro Ferreira,* cit., pp. 102 a 117, especialmente, pp. 110 e ss..

Particularmente, sobre o instituto jurídico-político das regências na história do direito público português *vide* o estudo, assinado pelo Professor Martim de Albuquerque, «As Regências na História do Direito Público e das Ideias Políticas em Portugal», *in Estudos de Cultura Portuguesa,* 1º Volume, cit., pp. 13 a 33

[1250] Silvestre Pinheiro Ferreira, *Exposição do Projecto d' Ordenações para o Reino de Portugal,* cit., pp. 71 e 72.

[1251] Sobre o verdadeiro alcance da locução *vide supra.*

[1252] Silvestre Pinheiro Ferreira, *Manual do Cidadão em um Governo Representativo,* I, cit., p. 259.

vo traça-o de imediato: «he porque ella ataca ao mesmo tempo os dois princípios essenciaes d'esse systema, a saber: a eleição e responsabilidade de todo o funccionario, fazendo o monarcha irresponsavel...; e a independencia de todos os poderes, concedendo-lhe o veto legislativo[1253]». E, em concretização do seu pensamento, acrescenta: «sendo o rei tam subjeito a abusar como qualquer outro homem, se no exercício das suas attribuições, aliàs legitimas, elle viesse a commeter algum delicto, a que pelas leis correspondesse a pena de destituição, seria forçoso deixar o throno», o que se opõe ao princípio da perpetuidade da coroa[1254]. Linhas adiante, a sua crítica torna-se mais acérrima: «Bem basta que o systema constitucional soffresse a primeira infracção com o privilegio concedido à corôa. Se esta exempção se extendesse aos ministros, o epitheto de *representativa*, que he ja mui improprio no regime da *perpetuidade da corôa*, seria um insulto continuo à representação nacional, tanto do *congresso legislativo* como do *poder judicial*, cuja independencia não seria mais do que uma decepção[1255]».

Silvestre Pinheiro Ferreira não se contenta, portanto, com a lógica conservacionista e situacionista do «mal menor», com essa táctica dos que se conformam com a *ditadura do statu quo*, acreditando que *pelo estado em que ficou o reino pela morte do Senhor D. João VI e pelos acontecimentos que depois nelle tem ocorrido, há conveniencia que se mantenha este artigo LXXXVI[1256]*.

[1253] *Idem, ibidem*, pp. 248 e 259. Em acréscimo, sublinha Pinheiro Ferreira: «como cada um dos cinco poderes politicos não he senão uma sòrte de mandato, as condições communs não se podem determinar senão pelos princípios geraes da jurisprudencia do mandato. Remontando pois a esta origem, acha-se que ellas se reduzem a tres, a saber: 1ª *independencia* de todos os podêres, 2ª *eleição e responsabilidade* para todos os emprêgos; 3ª *publicidade* de todos os actos». *Idem, ibidem*, p. 248.

[1254] Que, para o Autor, tanto significa que *o monarcha não pòde ser forçado a abdicar quanto a transmissibilidade da coroa aos descendentes, ou aos collateraes do monarcha*. Cfr. Silvestre Pinheiro Ferreira, *Manual do Cidadão em um Governo Representativo*, I, cit., p. 250.

[1255] *Idem, ibidem*, p. 253.

[1256] A esta passagem já nos referimos *supra*.

O Poder e o Direito na obra de Pinheiro Ferreira: Princípios de Direito Constitucional   395

Acredita que a abolição dos privilégios, mormente os da nobreza, exercerá influência sobre os privilegios da corôa[1257]. Efectivamente, *cessando as familias aristocraticas ou privilegiadas, cessa o motivo que induzio os pòvos a consentirem, não sò no privilegio da "monarchia hereditaria", mas tambem no da «perpetuidade da corôa».* Ademais, *estes dois privilegios da corôa não tiveram outro motivo do que enfrear a ambição de certas familias, e isso mais a bem dos interêsses das mesmas familias rivaes ou inimigas, do que dos interesses das massas, para quem era indifferente serem desfructadas por uma ou por outra[1258]. Aliás, os perigos exagerados da guerra civil, ao menos, teriam a vantagem de offerecer, debaxo de um reinado infeliz, esperanças de um futuro mais venturoso; em quanto nas monarchias hereditarias, quando se està mal, muitas vezes se receia vir a estar peor no futuro[1259].*

Uma observação que não podemos passar em silêncio: se não pode existir uma sociedade perfeita, se às monarquias electivas não deixam de estar associados perigos[1260], mesmo assim, quando cotejadas com as hereditárias, o saldo é amplamente positivo. A mensagem silvestrina é, pois, uma mensagem de esperança[1261]!

Uma segunda palavra será dedicada às *attribuições do governo supremo*[1262].

Talvez seja interessante preludiar a análise desta temática, aludindo à maneira como, numa perspectiva histórica, surgem as próprias teorias desenvolvidas para fundamentar a figura de *chefe supremo do poder executivo*. Na verdade, só por intermédio da investigação histórica-evoluti-

---

[1257] Silvestre Pinheiro Ferreira, *Manual do Cidadão em um Governo Representativo*, I, cit., pp. 281 e ss.; *idem, Cours de Droit Public*, I, cit., pp. 188 a 192.

[1258] Silvestre Pinheiro Ferreira, *Manual do Cidadão em um Governo Representativo*, I, cit., p. 281.

[1259] *Idem, ibidem.*

[1260] Perigos que o autor não deixa de considerar. Cfr. Silvestre Pinheiro Ferreira, *Manual do Cidadão em um Governo Representativo*, I, cit., pp.281 a 288.

[1261] *Idem, ibidem*, p. 284.

[1262] *Idem, Projecto de Codigo Politico para a Nação Portugueza*, cit., p. 54.

va[1263], laboratório das ciências que estudam o homem e as suas diversas manifestações[1264], de que o Direito e a Política são exemplos, é possível detectar o que é firme e movediço, o que é permanente e transitório, fugindo à tentação de elaborar dogmáticas fechadas ou sistemas científicos completos que, ao tentarem fixar, num dado momento, o real, se arriscam a esvaziar de conteúdo os conceitos que lhes dão forma, quantas vezes antes mesmo de os sistemas ficarem integralmente construídos[1265].

Em duas palavras, quando o monarca, em vez de estar submetido a uma Constituição material pormenorizadora de seus poderes e deveres e, em paralelo, dos direitos dos súbditos, estava subordinado, tão só, a um princípio de legitimidade, a sua pessoa era a única que, em virtude desta situação, gozava de imunidade absoluta.

Quando, de seguida, o rei fica despojado de larguíssimos poderes e a Constituição material regulamenta aqueles em que permanece investido, só é possível reafirmar a concepção que dele se fazia alegando que continua a ser o *órgão supremo,* o órgão que representa e vincula o Estado e que participa no exercício dos três poderes[1266].

Aqui urge distinguir. É que a transigência entre o príncipio monárquico e o princípio democrático, na qual se esteia o constitucionalismo da centúria de oitocentos, vem a traduzir-se em duas formas de realidade existencial não convergente: e naturalmente, a um ou outro sistema tem de corresponder um modo próprio de encarar o papel do monarca.

Temos, por um lado, a monarquia constitucional emergente da Revolução de 1789 e em que prevalece, com mais ou menos vigor, o

---

[1263] Sugestivamente, Alejandro Nieto Garcia compara a História ao espelho retrovisor de um carro em movimento, o qual é absolutamente indispensável à ultrapassagem de um outro veículo. Cfr. Alejandro Nieto Garcia, *Estudio Históricos sobre Administración y Derecho Administrativo,* Madrid, 1986, p. 12.

[1264] Sobre o encontro do homem com a história *vide* António Castanheira Neves, *A Revolução e o Direito. A Situação de Crise e o Sentido do Direito Actual no Processo Revolucionário,* Lisboa, 1976, pp. 29 e ss..

[1265] Neste sentido, Maria da Glória Garcia, *op. cit.,* pp. 23 e 24.

[1266] Assim, Jorge Miranda, *Chefe de Estado,* cit., pp. 20 e 21. Sobre a monarquia constitucional, em tese, *vide,* por todos, Marnoco e Sousa, *Direito Político – Poderes do Estado,* cit., pp. 291 e ss..

O Poder e o Direito na obra de Pinheiro Ferreira: Princípios de Direito Constitucional   397

princípio democrático. Temos, por outro lado, a monarquia constitucional propriamente dita ou monarquia limitada, florescente em países como a Alemanha e a Áustria onde os tronos conseguiram resistir ao embate do liberalismo, e aquela em que o princípio monárquico intervém ainda de forma constante e efectiva no governo[1267].

O pensamento silvestrino, no que respeita ao poder *de dispôr das forças da communidade a bem do cumprimento das legítimas decisões dos diversos podêres politicos do estado*[1268], há-de ser compreendido a esta luz.

O governo supremo – ensina o Publicista – *compõe-se do monarca, do ministerio e do concelho de estado*[1269].

Em mais do que uma das suas obras, encontram-se descritas, com minúcia, as *atribuições da coroa no exercício do poder executivo*[1270].

Impõe-se, então, descer da síntese à análise sistemática das funções entregues ao *governo supremo*[1271] pelo Publicista Português, funções que reflectem outros tantos modos de participação na actividade governativa.

Distinguiremos funções de representação internacional[1272], de orientação geral e de fiscalização. Numa palavra, o *governo supremo do estado dirige, representa, orienta* e *fiscaliza*.

Desçamos, então, ao fundo da questão.

[1267] Sobre a questão veja-se a síntese assinada por Jorge Miranda, *in Chefe de Estado*, cit., pp. 21 e 22.

[1268] Silvestre Pinheiro Ferreira, *Manual do Cidadão em um Governo Representativo*, I, cit., p. 246.

[1269] Silvestre Pinheiro Ferreira, *Projecto de Código Político para a Nação Portugueza*, cit., p. 54; *idem*, *Projecto de Codigo Geral de Leis Fundamentaes e Constitutivas d'uma Monarchia Representativa*, cit., p. 94.

[1270] Como se lê, por exemplo, no seu *Cours de Droit Public*. Cfr. Silvestre Pinheiro Ferreira, *Cours de Droit Public*, I, cit., epígrafe do § 47 (= p. 192 da ed. cit.).

[1271] Silvestre Pinheiro Ferreira, *Projecto de Codigo Politico para a Nação Portugueza*, cit., epígrafe da Secção I, do Capítulo I, do Título Quinto (= p. 54 da ed. cit.).

[1272] Para utilizarmos uma terminologia que fez história, embora cientes de serem palavras jamais proferidas pelo Político Português.

A primeira atribuição do *poder executivo*[1273][1274] que, *en quelque sorte, renferme toutes les autres*[1275], é a de *expedir decretos, instrucções, regimentos, ou quaesquer diplomas puramente administrativos adequados à boa execução das legítimas disposições dos diversos podêres políticos*[1276].

[1273] Silvestre Pinheiro Ferreira, *Projecto de Codigo Politico para a Nação Portugueza*, cit., epígrafe da Secção I, do Capítulo I, do Título Quinto (= p. 54 da ed. cit.); *idem, Projecto de Codigo Geral de Leis Fundamentaes e Constitutivas d'uma Monarchia Representativa*, cit., epígrafe do Capítulo I, do Título VI (= P. 94 da ed. cit).

[1274] E, particularmente, do seu chefe supremo.

[1275] *Idem, Cours de Droit Public*, I, cit., p. 193.

[1276] *Idem, Projecto de Codigo Geral de Leis Fundamentaes e Constitutivas d'uma Monarchia Representativa*, cit., p. 95. No mesmo sentido, escreve no seu *Projecto de Codigo Politico para a Nação Portugueza* que uma das atribuições do governo supremo é a de *expedir ordens, instrucções e regulamentos adequados à execução das leis e das sentenças judiciaes, bem como do que se vencer à maioria dos votos nas eleições para os empregos publicos, e na distribuição das recompensas nacionaes.* Cfr. Silvestre Pinheiro Ferreira, *Projecto de Codigo Politico para a Nação Portugueza*, cit., pp. 54 e 55. A regra consagrada na parte final do preceito exige que atentemos na disciplina ferreireana de concessão de recompensas. A questão foi, por nós, aflorada *supra*. Não obstante, merecerá a pena determo-nos aqui uns instantes mais. Aos olhos do ilustre pensador a ninguém poderá assistir o direito para fazer algo impossível. Ora, *nada he mais impossivel do que conhecer o monarcha a realidade do merecimento d'aquelles que sollicitam, ou d'aquelles a quem se diz que a patria deve remuneração de serviços quer seja pecuniaria, quer puramente honorifica.* Cfr. Silvestre Pinheiro Ferreira, *Breves Observações sobre a Constituição Politica da Monarchia Portugueza*, cit., comentário ao artigo 123, § 10 (= p. 20 da ed. cit.). A prática geral de se atribuir ao poder executivo o direito de conceder recompensas nasce, pensa o Publicista, porque *os seidas do absolutismo, certos de que, attribuindo ao monarca esta prerrogativa, asseguravam para si mesmos e para os seos sucessores o exercicio d'ella, tiveram arte de a fazer entrar nas constituições destinadas a tolher aos agentes do poder executivo os meios de corrupção. Idem, ibidem*, pp. 20 e 21. Lastima-se Silvestre Pinheiro: «E como se pode esperar que os governos deixem de ser omnipotentes em quanto se lhes conservar a faculdade de distribuirem a seo belprazer as honras, e as distinções?». *Idem, ibidem*, p. 21. Desiluda-se, prém, aquele que procurasse retirar destas palavras o entendimento de que tal faculdade deverá assistir ao congresso. Para o grande publicista, *não he menos absurdo attribuir ao congresso legislativo a distribuição das remunerações pecuniarias. O mais que elle pode saber he que as quantias para isso destinadas excedem as forças do thesoiro publico. Idem, ibidem.* Constituir-se, porém, árbitro do mérito ou demérito de cada cidadão é incompatível com a índole da função legisla-

O Poder e o Direito na obra de Pinheiro Ferreira: Princípios de Direito Constitucional 399

A ideia de limitação do governo supremo foi, por Silvestre Pinheiro Ferreira, consagrada nos seus escritos. As normas constitucionais que pre-véem as faculdades que à coroa é dado exercer, na prossecução das fina-lidades próprias do poder executivo, logo se encarregam também de deter-minar os tipos (materiais) de actos que lhe é dado praticar.

Não poderá ser de outra forma...

Ao trabalhar a acção governativa, o Publicista Português não deixa de se situar, perante ela, em plano crítico. E isso porque, ainda que incons-cientemente, se coloca no começo de uma resposta que deixa de ser pura-mente teórica. Aliás, Pinheiro Ferreira não olvida que as construções teoréticas esteiam, muitas vezes, o próprio comportamento político.

Dada a importância dos textos na ilustração do pensamento do autor permitimo-nos transcrever, *in extenso*, alguns passos retirados do seu *Cours de Droit Public*, fecundo repositório documental: «les flatteurs du pouvoir en ont conclu que le monarque, outre le droit de faire des régle-

---

tiva, a qual nunca deve descer a questões pessoais. Acresce que *o congresso não tem os conhecimentos especiaes que para isso se requerem, nem os meios de poder avaliar os títulos, e comparar os merecimentos dos diversos concorrentes. Idem, ibidem. Sò o tribu-nal da opinião publica, isto he, o voto universal de todos os que podem emitir uma opinião com conhecimento de causa, he competente para decidir sobre o negocio de que se trac-ta*, desde logo, *por quanto no voto universal cada um dos interessados exerce a respeito de todos os seos concorrentes o mesmo poder discrecionario que estes a respeito d'elle, e por conseguinte nenhum dos pretendentes está em posição menos vantajosa do que os seos concorrentes. Idem, Manual do Cidadão em um Governo Representativo*, I, cit., p. 113. Esta consideração silvestrina ganha sentido à luz da concepção própria de poder eleitoral. *Vide supra.* Desta argumentação resulta que a distribuição das recompensas nacionais deve ser objecto de um tratamento diverso do que até então se havia praticado, *não sò nos gov-ernos absolutos, mas atè mesmo nos que se denominam constitucionaes.* Sobre esta cenário se projecta o esforço ferreireano de regulamentar, em termos inovadores, o direito de conceder recompensas. Veja-se, a este propósito, o disposto no artigo 481, §§ I. a 18, do seu *Projecto de Codigo Politico para a Nação Portugueza*, cit, pp. 135 a 138, que dá corpo à sua proposta e, ainda, o consagrado no *Projecto de Edicto d'Amnistia* e respecti-va *Exposição de Motivos*, publicados conjuntamente com o seu *Projecto d'um Systema de Providencias para a Convocação das Cortes Geraes e Restabelecimento da Carta Constitucional*, cit..

ments et des ordennances pour l'exécution des lois, a celui de faire tout ce qu'il croira nécessaire pour la sûreté de l'état[1277]».

E a finalizar:

«Je vous prie cependent, messieurs, de remarquer que le sens de cette phrase, pour ne pas être absurde, doit être que *le gouvernement peut faire tout qu'il croira nécessaire pour la surêté de l'état, conformément aux lois*: déclaration tout-à-fait inutile, après qu'on avait dit *qu'il a le droit de faire des réglements et des ordenances pour l'exécution des lois*: car parmi les lois de tout pays figurent sans doute en primière ligne celles qui concernent la sûreté de l'état. Faire arbitrairement ce qui lui plaira, sous prétexte de pourvoir à la sûreté de l'état, ne saurait lui être permis dans un système constitutionnel essentiellement incompatible avec tout ce qui est arbitraire[1278]».

A parte final do comentário diz muito sobre o que pensava Silvestre Pinheiro sobre o estatuto de um rei constitucional.

A segunda atribuição do governo supremo do Estado é a de *negocear quaesquer tractados politicos, ou comerciaes com os governos estrangeiros, não os podendo porem concluir definitivamente sem a ratificação[1279] do congrèsso nacional*[1280].

[1277] Silvestre Pinheiro Ferreira, *Cours de Droit Public*, I, cit., p. 193.

[1278] Silvestre Pinheiro Ferreira, *Cours de Droit Public*, I, cit., pp. 193 e 194.

[1279] O termo ratificação parece ser aqui utilizado no sentido de aprovação. É realmente perceptível que estas palavras de Silvestre Pinheiro Ferreira estão em contradição com outras passagens de seus textos, mormente com o vertido no seus *Cours de Droit Public*, a fls. 203. Não obstante, cumpre notar, aquele passo deve ser visto no conjunto da obra do Autor, ainda que possa estar entre aqueles que melhor evidenciam a substância de seu pensamento. Daqui decorre que tal disconformidade não nos deverá prender, na medida em que é possível estabelecer uma intercomunicação entre as duas esferas de ideias, aparentemente divergentes. A ratificação, no sentido de declaração solene pela qual o Estado se considera vinculado por um acto jurídico internacional, o tratado, corresponderá ao momento último do processo de conclusão do tratado e, apesar do disposto no parágrafo *supra* transcrito, não poderá deixar de pertencer ao órgão que a construção silvestrina arvora em "representante da nação" na esfera internacional. Simplesmente, o chefe supremo do poder executivo não poderá ratificar um tratado que não haja sido aprovado pelos dois braços do poder executivo e/ou ao qual tenha negado a sanção. Tal interpretação

O *Poder e o Direito na obra de Pinheiro Ferreira: Princípios de Direito Constitucional*   401

Declarar e fazer a guerra, com a prévia e explícita autorização do congresso nacional *em virtude de decisão tomada com conhecimento de causa, e em consequencia de debate instituido sobre este ponto especial com todas as formalidades prescriptas para as leis em geral*[1281], será a terceira atribuição do governo.

Entrará, ainda, no exercício do poder executivo *dispôr da força armada de terra e mar, e tomar todas as medidas administrativas necessárias a repellir pela força, conformando-se com as disposições das leis, quer seja no caso de ser ameaçado, ou accommettido por forças de inimigo externo, quer no caso de commoções populares*[1282]; *participando-o immediatamente ao congresso nacional para este tomar a esse respeito as resoluções que julgar convenientes*[1283].

Não poderemos, nesta sede, desenvolver o real alcance destas ideias[1284]. Interessa-nos, tão só, fazer algumas observações de índole terminológica e relativas à circunscrição do objecto daquela disciplina.

---

resulta, inequivocamente, da leitura do disposto no seu *Cours de Droit Public*, I, cit, pp. 203. A passagem respectiva será, por nós, transcrita *infra*.

[1280] *Idem, Projecto de Codigo Geral e Constitutivo de Leis Fundamentaes e Constitutivas d'uma Monarchia Representativa*, cit., p. 95; *idem, Projecto de Codigo Politico para a Nação Portugueza*, cit., p. 55.

[1281] Silvestre Pinheiro Ferreira, *Projecto de Codigo Geral de Leis Fundamentaes e Constitutivas d'uma Monarchia Representativa*, cit., p. 95. No mesmo sentido, dispõe nos seus *Projecto de Codigo Politico para a Nação Portugueza*, cit., p. 55 e «Projet de Code Général des Lois Fondamentales et Constitutives d'une Monarchie Représentative», *Principes du Droit Public, Constitutionnel, Administratif, et des Gens, ou Manuel du Citoyen sous un Gouvernement Représentatif*, tomo II, Paris, Rey et Gravier, J. P. Aillaud, Treuttel et Würtz, F. G. Levrault, 1834, pp. 784 e 785.

[1282] A posição ferreireana ante a questão tremenda da possibilidade de resistência à opressão procurámos delinear *supra*.

[1283] Silvestre Pinheiro Ferreira, *Projecto de Codigo Geral de Leis Fundamentaes e Constitutivas d'uma Monarchia Representativa*, cit., p. 95. Leia-se, ainda, o consagrado nos seus *Projecto de Codigo Politico para a Nação Portugueza*, cit., p. 55 e «Projet de Code Général des Lois Fondamentales et Constitutives d'une Monarchie Représentative», *Principes du Droit Public, Constitutionnel, Administratif, et des Gens, ou Manuel du Citoyen sous un Gouvernement Représentatif*, tomo II, cit., p. 785.

[1284] Trata-se de matéria que é moldada pelo nosso polígrafo nos estudos que dedica ao direito das gentes. Isso mesmo atesta Pinheiro Ferreira ao escrever: «cette attribution,

Olhando para a teorização de publicistas que não nomeia, Silvestre Pinheiro Ferreira não deixa de revelar uma atitude crítica.

Ouçamo-lo:

«Les publicistes donc ont confondu la *résolution* de faire la guerre avec la *déclaration* de la guerre: tandis que, d'un autre cotê, ils n'ont pas su comprendre les rapports qui existent entre la *santion royale* des lois et la *ratification* des traités[1285]».

Pelo seu rigor, merece a pena dar a palavra ao eminente português que, numa outra língua, cinzela no pormenor o real alcance das suas ideias: «La *résolution de faire la guerre* est un acte législatif, parce qu'elle impose primitivement un grand nombre de devoirs à tous les membres de la société». Por consequência, *elle ne peut donc avoir lieu que par le concours unanime des trois branches du pouvoir législatif*[1286]. A "declaração de guerra", por seu turno, *une fois résolue, n'est que l'exécution d'une loi* e, por conseguinte, *elle est du ressort du pouvoir exécutif*[1287].

Da mesma forma, *un traité, quel qu'en soit l'objet, avec une puissance étrangère est une véritable loi de l'état. Il ne saurait donc être obligatoire pour aucun de ses membres s'il n'est le résultat des agents du*

---

ayant un rapport immédiat avec les relations étrangères, doit trouver sa place dans la second section de ce cours, qui a pour objet tout ce qui concerne le droit des gens, et par conséquent tout ce qui se rapposte au droit de paix et de guerre, ainsi qu'aux relations commerciales entre les nations. Cfr. Silvestre Pinheiro Ferreira, *Cours de Droit Public*, I, cit., p. 202. Conhecem-se, por se haverem consultado, as seguintes obras do autor dedicadas ao estudo do direito das gentes: Silvestre Pinheiro Ferreira, *Cours de Droit Public*, II, cit.; *idem, Manual do Cidadão em um Governo Representativo ou Princípios de Direito Constitucional, Administrativo e das Gentes*, tomo II, *Direito Administrativo e das Gentes*, Paris, Rey e Gravier, J. P. Aillaud, 1834, pp. 511 e ss.; *idem, Observations sur le Guide Diplomatic de M. le Baron Ch. de Martens*, Paris, Rey et Gravier, J. P. Aillaud, 1833; *idem, Principes du Droit Public, Constitutionnel, Administratif, et des Gens, ou Manuel du Citoyen sous un Gouvernement Représentatif*, tomo II, Paris, Rey et Gravier, J. P. Aillaud, Treuttel et Würtz, F. G. Levrault, 1834, pp. 573 e ss..

[1285] Silvestre Pinheiro Ferreira, *Cours de Droit Public*, I, cit., pp. 202 e 203.

[1286] Silvestre Pinheiro Ferreira, *Cours de Droit Public*, I, cit., p. 203.

[1287] *Idem, ibidem.*

pouvoir législatif qui composent le parlement national. Là le monarque a le droit d'accorder ou de refuser sa "santion", moyennant la "ratification" du traité, en as qualité de chef suprême du pouvoir exécutif, il faut qu'en sa qualité de troisième branche du pouvoir législatif, il ait donné sa sanction au projet soumis à la deliberation des chambres et par elles approuvé ou amendé[1288].

Tout autre doctrine – remata o Publicista – *non-seulement mène à l'arbitraire, mais ne peut qu'attirer sur les nations les consequences les plus fatales*[1289]...

Esta nota, leva-nos a enunciar a interrogação sobre se, para o Polígrafo, a ratificação é um acto livre? Por outras palavras: ajustado o tratado pelo governo (ou até pelo seu chefe supremo) e obtido voto favorável do congresso, está o monarca adstrito a ratificar ou, ao invés é-lhe lícito não o fazer?

O melindre da temática, suscita ao lado desta, uma pleîade de questões que, atento o objecto do presente estudo, não poderemos dilucidar, bastando-nos a mera enunciação do problema.

A trajectória destas ideias, que o polígrafo reuniu sob o título "Direito das Gentes", bem merece que um dia alguém lhe possa dedicar profunda investigação e dela extrair conclusões que permitam demonstrar que também neste campo o grande Silvestre Pinheiro Ferreira tem direito a um *lugar ao sol*.

Fiscalizar, *immediatamente ou por via de seos subalternos, o comportamento dos empregados publicos no exercicio de seos empregos*[1290] é

[1288] *Idem, ibidem.*

[1289] *Idem, ibidem.*

[1290] Silvestre Pinheiro Ferreira, *Projecto de Codigo Politico para a Nação Portugueza*, cit., p. 55. Veja-se, ainda, o disposto nos seus *Projecto de Codigo Geral de Leis Fundamentaes e Constitutivas d'uma Monarchia Representativa*, cit., p. 95 e «Projet de Code Général des Lois Fondamentales et Constitutives d'une Monarchie Représentative», *Principes du Droit Public, Constitutionnel, Administratif, et des Gens, ou Manuel du Citoyen sous un Gouvernement Représentatif*, tomo II, cit., p. 785.

a quinta atribuição do governo supremo. Esta nota prende-se com uma outra: o poder executivo exerce as suas funções pelo concurso dos diversos agentes que compõem a hierarquia administrativa, sendo as autoridades supremas o monarca, os ministros de estado, o conselho de estado[1291] e as juntas administrativas[1292].

O estudo que iniciamos pretende ser uma visão jurídica dos princípios gerais do direito público interno. Exclusivamente sob tal prisma se vai auscultar o pensamento de Silvestre Pinheiro Ferreira. Assim, não cuidaremos *dos pormenores dos meios empregados* pela acção governativa com vista a executar as decisões das autoridades legislativas ou judiciais[1293]. Não cabe aqui desenvolver os sectores da administração pública desenhados pelo autor. Particularmente, cumpre notar que, da perspectiva assinalada, não nos interessa tanto descer à análise das *juntas supremas e seos agentes subalternos que se occupam mais particularmente dos meios mais adequados à execução das leis*[1294].

[1291] Não poderemos, nesta sede, desenvolver o real alcance do papel do Conselho de Estado no pensamento de Silvestre Pinheiro Ferreira. A complexidade da temática mereceria uma atenção particular. Sobre a composição, atribuições e, particularmente, acerca da necessidade de um conselho destinado à prossecução dos mesmos fins que as juntas supremas veja-se, paradigmaticamente, a síntese assinada por Pinheiro Ferreira no *Manual do Cidadão em um Governo Representativo*, I, cit., pp. 318 a 321.

[1292] Silvestre Pinheiro Ferreira, *Manual do Cidadão em um Governo Representativo*, I, cit., pp. 294 e 295.

[1293] É esta a definição silvestrina de Direito Administrativo. Cfr. Silvestre Pinheiro Ferreira, *Manual do Cidadão em um Governo Representativo*, I, cit., p. 295.

[1294] Silvestre Pinheiro Ferreira, *Manual do Cidadão em um Governo Representativo*, I, cit., p. 295. Aliás, acrescenta o Pensador Português, *he ao complexo d'essas juntas, de quem os ministros d'estado sam os chefes, que especialmente se dà a qualificação de administrativas. Idem, ibidem.* Sumariamente, há que recordar o esquema hierárquico da organização civil para seriarmos aquilo que, *tout court*, poderíamos designar por "ministérios". O plano proposto por Pinheiro Ferreira é, esquematicamente, o seguinte, (plano retirado do seu *Cours de Droit Public*, I, cit., pp. 208 e 209):

O Poder e o Direito na obra de Pinheiro Ferreira: Princípios de Direito Constitucional   405

Convém, porém, advertir que a construção ferreireana do poder executivo é muitas vezes impulsionada na sua gestação e expansão por ideias que o polígrafo desenvolverá sob a epígrafe "direito administrativo"[1295]. E isto porque *não se pode dizer que as expressões "poder executivo" e "poder administrativo" designem dois podêres diferentes*[1296]. Por antonomásia, *he sempre um sò e mesmo poder, mas considerado debaxo de diversos pontos de vista*[1297]. Assim, quem deseja auscultar um tema como o presente encontra-se a todo o momento perante realidades entre si, ao mesmo tempo, causa e efeito. Tal facto obriga a uma série de opções, sobretudo no concernente à ordenação de matérias, que raramente alcançam isentar-se de críticas[1298].

Ministères		Classes	
I.	Le ministère de la Justice	I.	Justice
II.	Le ministère des finances	II.	Finances
III.	Le ministère du commerce et de la marine	III.	Agriculture
		IV.	Mines
		V.	Commerce et industrie
		VI.	Marine
IV.	Le ministère de la guerre	VII.	L'armée
		VIII.	Les travaux publics
V.	Le ministère de la statistique	IX.	L'instruction publique
		X.	La santé publique
		XI.	La statistique
VI	La secrétairerie d'état	XII.	Correspondence générale et rélations extérieures

[1295] Conhecem-se, por se haverem consultado, as seguintes obras do Autor dedicadas, especificamente, ao estudo do direito administrativo: Silvestre Pinheiro Ferreira, *Cours de Droit Public*, II, cit.; *idem, Manual do Cidadão em um Governo Representativo ou Princípios de Direito Constitucional, Administrativo e das Gentes*, tomo II, *Direito Administrativo e das Gentes*, Paris, Rey e Gravier, J. P. Aillaud, 1834, pp. 1 a 511; *idem, Principes du Droit Public, Constitutionnel, Administratif, et des Gens, ou Manuel du Citoyen sous un Gouvernement Représentatif*, tomo II, Paris, Rey et Gravier, J. P. Aillaud, Treuttel et Würtz, F. G. Levrault, 1834, pp. 1 a 573.

[1296] Silvestre Pinheiro Ferreira, *Manual do Cidadão em um Governo Representativo*, I, cit., p. 295.

[1297] *Idem, ibidem.*

[1298] Assim, Martim de Albuquerque, *A Consciência Nacional Portuguesa. Ensaio de História das Ideias Políticas*, I, Lisboa, 1974, p. 45.

A este respeito julga-se oportuno recordar a mensagem do Professor Martim de Albuquerque: não existe estudo sem esforço de sistematização, muito embora ele não passe do que já alguém denominou de *escolásticas divisões do indivísivel*. E, se neste ensaio, não se conseguiu suprir tal defeito, resta ao menos a consolação de ter havido consciência dele e coragem de o enfrentar[1299]...

Nem todos os aspectos do pensamento de Silvestre Pinheiro, no respeitante ao poder executivo, são de interesse ideológico igualmente relevante. Tem-no, entretanto, a definição das funções régias[1300].

Tão importante é, ainda, a temática da inviolabilidade do monarca. Tal conclusão é inseparável da responsabilidade ministerial. Será neste sentido que procuraremos evoluir.

Na análise, importa atender a uma afirmação que, no encadeado discursivo, quase passa despercebida. Ei-la: «La première des conséquences qui résultent du principe fondamental de la monarchie, *la perpétuité du chef du pouvoir executif*, (…), est que le monarque doit être en déhors de tout responsabilité *pour tout ce qu'il pourra faire dans l'exercice de ses fonctions;* parce que, partageant ainsi que tout autre homme les faiblesses inséparables de l'humanité, il peut faillir dans l'exercice de ses autes fonctions; d'où il résulterait qu'appelé à répondre par-devant le magistrat chargé de faire application de la loi sans acception de personne, il pourrait se trouver avoir encouru la destitution de son emploi, conclusion contradictoire avec le principe fondamental de la *monarchie dont le chef doit être perpétuel[1301]»*. Numa palavra, *ce n'est plus une "monarchie", c'est une véritable " démocratie" se le chef du pouvoir exécutif peut cesser de l'être autrement que par la rescision du mandat, laquelle ne saurait avoir lieu que par la révocation de la part du mandant ou par le renoncement de la part du mandataire[1302].*

[1299] *Idem, ibidem.*
[1300] Sobre a questão *vide supra.*
[1301] Silvestre Pinheiro Ferreira, *Cours de Droit Public*, I, cit., p. 137.
[1302] *Idem, ibidem.*

O *Poder e o Direito na obra de Pinheiro Ferreira: Princípios de Direito Constitucional* 407

Atentando na passagem antes transcrita estamos suficientemente precavidos para afirmar que, no pensamento de Pinheiro Ferreira, a irresponsabilidade do monarca[1303] é uma decorrência necessária da perpetuidade da coroa.

Na verdade, *sendo o rei tam subjeito a abusar como qualquer outro homem, se no exercicio das suas atribuições, aliás legitimas, elle viesse a commeter algum delicto, a que pelas leis correspondesse a pena da destituição, seria forçoso a deixar o throno, o que se opporia à intensão manifestada de se lhe conferir perpetuamente a corôa[1304].*

Simplesmente, daí não decorre que a "pessoa do rei seja inviolável e sagrada"[1305].

Um dos pontos mais relevantes de entre os vários discutidos pelo Publicista no comentário à *Carta Constitucional francesa* prende-se, precisamente, com esta temática.

A crítica incide, antes de mais, sobre a utilização dos epítetos "sagrado" e "inviolável", aplicáveis à pessoa do monarca. Escutemo-lo: «l'épithète de *sacrée,* outre le défault d'être métaphorique, a celui d'être un pléonasme après la qualification d'*inviolable*[1306]». E, interroga-se: «Que peut-il y avoir au monde de plus *inviolable* que la sûreté personnelle de chaque citoyen?[1307]». Para logo responder: «La personne du roi n'est pas le seule qui soit inviolable dans ce sens[1308]». Simplesmente, *ce n'est donc pas dans ce sens que les auteurs de la Charte ont appliqué au monarche*

[1303] Isto é *em não poder ser chamado a responder perante o poder judicial por aquelles actos da realeza que elle praticar na forma da constituição.* Cfr. Silvestre Pinheiro Ferreira, *Manual do Cidadão em um Governo Representativo*, I, cit., p. 251.

[1304] Silvestre Pinheiro Ferreira, *Manual do Cidadão em um Governo Representativo*, I, cit., p. 251.

[1305] Como se lê no artigo 12 da *Carta Constitucional Francesa* de 1830; no artigo 127 da *Constituição Portuguesa* de 1822 ou no artigo 72 da Carta Constitucional da Monarquia Lusa, datada de 29 de Abril de 1826.

[1306] Silvestre Pinheiro Ferreira, *Observations sur la Charte Constitutionnelle de la France...*, cit., p. 35.

[1307] *Idem, ibidem,* p. 36.

[1308] *Idem, ibidem.*

408 Para a História do Direito Constitucional Português: Silvestre Pinheiro Ferreira

l'épithéte d'inviolable[1309]. Conclui, então, Pinheiro Ferreira que, atenta a redacção do preceito, *on a sans doute cru avoir exprimé avec plus d'élégance et non moins de clarté ce que l'on voulait dire et ce que l'on aurait dû dire sans figure, savoir: que le roi n'est pas responsable des actes de la royauté*[1310]...

Desta consideração decorre, na óptica do pensador luso, a consagração de três outros princípios. Em primeiro lugar, *que le roi est exempté de tout responsabilité judiciaire pour les actes de royauté*[1311]. Depois, *que cette exemption ne s'étend qu'aux actes de la royauté*[1312]. De resto, *que la responsabilité dont celle-ci entend exempter le roi est la responsabilité judiciaire, et non pas la responsabilité morale dont on ne saurait déclarer quelqu'un exempt sans le dégrader, car elle est inséparable de toute action humaine pratiquée avec liberté et en connaissance de cause*[1313/1314].

A parte final do comentário diz muito do que pensava Silvestre sobre o estuto do rei em uma monarquia representativa, *aquella que assenta*

[1309] *Idem, ibidem.*

[1310] *Idem, ibidem.*

[1311] Silvestre Pinheiro Ferreira, *Observations sur la Charte Constitutionnelle de la France...*, cit., p. 36.

[1312] *Idem, ibidem.*

[1313] *Idem, ibidem*, pp. 36 e 37. No mesmo sentido, escreve nos seus *Cours de Droit Public*, I, cit., pp. 137 a 139; II, cit, p. 257 e *Manual do Cidadão em um Governo Representativo*, I, cit., p. 251 e ss..

[1314] As mesmas conclusões abrilhantam o seu Comentário ao artigo 127. da Constituição Portuguesa de 1822. Vale a pena dar a palavra a Silvestre Pinheiro: «Do que temos dito segue-se Iº que deve ser eliminada a palavra inviolavel por ser amphibologica e inutil; 2º que a exempção se refere unicamente à responsabilidade judicial; (...); 4ª que aquella exempção de responsabilidade perante os tribunaes não compreende senão os actos da attribuição da realeza que se acham expressos na constituição, vindo portanto a ser objecto de responsabilidade judicial os actos politicos para que não estiver autorizado, bem como os civis que praticar na qualidade de cidadão particular». Silvestre Pinheiro Ferreira, «Comentário ao artigo 127. da Constituição Portugueza de 1822», *in Breves Observações sobre a Constituição Politica da Monarchia Portugueza*, cit., p. 25. Deliberadamente, cuidaremos da 3ª consideração *infra*.

sobre o principio da independencia dos poderes, salvo o privilegio da "perpetuidade da corôa", e os do "veto" e da irresponsabilidade", que sam consequencias do mesmo principio da perpetuidade[1315].

Visitar a obra de Pinheiro Ferreira equivale a escutar determinado tempo, ajuda a compreender o que somos através do que fomos. Ao atentar naqueles testemunhos, e outras passagens se poderiam transcrever, assistimos a uma derradeira tentativa de colocar um ponto final nas concepções herdadas da monarquia pura. As cinzas desse propósito espalham-se sobre as seguintes palavras do Autor que não hesitamos em aqui trasladar: «A palavra *inviolavel* he metaphorica e superflua. He tomada do absolutismo, e nos termos em que está concebido o artigo confunde os monarca constitucionaes com os de direito divino[1316]».

Silvestre Pinheiro Ferreira compreende o alcance do preceito: «Ils ont dû déclarer le roi exempt de tout responsabilité judiciaire, parce qu'ils étaient proposé de fonder une *monarchie perpétuelle*[1317]». Todavia, se *o monarca pode ser dispensado pela constituição de responder "perante os tribunaes de justiça pelos actos que exercer em desempenho das suas atribuições"*[1318] jamais alguém o poderá isentar da responsabilidade moral e da responsabilidade política. A primeira – elucida o Publicista – *consiste na boa ou mà opinião, e não depende da lei ou de quaesquer autoridades faze-la effectiva, nem dispensar della*[1319]. A responsabilidade política, por seu turno, *consiste na expulsão do emprego sem fòrma alguma de juízo*[1320].

[1315] Silvestre Pinheiro Ferreira, *Manual do Cidadão em um Governo Representativo*, I, cit., p. 250.

[1316] Silvestre Pinheiro Ferreira, «Comentário ao artigo 127. da Constituição Portugueza de 1822» *in Breves Observações sobre a Constituição Politica da Monarchia Portugueza*, cit., p. 25.

[1317] Silvestre Pinheiro Ferreira, *Observations sur la Charte Constitutionnelle de la France...*, cit., p. 37.

[1318] Silvestre Pinheiro Ferreira, «Comentário ao artigo 127. da Constituição Portugueza de 1822» *in Breves Observações sobre a Constituição Politica da Monarchia Portugueza*, cit., p. 25.

[1319] *Idem, ibidem*.

Aliás, a lição da história mostra que *esta ultima tem-se verificado a respeito de alguns monarcas por via de levantamento dos povos, e he evidente que não pode ser objecto da lei impedi-la*[1321].

Podemos ter a percepção do real alcance da crítica silvestrina ao lermos um extracto de um dos seus opúsculos: «em vez d'aquella expressão nimiamente geral de que o rei não està subjeito a responsabilidade alguma, deveria dizer-se que *a responsabilidade judicial pelos actos do monarca no desempenho das suas attribuições não recae sobre elle, mas sim sobre os ministros d'estado*[1322]».

Do poder irresponsável passa-se, assim, ao poder responsável[1323].

Em rigor – sublinha Pinheiro Ferreira – o monarca constitucional não está *exempto de responsabilidade perante os tribunaes pela practica de actos da attribuição da realeza que se acham expressos na constuição, senão porque os ministros respondem em seo logar*[1324].

Pinheiro Ferreira, por variadas vezes, se refere aos ministros do príncipe, porque *se a direcção não póde pertencer senão a um sò, a execução reparte-se por um grande numero de agentes.*[1325]. E traça, mesmo, as condições legais indispensáveis para alguém poder ser candidato *aos*

[1320] *Idem, ibidem.*

[1321] *Idem, ibidem.* A esta passagem já nos referimos antes, quando tomámos posição sobre a postura silvestrina ante a questão, verdadeiramente tremenda, da resistência activa. *Vide supra.*

[1322] Silvestre Pinheiro Ferreira, «Comentário ao artigo 127. da Constituição Portugueza de 1822» *in Breves Observações sobre a Constituição Politica da Monarchia Portugueza*, cit., p. 26.

[1323] De notar que, na construção silvestrina, *os ministros recebem as ordens do monarcha ou em conferencia particular de cada ministro, ou em concelho de ministros.* Cfr. Silvestre Pinheiro Ferreira, *Manual do Cidadão em um Governo Representativo*, I, cit.., p. 306. Sobre o conselho de ministros *vide*, exemplificativamente, o disposto nessa mesma obra, pp. 309 a 312.

[1324] Silvestre Pinheiro Ferreira, «Comentário ao artigo 127. da Constituição Portugueza de 1822» *in Breves Observações sobre a Constituição Politica da Monarchia Portugueza*, cit., p. 26.

[1325] Cfr. Silvestre Pinheiro Ferreira, *Manual do Cidadão em um Governo Representativo*, I, cit., p. 248.

emprêgos do poder executivo[1326]*:* deve, em primeiro lugar, «achar-se occupando um emprêgo do mesmo ramo de administração, e d'uma graduação igual ou immediatamente inferior àquelle que se tracta de provêr[1327]». De entre *os candidatos eleitos por todos os cidadãos que a respeito d'essa candidatura podêrem emittir uma opinião com conhecimento de causa,* o monarca, *bem como os outros chefes do poder executivo,* poderão escolher livremente os seus subalternos[1328].

Pinheiro Ferreira não deixa de revelar os motivos que, mais profundamente, justificam a sua proposta: «comme, dans un état bien constitué, rien de ce qui peut intéresser son bien-être ne doit être fait sans que quelqu'un en soit responsable, il faut que le monarque, placé, par le principe même de la monarchie, en dehors de toute responsabilité, mette à l'acceptation du poste éminent qui lui est délégué la condition de n'en exercer les fonctions que par des agents de son choix, auxquels il aura accordé sa confiance et à qui il pourra la retirer; car se sera sur ces agents que pèsera la responsabilité de tout ce qui émanera du gouvernement au nom du souverain[1329]». A esta luz se compreende que o monarca deva ser livre na escolha de seus ministros. Mas, *pour que cette responsabilité ne soit pas illusoire, il faut encore que ces agents méritent également la confiance de la nation, qui, au moyen d'une élection véritablement nationale, (...), les présente comme candidats à la nomination du monarque.* Porque toda a função pública é delegação nacional, os que essas funções exercem são, nas esferas das suas atribuições, mandatários ou representantes da nação. Por consequência, justifica-se que na nomeação dos candidatos ao *emprêgo de ministro do estado se fizesse entrar em linha de conta o principio da eleição nacional*[1330].

[1326] Sobre a crítica silvestrina ao processo de designação dos ministros *vide supra.*

[1327] Silvestre Pinheiro Ferreira, *Manual do Cidadão em um Governo Representativo,* I, cit., p. 119. Sobre a questão *vide supra.*

[1328] Silvestre Pinheiro Ferreira, «Comentário ao artigo 123., § 9. da Constituição Portugueza de 1822» *in Breves Observações sobre a Constituição Politica da Monarchia Portugueza,* cit., p. 19.

[1329] Silvestre Pinheiro Ferreira, *Cours de Droit Public,* I, cit., pp. 137 e 138.

[1330] *Idem,* «Comentário ao artigo 123., § 9. da Constituição Portugueza de 1822» *in Breves Observações sobre a Constituição Politica da Monarchia Portugueza,* cit., p. 19.

412 *Para a História do Direito Constitucional Português: Silvestre Pinheiro Ferreira*

Quais serão os actos da realeza pelos quais os ministros respondem? Intuindo a questão, esclarece Pinheiro Ferreira: «sam os rescriptos assignados pelo monarcha, e referendados pelos ministros d'estado a bem do exercicio das attribuições que lhe sam conferidas pela constituição». E a análise ferreireana não se queda por aqui. Pressentindo nova dificuldade, dedica algumas páginas de seus escritos a esclarecer porque motivos devem ser referendados todos os actos da realeza.

Detenhamo-nos, por breves instantes, nesta nota do seu pensamento.

Como pano de fundo surge-nos o entendimento de que, em uma monarquia verdadeiramente democrática[1331], *nenhum acto deve ser praticado sem haver quem por elle seja responsável às pessoas que poderiam ser lesadas em seos direitos e por ser de direito natural que a responsabilidade pese sobre o autor do damno*[1332].

Olhando, em particular, para os ministros de Estado entende o Polígrafo que os mesmos reunem duas diferentes espécies de atribuições que darão, por consequência, origem a dois correspondentes tipos de responsabilidade[1333]. Um – ensina o publicista – em quanto se consideram como simples conselheiros e executantes do *pensamento do governo*[1334]. Outro, na qualidade de agentes do poder executivo, integrados em cada uma das repartições cuja direcção lhes está cometida[1335].

Considerados sob este segundo ponto de vista, entende o Publicista que lhes deve ser aplicável quanto pelas leis estiver ordenado a respeito dos agentes, comissários e administradores em geral e, particularmente, sobre os que exercem tais mandatos ao serviço do Estado[1336]. Não poderá

[1331] Sobre o significado da locução no pensamento do autor *vide supra*.

[1332] Silvestre Pinheiro Ferreira, *Manual do Cidadão em um Governo Representativo*, I, cit. p. 251.

[1333] Silvestre Pinheiro Ferreira, *Exposição do Projecto d'Ordenações para o Reino de Portugal*, cit., p. 329; *idem, Manual do Cidadão em um Governo Representativo*, I, cit., pp. 251 e 252.

[1334] *Idem, ibidem.*

[1335] *Idem, ibidem.*

[1336] Silvestre Pinheiro Ferreira, *Exposição do Projecto d'Ordenações para o Reino de Portugal*, cit., p. 330. A mesma mensagem é, pelo Publicista, consagrado no seu

O *Poder e o Direito na obra de Pinheiro Ferreira: Princípios de Direito Constitucional*   413

ser de outro modo... Na verdade, *para alem de ser contrario a todos os princípios exceptua-los das disposições das leis que regulam os deveres de todos os agentes em geral, seria o cumulo do absurdo que, n'um systema constitucional, as leis da responsabilidade que pesam sobre os que cumprem as ordens, se alliviassem em favor daquelles de quem emanam essas mesmas ordens*[1337].

Manual do Cidadão em um Governo Representativo, I, cit., pp. 314 e 318. Nesta última obra, Pinheiro Ferreira dedica algumas linhas a esclarecer o seu pensamento sobre as formas de efectivar a responsabilidade dos ministros de Estado, indicando as pessoas a quem assiste a faculdade de "acusar" o ministro e perante que entidades. Nas páginas indicadas é possível ler a resposta silvestrina às seguintes questões: «Como pòde ter logar a demissão do ministro d'estado por haver perdido a confiança da nação e/ou do monarca?»; «Em quanto o ministro responde perante o poder judicial deve deixar d'exercer as suas funções, ou pòde continuar nesse exercicio?»; «Durante a inhibição do ministerio qual pòde ser o andamento do governo?»; «Como se há de restabelecer o andamento ordinario do governo», quer nas monarquias aristocráticas, quer nas verdadeiramente democráticas.

[1337] Silvestre Pinheiro Ferreira, *Exposição do Projecto d'Ordenações para o Reino de Portugal*, cit., p. 330. Aliás, servindo-se de um exemplo paralelo à teorização, esclarece o Publicista: «esta distincção serve a explicar as disposições do artigo 103 da carta constitucional, que especificando seis unicos casos pelos quaes diz serem responsaveis os ministros d'estado, parece à primeira vista que os exempta de responderem por todo e qualquer outro delicto que commetterem no exercicio da sua administração, uma vez que se não comprehendem n'alguma daquellas seis rubricas». *Idem, ibidem*. Ora, conclui o Autor, é na qualidade de conselheiros do monarca que a Carta Constitucional limita os delitos pelos quais os ministros do Estado devem ser chamados a responder. Não obstante, concede o Publicista, a redacção do preceito é de tal forma compreensiva *que nenhum delicto possivel, quer seja como concelheiros, quer seja como órgãos do rei, se poderà apontar que se não ache incluido em alguma das mencionadas rubricas: e mesmo poucos serão os que na simples qualidade de agentes do poder executivo possam commeter, que tambem se não comprehendam n'algum dos referidos casos*. Mantendo fidelidade às próprias premissas remata Pinheiro Ferreira: «ou se comprehendem ou não, uma vez que forem actos de agentes do poder, e não pareceres dados em concelho, ou referendas de regios diplomas, entram na ordem geral de erros de officio que devem ser processados e julgados pelas leis que em geral existirem sobre os delictos dos agentes do poder executivo, sem outra distincção que não seja a de maior gravidade do castigo, à proporção da maior gravidade que grangea ao delicto a elevada graduação do delinquente: circumstancias estas, que deverão ser tomadas em consideração no codigo penal...». Cfr. Silvestre Pinheiro Ferreira, Silvestre Pinheiro Ferreira, *Exposição do Projecto d'Ordenações para o Reino de Portugal*, cit., p. 331.

414 Para a História do Direito Constitucional Português: Silvestre Pinheiro Ferreira

Interessa-nos, sobretudo, a responsabilidade dos ministros do Estado pelos actos praticados na qualidade de conselheiros do monarca ou órgãos executores do pensamento do governo[1338].

O pensamento do governo dita-o o monarca[1339]. Mas, *as disposições que se contem no rescripto, por isso que dependem mais ou menos de uma especialidade de conhecimentos, não pòdem derivar senão do ministro d'estado da repartição a que pertence o negocio que faz o objecto do rescripto*[1340].

A referenda ministerial *serve para provar que o ministro d'estado respectivo reconhece incorrer na responsabilidade relativamente às disposições conteûdas no decreto, e haver procedido com conhecimento de causa*[1341]. Nas monarquia aristocráticas[1342], a referenda justifica-se, ainda, a uma outra luz: permitir a responsabilidade do ministro relativamente ao pensamento que presidiu ao decreto[1343].

A referenda ministerial surge, aos olhos do ilustre pensador, como uma exigência inegociável do sistema constitucional. E o porquê desta conclusão é claro, rectílinio e fácil de traçar: Se – admite o publicista – podemos conceber que a nação se sujeite a considerar, como suficiente garantia, a responsabilidade dos ministros e outros agentes do poder sem exigir a do monarca, será *absurdo suppôr que ella consentiria em que se podesse attentar contra os seos direitos sem haver alguem que incorra na responsabilidade*[1344].

[1338] Silvestre Pinheiro Ferreira, *Exposição do Projecto d'Ordenações para o Reino de Portugal*, cit., p. 329; *idem, Manual do Cidadão em um Governo Representativo*, I, cit., pp. 251 e 252.

[1339] *Vide supra*.

[1340] Silvestre Pinheiro Ferreira, *Manual do Cidadão em um Governo Representativo*, I, cit., p. 252.

[1341] *Idem, ibidem*.

[1342] Sobre o significado da expressão na arquitectura ferreireana *vide supra*.

[1343] Silvestre Pinheiro Ferreira, *Manual do Cidadão em um Governo Representativo*, I, cit., p. 252.

[1344] Silvestre Pinheiro Ferreira, *Manual do Cidadão em um Governo Representativo*, I, cit., pp. 252 e 253.

E, lastima-se: «bem basta que o systema constitucional soffresse a primeira infracção com o privilegio concedido à corôa. Se esta exempção aos ministros, o epitheto de "representativa", que he já mui improprio no regime "da perpetuidade da corôa", seria um insulto continuo à representação nacional, tanto do "congresso legislativo" como do "poder judicial", cuja independencia não seria mais do que uma decepção[1345]».

Nos escritos silvestrinos perpassa, pois, uma teoria da governação régia em que a irresponsabilidade do monarca é indissociável da responsabilidade ministerial[1346].

Do ponto de vista doutrinal, o que aparece em fundo mais nítido é, por conseguinte, a justificação jurídica do Estado e, particularmente, da função governativa, e não a pura legitimação da confiança pessoal hereditária.

3.3.6 - O Quinto Poder

Na centúria de Oitocentos, o liberalismo político, mais ou menos por toda a parte, é a filosofia dominante.

As concepções liberais pretendem resolver, principalmente, a "questão política" essencial, entendida, *grosso modo*, como o problema das relações entre o indivíduo e o Estado[1347].

[1345] *Idem, ibidem.* Por a considerarmos particularmente elucidativa do pensamento do autor, a esta passagem já nos referimos *supra.*

[1346] No *Projecto d'Ordenações para o Reino de Portugal*, Pinheiro Ferreira dedica alguma de sua atenção a tipificar os crimes que os ministros de Estado, na sua qualidade de conselheiros do monarca, podem praticar. Assim, *alem das penas em que incorrem, como qualquer outro empregado, em virtude das leis geraes e communs a todos os publicos funccionarios, estão subjeitos pelo artigo 103 da carta constitucional a uma mais aggravante reponsabilidade nos seguintes casos: pelo crime de traição; pelo crime de peita ou suborno; pelo crime de extorção; por ataque da liberdade, propriedade ou segurança dos moradores; por abuso de poder; pela falta de observancia da lei; pelo crime de peculato e pelo crime de dissipação.* Cfr. Silvestre Pinheiro Ferreira, *Projecto d'Ordenações para o Reino de Portugal*, cit., pp. 218 a 220.

[1347] *Vide supra.*

Em Portugal, já se observou, a evolução histórica da monarquia caracteriza-se por uma progressiva adaptação ao contexto sociopolítico do Estado Moderno, sem alienar o património juridico-cultural medievo. Ressalvada a singularidade das concepções dos nossos liberais, transparece nitidamente nas suas obras a presença de uma dupla preocupação essencial: o indivíduo deve ser protegido, a um só tempo, contra o Estado e contra as massas. Por conseguinte, é preciso encontrar os mecanismos institucionais destinados a impedir este dúplice perigo.

Antevêm-se, desde logo, dois tipos de solução. Um considera o advento democrático como inelutável e tenta preconizar métodos destinados, não a impedir, mas a limitar o excesso de despotismo que um tal advento corre o risco de promover[1348]. O outro advoga que só a aplicação de certas "medidas" institucionais pode subtrair o indivíduo do despotismo, enfraquecendo a autoridade do Estado e *impedindo* o advento da oclocracia ou do governo das massas. Para tomarmos um exemplo significativo, é precisamente este o caso da solução buscada por Silvestre Pinheiro Ferreira.

[1348] Coube a Alexis de Tocqueville decerto ilustrar do modo mais exemplar esta primeira versão. Neste sentido, François Châtelet, Olivier Duhamel, Evelyne Pisier-Kouchner, *História das idéias políticas*, Jorge Zahar Editor, Rio de Janeiro, 1994, p. 105. Sobre o pensamento de Charles Alexis Clérel de Tocqueville *vide*, por todos, Marcel Prélot, *As Doutrinas Políticas*, trad. port. de *Histoire des Idées Politiques* (1966), 3 volume, Lisboa, Presença, 1974, pp. 172 e ss.; Raymond G. Gettel, *História das Ideias Políticas*, trad. port. de Eduardo Salgueiro, Lisboa, Editorial Inquérito, 1936, pp. 415 e ss.; Simone Goyard Fabre, *Philosophie Politique. XVe-XXe Siècle (Modernité e Humanisme)*, Paris, PUF, 1987, pp. 409 e ss.; Russel Kirkl, *La Mentalidad Conservadora en Inglaterra y Estados Unidos*, trad. cast., Madrid, Rialp, 1956, pp. 217 e ss.. Referência particular merecem as actas do Colóquio de Saint-Lô, datadas de Setembro de 1990, *L'Actualité de Tocqueville*, publicadas pelos *Cahiers de Philosophie Politique et Juridique* da Universidade de Caen, 1991, com artigos de Simone Goyard-Fabre, «La Pensée Politique de Alexis de Tocqueville», pp. 21 e ss.; Raymond Polin, «Tocqueville entre l'Aristocracie et la Démocratie»; Pierre Manent, «Intérêt Privé, Intérêt Public», pp. 67 e ss.; Philippe Bénéton, «La Culture Démocratique» e François Furet, «L'importance de Tocqueville Aujourd'hui», pp. 135 e ss.. Estas e outras referências bibliográficas podem ser lidas em José Adelino Maltez, *Sobre a Ciência Política*, cit., p. 320.

O Poder e o Direito na obra de Pinheiro Ferreira: Princípios de Direito Constitucional   417

Coroando o edíficio constitucional, o Publicista Português idealiza um poder neutro susceptível de arbitar tranquilamente os conflitos que se travam, de forma inelutável, entre as diversas autoridades públicas.

Na doutrina ferreirana do poder conservador é nítida e consentida a sugestão de Benjamin Constant[1349]. Na verdade, o próprio Silvestre Pinheiro denuncia que a sua visão deste quinto poder do Estado está em sintonia com a do teórico francês[1350] ao escrever: «Plusieurs publicistes, en

---

[1349] A construção de Benjamin Constant pretende assegurar a distribuição de poderes no vértice. Segue, então, Montesquieu, dividindo, em plano muito aparentado ao nosso compatriota, os poderes políticos em real, executivo, representativo, judiciário e municipal. A distinção entre o poder real e o executivo filia-se, segundo o filho espiritual do autor de Espírito das Leis, em Clernont-Tonerre. Já a distinção entre o poder executivo, legislativo e judicial postula, para Constant, a exigência de um poder neutro, distinto embora, concentrado no rei. É esta a sua contribuição original: o poder do rei não tem por que governar; os ministros, poder activo e responsável, encarregar-se-ão de tal tarefa. O "monarca constitucional" é "um poder neutro", garantia primeira dos limites da soberania. Na verdade, o princípe é *um ser à parte, superior às diversidades de opinião, que só tem como interesse a manutenção da ordem e a manutenção da liberdade, e que não pode jamais entrar na condição comum, inacessível, por conseguinte, a todas as paixões que essa condição faz nascer e a todas aquelas que a perspectiva de nela se encontrar alimenta incessantemente no caso dos agentes investidos de um poder momentâneo.* Benjamin Constant, *apud* François Châtelet, Olivier Duhamel, Evelyne Pisier-Kouchner, *História das idéias políticas*, cit., p. 108. Sobre o significado do pensamento de Constant para a Filosofia do Direito e do Estado *vide*, de entre tantos, Marcel Prélot, *As Doutrinas Políticas*, trad. port. de *Histoire des Idées Politiques* (1966), 3 volume, cit., pp. 143 e ss.; Raymond G. Gettel, *História das Ideias Políticas*, cit., pp. 414 e ss.; Simone Goyard Fabre, *Philosophie Politique. XVe-XXe Siècle (Modernité e Humanisme)*, cit., pp. 398 e ss.; François Châtelet e Evelyne Pisier-Kouchner, *Les Conceptions Politiques do XXe Siècle. Histoire de la Pensée Politique*, Paris, PUF, 1981, pp. 195 ss.; José Adelino Maltez, *Ensaio sobre o Problema do Estado*, II, cit., pp. 228 e ss.. Para mais indicações bibliográficas veja-se José Adelino Maltez, *Sobre a Ciência Política*, cit., pp. 310 e 311. Referência especial merece a obra de Paul Bastid, *Bejamin Constant et sa Doctrine*, em dois tomos, Paris, Librairie Armand Colin, 1966 e o estudo de Marcel Gauchet, «Benjamin Constant: L'Illusion Lucide du Libéralisme», prefácio à selecção de textos *De la Liberté chez les Modernes. Écrits Politiques*, Paris, Hachette, 1980.

[1350] Para designar este poder neutro Benjamin Constant reserva a expressão poder moderador. Cfr. Benjamin Constant, *Principes de Politique applicables à tous les*

traitant des attributions souveraines du chef du pouvoir exécutif dans les monarchies, paraissent avoir pressenti l'existence d'un pouvoir inhérent à cette haute dignité qui n'était ni le pouvoir législatif, ni le pouvoir exécutif, puisqu'il n'a pas pour but de créer de nouvelles lois, ni de prendre des mesures pour l'exécution des anciennes. Mais personne avant M. Benjamin Constant n'avait examiné en quoi consiste proprement ce pouvoir, quel en est son but, et quelles sont les attributions qui le caractérisent[1351]». Não obstante a sinceridade do elogio, a doutrina de Ferreira não cede totalmente à influência do experiente intérprete da cena política francesa[1352].

Gouvernements Représentatifs, et particulièrement à la Constitution actuelle de la France, 1806. A versão por nós consultada é uma reedição de Etienne Hoffmann, Genebra, Droz, 1980, em dois volumes. A obra trata os seguintes temas: soberania do povo; natureza do poder do monarca numa monarquia constitucional; o direito de dissolução das assembleias representativas; a assembleia hereditária e a necessidade de não se limitar o número dos seus membros; a eleição das assembleias representativas; condições da propriedade; a discussão nas assembleias representativas; a iniciativa; a responsabilidade dos ministros; a declaração sobre os ministros serem indignos da con-fiança da nação; a responsabilidade dos agentes subalternos; o poder municipal; as autoridades locais e o novo género de federalismo; o direito da paz e da guerra; a organização da força armada num sistema constitucional; a inviolabilidade das propriedades; a liberdade de imprensa; a liberdade religiosa; a liberdade individual; as garantias judiciárias.

[1351] Silvestre Pinheiro Ferreira, *Cours de Droit Public*, I, cit., p. 413. No mesmo sentido, dispõe na sua *Exposição do Projecto de Ordenações para o Reino de Portugal*, cit., p. 457.

[1352] Confessa o Publicista que recolhe a lição do político francês sobre o poder moderador. *Vide supra*. Não obstante, ao meditar sobre a proposta de Constant, o Pensador Português não cala o traço que mais vincadamente caracteriza a sua personalidade. Vale a pena atentar nas seguintes palavras, suficientemente demonstrativas de um criticismo integrador: «He porem extremamente notavel, que aquelle aliàs tam analytico escriptor não remontasse à origem, nem reconhecesse a verdadeira natureza do poder conservador. Conduzido a esta descoberta pela analyse do poder executivo nas monarchias constitucionaes, e achando ser o exercicio deste poder a mais notavel daquellas atribuições privativas do monarcha, contentou-se com assigna-la, dando-lhe o nome do poder moderador: e duvidou examinar se entre as attribuições dos agentes dos outros poderes não haveria tambem algumas que, destacando-se das que propriamente constituem e caracterisam cada uma d'elles, tem o mesmo fim de manter, como muito bem o define a nossa carta consti-

Curioso notar que, aos olhos do nosso compatriota, os diversos poderes políticos e, em especial, o poder conservador, não são uma criação do legislador e/ou do jurisconsulto, nem, tão pouco, matéria de convenção. Nas palavras do autor, *o poder conservador, não sendo uma criação do systema, existe em toda a sociedade humana, tam necessariamente como os poderes legislativo e judicial*[1353].

Esta constatação não diminui, porém, o elogio com que brinda Benjamin Constant. Na verdade, o que *o legislador e o jurisconsulto podem fazer, he grupar à parte as funções que, por serem de uma natureza diversa das dos outros poderes, merecem não ser confundidas com ellas, e reconhecendo isto, designa-las por um nome especial*[1354]. Ora, *isto he o que fez Benjamin Constant, quando designou com o nome de "poder moderador" o complexo de attribuições que aos monarchas sam conferidas pelas constituições dos diversos paizes, e que não sendo legislativas, nem executivas, nem judiciaes, formam um grupo distincto de todas estas, e por tanto cumpria tivessem um distincto nome*[1355].

Porque Constant não inventou uma quimérica distinção de poderes só a ignorância, de ordinário presunçosa, justifica que os seus contemporâneos insistam em não reconhecer este quinto poder[1356].

---

tucional, a independencia, equilibrio e harmonia de todos os poderes politicos». Cfr. Silvestre Pinheiro Ferreira, *Exposição do Projecto de Ordenações para o Reino de Portugal*, cit., pp. 457 e 458. No mesmo sentido, lemos na «Introdução» ao seu *Projecto de Codigo Politico para a Nação Portugueza*, que *o erro daquelle celebre publicista não consistio em inventar uma chimerica distincção de poderes, mas em não ter reconhecido toda a latitude desta distincção*. Silvestre Pinheiro Ferreira, «Introducção» a *Projecto de Codigo Politico para a Nação Portugueza*, cit., p. xi. É sobre esta nota que Silvestre cunhará a sua individualidade.

[1353] Silvestre Pinheiro Ferreira, «Introdução» a *Projecto de Codigo Politico para a Nação Portugueza*, cit., p. x.

[1354] Silvestre Pinheiro Ferreira, «Introdução» a *Projecto de Codigo Politico para a Nação Portugueza*, cit., p. x.

[1355] Silvestre Pinheiro Ferreira, «Introdução» a *Projecto de Codigo Politico para a Nação Portugueza*, cit., pp. x e xi.

[1356] *Idem, ibidem*, p. xi.

A fim de bem avaliar a concepção silvestrina do poder conservador, afigura-se imprescíndivel auscultar as duas manifestações do seu pensamento. Referimo-nos ao direito à fiscalização recíproca que aos diversos poderes deve ser concedido e à disciplina da autoridade especificamente incumbida da inspecção sobre todos os poderes políticos.

Olhemos, então, para o primeiro problema enunciado.

Porque a configuração textual não pode deixar de ser o esteio da investigação, há que reconstruir a teoria silvestrina do poder conservador tomando como ponto de partida os escritos do Publicista.

A primeira dificuldade que se põe ao pensador luso é definir, com exactidão, *poder conservador.*

Para Silvestre Pinheiro apenas um caminho se pode trilhar: descrevê-lo pelas atribuições de *fazer guardar os direitos que competem a cada cidadão*[1357] e de manter *a independencia e a harmonia de todos os outros podêres politicos, afim de que os agentes de um não usurpem as attribuições do outro*[1358]. Poderiam ser de Constant as palavras do Publicista Português.

As dificuldades não se esgotam, todavia, no conceito base. A própria atribuição do exercício desse poder levanta problemas.

Merece a pena determo-nos neste ponto, a fim de auscultar as enérgicas afirmações saídas da pena do ilustre publicista. Aliás, será ao nível da resposta dada a esta questão essencial que o seu pensamento se distancia da influência notada e consentida de Constant.

As atribuições do poder conservador, manejadas cuidadadosamente, dão a Pinheiro Ferreira a base para evoluir no seu raciocínio. E o caminho de quem investiga o seu pensamento encontra-se facilitado pela circunstância de o próprio pensador ter descrito com clareza os alicerces sobre os quais assenta a sua construção.

Se o poder conservador procura, desde logo, *fazer guardar os direitos que competem a cada cidadão*[1359], *o seo exercicio tem que pertencer a*

[1357] Silvestre Pinheiro Ferreira, *Manual do Cidadão em um Governo Representativo*, I, cit., p. 322.

[1358] *Idem, ibidem.*

[1359] Silvestre Pinheiro Ferreira, *Manual do Cidadão em um Governo Representativo*, I, cit., p. 322.

O Poder e o Direito na obra de Pinheiro Ferreira: Princípios de Direito Constitucional   421

todos os cidadãos, e elles o exercem fazendo uso do direito de petição ou da resistencia legal[1360].

Não é, contudo, suficiente que os cidadãos exerçam, *em commum, o poder conservador*[1361]. Porque este se destina, também, *a manter a independencia e harmonia de todos os outros podêres politicos*[1362], tolhendo a possibilidade de *os agentes de um usurparem as attribuições do outro*[1363], não basta que o Quinto Poder seja apanágio da realeza, como em Constant[1364]. Pelo contrário, *os agentes de cada um dos outros quatro podêres politicos* – e não apenas o chefe supremo do poder executivo, acrescentamos – *devem ser revestidos pela constituição de um certo numero de attribuições convenientes a esse fim commum*[1365].

Se a finalidade do poder conservador não é, apenas, reprimir a tendência dos agentes do poder legislativo a excederem seus mandatos[1366/1367], e, por outro, lado *sendo o rei tam subjeito a abusar como qualquer outro homem*[1368], nada justifica que o poder conservador não

---

[1360] *Idem, ibidem.* Sobre o significado dos direitos de petição e de resistência legal no pensamento ferreireano *vide supra.* A referência ao direito de petição obriga-nos a deixar expressa a ideia de que, aos olhos do nosso compatriota, a regulação do exercício daquele direito será o objecto dos *comicios de bem comum.* Sobre a constituição, atribuições e competências da instituição *vide,* exemplificativamente, o diposto no seu *Projecto de Codigo Politico para a Nação Portugueza,* cit, artigos 81., § 6 (= pp. 22 e 23 da ed. cit.); 642. a 650 (= pp. 204 a 206 da ed. cit.); 636. a 643. (= pp. 275 e 276 da mesma edição).

[1361] *Idem, ibidem.*

[1362] *Idem, ibidem.* Veja-se, ainda, a título meramente exemplificativo, o disposto nos seus *Cours de Droit Public,* I, pp. 414 a 4117 e *Exposição do Projecto de Ordenações para o Reino de Portugal,* cit., pp. 457 e 458

[1363] Silvestre Pinheiro Ferreira, *Manual do Cidadão em um Governo Representativo,* I, cit., p. 322.

[1364] Benjamin Constant, *op. cit.,* p. 183.

[1365] Silvestre Pinheiro Ferreira, *Manual do Cidadão em um Governo Representativo,* I, cit., p. 322.

[1366] Como pretendia Benjamin Constant.

[1367] Silvestre Pinheiro Ferreira, «Introducção» a *Projecto de Codigo Politico para a Nação Portugueza,* cit., p. xi.

[1368] Silvestre Pinheiro Ferreira, *Manual do Cidadão em um Governo Representativo,* I, cit., p. 251.

tenha por órgãos os cidadãos eleitores[1369], o congresso nacional[1370], os tribunais de justiça[1371] e, claro está, o governo supremo[1372].

[1369] As atribuições do poder conservador cuja prossecução compete aos eleitores são seis, a saber: Em primeiro lugar, *vigiar sobre a exacta escripturação dos livros de registro, matriculas, e respectivos documentos.* Depois, *examinar as listas que ham de servir, ou tiverem servido nas eleições.* Em terceiro lugar, *inspeccionar o modo por que os agentes do poder executivo cumprem seos devêres relativamente às eleições.* Indagar se existe, entre os funcionários pertencentes aos quatro poderes políticos, algum cuja *nomeação* ou *eleição* não tenha sido conforme à disposição das leis é a quarta competência dos eleitores na prossecução das finalidades do poder eleitoral. Acresce a de *inspeccionar o modo por que cada um dos eleitores cumpre as suas funções.* Finalmente, desenha-se o poder/dever de *examinar como os eleitos desempenham os deveres de seos cargos, e correspondem à confinça dos eleitores.* Cfr. Silvestre Pinheiro Ferreira, *Manual do Cidadão em um Governo Representativo*, I, cit., pp. 326 e 327; *idem, Cours de Droit Public*, I, pp. 414 a 417; *idem, Projecto de Codigo Geral de Leis Fundamentaes e Constitutivas d'uma Monarchia Representativa*, cit., p. 116. Este leque de competências ganha sentido à luz da aquitectura ferreireana de poder eleitoral. Sobre a questão *vide supra..* Em comum, e como salvaguarda contra os abusos do poder eleitoral, surge-nos, por um lado, a perpetuidade da coroa, e, por outro, a duração de quatro anos para cada legislatura. V. Silvestre Pinheiro Ferreira, *Exposição do Projecto d'Ordenações para o Reino de Portugal*, cit., p. 459.

[1370] A exegese textual demonstra-nos que, para o eloquente publicista, várias são *as attribuições do poder conservador que competem ao congresso nacional:* De facto, lê-se em mais do que uma das suas obras que, enquanto órgãos do poder conservador, as duas câmaras das cortes gerais devem: Iª. *Reconhecer o regente ou o successor ao throno em conformidade das leis;* 2ª. *Declarar vago o throno nos casos de fallecimento ou abdicação do monarcha;* 3ª. *Vigiar na observancia das leis;* 4ª. *Instituir exame sobre o estado da admnistração no começo de cada anno, e bem assim no fim de cada reinado, para fazer comparecer os reos perante as autoridades competentes, e proceder na qualidade de poder legislativo às medidas que tiverem logar;* 5ª. *Conceder ou negar entrada a forças estrangeiras no territorio e portos do reino;* 6ª. *Autorisar o monarcha ou o regente para tomar o commando immediato da força armada, sempre que o bem do estado o possa exigir, com tanto que seja em conformidade das leis, e com as condições que ao congresso parecerem convenientes às circunstâncias;* 7ª. *Tomar conhecimento das petições que forem dirigidas por nacionaes ou por estrangeiros, quer seja indicando abuso commetido por alguma das autoridades supremas, quer seja para se revogar ou modificar alguma lei, quer seja em fim apresentando uma nova lei;* 8ª. *Fazer comparecer perante as autoridades competentes os agentes do poder eleitoral, judicial ou executivo que o congresso o entenda deverem entrar em processo;* 9ª. *Suspender no exercicio de suas funcções os membros do congresso que por maioria absoluta dos votos forem declarados puniveis segundo a*

O Poder e o Direito na obra de Pinheiro Ferreira: Princípios de Direito Constitucional   423

disposição das leis em consequencia de infracções ao regulamento, fazendo-os compare-cer perante o poder judicial desde que o negocio, por haver tomado um caracter con-tencioso, deixar de pertencer à "jurisdição voluntária", única jurisdição que póde com-petir ao congresso nacional; 10ª. *Conceder amnistias nos casos e com as formalidades da lei.* Cfr. Silvestre Pinheiro Ferreira, *Manual do Cidadão em um Governo Representativo,* I, cit., pp. 327 e 328; *idem, Cours de Droit Public,* I, cit., pp. 416 e ss.; *idem, Exposição do Projecto de Ordenações para o Reino de Portugal,* cit., pp. 459 e 460, 470 a 482; *idem, Projecto d'Ordenações para o Reino de Portugal,* cit., pp. 418 a 436; *idem, Projecto de Codigo Geral de Leis Fundamentaes e Constitutivas d'uma Monarchia Representativa,* cit., pp. 111 a 114. Olhando para a realidade constitucional portuguesa sob a égide da Carta outorgada por D. Pedro IV, escreve Pinheiro Ferreira: à câmara dos pares compete, *no exercicio do seu privativo poder conservador,* a convocação das cortes nos casos expres-sos na lei e, em segundo lugar, o exercício do poder judicial sobre as pessoas indicadas pela mesma lei. Cfr. Silvestre Pinheiro Ferreira, *Exposição do Projecto d'Ordenações para o Reino de Portugal,* cit., p. 460. Por seu turno, *as attribuições deste mesmo poder a prosseguir, privativamente, pela câmara dos três estados são*: em primeiro lugar, *a ini-ciativa sobre impostos.* Depois, *a iniciativa sobre recrutamentos.* De resto, *a accusação ou chamamento à responsabilidade dos ministros d'estado e dos concelheiros d'estado. Idem, ibidem.*

    [1371] Competirão aos tribunais de justiça, na prossecução das atribuições do poder conservador, três poderes funcionais. Em primeiro lugar, *vigiar que nem as autoridades legislativas, nem as administrativas excedam os limites da jurisdição voluntária nos nego-cios de que houverem conhecimento.* Acresce, o poder de *requerer ao ministerio publico que faça comparecer perante o competente tribunal todo o funccionario que, no exercicio de suas funções, houverem offendido algum dos princípios fundamentaes ou constitutivos do estado, todas as vezes que as outras autoridades, ou algum dos cidadãos não tiverem cumprido esse dever.* Completa o elenco da competência que, na óptica de Pinheiro Ferreira, a lei deve conferir aos tribunais para a prossecução das atribuições do poder con-servador, os poderes funcionais de *exercer uma especial inspeccção sobre as prisões e vigiar em que os detidos não sejam maltratados ou offendidos em seos direitos, e não experimentem mais incommodo do que a restricção da liberdade individual indispensavel para offerecer ao poder judicial os meios de fazer justiça a quem ella fôr devida; e que outrosim os que se acham "enclausurados" em castigo de seos delictos não experimentem algum rigor alem d'aquelle que estiver julgado por sentença em conformidade das dis-posições da lei.* Cfr. Silvestre Pinheiro Ferreira, *Manual do Cidadão em um Governo Representativo,* I, cit., pp. 328 e 329; *idem, Cours de Droit Public,* I, cit., pp. 413 e ss.; *idem, Exposição do Projecto de Ordenações para o Reino de Portugal,* cit., pp. 460, 487 e 488; *idem, Projecto d'Ordenações para o Reino de Portugal,* cit., pp. 440 a 441; *idem, Projecto de Codigo Geral de Leis Fundamentaes e Constitutivas d'uma Monarchia Representativa,* cit., p. 115.

A exegese textual revela-nos que, para o Publicista, existe um conjunto de poderes funcionais que a lei deve conferir a todos os órgãos do poder conservador[1372], com vista à cabal prossecução das atribuições daquele mesmo poder. Com efeito, lê-se em um dos seus escritos que *as attribuições communs a todos os agentes do poder conservador sam*, em primeiro lugar, o poder de *dirigir às autoridades competentes as duvidas que se lhes offerecerem sobre a legitimidade dos títulos dos diversos funccionarios publicos*[1374]. Em segundo lugar, o de *reclamar contra qualquer abuso, que as autoridades legislativas, judiciaes e administrativas ou os eleitores, no exercicio de suas funcções, tiverem commettido contra os*

[1372] Competem ao poder executivo, na prossecução das atribuições do poder conservador, os seguintes poderes funcionais: I°. *Convocar extraordinariamente o congresso, todas as vezes que o monarcha o julgar necessario;* 2°. *Suspender, demitir ou aposentar os agentes do mesmo poder executivo, quando tiverem perdido a confiança de seos superiores, ou fazendo responder perante o poder judicial aquelles que se tiverem feito rèos de algum delicto;* 3°. *Fazer comparecer perante os competentes tribunaes de justiça os agentes do poder judicial que houverem prevaricado no exercicio de suas funções;* 4°. *Proceder do mesmo modo contra os membros do congresso nacional por infracção do regimento do mesmo congresso, ou injurias dirigidas contra alguma autoridade publica, todas as vezes que o congresso não tiver procedido contra elles;* 5°. *Fazer comparecer em juízo a maioria dos membros do congresso sempre que uma lei votada tiver havido "attentado" contra os direitos de liberdade, segurança e propriedade dos cidadãos, ou contra os podêres politicos do estado; fazendo imediatamente convocar os "substitutos", para que não haja a menor interrupção no exercicio da representação nacional, devendo o congresso assim reorganisado ficar em "sessão permanente", atè que o poder judicial tenha sentenciado sobre a accusação contra os membros suspensos no exercicio de seo mandato.* Cfr., Silvestre Pinheiro Ferreira, *Manual do Cidadão em um Governo Representativo*, I, cit., pp. 330 e 331; *idem, Cours de Droit Public*, I, cit., pp. 413 e ss.; *idem, Exposição do Projecto de Ordenações para o Reino de Portugal*, cit., p. 461; *idem, Projecto de Codigo Geral de Leis Fundamentaes e Constitutivas d'uma Monarchia Representativa*, cit., p. 114.

[1373] E os órgãos do poder conservador serão, como antes sublinhámos, os cidadãos eleitores, as duas câmaras do congresso nacional, os tribunais de justiça e o governo supremo. *Vide supra.*

[1374] Silvestre Pinheiro Ferreira, *Projecto de Codigo Geral de Leis Fundamentaes e Constitutivas d'uma Monarchia Representativa*, cit., p. 109.

direitos da liberdade, segurança, ou propriedade do cidadão[1375]. Acresce, o poder funcional de *invocar o socorro da força armada, ou chamar a nação a defender os seos direito, todas as vezes que as liberdades publicas estiverem em perigo*[1376]. Finalmente, desenha-se o poder/dever de assegurar a completa e pronta publicidade a todos os actos dos funcionários públicos[1377].

Tomando como pano de fundo as afirmações antes ditadas, ganha sentido dizer-se que, em Silvestre Pinheiro Ferreira, o poder conservador se constitui com elementos dos vários poderes e não como expressão do executivo, enquanto apanágio da coroa[1378]. E, nisto, a tese silvestrina distingue-se do pensamento de Benjamin Constant.

Demonstra, porém, a experiência que, na prossecução das atribuições do poder conservador, não basta conceder aos agentes dos diversos poderes esse direito de vigilância recíproca. Por isso mesmo, anota o Pensador Português, *julgámos necessario crear uma autoridade que, não tendo de exercer nenhum dos quatro podêres, seja unicamente incumbida de inspeccionar a todos*[1379]. Essa autoridade é, pelo nosso compatriota, designada *conselho supremo de inspecção e censura constitucional*[1380].

As considerações produzidas demonstram que o Filósofo Português, partindo do princípio de que *todo o homem que tem poder sente inclinação para abusar dele, indo até onde encontra limites* e que, para que *não se possa abusar do poder é necessário que, pela disposição das*

[1375] *Idem, ibidem.*

[1376] *Idem, ibidem.*

[1377] *Idem, ibidem*, pp. 109 e 110.

[1378] Cfr. José Esteves Pereira, *Silvestre Pinheiro Ferreira*, cit., p. 146

[1379] Silvestre Pinheiro Ferreira, *Manual do Cidadão em um Governo Representativo*, I, cit., pp. 322 e 323.

[1380] Sobre a composição, competências e *modus operandi* dos conselhos supremos de inspecção e censura constitucional veja-se, paradigmaticamente, o disposto nos seus *Manual do Cidadão em um Governo Representativo*, I, cit., pp. 331 e 338 e *Projecto de Codigo Geral de Leis Fundamentaes e Constitutivas d'uma Monarchia Representativa*, cit., p. 117 a 122.

coisas, o poder trave o poder[1381], trata de limitar a "governança"[1382], visionando um "quinto poder".

Não poderemos colocar um ponto final neste capítulo sem recordar as palavras de Hannah Arendt, que, embora proferidas noutro âmbito, sintetizam a indispensabilidade, sentida pelo nosso político, de autonomizar o poder conservador:

«O poder, contrariamente ao que somos inclinados a pensar, não pode ser controlado, ou, pelo menos, não o pode ser de modo seguro, pelas leis, pois que o chamado poder do dirigente, que é controlado num governo legítimo, constitucional, limitado, não é, de facto, poder, mas violência; é a força multiplicadora de um, que monopolizou o poder de muitos. As leis, por outro lado, correm sempre o perigo de ser abolidas pelo poder de muitos, e, num conflito entre a lei e o poder, raramente é a lei que sai vitoriosa[1383]».

[1381] As palavras são de Montesquieu mas poderiam ser de Silvestre. Cfr. Montesquieu, *De l'Esprit des Lois*, XI, 4.

[1382] Para utilizarmos uma terminologia que fez história, embora cientes de não estarmos ante um vocábulo a que o Polígrafo haja recorrido.

[1383] Hannah Arendt, *Sobre a Revolução* (1962), trad. port. de I. Morais, Lisboa, Moraes, 1971, p. 149. Esta passagem foi transcrita por José Adelino Maltez, *Princípios de Ciência Política. Introdução à Teoria Política*, cit., p. 149.

CONCLUSÃO

E

NOTAS FINAIS

Eis chegados ao fim da tarefa a que nos propusemos.

Procurámos, ao longo do presente estudo, reconstruir a concepção do direito e do poder em Silvestre Pinheiro Ferreira. Bosquejámos a sua filiação histórica. Integrámo-lo na sua época e no seu meio. Recolhemos o resultado da sua *praxis* política. Pusemos em evidencia as suas ideias sobre as questões essenciais do direito público interno.

Posto isto, poderemos resumir do seguinte modo o «discurso histórico» do Publicista Português. Todavia, colhendo os ensinamentos do Professor Martim de Albuquerque, diremos que a cautela científica impõe a modéstia nesta matéria. Ao Leitor se dá, por consequência, uma ampla liberdade de retirar da investigação feita as virtualidades que porventura contenha. Pela nossa parte apenas adiantaremos:

Para evitar equívocos quanto às ideias silvestrinas convém recordar, antes de mais, que o Autor vive, e escreve, num período da história do pensamento europeu que, foi, até hoje, mais agitado de ideias e mais rico de tendências contrárias. A leitura dos seus escritos deixa transparecer isso mesmo.

A arquitectura ferreireana parte da «condição natural do homem», do estado de natureza: A sociedade e o poder existem para proteger a *liberdade individual*, a *segurança pessoal* e a *propriedade real*, direitos em cuja criação não intervieram.

Depois de definir os direitos originários e naturais dos cidadãos, como anteriores à própria sociedade, Pinheiro Ferreira parece fazer derivar a sociedade civil e o próprio poder político do consentimento dos seus membros. Os seus escritos demonstram-no à saciedade. Não admira, por conseguinte, que nas suas páginas a questão da origem do poder seja tratada com expressas alusões à teoria do pacto social. Mas qual será a causa primeira do mesmo poder? Ainda Deus?

Pinheiro Ferreira realça a ideia de que o poder político nasce pela vontade da nação, refutando o entendimento de que cada monarca o recebe directamente de Deus. Mas, se em parte alguma da sua obra se lê que Deus concedeu, em comum, aos homens a titularidade do poder político para que eles o usem vantajosamente, também é facto que em parte alguma repudia tal entendimento. Muito pelo contrário...

Aliás, importa sublinhar que o filho espiritual do Oratório se situa, permanentemente, por oposição a um reducionismo empirista ou sensualista na exacta medida em que subjaz à construção das ideias próprias a harmonização, de matriz leibniziana, de Deus, Homem e Mundo.

Silvestre Pinheiro Ferreira, ao longo dos seus escritos em que mais profusamente versa o fenómeno político, assume que o poder do Estado não é apenas uma realidade do poder político, mas igualmente um poder político juridicamente organizado e configurado como um sistema de competências jurídicas. Assim, na sua obra, encontramos referências, directa e indirectamente, à monarquia e à tirania, à democracia e ao governo aristocrático, à oligarquia e à teocracia, as últimas como exemplos de governos de casta.

Denotamos, desde logo, uma certa imprecisão do critério seguido pelo Autor na classificação das formas de governo. A pedra de toque não está nem no número de titulares nem no carácter, regrado ou não, do respectivo exercício.

No pensamento silvestrino, o termo democracia significa simplesmente a ausência de todos os privilégios de casta. Por oposição, a aristocracia designa a existência de castas privilegiadas.

Avançando um pouco mais, vimos que bastará cotejar as reflexões silvestrinas para se adivinhar imediatamente qual a concepção de poder em que se insere.

O Publicista fala em monarquia absoluta e em monarquia constitucional ou representativa. Acontece que apenas um dos termos vai preocupar o seu espírito: a monarquia representativa, precisamente a forma de governo que advoga

Simplesmente, a *extrema variedade de sentidos em que se tem empregado a palavra representação* obriga o Polígrafo a definir os seus exactos termos.

Em Silvestre Pinheiro Ferreira, a representação não é uma representação do Povo ou da Nação no seu todo abstracto – palavras que mal podiam ter um significado – mas uma representação precisamente de interesses divergentes e convergentes a um só tempo.

A espécie de mandato por que a representação se estabelecia era a de uma real delegação de poderes, que o povo, *em quem originariamente reside a soberania*, transmitia *a quem faz certas leis, a quem julga certas causas e a quem exerce, enfim, certos actos do poder executivo*. Nos escritos silvestrinos perpassa, pois, uma teoria de Estado em que os órgãos representativos são os verdadeiros portadores da nova soberania nacional que a eles se transmitiu pelo simples facto da sua designação. Uma vez no poder não se conservam, em geral, dependentes da vontade que os elegeu mas encarnam–na em si mesmos, exercendo um mandato que se não chama já *imperativo* mas *representativo*. Por consequência, o poder popular sobre o governo não é tão completo como se poderia adivinhar. Ainda que considere que o poder político tem na sua base, a sustentá-lo, um acto de delegação nacional, conserva a antiga opinião de que o governante pode alterar o pacto social sempre que o achar conveniente ao bem estar comum.

Estas ideias são o resultado lógico de uma nova aplicação dos conceitos de representação e de soberania nacional aos também novos quadros individualistas da sociedade, criados na vida do Estado pelo desvio da monarquia absoluta.

No que respeita ao princípio fundamental da natureza do poder vemos que a tradução portuguesa da ideia de Estado apresenta uma peculiaridade, se confrontada com a dos restantes países europeus que constituem a matriz do pensamento político moderno. Tal especialidade reside no constante enquadramento da política pela moral, não obstante todas as vicissitudes do seu processo de formação e de todas as violações de facto. A esta luz se compreende a afirmação de que *a evolução posterior tinha inevitavelmente de ser uma*.

Respirando esta tradição, Silvestre Pinheiro Ferreira dedica algumas linhas a definir a virtude. De notar, porém, que, na sustentação de opinião própria, o Publicista apela, em primeiro lugar, para o poderosíssimo argumento de autoridade. Nas suas concepções de Direito e Moral revela que se deixou imbuir pelo utilitarismo de Bentham, autor que aparecerá abertamente citado.

O recurso às concepções do utilitarista inglês não nos causam estranheza já que as percepções benthamianas, no ciclo parisiense, adequam-se perfeitamente a posições de contenção pós-revolucionária e a um liberalismo calculado, atento aos excessos de poder. Por consequência, a justiça ou injustiça, a bondade ou a maldade, de uma acção só poderão ser convenientemente medidas em função das respectivas consequências.

A leitura dos escritos ferreireanos autoriza a conclusão de que a primeira medida dos julgamentos humanos reside na utilidade: ser útil é contribuir para o bem estar geral; ser nocivo é contribuir para mal estar geral. É este o sentido do pacto social, expresso ou tácito, firmado entre os soberanos e o povo. Por outras palavras, o poder justifica-se pelo bem que propicia aos governados, graças aos seus talentos e às suas virtudes.

Partindo destas premissas, Pinheiro Ferreira pode afirmar que entre governantes e governados se desenha um vínculo, uma relação de confiança, mas não propriamente um contrato. O nosso publicista vê no poder um depósito. Um depósito confiado aos governantes pela sociedade civil, ainda que tacitamente, na condição de que aqueles o exerçam em prol do interesse geral. Desta forma, evita que o povo esteja contratualmente obrigado em face de seus governantes.

Olhando os escritos silvestrinos vemos que aquilo que mais o preocupava, ao contemplar o quadro da legislação portuguesa da sua época, era, como a tantos dos seus compatriotas e contemporâneos, a multiplicidade de leis e a falta de plano que as dotasse das *instituições indispensaveis para a sua execução.*

A redução à unidade do direito disperso poderia seguir, metodologicamente, dois caminhos: a harmonização do direito vigente através de nova sistematização ou a codificação *ex novo* de certa matéria.

Percebeu Pinheiro Ferreira as virtualidades do primeiro método. Tratava-se, fundamentalmente, de conferir exequibilidade e reordenação sistemática ao material legislativo existente. Logo, o que Pinheiro Ferreira faz, tudo o que escreve, medita e aconselha sobre a temática da legislação, é-o sob o firme propósito de contribuir para a criação de um corpo de instituições e regras que completem e executem a *incipiente legislação* disponível.

Na doutrina política, a transição para o liberalismo é acompanhada da importância crescente que adquire a ideia de protecção dos direitos naturais dos cidadãos através, nomeadamente, da efectivação da Lei.

Para Silvestre Pinheiro Ferreira, a felicidade do povo passava, pois, pela feitura das *leis necessárias ao bem geral do estado*. Numa palavra, o esteio da legalidade reside na liberdade individual pelo que só devem ser aprovadas como leis aquelas que se devam ter como necessárias. Não se pode, depois disto, duvidar que a teorização silvestrina da lei exprime o fundamento da filosofia política liberal, ao conjugar a questão da liberdade com a ordenação das condutas através da lei.

É Silvestre Pinheiro Ferreira um continuador do espírito do século iluminista: enaltecer a classe média, condenando numa sentença de morte a nobreza histórica e contrapondo aos privilégios militares desta e às origens feudais os novos títulos, fundados no mérito e em uma riqueza exclusivamente assente nos progressos reais da indústria e do comércio, é o seu propósito. Tudo isto, num ambiente de profundo respeito pela liberdade, propriedade e segurança individuais.

Mas mais do que as suas ideias sobre a justiça punitiva ou premial são frisantes as que tem sobre os limites do poder dos governantes.

Na definição Setecentista da política e dos fins do Estado, a ideia de bem comum começa a ser ofuscada pela valoração inovadora de um conceito antigo de filosofia moral. Referimo-nos à ideia de felicidade. De notar, porém, que o ressuscitar deste conceito não significa apenas, nem sobretudo, uma mutação semântica. Representa, essencialmente, o introduzir de uma inovação no âmbito do sistema político.

Na sua essência, a formulação silvestrina de felicidade aparece como o fundamento axiológico da acção reformadora que pretendia ser a do Estado.

Se a lei é iníqua por atentar contra a justiça, Silvestre Pinheiro Ferreira incita à não obediência. Aliás, a lei tirânica nem sequer merece a denominação de lei. Mesmo os legisladores só detêm o poder em virtude de certas finalidades bem determinadas. Logo, tal poder não poderá ultrapassar as exigências do *bem público*. Numa palavra, não poderá ser arbitrário.

O Publicista apresenta a tirania sob o ponto de vista da patologia do poder político, como uma forma degenerada ou injusta do fenómeno do poder. Na verdade, desenha a tirania, separando-a da monarquia absoluta e do despotismo.

Não ignora o ilustre pensador a possibilidade de resistência. O princípio formula-o em mais do que uma das suas obras.

A construção silvestrina sobre a legitimidade da resistência não nos deve impressionar. A intenção do Publicista é clara. Contra o príncipe, igual que contra o legislador, se actuam em desconformidade com o fim para que foram instituídos em seus altos cargos, o povo tem o direito de decidir a revogação do mandato que lhes havia conferido.

Simplesmente, não se retira da obra de Pinheiro Ferreira qualquer consequência subversiva. Nos escritos em que mais densamente trata a questão da legitimidade e dos limites do direito de resistência, o Autor envereda, nitidamente, pela via que se traduz no repúdio do uso da força.

Neste particular, a opção silvestrina não nos causa estranheza. As restrições à pública autoridade que preconiza trazem-lhe a impressão de que, se não impedem os maus governos, não possibilitavam, normalmente, os governos tirânicos. Daí o relativo desinteresse que votou ao tema.

Por antonomásia, Pinheiro Ferreira não se fatiga de elencar os meios de assegurar o Estado contra a usurpação e abusos do supremo poder executivo.

Precedendo a Constituição temos as leis fundamentais que o século XVII passa a aplicar à sociedade política com o propósito de definir juridicamente a natureza, limites e fins do poder. Por outras palavras, será no quadro filosófico do contratualismo que se procedeu à teorização da lei fundamental, como norma atributiva de poder.

Aos olhos do nosso Publicista aparece como natural a ideia de Constituição como um pacto social.

Ademais, entrega à Constituição o prosseguir a salvaguarda da liberdade, da segurança, da propriedade e dos demais direitos dos cidadãos, depositando as virtualidades de melhoramento na observância dos seus preceitos, por ser ela a primeira garantia desses direitos. Simplesmente, não pôde o nosso compatriota avançar no sentido de ver nela a norma fundamentadora de todo o sistema jurídico, reconhecendo o verdadeiro e pleno primado da Lei Fundamental.

Quanto ao alcance da concepção de sociedade de Silvestre Pinheiro Ferreira vemos que o mesmo só poderá ser convenientemente apreendido se atentarmos, como pano de fundo, no utilitarismo como reacção à teoria do valor, na interligação das suas ideias na apresentação dos *Principles of Political Economy*, de McCulloch, e nos artigos jornalísticos que, sobre a matéria, fez publicar.

A invocação de que, no pensamento silvestrino, a estrutura da sociedade portuguesa continua a ser a tradicional, hierarquizada e composta por três ordens – clero (*oratores*); nobreza (*bellatores*) e povo (*laboratores*), mediatizada pela correcção da omnipresença da «burguesia» – apenas logrará servir de alimento, motivação e módulo de resolução de problemas que, por essa via, se solucionam antes mesmo de serem «postos em equação». Por outras palavras, a visão tripartida do tecido social não sem dificuldade permitirá explicar a realidade social do período, intensamente metamorfoseada pelo progresso da técnica e pelas alterações profundas na economia.

No pensamento de Silvestre Pinheiro Ferreira identifica-se a originalidade de procurar a articulação racional do sociológico com o económico, logrando, ao mesmo tempo, a superação das contradições do Estado Liberal.

O seu pensamento social resume-se, grosso modo, na ideia de associação das classes laboriosas.

Silvestre Pinheiro Ferreira deixa bem claro que a solução para o pauperismo das *classes menos favorecidas da fortuna* deveria ser encontrada dentro do próprio sistema. Nestes termos, poder-se-á, talvez, afirmar que o seu projecto, sobre esta questão em particular, *não ultrapassa os limites de uma proposta tímida em relação ao Estado*. Todavia, o centro de interesse está precisamente aí. Mesmo sem pôr em causa as estruturas socio-económicas do Estado liberal, é possível encontrar na obra de Silvestre Pinheiro a harmonia de um sistema de ideias, colorido por um inegável toque de originalidade, em perfeita sintonia com o que vinha sendo motivo de estudo pelos mais lidos profetas do socialismo europeu e pelas correntes de pensamento que neles se filiam.

Ensaiando uma tomada de posição diremos que Silvestre Pinheiro Ferreira se situa, a igual distância, entre os primeiros teóricos do socialismo europeu e os defensores do livre-cambismo e do capitalismo liberal.

Já em nota antecedente tivemos oportunidade de dizer que, na construção silvestrina, a democracia é apenas a ausência de todo e qualquer privilégio. Dito de outro modo, trata-se de uma forma de governo em que a lei não exclui alguém do exercício dos direitos políticos, para os quais haja sido julgado apto pelo voto de seus concidadãos.

Esta ideia caracteriza, em exclusivo, a igualdade que, para o Publicista, está longe de consistir numa igualdade absoluta e quimérica entre todos os indivíduos, no que concerne às esferas da sua capacidade, dos seus meios e dos seus recursos. Nem outro é o sentido que tem para este ilustrado liberal do nosso primeiro constitucionalismo a ideia de soberania nacional e do princípio da representação. Na verdade, aquela não significa um direito de o povo se governar a si mesmo, já que não pode haver direito a uma coisa impossível. Cifra-se, antes, em um direito reconhecido a todo o cidadão eleitor, de participar, por meio do voto, na eleição daqueles que hão-de exercer, no interesse da nação, os poderes políticos exarados na Constituição do Estado. E estes poderes são cinco: o eleitoral, o legislativo, o judicial, o executivo e o conservador. Os agentes que os exercem devem considerar-se representantes da nação.

Para Pinheiro Ferreira a ciência relativa aos direitos e poderes políticos do Estado encerra-se em dois princípios basilares. Por um lado, a independência e eleição para todos os poderes. Por outro, a responsabilidade e publicidade de todos os actos.

Tentada a síntese das soluções dadas por Silvestre Pinheiro Ferreira aos problemas essenciais da chamada teoria geral do Estado e à temática que o Autor reuniu sob a epígrafe "princípios de direito constitucional" resta-nos dizer duas palavras sobre o papel por ele desempenhado no devir das ideias e das doutrinas jurídico-políticas. Ou seja, acerca dos aspectos em que, no campo do direito e da política, ele se apresenta inovador e daqueles em que se perfila como mero continuador.

Lançando um breve olhar sobre a tomada de posição silvestrina em sede de origem e forma do poder somos tentados a recordar que, na sua construção, nem todos os elementos podem considerar-se uma criação do período em que escreve, vê e sente. Pelo contrário, muitos deles são o resultado de antigas tradições históricas, moldadas pela nova ideia de soberania nacional em face das novas condições políticas criadas sob a forma monárquica da centúria de Setecentos.

Ademais, cumpre recordar que o jusnaturalismo e racionalismo que representa têm, por base, não tanto as ideias de Leibniz ou Wolff, e muito menos as de Kant, mas o sensualismo de Bacon, Locke, Condillac e, sobretudo, as ideias utilitaristas de Bentham.

O igualitarismo, na concepção de Silvestre, filia-se no pensamento benthamiano. Como sublinhou José Esteves Pereira, parece ser uma opção que o distingue do igualitarismo de Rousseau e lhe permite a integração hierarquizante de uma sociedade, de forma alguma idealizada de estratos burgueses afirmados. Para além da influência de Bentham, pode falar-se também, fundamentadamente, da dos liberais franceses de pendor «doutrinário». É um exemplo Benjamin Constant cujo pensamento tem ligações nítidas com o do Polígrafo Português.

O nosso professor do Colégio das Artes, exilado pela Europa e América durante quase quarenta e seis anos, é, antes de mais, um sensualista confesso e portanto um feroz crítico de toda a metafísica idealista e de todo o transcendentalismo especulativo de origem principalmente alemã. De notar, porém, que Pinheiro Ferreira não se revê por inteiro num sensualismo estrito. À faculdade passiva de sentir opõe o exercício activo da alma sobre o corpo.

Espírito de feição e educação eminentemente activa, é de preferência o pensamento inglês que o atrai, principalmente naquela parte em que essa construção, transportada para França por Voltaire e Montesquieu, nos fins da centúria de Setecentos, aí se combina com as ideias da *Encyclopédie* e, depois, com as dos homens da Revolução.

Todas os nossos conhecimentos provêm das sensações. Simplesmente, e como vimos, à faculdade de sentir opõe a «força motriz» da alma sobre o corpo. O que não implica, porém, que nesta indiscernível relação se possa colher uma explicação clara no seu pensamento. Na verdade, perscrutando a sua construção, é possível encontrar uma remissão retroactiva para uma fundamentação que converge, no fundo, para Deus, *a causa primeira de todos os estados do Universo.*

Não obstante, para além da causa primária, ou geral, há que buscar as causas imediatas, já que aquela explicação, *sem envolver erro, em nada altera o estado dos nossos conhecimentos no ponto do que se trata.*

Mantêm-se, pois, o Filósofo, metafísico, deísta[1] e jusnaturalista, crendo num Deus criador e num direito natural, no sentido de direito da

---

[1] De notar, porém, que encontramos em Silvestre Pinheiro Ferreira um deísmo sem excessivas radicações filosófico-teológicas. A esta luz se justifica a polémica travada com António Feliciano de Castilho, defensor do sentido imanente e cultual da religiosidade. Sobre a questão *vide*, por todos, José Esteves Pereira, *Silvestre Pinheiro Ferreira*, cit., "apêndice documental".

razão, a que chama *direito universal* ou *lei do justo,* a cuja luz devem ser julgadas as acções dos homens e das nações. Tal direito da natureza é, ainda, superior a todos os monarcas e a todos os legisladores de direito positivo.

A *lei do justo* não se alcança, porém, pelo caminho da especulação metafísica ou puramente racional como pretendem os *novos Heraclitos* da Alemanha. Muito ao invés...

O primeiro passo é dado, precisamente, partindo da observação e da experiência, ou da análise de que falava Bentham. Ora, como já antes observámos, as noções de justo ou injusto – tal como as de bem ou de mal – não deixam de ser, no plano gnoseológico, um mero produto ou resultado da acção dos objectos exteriores sobre os nossos sentidos ou, quanto muito, a expressão de um conhecimento racional elaborado pela reflexão sobre a base de um conhecimento empírico.

Partindo destas premissas, não causará estranheza que, ao procurar fixar os conceitos de direito e de justiça, Pinheiro Ferreira tenha chegado à conclusão hedonista e eudemonista nelas contida: uma acção só merecerá o epíteto de justa ou injusta depois de se averiguar quais são as consequências a que ela conduz. Se, feita aquela indagação, se verificar que *aquela acção se segue uma maior soma de gostos que de dores* a acção obedece à lei do justo. Caso contrário a acção é iníqua por atentar contra a justiça.

Para o nosso compatriota a ideia de justo, a que também chama direito universal ou da razão, *he, então, o que esta, em qualquer caso occurrente, mostra ser mais util ao homem e ao cidadão, segundo a sua natureza e o seo destino na sociedade.*

Este princípio, mais do que qualquer outro, resume o direito e a moral para Pinheiro Ferreira.

Todo o seu esforço dialéctico se destina, primacialmente, a achar uma medida exacta que permita aferir o valor moral de todas as hipotéticas formas de conduta, *maxime* a dos governantes, no ponto de vista da maior soma possível de bens para a sociedade em geral e para cada indivíduo em particular.

Assim, para compreender o pensamento silvestrino no tratamento destas questões, tão frequentemente distribuídas pelos seus tratados, é necessário ter presente que a sua construção se não desliga da tradição, que entre nós é longa e homogénea, de incluir a filosofia do direito nas exigências da ética.

Olhando Silvestre Pinheiro como tratadista, e abstraindo, por ora, da interpretação da sua acção política, somos levados a concluir que ele vê e concebe o poder e o direito, ou o direito do poder, em sentido diferente do vintismo liberal. Para a completa inteligência do que afirmamos basta recordar a reserva decorrente do papel legislativo que o Polígrafo guardava para o rei e a crítica, de passagem, ao democratismo da Constituição Espanhola.

Mas também as relações do seu pensamento com a "contra-revolução" se situam numa base problemática. Assim, no que concerne a um possível "tradicionalismo"[2] de seu pensamento, vemos que Silvestre ficou longe de um interesse essencial de fundamentação. Preocupa-o, quanto muito, ao longo da sua teorização, de forma esporádica, mas de modo algum constitutivamente[3].

Num palavra, distante das ficções tradicionais, distante parecia estar igualmente da "vontade nacional por via revolucionária".

Na verdade, se, por um lado, condena o poder absoluto por parte dos governantes, eis que, por outro, também nega que a soberania nacional constitua um direito de a nação se governar a si mesma.

Mas há também em Silvestre uma certa adesão liberal. Simplesmente, clama por um liberalismo *fundado em princípios de moderação e de sólida doutrina*.

A leitura da sua *praxis* política não parece desmentir o que atrás foi dito. Muito pelo contrário!

É tempo de recolher as velas...

Não poderemos, contudo, terminar sem recordar as palavras oportunas do Professor Silva Dias, que, embora proferidas em outra sede, sintetizam, em nossa perspectiva, o real alcance da concepção de direito e de

---

[2] Sobre o sentido do termo vide, por todos, António Joaquim da Silva Pereira, *O pensamento político liberal português no período de 1820 a 1823: aspectos de tradicionalismo*, cit..

[3] Neste sentido, José Esteves Pereira, *Silvestre Pinheiro Ferreira*, cit., pp. 92 e 93.

poder de um pensador de encruzilhada, como é Silvestre Pinheiro Ferreira:

«(...) Revolução e restauração, progresso e resistência, são constantes do pensamento e da história. E não é das tarefas mais fáceis do investigador descobrir a opção retardatária debaixo da máscara progressista, ou, pelo invés, descobrir a opção progressista debaixo da máscara retardatária. À ruptura da linguagem nem sempre corresponde a ruptura do pensamento, como à persistência das categorias lógicas formais nem sempre corresponde a persistência das categorias ideológicas reais[4]».

---

[4] J. S. da Silva Dias, *O Ecletismo em Portugal no Século XVIII*, cit., p. 13.

BIBLIOGRAFIA

I- Fontes e Obras Consultadas de Silvestre Pinheiro Ferreira

- FERREIRA, Silvestre Pinheiro – «Da classificação das sciencias calculada para servir de base a um systema racional d'instrução publica», *in O Panorama*, volume 3, 2ª série, Lisboa, 1844
- FERREIRA, Silvestre Pinheiro – «Da Guarda Nacional», *in A Revolução de Setembro*, nº 1525, de 16-VI-1846
- FERREIRA, Silvestre Pinheiro – «Da independencia dos poderes políticos nos governos representativos», *in A Revoloução de Setembro,* nº 967, de 20-VI-1844
- FERREIRA, Silvestre Pinheiro – «Das ciências em geral, e da sua classificação em particular» *in Aurora*, Lisboa, 1845
- FERREIRA, Silvestre Pinheiro – «Dos princípios de hermeneutica aplicados à historia da jurisprudencia constitucional», *in A Revolução de Setembro*, nº 971, de 26-VI-1844
- FERREIRA, Silvestre Pinheiro – «Gramática Filosófica», *in Patriota*, Tomo I, Rio de Janeiro, 1813
- FERREIRA, Silvestre Pinheiro – «Manuscritos avulsos e particulares do Conselheiro Pinheiro Ferreira», *in Revista do Instituto Historico, Geografico e Etnografico do Brasil,* Tomo XLVII, Parte I
- FERREIRA, Silvestre Pinheiro – «Memorias e Cartas Bio-graphicas sobre a Revolução Popular, e o seu Ministerio no Rio de Janeiro desde 26 de Fevereiro de 1821 até ao regresso de S. M., o Snr. D. João VI com a Côrte para Lisboa, e os votos dos homens d'estado que acom-

panharam a S. M.», *in Annaes da Bibliotheca Nacional do Rio de Janeiro*, vol. II e III, Rio de Janeiro, 1877

- FERREIRA, Silvestre Pinheiro – «Projet de Code Général des Lois Fondamentales et Constitutives d'une Monarchie Représentative», *in Principes du Droit Public, Constitutionnel, Administratif, et des Gens, ou Manuel du Citoyen sous un Gouvernement Représentatif*, tomo II, Paris, Rey et Gravier, J. P. Aillaud, Treuttel et Würtz, F. G. Levrault, 1834
- FERREIRA, Silvestre Pinheiro – «Reflexões sobre o método de escrever a história das ciências, e particularmente a da filosofia», *in Pantólogo*, nº 1, Lisboa, 1844
- FERREIRA, Silvestre Pinheiro – «Relatório do Ministro dos Negócios Estrangeiros, apresentado em Cortes», *in Diário do Governo,* nº 1, Lisboa, Impressão Régia, 1820
- FERREIRA, Silvestre Pinheiro – *Breves Observações sobre a Constituição Politica da Monarchia Portugueza decretada pelas Cortes Geraes Extraordinarias e Constituintes, reunidas em Lisboa no anno de 1821,* Paris, Rey e Gravier, J. P. Aillaud, 1837
- FERREIRA, Silvestre Pinheiro – *Carta datada de dois de Janeiro de 1813 e escrita no Rio de Janeiro,* Arquivo da Universidade de Coimbra
- FERREIRA, Silvestre Pinheiro – *Carta escrita em 4 de Agosto de 1813,* ao Padre Fernando Garcia, Biblioteca Nacional de Lisboa
- FERREIRA, Silvestre Pinheiro – *Categorias de Aristóteles, traduzidas do grego, e ordenadas conforme a um novo plano, para uso das Prelecções philosophicas do auctor,* Rio de Janeiro, Imprensa Régia, 1814
- FERREIRA, Silvestre Pinheiro – *Cours de Droit Public Interne et Externe, Première Partie, Principes Généraux de la Science, Première Section, du Droit Public Interne, ou Droit Constitutionnel,* tomo I, Rey et Gravier, J. P. Aillaud, Paris, 1830
- FERREIRA, Silvestre Pinheiro – *Cours de Droit Public Interne et Externe,* tome II, Paris Rey et Gravier, J. P. Aillaud, 1830
- FERREIRA, Silvestre Pinheiro – *Da oração do christão,* Lisboa, Imp. Nacional, 1845
- FERREIRA, Silvestre Pinheiro – *Declaração dos Direitos e Deveres do Homem e do Cidadão,* Paris, Rey et Gravier, J. P. Aillaud, 1836

Bibliografia 443

- FERREIRA, Silvestre Pinheiro – *Essai sur la psychologie, comprenant la théorie du raisonnement et du langage, l'ontologie, l'esthétique et la dicéosyne*, Paris, Tipografia de Casimir, 1828
- FERREIRA, Silvestre Pinheiro – *Essais sur les rudimens de la grammaire allemande*, Paris, J.-A. Merklein, 1836
- FERREIRA, Silvestre Pinheiro – *Essais sur les rudiments de la grammaire allemande*, Paris, J Merklein, 1836
- FERREIRA, Silvestre Pinheiro – *Exposição de Motivos* do *Projecto de Edicto d'Amnistia,* (publicada conjuntamente com o *Projecto d'um Systema de Providencias para a Convocação das Cortes Geraes e Restabelecimento da Carta Constitucional)*
- FERREIRA, Silvestre Pinheiro – *Exposição do Projecto d' Ordenações para o Reino de Portugal, conforme à Carta Constitucional outorgada por S. M. o senhor D. Pedro IV e aceita pela Nação Portuguesa*, Paris, Officina Typographica de Casimir, 1831
- FERREIRA, Silvestre Pinheiro – *Exposição do Projecto de Decreto sobre os Abusos da Liberdade de Imprensa ou de quaesquer outros meios de Manifestação de Opiniões*, (publicada conjuntamente com o seu *Projecto d'un Systema de Providencias para a Convocação das Cortes Geraes e Restabelecimento da Carta Constitucional)*
- FERREIRA, Silvestre Pinheiro – *Indicações de Utilidade Publica Offerecidas às Assembleias Legislativas do Imperio do Brazil e do Reino de Portugal*, Paris, Officina Typographica de Casimir, 1834
- FERREIRA, Silvestre Pinheiro – *Manual do Cidadão em um Governo Representativo ou Princípios de Direito Constitucional, Administrativo e das Gentes*, tomo I, *Direito Constitucional*, Paris, Rey e Gravier, J. P. Aillaud, 1834
- FERREIRA, Silvestre Pinheiro – *Manual do Cidadão em um Governo Representativo,* tomo III, *Direito Administrativo e das Gentes*, Paris, Rey e Gravier, J. P. Aillaud, 1834
- FERREIRA, Silvestre Pinheiro – *Manual do Cidadão em um Governo Representativo ou Princípios de Direito Constitucional, Administrativo e das Gentes*, tomo II, *Direito Administrativo e das Gentes*, Paris, Rey e Gravier, J. P. Aillaud, 1834

- FERREIRA, Silvestre Pinheiro – *Mappas Systematicos das Terminações dos Nomes e dos Verbos da Lingua Franceza*, Paris, Imp. Faia et Thunot, 1842
- FERREIRA, Silvestre Pinheiro – *Mémoire sur les moyens de mettre un terme à la guerre civile en Portugal*, (artigo do *Siècle* de 18 de Maio de 1833), Paris, 1833
- FERREIRA, Silvestre Pinheiro – *Memorias Politicas sobre os Abusos geraes e modos de os reformar e prevenir a revolução popular*, Rio, Brasil, Livraria J. Leite, s.d.
- FERREIRA, Silvestre Pinheiro – *Monarchia dos Quadrupedes*, publicado, juntamente com outros textos, numa colectânea, sem data, ed. da Biblioteca Nacional de Lisboa
- FERREIRA, Silvestre Pinheiro – *Noções Elementares de Ontologia*, Paris, Oficina Tipográfica de Casimir, 1836
- FERREIRA, Silvestre Pinheiro – *Noções elementares de philosophia geral e aplicada às sciencias morais e políticas*, Paris, Rey et Gravier, 1839
- FERREIRA, Silvestre Pinheiro – *Noções elementares de philosophia geral aplicada às sciencias morais e politicas. Ontologia, Psicologia, Ideologia,* Typ. du Casimir, Paris, 1939.
- FERREIRA, Silvestre Pinheiro – *Notas ao ensayo sobre os princípios de mecanica: obra posthuma de José Anastácio da Cunha...*, Amsterdam, Of. de Belinfante, 1808
- FERREIRA, Silvestre Pinheiro – *Notes a Le Droit des Gens ou Principes de la Loi Naturelle Appliqués a la Conduite et aux Affaires des Nations et des Souverains par Vattel*, nova ed., Paris, Guillaumin et Ca., 1863
- FERREIRA, Silvestre Pinheiro – *Observações sobre a Constituição do Imperio do Brazil e sobre a Carta Constitucional do Reino de Portugal*, 2ª edição, *Augmentada com as observações do Autor sobre a Lei das Reformas do Imperio do Brazil*, Paris, Rey e Gravier, J. P. Aillaud, 1835
- FERREIRA, Silvestre Pinheiro – *Observations sur la Charte Constitutionnelle de la France, Extraits du Cours de Droit Public*, Paris, Rey et Gravier, J. P. Aillaud, 1833
- FERREIRA, Silvestre Pinheiro – *Observations sur la Constitution de*

la Bélgique, decretée par le Congrès Nationale de 7 Fèvrier 1831, Paris, Rey et Gravier, 1838
- FERREIRA, Silvestre Pinheiro – *Observations sur la Constitution du Royaume de Saxe promulguée le 4 Septembre 1831*, Paris, Rey et Gravier, 1838.
- FERREIRA, Silvestre Pinheiro – *Observations sur le Guide Diplomatic de M. le Baron Ch. de Martens*, Paris, Rey et Gravier, J. P. Aillaud, 1833
- FERREIRA, Silvestre Pinheiro – *Observations sur quelques passages du manuel diplomatic de M. Le Baron Charles de Martens*, Paris, J. P. Aillaud, 1828
- FERREIRA, Silvestre Pinheiro – *Papeis Vários*, Fundo Antigo da Biblioteca Geral da Universidade de Coimbra, Ms. nº 3002, fol. 58
- FERREIRA, Silvestre Pinheiro – *Précis d'un Cours d'Économie Politique*, Paris, Édouard Garnot, 1840
- FERREIRA, Silvestre Pinheiro – *Précis d'un Cours de Droit Public, Administratif et des Gens*, tome II, Libonne, Imprimerie Nationale, 1846
- FERREIRA, Silvestre Pinheiro – *Prècis d'un Cours de Droit Public*, tomo I, Lisbonne, Imprimerie Nationale, 1845
- FERREIRA, Silvestre Pinheiro – *Précis d'un Cours de Philosophie Élémentaire. Ontologie, Psycologie, Idélogie*, Paris, Édouard Garnot, 1841
- FERREIRA, Silvestre Pinheiro – *Prelecções Filosoficas*, ed. António Paim, 2ª edição, S. Paulo, 1970.
- FERREIRA, Silvestre Pinheiro – *Prelecções Filosóficas*, edição da Imprensa Nacional – Casa da Moeda, Colecção Pensamento Português, com introdução de José Esteves Pereira
- FERREIRA, Silvestre Pinheiro – *Prelecções Filosoficas, sobre a Teoria do discurso e da linguagem, a Estética, a Diceósina e a Cosmologia*, Rio de Janeiro, Imprensa Régia, 1813.
- FERREIRA, Silvestre Pinheiro – *Principes du Droit Public, Constitutionnel, Administratif, et des Gens ou Manuel du Citoyen sous un Gouvernement Représentatif*, tomo troisième, Paris, Rey et Gravier, J. P. Aillaud, Treuttel et Würtz, F. G. Levrault, 1834
- FERREIRA, Silvestre Pinheiro – *Principes du Droit Public, Constitutionnel, Administratif, et des Gens, ou Manuel du Citoyen*

446 *Para a História do Direito Constitucional Português: Silvestre Pinheiro Ferreira*

sous un Gouvernement Représentatif, tomo II, Paris, Rey et Gravier, J. P. Aillaud, Treuttel et Würtz, F. G. Levrault, 1834

- FERREIRA, Silvestre Pinheiro – *Principes du Droit Public, Constitutionnel, Administratif, et des Gens*, ou *Manuel du Citoyen sous un Gouvernement Représentatif*, tomo I, Paris, Rey et Gravier, J. P. Aillaud, Treutell et Würtz, F. G. Levrault, 1834
- FERREIRA, Silvestre Pinheiro – *Principios de Mechanica*, Amsterdam, Of. de Belinfante, 1808
- FERREIRA, Silvestre Pinheiro – *Projecto d' Ordenações para o Reino de Portugal*, Paris, Officina Typographica de Casimir, 1831
- FERREIRA, Silvestre Pinheiro – *Projecto d'Associação para o melhoramento da sorte das classes industriosas*, Paris, Ray e Gravier, J. P. Aillaud, 1840
- FERREIRA, Silvestre Pinheiro – *Projecto d'un Systema de Providencias para a Convocação das Cortes Gerais e Restabelecimento da Carta Constitucional. Appendice ao Parecer de dois conselheiros da coroa constitucional sobre os meios de se restaurar o governo representativo em Portugal*, Paris, Officina Typografica de Casimir, 1832
- FERREIRA, Silvestre Pinheiro – *Projecto de codigo de leis fundamentaes e constitutivas para uma monarchia representativa*, Paris, Officina Typographica de Casimir, 1834
- FERREIRA, Silvestre Pinheiro – *Projecto de Codigo Politico para a Nação Portugueza*, Paris, Rey e Gravier e J. P. Aillaud, Paris, 1838
- FERREIRA, Silvestre Pinheiro – *Projecto de Decreto Regulando a Classificação dos Moradores deste Reino*, (pub. juntamente com *Projecto d'un Systema de Providencias para a Convocação das Cortes Geraes e Restabelecimento da Carta Constitucional*)
- FERREIRA, Silvestre Pinheiro – *Projecto de Decreto sobre os Abusos da Liberdade de Imprensa ou de quaesquer outros meios de Manifestação de Opiniões*, (publicado juntamente com o seu *Projecto d'un Systema de Providencias para a Convocação das Cortes Geraes e Restabelecimento da Carta Constitucional*)
- FERREIRA, Silvestre Pinheiro – *Projecto de Edicto d'Amnistia*, (publicado conjuntamente com o *Projecto d'um Systema de Providencias para a Convocação das Cortes Geraes e Restabelecimento da Carta Constitucional*)

- FERREIRA, Silvestre Pinheiro – *Projecto de um Banco de Socorro e Seguro Mutuo,* Paris, Rey et Gravier, J. – P. Aillaud, 1836
- FERREIRA, Silvestre Pinheiro – *Projectos de Leis Orgânicas,* Biblioteca Nacional de Lisboa, cota S. C. 4672 A
- FERREIRA, Silvestre Pinheiro – *Qu'est-ce que la Pairie,* Paris, Delaunay, Dentu, 1831
- FERREIRA, Silvestre Pinheiro – *Questões de Direito Público e Administrativo: philosophia e litteratura,* Lisboa, Typ. Lusitana, 1844
- FERREIRA, Silvestre Pinheiro – *Reflexões sobre os diferentes métodos de confeccionar os catálogos das bibliotecas,* Biblioteca Nacional de Lisboa, B. A. D 3919 V.
- FERREIRA, Silvestre Pinheiro – *Supplément au guide diplomatique de M. Le Baron Ch. de Martens,* Paris, Rey et Gravier, 1833
- FERREIRA, Silvestre Pinheiro – *Tableaux systématiques des terminations et des penultièmes des noms et des verbes de la langue allemande,* Paris, Fain et Thunot, 1842
- FERREIRA, Silvestre Pinheiro – *Théogonie,* s. l., s. n., 1846, Sep. *L'Encyclopédie Moderne,* 22
- FERREIRA, Silvestre Pinheiro e CASTRO, Filipe Ferreira de Araújo e – *Parecer sobre os meios de se restaurar o Governo Representativo em Portugal, por Dois Concelheiros da Coroa Constitucional, seguido de Notas às "Observações" que se publicaram em Londres sobre aquelle "Parecer"; e uma Analyse das mesmas Observações segundo os princípios de Jurisprudencia applicavel às questões de Regencia – Intervenção das Potencias estrangeiras – e Amnistia; e Reflexões sobre a necessidade absoluta de leis preparatorias, e organicas para a introducção, e seguimento da Carta Constitucional,* 2ª edição, Paris, Officina Typographica de Casimir, 1832
- [FERREIRA, Silvestre Pinheiro] – *Historia D' El Rei D. João VI, traduzida do Francez,* Lisboa, 1838

II- Outra Bibliografia Utilizada

- ABOIM, Diogo Guerreiro Camacho de – *Escola Moral...*, Lisboa, Of. de Domingos Gonçalves, 1797
- AFRICANO, António de Freitas – *Primores Politicos e Regalias do Nosso Senhor D. Joam o IV*, Lisboa, Manoel da Sylva, 1641
- AJELLO, R. – *Arcana Iuris. Diritto e Politica nel Setecento Italiano*, Napoli, Jovene Editorem, 1976
- ALBUQUERQUE, Mário de – «Maquiavel e a Ética Tradicional Portuguesa», *in Esmeraldo*, nº 2, 1954
- ALBUQUERQUE, Martim de – «As Regências na História do Direito Público e das Ideias Políticas em Portugal», *in Estudos de Cultura Portuguesa*, 1º Volume, Imprensa Nacional - Casa de Moeda, Lisboa, 1983
- ALBUQUERQUE, Martim de – «Bártolo e Bartolismo na História do Direito Português» *in Estudos de Cultura Portuguesa*, 1º Volume, Imprensa Nacional - Casa da Moeda, Lisboa, 1983
- ALBUQUERQUE, Martim de – «O Infante D. Pedro e as Ordenações Afonsinas», *Biblos*, LXIX, 1993
- ALBUQUERQUE, Martim de – «O Poder Político no Renascimento Português», *in Estudos Políticos e Sociais*, Lisboa, Universidade Técnica de Lisboa, volumes IV e V, 1968
- ALBUQUERQUE, Martim de – «Política, Moral e Direito na Construção do Conceito de *Estado* em Portugal, *in Estudos de Cultura Portuguesa*, 1º Volume, Lisboa, Imprensa Nacional – Casa da Moeda, 1983
- ALBUQUERQUE, Martim de – *A Consciência Nacional Portuguesa. Ensaio de História das Ideias Políticas*, I, Lisboa, 1974
- ALBUQUERQUE, Martim de – *A Expressão do Poder em Luís de Camões,* Lisboa, Imprensa Nacional – Casa da Moeda, 1988
- ALBUQUERQUE, Martim de – *A Sombra de Maquiavel na Ética Tradicional Portuguesa*, Lisboa, 1974
- ALBUQUERQUE, Martim de – *Da Igualdade. Introdução à Jurisprudência*, com a colaboração de Eduardo Vera-Cruz, Coimbra, Livraria Almedina, 1993

- ALBUQUERQUE, Martim de – *Jean Bodin na Península Ibérica. Ensaio de História das Ideais Políticas e do Direito Público*, Paris, Fundação Calouste Gulbenkian, 1978
- ALBUQUERQUE, Martim de – *O Regimento Quatrocentista da Casa da Suplicação. Texto latino acompanhado de tradução portuguesa pelo dr. Miguel Pinto de Menezes*, sep. esp. do Vol. XV dos Arquivos do Centro Cultural Português, Paris, 1980
- ALBUQUERQUE, Martim de – *O Regimento Quatrocentista da Casa da Suplicação*, reprodução anastática do texto latino do Cod. 35 da Casa Forte do Arquivo Nacional da Torre do Tombo, Leitura Paleográfica de Eduardo Borges Nunes, Tradução de Miguel Pinto de Menezes, Paris, Centro Cultural Português, 1982
- ALBUQUERQUE, Ruy de e ALBUQUERQUE, Martim de – *História do Direito Português*, vol. II, Lisboa, 1983
- ALLEN, J. W. – *A History of Political Thought in the Sixteenth Century*, 2ª edição, Londres, 1941;
- ALMEIDA, Fortunato de – *História de Portugal*, Tomo IV (1580-1816), Coimbra, 1926
- ALMEIDA, Francisco José de – *Tractado de Educação Fysica dos Meninos para uso da Nação Portugueza*, Lisboa, Officina da Academia Real das Sciencias, 1791
- ALMEIDA, Teodoro de – *Recreação Filosófica ou Dialogo sobre a filosofia natural para instrução de pessoas curiosas que não frequentarão as aulas pelo P. Theodoro d'Almeida, quinta impressão muito mais correcta que as precedentes*, em dez volumes, Lisboa, Regia Of. Typographica, MDCCLXXXVI
- ALTHUSSER, Louis – *Montequieu, la Politique et l'Histoire*, 2ª ed., Paris, PUF, 1964
- ALVARENGA, José António de – *Sobre a authoridade regia. Oração aos bachareis, que se habilitão para servir a S. Magestade nos lugares de Letras. Deduzida das principaes doutrinas que se contem na Dedução Chronologica e Analytica, e na Carta Encyclica de S. S. P. Clemente XIV de 12 de Dezembro de 1769*, Lisboa, 1770
- ALVES, José A. dos Santos – *Ideologia e Política na Imprensa do Exílio. «O Português» (1814-1826)*, Lisboa, INIC, 1992

- AMARAL, António Caetano do – *A Monarchia: traduzida do original castelhano de D. Clemente Peñalosa y Zuniga*, Lisboa, Régia Of. Typ., 1798
- AMBRUSETTI, G. (coord.) – *San Tommaso e la Filosofia del Diritto Oggi*, Citta Nuova, 1980
- AMEAL, João – «A Origem do Poder Real e as Cortes de 1641», *in Anais da Academia Portuguesa da História – Ciclo da Restauração de Portugal*, Vol. VI, Lisboa, 1942
- AMEAL, João – *D. João VI e o Brasil*, Academia das Ciências de Lisboa, Separata das «Memórias» (Classe de Letras – Tomo VIII), Lisboa, 1965
- AMEAL, João – *S. Tomás de Aquino*, Porto, Tavares Martins, 1938
- AMZALAK, Moses Bensabat – *Do Estudo e da Evolução das Doutrinas Políticas em Portugal*, Lisboa, ed. do Autor, 1928
- AMZLALAK, Moses Bensabat – *Subsídios para a história das relações diplomáticas entre Portugal e os Estados Unidos da América do Norte. I. As instruções dadas ao Conde da Lapa em 1823 por Silvestre Pinheiro Ferreira*, Lisboa, 1930, (Biblioteca Nacional de Lisboa, Secção de Reservados, cota: 1602 v)
- ANACLETO, Regina – «Arte», *in História de Portugal. O Liberalismo (1807-1890),* Volume 5, coordenação de Luís Reis Torgal e João Roque, direcção de José Mattoso, editorial Estampa, s.d.
- ANDERSON, F. H. – *Francis Bacon: His Career and his Thought*, Los Angeles, 1962
- ANDRADE, António Alberto Banha de – *A Reforma Pombalina dos Estudos Secundários (1759-1771). Contribuição para o Estudo da Pedagogia em Portugal,* vol. I, *A Reforma*, 2 tomos, Coimbra, 1981
- ANDRADE, António Alberto Banha de – *Verney e a Cultura do seu Tempo*, Coimbra, Universidade de Coimbra, 1965
- ANDRADE, António Alberto Banha de – *Verney e a Filosofia Portuguesa*, s. l., s. n., 1947
- ANNAS, Julia – *An Introduction to Plato's Republic*, Oxford, Clarendon Press, 1981
- ANSART, Pierre – *Saint Simon*, Paris, PUF, 1969
- ANSART, Pierre – *Sociologie de Saint Simon*, Paris, PUF, 1970

- ANSELMO, António – *Os Códices Alcobacenses da Biblioteca Nacional, I. Códices Portugueses*, Lisboa, ed. da Biblioteca Nacional, 1926
- AQUINO, S. Tomás – *Suma Teológica*, 5 volumes, traducida diretamente del latin com presencia de las más corretas ediciones por D. Hilario Abad de Aparicio, rev. e anot. por el R. P. Manuel Mendia, com la col. del M. R. P. Ramon Martinez Vigil, Madrid, Nicolas Maya, editor, Tomo I (1880); Tomo II (1881); Tomo III (1882); Tomo IV e V (1983).
- AQUINO, S. Tomás de – *Summa Theologiae*, edição bilingue cast. – latim, *Suma Teologica*, Madrid, Biblioteca de Autores Cristianos, 1967 – 1968
- ARAÚJO, Ana Cristina – «Revoltas e ideologias em conflito durante as invasões francesas», *in Revista de História das Ideias*, 7(1985)
- ARAÚJO, João Salgado de – *Ley Regia de Portugal*, Juan Delgado, Madrid, 1626
- ARENDT, Hannah – *Sobre a Revolução* (1962), trad. port. de I. Morais, Lisboa, Moraes, 1971
- ARISTÓTELES – *Ethica Nichomachea*, trad. fr. de J. Voilquin, *Ethique à Nicomaque*, Paris, Garnier – Flamarion, 1965
- ARISTÓTELES – *Politica*, trad. cast. de Julián Marías e María Araújo, *Política*, texto bilingue, Madrid, Instituto de Estudos Políticos, 1951
- ARON, Raymond – *L'Homme contre les tyrans*, Gallimard, 4ª ed., 1946
- ARQUILLIÈRE, H. X. – *Saint Grégoire VII, Essai sur as Conception du Pouvoir Pontifical*, Paris, Bloud et Gay, 1931
- ARQUIVO NACIONAL DA TORRE DO TOMBO, Chancelaria de D. Pedro IV
- ARQUIVO NACIONAL DA TORRE DO TOMBO, Ministério dos Negócios Estrangeiros, Livro 175
- ARQUIVO NACIONAL DA TORRE DO TOMBO, Ministério dos Negócios Estrangeiros, legação de Portugal nos Estados Unidos da América do Norte, Caixa nº 552, documentos 214 a 216
- ARRIAGA, Manuel de – *Da Soberania e Seus Respectivos Orgãos Sob a Acção Coordenadora do Estado (Consignação de Princípios) –*

Discurso Proferido na Sessão de 2 de Agosto de 1911, Lisboa, Imprensa Nacional, 1911
- ARR-SAUNDERS, A. M. – *The Population Problems*, London, 1922
- «Artigo publicado por ocasião da morte de Silvestre Pinheiro Ferreira» *in Gazeta dos Tribunais,* Sábado 4 de Julho de 1846
- AUBENQUE, P. – *Aristote et le Problème de l'Être*, Paris, PUF, 1996
- Auto de eleição de D. João I, A. N. T. T., Gaveta 13, m. 10, nº 9
- AYMES, Jean-René – «Bases y Evolución de la "Politica Portuguesa" de la Revolución Francesa entre 1789 y 1797», *in A Revolução Francesa e a Península Ibérica, Revista de História das Ideias,* nº 10, Instituto de História e Teoria das Ideias, Faculdade de Letras, Coimbra, 1988
- AZEDO, Leão Magno – *A questão eleitoral*, Lisboa, Typ. Bayard, 1915
- AZEVEDO, Luís Marinho de – *Exclamaciones Politicas, Iuridicas y Morales*, Lisboa, Lourenço de Anveres, 1645
- BACON, Francis – *Novum Organum*, Londres, 1620
- BARBOSA, João Morais – «A Teoria Política de Álvaro Pais no *"Speculum Regum"*, *in Boletim do Ministério da Justiça*, nºs. 212 e 213
- BARKER, Ernest – *Plato and his predecessors*, Londres, Methuen, 1948
- BARKER, Ernest – *The Political Thought of Plato and Aristotle*, Londres, Methuen, 1906
- BARRET-KRIEGEL, Blandine – «Jean Bodin: de l'Empire à la Souverainité; de l'État de Justice à l'État Administratif», *in Actes du Colloque Jean Bodin*, tomo I, Angers, 1985
- BARRET-KRIEGEL, Blandine – *Cours de philosophie politique*, Librairie Générale Française, Paris, 1996
- BARRETO, Moniz – *Tractado de educação fysica e moral dos meninos de ambos os sexos traduzido do francez em lingua portugueza, ... pelo Bacharel Luiz Carlos Moniz Barreto,* Lisboa, Officina da Academia Real das Sciencias, 1787
- BARROS, Gama – *História da Administração Pública em Portugal nos Séculos XII a XV,* 2ª ed., dir. por Torquato de Sousa Soares, Lisboa, Livraria Sá da Costa, s.d.

- BARROS, Gama – *História da Administração Pública em Portugal*, vol. I, 1ª edição, Lisboa, Imprensa Nacional, 1885
- BARROS, João de – «Literatura», *in História de Portugal, Edição Monumental*, por Damião Peres e Eleutério Cerdeira, vol. VII, 1935, Barcelos
- BASTID, Paul – *Benjamin Constant et sa Doctrine*, em dois tomos, Paris, Librairie Armand Colin, 1966
- BASTIDE, Charles – *Jonh Locke, ses Théories Politiques et leur influence en Anglaterre*, Paris, Leroux, 1906
- BATTAGLIA, Felice – *Curso de Filosofia del Derecho*, três volumes, trad. cast. de Francisco Elias de Tejada e Pablo Lucas Verdú, Madrid, Instituto Editorial Reus, 1951
- BAUDRILLART, Henri – *Jean Bodin et son Temps. Tableau des Théories Politiques et des Idées Économiques au Seizième Siècle*, Paris, 1853 (reimpressão de 1953, Aalen, Scientia Verlag)
- BAYNES, Norman H. – *The Political Ideas of St. Augustine's De Civitate Dei*, Historical Association Pamphlet nº 104, Londres, 1936
- BEJA, Frei António – *Breve Doutrina e Ensinança de Príncipes*, reprodução fac-similada da edição datada de 1525, Introdução de Mário Tavares Dias, Lisboa, Instituto de Alta Cultura, 1965
- BÉNÉTON, Philippe – «La Culture Démocratique», *in* actas do Colóquio de Saint-Lô, Setembro de 1990, *L'Actualité de Tocqueville*, publicadas pelos *Cahiers de Philosophie Politique et Juridique* da Universidade de Caen, 1991
- BENTHAM, Jeremy – *An Introduction to the Principles of Morals and Legislation*, J. H. Burns e H. L. A. Hart, Londres e Nova Yorque, Methuen University Paperbacks edition, 1982
- BENTHAM, Jeremy – *De l'Organisation judiciaire et de la Codification: Extraits publiés par M. Ét. Dumont*, Paris, 1828
- BENTHAM, Jeremy – *Oeuvres de...*, três volumes, Bruxelles, 1840
- BERNS, Laurence – «Thomas Hobbes», *in Histoire de la Philosophie Politique*, dir. Leo Strauss e Joseph Cropsey, Paris, PUF, 1994
- BESSA, António Marques – *Quem Governa? Uma análise histórico-política do tema da elite*, Lisboa, ISCSP, 1993
- *Biblioteca da Ajuda*, ms. 50, v. 33

- Biblioteca Nacional de Lisboa, secção de Reservados, cód. 3390, *Livro chamado da Cartuxa d' Evora*
- BICKER, Firmino Judice – *O Marquez de Pombal. Alguns Documentos Inéditos*, Lisboa, 1882
- BLOCH, Marc – *Les Rois Thaumaturges*, Paris, ed. Armind Colin, 1961
- BLOCK, Maurice – «Direito de resistência» *in Dictionnaire Général de la Politique par M. Maurice Block avec la collaboration d'hommes d'état, de publicistes et d'écrivains de tous les pays*, 2° volume, Paris, 1874
- BLUTEAU, Rafael – *Vocabulario Portuguez e Latino*, Coimbra, Real Colégio das Artes, 1713
- BOBBIO, Norberto – *La Teoria delle Forme di Governo*, Turim, 1976
- BONAVIDES, P. – *Ciência Política*, 6ª ed., Rio de Janeiro, 1986
- BONIFÁCIO, Maria de Fátima – *Seis Estudos sobre o Liberalismo Português*, Lisboa, 1991
- BORGES, José Ferreira – *Opinião jurídica sobre a questão: quem deve ser regente de Portugal destruida a usurpação do infante D. Miguel*, (encadernado juntamente com a edição citada do *Parecer sobre os meios de se restaurar o Governo Representativo em Portugal, por Dois Concelheiros da Coroa Constitucional, seguido de Notas às "Observações" que se publicaram em Londres sobre aquelle "Parecer"; e uma Analyse das mesmas Observações segundo os princípios de Jurisprudencia applicavel às questões de Regencia – Intervenção das Potencias estrangeiras – e Amnistia; e Reflexões sobre a necessidade absoluta de leis preparatorias, e organicas para a introducção, e seguimento da Carta Constitucional*)
- BORGES, José Ferreira – *Revista critica da Segunda edição do opusculo: Parecer sobre os meios de se restaurar o Governo Representativo em Portugal, por...*, Londres, R. Greenlaw, 1832
- BOURGEOIS, B. – *La Pensée Politique de Hegel*, Paris, PUF, 1969
- BOUTER, Didier – *Vers l'État de Droit. La Théorie de l'État et du Droit*, Paris, L'Harmattan, 1991
- BRAGA, Teófilo – *Filinto Elysio e os Dissidentes da Arcadia*, Porto, 1901

- BRANDÃO, António José – *Sobre o Conceito de Constituição Política*, Lisboa, 1944
- BRANDÃO, Raul – *El-Rei Junot*, Lisboa, Imprensa Nacional, 1982
- BRÁSIO, Padre António – «O Problema da Sagração dos Monarcas Portugueses» *in Anais da Academia Portuguesa da História*, 2ª série, volume XII, 1962
- BRITO, António José de – *Introdução à Filosofia do Direito*, Porto, Rés, 1995.
- BRITO, António José de – *Nota sobre o Conceito de Soberania*, Separata da Revista *Scientia Iuridica*, tomos VII e VIII, Braga, 1959
- BRITO, Ferreira de – *Revolução Francesa. Emigração e Contra Revolução*, [com publicação de um manuscrito anónimo: «Révolution de France. La mort de Louis XVI ou tableau historique sur l'origine et les progrès de la Révolution Française qui on conduit cet infortuné monarque sur l'échafaud»], Núcleo de Estudos Franceses da Universidade do Porto, Porto, 1989
- BRITO, Joaquim José Rodrigues de – *Memórias Políticas sobre a Verdadeira Grandeza das Nações e Particularmente de Portugal*, Lisboa, Banco de Portugal, 1992
- BRITO, Joaquim José Rodrigues de – *Memorias Politicas sobre as Verdadeiras Bases da Grandeza das Nações, e principalmente de Portugal*, Lisboa, Impressão Régia, 1803-1805, tomo I a III
- BRITO, José de Sousa e – *Filosofia do Direito e do Estado*, Lisboa, Faculdade de Direito, 1981-1982.
- BRUCKER, Johann Jakob – *Historia Critica Philosophiae: a mundi incunabulis ad nostram usque actatem deducta*, editio secunda, Lipsiae, Imprens. Haered. Weidemanii et Reichii, 1767, 6 volumes
- BRUCKNER, Pascal – *Fourier*, Seuil, 1975
- BRUNEL, P. – *L'État et le Souverain*, Paris, PUF, 1978
- BUER, M. C. – *Health, Wealth and Population in the Early Days of the Industrial Revolution*, Londres, 1926
- CABEDO, Gonçalo Mendes de Vasconcelos e – *Diversorum Iuris Argumentorum*, Romae, Gulielmun Faciottum, 1598
- CABEDO, Jorge de – *Praticarum Observationum sive Decisionum Supremi Senatus Regni Lusitaniae. Pars Prima – Secunda*, tomo 2, Antuerpiae, Ioannem Meursium, 1635

- CÁCERES, Lourenço de – «Doutrina de Lourenço de Cáceres ao Infante D. Luiz», *in* SOUSA, Antonio Caetano de, *Provas da História Genealógica da Casa Real Portuguesa*, vol. 2, Coimbra, Atlântida – Livraria Editora, 1948
- CAETANO, Marcello – «A Doutrina Católica da Resistência à Opressão», *in Nação Portuguesa*, série IV, tomo I
- CAETANO, Marcello – *Direito Constitucional*, I, Rio de Janeiro, 1977
- CAGGIONI, João Maria – *Silvestre Pinheiro Ferreira*, BNL, secção de iconografia, cota: E. 4806 p.
- CALDEIRA, Eduardo – *Variarum Lectionum*, haeredes Bernardini a Sancto Dominico, 1595
- CALMON, Pedro – *O Rei do Brasil – D. João VI*, Livraria José Olympio Editora, Rio de Janeiro, 1935
- CALÓGERAS, J. Pandiá – *Formação Histórica do Brasil*, 4ª edição, Companhia Editora Nacional, São Paulo, 1945
- CAMPOS, J. F. Aires de – *A origem do poder real e as Cortes de 1641*, Lisboa, 1942
- CANOTILHO, J. Joaquim Gomes – «As Constituições», *in História de Portugal*, dir. de José Mattoso, ed. do Círculo de Leitores, 1993
- CANOTILHO, J. Joaquim Gomes – *Direito Constitucional e Teoria da Constituição*, Almedina, Coimbra, 1998
- CANOTILHO, J. Joaquim Gomes – *Direito Constitucional*, 6ª edição, Coimbra, Almedina, 1993
- CARDOSO, José Luís – «A legislação económica do vintismo: economia política e política económica nas Cortes Constituintes», *in Análise Social*, 112-113 (1991)
- CARDOSO, José Luís – *Contribuições para a História do Pensamento Económico em Portugal*, Lisboa, D. Quixote, 1988
- CARLYLE, R. W. e CARLYLE, A. J. – *A History of Mediaeval Political Theory in the West*, Edinburgh, William Blackwood, 1950
- CARRATO, José Ferreira – «O Marquês de Pombal e a reforma dos estudos menores em Portugal», *in Boletim da Biblioteca da Universidade de Coimbra*, 34/3ª parte (1979)
- CARRÈRE, J. F. – *Voyage en Portugal et particulièrement à Lisbonne en 1796*, Paris, 1798

- *Carta de Duarte Lessa a Silvestre Pinheiro Ferreira*, Fundo Antigo da Biblioteca Geral da Universidade de Coimbra, manuscrito n° 3002
- *Carta de João Mazzoni, datada de 22 de Agosto de 1812, para o P. Fernando Garcia*, Biblioteca Nacional de Lisboa
- *Carta de Luís Joaquim dos Santos Marrocos, datada de 29 de Agosto de 1812, e enviada pelo Autor, do Rio de Janeiro, a seu pai*, Biblioteca da Ajuda, Ms. 54-VI-12, n° 28
- *Carta de Luís Joaquim dos Santos Marrocos, datada de 7 de Outubro de 1812, e enviada pelo Autor, do Rio de Janeiro, a seu pai*, Biblioteca da Ajuda, Ms. 54-VI-12, n° 2
- CARVALHO, Joaquim de – *Evolução da Historiografia Filosófica em Portugal até Fins do Século XIX*, Coimbra, 1946
- CARVALHO, Joaquim de – *História da Literatura Portuguesa Ilustrada*, tomo I, Lisboa, Livraria Bertrand, 1929
- CARVALHO, Joaquim de – *História de Portugal*, Edição de Barcelos, volume IV, capítulo VII, Cultura filosófica e scientífica, Portucalense Editora, Barcelos, 1932
- CARVALHO, José Liberato Freire de – *Memórias da Vida de José Liberato Freire de Carvalho*, 2ª ed., Lisboa, Assírio e Alvim, 1982
- CARVALHO, Rómulo de – *História da Fundação do Colégio Real dos Nobres de Lisboa*, Coimbra, Atlântida, 1959
- CASSIN, P. de – *Du mode de recrutement des chambres hautes*, Paris, Ancienne Maison L. Larose et Forcel, 1901
- CASSIRER, Ernest – *La Filosofia dell'Illuminismo*, trad. de Ervino Pocar, Firenze, La Nuova Italia Editrici, 1944
- CASTANHEIRA, Estevão Manuel – *Direito Natural*, Fundo Antigo da Biblioteca Geral da Universidade de Coimbra, manuscrito 896
- CASTELO-BRANCO, Fernando – «Subsídios para o Estudo de Silvestre Pinheiro Ferreira» in *Colóquio – Revista de Artes e Letras*, Direcção Artística e Literária de Reynaldo dos Santos e Hernâni Cidade, número 45, Outubro de 1967
- CASTILHO, Júlio de – *Memórias de Castilho*, 2ª edição, sete volumes, Coimbra, 1926-1934
- CASTRO, Armando – «As finanças públicas na economia portuguesa da primeira metade do século XIX» in *O Liberalismo na Península*

Ibérica na Primeira Metade do Século XIX, volume I, Lisboa, Sá da Costa, 1982

- CASTRO, Armando – *A Revolução Industrial em Portugal no Século XIX*, 3ª edição, Porto, Limiar, 1976
- CASTRO, Armando – *O pensamento económico no Portugal moderno (de fins do século XVIII a começos do século XX)*, Lisboa, Instituto de Cultura Portuguesa, 1980
- CASTRO, Manuel de O. Chaves e – *A organização e competência dos tribunais de justiça portugueses*, Coimbra, 1910
- CASTRO, Maria Ivone de Andrade e – *José Agostinho de Macedo e Ideologia Contra-Revolucionária*, II, Faculdade de Ciências Sociais e Humanas, Universidade Nova de Lisboa, 1994
- CASTRO, Zília Maria Osório de – *Constitucionalismo Vintista. Antecedentes e Pressupostos*, Lisboa, 1986.
- CASTRO, Zília Maria Osório de – *Manuel Borges Carneiro e a Teoria do Estado Liberal*, Coimbra, 1976
- CAZADO, José de Faria – *Totius Legitimae Scientiae Prima Elementa, Secundum Methodum Academicam, Forense, Forunque Interna Exposita*, Ulyssipone, Typografia Dominici Rodrigues, 1754
- CENÁCULO, Frei Manuel do – *Conclusiones de Logica*, Lisboa, 1751
- CENÁCULO, Frei Manuel do – *Cuidados Literários*, Lisboa, 1791
- CERQUEIRA, Luís – *De Legibus*, BNL, cota F. G. 3460
- CÉSAR, Vitoriano – *Invasões Francesas em Portugal*, Iª e IIIª Partes, dois volumes, Typ. da Cooperativa Militar, Lisboa, 1904-1910
- CHATELÊT, François – *Hegel*, Paris, Seuil, 1968
- CHATELÊT, François e PISIER-KOUCHNER, Eveline – *Les Conceptions Politiques du Xxe Siècle. Histoire de la Pensée Politique*, Paris, PUF, 1981
- CHÂTELET, François, DUHAMEL, Olivier, PISIER-KOUCHNER Evelyne – *História das idéias políticas*, Jorge Zahar Editor, Rio de Janeiro, reimpressão em 1994
- CHAVES, Castelo Branco – *A emigração francesa em Portugal durante a Revolução*, Instituto de Cultura e Língua Portuguesa, Lisboa, 1984

- CHEVALLIER, Jean-Jacques – *História do Pensamento Político,* tomo 1, Editora Guanabara, Rio de Janeiro, 1982
- CHEVALLIER, Jean-Jacques – *História do Pensamento Político,* tomo 2, Zahar, Rio de Janeiro, 1983
- *Chronica de Cardeal Rei Dom Henrique e Vida de Miguel de Moura escripta por ele mesmo,* Soc. Prop. De Conh. Uteis, Lisboa, 1840
- CÍCERO, Marco Túlio – *De re publica,* trad. francesa, *La Republique,* Paris, Chambry, 1975
- CIDADE, Hernâni – *Ensaio sobre a Crise Mental do Século XVIII,* três volumes, Coimbra, Imprensa da Universidade, 1929
- CLEMENTE, José dos Santos – *Documentos para a História das Cortes Geraes da Nação Portugueza,* (em oito volumes), Lisboa, Imprensa Nacional, 1884-1891
- COELHO, Filipe José Nogueira – *Princípios de Direito Divino, Natural, Público Universal e das Gentes, adoptados pelas Ordenações e Leis novissimas,* 2ª edicão, Of. de Francisco Borges de Sousa, Lisboa, 1777
- COELHO, José Maria Latino – *Histórica Política e Militar de Portugal desde os Fins do Seculo XVIII até 1814,* tomo II, 2ª ed., Imprensa Nacional, Lisboa, 1916
- COELHO, Maria Luiza Cardoso Rangel de Souza – *A Filosofia de Silvestre Pinheiro Ferreira,* Braga, Livraria Cruz, 1958
- *Col. de Côrtes,* ms., I, fol. 167 e VI, fol. 111
- COLE, G. D. – *Historia del pensamiento socialista,* vol. I, México, 1957
- *Colecção de Constituições antigas e modernas com o projecto d'outras, Seguidas d'um exame comparativo de todas ellas, por dois Bachareis,* quatro volumes, Tipografia Rolandiana, 1820 – 1821
- COLLAÇO, João Maria Tello de Magalhães – *Ensaio sobre a Inconstitucionalidade das Leis no Direito Português,* Coimbra, 1915
- COMBÈS, Gustave – *La Doctrine Politique de Saint Augustin,* Paris, Plon, 1927
- *Comparative Politics,* obra colectiva ed. por Harry Eckstein e David E. Apter, Nova Iorque, 1963
- *Compendio historico do estado da Universidade de Coimbra no tempo da invasão dos denominados jesuítas e dos estragos feitos nas*

sciencias e nos professores que se regiam pelas maquinações, e pu-blicação dos novos estatutos por elles fabricados, Lisboa, 1772
- CONSTANT, Benjamin – *Collection Complète de Ouvrages*, Paris, 1819
- CONSTANT, Benjamin – *Principes de Politique applicables à tous les Gouvernements Représentatifs, et particulièrement à la Constitution actuelle de la France*, 1806, reedição de Etienne Hoffmann, Genebra, Droz, 1980, em dois volumes.
- «Convenção Secreta entre o Principe Regente o Senhor Dom João e Jorge III Rei da Gran-Bretanha, sobre a Transferencia para o Brazil da Séde da Monarchia Portugueza, e Ocupação Temporaria da Ilha da Madeira pelas Tropas Britannicas, Assignada em Londres a 22 de Outubro de 1807, e Ratificada por Parte de Portugal em 8 de Novembro e pela Gran-Bretanha em 19 de Dezembro do dito Anno», *in, Collecção dos Tratados, Convenções, e Actos Publicos Celebrados entre a Coroa de Portugal e as mais Potencias desde 1640, compila-dos, coordenados e annotados por José Ferreira Borges de Castro*, Tomo IV, Lisboa, Imprensa Nacional, 1857
- CORMATIN, Pierre Marie Félité Desoteux de, (sob o pseudónimo de Duc de Chatelêt) – *Voyage du ci-devant d. du C. en Portugal, ou se trouvent des détails intéressans sur ses colonies, sur le temblement de Terre de Lisbonne, sur M. de Pombal et la Cours, revue, corrigé sur les manuscripts... par J. Fr. Bourgoing*, dois tomos, Paris, F. Buisson, s.d.
- *Corpus Iuris Canonici*, Magdeburgo, 1742
- CORRAL, Luis Diez del – *El Liberalismo Doctrinario*, 4ª edição, Centro de Estudios Constitucionales, Madrid, 1984
- CORREIA, José Eduardo Horta – *Liberalismo e Catolicismo – O Problema Congreganista (1820-1823)*, Coimbra, 1974
- CORTE-REAL, João Afonso – *Universalismo de Silvestre Pinheiro Ferreira, Conselheiro do Rei Dom João VI*, Braga, 1967
- COSTA, A. C. Ribeiro da – *Princípios e Questões de Filosofia Política*, Tomo I. *Condições cientificas de direito de sufrágio*, Coimbra, 1878
- COSTA, A. Domingues de Sousa – *Um Mestre Português em Bolonha no Século III. João de Deus. Vida e Obras*, Braga, Editorial Franciscana, 1957

- COSTA, Jaime Raposo – *A Teoria da Liberdade – Período de 1820 a 1823*, Coimbra, 1976
- COSTA, Rodrigo Ferreira da – *Cathecismo Politico do cidadão português*, Lisboa, Imprensa Nacional, 1823
- COSTA, Vicente José Ferreira Cardoso da – *O Velho Liberal. Jornal Político oferecido à Serenissima Senhora Infanta Regente Dona Isabel ...*, Lisboa, Impressão Régia, 1826
- COSTA, Vicente José Ferreira Cardoso da – *Que he o Codigo Civil*, António Rodrigues Galhardo, Lisboa, 1822
- COTTERET, J. M. e EMERI, Claude – *Les Systèmes Eléctoraux*, Paris, 1970
- CRUZ, Guilherme Braga da – «O Movimento abolicionista e a abolição da pena de morte em Portugal», in *Obras Esparsas*, II, *Estudos de História do Direito. Direito Moderno*, Coimbra, Universidade de Coimbra, 1981
- CRUZ, Guilherme Braga da – *Formação Histórica do Moderno Direito Privado Português e Brasileiro*, Braga, 1955
- CUNHA, José Anastácio da – «Princípios de Mechanica», in *O Instituto. Jornal Scientifico e Litterario*, vol. V, Coimbra, Imprensa da Universidade
- CUNHA, Paulo Ferreira da – *Constituição, Direito e Utopia. Do jurídico-constitucional nas utopias políticas*, Boletim da Faculdade de Direito da Universidade de Coimbra, Coimbra Editora, Coimbra, 1996
- CUNHA, Paulo Ferreira da – *Mythe et Constitutionnalisme au Portugal (1778-1826). Originalite ou Influence Française?*, Universite Pantheon – Assas (Paris II), Droit – Economie – Sciences Sociales, 1992
- CUNHA, Paulo Ferreira da – *Para uma História Constitucional do Direito Português*, Coimbra, Almedina, 1995
- CUOCOLO, Fausto – «Iniziativa Legislativa», in *Enciclopedia del Diritto*, XXI, 1971
- D. DUARTE, Rei – *Leal Conselheiro*, Lisboa, Imprensa Nacional – Casa da Moeda, 1982, Actualização ortográfica, introdução e notas de J. Morais Barbosa
- D. PEDRO, Infante – «Carta que o Jfante *dom pedro* emujou a el rey de Brujas», in *Livro dos Conselhos de El – Rei D. Duarte*

- D'AMELIO, Giuliana – *Illuminismo e Scienza del Diritto in Italia*, Varese, 1965
- D'ANDRADE, Francisco – *Chronica de Muyto Alto e Muyto Poderoso Rey destes Reynos de Portugal Dom João III deste nome*, vol. I. Coimbra, Real Oficina da Universidade, 1796, (Ms. Da Biblioteca Nacional de Lisboa, Pombalina, nº 249)
- D'ARRIAGA, José – «A Filosofia Portuguesa. 1720-1820», *in História da Revolução Portuguesa de 1820*, nova edição com prefácio e notas de Pinharanda Gomes, Guimarães Editores, Lisboa, 1980
- D'ARRIAGA, José – *História da Revolução Portuguesa de 1820 ilustrada com retratos dos patriotas mais ilustres d'aquella época*, Porto, Liv. Portuense, 1886-1889, em quatro volumes
- D'AZEVEDO, Pedro A. – «O Primeiro Casamento de Silvestre Pinheiro Ferreira», *in Archivo Historico Portuguez,* vol. VIII, Anno de 1910, Lisboa
- *Das Constiuições Portuguesas de 1822 ao Texto Actual da Constituição*, 4ª ed., com introdução de Jorge Miranda, Livraria Petrony, Lisboa, 1997
- DE LAGARD, G. – *La naissance de l'esprit laique au déclin du Moyen Age*, I, Louvain – Paris, Nauwelaerts, 1956, 3ª ed.
- DEUS, Faustino José da Madre de – *A Constituição de 1822 commentada e desenvolvida em practica*, Imprensa Regia, Lisboa, 1823
- DEUS, Faustino José da Madre de – *Os Povos e os Reis*, Imprensa Regia, Lisboa, 1824
- DEUS, Jacinto de – *Brachilogia de Princepes*, Lisboa, Antonio Craesbeeck de Mello, 1671
- DEUSDADO, Manuel António Ferreira – «Introdução» a *Princípios Gerais da Filosofia de Cunha Seixas*, Lisboa, 1897
- DEUSDADO, Manuel António Ferreira – *Educadores Portugueses*, Coimbra, França Amado, 1909
- DEUSDADO, Manuel António Ferreira – *Educadores Portugueses*, fixação de texto, prefácio, notas e aditamento de Pinharanda Gomes, Seguido de esboço histórico da filosofia em Portugal no século XIX, Porto, Lello & Irmão, 1995

- *Diário das Cortes Gerais Extraordinárias e Constituintes da Nação Portuguesa*, Lisboa, Imprensa Nacional, t. II, n° 118, sessão de 4-VII-1821
- *Diário das Cortes Gerais Extraordinárias e Constituintes da Nação Portuguesa*, Lisboa, Imprensa Nacional, t II, n° 124 sessão de 11-VII-1821
- *Diário das Cortes Gerais Extraordinárias e Constituintes da Nação Portuguesa*, Lisboa, Imprensa Nacional, n° 118 a 126
- *Diário do Governo*, n°1 (16 de Setembro de 1820) – n° 131 (4 de Junho de 1823), Lisboa, Impressão Régia, 1820-1823
- DIAS, Carlos Malheiro – *História da Colonização Portuguesa do Brasil*, 3 tomos, direcção artística de Roque Gameiro, Porto, Litografia Nacional, 1921-1924
- DIAS, Graça e DIAS, J. S. da Silva – *Os Primórdios da Maçonaria em Portugal*, Lisboa, Instituto Nacional de Investigação Científica, 1980
- DIAS, José Sebastião da Silva – «A Congregação do Oratório. Sua traça primitiva», *in Colóquio, Revista de Artes e Letras,* n° 44, Lisboa
- DIAS, José Sebastião da Silva – «Pombalismo e teoria política», *in História e Filosofia*, I (1982)
- DIAS, José Sebastião da Silva – *A Congregação do Oratório de Lisboa*, Coimbra, Instituto de Estudos Filosóficos, 1966
- DIAS, José Sebastião da Silva – *A Política Cultural da Época de D. João III*, Coimbra, Faculdade de Letras, 1969
- DIAS, José Sebastião da Silva – *O Ecletismo em Portugal no Século XVIII*, Faculdade de Letras da Universidade de Coimbra, Instituto de Estudos Psicológicos e Pedagógicos, Coimbra, 1972
- DIAS, Miguel António – *Annaes e Código dos Pedreiros Livres em Portugal*, Lisboa, 1853
- *Dictionnaire de l'Économie Politique: contenant l'exposition des principes de la science, la bibliographie générale..., publié sous la direction de Ch. Coquelin et Guillaumin*, 2 volumes, Paris, Guillaumin, 1852- 1853
- DILTHEY, W. – *Hombre y Mundo en los Siglos XVI y XVII*, versão e prólogo de E. Imaz, México, 1944
- DINIS, A. Dias – «O. F. M. – Antecedentes da Expansão Ultramarina Portuguesa. Os Diplomas Pontifícios dos Séculos XII a XV», separata da *Revista Portug. .. .. .'istória*, vol. X, Coimbra, 1962

- Documentos do Arquivo Histórico da Câmara Municipal de Lisboa, *Livros de Reis*, I, Lisboa, 1957
- Documentos do Arquivo Histórico da Câmara Municipal de Lisboa, *Livros de Reis*, III, Lisboa, 1959
- DOMINGUES, Francisco Contente – *Ilustração e Catolicismo. Teodoro de Almeida*, Colibri, Lisboa, 1994
- DUBY, Georges – *As três ordens ou o imaginário do feudalismo*, Lisboa, Estampa, 1982
- DUMOURIEZ, Charles François – *État présent du Royaume de Portugal en l'année 1766*, Lausanne, François Grasset, 1775
- DURAND, Gilbert – «Prefácio» a *Mythe e Revolutions*, org. de Yves Chalas, Grenoble, PUG, 1990
- DURKHEIM, Émile – *Montesquieu et Rousseau, Précurseurs de la Sociologie*, Paris, PUF, 1953
- DUVERGER, Maurice – *L'influence des systèmes électoraux sur la vie politique*, Paris, 1950
- ERA, Douglas W. – *The Political Consequences of Electoral Laes*, New Haven, 1967 e 1971
- FASSÒ, Guido – *Storia della Filosofia del Diritto*, I. *Antichità e Medioevo*, Bolonha, Il Molino, 1966; II. *L'Età Moderna*, idem, 1968; III. *Ottocento e Novecento*, idem, 1970 (v. trad. francesa, *Histoire de la Philosophie du Droit, XIXe Siècle et XX Siècle*, Paris, LGDJ, 1977)
- FAUCHILLE, V. – *Traité de Droit International Public*, Paris, Arthur Rousseau, 1921
- FÉLIX, Francisco José da Costa – *Silvestre Pinheiro Ferreira – o filósofo e o político – 1796-1846*, dissertação de licenciatura em Filosofia à Faculdade de Letras da Universidade de Lisboa, Lisboa, 1963
- FERRÃO, António – *A 1ª invasão francesa (a invasão de Junot vista através dos documentos da Intendência Geral da Polícia, 1807-1808. Estudo político e social)*, Imprensa da Universidade, Coimbra, 1925
- FERRÃO, António – *O Marquez de Pombal e as Reformas dos Estudos Menores*, Lisboa, 1915
- FERREIRA, António da Silva – *Direito Natural*, Fundo Antigo da Biblioteca Geral da Universidade de Coimbra, manuscrito 895
- FERREIRA, António Matos – «La Révolution Française et le Développement du Catholicisme au Portugal: Quelques

Perspectives», *in La Révolution Française Vue par les Portugais. Actes du Colloque, Paris, 1989*, Paris, Fondation Calouste Gulbenkian, 1990

- FERREIRA, José de Azevedo – *Alphonse X. Primeyra Partida. Édition et Étude*, INIC, Braga, 1980
- FIGGIS, J. N. – *The political aspects of Saint Augustine's City of God*, Londres, 1921
- FIGUEIREDO, António Pereira de – *Elogio dos Reis de Portugal*, Lisboa, 1785
- FIGUEIREDO, Fidelino de – *História da Literatura Clássica*, 2ª ed. revista, Lisboa, Livraria Clássica Editora, 1922
- FILANGIERI, Caetano – *La Scienzia della Legislazione*, quatro tomos, Milão, Giuseppe Galeazzi, 1784-1791
- FILLIPE, Bartolomeu – *Tractado del conseio y de los consejeros de los Principes compuesto por el Doctor Bartolome Fellipe*, Coimbra, António de Maris, 1584
- FISCH, M. H. – «Alexander and The Stoics» *in American Journal of Philology*, vol. LVIII, 1937
- FLEISCHMANN, E. – *La Philosophie Politique de Hegel*, Paris, Plon, 1954
- FLICHE, A. – «L'Europe occidentale de 888 à 1125» *in Glotz* (dir.) *Histoire générale*, P.U.F., Paris
- FOELIX, M. – *Traité du Droit Internacional Privé au du Conflit des Lois des Différentes Nations en Matière de Droit Privé*, 2ª ed., Paris, Librairie de la Cour Cassation, 1847
- FONSECA, Rafael Lemos da – *Commento Portugues dos Quatro Livros da Instituta do Imperador Justiniano, ou breve resumo do Direito Civil* (...), s.l., Manoel da Silva, 1656
- FORTES, Manuel de Azevedo e – *Lógica Racional, geométrica e analítica*, Lisboa, Of. de José António Platrs, 1774
- FORTIN, Ernest L. – «Saint Augustin» *in Histoire de la Philosophie Politique* por Leo Strauss e Joseph Cropsey, Paris, Presses Universitaires de France, 1994
- FOURNOL, E. M. – *Bodin Prédécesseur de Montesquieu*, Genebra, 1970
- *Fragmentos de Legislação escritos no livro chamado das posses da casa da Suplicação*, nº44, na *Collecção de Livros Inéditos de História*

Portuguesa dos reinados de D. João I, D. Duarte, D. Afonso V e D. João II, publicados de Ordem da Academia Real das Sciências de Lisboa por José Corrêa da Serra, t. III, Lisboa, 1793

- FRAGOSO, Baptista – *Regiminis Reipublicae Christianae, ex Sacra Theologia, et ex Utroque Iure, ad Utrunque Forum Coalescentis*, 3ª ed., Coloniae Allobrogum, Marci-Michaellis Bousquet & Sociorum, 1737
- FRANÇA, José Augusto – «A figura do Camponês em Artes e Letras de Oitocentos», *in Revista Crítica de Ciências Sociais*, 7-8 (1981)
- FRANÇA, José Augusto – «Burguesia Pombalina, nobreza mariana, fidalguia liberal», *in Pombal Revisitado* (coordenação M. H. Carvalho dos Santos), volume I, Lisboa, Estampa, 1984
- FRANÇA, José Augusto – «La Nouvelle Noblesse: de Pombal à la Monarchie Libérale», *in Arquivos do Centro Cultural Português*, 26 (1989)
- FRANÇA, José Augusto – *A Arte em Portugal no Século XIX*, Volume I, Livraria Bertrand, Lisboa, 1966
- FRANÇA, José Augusto – *O Romantismo em Portugal. Estudo de Factos sócioculturais*, 6 volumes, Lisboa, Livros Horizonte, 1974-1975
- FRANÇA, José Augusto – *Rafael Bordalo Pinheiro. O Português tal e qual*, 12ª edição, Lisboa, Bertrand, 1982
- FRANCO, Francisco de Melo – *Tractado de Educação Fysica de Meninos para uso da nação portugueza*, Lisboa, Officina da Academia Real das Sciencias, 1790
- FRANCO, Francisco Soares – *Exame das causas que allegou o Gabinete das Tuilherias para mandar contra Portugal os exercitos francez e hespanhol em Novembro de 1807*, Coimbra, 1808
- FREIRE, Mello – «Respostas que deu o desembargador (…) às censuras que sobre o seu plano do novo código de direito publico de Portugal fez, e apresentou na Junta de Revisão o Dr. Antonio Ribeiro dos Santos», *in Notas ao Plano do novo código de direito público de Portugal do Dºr. Paschoal José de Mello feitas e apresentadas na Junta de Censura e Revisão pelo Dºr. Antonio Ribeiro em 1798*, Coimbra, Imprensa da Universidade, 1844
- FREIRE, Pascoal de Melo – «História do Direito Civil Português», BMJ, Lisboa, 173 e 174

- FREIRE, Pascoal de Melo – *Instituições de Direito Civil tanto Publico como Particular,* Lisboa, BMJ, 161, 162, 164, 165, 166
- FREIRE, Pascoal de Melo – *O Novo Código do Direito Publico de Portugal...,* 1ª edição, Coimbra, Imprensa da Universidade,1844
- FREITAS, Serafim de – *De Iusto Imperio Lusitanorum Asiatico,* dois volumes, Lisboa, Centro de Estudos de Psicologia e História da Filosofia anexo à Faculdade de Letras de Lisboa, 1959-1961
- FULLER, Timothy – «Jeremy Bentham. James Mill», *in Histoire de la Philosophie Politique,* dir. Leo Strauss e Joseph Cropsey, Paris, PUF, 1994
- FURET, François – «L'importance de Tocqueville Aujourd'hui», *in* actas do Colóquio de Saint-Lô, Setembro de 1990, *L'Actualité de Tocqueville,* publicadas pelos *Cahiers de Philosophie Politique et Juridique* da Universidade de Caen, 1991
- GARCIA, Alejandro Nieto – *Estudios Históricos sobre Administración y Derecho Administrativo,* Madrid, 1986
- GARCIA, Maria da Glória Ferreira Pinto Dias – *Da Justiça Administrativa em Portugal. Sua origem e evolução.* Lisboa, Universidade Católica Editora, 1994
- GARCÍA-PELAYO, M. – *El Reino de Dios Arquetipo Político,* Madrid, ed. da Revista de Ocidente, 1959
- GARDINER, Patrick – *Teorias da História* [1959], trad. port. de Vitor Matos e Sá, Lisboa, Fundação Calouste Gulbenkian, 1974
- GARRETT, João Baptista de Almeida – «O dia 24 de Agosto, 1821» *in Obras Completas de Almeida Garrett,* 1º volume, Porto, 1963
- GARRETT, João Baptista de Almeida – «Portugal na Balança da Europa. Do que tem sido e do que não convém ser na nova ordem de coisas do mundo civilizado» *in Obras Completas de Almeida Garrett,* 1º volume, Porto, 1963
- GAUCHET, Marcel – «Benjamin Constant: L'Illusion Lucide du Libéralisme», prefácio à selecção de textos *De la Liberté chez les Modernes. Écrits Politiques,* Paris, Hachette, 1980
- GAZIER, Augustin – *Histoire Générale du Mouvement Jansénist,* 2 Tomos, Paris, L.b. Ancienne Honoré Champion, 1923
- GENOVESE, António – *Lições de Logica para o uzo dos Principiantes por Antonio Genuense,* trad. de Bento José de Sousa Farinha, Viúva Neves e Filho, Lisboa, 1816

- GETTEL, Raymond G. – *História das Ideias Políticas*, trad. port. de Eduardo Salgueiro, Lisboa, Editorial Inquérito, 1936
- GIERKE, Otto Von – *Natural Law and the Theory of Society. 1500 to 1800*, trad. ing. de Ernest Barker, Cambridge, Cambridge University Press, 1938
- GIL, Bento – *Commentaria in l. ex. hoc iure. ff. de iustit. et. Iur.*, Conimbricae, Josephum Ferreira, 1700
- GILSON, E. – *Introduction à l'étude de saint Augustin*, Paris, Vrin, 2ª ed.
- GÓIS, Padre Manuel de – *Curso Conimbricense*, Lisboa, Instituto de Alta Cultura, 1957, 1° volume
- GÓIS, Padre Manuel de – *P. Manuel de Gois: Moral a Nicómaco, de Aristóteles*, 9ª disputa, «Da Justiça», edição bilingue, Lisboa, Instituto de Alta Cultura, 1957
- GOLDWIN, Robert A. – «John Locke», *in Histoire de la Philosophie Politique*, dir. Leo Strauss e Joseph Cropsey, Paris, PUF, 1994
- GOMES, Pinharanda – «Introdução à Vida e Obra de Lopes Praça», *in* Lopes Praça, *História da Filosofia em Portugal*, fixação do texto, Introdução, Notas e Bibliografia por Pinharanda Gomes, 3ª ed., Guimarães Editores, Lisboa, 1988
- GONÇALVES, José Júlio – «Itinerários da Teoria Sociológica», in *Estudos Políticos e Sociais*, vol. VII, n° 1, 1969
- GONÇALVES, Luís da Cunha – *Os Jurisconsultos da Restauração*, Lisboa, 1640
- GONÇALVES, Maria Cândida M. F. Ribeiro – *O Colégio das Artes e a Reforma das Escolas Menores*, Dissertação de Licenciatura (Policopiada), Coimbra, 1972
- GONZAGA, Tomás António – «Tratado de Direito Natural», *in Obras Completas de Tomás António Gonzaga*, edição crítica de M. Rodrigues Lapa, Rio de Janeiro, Instituto Nacional do Livro, 1957, 2 volumes
- GONZÁLEZ, P. Zeferino – *Estudios sobre la filosofia de Santo Tomás*, III, Manilha, 1864
- GOODENOUGH, R. – «Political Philosophy of Heellenistic Kingship», *in Yale Classical Studies*, vol. I, New Haven, 1928
- GORET, Jean – *La Pensée de Fourier*, Paris, PUF, 1974

- GOUVEIA, Velasco de – *Justa Acclamação do Serenissimo Rey de Portugal D. João o IV, tratado analítico dividido em três partes*, Lisboa, Typ. Fenix, 1846
- GOYARD-FABRE, Simone – «La Pensée Politique de Alexis de Tocqueville», *in* actas do Colóquio de Saint-Lô, Setembro de 1990, *L'Actualité de Tocqueville*, publicadas pelos *Cahiers de Philosophie Politique et Juridique* da Universidade de Caen, 1991
- GOYARD-FABRE, Simone – *La Philosophie du Droit de Montesquieu*, Paris, Klincksieck, 1973
- GOYARD-FABRE, Simone – *Montesquieu, Adversaire de Hobbes*, Paris, Lettres Modernes, 1980
- GOYARD-FABRE, Simone – *Philosophie politique XVIe-XXe siècle (Modernité et Humanisme)*, Paris, PUF, 1987
- GOYARD-FABRE, Simone e SÈVE, René – *Les Grands Questions de la Philosophie du Droit*, Paris, PUF, 1993
- GRAINHA, M. Borges – *História da Maçonaria em Portugal, 1735-1912*, Lisboa, Typ. "A Editora Limitada", 1912
- GUCHET, Yves – *Histoire des Idées Politiques – De L'Antiquité à la Revolution Française*, Tomo I, Armand Colin, Paris, 1995
- GUCHET, Yves e DEMALDENT, Jean-Marie – *Histoire des Idées Politiques – De la Revolution française à nos jours*, Tomo II, Armand Colin, Paris, 1996
- GUEDES, Armando Marques – «Silvestre Pinheiro Ferreira», *in Jurisconsultos Portugueses do Século XIX*, volume II, direcção e colaboração de José Pinto Loureiro, ed. do Conselho Geral da Ordem dos Advogados, Lisboa, 1960
- GUILLEMAIN, B. – *Machiavel, l'Anthropologie Politique*, Genebra, Droz, 1977
- GUTIERREZ, Galán y – *La Filosofia Política de Santo Tomás de Aquino*, Madrid, ed. da «Revista de Derecho Privado», 1945
- HALÉVY, Élie – *História do Socialismo Europeu*, trad. port. de Maria Luísa C. Maia, Amadora, Bertrand, 1975
- HAMMOND, J. L. e Hammond Barbara – *The Rise of Modern Industry*, 5ª edição, 1937
- HARE, Thomas – *A Treatise on the Election of Representatives*, Londres, 1859

- HARRISON, J. F. C. – *Robert Owen and the Owenites in Britain and America. The Quest for the New Moral World*, Londres, Routledge & Kegan Paul, 1969
- HAURIOU, Maurice – *Précis de Droit Constitutionnel*, 2ª edição, Paris, Librairie du Recueil Sirey, 1929
- HAYEK, F. A. – *Studies in Philosophy, Politics and Economics*, Londres, Routledge & Kegan Paul, 1967
- HEGEL, G. – *Philosophie de L'Histoire*, tradução Francesa de L. Gibelin, Paris, Vrin, 1946/1963
- HEINÉCIO – *Elementos de Filosofia Moral, tirados de latim em linguagem da edição de Napoles de 1765*, José da Silva Nazareth, Lisboa, 1785
- HERAS, J. Xifra – «El Derecho Político, disciplina enciclopédica», *Revista de Estudios Politicos*, 1967
- HESPANHA, António Manuel – *História das Instituições. Épocas Medieval e Moderna*, Livraria Almedina, Coimbra, 1982
- HESPANHA, António Manuel – *Prática Social. Ideologia e Direito nos séculos XVII a XIX*, Coimbra, 1972
- HICKS, R. D. – *Stoic and Epicurean*, Londres, 1911
- *Historia da Literatura Portuguesa Ilustrada dos Séculos XIX e XX*, direcção de Albino Forjaz Sampaio, Volume IV, Livraria Fernando Machado, Porto, 1942
- *História de Portugal, Edição Monumental*, por Damião Peres e Eleutério Cerdeira, vol. VII, Barcelos, Portucalense Editora, 1935
- *História de Portugal, O Liberalismo*, Volume 5, coordenação de Luís Reis Torgal e João Roque, direcção de José Mattoso, editorial Estampa, s.d.
- HOLTON, James E. – «Marcus Tullius Cicerón» *in Histoire de la Philosophie Politique*, por Leo Strauss e Joseph Cropsey, Paris, Presses Universitaires de France, 1994
- HOMEM, António Pedro Barbas – «A "Ciência da Legislação": conceptualização de um modelo jurídico no final do *ancien régime*», *in Separata de Legislação, Cadernos de Ciência e de Legislação*, INA, nº 16, Abril/Junho, 1996
- HOMEM, António Pedro Barbas – «Algumas notas sobre a introdução do Código Civil de Napoleão em Portugal, em 1808», *in Revista Jurídica*, 2/3, 1985

- HOMEM, António Pedro Barbas – *Judex Perfectus, Função Jurisdicional e Estatuto Judicial em Portugal*, 1640-1820, Almedina, Coimbra, 2003
- HOMEM, Pedro Barbosa – *Discursos de la Iuridica y Verdadera Razon de Estado, Formada sobre la vida e actiones del Rey don Juan el II, de buena memoria, Rey de Portugal, llamado vulgarmente el Principe Perfecto. Contra Machiavello, Bodino, y los demas politicos de nuestros tiempos, sus sequazes*, Coimbra, António Simões Ferreira, s. d. (1626)
- JELLINEK – *Allgemeine Staatslehre*, 1900, trad. cast. *Teoria General del Estado*, Buenos Aires, 1954
- JERPHAGNON, L. – *Histoire de la pensée*, Tallandier, Paris, 1989
- JUSTO, A. Santos – *Introdução ao Direito*, Porto, Universidade Moderna, 1992
- KANTAROWICZ – *Frederick the Second. 1194-1250*, trad. inglesa da E. O. Lorimer, Nova Iorque, ed. Frederick Ungar Publishing Co., s.d.
- KANTOROWICZ, E. H. – *The King's two Bodies*, trad. franc., 1989
- KERN, Fritz – *Derechos del Rey y Derechos del Pueblo*, trad. e estudo preliminar de A. Lopez–Amo, Madrid, 1955
- KERN, Fritz – *Gottesgnadentum und Widerspruchrecht im früheren Mittelalter. Zur Entwicklungsgeschichte der Monarchie*, Darmstadt, 1962
- KOJÈVE, Alexandre – *Introduction à la Lecture de Hegel*, Paris, Gallimard, 1948
- KRIEGER, L. – *The Politics of Discretion. Pufendorf and the Aceptance of Natural Law*, Chicago, The University Press, 1965
- LACERDA, Aarão de – «Arte: arquitectura», *in História de Portugal, Edição Monumental*, por Damião Peres e Eleutério Cerdeira, vol. VII, 1935, Barcelos
- LACHIÈZE, P.– Rey – *Les Idées Morales, Sociales et Politiques de Platon*, Paris, Boivin, 1938
- LAFFERRIÈRE, Edouard – *Traité de Jurisdiction Administrative et des Recours Contentieux*, volume I, 1ª ed., 1887
- LARENZ, Karl – *Metodologia da Ciência do Direito* (1960), trad. port. de José de Sousa e Brito e José António Veloso, Lisboa, Fundação Calouste Gulbenkian, 1968

- LAS CASES, Emmanuel-Augusti, Comte de – *Le Mémorial de Sainte-Hélène*, edição Garnier, Paris, Ernest Bourdin, s.d.
- LASKI, Harold Joseph – *The Rise of European Liberalism*, London, 1936
- LAURENT, Pierre – *Pufendorf et la Loi Naturelle*, Paris, Vrin, 1982
- LE FUR, Louis – *La Théorie du Droit Naturel depuis le XVIIe Siècle et la Doctrine Moderne*, Paris, Hachette, 1928
- LEAL, Francisco Luís – *História dos Filósofos Antigos e Modernos*, Off. de Francisco Luis Armenio, 1788, em dois volumes
- LEÃO, D. Gaspar de – *Desengano de Perdidos*, ed. da Acta Universitatis Conimbrigensis, Coimbra, 1958
- LEFORT, Claude – *Le Travail et l'Oeuvre: Machiavel*, Paris, Gallimard, 1972
- LEGAZ Y LACAMBRA, Luis, *Filosofia del Derecho*, 5ª ed., Barcelona, Bosch, 1979
- LEIBNIZ, G. W. – *Novos Ensaios sobre o Entendimento Humano*, tradução e introdução de Adelino Cardoso, Edições Colibri, Lisboa, s. d.
- LEIBNIZ, G. W. – *Scritti Politici e di Diritto Naturale*, Torino, s.d.
- LEITÃO, Emídio José David – *Historia Abreviada da Filosofia por M. Formey, trad. por Emygdio Jose David Leitão*, Coimbra, Real Imprensa da Universidade, 1803
- LEITÃO, Manuel Rodrigues – *Tractado Analytico & Apologetico, sobre os Provimentos dos Bispados da Coroa de Portugal. Calumnias de Castella convencidas. Resposta a seo Author Don Francisco Ramos del Manzano*, Lisboa, Of. Deslandesiana
- *Levantamento de El-Rey Dom João o 2 e Regimento que em estes actos se deve goardar* (Ms. Da Biblioteca Nacional de Lisboa, Pombalina, nº 443)
- LIMA, Alceu Amoroso – Prefácio a *Legado Político do Ocidente. O Homem e o Estado*, coordenação de Adriano Moreira, Alejandro Bugallo e Celso Albuquerque, Rio de Janeiro/São Paulo, Difel, 1977
- LIMA, Durval Pires de – *Os Franceses no Porto*, 1807 – 1808, Porto, 1949
- LIMA, L. A. de Abreu e – *Carta Escripta a Silvestre Pinheiro Ferreira, Ministro dos Negocios Estrangeiros que acompanhava*

outra para sua Magestade com a exposição dos motivos de decidirão ... a não prestar o juramento à Constituição Politica da Monarchia Portugueza, extrahida do Padre Amaro nº 34, Junho de 1823, Lisboa, Impressão Regia, 1823

- LIMA, Luís de Torres de – *Avizos do Ceo, successos de Portugal com as mais notaveis cousas que acontecerão desde a perda d'El-Rey D. Sebastião até o anno de 1627...*, I, Lisboa, Officina de Manoel António Monteiro, 1761
- LIMA, Oliveira – *D. João VI no Brasil. 1808-1821*, 3 volumes, 2ª edição, J. Olímpio ed., Rio de Janeiro, 1945
- LISBOA, João Francisco – *Obras de João Francisco Lisboa*, 4 volumes, São Luís, Allumar, 1991
- LISBOA, José António – «Saudades» *in Miscelânia*, s.d., ed. da Biblioteca Nacional de Lisboa, cota S.C. 15967
- LISBOA, José da Silva – *Memoria dos Beneficios Politicos do Governo de El-Rey Nosso Senhor Dom João VI*, Rio de Janeiro, 1818, reprodução fac-similada de 1940, 2ª edição, Rio de Janeiro, Of. do Arquivo Nacional
- LISBOA, Pedro de Alcântara – «Louvores» *in A Memória de Silvestre Pinheiro Ferreira*, Rio De Janeiro, Typographia de Bintot, 1846
- LISBOA, Pedro de Alcântara – «Louvores» *in Miscelânia*, s.d., ed. da Biblioteca Nacional de Lisboa, cota S.C. 15967
- *Livro da Ensinança de Bem Cavalgar toda a Sela que fez El-Rey Dom Eduarte e do Algarve e Senhor de Cepta*, Edição crítica acompanhada de notas e dum glossário por Joseph M. Piel, Livraria Bertrand, Lisboa, 1944
- *Livro dos Conselhos de El-Rei D. Duarte* (edição diplomática), Lisboa, Editorial Estampa, 1982
- *Livro Primeiro dos Alvarás, Cartas Régias, etc., pertencentes ao governo da Universidade desde Agosto de 1772*
- LOBÃO, Manuel de Almeida e Sousa de – *Notas de Uso Pratico e Criticas: addições, illustrações e remissões...*, Lisboa, Impressão Régia, 1816, (em quatro volumes)
- LOBO, Costa – «História da Sociedade em Portugal. O Rei», *in Anais das Bibliotecas e Arquivos,* Volumes I (1915) e II

- LOCKE, John – *Two Treatises of Gouvernment*, Londres, 1689, edição de Peter Laslet, Cambridge University Press, 1988
- LOJA, António Egídio Fernandes – *A Luta do Poder Contra a Maçonaria, Quatro Perseguições no Século XVIII*, Imprensa Nacional – Casa da Moeda, 1986
- LOJENDIO, Ignacio Maria de – *El derecho de revolución*, Madrid, 1941
- LORD, Carnes – «Aristote» *in Histoire de la Philosophie Politique* por Leo Strauss e Joseph Cropsey, Paris, Presses Universitaires de France, 1994
- LOWENTHAL, David – «Montesquieu», *in Histoire de la Philosophie Politique*, dir. Leo Strauss e Joseph Cropsey, Paris, PUF, 1994
- LUCCIONI, Jean – *La Pensée Politique de Platon*, Paris, PUF, 1958
- MACCULLOC – *Principles of Political Economy by Mr. Mac-culloc, abridged for the use of schools, accompanied with notes and preceded by a preliminary discourse by Mr. Pinheiro Ferreira*, Paris, Fain et Thunot, 1839
- MACEDO, José Agostinho de – «Parecer Dado Acerca da Situação e Estado de Portugal Depois da Sahida de Sua Alteza Real (...)», *in Obras Inéditas de... Cartas e Opúsculos*, publicadas por Teófilo Braga, Lisboa, 1900
- MACEDO, António de Sousa de – *Armonia Politica dos Documentos Divinos com as Conveniencias d'Estado, exemplar de principes no governo dos gloriosissimos reys de Portugal ao serenissimo principe Dom Theodosio*, Coimbra, Off. de Antonio Simoens Ferreyra, 1737
- MACEDO, J. Borges de – *Problemas de história da indústria portuguesa no século XVIII*, Lisboa, 1963
- MACEDO, Jorge de – *A Situação Económica no Tempo de Pombal*, Porto, 1951
- MACEDO, Newton de – «Instituições de Cultura», *in História de Portugal, Edição Monumental*, por Damião Peres e Eleutério Cerdeira, vol. VII, 1935, Barcelos
- MACHADO, Barbosa – *Biblioteca Lusitana*, vol. II, Lisboa, 2ª ed., 1931
- MACPHERSON, C. B. – *The Political Theory of Possessive Individualism – Hobbes to Locke*, Oxford University Press, 1962

- MAGALHÃES, José Calvet de – *História do Pensamento Económico em Portugal. Da Idade Média ao Mercantilismo*, Coimbra, 1967
- MAGALHÃES, Louzada de – *S. P. Ferreira, sein Leben und seine Philisophie*, Bonn, 1881.
- MAITLAND, F. W. – «A Historical Sketch of Liberty and Equality as Ideals of English Political Philosophy from the Time of Hobbes to the Time of Coleridge», *Collected Pappers*, 3 vol., Cambridge, 1911
- MALER, Bertil – *História da Literatura. Idade Média*, Coimbra, ed. Atlântica, 2ª ed., 1956
- MALER, Bertil – *Orto do Esposo*, correcção dos volumes I e II, estudo das fontes e do estado da língua, glossário, lista dos livros citados e índice geral, Stockholm, Almquist & Niksell, 1964
- MALER, Bertil – *Orto do Esposo: texto inédito do fim do século XIV ou começo do XV*, dois volumes, edição crítica com introdução, anotações e glossário (de) Bertil Maler, Rio de Janeiro, Instituto Nacional do Livro, 1956
- MALTEZ, José Adelino – *Ensaio sobre o Problema do Estado – Da Razão de Estado ao Estado da Razão*, II tomo, Lisboa, Academia Internacional da Cultura Portuguesa, 1991
- MALTEZ, José Adelino – *Princípios de Ciência Política. O Problema do Direito*, Universidade Técnica de Lisboa, Instituto Superior de Ciências Sociais e Políticas, Centro de Estudos do Pensamento Político, Lisboa, 1996
- MALTEZ, José Adelino – *Sobre a Ciência Política*, Universidade Técnica de Lisboa, Instituto Superior de Ciências Sociais e Políticas, Centro de Estudos do Pensamento Político, Lisboa, 1994
- MANENT, Pierre – «Intérêt Privé, Intérêt Public», *in* actas do Colóquio de Saint-Lô, Setembro de 1990, *L'Actualité de Tocqueville*, publicadas pelos *Cahiers de Philosophie Politique et Juridique* da Universidade de Caen, 1991
- MANENT, Pierre – *Naissance de la Politique Moderne: Machiavel, Hobbes, Rousseau*, Paris, Payot, 1977
- MANTOUX, Paul – *La Révolution Industrielle au XVIIIème Siècle*, 1928
- MARITAIN, Jacques – «O Fim do Maquiavelismo (1942)», *in Princípios duma Política Humanista*, trad. port., Lisboa, Morais, 1960

- MARONGIU, A. – «Un momento tipico de la monarquia medieval: el Rey juez», *in AHDE*, 23
- MARQUES, A. H. de Oliveira – *Dicionário da Maçonaria Portuguesa*, 2 volumes, Lisboa, Ed. Delta, 1986
- MARQUES, A. H. de Oliveira – *Ensaios de Maçonaria*, Lisboa, Quetzal Editora, 1988
- MARQUES, A. H. de Oliveira – *História da Maçonaria em Portugal*, três volumes, Editorial Presença, Lisboa, 1990, 1996, 1997
- MARQUES, João – «A Revolução e as Invasões Francesas no sermonário do Padre José Agostinho de Macedo», *in Estudos de história contemporânea portuguesa. Homenagem ao Professor Victor de Sá*, Livros Horizonte, Lisboa, 1991
- MARQUES, Mário Reis, *O Liberalismo e a Codificação do Direito Civil em Portugal. Subsídios para o Estudo da Implatação em Portugal do Direito Moderno*, Coimbra, Livraria Petrony, 1987
- MARTENS, Georg Friedrich de – *Précis du droit des Gens moderne del'europe fondé sur les traités et l'usage, pour servir d'introduction a un cours politique et diplomatique, com notas de Silvestre Pinheiro Ferreira*, dois tomos, Paris, J. P. Aillaud, Heideloff, 1831
- MARTINS, J. P. Oliveira – *História da Civilização Ibérica*, Lisboa, ed. da Livraria Guimarães, 1954
- MARTINS, J. P. Oliveira – *História de Portugal*, Prefácio por Martim de Albuquerque, com introdução por Isabel de Faria e Albuquerque, ed. da Imprensa Nacional Casa da Moeda, 1988
- MARTINS, J. P. Oliveira – *História de Portugal*, tomo II, Lisboa, 1880
- MARTINS, João Vicente – *À Memória de Silvestre Pinheiro Ferreira*, Rio de Janeiro, Typographia de Bintot, 1846
- MARTINS, Joaquim Pedro – *A doutrina da soberania popular segundo as Côrtes de 1641 e os teóricos da Restauração*, Academia das Ciências de Lisboa, Separata das «Memórias» (Classe de letras – tomo II), Lisboa, 1937
- MARTINS, S. Mário – «À volta do "Horto do Esposo"», *in Estudos de Literatura Medieval*, Braga, Livraria Cruz, 1956
- MEERMAN, G. – *Novus Thesauros Juris Civilis et Canonici*, tomo V, Hagae Comitum, 1752

- MELO, Ataíde e– *Inventário dos Códices Alcobacenses*, Lisboa, ed. da Biblioteca Nacional, 1930
- MENESES, Sebastião César de – «Summa Politica», *in Bento Farinha, Filozofia de Principes*, 3 Volumes, Lisboa, Officina de António Gomes, 1786-1790
- MENESES, Sebastião César de – «Summa Politica», *in Revista de História*, IV/III (1981)
- MENESES, Sebastião César de – *Summa Politica offerecida ao principe Dom Theodosio de Portugal*, Amsterdam, Typ. Simão Dias Soeiro Lusitano, 1650
- MENEZES, D. Manuel de – *Crónica do Mui Alto e Muito Esclarecido Principe Dom Sebastião*, Lisboa, 1796, (Ms. da Biblioteca Nacional de Lisboa, cota F. G. 7638)
- MENEZES, Fernando Telles da Silva Caminha de – *Dissertação a favor da Monarchia*, Regia Of. Typ., Lisboa, 1799
- MERÊA, M. Paulo – «Sobre a aclamação dos nossos reis», *in Revista Portuguesa de História*, Coimbra, Tomo X, 1962
- MERÊA, M. Paulo – *Suarez, jurista. O Problema da Origem do Poder Civil*, Coimbra, Imprensa da Universidade, 1917
- MERÊA, Manuel Paulo – «As teorias políticas medievais no "Tratado da Virtuosa Bemfeitoria"» *in Estudos de História do Direito*, Coimbra, Coimbra Editora, 1923
- MERÊA, Manuel Paulo – «Desenvolvimento da Ideia de Soberania Popular nos Séculos XVI e XVII» *in Revista da Universidade de Direito de Coimbra*, Volume IV, Coimbra, Imprensa da Universidade, 1915.
- MERÊA, Manuel Paulo – *O Poder Real e as Côrtes*, Coimbra, Coimbra Editora, 1983
- MERÊA, Paulo – «A Ideia da Origem Popular do Poder nos Escritores Portugueses Anteriores à Restauração», *in Estudos de História do Direito*, Coimbra, Coimbra Editora, 1923
- MERÊA, Paulo – «O Problema da Origem do Poder Civil em Suárez e em Pufendorf», *in Boletim da Faculdade de Direito da Universidade de Coimbra*, vol. XIX (1943), Coimbra Editora, Coimbra, 1944
- MERÊA, Paulo – «Sobre a aclamação dos nossos reis», *in Revista Portuguesa de História*, Coimbra, tomo X

- MESNARD, P. – *L'essor de la Philosophie Politique au XVIe Siècle*, 2ª edição, Paris, 1952
- MEYER, V. – *Institutionis Juris Naturalis*, 2ª ed., Friburgo
- MICHEL, Henry – aula inaugural de um *Curso de História das Doutrinas Políticas* na Faculdade de Letras de Paris, em 8 de Dezembro de 1896, publicada *in Revue de Droit Public et de la Science Politique,* Paris, L.G.D.J, Tomo VII, Janeiro-Junho de 1897
- MIRANDA, Inocêncio António de – *O Cidadão Lusitano*, Lisboa, 1822
- MIRANDA, Jorge – *Ciência Política. Formas de Governo*, Lisboa, Faculdade de Direito da Universidade de Lisboa, 1992.
- MIRANDA, Jorge – *Contributo para uma Teoria da Inconstitucionalidade*, Lisboa, 1968
- MIRANDA, Jorge – *Funções, Órgãos e Actos do Estado*, ed. da Faculdade de Direito da Universidadade de Lisboa, Lisboa, 1990
- MIRANDA, Jorge – *Manual de Direito Constitucional*, volume I, *Preliminares. O Estado e os Sistemas Constitucionais*, 4ª edição revista e actualizada, Coimbra Editora, Coimbra, 1989
- MIRANDA, Jorge – *Manual de Direito Constitucional*, volume II, *Constituição e Inconstitucionalidade*, 3ª ed., Coimbra ed., Coimbra, 1991
- MIRANDA, Jorge, *Chefe de Estado* – Atlântida Editora, S.A.R.L., Coimbra, 1970
- MONCADA, Luís Cabral de – «Da Essência e Conceito do Político», *in Boletim da Faculdade de Direito da Universidade de Coimbra*, vol. XXXVII (1961), Coimbra Editora, Coimbra, 1961
- MONCADA, Luís Cabral de – «Origens do moderno direito português. Época do Individualismo Filosófico ou Crítico», *in Estudos de História do Direito*, volume II, Universidade de Coimbra, Coimbra, 1949
- MONCADA, Luís Cabral de – «Platão e o Estado de Direito» *in Estudos Filosóficos e Históricos*, II, Coimbra, 1959
- MONCADA, Luís Cabral de – «Subsídios para uma História da Filosofia do Direito em Portugal», in *Boletim da Faculdade de Direito da Universidade de Coimbra*, vol. XIV, (1937-1938), Coimbra Editora, Coimbra, 1938

Bibliografia 479

- MONCADA, Luís Cabral de – «Um "iluminista" português do século XVIII: Luís António Verney», *in Estudos de História do Direito*, volume III, *Século XVIII – Iluminismo Católico Verney: Muratori*, Coimbra, Universidade de Coimbra, 1950
- MONCADA, Luís Cabral de – *Estudos de História do Direito*, «1640-Restauração do Pensamento Político Português», Vol. I, Coimbra, 1948
- MONCADA, Luís Cabral de – *Estudos de História do Direito*, vol. I, Coimbra, ed. Acta Universatis Conimbrigensis, 1948
- MONCADA, Luís Cabral de – *Filosofia do Direito e do Estado*, II, Coimbra Editora, 1995
- MONCADA, Luís Cabral de – *Filosofia do Direito e do Estado*, Parte I, *Parte Histórica*, Coimbra Editora, Coimbra, 1995
- MONCADA, Luís Cabral de – *Mística e Racionalismo em Portugal no Século XVIII – Uma Página de História Religiosa e Política*, Coimbra, Casa do Castelo, Editora, 1952
- MONCADA, Luís Cabral de – *Problemas de Filosofia Política. Estado – Democracia – Liberalismo – Comunismo*, Coimbra, Arménio Amado, 1963
- MONCADA, Luís Cabral de – *Universalismo e Individualismo na Concepção de* Estado de *S. Tomás de Aquino*, Coimbra, Arménio Amado
- MONTESQUIEU – *Espírito das Leis*, S. Paulo, Martins Fortes, 1993
- MOREIRA, Adriano – *Ciência Política*, Amadora, Bertrand, 1979
- MOURATO, Carlos José – *Instrumento da Verdade Practica, Ethica, ou Philosophia Moral*, 4 volumes, Lisboa, Officina Luisiana, 1778
- MOUTON, Padre – *carta, datada de 1 de Novembro de 1798, para um Padre da Congregação do Oratório* (Biblioteca Nacional de Lisboa)
- MURATORI, Ludovico Antonio Della – *Pubblica Felicitá*, Bologna, Nicola Zanichell, 1941
- MURPHY, James-Cavonach – *A general view of the state of Portugal containing a topographical description thereof. in which are included na account of the physical and moral state of the Kingdom... the whole compiled from the best portuguese writers and from notices obtained in the country by James Murphy*, London, T. Cadell Jun and W. Davies, 1798, (existe em micro-fime na BNL)

- NAERT, Emilienne – *Locke ou la Raisonnabilité*, Paris, Sehers, 1973
- NEMÉSIO, Vitorino – *Herculano*, volume I, Lisboa, 1934
- NEVES, António Castanheira – *A Revolução e o Direito. A Situação de Crise e o Sentido do Direito Actual no Processo Revolucionário*, Lisboa, 1976
- NEVES, José Acúrsio das – «Memória sobre os Meios de Melhorar a Indústria Portuguesa, Considerada nos seus Diferentes Ramos», *in Separata de Ciência e Técnica Fiscal*, nº 59, Novembro de 1963
- NEVES, José Acúrsio das – *Noções Históricas, Económicas e Administrativas Sobre a Produção e Manufactura das Sedas em Portugal, Particularmente Sobre a Real Fábrica do Subúrbio do Rato e Suas Annexas*, Lisboa, Impressão Regia, 1827
- NOGUEIRA, José Felix Henrique – *Estudos sobre a Reforma em Portugal*, Lisboa, Typ. Social, 1851
- NORTON, Luiz – *A Corte de Portugal no Brasil*, 2ª ed., Empresa Nacional de Publicidade, s.d.
- «Notícias secretas, inéditas e muito curiosas, da Junta Reformadora da Universidade de Coimbra, extrahidas do Diário de Frei Manuel do Cenáculo», *in O Conimbricense*, Coimbra, Imprensa de E. Trovão, ano 23 (1869)
- *Novo Catalogo das Obras do Publicista Portuguez Silvestre Pinheiro-Ferreira*, Lisboa, Typographia de J. B. Morando, 1849
- NUNES, Gregório – *Optimu Reipublicae Statu Libri Sex*, l. I, Roma, 1597
- NUNES, Maria de Fátima – *O Liberalismo Português. Ideários e Ciências*, Lisboa, INIC, 1988
- *O Livro da Virtuosa Bemfeitoria do Infante D. Pedro, Colecção de Manuscriptos Ineditos agora dados à estampa*, II, Porto, Real Bibliotheca Publica Municipal do Porto, 1910
- OAKESHOT, Michael – *Hobbes on Civil Association*, Oxford, Basil Blackwell, 1975
- OAKESHOTT, M. – «Introdução» à ed. ing. de *Leviathan, or the Matter, Forme & Power of a Common-Wealth Ecclesiastical and Civil*, Basil Blackwell, Oxford, 1946
- *Obras do Doutor José Manuel Ribeiro Vieira de Castro*, I, (colectânea de ms. oferecidos em 1797 e 1798 à Academia das Ciências), Lisboa, 1822

- «Observações sobre a Convenção de 22 de Outubro de 1807», *in Collecção dos Tratados, Convenções, e Actos Publicos Celebrados entre a Coroa de Portugal e as mais Potencias desde 1640, compilados, coordenados e annotados por José Ferreira Borges de Castro*
- OCCAM, Guilherme de – *Dialogus Compendium errorum Johanis Papae XXII,* [ed. Jodocus Badius Ascensius], [Lyon], Johann Trechsel, s.d
- OLIVIER-MARTIN, François – *L'Absolutisme Français suivi de Les Parlements contre L'Absolutisme Traditionnel au XVIIIe. Siècle,* LGDJ, Paris
- *Ordenações Afonsinas*, Livro I, Nota de Apresentação de Mário de Júlio de Almeida e Costa e nota textológica de Eduardo Borges Nunes, reprodução «fac-simile» da edição de Coimbra de 1792, Lisboa, Fundação Calouste Gulbenkian, 1984
- *Ordenações Filipinas*, edição da Fundação Calouste Gulbenkian, com nota de apresentação de Mário Júlio de Almeida e Costa, reprodução «fac-simile» da edição feita por Cândido Mendes de Almeida, Rio de Janeiro, 1870, Lisboa, 1985
- *Ordenações Manuelinas*, edição da Fundação Calouste Gulbenkian, com nota de apresentação de Mário Júlio de Almeida e Costa, reprodução «fac-simile» da edição feita na Real Imprensa da Universidade de Coimbra no ano de 1797, Lisboa, 1984
- ORLANDO, V. E. – *La Dottrina Generale dello Staato*, volume I, Milão, 1921
- ORSINI, N. – *Bacone e Machiavelli*, Génova, 1936
- ORTIGÃO, Ramalho, *As farpas* – tomo XV (1876-1882), Lisboa, Clássica Editora, 1990
- OSÓRIO, D. Jerónimo – «Diálogo da Justiça», *in Imagens da Vida Cristã,* prefácio e notas de P. M. Alves Correira, IV, Lisboa, Livraria Sá da Costa, 1941
- OSÓRIO, D. Jerónimo – «Tratado da Nobreza Civil», *in Tratados da Nobreza Civil e Cristã,* trad., introd. e anot. de A. Guimarães Pinto, Imprensa Nacional Casa de Moeda, s.l., s.d. (1996)
- OSÓRIO, D. Jerónimo – *De Regis Institutione et Disciplina,* Coloniae Agrippinae, Haeredes Arnoldi Birckmanni, 1614

- OTERO, Paulo – *Lições de Introdução ao Estudo do Direito*, 1° vol., 1° tomo, Lisboa, Faculdade de Direito, 1998
- PAIM, António – *História das Ideias Filosóficas no Brasil*, 4ª ed., S. Paulo, Editora Convívio, 1987
- PAIS, Álvaro – *de Plãctu eccl'ie desideratissimi libri duo et indice copiosissimo et marginairijs additionibus reces illuftrati*, 1517, Lião, Iohannes Clein, (esta edição pode ser consultada na secção de Reservados da Biblioteca Nacional de Lisboa, cota: Res. 1156A)
- PAIS, Álvaro – *Espelho dos Reis*, estabelecimento do texto e tradução do Dr. Miguel Pinto de Menezes, Lisboa, Instituto de Alta Cultura, 1955
- PALASI, Jose Luis Villar – *Derecho Administrativo*, tomo I, 1968
- PARRY, G. – *Jonh Locke*, Londres, Allen & Unwin, 1978
- PAUPERIO, Machado – *O Direito Político de Resistência*, ed. Forense, Rio – S. Paulo, 1962
- PERDIGÃO, Henrique – *Dicionário Universal de Literatura, bio-bibliográfico e cronológico*, 2ª ed., Porto, Lopes da Silva, 1940
- PEREIRA, A. X. da Silva – *O Jornalismo Portuguez*, Lisboa, Typ. Soares, 1895
- PEREIRA, A. X. da Silva – *Os Jornaes Portugezes. Sua filiação e metamorphoses*, Lisboa, Imprensa de Libanio da Silva, 1897
- PEREIRA, André Gonçalves – *Sistema eleitoral e sistema de governo*, [Lisboa], Cognitio, 1986
- PEREIRA, António J. da Silva – *Estado de Direito e «Tradicionalismo Liberal»*, Coimbra, 1979
- PEREIRA, António J. da Silva – *O «Tradicionalismo» Vintista e o Astro da Lusitânia*, Coimbra, 1973.
- PEREIRA, António Joaquim da Silva – *O pensamento político liberal português no período de 1820 a 1823 – Aspectos de tradicionalismo*, dissertação de licenciatura, (policopiada), Coimbra, 1967
- PEREIRA, José Esteves – «A Ilustração em Portugal», in *Cultura – História e Filosofia*, VI (1987)
- PEREIRA, José Esteves – «Revolução Francesa e discurso político em Portugal (1789-1852)», in *Ler História*, n° 17 (Bicentenário da Revolução Francesa), Lisboa, 1989
- PEREIRA, José Esteves – *Silvestre Pinheiro Ferreira, o Seu Pensamento Político*, Universidade de Coimbra, Coimbra, 1974

- PEREIRA, Miriam Alpern – «Estado e Sociedade. Pensamento e Acção Política de Mouzinho da Silveira», *in Obras de Mouzinho da Silveira*, 1° volume, Lisboa, Fundação Calouste Gulbenkian, 1989
- PIEL, J. – *Leal Conselheiro o qual fez Dom Eduarte Rey de Portugal e do Algarve e Senhor de Cepta*, Lisboa, Livraria Bertrand, 1942
- PIEL, Joseph M. – «Introdução» ao *Livro dos Oficios de Marco Tullio Ciceram, o qual tornou em linguagem o Ifante D. Pedro, Duque de Coimbra*, Coimbra, 1948
- PIMENTA, A. – *Idade Média (Problemas e Soluções)*, Lisboa, ed. Ultramar, 1946
- PINA, Luiz de, «Sciência» – *in História de Portugal, Edição Monumental*, por Damião Peres e Eleutério Cerdeira, vol. VII, 1935, Barcelos
- PINA, Rui de – «Chronica do Senhor Rey D. Affonso V», *in Collecçaõ de Livros Ineditos de Historia Portugueza, dos Reinados de D. João I., D. Duarte, D. Affonso V., e D. Joaõ II., publicados de ordem da Academia Real das Sciencias de Lisboa por José Corrêa da Serra*, tomo I, Lisboa, 1790
- PINA, Rui de – «Chronica do Senhor Rey D. Duarte» *in Collecçaõ de Livros Ineditos de Historia Portugueza, dos Reinados de D. João I., D. Duarte, D. Affonso V., e D. Joaõ II., publicados de ordem da Academia Real das Sciencias de Lisboa por José Corrêa da Serra*, tomo I, Lisboa, 1790
- PINHEIRO, D. António – *Instrumentos e Escrituras dos Autos Seguintes. Auto de Levantamento e Juramento d'el Rey nosso Senhor (...), Auto das Cortes de Tomar (...), Auto do Juramento do Principe Dom Diogo nosso Senhor (...), Auto do juramento do Principe Dom Philipe nosso Senhor (...)*, s.l, 1584, fol. 13, (ANTT, maço de Cortes, n° 5 e B.N.L., Res. 644 Azul)
- PINHO, Sebastião Tavares de – *O Colégio das Artes da Universidade de Coimbra*, s.n., Imprensa de Coimbra, Coimbra, 1992
- PINTO, Frei Heitor – *Imagem da Vida Cristã. Diálogo da Justiça*, 2ª edição, Lisboa, Sá da Costa, 1952
- PINTO, S. da Silva – *O Carácter Complexo da Eleição de 1385. De como D. João I não foi nas Cortes de Coimbra estritamente eleito*, Sep. do «Studium Generale», Porto, 1958

- PIRES, Francisco Lucas – *O Problema da Constituição*, Coimbra, 1970
- PLATÃO – *A República*, tradução portuguesa de Maria Helena da Rocha Pereira, Lisboa, Fundação Calouste Gulbenkian, 1967
- PLATÃO – *Nomoi*, tradução castelhana de J. Manuel Pabón e Manuel Fernandez Galiano, *Las Leys*, Madrid, Centro de Estudios Constitucionales (ed. bilingue em grego e castelhano)
- PLATÃO – *Politikos*, tradução francesa de León Robin, *Oeuvres Complètes*, Paris, Gallimard, Bibliothèque de la Pléiade, 1977, 2 volumes
- POLIN, Raymond – «Tocqueville entre l'Aristocracie et la Démocratie»; *in* actas do Colóquio de Saint-Lô, Setembro de 1990, *L'Actualité de Tocqueville*, publicadas pelos *Cahiers de Philosophie Politique et Juridique* da Universidade de Caen, 1991
- POLIN, Raymond – *Hobbes, Dieu et les Hommes*, Paris, PUF, 1981
- POLIN, Raymond – *Politique et Philosophie chez Thomas Hobbes*, Paris, PUF, 1953
- POMBAL, Marquês de – «Oitava inspecção. Sobre a Universidade novamente fundada em Coimbra», B.N.L., *Colecção Pombalina*, cod. 697, f. 79; B.N.L., FG, cod. 9101
- POPPER, Karl – *A Sociedade Aberta e os seus Inimigos*, Tomo I – *O Fascínio de Platão*, trad. port., S. Paulo, 1987
- PORTO SEGURO, Visconde de – *História Geral do Brasil antes da sua Separação e Independência de Portugal*, tomo II, 3ª edição integral, Companhia Melhoramentos de São Paulo, São Paulo, s.d.
- PORTUGAL, Domingos Antunes – *Tractados de Donationibus iurium et bonorum regiae coronae*, II, Lugduni, Sumptibus Anissoh et Posuel, 1726
- PRAÇA, J. J. Lopes – *Colecção de Leis e Subsídios para o estudo do Direito Constitucional Portugês*, I, Coimbra, 1983
- PRAÇA, J. J. Lopes – *Estudos sobre a Carta Constitucional de 1826 e Acto Addicional de 1852*, 2ª Parte, Vol. I, Coimbra, Livraria Portugueza e Estrangeira de Manuel de Almeida Cabral – Editor, 1879
- PRAÇA, J. J. Lopes – *História da Filosofia em Portugal*, Fixação de texto, Introdução, Notas e Bibliografia por Pinharanda Gomes, 3ª Edição, Guimarães Editores, Lisboa, 1988

- PRÉLOT, Marcel – *As Doutrinas Políticas*, trad. port. de *Histoire des Idées Politiques* (1966), 3 volume, Lisboa, Presença, 1974
- PRÉLOT, Marcel e LESCUYER, Georges – *Histoire des idées politiques*, Précis Dalloz, Paris, 1992
- PRESSNELL, L. S. – *Studies in the Industrial Revolution*, Londres, 1960
- QUINTON, A. – *Francis Bacon*, tradução de Pilar Castrillo Criado, Madrid, 1985
- QUONIAM, T. – *Introduction à une Lecture de "L'Esprit des Lois"*, Paris, Lettres Modernes, 1976
- QUONIAM, T. – *Montesquieu. Son Humanisme, son Civisme*, Paris, Tequi, 1977
- RACIOPPI, V. – *Commento allo Statuto del Regno*, vol. I, Roma, Loescher, 1901
- RAMOS, Luís A. de Oliveira – «Os afrancesados no Porto», *in Revista de História*, 3 (1980)
- RAU, Virginia – «Pareceres Teológico-Jurídicos das Universidades de Salamanca e de Alcalá em 1596», *in Revista da Faculdade de Letras de Lisboa*, 3ª série, 3, (1959)
- RAWLS, Jonh – *Uma Teoria da Justiça*, trad. port. de Carlos Pinto Correia, Lisboa, Editorial Presença, 1993
- REALE, Miguel – *Filosofia do Direito*, três volumes, S. Paulo, Saraiva, 1953 (nova edição 1990, 13ª ed.)
- REBELO, Diogo Lopes – *De Republica Gubernanda per Regem*, Paris, Antoine Denidel, 1497
- REBELO, Diogo Lopes – *De Republica Gubernanda per Regem. Do Governo da República pelo Rei*, trad. de Miguel Pinto de Menezes, reprodução fac-similada da edição de 1496, com introdução de Artur Moreira de Sá, Instituto para a Alta Cultura, Lisboa, 1951
- REBELO, Luís de Sousa – *A concepção do poder em Fernão Lopes*, Livros Horizonte, 1983
- REIS, António (dir.) – *Portugal Contemporâneo*, 2 volumes, Lisboa, Alfa, 1989 e 1990
- *Relação de Pero de Alcaçova Carneiro*, ed. dirigida por Campos de Andrade, Lisboa, Imprensa Nacional, 1937
- RESENDE, Garcia de – *Chronica dos Valerosos, e Insignes Feitos del Rey Dom Ioam* II., Coimbra, Real Officina da Universidade, 1798

- *Revista Popular: Semanario de Litteratura e Industria*, tomo IV, Lisboa, s.n, 1851
- RIBEIRO, Artur – *A Arte e Artistas Contemporâneos*, 3 volumes, Lisboa, 1896
- RIBEIRO, Artur – *Nôtas sobre Portugal*, Lisboa, 1908
- RIBEIRO, João Pedro – *Apontamentos de Direito Natural*, Fundo Antigo da Biblioteca Geral da Universidade de Coimbra, manuscrito 1063
- RIBEIRO, João Pinto – «Lustre ao Dezembargo do Paço», *in João Pinto Ribeiro, Obras Varias*, Coimbra, Officina de Joseph Antunes da Silva, 1730
- ROCHA, J. B. da – *in O Portuguez*, tomo VII, 1818
- ROMANO, Santi – *Principii di Diritto Costituzionale Generale*, 2ª ed., Milão, 1947
- ROVIRA, Maria del Carmen – *Ecleticos portugueses del siglo XVIII y algunas de sus influencias en America*, México, 1958
- RUSSEL, Kirkl – *Mentalidad Conservadora en Inglaterra y Estados Unidos*, trad. cast., Madrid, Rialp, 1956
- SÁ, Diogo de – *Tractado dos Estádos Ecclesiasticos e Secullares. Em que por muy breve e claro stillo se mostra como em cada hum delles se pode o Christam salvar*, manuscrito existente na Biblioteca Nacional de Lisboa (cota F. G. 2725)
- SÁ, Manuel José Maria da Costa e – *Historia e Memorias da Academia*, 2ª série, Lisboa, Tip. da Academia Real das Ciências, tomo I, parte I.
- SÁ, Victor de – «Do Liberalismo ao Corporativismo – Silvestre Pinheiro Ferreira», *in Seara Nova*, nº 1489, No. de 1969
- SABINE, George – *Historia de la Teoria Politica*, Espanha, Fondo de Cultura Económica, 1992
- SAMPAIO, Adrião Pereira Forjaz de – *Economia Política e Estatística*, Coimbra, Imprensa da Universidade, 1866
- SAMPAIO, Francisco Sousa – *Preleções de Direito Pátrio Público e Particular offerecidas ao serenissimo senhor D. João principe do Brasil, e compostas por...*, Coimbra, Real Imprensa da Universidade, 1793
- SANCHES, António Nunes Ribeiro – *Cartas sobre a Educação da Mocidade* (Paris, 19 de Novembro de 1759), exemplar da BNL, muito raro, cota res. 250 v.

- SANCHES, António Nunes Ribeiro – *Método para Aprender e Estudar a Medicina illustrado com os apontamentos para estabelecer-se huma Universidade Real na qual deviam aprender-se as sciencias humanas de que necessita o Estado civil e politico*, s. l., 1763
- SANSEVERINO – *La doctrina de Santo Tomás de Aquino y el supuesto derecho de resistencia en la Ciudad de Dios*, III, Madrid, 1870
- SANTOS, António Ribeiro dos – Biblioteca Nacional de Lisboa, F.G. Cod. 4668
- SANTOS, António Ribeiro dos – Biblioteca Nacional de Lisboa, F.G. Cod. 4677
- SANTOS, António Ribeiro dos – Biblioteca Nacional de Lisboa, F.G. Cod. 4680
- SANTOS, António Ribeiro dos – *De Sacerdotio et Imperio*, Olissipone, Typ. Regia, 1770
- SANTOS, António Ribeiro dos – *Notas ao Plano do Novo Código de Direito Público de Portugal, do D.º.r. Paschoal José de Mello, feitas e apresentadas na Junta da Censura e Revisão pelo D.ºr. Antonio Ribeiro dos Santos, em 1789*, Coimbra, Imprensa da Universidade, 1844
- SANTOS, Carlos Ary dos – «Silvestre Pinheiro Ferreira em Paris», *in Colóquio – Revista de Artes e Letras*, Direcção Artística e Literária de Reynaldo dos Santos e Hernâni Cidade, nº 48, Abril de 1968
- SANTOS, Clemente José dos – *Documentos para a História das Cortes Geraes da Nação Portugueza*, em oito volumes, Lisboa, Imprensa Nacional, 1883
- SANTOS, Delfim – «Silvestre Pinheiro Ferreira», *in Perspectiva da Literatura Portuguesa do Século XIX*, Volume I, direcção, prefácio e notas bio-bibliográficas por João Gaspar Simões, Lisboa, edições Ática, 1947
- SANTOS, Delfim – *Dicionário de Literatura*, volume 2, 3ª edição, dir. Jacinto do Prado Coelho, 1984, Porto
- SANTOS, Domingos Maurício Gomes dos – *Pombal e a Maçonaria*, Separata da Brotéria, vol. LXXXVIII (1969), Edições Brotéria, Lisboa, 1962
- SANTOS, Maria de Lourdes Lima dos – *Intelectuais Portugueses na Primeira Metade de Oitocentos*, Lisboa, Presença, 1988

- SANTOS, Maria de Lourdes Lima dos – *Para uma Sociologia da Cultura Burguesa em Portugal no Século XIX*, Lisboa, Presença, 1983
- SANTOS, Maria Helena Carvalho – *A maior felicidade para o maior número. Bentham e a Constituição Portuguesa de 1822*, Lisboa, 1981
- SANTOS, Maria Madalena Marques dos – *Tábua de Correspondência entre as Ordenações Afonsinas, Manuelinas de 1521 e Filipinas, Contribuição para uma edição crítica das Ordenações do Reino*, Relatório de Mestrado apresentado na disciplina de História do Direito Português, sob orientação do Professor Doutor Martim de Albuquerque, Lisboa, 1993
- SÃO BOAVENTURA, Frei Fortunato de – *Oração Fúnebre*, Lisboa, 1822
- SARIPOLOS, N. – *La démocratie et l'élection proportionnele. Étude juridique, historique et politique*, Paris, 1899
- SCHMITT, C. – *Verfassungslehre*, 1927, trad. cast. *Teoria de la Constitució*, Madrid – México, 1934-1966
- SEQUEIRA, Domingos António de – *Silvestre Pinheiro Ferreira*, Biblioteca Nacional de Lisboa, secção de iconografia, cota: E. 325 v.
- SEQUEIRA, Domingos António de – *Silvestre Pinheiro Ferreira*, Biblioteca Nacional de Lisboa, secção de iconografia, cota: E. 1982 v.
- SERRA, António Truyol – *História da Filosofia do Direito e do Estado*, volume 1, tradução portuguesa da 7ª edição espanhola, aumentada por Henrique Barrilaro Ruas, Colecção Estudo Geral Instituto de Novas Profissões, 1985
- SERRA, António Truyol – *História da Filosofia do Direito e do Estado*, volume 2, tradução portuguesa da 3ª edição espanhola, revista e aumentada por Henrique Barrilaro Ruas, Lisboa, 1990
- SERRA, António Truyol – *Historia de la Filosofia del Derecho y del Estado. De los Orígines a la Baja Edad Media*, 2ª ed., Madrid, Revista de Occidente, 1956
- SERRÃO, Joaquim Veríssimo – *História de Portugal, 1807-1832*, Volume VII, Editorial Verbo, 1984
- SEVERIM, Baltazar de Faria – *Desempenho do Patrimonio Real*, 1607 (BNL, cod. 13.119)
- *Siete Partidas*, Primeira Partida, título I, na versão medieval portuguesa, devida a José de Azevedo Ferreira – *Alphonse X. Primeyra Partida. Édition et Étude*, INIC, Braga, 1980

- SILBERT, Albert – «Révolution Francaise et tradition nationale: le cas portugais», *in Revista Portuguesa de História*, tomo XXIII, Actas do Colóquio «A Revolução Francesa e a Península Ibérica», Faculdade de Letras da Universidade de Coimbra, Instituto de História Económica e Social, Coimbra, 1987
- SILVA, António Delgado da – *Collecção Official de Legislação Portugueza, legislação de 1802 a 1810*, Lisboa, Imprensa Nacional, 1843-1851
- SILVA, António Pereira da – *(O.F.M.) – a questão do sigilismo em Portugal no século XVIII. História, Religião e Política nos reinados de D. João V e D. José I..* Braga, 1964
- SILVA, Innocencio Francisco da – *Diccionario Bibliographico Portuguez*, Tomo VII, Imprensa Nacional, Lisboa, 1862
- SILVA, Innocencio Francisco da – *Diccionario Bibliographico Portuguez*, tomo I, Lisboa, Imprensa Nacional, 1858
- SILVA, José de Seabra da – *Deducção Chronologica, e Analytica*, 2 volumes, Lisboa, Officina de Miguel Manescal da Costa, 1767
- SILVA, José Gentil da – «Que pouvaient les portugais apprendre de la Revolution Française», *in La Revolution Française vue par les portugais. Actes du colloque*, 17-18 Novembro 1989, Fundação Calouste Gulbenkian, Centre Cultural Portugais, Paris, 1990
- SILVA, Lúcio Craveiro da – «Silvestre Pinheiro Ferreira. Significação e itinerário da sua obra filosófica» *in Actas do I Congresso Nacional de Filosofia*, Braga, 1955
- SILVA, Lúcio Craveiro da – *O Agostianismo Político no «Speculum Regum» de Álvaro Pais*, Braga, 1974
- SILVA, Nady Moreira Domingues da – *O Sistema Filosófico de Silvestre Pinheiro Ferreira*, Lisboa, ICALP, 1990
- SILVEIRA, José Xavier Mouzinho da – «Memória» *in Mouzinho da Silveira, Obras*, volume I, Lisboa, Fundação Calouste Gulbenkian, 1989
- *Silvestre Pinheiro Ferreira*, introdução e selecção de textos de Pinharanda Gomes, Lisboa, Guimarães Editores e Cª, 1977
- SINCLAIR, T. A. – *Histoire de la Pensée Politique Grecque*, Paris, Payot, 1953
- SOARES, Manuel – *De Legibus*, Biblioteca Nacional de Lisboa, F. G. 4094

- SOARES, Maria Luísa Couto – «A Linguagem com Método nas "Prelecções Filosóficas" de Silvestre Pinheiro Ferreira", *in Cultura – História de Filosofia*, III, (1984)
- SOLARI, G. – *Individualismo e Diritto Privatto*, Torino, 1939
- SOREL, Albert – *L'Europe et la Revolution Française*, tomo I, Paris, Plin, 1885
- SOUSA, Joaquim José Caetano Pereira e – *Classes dos Crimes por ordem systematica com as penas correspondentes segundo a legislação actual*, 3ª edição, Lisboa, Impressão Régia, 1830
- SOUSA, José Roberto Monteiro de Campos de Coelho e – *Remissões das leis novissimas, decretos, avisos, e mais disposições que se promulgaram nos reinados dos senhores reis D. José I, e D. Maria I*, Lisboa, 1778
- SOUSA, Marcelo Rebelo de – *Os partidos políticos no Direito Constitucional Português*, Braga, 1983
- SOUSA, Marnoco e – *Direito Político – Poderes do Estado*, Coimbra, 1910
- SOUSA, Roberto Monteiro de Campos de Coelho e – *Remissões das leys novissimas, decretos, avisos, e mais disposições que se promulgaram nos reinados dos senhores D. José I, e D. Maria I*, Lisboa, 1778
- SOUTHEY, Robert – *História do Brasil*, traduzida por Luís Joaquim de Oliveira e Castro e anotada pelo Cónego Fernandes Pinheiro, Rio de Janeiro, Livraria de B. L. Garnier, 1862 (em seis volumes)
- SPÍNOLA, Francisco Elias Tejada – «Ideologia e Utopia no "Livro da Virtuosa Benfeitoria"», *in Revista Portuguesa de Filosofia*, 3, 1947
- SPÍNOLA, Francisco Elias Tejada – *Las Doctrinas Políticas em Portugal*, Madrid, 1943
- STRATMANN, Franziscus – *Cristo e o Estado*, trad. de F. Lopes de Oliveira, Lisboa – Coimbra, 1956
- STRAUSS, Leo – «Nicolas Machiavel» *in Histoire de la Philosophie Politique*, dir. por Leo Strauss e Joseph Cropsey, Paris, PUF, 1994
- STRAUSS, Leo – «Platon», *in Histoire de la Philosophie Politique*, dir. por Leo Strauss e Joseph Cropsey, Paris, PUF, 1994
- STRAUSS, Leo – *Liberalisme antique et moderne*, PUF, Paris, 1990
- STRAUSS, Leo – *The Political Philosophy of Thomas Hobbes. Its Basis and Genesis*, Oxford, 1936

- *Suma Teológica*, trad. portuguesa acompanhada por A Correia, Vol. IX, *Das Leis*, São Paulo, Livraria Editora Odion, 1936
- TALBOT-GRIFFITHS, G. – *Population Problems of the Age of Malthus*, Londes, 1926
- TAMINIAUX, J. – *Naissance de Philosophie Hégélienne de l'État*, Paris, Payot, 1984
- TEIXEIRA, António Braz – «Um filósofo de transição: Silvestre Pinheiro Ferreira», *in Rev. Bras. de Fil.*, nº 122, Abril-Junho, 1981
- TEIXEIRA, António Braz – *O pensamento filosófico-jurídico português*, Instituto de Cultura e Língua Portuguesa, Lisboa, 1983
- TEIXEIRA, António Braz – *Sentido e Valor do Direito. Introdução à Filosofia Jurídica*, Lisboa, Imprensa Nacional – Casa da Moeda, 1990
- TENGARRINHA, José – *História da Imprensa Periódica Portuguesa*, 2ª edicão, Lisboa, Caminho, 1989
- THEIMER, Walter – *História das Ideias Políticas*, Lisboa, Arcádia, 1970
- TORGAL, Luís Manuel Reis – *Tradicionalismo e Contra-Revolução – O Pensamento e a Acção de José da Gama e Castro*, Coimbra, 1973
- *Traducção das Obras Politicas do Sabio Jurisconsulto Jeremias Bentham, vertidas do inglez na lingua portugueza por mandado do soberano congresso das Cortes Geraes, extraordinarias, e constituintes da mesma Nação*, 2 volumes, Lisboa, Imprensa Nacional, 1822
- TRIGOSO, Sebastião Francisco de Mendo – «Elogio Histórico», *in Memórias da Academia das Ciências*, Lisboa, Academia das Ciências de Lisboa, tomo VIII, parte II
- TROELTSCH, E. – *Die Aufklärung*, Ges. Schr., IV, Tübingen, 1925
- TUCK, R. – *Natural Rights Theories. Their Origin and Developments*, Cambridge U. P., 1979
- ULLMAN, Walter – *Principles of Governement and Politics in the Middle Ages*, Londres, Methuen, 1966
- ULLMANN, Walter – «Juristic obstacles to the emergence of the concept of the State in the Middle Ages» *in Annali di Storia dell Diritto*, 13, 1969
- USHER, A. P. – *A History of Mechanical Inventions*, 1929
- VARELA, Sebastião Pacheco de – *Numero Vocal, Exemplar Catolico, e Politico Proposto no Mayor entre os Santos o Glorioso S. Joam*

Baptista: para Imitaçam do Mayor entre os Principes o Serenissimo Dom Joam V, Of. de Manoel Lopes Ferreira, Lisboa, 1702

- VARGUES, Isabel Nobre e RIBEIRO, Maria Manuela Tavares – «Ideologias e Práticas Políticas», *in História de Portugal, o Liberalismo (1807-1890)*, Volume 5, coordenação de Luís Reis Torgal e João Roque, direcção de José Mattoso, editorial Estampa, s.d.

- VASCONCELOS, A. A. Teixeira de – «Apontamentos para a biografia de S. P. Ferreira», *in Ilustração: Jornal Universal, A Ilustração: jornal universal*, volume II, n° 1 de 4 de Abril de 1846; n° 3 de 18 de Abril e n° 4 de 4 de Julho

- VASCONCELOS, A. A. Teixeira de – *Glorias Portuguezas,* Tomo I, Lisboa, Typographia Portugueza, 1869

- VATTEL, E. de – *Le droit des gens, ou principes de la loi naturelle, appliquée à la conduite et aux affaires des nations et des souverains précédée d'un discours sur l'étude du droit de la nature et des gens, par sir James Mackintosh... traduit de l'anglais par M. Paul Royer-Collard*, dois volumes, Paris, J. P. Aillaud, 1830

- VAZ, Tomé – «Locupletissimae et utilissimae Explanationis» *in Novam Iustitiae Reformationem,* Manoel Dias, Coimbra, 1677

- VECHIO, Georgio Del – *Lições de Filosofia do Direito*, 5ª edição, trad. de António José Brandão, rev. e prefaciada por L. Cabral de Moncada, actual. de Anselmo de Catro, Arménio Amado Editor-Sucessor, Coimbra, 1979

- VECHIO, Giorgio Del – «Direito, Sociedade e Solidão», in *Boletim da Faculdade de Direito da Universidade de Coimbra*, vol. XXXVII (1961), Coimbra Editora, Coimbra, 1961

- VEDRINE, H. – *Machiavel ou la Science du Pouvoir*, Paris, Seghers, 1972

- VERGOTTINI, Giuseppe de – *Diritto Constituzionale Comparato*, 3ª ed., Pádua, 1991

- VERNEX, Jorge – *Silvestre Pinheiro Ferreira e a Posição Portuguesa em Face da **Unidade Europeia** nos Alvores da Liberal-Democracia. Ensaio Histórico-Filosófico*, Famalicão, Grandes Oficinas Gráficas «Minerva», 1945

- VIALATOUX, J. – *La Cité de Hobbes. Théorie de l'État Totalitaire. Essai sur la Conception Adversaire de Hobbes*, Paris, 1935

- VIGNAUX – *Philosophie au Moyen Age*, Armand Colin, Paris, 1958
- WEBB, Sidney e WEBB, Beatrice – *History of Trade Unionism*, Paris, 1911
- WEIL, Eric – «Machiavel Aujourd'hui», *in Essais e Conférences*, tomo II, Paris, 1971
- WEIL, Eric – *Hegel et l'État*, Paris, Vrin, 1950
- WILLEY, Basil – *The Eighteenth-Century Backgroun*, Londres, Ark Paperbacks, 1986
- WOLFF, Christian – *Institutiones juris naturae et gentium*, Halles, 1750
- ZEILLER, J. – *L'idée de l'Etat dans Saint Thomas d'Aquin*, Paris, Alcan, 1910
- ZIPPELIUS, Reinhold – *Teoria Geral do Estado*, 3ª ed., Lisboa, Fundação Calouste Gulbenkian, 1997

ÍNDICE DE MATÉRIAS

INTRODUÇÃO 9

A – O Tema : Delimitação e Importância. 11
B – Fontes Analisadas 21

1ª PARTE

1– Pinheiro Ferreira: O Pensamento ante as Circunstâncias 29

1.1 – Génese e Destino de uma Atitude 29
1.2 – Um Espaço de Intervenção. A maçonaria 39
1.3 – O Pano de Fundo Político e Cultural 50
1.4 – Diplomacia e Política 73
1.5 – A *Praxis* Política de Pinheiro Ferreira (1821-1823) 91

2ª PARTE

I – O Poder e o Direito na Obra de Pinheiro Ferreira:
Princípios de Direito Constitucional 103

1 – As Teorias Políticas 103

1.1 – A Origem do Poder 103

1.2 – A Forma do Poder	132
1.3 – Natureza e Fins Verdadeiros do Poder	154
2 – A Razão da Lei	174
2.1 – Submissão do Governante à Lei	174
2.2 – A Lei	187
2.3 – A Lei do Justo	202
2.4 – A Problemática da Lei Injusta	215
2.5 – A Resistência ao Poder	225
2.6 – As Constituições Escritas	245
3 – Um "Programa Político" em Germinação	264
3.1 – O Homem e o Cidadão. Direitos e Deveres	264
3.2 – O Tecido Social	283
3.3 – Da Independência dos Poderes Políticos nos Governos Representativos	302
3.3.1 – Razões de Ordem	302
3.3.2 – A Concepção de Poder Eleitoral	309
3.3.3 – Ensaio de um Poder Legislativo	332
3.3.4 – Do Poder Judicial	371
3.3.5 – A Imagem do Poder Executivo	382
3.3.6 – O Quinto Poder	415
CONCLUSÃO E NOTAS FINAIS	427
BIBLIOGRAFIA	441
ÍNDICE DE MATÉRIAS	495
ANEXOS	497

ANEXOS

ANEXO I

PROJECTO

MAPPA

DOS GRÈMIOS INDUSTRIOSOS, E DAS SECÇÕES, DE QUE ELLES SE COMPOEM

I. AGRICULTURA, E ARTES AGRICOLAS

Secções:

1. Agricultura
2. Creação de gado
3. Artes agricolas
4. Commercio dos productos d'agricultura, da creação de gado e das artes agricolas

II. ARTES MECHANICAS

Secções:

1. Linho – fiações – tecelagem – cordoarias – fabricas de meias – passamaneiros e seringueiros – fabricantes de esteiras, cêstos, canastras, etc., etc. – costureiras – modistas – cabelleireiros – barbeiros
2. Algodão – fiação – tecelagem – impressão
3. Lã – fiação – tecelagem – alfaiates
4. Sêda – fiação – tecelagem – impressão
5. Obras de madeira – carpinteiros, marceneiros, sambladores – torneiros – tanoeiros – carrosseiros
6. Obras de metal – ferreiros – serralheiros – carpinteiros de carros ou de sèges – fundidores – caldeireiros – latoeiros – funileiros
7. Obras de pedreiros – cantoeiros – oleiros – fabricas de vidro

8. Obras de coiro – sapateiros – selleiros – correeiros – baûleiros
9. Fabricas de papel, e de papelão – encadernadores – impressores – papel pintado

III. ARTES CHIMICAS

Secções:

1. Oleos – gorduras – sabão – velas de cêra de e sêbo, e espermacette
2. Refinadores de assucar – confeiteiros – cosinheiros – salsicheiros – padeiros
3. Chimicos e farmaceuticos
4. Minas e salinas
5. Pescarias e salgas
6. Tintureiros – curtidores de diversas péles – curradores

IV. BELLAS-ARTES

Secções:

1. Architectura
2. Esculptura – ourives
3. Desenho – pintura
4. Musica, e artes theatraes

V. SCIENCIAS GERAIS

Secções:

1. Litteratura: autores – professores
2. Sciencias physicas, mathematicas: authores, professores, e artistas – mathematicas puras – mathematicas applicadas: astronomia, mecanica, artes, relojoaria

Anexo 1   501

3. Sciencias naturaes: autores, professores
4. Sciencias medicas: autores, professores, e praticos

VI. SCIENCIAS APPLICADAS AO SERVIÇO DO ESTADO

Secções:

1. Sciencias militares: autores - professores - e pessoas em serviço
2. Sciencias maritimas: autores, professores, e pessoas empregadas na marinha mercante, ou na do estado
3. Sciencias politicas e juridicas: autores, professores e pessoas empregadas, ja no ensino, ja na administração, nos tribunaes de justiça, e em geral nos ramos do serviço publico dependentes destas sciencias
4. Sciencias ecclesiasticas: autores - professores - parochos - prelados - e geralmente todas as pessoas empregadas no culto divino em serviço da Igreja Catholica, ou nos outros cultos religiosos

ANEXO II

MAPPA DEMONSTRATIVO
DAS GRADUAÇÕES

E da ordem de promoção dos differentes empregos do publico serviço

REGEDORIA' MOR

	II	III	IV	V	VI	VII	VIII	IX	X	XI	XII
Regedor mòr	Regedores das provincias	Regedores das comarcas	Regedores dos cantões	Fiscaes das mesas d'inspecção e concelhos das commarcas	Fiscaes das mesas d'inspecção e concelhos dos cantões	Fiscaes das ouvidorias	Fiscaes das conservadorias	Fiscaes das auditorias	Fiscaes dos juizos de paz	Bachareis das escolas gerais	Os mais empregos d'inferior graduação
		Fiscaes das mesas especiaes do concelho supremo d'inspecção	Fiscaes das mesas d'inspecção e concelhos das provincias	Fiscal da mesa d'appelações do tribunal supremo	Fiscaes das mesas d'appelação das relações	Fiscaes das intendencias das juntas supremas	Fiscaes das superintendencias das commarcas	Fiscaes das intendencias das provincias	Fiscaes das vice-intendencias dos districtos		
			Fiscal da mesa de desaggravo do tribunal supremo	Fiscaes das mesas de desagravo das relações	Fiscaes das corregedorias	Fiscaes das superintendencias das provincias	Professores das escolas geraes	Fiscaes das intendencias dos cantões	Fiscaes das juntas municipaes		
			Fiscaes das juntas supremas	Fiscaes das juntas das provincias	Fiscaes das superintendencias das juntas supremas	Bachareis das escolas doutoraes		Fiscaes das vice-intendencias das commarcas	Fiscaes das mesas dos bairros		
				Lentes das escolas doutoraes	Substitutos das escolas doutoraes			Substitutos das escolas geraes	Licenciados das escolas geraes		

CHANCELLARIA MÒR

I	II	III	IV	V	VI	VII	VIII	IX	X	XI	XII
Chanceller mòr	Chancelleres das provincias	Chancelleres das commarcas	Chancelleres dos cantões	Archivistas das mesas d'inspecção e concelhos das commarcas	Archivistas das mesas d'inspecção e concelhos dos cantões	Cartorarios das ouvidorias	Cartorarios das conservadorias	Cartorarios das auditorias	Notarios dos juizos da paz	Bachareis das escolas geraes	Os mais empregos d'inferior graduação
		Archivistas dos concelhos supremos	Archivistas das mesas d'inspecção e concelhos das provincias	Archivista da mesa d'appellaçõ-es do tribunal supremo	Archivistas das mesas d'appelação das relações	Cartorarios das intendencias das juntas supremas	Cartora-rios das superin-tendencias das commar-cas	Cartora-rios das intendenci as das provincias	Notarios das vice-intendenci as dos districtos		
		Archivistas das mesas especiaes do concelho supremo d'inspecção	Archivista da mesa de desaggravo tribunal supremo	Archivistas das mesas de desaggravo das relações	Archivistas das corregedorias	Cartorarios das superintende ncias das provincias	Professo-res das escolas geraes	Cartora-rios das intenden-cias dos cantões	Notarios das juntas municipae s		
			Archivistas das juntas supremas	Archivista das juntas das provincias	Archivistas das superintende ncias das juntas supremas	Bachareis das escolas doutoraes		Cartora-rios das vice-intendencias das commar-cas	Notarios das mesas dos bairros		
				Lentes das escolas doutoraes	Substitutos das escolas doutoraes			Substitu-tos das escolas geraes	Licenciado s das escolas geraes		

REPARTIÇÃO DAS JUSTIÇAS

I	II	III	IV	V	VI	VII	VIII	IX	X	XI	XII
Ministro d'estado	Presidente do tribunal supremo	Presidente da mesa de desaggravo do tribunal supremo	Presidente da mesa d'appelações do tribunal supremo	Presidentes das mesas d'appellação das provincias	Conserva-dores dos districtos	Auditores das municipa-lidades	Juizes de paz dos bairros	Assessores das auditorias	Assistentes d'ante os tribunaes dos cantões	Bachareis das escolas geraes de direito	Os mais empre-gos d'infe-rior gradua-ção
Subminis tro de estado	Promotor mòr das justiças	Presidentes das casas de relação das provincias	Presidentes das mesas de desaggravo das provincias	Ouvidores dos cantões	Desembarg adores d'appel-lações das provincias	Assesso-res das ouvido-rias	Assessores das conserva-dorias	Advogados d'ante os tribunaes dos cantões	Licenciados das escolas geraes de direito		
	Superinte ndentes da junta suprema de justiça[1]	Promotores das justiças das provincias	Corregedore s das commarcas	Desembargad ores d'appel-lações do tribunal supremo	Promoto-res das justiças dos districtos	Advogado s d'ante o tribunal supremo	Advogados d'ante as casas da relação	Assistente s d'ante as relações			
		Superinte dentes da junta suprema de justiça	Desembarga dores d'aggravos do tribunal supremo	Desembargad ores d'aggra-vo das provincias	Intendente s das juntas de justiça das provincias	Promotor es das justiças das municipal idades	Assistente s d'ante o tribunal supremo	Substituto s das escolas geraes de direito			
			Promotores das justiças das commarcas	Promotores das justiças dos cantões	Directores das casas de detenção e das prisões do cantão	Ajudantes dos promotor es dos cantões	Professore s das escolas geraes de direito				
			Intendentes da junta suprema de justiça	Superintende ntes das juntas de justiça das provincias	Substituto s das escolas doutoraes de direito	Vice-inten-dentes da junta supre-ma da justiça					
				Inspectores das casas de detenção e das prisões da provincia		Bachareis das escolas doutoraes de direito					
				Lentes das escolas doutoraes de direito							

[1] Os superintendentes não figuram na segunda columna pelo lado da graduação, mas pelo de candidatos ao ministerio. A sua graduação he de terceira ordem, e por isso figuram na terceira columna. Nota do Autor.

REPARTIÇÃO DA FAZENDA

I	II	III	IV	V	VI	VII	VIII	IX	X	XI	XII
Contador mòr	Contadores geraes das provincias	Contadores geraes das commarcas	Contadores dos cantões	Contadores das mesas d'inspecção e concelhos das commarcas	Contadores das mesas d'inspecção e concelhos dos cantões	Contadores das ouvidorias	Contadorias das conservadorias	Contadores das auditorias	Contadores dos juizos da paz	Bachareis das escolas geraes d'estadistica	Os mais empregos d'inferior graduação
Ministro d'estado	Thesoireiro mòr	Contadores dos concelhos supremos	Contadores das mesas d'inspecção e concelhos das provincias	Contador da mesa d'appellação do tribunal supremo	Contadores das mesas d'appellação das relações	Contadores das intendencias das juntas supremas	Contadores das superintendencias das commarcas	Contadores das intendencias das provincias	Contadores das vice-intendencias dos districtos		
Subministro de estado	Superintendentes das juntas supremas da fazenda e da coroa e ordens [2]	Contadores das mesas especiaes do concelho supremo d'inspecção	Contador da mesa de desaggravo do tribunal supremo	Contadores das mesas de desaggravo das relações	Contadores das corregedorias	Contadores das superintendencias das provincias	Vice-intendencia das commarcas	Contadores das intendencias dos cantões	Contadores das juntas municipaes		
		Thesoireiros geraes	Contadores das juntas supremas	Contadores das juntas das provincias	Contadores das superintendencias das juntas supremas	Vice-intendentes das juntas supremas da fazenda	Syndicos das municipalidades	Contadores das vice-intendencias das commarcas	Contadores das mesas dos bairros		
		Superintendentes das juntas supremas da fazenda e da coroa e ordens	Thesoireiros geraes	Thesoireiros e mordomos geraes dos cantões	Thesoireiros, Vèdores da fazenda	Bachareis das escolas doutoraes d'estadistica	Ajudantes dos thesoireiros dos cantões	Thesoireiros das municipalidades	Licenciados das escolas geraes d'estadistica		
			Intendentes das juntas supremas da fazenda e da coroa e ordens	Superintendentes das juntas supremas da fazenda e da coroa e ordens das provincias	Intendentes das juntas da fazenda das provincias		Recebedores dos districtos	Substitutos das escolas geraes d'estadistica			
				Lentes das escolas doutoraes d'estadistica	Substitutos das escolas doutoraes d'estadistica		Professores das escolas geraes d'estadistica				

---

[2] Os superintendentes não figuram na segunda columna pelo lado da graduação, mas pelo de candidatos ao ministerio. A sua graduação he de terceira ordem, e por isso figuram na terceira columna. Nota do Autor.

REPARTIÇÃO DO EXERCITO

I	II	III	IV	V	VI	VII	VIII	IX	X	XI	XII
Marechal general	Generaes inspectores das provincias	Generaes do exercito	Tenentes-generaes do exercito	Marechaes do exercito	Brigadeiros do exercito	Coroneis do exercito	Tenentes-coroneis do exercito	Majores	Capitäes	Tenentes	Os demais empregos d'inferior graduação
Ministro d'estado	General commandante em chefe do exercito	Tenentes generaes inspectores das commarcas	Marechaes inspectores dos cantões	Brigadeiros commandantes dos cantões	Coroneis commandantes dos distritos	Tenentes-coroneis commandantes das municipalidades	Sargentos-mores commandantes dos bairros	Substitutos das escolas geraes militares	Licenciados das escolas geraes militares	Alferes	
Subministro d'estado	Superintendentes da junta suprema do exercito³	Inspectores geraes do exercito	Marechaes commandantes das commarcas	Vice-inspectores das commarcas	Vice-inspectores dos cantões	Vice-intendente da junta suprema do exercito	Majores engenheiros dos districtos			Bachareis das escolas geraes militares	
		Superintendentes da junta suprema do exercito	Vice-inspectores das provincias	Superintendentes das juntas militares das provincias	Intendentes das juntas militares das provincias	Bachareis das escolas doutoraes militares	Professores das escolas geraes militares				
			Intendentes da junta suprema do exercito	Lentes das escolas doutoraes militares	Substitutos das escolas doutoraes militares						

³ Os superintendentes não figuram na segunda columna pelo lado da graduação, mas pelo de candidatos ao ministerio. A sua graduação he de terceira ordem, e por isso figuram na terceira columna. Nota do Autor.

MAPA GERAL DAS REPARTIÇÕES

D' Agricultura, de Minas, do Commercio e Industria, d'Instrucção publica, de Saude publica, das Obras publicas, e d'Estadistica

I	II	III	IV	V	VI	VII	VIII	IX	X	XI	XII
Ministro d'estado	Director geral da respectiva junta suprema	Directores das juntas respecti-vas nas provincias	Superinten-dentes das respectivas repartições nas commarcas	Superinten-dentes das respectivas juntas nas provincias	Intendentes das respectivas juntas nas provincias	Vice-intendentes das respectivas juntas supremas	Officiaes das juntas municipaes	Mêsarios dos bairros	Licenciados das escolas geraes	Bachareis das respecti-vas escolas geraes	Os mais empregados da respectiva repartição de menor graduação
Subminis tro d'estado	Superinte ndente das mesmas[4]	Superinte ndentes das respectiva s juntas supremas	Intendentes das respectivas juntas supremas	Intendentes nas respectivas repartições nos cantões	Vice-intendentes das respectivas repartições nos districtos	Vice-intendentes das respectivas repartições nas commarcas	Ajudantes dos respectivos intendentes dos cantões				
				Lentes das respectivas escolas doutoraes	Substitutos das respectivas escolas doutoraes	Bachareis das respectivas escolas doutoraes	Professores das respectivas escolas geraes	Substituto s das respectiva s escolas geraes			

[4] Os superintendentes não figuram na segunda columna pelo lado da graduação, mas pelo de candidatos ao ministerio. A sua graduação he de terceira ordem, e por isso figuram na terceira columna. Nota do Autor.

SECRETARIA D'ESTADO

I	II	III	IV	V	VI	VII	VIII	IX	X	XI	XII
Secretario de estado	Directores da junta suprema d'esta-distica	Directores das juntas d'estadistica nas provincias	Secretarios dos governos das commarcas	Superintenden tes das juntas d'estadistica nas provincias	Intendentes das juntas d'estadistica nas provincias	Vice-intendentes da junta suprema d'estadistica	Ajudantes dos secretarios dos governos dos cantões	Officiaes maiores das secretarias das differentes intendencias dos cantões	Officiaes maiores das secretarias das differentes vice-inten-dencias dos districtos	Bachareis das escolas geraes d'estadistica	Os empregados das differentes secretarias de inferior graduação
Subsecreta rio d'estado	Superintend entes da mesma[5]	Superintendente s da junta suprema d'estadistica	Superintenden tes das juntas d'estadistica nas provincias	Secretarios dos governos dos cantões	Secretarios dos governos dos districtos	Vice-secretarios dos governos das commarcas	Officiaes maiores das secretarias das differentes superintende ncias das commarcas	Notarios das juntas municipaes	Licenciados das escolas geraes d'estadistica		
	Enviados junto às potencias estrangeiras	Ajudantes das secretarias dos differentes ministerios d'estado	Intendentes da junta suprema d'estadistica	Lentes das escolas doutoraes d'estadistica	Officiaes maiores das secretarias das differentes direcções nas provincias	Bachareis das escolas doutoraes d'estadistica	Professores das escolas geraes d'estadistica	Notarios das mesas dos bairros			
			Officiaes maiores das secretarias dos differentes ministerios		Substitutos das escolas doutoraes d'estadistica			Substitutos das escolas geraes d'estadistica			
			Ajudantes das secretarias das differentes direcções nas provincias								

---

[5] Os superintendentes não figuram na segunda columna pelo lado da graduação, mas pelo de candidatos ao ministerio. A sua graduação he de terceira ordem, e por isso figuram na terceira columna. Nota do Autor.

GOVERNADORES DAS DIVISÕES TERRITORIAES

I	II	III	IV	V	VI	VII	VIII	IX	X	XI	XII
Governadores dos estados do ultramar	Todos os graduados da Segunda ordem	Governadores das commarcas	Governadores dos cantões	Directores dos districtos	Superintendentes das municipalidades	Intendentes dos bairros	Todos os graduados da oitava ordem				
Governadores das provincias da europa		Todos os graduados da terceira ordem	Todos os graduados da quarta ordem	Todos os graduados da quinta ordem	Todos os graduados da sexta ordem	Todos os graduados da septima ordem					

I	II	III	IV	V	VI	VII	VIII	IX	X	XI	XII
Os gram-cruzes de terceira classe[6]	Os commendadores de primeira classe	Os commendadores de segunda classe	Os commendadores de terceira classe	Os cavalleiros de primeira classe	Os cavalleiros de segunda classe	Os cavalleiros de terceira classe					

[6] Os superintendentes não figuram na segunda columna pelo lado da graduação, mas pelo de candidatos ao ministerio. A sua graduação he de terceira ordem, e por isso figuram na terceira columna. Nota do Autor.